Michael Raisch

Emotionen in der systemischen Therapie

Grundlagen und Methoden für eine integrative Praxis

Mit 18 Abbildungen und 18 Tabellen

Vandenhoeck & Ruprecht

Bibliografische Information der Deutschen Nationalbibliothek:
Die Deutsche Nationalbibliothek verzeichnet diese Publikation in der
Deutschen Nationalbibliografie; detaillierte bibliografische Daten sind
im Internet über https://dnb.de abrufbar.

© 2022 Vandenhoeck & Ruprecht, Theaterstraße 13, D-37073 Göttingen,
ein Imprint der Brill-Gruppe
(Koninklijke Brill NV, Leiden, Niederlande; Brill USA Inc., Boston MA, USA;
Brill Asia Pte Ltd, Singapore; Brill Deutschland GmbH, Paderborn, Deutschland;
Brill Österreich GmbH, Wien, Österreich)
Koninklijke Brill NV umfasst die Imprints Brill, Brill Nijhoff, Brill Hotei,
Brill Schöningh, Brill Fink, Brill mentis, Vandenhoeck & Ruprecht, Böhlau,
Verlag Antike und V&R unipress.

Alle Rechte vorbehalten. Das Werk und seine Teile sind urheberrechtlich
geschützt. Jede Verwertung in anderen als den gesetzlich zugelassenen Fällen
bedarf der vorherigen schriftlichen Einwilligung des Verlages.

Umschlagabbildung: © shutterstock.com/agsandrew

Satz: SchwabScantechnik, Göttingen
Druck und Bindung: ⊕ Hubert & Co. BuchPartner, Göttingen
Printed in the EU

Vandenhoeck & Ruprecht Verlage | www.vandenhoeck-ruprecht-verlage.com

ISBN 978-3-525-40775-2

Inhalt

Einleitung 11

1 **Emotionen: Bedeutung, Theorie und Therapie** 21
   1.1 Bedeutung von Emotionen 21
      1.1.1 Was sind Emotionen? 24
      1.1.2 Emotionale Intelligenz und Achtsamkeit 29
      1.1.3 Basalemotionen 32
      1.1.4 Gefühle als Signale 33
      1.1.5 Emotionen als Bedürfnisnavigator 34
      1.1.6 Grundbedürfnisse und Affektsysteme 41
          Bindungs- und Zugehörigkeitsbedürfnis 41
          Autonomiebedürfnis 42
          Anerkennungs-/Selbstwertbedürfnis 43
          Drei Affektsysteme 44
      1.1.7 Emotionen und psychische Gesundheit 46
   1.2 Systemtheorie und Emotionen 49
      1.2.1 Stellenwert der Emotionen bei Luhmann und Co. 49
          Soziales vs. psychisches System 50
          Geflecht der Systeme und Verortung der Emotionen 51
      1.2.2 Psychotherapie als »die Verwaltung der vagen Dinge« ... 54
      1.2.3 Sinn als zentraler Begriff in der Architektur der Systemtheorie ... 56
      1.2.4 Beitrag Luc Ciompis 59
          Kollektive Emotionen 62
          Affekte als Operatoren 63
          Chaostheorie und Synergieeffekte 65
      1.2.5 Das bio-psycho-soziale Systemmodell 68
          Strukturelle Koppelungen zwischen den drei Systemebenen ... 70
          Bio-soziale Koppelungen 71
      1.2.6 Emotionen auf drei Systemebenen 74
   1.3 Das biologische System 81
      1.3.1 Limbisches System – das emotionale Gehirn 81

		Zwei Wege der Emotionsverarbeitung	82
		Individualität der Stressregulation	87
	1.3.2	Polyvagaltheorie	89
		Sympathikus und Parasympathikus	89
		Zwei grundverschiedene Funktionsweisen des Vagusnervs	90
		Dorsaler Vagus	90
		Ventraler Vagus	93
		Wechselspiel der neuronalen Pfade	94
		Neurozeption	97
		Ventraler Vagus und Ko-Regulation	99
		Paardynamik der Nervensysteme	100
		Nutzen für die Therapie	102
1.4	Das psychische System		105
	1.4.1	Störungsspezifische Therapieforschung	106
		Grundgefühl Angst	107
		Störungsspezifischer Umgang mit Angst	109
		Bewertung der Emotionen als impliziter Prozess	112
	1.4.2	Die Trias: Verletztheit, Beschämung und Wertlosigkeit	113
		Emotion 1: Verletztheit	113
		Emotion 2: Scham bzw. Beschämung	115
		Emotion 3: Wertlosigkeitsgefühl	121
		Selbstbeschämungsmuster	123
		Scham als Ausdruck tieferer Bedürfnisse	124
	1.4.3	Veränderungsorientierte Emotionen	126
1.5	Das soziale System		127
	1.5.1	Bindungsforschung oder: Aller Anfang ist systemisch	128
		»Mutterschaftskonstellation« und die Unterstützung durch das soziale Umfeld	129
		Selbstorganisation und Selbstwirksamkeit des Kindes	131
		Bedeutung frühkindlicher Bindungserfahrungen	132
	1.5.2	Familiensystem	134
		Loyalitätskonflikte und Bezogenheiten	135
		Familie als zentraler Ort der Emotionsregulation	136
	1.5.3	Therapie als soziales System	137
1.6	Eine kurze Geschichte der Emotionen		139

2 Emotionsbasierte Verfahren (EBV) 151

2.1	Grundidee und Vorläufer		151
	2.1.1	Grundidee	151
	2.1.2	Vorläufer	153
		Gestalttherapie	153
		Psychodrama	154
		Transaktionsanalyse	154

		2.1.3	Emotionsbasierte Verfahren	155
2.2	Die Schematherapie			155
	2.2.1	Was ist ein Schema?		157
	2.2.2	Schemata im Einzelnen		159
	2.2.3	Schemaentstehung		168
		Verletzung psychischer Grundbedürfnisse		168
		Zur Frage der Dysfunktionalität und Veränderbarkeit von Schemata		170
	2.2.4	Modusmodell		172
		Bewältigungsmuster		174
		Der Innere-Eltern-Modus: Eltern als Modell und Komplement für Beziehungsmuster		183
		Der Innere-Kind-Modus und der verletzte innere Kindanteil		195
	2.2.5	Therapeutische Methoden 1: Werkzeuge und Basisinterventionen		202
		Modusmodell als Tool		202
		Fallbezogene Exploration als Tool		206
		Kognitive und verhaltensbezogene Interventionen		209
	2.2.6	Therapeutische Methoden 2: Emotionsaktivierende Interventionen		210
		Stuhlarbeit		210
		Imaginationsarbeit		218
	2.2.7	Therapeutische Beziehung		226
		Fürsorgliche Nachbeelterung		227
		Empathische Konfrontation		229
	2.2.8	BEATE-Modell		230
	2.2.9	Systemischer Nutzen		232
2.3	Emotionsfokussierte Therapie (EFT)			235
	2.3.1	Grundlagen der EFT		235
	2.3.2	Emotionstheorie der EFT		237
		Emotionale Schemata		237
		Unterschiedliche Emotionstypen		238
		Emotionen als Verweis auf mögliche Auftragsziele		243
		Somatische, psychische und kommunikative Marker		245
		Resümee des emotionsfokussierten Ansatzes		248
	2.3.3	Therapeutische Methoden 1: Tools und Interventionen		249
		Emotionales (Selbst-)Verstehen und Selbstakzeptanz		250
		Empathie als Schlüssel zur Selbstakzeptanz		250
		Die fünf Variationen der Empathie		252
		Achtsamkeit und Emotionsregulation		257
		Emotionsanalyse		261
		Bedürfnisanalyse emotionaler Prozesse		263

		2.3.4	Therapeutische Methoden 2: Erlebnisaktivierende Methoden ...	267

        2.3.4 Therapeutische Methoden 2: Erlebnisaktivierende Methoden ... 267
              Stuhldialoge 267
              Arbeit mit selbstkritischen Anteilen 268
              Arbeit mit angsterzeugenden Anteilen 274
              Liaison von innerem Kritiker und Angstmacher 281
              Unfinished Business 284
        2.5.3 Systemischer Nutzen der EFT 293
    2.4 Innere Kindarbeit (IKA) 296
        2.4.1 Grundzüge und Vorläufer der IKA 297
        2.4.2 Methoden und Anwendungsgebiete der IKA 300
              Gestaltung der Begegnung 301
              Geführte Meditationen nach Bradshaw 303
              Potenzielle Hindernisse 305
              Hilfreiche Rituale 306
              Psychodynamisch Imaginative Traumatherapie (PITT) nach
              Reddemann 308
              Der innere sichere Ort 309
        2.4.3 Systemischer Nutzen der IKA 310
    2.5 Compassion Focused Therapy (CFT) 313
        2.5.1 Die heilende Kraft des Mitgefühls 314
        2.5.2 Anwendung mitgefühlsorientierter Übungen
              im therapeutischen Setting 314
    2.6 Emotionsbasierte Verfahren als ressourcenorientierte Beziehungs-
        arbeit 317
    2.7 Kombinierbarkeit emotionsbasierter Verfahren 320

**3 Integrative Praxis – Verbindung von systemischer und
emotionsbasierter Therapie** 325
    3.1 Systemische Therapie und emotionsbasierte Verfahren (EBV) –
        ein Vergleich 325
        3.1.1 Menschenbild 325
        3.1.2 Therapeutische Haltung und Werte 329
              Umgang mit schmerzhaften Emotionen 330
              Retrospektiver Fokus 331
    3.2 Integration emotionsbasierter Arbeit und systemischer Ideen 331
        3.2.1 Systemische Sichtweisen als Grundlage emotionsbasierter Arbeit 332
        3.2.2 Vorteile der EBV gegenüber rein systemischen Verfahren 333
        3.2.3 Wirkungsweisen emotionsbasierter Verfahren 336
    3.3 Synergien systemischer Therapie und emotionsbasierter Verfahren 338
        3.3.1 Therapeutische Sinnangebote 339
        3.3.2 Emotionen als Auftragswegweiser 341

3.4 Grundriss einer systemisch-emotionalen Psychotherapie (SEP) 343
    3.4.1 Systemtheorie als Grundlage 344
          (Rück-)Kopplungsprozesse zwischen den Systemebenen 344
          Biografische Selbstrekursivität 345
    3.4.2 Integration emotionsbasierter Prinzipien und Methoden 346
          Basisinterventionen 349
          Dialoge mit der emotionalen Seite 354
          Drei Lupen 356
    3.4.3 Störungsspezifische Betrachtung 357
          Erforschung sich wiederholender Muster und
          Persönlichkeitsstörungen 359
          Umgang mit Persönlichkeitsstörungen in der SEP 364
3.5 Therapeutische Perspektive 365
3.6 Schlussbetrachtungen 367

4 Anhang 373
Literatur 373
Abbildungsverzeichnis 380
Tabellenverzeichnis 381

Ich möchte an dieser Stelle gerne meiner Frau für ihre Geduld und ihre stetige Unterstützung, Dagmar Tontschewa für die grafische Umsetzung und meinen Lehrtherapeutinnen, besonders Gunter Schmidt und Fritz Simon aus dem systemischen Feld sowie Imke Herrmann und Lars Auszra aus dem emotionsbasierten Bereich für die weise Führung und die vielen Anstöße danken, ohne die das Werk niemals in dieser Weise gelungen wäre.

Einleitung

> Verstand ohne Gefühle ist unmenschlich;
> Gefühl ohne Verstand ist Dummheit.
> (Egon Bahr[1])

Weshalb braucht jede Psychotherapie die Einbeziehung der Gefühle wie ein guter Koch erlesene Gewürze oder jede Kellnerin ein freundliches, kundenorientiertes Auftreten? Sind auf Grundlage moderner neurobiologischer und psychologischer Erkenntnisse emotionale Prozesse womöglich bei der Entstehung psychischer Störungen entscheidend beteiligt? Und wie lassen sich diese Prozesse für eine systemische Theoriebildung ebenso wie für eine fundierte integrative psychotherapeutische Praxis nutzen?

Zwei Überlegungen führten mich letztlich zum Verfassen dieses Buches: zum einen die Einsicht in die grundsätzliche Bedeutung der Emotionen, die ich in den letzten beiden Jahrzehnten als eine Art Quantensprung für die Weiterentwicklung und Vertiefung meiner Kenntnisse und meiner psychotherapeutischen Fähigkeiten erkennen durfte. Zum anderen die Frage, wie die Einbeziehung der Emotionen und insbesondere der emotionsbasierten Verfahren sowohl die Theorie als auch die Praxis der systemischen Psychotherapie bereichern kann.

Diese Frage stellt sich dabei an einem historischen Wendepunkt der systemischen Therapie, die in Deutschland im Begriff ist, in eine neue Dimension der Bedeutung vorzustoßen. Nachdem sie über viele Jahrzehnte als innovatives Verfahren in Familien- und Paartherapie, Supervision und Coaching, Sozialarbeit und Organisationberatung reüssiert hatte, erhielt sie nach der wissenschaftlichen Anerkennung schließlich auch die Zulassung als sozialrechtlich genehmigtes Einzeltherapieverfahren. Mit diesem großen Schritt ist es nun nicht mehr damit getan, sich vorrangig auf die Kommunikation zu fokussieren, wie auch schon die Heidelberger Schule, eine Art Vordenkerschmiede systemischer Innovationskraft, mit ihrem einschlägigen Kongressthema »Reden reicht nicht!?« (2014; 2016) aufgezeigt hat (vgl. auch Bohne, Ohler, Schmidt u. Trenkle., 2016).

Die Wurzeln systemischer Therapie reichen weit zurück. Ihre Pionierinnen hatten sie bereits Mitte des letzten Jahrhunderts als Familientherapie zunächst

---

1 Süddeutsche Zeitung, 2015.

in US-amerikanischen psychiatrischen Kliniken erprobt. Sie wurden durch neue Sichtweisen inspiriert, die aus modernen philosophischen Theorien ihr innovatives Denken speisten. Erwähnt seien hier besonders der Konstruktivismus, die Kybernetik (später die Kybernetik 2. Ordnung) und die Systemtheorie. Mit ihnen gelang ein Paradigmenwechsel, der das Verständnis von psychischen Störungen grundlegend veränderte. Indem die Kommunikation in jenen sozialen Systemen, in denen Abweichungen passierten – insbesondere in Familien, aber auch in den klinischen Systemen selbst –, in den Fokus gerückt wurde, konnte Sinnhaftigkeit im Verhalten des Einzelnen besser verstanden und die Annahme von »Verrücktheit« bzw. einer individuellen, endogenen, nicht verstehbaren psychischen Krankheit überwunden werden.

Dieser fundamentale Wechsel der Perspektive ging einher mit einer Vielzahl an neuen Methoden, die auch die therapeutische Grundhaltung veränderten. Mittels der Methodik des zirkulären Fragens, mittels Unterschiedsfragen, einer Klärung des Auftrags, des Reframings (deutsch: Umdeutung), des positiven Konnotierens (um hier nur einige zu benennen) sowie der prinzipiell wertschätzenden und würdigenden Grundhaltung des Therapeuten gelang es, eine neue Art der Gleichrangigkeit mit der Klientin[2] zum Ausdruck zu bringen und deren Selbstverantwortung zu stärken. Die neue Sichtweise wertete den Klienten spürbar auf, indem sie ihn in seiner Selbstorganisation vollständig anerkannte und ihm alle erdenklichen Potenziale, Ressourcen und Kompetenzen zutraute. Dies befreite den therapeutischen Alltag und damit auch die Sichtweise der Klientinnen auf sich selbst von einer einseitigen Problem- und Leidensfokussierung. Dieser Wandel wurde auch als Übergang vom Problemsystem zum Lösungssystem respektive von einer Problemtrance zu einer Lösungstrance diskutiert.

Bereits Mitte der 1980er Jahre fand die systemische Therapie mehr und mehr Anwendung als Einzeltherapieverfahren. Die stringente Lösungsfokussierung des US-amerikanischen Psychotherapeutenehepaares Steve de Shazer und Insoo Kim Berg wurde in diesem Zusammenhang zu einer Erfolgsgeschichte. Aber auch die Hypnotherapie Milton H. Ericksons, die von meinem Heidelberger Lehrtherapeuten Gunther Schmidt zu einer hypnosystemischen Therapie weiterverarbeitet wurde (2005), ebnete den Weg zu einer fundierten Einzeltherapie. Damit einher ging das attraktive Angebot, Probleme kurzzeittherapeutisch lösen zu können.

---

2 Ich nutze im vorliegenden Buch im Wechsel die weibliche und männliche Form, damit Gendersensitivität und Lesbarkeit Hand in Hand gehen. Die Leserinnen und Leser lade ich ein, diesen kontinuierlichen Perspektivwechsel mitzuvollziehen.

Als ich die systemische Familientherapie Mitte der 1980er Jahre für mich entdeckte, hatte ich schon einige andere Therapieverfahren wie Verhaltenstherapie, Gestalttherapie und Bioenergetik kennengelernt. Die neuen Erkenntnisse und die mit ihnen verbundenen innovativen Sichtweisen auf Therapie und Beratung, ihre fundamentale Kritik an der Pathologie- und Defizitorientierung und ihre eleganten systemisch-lösungsorientierten Interventionen faszinierten mich und bereicherten meine praktische Arbeit zunächst in der Sozialpsychiatrie, dann in der eigenen Praxis. Für die Einzeltherapie ließen sich zusätzlich auch hypnosystemische und verhaltenstherapeutische Methoden integrieren, immer auf Basis einer den Krankheitsbegriff dekonstruierenden Grundhaltung.

Doch es ergaben sich auch erste Schwierigkeiten. Bei der Umsetzung in meiner psychotherapeutischen Praxis musste ich mit der Zeit erkennen, dass jenes konsequent lösungsorientierte Vorgehen, das bei mir selbst größtmögliche Zuversicht und Begeisterung erzeugt hatte, nicht bei jedem Klienten gleichermaßen anschlussfähig war. Besonders die »schwierigen« Patienten mit langer »Krankheitsgeschichte« zeigten sich nicht immer bereit, Ressourcen- und Lösungsorientierung für sich selbst anzunehmen und meinen anfänglich ausgeprägten Veränderungsenthusiasmus zu teilen. Und auch, wenn ich die Nicht-Veränderungsseite des Klienten positiv würdigte, erreichte ich damit zwar ein gelingendes Joining, aber nicht unbedingt aktivierende und dauerhafte Therapieimpulse.

Eine weitere Entdeckung machte ich, als Klienten einige Jahre nach einer gelungenen Therapie wieder zu mir kommen wollten. Ich bemerkte bei ihnen, dass sich teilweise ihre die Symptome erzeugenden Muster nicht dauerhaft verändert hatten. Kommentare wie »Ich verstehe einfach nicht, dass ich das, was ich in der ersten Therapie bei Ihnen alles gelernt habe, immer noch nicht umsetzen kann!« oder »Dass ich so vieles wieder vergessen habe, ärgert mich auch!« waren keine Seltenheit. Dies alles trug dazu bei, dass ich mein rein auf Lösungen fokussiertes Konzept zu hinterfragen begann. Waren die durchgesprochenen Aufträge und ihre Umsetzung zu speziell, als dass sie auf andere Lebenskontexte übertragbar waren? Oder waren die durchdachten Lösungen zu kognitiv, um über längere Zeiträume Gültigkeit zu behalten? Ist die stringente Lösungsfokussierung vielleicht nicht für jedes Problem bzw. für jeden meiner Patienten gleichermaßen angemessen? Sind problematische Einstellungs- und Beziehungsmuster doch bisweilen gefestigter, als dass sie sich durch die Reflexion von Ausnahmen, das Stellen der Wunderfrage und durchgespielte Lösungsideen umstrukturieren ließen?

Mit der Zeit führten mich diese Fragestellungen dazu, mir die Prozesse genauer anzuschauen, die im Verhalten und Denken meiner Klienten dazu beitrugen, dass Veränderungen zwar für bestimmte Situationen gelangen, aber oftmals nicht nachhaltig wirkten. Woran lag es, dass viele Klientinnen die mittels der Therapie angedachten, doch so lukrativen und mit allen erdenklichen Sinnen fokussierten Lösungsideen nicht dauerhaft umzusetzen vermochten? Waren spezifische biografische Muster, die sich in der Selbstorganisation der Patienten niedergeschlagen hatten, doch wirksamer, als ich aus der Warte des Optimismus der stringenten Lösungsfokussierung vermutet hatte? Angetrieben durch meine Neugier stieß ich zunächst auf die Dynamik der inneren Anteile und schließlich auf sogenannte emotionale Schemata als eine wesentliche Grundlage psychischer Störungen. Und in der Folge meines neu entfachten Erkenntnisinteresses entdeckte ich die Macht der Gefühle als bisher vernachlässigte Basis dessen, wie Menschen sich wahrnehmen und bewerten, wie sie ihre problematischen Muster aufrechterhalten und auch wie sie diese wieder zu wandeln vermögen.

Zunächst nahm ich die Bedeutung des Emotionalen bereits in der Beziehungsanbahnung in meiner therapeutischen Praxis wahr. Klientinnen kamen offensichtlich gern wieder, wenn sie sich bei mir wohl und angenommen fühlten. So wirkten die Prozesse des Joining und Pacing[3] offenbar immer dann, wenn bei meinem Gegenüber Gefühle wie Sympathie und Vertrauen entstehen konnten. Das Einbringen von lösungsorientierten Fragen und Lösungsideen, zumindest in den ersten Stunden, war bei der Frage, ob eine Weiterführung der Therapie erwünscht war, deutlich weniger für meine Klienten wichtig, als ich angenommen hatte und stieß entsprechend auf geringere Resonanz. Meine akzeptierende Grundhaltung und weitere Aspekte wie Verständnis und Empathie hingegen halfen vielen Patienten zumindest anfangs deutlich mehr als reflexive Veränderungs- und Lösungsfragen. So lernte ich mit der Zeit, dass das Bedürfnis, verstanden zu werden, offensichtlich zunächst für viele derjenigen Menschen, die eine Therapie aufsuchen, das wichtigste Motiv darstellt.

Konnte es dann nicht sein, dass auch für die Veränderbarkeit meiner Klienten die Emotionen eine sehr viel bedeutsamere Rolle spielten, als ich bis dahin dachte? Und war deren Emotionsregulation nicht auch ein Teil ihrer eigenen Selbstorganisation, entstanden aus einem Puzzle vieler biografischer Erfahrungen und deren Konditionierungsgeschichte? War aus dieser Perspektive Therapie nicht doch besser als ein längerfristiger Prozess zu verstehen und dementsprechend auch zu gestalten, gerade für Menschen, die bereits mit einer

---

3   Joining bezeichnet die Phase in einer Therapie oder Beratung, in der eine Verbindung zwischen Therapeut und Klient hergestellt wird, um therapeutisch kooperieren zu können. Pacing wird als Fähigkeit des Therapeuten verstanden, mit dem Klienten mitzuschwingen, bevor der Prozess des Leading eintritt, also der Therapeut die Beratung in eine gewünschte Richtung lenken kann.

über viele Jahre gewachsenen komplexen psychischen Selbststeuerung in die Therapie kommen, in der kognitive, emotionale und verhaltensbezogene Prozesse symptombildend zusammenwirken?[4]

Wie könnte es mit einem veränderten Therapieverständnis gelingen, kognitive, emotionale, somatische und soziale Prozesse gleichermaßen zu berücksichtigen? Wäre es denkbar, dass erst durch die Erlebnisdimension Lösungen zu einem Teil der Autopoiese (der Selbsterzeugung und -erhaltung) des psychischen Systems werden und in das nachhaltige implizite Gedächtnis einfließen?

Für die Suche nach Antworten auf diese Fragen boten sich die Erkenntnisse moderner Therapieverfahren an, die sich mit der Thematik der Emotionsregulation und deren störungsspezifischen Komponenten auseinandersetzen. So entdeckte ich in der Folge verschiedene emotionsbasierte Verfahren, zuerst die Schematherapie und später die emotionsfokussierte Therapie, die meine Arbeit auf ein neues, vorher nicht zu erwartendes Niveau heben sollten.

Die Grundthese dieser Ansätze besagt, dass zumindest langwierige psychische Störungen dadurch entstehen, dass biografisch erworbene Verletzlichkeiten, die individuellen Versuche ihrer Bewältigung und die Geschichte ihrer Konditionierung zusammenwirken. Die auf diese Weise entstandenen emotionalen Schemata können als jene Operatoren im psychischen System betrachtet werden, die für die Entwicklung störungsspezifischer Phänomene und in der Folge auch für deren nachhaltige therapeutische Veränderung als entscheidend zu verstehen sind.

Daher würde ich die reine Lösungsfokussierung heute dahingehend relativieren, dass für nachhaltigen Wandel auch die Würdigung, Exploration und Transformation biografisch verankerter kognitiver und emotionaler Muster einzubeziehen ist. Durch eine Festlegung auf kurzfristig erreichbare Lösungen wird hingegen suggeriert, Wandel könne immer auch gelingen, ohne die tiefer liegenden emotionalen Schemata zu berücksichtigen. Dies kann dazu führen, dass Klienten sich wegen zu geringer Umsetzungserfolge über sich selbst ärgern oder auch die Therapie abwerten, sobald sie wieder in ihre störungsspezifischen Kreisläufe geraten. Auch andere systemische Therapeuten erkannten die Mängel, die bei ausschließlich auf Kurzzeit angelegten Therapien evident wurden. So konstatiert die aus Wien stammende amerikanische Systemtherapeutin Eve Lipchik, die in den 1970er Jahren zusammen mit Insoo Kim Berg und Steve de Shazer das Brief Family Therapy Center in Milwaukee aufbaute, dass bei reiner

---

4   Wobei dies nicht zwangsläufig zu bedeuten hat, dass die Anzahl der Sitzungen insgesamt enorm hoch und die Frequenz über längere Zeit sehr engmaschig sein müsste. Das ist wie immer im konkreten Einzelfall zu entscheiden. Der Prozess einer Umgestaltung emotionaler Schemata kann sich allerdings sehr wohl über mehrere Jahre erstrecken.

Lösungsorientierung »Feinheit, Geduld und Einfühlungsvermögen« (Lipchik, 1994, S. 234) zu kurz kommen.

Es stellt sich daher die Frage, ob die attraktive systemische Idee, Leiden auf dem schnellsten Weg durch Lösungsorientierung zu minimieren, nicht auch dazu verführen kann, dass elementare und als negativ aufgefasste Emotionen in der klassischen systemischen Therapie zu schnell umschifft werden, indem tendenziell nach Lösungen für die aktuell belastende Situation gesucht wird, was womöglich wichtige Elemente für nachhaltigen Wandel übersehen lässt. In diesem Fall würde ein blinder Fleck in der systemischen Therapie ersichtlich werden, der schon in der Systemtheorie offenkundig wird (▶ Kapitel 1.2).

Die Hauptthese dieses Buches lautet: Erst mittels einer Hinwendung zum emotionalen Verstehen und zu gezielten empathischen und gefühlsexplorierenden Prozessen kann die Sinnhaftigkeit einbezogen werden, die schmerzhafte und belastende Emotionen für das Verstehen und Erkennen der eigenen zum Teil abgewehrten und vernachlässigten Bedürfnisse und damit auch für tiefere, nachhaltige Lösungen bedeuten. Gleichzeitig besteht im Verstehen der eigenen Emotionen inklusive ihrer bedürfnisbezogenen Seite eine große Chance für die Aktivierung von Selbstakzeptanz und Selbstachtung.

Selbstredend sind Freude, Erfolge, Fortschritte, Lösungen und Glücksgefühle erstrebenswerte Zustände, die wir uns alle zutiefst für unsere Klienten und für uns selbst wünschen, und alle systemischen Verfahren dienen der Förderung dieser Zustände. Allerdings zeigen meine Erfahrungen, dass diejenigen Therapien, die emotionale Schemata einbeziehen, zumindest bei »schwierigen Patienten« (in der klassischen Terminologie häufig mit dem Etikett »Persönlichkeitsstörung« belegt), aber auch bei fast allen anderen Patientengruppen mit sich wiederholenden Mustern zu besseren Erfolgen führen (vgl. auch Wagner und Russinger, 2016). Die Erlebnisorientierung ist offensichtlich ein wichtiger Parameter, um die Selbstwirksamkeit zu erhöhen.

Dieser Wandel in der Perspektive ist in meinen Augen, auch wenn für eine Implementierung eventuell längere Zeitabschnitte benötigt werden, ein Gebot der Nachhaltigkeit (und wird in der heutigen Zeit auch pragmatisch durch die Anerkennung der systemischen Therapie als Krankenkassenleistung unterstützt, wodurch die Finanzierbarkeit auch einer längerfristigen Therapie gewährleistet wird).

Ziel meines Buches ist es, zu untersuchen und aufzuzeigen, wie eine systemisch-konstruktivistische Therapie, die mit den verschiedensten Klientinnen psychotherapeutisch erfolgreich arbeiten möchte, durch die Einbeziehung emotionsbasierter Verfahren bereichert werden kann. Ich bin überzeugt, dass wir sowohl innerhalb der Theorieentwicklung als auch besonders für die methodische Ausrichtung der Therapie am Beginn einer neuen Phase der Integration stehen, welche die psychotherapeutische Praxis verändern wird. Dazu werde ich im ersten Teil des Buches den Begriff und das Verständnis von Emotionen aus dem Blickwinkel verschiedener wissenschaftlicher Perspektiven betrachten, die sich für Psychotherapeuten als relevant erweisen.

Der zweite, praxisorientierte Teil stellt verschiedene emotionsbasierte Verfahren theoretisch und methodisch vor und liefert Erfahrungen aus meiner therapeutischen Praxis. In einem dritten, ebenfalls auf die therapeutischen Prozesse bezogenen Teil wird schließlich die Nützlichkeit der Integration systemischer und emotionsbasierter Konzepte reflektiert.

Im ersten Kapitel dieses Buches wird zunächst mittels eines Ausflugs in verschiedene Wissensgebiete anhand der Gegenüberstellung verschiedener Erkenntnisse einige Schlaglichter zur grundsätzlichen *Bedeutung der Emotionen* und ihres Wandels in der heutigen Zeit reflektiert, bevor die Frage »Was sind *Emotionen* und was kann unter *Basalemotionen* verstanden werden?« aufgegriffen wird. Es folgen Abschnitte zur Thematik, wie wir *emotionale Intelligenz* begreifen und *Gefühle als Signale* und als *Bedürfnisnavigatoren* nutzen können. Gedanken zu den *drei Affektsystemen, drei Grundbedürfnissen* und zum *Einfluss der Emotionen auf die psychische Gesundheit* runden dieses Kapitel ab.

Darauf folgt ein theoretisch orientierter Versuch, das Thema *Emotionen* innerhalb der für systemische Therapeuten hoch relevanten *Systemtheorie* zu verorten. Es zeigt sich dabei, dass jede Theorie blinde Flecken aufweist, obwohl sich das Thema »Emotionen« wie wohl kein anderes für die Verknüpfung der drei Systemdimensionen des biologischen, des psychischen und des sozialen Systems eignet. Daher versuche ich herauszuarbeiten, Emotionen als einen Schlüssel, wenn nicht als zentrales Missing Link bei Fragen der *strukturellen Koppelung im bio-psycho-sozialen Systemmodell* zu betrachten.

Es schließt sich eine Analyse dieser drei Systemarten in Bezug auf das Thema Emotionen an: Wie werden Gefühle neurobiologisch und körperlich, wie psychisch und wie sozial prozessiert, und wie werden diese Prozesse wiederum permanent rückgekoppelt? Diese spannende Forschungsfrage kann im Rahmen dieser Arbeit allerdings nur skizziert werden.

Im Abschnitt über das *biologische System* werden das *limbische System,* die *Individualität der Stressreaktion* und die *Polyvagaltheorie* in ihrer Bedeutung für Entstehung und Bewertung von Emotionen dargestellt, drei Themen, die ich für das Verständnis der später illustrierten Therapiekonzepte als besonders wertvoll erachte. Es folgt ein Abschnitt über das *psychische System,* in dem störungsspezifische und veränderungsorientierte Emotionen einander gegenübergestellt werden. Für die erste Gruppe werden dabei *Grundgefühle wie Angst, Verletztheit,*

Scham und *Wertlosigkeit* differenziert erläutert. Im Abschnitt über das *soziale System* geht es mit »*Aller Anfang ist systemisch*« um Aspekte der *Bindungsforschung*, bevor der potenzielle Einfluss der *Familie* sowie anderer sozialer Systeme – auch des *Systems Therapie* – auf die Emotionen analysiert wird. Einen Exkurs bildet der Abschnitt »*Eine kurze Geschichte der Emotionen*«, der die Geschichtsforschung nach Beiträgen zum Verständnis der Emotionen durchstreift.

Im zweiten Teil werden die *emotionsbasierten Therapieformen* exploriert und nach einer kurzen Würdigung einiger Vorläufer vor allem die *Schematherapie* in ihrer *Theorie* und in ihren *methodischen Werkzeugen* vorgestellt. Sie nimmt deshalb besonders breiten Raum ein, weil sie auf faszinierende Art und Weise die Komplexität psychischer Selbstorganisation in einem übersichtlichen Modell vereint und für ein störungsspezifisches Verständnis wie auch für ein lösungsorientiertes psychotherapeutisches Vorgehen wertvolle Grundlagen liefert.

Für das *Verstehen und Explorieren der Dynamik psychischer Prozesse* und für das Erlangen des Therapieziels *Selbstakzeptanz* sind wiederum die Errungenschaften der *emotionsfokussierten Therapie* von höchstem Nutzen. Ihr *Ansatz und ihre Methodenvielfalt*, unter anderem die *fünf Variationen der Empathie* und die vielen hochwirksamen Stuhl- und Imaginationsübungen, bieten einen Fundus, der die gezielte Arbeit mit Emotionen außerordentlich bereichert. Der Einsatz dieser Übungen wird in den praktischen Teilen auch anhand vieler Beispiele illustriert. *Innere-Kind-Arbeit* und die *Mitgefühlsorientierte Therapie* runden den methodisch-praktischen Teil dieses Buches ab.

Im Schlussteil werden schließlich nach einer Skizzierung der Unterschiede und Gemeinsamkeiten vielfältige *Synergieeffekte der emotionsbasierten Verfahren mit der systemischen Therapie* vorgestellt, die unterstreichen, welche positive Kraft aus einer möglichen *Integration* dieser beiden Therapiefelder hervorgeht. Damit gehe ich auch der Frage nach, ob es für eine *Weiterentwicklung der Psychotherapie* nicht der Vereinigung der effektivsten Verfahren auf Basis einer stimmigen philosophischen Theorie bedarf, wie sie systemisch-konstruktivistische und emotionsbasierte Therapieformen eindrücklich in der derzeitigen therapeutischen Landschaft verkörpern. Diese komplexe Integration fasse ich im Abschnitt *Grundriss einer systemisch-emotionalen Psychotherapie (SEP)* zusammen.

In Weiterführung der konstruktivistisch ausgerichteten systemischen Therapie stelle ich in diesem Buch letztlich die These auf, dass nicht nur die *kognitiven Wirklichkeitskonstruktionen als Ausdruck der Selbstorganisation*, sondern auch und insbesondere das *emotionale Erleben als Ausdruck der dynamischen psychischen Selbstorganisation jedes Klienten geachtet, gewürdigt und für den therapeutischen Prozess systematisch genutzt werden können.*

Daher möchte ich Sie nun zu einer Reise durch das weite Feld der Emotionen anregen mit der besonderen Einladung, die Virtuosität emotionsbasierter Verfahren zu entdecken und diese, wenn Sie sich dazu angesprochen fühlen, als innovative Erweiterung für den psychotherapeutischen Prozess und die eigene Praxis kennenzulernen.

1 Emotionen: Bedeutung, Theorie und Therapie

1.1 Bedeutung von Emotionen

Moderne Gesellschaften zeichnen sich dadurch aus, dass neben dem technischen Fortschritt auch Emotionen einen immer höheren Stellenwert erfahren. Von verschiedenen Wissenschaftsdisziplinen werden sie als eine Triebfeder menschlichen Daseins verstanden, die sich sowohl für Handlungen, Motivationen und Entscheidungen als auch für Stimmungslagen und Wohlbefinden als elementar erwiesen hat. Auch für die psychische und somatische Gesundheit wird die Bedeutung der Emotionen in Theorie und Praxis mehr und mehr anerkannt und zunehmend stärker einbezogen, nachdem über Jahrhunderte die Rationalität und in verschiedenen Bereichen der Psychotherapie zudem jahrzehntelang ein kognitives Primat vorherrschten.

Die Bedeutung der Emotionen unterliegt im kulturellen und historischen Vergleich größtmöglichen Unterschieden. Dies werde ich etwas ausführlicher im Kapitel über die Geschichte der Emotionen darstellen (▶ Kapitel 1.6). Auch wenn es universelle Emotionen geben mag, die sich als anthropologische Grundlagen in der biologischen Grundausstattung des Menschen wiederfinden, ist doch der sozialkonstruktivistische Anteil bei der Bedeutungszuschreibung gigantisch. Dies zeigt die Bandbreite der Unterschiede in der Wahrnehmung, Auslegung und Bewertung emotionaler Zustände. Daher sollte sich jeder Emotionsforscher bewusst sein, dass bei dem Versuch, diesen Gegenstand für therapeutische Anliegen übersichtlich darzustellen, immer nur auf dem Kenntnisstand unserer heutigen Zeit aufgebaut werden und sich dieser in Zukunft wieder verändern wird.

Die Beachtung des Emotionellen hat in den letzten Jahrzehnten einen ungeheuren Aufschwung erlebt. Emotionale Prozesse werden mittlerweile gesellschaftlich deutlich mehr anerkannt und fließen in unser Denken und unsere Sprache ein. Die Werbung bedient sich ihrer ebenso wie das Marketing in der gezielten Ausrichtung auf den Kunden und dessen spezielle Interessen. Wir leben in einem Zeitalter des »affektiven Individualismus« (2012, S. 80), wie die israelische Soziologin Eva Illouz unter anderem in ihrem Werk »Warum Liebe weh tut« betont. Sie zeigt auf, dass sich unsere gesamte Kultur sowohl in ihrer ökonomischen Entwicklung als auch im Privaten immer stärker über Gefühle definiert. Emotionale Diskurse werden nicht nur in der Kundenorientierung, sondern mehr und mehr auch am Arbeitsplatz, in der Familie und besonders in sozialen Beziehungen eingeführt. Von der Partnerinnensuche bis zur Trennungsfrage dominieren emotionale Fragestellungen die Entscheidungsfindung. Sprache und Denkmuster bezeugen diesen Prozess, wenn die in eine Beziehung getätigten Investitionen mit den unerfüllten Erwartungen oder – wie auf Datingplattformen – die übereinstimmenden Präferenzen mit Matching-Punkten hochgerechnet werden. Illouz' Schlussfolgerung ist daher völlig einleuchtend: Wir befinden uns in einem Wandel zu einem »emotionalen Kapitalismus« (2007, S. 13).

Während in früheren Gesellschaften die Mitgift und der ökonomische Stand als wichtigste Voraussetzungen für eine Eheschließung betrachtet wurden, gilt heute die emotionale Kraft der Liebe als zentrale Grundlage, differenziert über die Wahrnehmung und das Empfinden verschiedener Formen der Attraktivität, die in eine Beziehung eingebracht werden. Der Diskurs der romantischen Liebe, der einen schwer erreichbaren Idealzustand glücklicher Partnerschaft zu einer weitverbreiteten Erwartungshaltung erhebt, verweist auf einen Übergang in der gesellschaftlichen Wertehierarchie von der rein ökonomischen zu einer zunehmend emotionalen Sphäre. Mit diesem Wandel einher geht auch der immense Bedeutungsgewinn jener Wissenschaftszweige, die sich mit Emotionen auseinandersetzen.

Psychologische und mittlerweile auch neurobiologische Erkenntnisse fließen in unser Allgemeinwissen ein, sich manifestierend unter anderem in einer unaufhörlich anwachsenden Ansammlung von Produkten einer wahren Ratgeberindustrie, die als eigene Branche mit hohem Wachstumspotenzial angesehen werden kann. Sie profitiert davon, dass, beginnend mit dem Ende des 19. Jahrhunderts, die Publikation psychiatrischer, sozialpsychologischer und psychoanalytischer Erkenntnisse eine gesamtgesellschaftliche Verbreitung dieser Denkmuster ermöglichte. Der französische Philosoph Michel Foucault hat dies im Rahmen seiner Diskurstheorie sehr dezidiert als einen neuen Diskurs der »Sorge um sich« und der »Sorge um das kranke Selbst« dargestellt (1986).

Andere Philosophen konstatieren seit Mitte der 1990er Jahre einen Wandel der gesellschaftlichen Diskurse hin zur Biologie als neuer Leitdisziplin (so z. B. Vollmer, 1995|2015; Krohs u. Toepfer, 2005). Der deutsche Historiker Jan Plamper stellt dabei die These auf, dass sich der Prozess der diskursiv-medialen

Emotionalisierung in den Nachwirkungen der 9/11-Terroranschläge in den USA immens beschleunigt habe: »[...] wenn es also den einen Geburtsort der heutigen Emotionsgeschichte geben soll, so war es Manhattan am Morgen des 11. September 2001« (2012, S. 75). Seither sei, ausgehend von den USA, ein »emotionaler Boom« entfacht worden, der sich tatsächlich vor allem in der Welt des Internets entfesselt verbreitet hat. Angst und Hass sind zu gängigen Emotionen mit hoher Anschlussfähigkeit geworden und haben eine Art *emotional turn* eingeläutet. Bestimmte negative Gefühle erfahren eine Enttabuisierung. Während sogenannte Wutbürger noch traditionell ihren Protest auf die Straße tragen, vervielfältigen sich auf den Datenautobahnen des World Wide Web Hass-E-Mails im anonymen Raum und erzeugen eine Polarisierung, die das Potential einer zunehmenden gesellschaftlichen Spaltung in sich trägt. Sogar ganz neue Sprachschöpfungen wie der Begriff »mütend« auf dem Höhepunkt der Coronapandemie, als diese und die Einschränkung vieler Grundrechte die Gesellschaft zunehmend ermüdeten und gleichzeitig Ärger produzierten, bereichern die emotionale Sprache.

Jedoch ist der *emotional turn* längst auch in andere Sphären eingedrungen. Emotionen sind in aller Munde. So werden nicht ganz den Tatsachen entsprechende Aussagen seit einigen Jahren gern mit der semantischen Hinzufügung »gefühlt« unterstrichen, zum Beispiel: »Es regnet *gefühlt* seit einer Woche!« Auch bei Sportereignissen wird der Mehrwert aus den »puren Emotionen« oder bei spannenden Spielverläufen aus einer »Achterbahn der Gefühle« gezogen und als Ursache für Siege von Außenseitern häufig ein »stärkerer Siegeswille« attestiert, der sich wiederum auf ein höheres Maß an »Gier« bzw. »Erfolgs-Hunger« zurückführen lasse. Auffallend ist hierbei die Umwertung früher eindeutig als negativ eingestufter Motivationslagen (wie beispielsweise Gier) zu erstrebenswerten Eigenschaften. Eine Umwertung, die ebenfalls in der Werbeindustrie zur Anregung des Konsumverhaltens eingesetzt wird, beispielsweise mit dem Slogan »Geiz ist geil«.

Kurz: Fühlen ist in geworden.

Die Veränderung hin zur emotionalisierten Sprache findet sich auch in der Schilderung von Lebensgeschichten wieder, wie sie beispielsweise in literarischen Autobiografien oder in der Selbstdarstellung in Talkshows präsentiert werden. Bei der Erzählung der eigenen Geschichte kommt es inzwischen zu keiner schambesetzten Tabuisierung schwieriger Lebensereignisse mehr, sondern es ist zu einer neuen Normalität geworden, biografische Brüche und krisenhafte Erfahrungen als wesentliche Transformationen und somit als gewinnbringend in das Narrativ einzubeziehen.

Insofern ist es kein Wunder, dass die gesellschaftlich weitverbreitete Emotionalisierung unserer Wahrnehmung und Sprache mit der Therapeutisierung der Gesellschaft nicht nur Hand in Hand geht, sondern sich auch unmittelbar im Verständnis psychischer Gesundheit und therapeutischer Transformationsarbeit niederschlägt.

1.1.1 Was sind Emotionen?

Die Frage, was Emotionen exakt sind, ist nicht einfach zu beantworten. Zum einen, weil es verschiedene Definitionsversuche aus verschiedenen Wissenschaftsdisziplinen gibt, zum anderen, weil selbst Forschungen aus den Neurowissenschaften aufzeigen, dass tatsächlich sogar verschiedene Zentren im Gehirn existieren, die für verschiedene Prozesse der Sinneswahrnehmung und der Emotionsverarbeitung zuständig sind. Bereits die Frage der Lokalisierung, ob Emotionen primär im Körper oder in der Psyche zu verorten sind, ist nach wie vor umstritten, und in der Beschreibung bzw. zum Verständnis von Emotionen werden je nach Forschungs- oder Anwendungsfeld die unterschiedlichsten Begriffe verwendet:

Befindlichkeiten, Affekte, Gefühle, Stimmungen, (Grund-)Bedürfnisse, Motivationen, Motive, Intentionen, Erregungszustände, Felt Sense, Bewertungen, Primary Appraisal, Secondary Appraisal, Kognitionen, Sinn, Kommunikation etc.

Die Erkenntnisse der verschiedenen Forschungszweige lassen sich wie folgt zusammenfassen:

Affekte werden definiert als primär unbewusste emotionale Zustände, Stimmungslagen und Befindlichkeiten, die sich als körperliche Effekte (sog. Affektdurchbrüche wie Weinen, Erröten, Zittern) zeigen können. Man könnte sagen, der Organismus nimmt Bewertungen der Situation vor, die vorbewusst oder implizit ablaufen und zu einer Reaktion zumindest auf der »Bühne des Körpers« veranlassen. Diese erste affektive Bewertung findet in der Regel bereits im limbischen System statt und wirkt steuernd für weitere Impulse (▶ Kapitel 1.3.1). Der von Gendlin (1978) definierte Felt Sense nimm hier seinen Ausgangspunkt.

Diesem affektiven System folgen implizite Motivationen, beispielsweise Annäherungs- oder Vermeidungsmotivationen, Flucht- oder Angriffsimpulse. Ist mir ein Mensch sympathisch oder unsympathisch, finde ich ihn attraktiv oder unattraktiv, erlebe ich eine Situation als bedrohlich oder harmlos – solche primären Bewertungen werden zunächst von unserem Affektsystem gesteuert. Wenn ich in einem späteren Teil dieses Buches von emotionalen Schemata als hoch bedeutsam für das Zustandekommen psychischer Störungen und von ihrer therapeutischen Wandlungsfähigkeit sprechen werde, wird der Einbezug der impliziten, affektiv-motivationalen Ebene besonders relevant.

Es gibt einen lang anhaltenden wissenschaftlichen Streit, ob Emotionen evolutionär, das heißt biologisch und somit auch universalistisch zu verstehen sind, wie es bereits Charles Darwin (1872) angenommen hat und wie es von dem US-amerikanischen Emotionsforscher Paul Ekman (2016) mit modernen Forschungsdaten unterstrichen wurde. Dem gegenüber steht eine große Gruppe an Wissenschaftlern, die die Bedeutung der sozialen Konstruktion bei der Wahrnehmung, Bewertung und Äußerung von Emotionen hervorhebt. Ich werde auf diese Debatte im Abschnitt über die Geschichte der Emotionen zurückkommen (▶ Kapitel 1.6).

Auch was bei emotionalen Prozessen in welcher zeitlichen Abfolge passiert, war immer wieder Gegenstand wissenschaftlicher Auseinandersetzungen: War die Definition dessen, was wir fühlen, Ausdruck eines kognitiven Bewertungsprozesses (als unmittelbare Folge auf eine unspezifische physiologische Erregung), also ein Akt einer Zuschreibung, oder entspringen Affekte einer potentiellen Gleichzeitigkeit von körperlichem Fühlen und der Wahrnehmung eines Gefühls inklusive einer diesem Prozess inhärenten Bedeutungsgebung.

Die Cannon-Bard-Theorie (nach den beiden US-amerikanischen Physiologen Walter Cannon und Philip Bard, 1927/28) geht davon aus, dass Prozesse des emotionalen Erlebens und der physiologischen Erregung bzw. körperliche Reaktionen wie beispielsweise Weinen, Erröten oder Zittern häufig gleichzeitig ablaufen. Der Thalamus als Teil des limbischen Systems leitet entsprechende Reize auf vorprogrammierten neuronalen Bahnen zum Kortex, wo das emotionale Erleben erfasst wird. Parallel werden über den Hirnstamm bestimmte Körperfunktionen angeregt und auf diesem unmittelbaren Weg körperliche Symptome ausgelöst.

Seit den 60er Jahren galt dann für viele Jahre die Zwei-Faktoren-Theorie von Stanley Schachter und Jerome Singer als wissenschaftliche Grundlage für das Verständnis emotionaler Prozesse (1962). Die beiden US-amerikanischen Sozialpsychologen nahmen an, dass Emotionen auf einer unspezifischen physiologischen Erregung beruhen, die erst über die kognitive Zuordnung mit einer bestimmten Emotion assoziiert würden. Zum Beispiel kann in einer bedrohlichen Situation die unter dem Einfluss von Adrenalin auftretende physiologische Erregung als Furcht oder als Ärger interpretiert werden. Diese unterschiedliche kognitive Attribuierung diente über Jahrzehnte als Ausgangspunkt therapeutischer Veränderungsarbeit zumindest innerhalb der verhaltenstherapeutisch orientierten Community. Um die Emotionen und das auf sie folgende Verhalten zu verändern, galt es die zugrundeliegenden Kognitionen umzustrukturieren.

Nach der kognitiven Wende der 1960er Jahre findet gegenwärtig innerhalb der neurowissenschaftlich fundierten Psychotherapieforschung ein weiterer Paradigmenwechsel statt, der nun den gesamten Organismus einbezieht. Neben dem Embodiment und dem Erfassen des Felt Sense und der somatischen Marker hat die Welle neurobiologischer Erkenntnisse dabei inzwischen längst auch den Emotionsbegriff erfasst und zu einer differenzierten Sichtweise auf das Zustandekommen und die Verortung von Emotionen geführt. So lässt sich mittlerweile konstatieren, dass die Amygdala für viele emotionale Prozesse[5] ein zentrales Organ darstellt und die meisten Emotionen im limbischen System prozessiert und über den Hirnstamm in den Körper geleitet werden, wo ein Fühlen stattfinden kann. Im präfrontalen Kortex wiederum findet das bewusste Wahrnehmen und Erkennen dieses Fühlens statt, womit auch das Bewusstsein Anteil am emotionalen Geschehen nehmen kann.

Aus dieser sich heute zunehmend durchsetzenden Sichtweise darf mit Antonio Damasio, einem auf dem Gebiet der Emotionsforschung höchst anerkannten Neurobiologen der Gegenwart, gefolgert werden: »Die Emotionen treten auf der Bühne des Körpers auf, die Gefühle auf der Bühne des Geistes« (2005, S. 38). Das heißt, Vorgänge auf der Basis der Selbstorganisation des Gehirns können auch unmittelbar subkortikal und auf der somatischen Ebene als Emotionen prozessiert werden, ohne dass das Bewusstsein dies erkennen muss.

Es ist daher keineswegs angemessen, es als Verdrängung oder gar Verleugnung zu definieren, wenn Menschen ihre Emotionen nicht wahrnehmen und versprachlichen können. Im Gegenteil, ich möchte behaupten, es erfordert vielmehr eine besondere Begabung, den Weg von der Selbstbeobachtung und der Bewusstwerdung einer körperbezogenen Emotion zu einem über das Bewusstsein erkennbaren Gefühl zu schaffen und gleichzeitig dieses Gefühl in Sprache umzusetzen. Erst mit diesem Schritt jedoch kann die Fähigkeit entwickelt werden, mit Emotionen selbstbestimmt, selbstbewusst und transparent umzugehen.

Emotionen sind laut neuestem neurobiologischem Kenntnisstand somit dem biologischen System zuzuordnen und ursprünglich daran ausgerichtet, das Überleben zu sichern. Damasio beschreibt Emotionen als »komplizierte Bündel von chemischen und neuronalen Reaktionen, die ein Muster bilden; alle Emotionen haben eine regulatorische Funktion und führen [...] zur Entstehung von Umständen, die vorteilhaft für den Organismus sind [...]. [...] ihre Aufgabe besteht darin, dem Organismus zu helfen, am Leben zu bleiben« Und weiter folgert er: »Emotionen [sind] biologisch determinierte Prozesse, die von angeborenen Hirnstrukturen abhängen, und diese wiederum verdanken

---

5   Die Amygdala galt lange Zeit in erster Linie als Zentrum für Angst- und Bedrohungsgefühle, wohingegen in den letzten Jahren auch bei anderen wohltuenden Gefühlen wie Freude und Lust Aktivitäten in der Amygdala gemessen wurden.

ihre Existenz einer langen evolutionären Geschichte« (2009, S. 68). In diesem Sinne sind auch Reflexe, Stoffwechselveränderungen und Immunantworten, Schmerzzustände sowie alle Arten von Antrieben, Begierden und Motivationen als Basiselemente primärer Emotionen zu verstehen (vgl. Damasio, 2005, S. 39 ff.). Diese Elemente sind nicht linear aufeinander bezogen, sondern verlaufen selbstreferenziell oder, wie Damasio betont, verschachtelt.[6]

Als grundlegende oder *primäre Emotionen* lassen sich Antworten unseres psychischen Immunsystems auf jede Art der Bedrohung auffassen, wozu Ängste und Furcht genauso wie Wut und Ekel sowie als Reaktion auf (drohenden) Verlust Empfindungen der Trauer zählen. Aber auch Freude, Lust und Glücksmomente sind als primäre Emotionen zu werten. Des Weiteren unterscheidet Damasio davon *soziale Emotionen* und *Hintergrundemotionen*. Letztere beschreiben Befindlichkeiten, die über das momentane Gefühl im Hier und Jetzt hinausreichen, beispielsweise die Traurigkeit nach einem Verlust, die länger anhält, auch wenn es gelingt, sich zwischenzeitlich abzulenken und anderweitig zu fokussieren.

Auch soziale Emotionen können als überlebenswichtige Strategien angesehen werden, die ursprünglich der Optimierung der Regulation des Zusammenhalts in der Gemeinschaft dienen sollten, wie beispielsweise bei Scham- und Schuldgefühlen, Entrüstung und Verachtung, aber auch Empathie, Mitgefühl und Dankbarkeit[7]. Wie sehr die Regulation unserer Grundbedürfnisse nach Sicherheit, Autonomie und Anerkennung im sozialen Kontext unserer primären Bindungserfahrungen die Persönlichkeitsentwicklung inklusive wesentlicher Prozesse der Emotionsregulation prägt, werde ich im Abschnitt über die Bindungsforschung vertiefen (▶ Kapitel 1.5.1).

> Emotionen bzw. Gefühle lassen sich neurobiologisch und psychologisch als differenzierbare Elemente auffassen, die auf drei Ebenen miteinander interagieren:

---

6 Das bedeutet, dass eine somatische Reaktion oder ein Reflex auch komplexe emotionale Reaktionsmuster hervorbringen kann (aber nicht muss), da die spezifische Selbstorganisation jedes Individuums nicht-deterministisch gemäß seiner bio-psycho-sozialen Lerngeschichte abläuft.

7 Ich werde später ausführlicher auf eine Beschreibung einiger dieser Gefühlszustände zurückkommen (▶ Kapitel 1.4; 2.3.3). Speziell bei der Empathie wissen wir seit der Erforschung der Spiegelneuronen, dass die Grundlagen für die Spiegelung des emotionalen Ausdrucks anderer auch bereits neurobiologisch verankert sind.

- die Emotion selbst als ein neurobiologisches Phänomen
- das Fühlen dieser Emotion als somatisches und möglicherweise psychisch implizites Erleben
- die bewusste Wahrnehmung dieser Emotion

Der Gehirnforscher Gerhard Roth beschreibt in »Wie das Gehirn die Seele macht«, dass auch die Bewertung der meisten Emotionen im Gehirn gemäß bisheriger Codierungen implizit abläuft (Roth u. Stüber, 2014). Dies ist eine Erklärung dafür, dass rein kognitive Therapieansätze zu wenig Einfluss auf die impliziten Bewertungsprozesse nehmen können, die unser Empfinden und unsere Handlungsimpulse leiten.

Um es an dieser Stelle vorwegzunehmen: Während kognitiv orientierte Therapieansätze in der Regel erst bei Stufe (3) der im obigen Kasten aufgeführten Triade ansetzen, versuchen emotionsbasierte Verfahren bereits die auf Stufe (2) ablaufenden impliziten emotionalen Regulationsprozesse mittels therapeutischer Interventionen zu transformieren. Dabei ist zu berücksichtigen, dass das Hervorbringen der Emotionen nicht allein einem genetischen Programm des Menschen, sondern in weiterer Linie der biografischen Sozialisations- und Konditionierungsgeschichte entspringt, die sich von Mensch zu Mensch gravierend unterschiedlich entwickeln kann.

Auch wenn die Grundthese, dass Emotionen primär unser Überleben bzw. das Überleben (in) unserer Gruppe sichern wollen, einen grundsätzlich wertschätzenden Blick auf das Entstehen von Emotionen wirft und diese als Ressourcen verstehen lässt, ist es keineswegs so, dass Emotionen immer positiv zu bewerten wären. Aufgrund von Über- oder Unterregulationsprozessen, die sowohl biografisch bedingt die psychische Selbstorganisation betreffen als auch neurobiologisch beispielsweise über hormonelle und/oder neuromodulare Steuerungsprozesse ablaufen können, ist es möglich, dass Emotionen zu beträchtlichen Ungleichgewichten und Fehlsteuerungen beitragen. So kann beispielsweise die Emotion Angst überreguliert werden, indem Personen dieses Gefühl nicht wahrnehmen und in Risiken geraten bzw. diese sogar bewusst oder halbbewusst aufsuchen. Andere Personen leiden unter Angststörungen, weil Ängste ständig oder zu zahlreich oder in zu starker Intensität auftreten (mit anderen Worten: unterreguliert) oder weil sie ihre Ängste so negativ bewerten, dass die Angst vor der Angst eine permanente Auseinandersetzung und Aufmerksamkeitssteuerung mit diesem Gefühl bedingt.

Wenn neueste Forschungserkenntnisse darauf hinweisen, dass implizite Prozesse der Emotionsregulation als Schlüssel für die meisten psychisch relevanten Vorgänge anzusehen sind, bedeutet dies auch eine Herausforderung für psychotherapeutische Theoriebildung und zielführende Interventionen, nämlich eine Erweiterung des therapeutischen Handlungsspektrums, welches bisher vornehmlich die kognitive Selbstorganisation des Psychischen und die kommunikativen Prozesse in sozialen Systemen umfasste. Das Erkenntnisinteresse moderner Therapiekonzepte wendet sich daher mehr und mehr den impliziten emotionalen Prozessen zu. Diese lassen sich, so die Hauptthese emotionsbasierter Therapieansätze, am besten im aktivierten Zustand verändern.

Damasio unterscheidet in der Folge auch zwei Bewusstseinsstufen: das *Kernbewusstsein*, welches das Überleben respektive unsere Ablaufprogramme im Hier und Jetzt sicherstellt, und das *erweiterte Bewusstsein*, welches Vergangenes und die antizipierte Zukunft miteinbezieht (2009, S. 28 ff.). Auch auf diese beiden Bewusstseinsformen zielt selbstredend psychotherapeutische Veränderungsarbeit. Emotionen finden im Hier und Jetzt statt und lassen sich aktualisiert am besten bearbeiten. Beim erweiterten Bewusstsein ist hingegen das Narrativ, die sich verändernde Selbstbeschreibung und erzählung der Klientin von Relevanz, wofür emotionale Verarbeitungs- und Bewertungsprozesse ebenfalls eine entscheidende Rolle spielen.

1.1.2 Emotionale Intelligenz und Achtsamkeit

Nach den *sozialen Kompetenzen* und der *sozialen Intelligenz* wurde 1990 der Begriff der *emotionalen Intelligenz* von den US-amerikanischen Psychologen John D. Mayer und Peter Salovey in die wissenschaftliche Diskussion eingeführt. Er bezeichnet die Fähigkeit, erstens die eigenen Gefühle wahrzunehmen, zu verstehen und mit ihnen umzugehen und zweitens Empathie für die Gefühle anderer Personen zu entwickeln (vgl. Goleman, 1997, S. 65). Was in früheren Zeiten »Herzenswärme« oder – beispielsweise von Johann Wolfgang Goethe – »Herzensbildung« genannt wurde, lässt sich heute also per EQ-Test messen. Es wird angenommen, dass die Kompetenzen, die der emotionalen Intelligenz innewohnen, für die meisten gesellschaftlichen Anforderungen, die mit Teamarbeit und Menschenführung in Zusammenhang stehen, mindestens ebenso wichtig sind wie der IQ, der lange Zeit der einzige Maßstab messbarer Intelligenz gewesen war.

Laut dem US-amerikanischen Psychologen Daniel Goleman gründet die emotionale Intelligenz auf der Fähigkeit der gesunden Selbsteinschätzung, die bereits Sokrates als apollonische Weisheit in Delphi verkündete: »Erkenne dich selbst!« Sie galt dem griechischen Philosophen damals als Aufforderung, nicht ständig andere Menschen zu kritisieren, sondern auf sich selbst zu achten. Goleman greift diesen Gedanken auf und verknüpft ihn mit einem Grundprinzip der in den 1970er Jahren beginnenden Ära der Achtsamkeit: die eigenen Gefühle wahrzunehmen, ohne zu (ver-)urteilen.[8]

Vier aufeinander aufbauende Kompetenzen können als Ideale emotionaler Intelligenz zusammengefasst werden:

(1) *Erkenne deine Gefühle als Antriebe deines Verhaltens und deiner Motivationen.*
Dieses Erkennen beruht auf der Idee der Selbstakzeptanz, da Menschen, die ihre Gefühle bekämpfen, verleugnen und unterdrücken, leicht in Stress geraten und nicht sinnvoll mit ihren Gefühlen umgehen können.

(2) *Lerne, deine Gefühle so zu beeinflussen, dass du angemessen mit ihnen umzugehen verstehst.*
Dies gilt insbesondere für die Gefahr der Dramatisierung wie für die der Geringschätzung und Bagatellisierung. Hauptziel dieses Postulats ist es, sich bei jenen Emotionen, die mit größerer Erregung einhergehen, selbst zu beruhigen, um wieder adäquat handeln bzw. kommunizieren zu können. Umgekehrt gilt es, Gefühle wahrzunehmen und zu achten, die als wichtige Signale für das weitere Handeln angesehen werden können.

(3) *Nutze deine Gefühle, um deine Ziele zu erreichen.*
Dies bedeutet nach Goleman beispielsweise, kurzfristige Verlockungen für einen späteren Erfolg (oder Genuss) zurückstellen zu können (sog. Belohnungsaufschub). Ich würde ergänzen wollen, dass es auch möglich ist, Emotionen wie z. B. Ängste oder Wut als eine Art Energie zu nutzen, um diese in Entschlossenheit oder Konzentration umzusetzen. Auch Verletztheiten lassen sich, wie ich später zeigen werde, als Ressourcen für das Aufzeigen der eigenen Bedürfnisse nutzen (▶ Kapitel 2.3).

(4) *Versuche, die (teils versteckten) Signale anderer zu verstehen, um herauszufinden, was sie brauchen.*
Dieses Postulat kann als ein Grundsatz der Menschlichkeit aufgefasst werden. Empathie ist für den Zusammenhalt und das reibungslose Funktionieren sozialer Systeme eine wichtige Voraussetzung. Für therapeutische Zwecke ist diese Fähigkeit geradezu unerlässlich. Allerdings

---

8 Der Siegeszug der psychotherapeutisch orientierten Achtsamkeitsbewegung brachte seither diverse Therapieformen und ansätze hervor wie z. B. die Achtsamkeitsbasierte Stressreduktion (engl. Mindfulness-Based Stress Reduction, MBSR), die Akzeptanz- und Commitmenttherapie (ACT), die dialektisch-behaviorale Therapie (DBT) und die Achtsamkeitsbasierte Kognitive Therapie (engl. Mindfulness-Based Cognitive Therapy, MBCT).

weist Goleman darauf hin, dass die Fähigkeit zur Empathie auch missbräuchlich eingesetzt werden kann, um andere Menschen zu manipulieren. Sie ist demnach wertneutral zu verstehen und unterscheidet sich mit dieser Einschränkung vom *Mitgefühl*.

Ein hervorragendes Beispiel für die Macht der Gefühle liefert Goleman in der Beschreibung einer Prüfungssituation seiner eigenen Studienzeit, auf die er sich nicht genügend vorbereitet hatte:

»Ich war nur einmal in meinem Leben von Furcht gelähmt. Der Anlass war eine Mathematikklausur im ersten Studienjahr. [...] Ich warf nur einen kurzen Blick auf die Prüfungsaufgaben. Aussichtslos. Eine Stunde lang starrte ich auf diese Seite, und in meinem Kopf überschlugen sich die Gedanken an die Folgen, die ich würde erdulden müssen. Es waren immer dieselben Gedanken, die sich endlos wiederholten, ein Endlosband an Furcht und Zittern. Ich saß reglos da, wie ein Tier, das [...] gelähmt worden war. [...] Ich saß einfach da, fixiert auf meine Angst, und wartete, dass die Qual endlich vorüberginge« (Goleman, 1997, S. 106).

Emotional intelligent ist es daher, in angstbesetzten Situationen, die womöglich sogar lähmend wirken, Fähigkeiten zur Selbstberuhigung – wie beispielsweise Atem- und Entspannungsübungen – einzusetzen. Darüber hinaus sind Optimismus, positives Denken und die Entwicklung von Zuversicht Antriebsfedern, um aus lähmender Angst und Ohnmachtsgefühlen herauszukommen bzw. diesen vorzubeugen. Dafür ist es hilfreich, sich die Ziele so zu stecken, dass sie wieder erreichbar erscheinen. Im obigen Beispiel könnte dies darin bestehen, eben nur das schaffen zu wollen, was mit dem gegenwärtigen Wissen plus Intuition (und etwas Glück) umgesetzt werden kann. Die Fixierung auf die Angst, das Scheitern vor Augen, fördert hingegen Black-out-Situationen.

Die systemische Therapie greift diesen motivierenden Gedanken auf, indem sie die Achtsamkeit auf Ressourcen und Lösungen fokussiert. Die gegenteilige Ausrichtung, welche Hilflosigkeit und Ohnmacht suggeriert, wird in Anlehnung an die Hypnotherapie auch gern *Problemtrance* genannt. Für die emotionale Intelligenz ist es daher eine entscheidende Frage, wie die Fokussierung der Aufmerksamkeit den Glauben an sich selbst sowie in der Folge Optimismus und Zuversicht hervorzubringen vermag.

1.1.3 Basalemotionen

Dass Emotionen kulturspezifisch unterschiedlich gelebt, gezeigt und bewertet werden, kann man in unzähligen anthropologischen und ethnografischen Studien, aber auch anhand von Reiseberichten erkennen. Der US-amerikanische Emotionsforscher Paul Ekman hat hierzu vergleichende Studien in verschiedensten Erdteilen angestellt und dabei ein Set universal vorkommender Emotionen identifiziert und erforscht (vgl. 2016). So zählen Wut, Ekel, Furcht, Traurigkeit, Fröhlichkeit und Überraschung laut Ekmans neurokulturellem Ansatz zu den sogenannten Basalemotionen. Zu jeder dieser Basalemotionen gehöre ein dazu passender, unverwechselbarer Gesichtsausdruck. Noch zu prüfen sei, ob dies auch für die Emotionen bzw. emotionalen Zustände Verachtung, Schuld, Scham, Peinlichkeit und Ehrfurcht zutreffe.

Gleichzeitig konstatiert Ekman, dass es kulturell sehr verschiedene *display rules* gibt, also implizite Vorzeigeregeln, welche Emotionen wie und wann gesellschaftlich akzeptiert gezeigt werden dürfen. Und mehr noch: Selbst wenn soziale Normen den Ausdruck einer Basalemotion verbieten, könne ein mikroskopischer Niederschlag, der sich nur in Bruchteilen einer Sekunde im Gesicht offenbare, nicht gänzlich unterdrückt werden. Dafür sind über zwanzig mimische Gesichtsmuskeln zuständig, die sich einer bewussten Kontrolle entziehen. Diese Erkenntnisse verleiteten Ekman in seinem Buch »Ich weiß, dass du lügst. Was Gesichter verraten« zu der Behauptung, sowohl Basalemotionen als auch Lügen mittels exakter Beobachtung der Mikroausdrücke der Gesichtsmimik dechiffrieren zu können (2011).

Neben der Universalität der Mimik identifiziert Ekman weitere Affektprogramme, die weitestgehend unabhängig von der soziokulturellen Prägung bei allen Primaten ähnlich ablaufen. Sowohl körperliche Reaktionen als auch Verhaltensmuster gehören zu diesen phylogenetisch vererbten Affektprogrammen, wie beispielsweise die Flucht vor einer unmittelbaren Bedrohung oder das Erstarren, sobald ein Entrinnen unmöglich erscheint.

Unabhängig von diesen als universal postulierten Körperreaktionen und Verhaltensmustern bleibt der Einfluss der spezifischen sozialen und kulturellen Bedingungen auf die Entwicklung von Gefühlen und die Möglichkeiten der psychischen Selbstorganisation jedoch immens. Sozialen Einflussfaktoren unterliegen laut Ekman beispielsweise die Fragen, welche Bedingungen als Auslöser für bestimmte Emotionen gelten können, wie die jeweilige Situation und insbesondere die Angemessenheit der Emotionen bewertet wird, welche Vorzeigeregeln es für die betreffenden Emotionen gibt und welche Coping-Strategien bzw. Bewältigungsfertigkeiten für den Umgang mit ihnen als sinnvoll erachtet werden.

1.1.4 Gefühle als Signale

Emotionen werden in den modernen Neurowissenschaften als biochemische Impulse definiert, die überwiegend im limbischen System organisiert werden und sich auf der somatischen Bühne zeigen.

Sie können als direkt vermittelte Impulse wahrgenommen werden, die mittels Weiterleitung zu unmittelbaren Reaktionen auf der Körperebene und zu automatisierten Verhaltensreaktionen führen. Besonders bei als Bedrohung wahrgenommenen Impulsen reagiert das limbische System mit schneller und direkter Weiterleitung zur Aktivierung bestimmter Körperfunktionen (Tab. 1). Die bekannte *flight or fight*-Reaktion (Flucht oder Kampf) stellt sofortige physiologische Erregung mittels Steigerung der Pulsfrequenz und des Blutdrucks her (▶ Kapitel 1.3). Es gibt jedoch noch eine dritte Reaktionsmöglichkeit des Körpers auf Bedrohung, die insbesondere bei Signalen der Hilflosigkeit und Ohnmacht entfacht wird: die *freeze*-Reaktion, also das plötzliche Erstarren vor Schreck.

Ich werde die neurobiologischen Grundlagen dieser verschiedenen Reaktionsweisen auf Bedrohung im Rahmen der Polyvagaltheorie genauer skizzieren (▶ Kapitel 1.3.2).

Ein Dilemma der Emotionsverarbeitung in modernen Gesellschaften zeigt sich darin, dass das Ausmaß an bereitgestellter Energie durch die übermäßige Aktivierung des sympathischen Nervensystems und verschiedener Stresshormone Überreaktionen förmlich prädestiniert. Wir können in den typischen Stresssituationen im Arbeitsleben, im Verkehr, in der Partnerschaft oder bei der Kinderbetreuung keineswegs das ganze Ausmaß an psychophysiologischer Erregung nutzen, das uns unser Körper unmittelbar bereitstellt. Daher geraten Menschen fast grundsätzlich in zwei miteinander verwandte Dilemmata, die sich an den Polen *Über- versus Unterregulation* und *Überreaktion versus Unterordnung* verdeutlichen lassen. Das heißt, entweder reagiere ich, wenn ich die Emotionen in bedrohlichen Situationen erlebe, *über*, reagiere fahrig, nervös, reizbar, aggressiv oder mit anderen Affektdurchbrüchen. Oder ich versuche mich anzupassen, der Situation unterzuordnen, meine Gefühle nicht zu zeigen und auch möglichst nicht wahrzunehmen, reguliere sie also, soweit dies möglich ist, *unter*, was aber häufig auf einer funktionalen Ebene des Körpers Spannungen und Nervosität und bei andauernder Unterordnung somatoforme Störungen wie beispielsweise Kopfschmerzen, Rückenbeschwerden, Magenschmerzen, Zähneknirschen etc. hervorrufen kann.

Psychosomatische Beschwerden können daraufhin untersucht werden, welche Emotionen und (damit verbundene) Bedürfnisse zu kurz kommen bzw. unterdrückt und vernachlässigt werden. In aller Regel lässt sich dabei eine Dilemmasituation feststellen, die dem Einzelnen zumeist nicht bewusst ist. Es versteht sich von selbst, dass ein Gleichgewicht bzw. ein Sowohl-als-auch und damit die Erhöhung der Wahlmöglichkeiten zwischen diesen polaren Funktionen wünschenswert wäre. Doch da viele solcher psychophysischen Programme automatisiert ablaufen, bedarf es zum Erkennen, Verstehen und zur Umbewertung dieser emotionalen, somatischen und verhaltensorientierten Muster eines dafür geeigneten selbstreflexiven Raumes, wie ihn eine Psychotherapie darstellen kann. Und aufgrund der bio-psycho-sozialen Konditionierungsgeschichte jedes einzelnen Menschen benötigt die Wandlung dieser Muster die Fokussierung der automatisierten Wahrnehmungs-, Verarbeitungs- und Verhaltensprozesse in bzw. nach bedrohlichen Situationen und der mit ihnen verbundenen automatisiert hervorgerufenen Emotionen.

1.1.5 Emotionen als Bedürfnisnavigator

Emotionen jeglicher Art haben eine Signalwirkung und können – so eine der Hauptthesen dieses Buches – als bedeutsam für unsere Bedürfnisse aufgefasst werden. Sie bilden wichtige Informationsquellen, die uns auf unmittelbare Art und Weise etwas über unser Befinden zeigen. Wenn wir sie wahrnehmen und adäquat zu interpretieren vermögen, tragen sie dazu bei, uns selbst verstehen zu lernen. Unmittelbar weisen sie darauf hin, was uns unangenehm ist und was angenehm, ob wir uns in Gefahr befinden oder dass wir etwas brauchen.

Gefühle haben also aus neurowissenschaftlicher Sicht eine wertvolle Funktion. Aufgrund ihrer lebensgeschichtlichen Relevanz sind sie dabei gleich-

Tabelle 1: Bedrohungsimpulse und entsprechende Reaktionen

Auslöser	Rezeption	Körperreaktion	
1 Gefahr	Bedrohung	Alarmreaktion; nach einer Schrecksekunde Aktivierung des Sympathikus; Ausschüttung von Hormonen (u. a. Cortisol und Adrenalin), Steigerung der Herz und Atemfrequenz, Zunahme des Blutdrucks, Pupillenerweiterung, Senkung des Hautwiderstands, Muskelanspannung	
2 übergroße Gefahr	übermächtige Bedrohung	Lähmung durch Ausschüttung körpereigener Opiate, Starre; Totstellreflex	
3 psychische Verletzung	Kränkung, Beschämung	wie bei 1, je nach Intensität der Kränkung und Konditionierung auch wie bei 2	

zeitig immer auch als konditioniert aufzufassen. Wahrnehmung, Bewertung und ebenso die Reaktion auf Gefühle werden in der eigenen Lebensgeschichte auf Basis der geltenden sozialen Regeln und vermittelt durch biografische Erfahrungen *gelernt*. Es bildet sich eine *persönliche Konditionierungsgeschichte* im Umgang mit den eigenen Emotionen. Daher hängen die Funktionen spezifischer Emotionen immer auch sehr eng mit der jeweiligen individuellen Biografie und der bisherigen psychischen Selbstorganisation zusammen.

Der implizite Charakter unserer biografischen Selbstorganisation im Umgang mit unseren Gefühlen bringt es dabei mit sich, dass die Funktionalität unserer Emotionalität nicht notwendigerweise mit unserer rationalen Auffassung der Sinnhaftigkeit jeder einzelnen Befindlichkeit kompatibel ist. Das heißt, dass Emotionen durchaus auch als störend oder unpassend für die Gegenwartsbezüge interpretiert werden können, obwohl sie einen Sinn zumindest im Rahmen der eigenen Lebensgeschichte ergeben, der jedoch nicht immer auf der Hand liegen muss.

Weil viele Gefühle negativ oder zumindest unangenehm erlebt werden (siehe Tab. 2; S. 36), würden die meisten Menschen wohl liebend gern auf etliche dieser Zustände verzichten. Da sie aber aus emotionspsychologischer Sicht eben durchaus eine Funktion und Bedeutung besitzen, sollten vielmehr ein adäquater Umgang und eine stimmige Regulation dieser Emotionen ein erstrebenswertes Ziel sein. Als Beispiele seien Aggression, Angst, Verletzlichkeit und Scham genannt.

Die US-amerikanische Psychotherapeutin Berne Brown beschreibt in ihrem Werk »Verletzlichkeit macht stark« (2013) die Bedeutung derselben. Lebewesen

Gefühl	Bedürfnis	Funktion	Verhalten
(1) Angst (2) Aggression	Überlebenssicherung, Schutzbedürfnis	(1) Entkommen aus der Gefahr (2) Einschüchterung oder Vernichtung des Gegners	(1) Flucht (2) Kampf
Ohnmacht, Hilflosigkeit	Überleben	Besänftigung des Gegners; Versuch, ihn nicht weiter zu reizen	*freeze;* Erstarren
wie bei 1, zusätzlich Scham, teils Schuldgefühle	Selbstschutz, Selbstverteidigung; »im Erdboden versinken«	siehe oben	Vorwürfe und/oder Rückzug

Tabelle 2: Ausgewählte Emotionen und die damit verknüpften Risiken, Funktionen und Chancen

Emotion	Risiko	Funktion/Bedürfnis	Chance
Angst; Furcht	Erstarrung; Lähmung; Grübeln; Nervosität; Übererregung; Phobien; Angst vor der Angst; generalisierte Angst	Schutz; Sicherheit	Überwindung von Ängsten; Flow
Wut; Aggression	Negativität; Aggressivität; Störung der Impulskontrolle; Dominanzstreben; Konflikte; Unbeliebtheit; Verbitterung	Schutz durch Selbstwehrhaftigkeit; Selbstbehauptung/Macht; Rache/Vergeltung	Selbstbestimmung; Durchsetzungsfähigkeit; Versöhnung; Integration
Freude	Leichtsinn; Größenwahn; Manie	Spaß; Wohlfühlen; Genießen; Feiern	Lebenslust; Lebensfreude; Teilen von Freude
Trauer	Untröstlichkeit; Tristesse; Melancholie; Sinnlosigkeitsgefühle; Hoffnungslosigkeit; Depressivität	Trost; Verständnis; Mitgefühl; Ruhe; Geborgenheit	Verlustverarbeitung; Integration; Auffüllen der Energiereserven durch temporären Rückzug; Wiedergewinnung von Lebensfreude; Lachen
Ekel	Ausgrenzung anderer; Verbitterung; Angst vor Fremdem	Schutz vor Unbekömmlichem; Abstand; Distanz; Abwehr	Balance zwischen gesunder Abgrenzung und Offenheit
Scham; Peinlichkeit	Vermeiden jeder Art von Herausforderung; Vermeiden von Sozialkontakten; sozialer Rückzug	soziale Unauffälligkeit; Achtung; Vermeiden von Ablehnung; ungefährdete soziale Zugehörigkeit und Anerkennung	Akzeptanz der Grenzen anderer; Überwindung von Scham; Erlernen von Selbstverständnis und Selbstakzeptanz; Ausbalancierung von Selbstwertempfinden und Bezogenheit
Verletzlichkeit	starke Erregbarkeit; verstärkte Rückzugs- und/oder Aggressionsbereitschaft; Wertlosigkeits- und Insuffizienzgefühle	Schutz; Anerkennung; Verständnis; Wertschätzung	Selbstakzeptanz; gesteigertes Selbstwertempfinden
Verwirrung	Zwänge; Wahn	Klarheit; Verstehen; Sicherheit	Klärung; Erkenntnisgewinn; Integration

Emotion	Risiko	Funktion/Bedürfnis	Chance
Eifersucht	Verlustängste; Kontrollzwänge/-wahn; Autonomieverlust; Grübeleien; Streitigkeiten	Bestätigung der eigenen Einzigartigkeit und besonderen Bedeutung; Sicherheit; Zugehörigkeit; Verbindlichkeit	Überwindung von Verlustangst; Verbundenheit; unbedingte Liebe und Selbstliebe
Müdigkeit	Ausgelaugtsein; Erschöpfung; Burn- oder Boreout	kurzfristig: Schlaf; Erholung; langfristig: Rückgewinnung von Wachheit/Munterkeit	Zur-Ruhe-Kommen; Kraftgewinn
Antriebslosigkeit	depressiver Rückzug; Unterforderung; Sinn- und Wertlosigkeitsgefühle	kurzfristig: Rückzug; Regeneration; langfristig: Rückgewinnung von Lebenslust und Antrieb	Steigerung von Motivation und Antrieb; Rückgewinn von Energien
Verzweiflung	Zerrissenheit; Grübeleien in Endlosschleifen; Verlust an Lebensfreude	Klarheit; Sicherheit	Erkenntnis und Verständnis des Sowohl-als-auch; Erlernen von Priorisieren und Temporalisieren
Einsamkeit	Isolation; Verlust an Verbundenheit und Bezogenheit	Kontakt; Verbundenheit; Vertrautheit; Zugehörigkeit; Liebe	Wahrnehmung bzw. Vertiefung der Bezogenheit zu sich selbst und zu anderen
Lust	Gier; Sucht	Genuss	Erfüllung; Zufriedenheit
Ungeduld	Stress; Überforderung; Rastlosigkeit; Aggressivität; ständige (Selbst-)Kritik	Zielerreichung; Erfülltheit	Finden einer Geduld-Ungeduld-Balance; Entwickeln von innerer Ruhe und Gelassenheit

sind per se verletzlich, ein gewisser Schutz ist daher sinnvoll und notwendig. Auf der psychischen Ebene bedeutet Verletzlichkeit derweil häufig Beschämung und ist bei vielen Menschen in unserem Kulturkreis mit Erfahrungen bzw. Empfindungen verknüpft, in den Augen anderer schlecht dazustehen und nicht liebenswert zu sein, was demzufolge Gefühle und Gedanken der eigenen Wertlosigkeit, Wut und Ärger oder zumindest Erregung und psychischen Stress hervorruft. Je nachdem, wie diese Verknüpfung von Verletzlichkeit und gefühlter Wertlosigkeit in der Biografie verankert wurde, können sowohl Aggressionen als auch (beleidigtes) Zurückziehen die Folge sein. Daher werden Verletzlichkeit und Scham von vielen Forschenden als Grundlagen einer Reihe psychischer Störungen angesehen.

Brown zeigt nun jedoch auf, dass wir Verletzlichkeit keineswegs als mit Beschämung und Wertlosigkeitsgefühlen verbunden erleben müssten, sondern dass sie eine in gewisser Weise natürliche Eigenschaft jedes Lebewesens ist, welches auf soziale Verbundenheit, Zusammengehörigkeit und damit einhergehende soziale Bedürfnisse angewiesen ist (2013). Für die mit diesen sozialen Bedürfnissen, Wünschen und Sehnsüchten verbundene Verletzlichkeit müsste sich also eigentlich niemand schämen. Da wir aber in der Regel so sozialisiert wurden, dass Beschämungen und die Invalidierung unseres Selbstwertgefühls mit Verletzungserfahrungen einhergingen, ist diese Koppelung als permanente Bedrohung in unserem limbischen System gespeichert. Aggression und schützende Rückzugsneigung sind daher verständliche, weitverbreitete automatisierte Bewältigungsprogramme, die unsere Emotionen nach entsprechenden Auslösesituationen bestimmen. Mit einer Vertiefung der Fähigkeit zur Akzeptanz unserer verletzlichen emotionalen Zustände könnten diese jedoch mit wesentlich geringerer Folgewirkung reguliert werden.

Insgesamt kann daher thesenhaft davon ausgegangen werden, dass zum Verständnis von Emotionen zwei unterschiedliche Ebenen von größter Bedeutung sind: der Gegenwartsbezug, der erklären kann, welche Emotionen in welcher Situation ausgelöst werden, und der in die Vergangenheit gerichtete biografische Bezug, der aufzeigen kann, weshalb bestimmte Emotionen eine individuell stärkere Intensität und Verschachtelung mit weiteren Emotionen sowie mit der Aktivierung von Stresshormonen, somatischen Reaktionen und einem konditionierten Verhaltensrepertoire aufweisen.

Das Bedürfnis, sich vor Verletzungen zu schützen, ist in Situationen psychophysiologischer Erregung allerdings meistens nicht das einzig relevante Bedürfnis. Wir wollen gleichzeitig nicht negativ auffallen, nicht über das Ziel hinausschießen, unseren Arbeitsplatz nicht gefährden, unsere Angehörigen nicht durch eine aggressive Überreaktion erschrecken, aber uns auch nicht zu lange (beleidigt) zurückziehen. Das heißt, wir stecken oft in einem Dilemma beispielsweise zwischen den Impulsen stressbedingter körpereigener Überreaktion und dem Bedürfnis nach sozialem Frieden und Harmonie.

> Für das Verständnis der Bedeutung von Emotionen sind zwei Zeitbezüge zu beachten:
> (1) der Gegenwartsbezug, aus dem ich eine Emotion wahrnehme und ihr eine Sinnhaftigkeit für ein Bedürfnis zuordnen kann;
> (2) der Vergangenheitsbezug, der mir aufzuzeigen hilft, inwiefern die Funktion dieser Emotion mit meiner Konditionierungsgeschichte und möglichen früheren Verletzungen bzw. Entbehrungen einhergeht.

Im Folgenden möchte ich anhand einiger ausgewählter Beispiele aufzeigen, welche Bedürfnisse und Funktionen mit welchen Emotionen verknüpft sind, welche Risiken sich vor allem aus der Unterregulierung ergeben können und welche möglichen Wandlungschancen aus diesen Emotionen sich zum Beispiel für psychotherapeutische Anliegen anbieten und aufgreifen lassen.[9] Natürlich ist diese Darstellung innerhalb einer Psychotherapie mit einfühlsamer Neugier im jeweiligen Einzelfall zu prüfen und gemeinsam mit dem Klienten zu explorieren. Dabei steht immer der systemische Grundsatz im Vordergrund: Der Klient ist die Autorität für das Bestimmen seiner Anliegen und das Aufgreifen therapeutischer Angebote. Und auch die möglichen Chancen und Veränderungsziele sind auf der Basis der Selbstexploration und der Selbstverantwortung der Klientin für ihre eigenen therapeutischen Zielsetzungen zu entwickeln. Die Akzeptanz und das Verstehenwollen der Gefühlszustände sind dabei die wichtigste Voraussetzung.

Die hier aufgeführten Emotionen und ihre Funktionen, Chancen und Risiken stellen selbstredend nur eine Auswahl dar. Es ist in jedem Fall sehr hilfreich, sich bei den verschiedenen Gefühlen seiner dahinterstehenden Bedürfnisse bewusst zu werden. Diese Strategie kann dem Klienten Orientierung geben, inwiefern die bisherigen Verhaltensweisen, die mit den Emotionen strukturell gekoppelt auftreten, tatsächlich auch zur Erfüllung der eigenen Bedürfnisse beitragen. So zeigt sich dann bei manchen Emotionen, dass die mit ihnen ver-

---

9 Vergleiche dazu auch das sehr übersichtlich gestaltete Werk von Fritsch, »Der Gefühls- und Bedürfnisnavigator« (2010).

bundenen Verhaltensmuster zwar verständlich, aber nicht unbedingt dem Zweck der eigentlichen Bedürfnisse dienlich sind.

Fallbeispiel

Herr Krause fühlt sich bei Kritik schnell angegriffen. Er hatte einen sehr aggressiven und dominanten Vater, der sich sowohl mit der Mutter häufig stritt und diese von oben herab behandelte als auch die beiden Kinder züchtigte. Erst in der Pubertät wagte Herr Krause es aufzubegehren, wodurch er sich etwas Respekt verschaffen konnte. Inzwischen ist Herr Krause verheiratet. Seit es in seiner Ehe Nachwuchs gegeben hat, nehmen die Streitigkeiten zwischen ihm und seiner Frau auch gerade über die Kindererziehung ständig zu, so dass beide Ehepartner schon offen über eine Trennung nachgedacht haben. Die alltäglichen Anforderungen und besonders die Kritik seiner Frau machen Herrn Krause schnell wütend. Er wird dann sehr laut und auch verletzend.

Als wir seine Bedürfnisse besprechen, die mit diesen Emotionen verknüpft sind, fällt ihm auf, dass er sich nichts gefallen lassen will, da es ihn seinem Empfinden nach demütigt, wenn er so oft kritisiert wird. Andererseits spürt er ein Bedürfnis, sich zu verständigen und wieder Harmonie herzustellen. In seiner Wertehierarchie siedelt er dieses Bedürfnis sogar deutlich über dem Bedürfnis an, sich nichts gefallen zu lassen. Letzteres kann er als Relikt aus seiner Kindheit erkennen. Doch aufgrund dessen, dass seine Wehrhaftigkeit zutiefst mit traumatischen Erlebnissen verknüpft ist, nimmt diese einen höheren Stellenwert ein, sobald sich Herr Krause durch die Kritik seiner Frau in seinem Selbstwert bedroht fühlt. Anders gesagt: Seine aggressive Reaktionsbereitschaft ist emotional oft deshalb dominanter, da sie mit als existenziell bedrohlich erlebten Situationen der Gewalterfahrung verkoppelt ist.

In dieser Analyse wird deutlich, dass die emotionalen Reaktionen aufgrund der biografischen Entwicklung zwar sehr verständlich sind, diese in der Folge das höhere Ideal, die Familie zu erhalten, jedoch permanent gefährden. Natürlich gilt es, beiden Bedürfnissen Raum zu geben und zu prüfen, wie ein Sowohl-als-auch in der Partnerschaft ermöglicht werden kann, wofür auch systemisch-zirkuläre Ansätze einer Paartherapie eingesetzt werden können. Im Rahmen der Einzeltherapie von Herrn Krause kann eine Prioritätensetzung zwischen den beiden Bedürfnissen dabei helfen, seine starke und schnelle Wut als Reaktion auf frühere Verletzungen zu verstehen, aber nicht dahingehend überzubewerten, die Partnerschaft unbedingt verlassen zu müssen. Auf dieser Basis gewinnt das Anliegen therapeutische Bedeutung, die Gegenwart von den biografischen Traumatisierungen mithilfe der emotionsbasierten Verfahren Schritt für Schritt zu entkoppeln, die Traumatisierungen besser zu verarbeiten und eine adäquate Selbstberuhigung zu verfolgen.

Auch bei anderen Gefühlen, beispielsweise vielen Ängsten sowie Scham und Verletztheit, führen die meist damit verwobenen Verhaltensmuster wie Rückzugs- und Vermeidungsverhalten nicht unbedingt dazu, die sozialen Bedürfnisse nach verbesserter Bezogenheit, Zuwendung und Anerkennung, nach Verständnis und Geborgenheit etc. zu erfüllen. Sie erzeugen einzig einen besseren Schutz, jedoch bleiben dabei die eigentlichen Bedürfnisse zumeist unerfüllt.

Daher ist es auch bei scheinbar alltäglichen Gefühlen wichtig, die verschiedenen dahinterstehenden Bedürfnisse nicht aus dem Auge zu verlieren und zu prüfen, inwieweit die automatisierten Reaktionsmuster mit diesen kompatibel und für ihre Erfüllung angemessen erscheinen. Gerade in Konflikt- und Bedrohungssituationen ist dies wegen der schnellen Reaktionsgeschwindigkeit bisweilen kompliziert, weswegen sich dann die Frage stellt, wie die ursprünglichen Bedürfnisse bei Überreaktionen mit den sozialen Folgen und Rückwirkungen auf die Überreaktion wieder *in Einklang gebracht* werden können.

Beispielhaft reagieren viele Menschen mit Rückzug, nachdem sie sich missverstanden oder gar ungerecht behandelt gefühlt haben. Dieser Rückzug signalisiert möglicherweise ein Schutzbedürfnis. Das dahinterstehende Bedürfnis könnte jedoch auch als Harmonie- oder Anerkennungsbedürfnis gewertet werden, für dass sich womöglich andere, z. B. proaktive Verhaltensmuster besser eignen würden als ein lang anhaltendes Rückzugsverhalten.

1.1.6 Grundbedürfnisse und Affektsysteme

Für unser Verständnis, was sich hinter unseren Gefühlen verbirgt, ist es hilfreich zu erkennen, welche Grundbedürfnisse ganz allgemein für das menschliche Wohlergehen von Relevanz sein können.[10] Aus meiner Sicht sind hierbei für den psychotherapeutischen Kontext in erster Linie drei Faktoren besonders beachtenswert: das Bindungs- und Zugehörigkeitsbedürfnis, das Autonomiebedürfnis und das Anerkennungs-/Selbstwertbedürfnis.

Bindungs- und Zugehörigkeitsbedürfnis
Bindung wird als das zentrale Grundbedürfnis betrachtet, ohne das beispielsweise das Überleben eines Neugeborenen nur schwer vorstellbar ist. Genauere Ausführungen zu diesem Thema finden sich im Abschnitt zur Bindungsforschung (▶ Kapitel 1.5.1). Dort wird auch die Bedeutung unterschiedlicher

---

10 An dieser Stelle sei bereits auf ▶ Kapitel 2.2.3 verwiesen, wo im Rahmen der Beschäftigung mit der Schematherapie auf die Bedürfnistypologie dieser Therapieform eingegangen wird.

Bindungsstile für das spätere Beziehungsverhalten eines Menschen aus der Perspektive der Bindungstheorie betrachtet.

Andere Bedürfnisse, die für Entstehung emotionaler Schemata von essenzieller Bedeutung erscheinen, sind mit dem Bindungsbedürfnis verwandt oder können als dessen Unterthemen angesehen werden. Für mich ist hier zentral das Zugehörigkeitsbedürfnis zu nennen, welches sich als Bedürfnis beschreiben lässt, sich mit einer Gruppe, einem Verein, einer Familienbande, einer politischen Gruppierung oder auch einer Idee bzw. Ideologie zu identifizieren.

Daneben sind auch die Bedürfnisse nach Geborgenheit und Sicherheit mit den beiden vorgenannten Bedürfnissen nach Bindung und Zugehörigkeit verwandt. Die Bedürfnisse nach Anerkennung und Zuwendung wiederum rekurrieren in ihrer Grundstruktur ebenfalls auf das Bedürfnis, die Zugehörigkeit zur jeweiligen Gruppe bzw. Partnerschaft zu sichern, werden sich aber spätestens in einer auf das Individuum bezogenen Gesellschaft zu eigenständigen Bedürfnissen ausdifferenzieren.

Autonomiebedürfnis

Ein Gegenspieler des Bindungsbedürfnisses ist das Streben nach Autonomie. Dabei stellen die primären Bindungserfahrungen eine zentrale Basis für das In-Gang-Kommen einer gelingenden Entwicklung zu Selbstständigkeit und Selbstsicherheit dar. Dies wird bereits bei der ersten autonomen Fortbewegungsart eines Kleinkinds deutlich. Beim Krabbeln sucht es mit einem Blick zurück die Sicherheit, dass der Kontakt zur Bezugsperson nicht verloren geht. Später, beim Versteckspiel, wird es zur Lustquelle, sich zunächst selbstbestimmt zu verbergen, um dann wiedergefunden zu werden, was die Bindung reaktiviert. Die Neugierde des Kindes, die Welt zu erkunden, braucht den sicheren Hafen, in den es jederzeit zurückkehren kann.

Wenn die Bindung verstrickend ist bzw. war, weil die Bindungsperson das Kind für ihre eigenen Bedürfnisse nach Sicherheit und Gebrauchtwerden instrumentalisiert (hat), wird die Autonomieentwicklung des Kindes bzw. Jugendlichen eingeschränkt. Dies kann sich bis weit ins Erwachsenenleben auswirken und wird nicht selten durch einen ängstlichen Bindungsstil, der immer wieder vor den Gefahren der Welt und der Schlechtigkeit der Menschen warnt, untermauert. Je bedrohlicher die Außenwelt erlebt und beschrieben wird, desto mehr wird die Bindung in einer Form überstrapaziert, die das Autonomiestreben einengt.

Interessant sind in diesem Zusammenhang auch die Übergangsstadien zwischen einzelnen Lebensphasen, beispielsweise beim Eintritt in öffentliche Einrichtungen wie Kindergarten, Grundschule und höhere Schulformen. Wie hat sich der Wechsel in ein neues Umfeld, der (erste oder weitere) Schritt zur Ablösung von zu Hause gestaltet? Grundsätzlich sind Schule und Peergroups wirksame Unterstützungshilfen, um Autonomie zu entwickeln. Allerdings können sie das dritte wichtige Grundbedürfnis auch entscheidend belasten.

Anerkennungs-/Selbstwertbedürfnis
Das Selbstwertbedürfnis wird in der Schule einer harten Prüfung unterzogen. Die Sehnsucht, anerkannt und wertgeschätzt zu werden, lässt sich in großen Gruppen nur unzureichend erfüllen. In Schulklassen von 25 Kindern und mehr ist man eines von vielen. Es ist schwierig, positiv aufzufallen und die nötige Beachtung zu finden. Die Noten, als sehr markante Art der Bewertung kindlicher Leistungen, weichen untereinander graduell ab und können daher starke Frustration und in der Folge Versagensängste und Insuffizienzgefühle auslösen (siehe z. B. die AIDA-Studie an 3.000 Berliner Schülerinnen und Schülern, die gezeigt hat, wie Leistungsängste und mangelnde Selbstwertgefühle miteinander korrelieren; vgl. König, Wagner u. Valtin, 2011). Versagensängste wiederum erzeugen Hemmungen, da sie die Unlust steigern und damit Vermeidungsverhalten hervorrufen.

Ursprünglich ist das Selbstwertbedürfnis auf dem Motiv aufgebaut, in den Augen der wichtigen anderen gut angesehen und anerkannt zu werden. Daraus resultiert das akut erlebte Gefühl des Stolzes, welches das Gehirn Endorphine ausschütten lässt. Auf dieser Erfahrungsbasis wiederum entwickelt sich Vorfreude, die ihrerseits zur Ausschüttung von Dopamin führt, ein wertvoller Neurotransmitter, den der Neurobiologe Gerald Hüther als »Dünger für Nervenzellen« (Thielicke, 2010, S. 97) bzw. die durch ihn ausgelöste Begeisterung als »Dünger fürs Hirn« (Hüther, 2011, S. 92 ff.) bezeichnet. Euphorisierende Stoffe wie Dopamin sind auf diese Weise maßgeblich erfolgsfördernd und somit nicht nur unerlässlich für die Lust am Lernen, sondern zudem eine wichtige Quelle für positives Selbstwerterleben. Aber auch Sport und Spiel zählen hierzu, wobei die damit verbundenen Emotionen keineswegs nur individuell zu erreichen sind, wie Erfahrungen aus dem Mannschaftssport bzw. bei innerhalb von Teams gemeinsam erreichten Erfolgen (aber auch Niederlagen) zeigen. In Gruppen erlebte Aktivitäten spielen für unser Bindungs- und Zusammengehörigkeitsbedürfnis zweifellos eine ganz besondere Rolle.

Verletzungen des Selbstwertbedürfnisses sind demgegenüber für die Entwicklung von Schemata wie Unzulänglichkeit/Scham oder Misstrauen/Missbrauch verantwortlich, so unter anderem auch bei Mobbing. Laut einem Bericht des Wissenschaftlichen Diensts des Deutschen Bundestags (WD) war im Jahr 2017 bereits jede/r sechste 15-Jährige von Mobbing betroffen (2018); Cybermobbing ist in den letzten Jahren als weitere Bedrohung hinzugekommen. Dies lässt darauf schließen, dass mangelndes Selbstwertempfinden mehr und mehr zu einem Massenphänomen wird. Umgekehrt stellen dessen Steigerung und Stabilisierung zunehmend eine – wenn auch meist unausgesprochene, nichtsdestoweniger zentrale – therapeutische Herausforderung dar.

Drei Affektsysteme
Die drei beschriebenen Grundbedürfnisse sind nun von Geburt an den unterschiedlichsten Einflüssen ausgesetzt, bei bzw. für deren Erfüllung genauso wie deren Nicht-Erfüllung, Bedrohung oder Verletzung als sehr verschiedene Affektsysteme aktiviert werden. Paul Gilbert, der Begründer der Compassion Focused Therapy (zu Deutsch: Mitgefühlsorientierte Therapie), skizziert diesbezüglich in seinem gleichnamigen Werk eine Art Emotionslandkarte mit drei »Kontinenten«: das Bedrohungs- und Selbstschutzsystem, das anreiz- und belohnungssuchende Antriebserregungssystem und das Besänftigungs-, Zufriedenheits- und Sicherheitssystem (vgl. 2013, S. 56 ff.).

Aus meiner Sicht findet jedoch *Erregung* auch und gerade als Reaktion bei *Bedrohung* und nicht allein in tendenziell eher »positiv-antreibender« Hinsicht statt, weshalb ich – neben einigen anderen die Nomenklatur verschlankenden Änderungen – die Beschreibung der drei Systeme im unteren Modell leicht abgewandelt habe (Abb. 1). Die beiden oberen Systeme werden dabei psychophysiologisch über die Aktivierung des Sympathikus gesteuert, das Beruhigungssystem beruht auf der Aktivierung des Parasympathikus (▶ Kapitel 1.3.2).

Es versteht sich von selbst, dass ein Gleichgewicht dieser drei in uns angelegten Affektsysteme zu körperlicher und seelischer Gesundheit entscheidend beitragen könnte. Obwohl alle drei für unser Überleben also von hoher Bedeutung sind, werden sie jedoch gesellschaftlich und auch geschlechtsspezifisch bisweilen sehr unterschiedlich priorisiert. Insbesondere in westlichen Industriegesellschaften haben jene Qualitäten, die dem Antriebssystem dienen, einen unverhältnismäßig hohen Stellenwert, was häufig genug Erschöpfungssymptome hervorruft. Auch werden durch drohende Arbeitslosigkeit auf der einen und leistungsorientiertes Konkurrenz- und Karrieredenken auf der anderen Seite zunehmend Stresszustände, Versagens- und Zukunftsängste geschürt, die durch Aktivierung des Bedrohungsabwehrsystems überproportionale körperliche Erregungs- und Spannungszustände erzeugen.

Das Beruhigungssystem wird daher als Gegenspieler zu diesem hohen neuronalen und Stress generierenden Aufwand immer wichtiger. Ein wesentlicher Faktor darin: das Ideal einer funktionierenden Familie und einer Liebe und Geborgenheit verheißenden Partnerschaft, eines heimischen Hafens, das aufgrund der

1. Antriebs-Motivationssystem
Dazugehörige Emotionen:
Lust, Vitalität, Neugier,
Antrieb, Erfolgsstreben

2. Bedrohungs-Abwehrsystem
Dazugehörige Emotionen:
Angst, Furcht, Wut, Ekel,
Verachtung, Scham, Schuld

3. Beruhigungssystem
Dazugehörige Emotionen:
Wärme, Zuneigung, Sicherheit,
Geborgenheit, Bindung,
Mitgefühl, Akzeptanz

Abbildung 1: Hauptaffektsysteme und dazugehörige Emotionen in Anlehnung an Gilbert (2013)

Überfrachtung der erregungsorientierten Antriebs- bzw. Abwehrsysteme für den Erhalt psychischer und physischer Gesundheit von immenser Bedeutung ist. Früher wurden die Emotionen bzw. Funktionen des Beruhigungssystems einseitig den Frauen zugeschrieben. Männer galten als verweichlicht, wenn sie Gefühle zeigten, mit Ausnahme einiger weniger »männerspezifischer Emotionen« bzw. deren Manifestationen wie Aggressivität, Potenz, Tapferkeit und Erfolgsstreben. Umso schwerer taten sich dadurch aber beispielsweise geschiedene oder verwitwete Männer, den Verlust der beruhigenden »weiblichen« Eigenschaften auszugleichen. Die bedürfnisbezogenen Qualitäten, die zur Herstellung von Geborgenheit und emotionaler Sicherheit von Bedeutung sind, hatten sie nicht gelernt, da diese eben über Jahrhunderte überwiegend den Frauen vorbehalten worden waren.

Dank der Emanzipationsbewegung und der Veränderung der traditionellen geschlechtsspezifischen Arbeitsteilung ist mittlerweile immerhin Bewegung in die Geschlechterrollen gekommen. So wird von Männern zum Beispiel seit circa vierzig Jahren tendenziell immer selbstverständlicher erwartet, sich mehr an der Kinderbetreuung zu beteiligen. Diese Verschiebungen in den Rollenerwartungen bedeuteten für eine Vielzahl der Männer zugleich eine sehr wichtige Hinwendung zur Beschäftigung mit den bedürfnisbezogenen Seiten ihrer Kinder und damit auch zu den Emotionen aus dem Beruhigungssystem. Derweil haben sich die Erwartungen der Frauen in der bzw. an eine Partnerschaft ebenfalls verändert, so dass Männer auch von dieser Seite mehr und mehr unter Druck geraten, anders und insbesondere offener mit ihren Emotionen umzugehen.

Doch bleibt insgesamt nach wie vor zu konstatieren: Der Bereich der beruhigenden Emotionen wird in modernen Gesellschaften aufgrund der Überbetonung des Leistungs-, Konkurrenz- und Fortschrittsdenkens latent vernachlässigt und unterbewertet, weshalb er mittlerweile mehr und mehr auch zu einem Betätigungsfeld der Psychotherapie wird. Nicht von ungefähr finden sich etliche der emotionalen Qualitäten, die in das Beruhigungssystem fallen, als essenzielle Bestandteile psychotherapeutischer Praxis wieder, wie beispielsweise ruhiges Zuhören, Zuwendung, emotionale Offenheit, das Schenken von Wärme und Sicherheit, Empathie, Entspannung und Achtsamkeit. Gleichzeitig kann es als ein Ziel moderner Psychotherapie angesehen werden, diese Fähigkeiten so zu vermitteln, dass Klienten sie in Selbstwirksamkeit anzuwenden erlernen. Die Grundidee und die methodische Vielfalt der gegenwärtigen Achtsamkeitswelle stehen für dieses Bestreben.

Darüber hinaus geben die Methoden, die ich im Abschnitt über die emotionsbasierten Verfahren darstellen werde (▶ Kapitel 2.2.5 f.; 2.3.3 f.; 2.4.2), Klienten wertvolle Tools an die Hand, um in Erregungssituationen Maßnahmen für eine beruhigende Emotionsregulation zu ergreifen. Ob es darum geht, Überforderung vorzubeugen bzw. übersteigerte Antriebsmotivationen besser auszutarieren, oder um die Befreiung von übermäßigen und überfordernden Emotionen des Bedrohungsabwehrsystems – Selbstberuhigung durch Entspannung, Achtsamkeit und vor allem Selbstakzeptanz sind elementare und notwendige Fertigkeiten, deren Vermittlung zuvorderst in den Aufgabenbereich von modernen Therapieformen gehören.

1.1.7 Emotionen und psychische Gesundheit

Nicht nur für die Herstellung bzw. Aufrechterhaltung, sondern auch für das Verständnis psychischer Gesundheit spielen Emotionen eine wichtige Rolle. Selbst die Weltgesundheitsorganisation (WHO) definiert psychische Gesundheit im Einklang mit einer grundlegenden emotionalen Qualität unserer Befindlichkeit, nämlich dem *Wohlbefinden:*

»Psychische Gesundheit ist ein Zustand des Wohlbefindens, in dem eine Person ihre Fähigkeiten ausschöpfen, die normalen Lebensbelastungen bewältigen, produktiv arbeiten und einen Beitrag zu ihrer Gemeinschaft leisten kann. [...]

Psychische Gesundheit und Wohlbefinden werden nicht nur durch individuelle Merkmale beeinflusst, sondern auch durch die sozialen Umstände, in denen sich Menschen befinden, und die Umgebung, in der sie leben. Diese Determinanten interagieren dynamisch und können den psychischen Zustand einer Person bedrohen oder schützen« (WHO, 2019).

Umgekehrt sind psychische Störungen, also Zustände mindestens eingeschränkten Wohlbefindens, als Folge des Zusammenwirkens sozialer, psychischer und/oder neurobiologischer Faktoren zu begreifen, wobei Emotionen auch hier auf allen drei Ebenen ein entscheidendes Element darstellen.

Im Allgemeinen werden perpetuierte Leidenszustände und Ängste als wichtigste Quellen psychischer Störungen betrachtet. Aber auch Stress oder ein übermäßiges Aggressionspotenzial können zu Ursachen psychischer Problemdefinitionen werden, wie sie nicht nur bei emotional instabilen und ähnlichen Persönlichkeitstypen zu beobachten sind. Es ist trivial und zeigt doch die Verbindung zum Thema dieses Buches: Eine Disbalance des Wohlbefindens wird zumeist vermittels eines Übergewichts unangenehm erlebter Gefühle hervorgerufen, zu denen in der Hauptsache Ängste, Leidenszustände, Stress und Aggressionen beitragen. Soziale Faktoren wie berufliche Über- oder Unterforderung, Vereinsamung und Isolation, zwischenmenschliche und/oder gesellschaftliche Konflikte, aus disparaten Machtverhältnissen entspringende Missbrauchskonstellationen, Vernachlässigung, unzureichender oder fehlender Zugang zu wichtigen Ressourcen etc. sind dabei häufig die sozialen Ausgangspunkte für Beeinträchtigungen bis zum völligen Fehlen von Wohlbefinden. Insofern haben psychotherapeutische Themen auch zumeist einen sozialen bzw. im weitesten Sinne politischen Hintergrund.

Für den psychotherapeutischen Alltag ist es nun von entscheidender Bedeutung, inwieweit es gelingt, jenseits aller Restriktionen, die Menschen einengen und belasten können, selbstwirksame Gefühls-, Denk- und Handlungsmöglichkeiten für eine intendierte Veränderung, das heißt die (Wieder-)Herstellung, Stabilisierung und Steigerung des Wohlbefindens zu schaffen. Dabei stellt es eine Art Gleichgewichtsübung dar, die Restriktionen weder zu bagatellisieren noch umgekehrt die gesamte Aufmerksamkeit auf ihre Schädlichkeit zu lenken, da diese Fokussierung dem Ohnmachtsgefühl und der selbstunwirksamen Opferhaltung zu viel Spielraum verleihen würde.

Aus der Sicht der emotionsbasierten Therapie sind Gefühle zumeist der Ausgangspunkt einer solchen (neu) zu gewinnenden Selbstwirksamkeit, da sie häufig ähnlich wie ein Kompass die natürliche Motivation aufzeigen, das subjektiv erlebte Unwohlsein in Richtung eines verbesserten Wohlgefühls umzuwandeln. Wertvoll für den Umgang mit den eigenen Gefühlen kann dabei eine Leitlinie sein, wie sie der US-amerikanische Theologe Reinhold Niebuhr im Rahmen eines Gebets aufstellte:

»Gott, gib mir die Gelassenheit, Dinge hinzunehmen, die ich nicht ändern kann, den Mut, Dinge zu ändern, die ich ändern kann, und die Weisheit, das eine vom anderen zu unterscheiden. Einen Tag nach dem anderen zu leben, einen Moment nach dem anderen zu genießen« (zit. n. Wikipedia, 2021).

In der Psychotherapie haben wir es allerdings häufig mit andersartigen Grundüberzeugungen und weniger bewusst verlaufenden, eben emotional geprägten Denk- und Verhaltensmustern zu tun. Da gewisse psychische und/oder physische

Schmerzzustände unter Umständen anders nicht aushaltbar waren und Leiden und psychisches Unwohlsein zumeist nur sehr ungern mit bewusster Aufmerksamkeit fokussiert und sprachlich vermittelt werden, treten diese Emotionen nicht selten auf einer unterschwelligen, latent verdrängten oder gar dissoziierten Ebene auf. Sie sind dann nur schwer mittels einer expliziten Auftragsklärung greifbar, sondern werden eher auf dem Umweg somatischer Symptome auf der Bühne des Körpers, in Persönlichkeitszügen und im sozialen Habitus wie beispielsweise in Verbitterung, Misstrauen und Vermeidungsverhalten erkennbar, weshalb in der emotionsbasierten Therapie der Schwerpunkt auf dem Verständnis, dem Aufspüren und der Transformation belastender und schmerzvoller Gefühle liegt.

Wie weiter vorn im Abschnitt über Emotionen als Bedürfnisnavigatoren dargestellt, können diese bei gezieltem therapeutischem Vorgehen einen sehr wertvollen, in meinen Augen sogar unverzichtbaren Informationsgewinn über zugrundeliegende verletzte oder vernachlässigte Bedürfnisse generieren, die es mittels psychotherapeutischer Anwendungen zu integrieren gilt. Zu unterscheiden ist dabei, inwieweit diese Emotionen ausgedehnt wirksam sind, wie die anhaltende Verzweiflung, Sinn- und Hoffnungslosigkeitsgefühle in einer depressiven Phase, oder intensiv auftreten, wie akute Ängste in einer Panikstörung oder flashartig aufkommende Impulse in einer Posttraumatischen Belastungsstörung.

Beide Spielarten werden – so die Grundthese der emotionsbasierten Theorie – durch Prozesse der Negation bestimmter Emotionen hervorgerufen. In der Therapie gilt es herauszufinden, wie die diese Störungen aufrechterhaltenden bzw. verstärkenden Denk-Fühl-Muster verändert werden und wie mittels der therapeutischen Transformationsarbeit warme Emotionen dazu beitragen können, dass abgespaltene emotionale Zustände wieder in Bewegung und in ein Fließen gebracht werden. Genau dafür sind jene Emotionen hilfreich, die im vorangegangenen Abschnitt unter der Bezeichnung *Beruhigungssystem* aufgeführt wurden und von der Therapeutin als Selbsthilfepotenziale für den Klienten – und auch zur Vertrauensbildung innerhalb der therapeutischen Beziehung – modellhaft eingebracht werden. Wie solche lösungsorientierten Emotionen, die zugleich als wertvolle selbstwirksame Ressourcen zu begreifen sind, im therapeutischen Dialog aufgebaut werden können, davon werden die Methodenteile dieses Buches ausführlicher berichten.

Im nächsten Kapitel wird zunächst einmal aufgezeigt, dass und wie Emotionen in der modernen Systemtheorie bisher tendenziell vernachlässigt wurden. Da dieser Theorieansatz für systemische Therapeuten als eine Schlüsseltheorie verstanden wird, möchte ich den Versuch unternehmen, den Stellenwert der Emotionen innerhalb einer systemtheoretischen Betrachtung deutlich erkennbar und damit auch für theorieinteressierte Therapeutinnen nutzbar zu machen.

1.2 Systemtheorie und Emotionen

Die Systemtheorie von Niklas Luhmann ist neben dem Konstruktivismus und der Kybernetik eine der prominentesten theoretischen Grundlagen der systemischen Therapie. Sie basiert auf der Idee, dass soziale Systeme sich vermittels Kommunikation – ein Terminus, der in der Systemtheorie auch als Synonym für aufeinander bezogenes Verhalten und jede Art der Interaktion zu verstehen ist – selbst erzeugen und aufrechterhalten. Sie grenzen sich ab von einer Umwelt und sind selbstreferenziell, das heißt, sie beziehen sich in erster Linie auf sich selbst. Mit dieser soziologischen Theoriekonstruktion werden die Eigendynamik, das systemische Streben nach Selbsterhalt und die Tendenz zur Ausdifferenzierung sozialer Systeme unterstrichen.

1.2.1 Stellenwert der Emotionen bei Luhmann und Co.

Subjekte, also Individuen mit Intentionen, sind kein Gegenstand der systemtheoretischen Betrachtung. Lediglich »psychische Systeme« und an anderer Stelle existierende Systeme oder Organismen (und auch biologische Systeme) werden als relevante Umwelten der verschiedenen sozialen Systeme angesehen. Daher ist in der Kritik an dem Ansatz bisweilen auch von einer »seelenlosen« Theorie die Rede (Metzner, 1993). Jedoch gilt dieser Einwand primär gegenüber der soziologischen Systemtheorie, da die seelischen Faktoren, wenn wir sie mit psychischen gleichsetzen, hier nur als Umweltfaktoren wahrgenommen werden. Sowohl den sozialen wie auch den psychischen Systemen spricht Luhmann hingegen ein eigenes »System-Umwelt-Verhältnis« und damit auch einen eigenen »Weltzugang« zu: »Jedes dieser Systeme hat seine eigene ›innere Unendlichkeit‹« (Luhmann, 1987, S. 347).

Emotionen werden zwar innerhalb der Systemtheorie ausdrücklich dem psychischen System zugeordnet, spielen aber systemtheoretisch hinter den *Gedanken* eine untergeordnete Rolle. Für diese Marginalisierung der Emotionalität spricht auch, dass Luhmann an anderer Stelle psychische Systeme und Bewusstseinssysteme gleichsetzt. Im Register seines Hauptwerks sucht man ebenfalls vergebens nach einem Eintrag zum Thema Emotionen. Und auch insgesamt führen psychische Systeme im Rahmen der elaborierten sozialen Systemtheorie noch immer tendenziell ein Nischendasein. In der Luhmann'schen Darstellung werden diese über Kognitionen prozessiert und seien, ähnlich wie soziale Systeme, am Medium Sinn ausgerichtet (vgl. Luhmann, 1987, S. 92 ff.). Eine klare Definition dessen, was »Sinn« im psychischen System darstellt, bleibt jedoch vorenthalten.

Für beide Systemtypen, soziale wie psychische, wird in der Systemtheorie allerdings die Idee der *Autopoiesis* eingeführt, was aus dem Griechischen übersetzt bedeutet: selbst machen, selbst erzeugen. Die beiden chilenischen Neurobiologen Humberto Maturana und Francisco Varela hatten das Theorem der Autopoiese als Definitionsmerkmal lebender Systeme konzipiert (vgl. Maturana u. Varela, 1980; 1987). Es besagt, dass jedes autopoietische System die Elemente, die es zu seiner Aufrechterhaltung benötigt, selbst erzeugt und auch seine Struktur aus sich heraus bestimmt. Weitere damit verwandte Theoreme sind das Axiom der *operationalen Geschlossenheit* und das Axiom der *Strukturdeterminiertheit*.

Operational geschlossen bedeutet unter anderem, dass das System selbst aufgrund seiner Strukturdeterminiertheit entscheidet, welche der aus der Umwelt kommenden vielfältigen Reize es als solche überhaupt wahrnimmt, im Sinne einer Information als relevant erachtet und aufnimmt, und weiter, wie es mit diesen Informationen in der Folge umgeht, wobei die Steuerung dieses Prozesses keineswegs bewusst ablaufen muss. Gregory Batesons berühmt gewordenes Diktum, dass nur einem »Unterschied, der einen Unterschied ausmacht« (1985, S. 582), Bedeutung zugeschrieben und er demzufolge als Information wahrgenommen werde, entspricht diesem Gedanken.[11] Damit wird die hohe Autonomie eines jeden sozialen wie psychischen Systems unterstrichen und die fundamentale Schwierigkeit aufgezeigt, ein System von außen bestimmen zu wollen.

Soziales vs. psychisches System

Die paradigmatische Unterscheidung von psychischen und sozialen Systemen und die damit einhergehende autopoietische Theoriekonstruktion bringt natürlich einschneidende Vor- und Nachteile mit sich. Der größte Vorteil liegt wohl darin, die kommunikativen Regelkreisläufe, die ein soziales System ausmachen, ohne den Impetus einer auf ein Subjekt oder eine Subjektgruppe fixierten Kausalität (und damit auch einer Moralisierung bzw. Schuldzuweisung) beschreibbar zu machen. Das ermöglicht es, mehr Klarheit über die einem System innewohnenden aufrechterhaltenden bzw. die Kohärenz und die Ausdifferenzierung steigernden Funktionen zu gewinnen. Als Nachteil wiederum kann die scharfe Ausklammerung oder zumindest Marginalisierung aller individuellen psychischen, intentionalen und emotionalen Elemente, Faktoren und Prozesse betrachtet werden (vgl. Urban 2012, S. 94 ff.). Lediglich indirekt

---

11 Schon in der Anthropologie Batesons wird sogar die biologische Dimension der Verarbeitung von Informationen unterstrichen, wenn er von deren Reise und Transformation durch die Nervenbahnen spricht (1985, S. 582; siehe hierzu auch ▶ Kapitel 1.3 in diesem Buch). Fritz Simon greift dieses Theorem in seinem Werk »Unterschiede, die Unterschiede machen« (1993) auf und macht ihn zu einem Meilenstein für die systemische Therapie.

bzw. als Katalysator sind Emotionen somit Thema der sozialen Systemtheorie. Dazu Luhmann selbst: »Die Soziologie könnte sich allenfalls mit der Kommunikation von Gefühlen, mit ihrem Stimulieren, Beobachten, Prozessieren, Abkühlen usw. in sozialen Systemen befassen, aber nicht mit den Gefühlen selbst« (1987, S. 370).

Dies lässt sich an zwei Beispielen aus Luhmanns Werk verdeutlichen. Zum einen gehe es ihm in seiner Abhandlung über das »Vertrauen« als wichtigem »Mechanismus der Reduktion sozialer Komplexität« (1968) allein um die Relevanz von Vertrauen zur Aufrechterhaltung sozialer Systeme: »Erst die ›riskante Vorleistung‹ von Vertrauen [...] macht es möglich, unter Verzicht auf totale Information sinnvoll und zukunftsgerichtet zu handeln« Das Vertrauen in Kommunikation und in das Funktionieren der sozialen Systeme sei folglich »systemerhaltend bzw. ›systemrational‹ und damit für jede Sozietät unverzichtbar« (Ciompi, 2004, S. 25). Wie ersichtlich wird, betrachtet Luhmann also nicht die Entstehungsbedingungen von Vertrauen im psychischen System oder seinen emotionalen Gehalt, sondern einzig die Bedeutung von Vertrauen für die Kohärenz sozialer Systeme.

Noch deutlicher wird seine Zielsetzung bei dem zweiten Werk, welches emotionale Prozesse zu tangieren scheint. In »Liebe als Passion« (1994) beschreibt Luhmann unter anderem die sich historisch verändernde zwischenmenschliche Kommunikation und den damit einhergehenden Bedeutungswandel der Liebessemantik. Diese zeige eine beträchtliche Wandlungsfähigkeit, vom frivolen Sprachgebrauch der »amour passion« hin zu einem Siegeszug der romantischen Liebesvorstellungen in der Neuzeit mit einem Zugewinn an romantischen Idealisierungen, die in ihrer symbiotischen Verbundenheit mit der Sexualität zusätzliche Komplexität aufwiesen (vgl. Luhmann, 1994). Die Auswirkungen dieses historischen Wandels auf die Emotionalität der betroffenen Generationen werden von Luhmann jedoch nicht weiter thematisiert. Dabei könnten gerade sie interessante Aufschlüsse über psychische Grundprobleme aufgrund kommunikativ vermittelter Leitbilder liefern, da Idealisierungen bzw. Verklärungen eben immer auch ihr mögliches Scheitern beinhalten und somit vielfältige Emotionen des Schmerzes und Leids hervorrufen können.

Geflecht der Systeme und Verortung der Emotionen

In der Systemtheorie wird letztlich an verschiedenen Stellen nur angedeutet, dass durch soziale Prozesse Emotionales »stimuliert« oder »abgekühlt« wird, was immerhin auf eine psychische oder gar biologische Systemebene verweist. Wie diese Prozesse ineinandergreifen, bleibt jedoch in der bisherigen systemtheoretischen Literatur noch weitestgehend unterbelichtet, und spätestens an diesem Punkt beginnen die offenen Fragen der strukturellen Koppelung der drei Systemebenen (die biologische, die psychische und die soziale) bzw. der Prozesslogiken zwischen ihnen, denen ich mich im weiteren Verlauf des Buches ausführlicher widmen werde (▶ Kapitel 1.2.5 ff.).

Der späte Luhmann greift in diesem Zusammenhang das Theorem der *Gesetze der Form* des britischen Mathematikers George Spencer-Brown auf, welches in der Idee des »Re-Entry« mündet. Diese besagt, dass die einer Beobachtung zugrundeliegende Unterscheidung in die Beobachtung selbst zurückfließt. Das ist bei der Unterscheidung der drei Systemebenen besonders aufschlussreich: Sobald ich beobachte, wie sich bestimmte soziale Situationen auf meine Emotionen auswirken, betrachte ich sozusagen die Koppelung vom sozialen (in diesem Moment: meine Umwelt) mit meinem eigenen psychischen System. Auch umgekehrt kann mein Interaktionspartner aufgrund der Wahrnehmung meiner Reaktion auf meine psychische Befindlichkeit schließen und dies bewusst oder unbewusst in seine Beobachtung und Bewertung der Situation einfließen lassen.

Mit Fritz Simon wiederum erwähnt ein anderer führender Systemtheoretiker zur Frage der Verbundenheit der drei Systemebenen lediglich, dass, obwohl der Begriff »Individuum« den Menschen als in sich untrennbar definiere, es sich aus systemtheoretischer Sicht aufgrund der verschiedenen Operationslogiken lohne, der Unterscheidung in biologische, psychische und soziale Systeme zu folgen. Er betont jedoch zugleich deren »Unzertrennlichkeit« und spricht wie Luhmann von einer ständigen »Koevolution«: »Bezogen auf den ganzen Menschen stellen Organismus und Psyche eines Individuums eine koevolutive Einheit dar, d. h. die Veränderungen des einen wirken als Auslöser für Veränderungen des anderen« (Simon, 2007, S. 80).

Hinsichtlich der Koppelung von sozialen und psychischen Systemen beschreibt Simon unterschiedliche »Festigkeitsgrade«, die er anhand der zumeist festeren Koppelung eines Menschen »mit den Kommunikationsmustern seiner Herkunftsfamilie« im Verhältnis zu denen anderer sozialer Systeme beobachtet (vgl. Simon, 2007, S. 80). Außerdem unterscheidet Simon die Kommunikation *über* Emotionen von der Kommunikation *von* Emotionen (vgl. Simon, 2004, S. 119 f.). Erstere sei durchaus gleichermaßen als ein neutrales Sachthema möglich wie ein Gespräch über wirtschaftliche oder politische Fragen, wobei es gemäß meiner Erfahrung mitunter schwierig ist, zum Beispiel bei politisch brisanten Themen nicht emotional zu reagieren. Jedoch ist es grundsätzlich sehr wohl möglich, über Gefühle in einem allgemeinen Sinne und auch über persönlich erlebte Gefühle zu sprechen, ohne diese in jenem Moment akut zu spüren.

Die Kommunikation *von* Emotionen betrachtet Simon hingegen als einen impliziten Prozess, in dem der Ausdruck der Emotionen durch non- bzw. paraverbale Signale wie Lautstärke, Beben oder Zittern der Stimme, Schluchzen, Mimik und Gestik geschieht und nicht in erster Linie durch die formulierten Inhalte getragen wird. In der Regel werden solche unmittelbar erlebten Emotionen, wie auch immer sie wahrgenommen werden, mit einer Resonanz auf der psychischen oder gar neuronalen Ebene beantwortet, ohne dass dies verbalisiert oder auch nur bewusst ersichtlich werden muss.[12] »Diese Form der Kommunikation ist nicht eindeutig: die Einfühlung kann misslingen. Dennoch besteht eine gute Chance des gegenseitigen Verstehens.« (Simon, 1993, S. 131). Die große Bedeutung der Emotionen für menschliches Verhalten unterstreicht Simon, wenn er ausführt: »Die Transformation von Gefühlen in äußerlich wahrnehmbare Verhaltensweisen ist regelmäßiger als die von Gedanken.« (1993, S. 132). Kommunizierte und erlebte Emotionen erzeugen darüber hinaus laut Simon sogar eine Selektions- bzw. Motivationswirkung für die Frage der Zugehörigkeit oder Nicht-Zugehörigkeit zu sozialen Gruppen, Ideologien etc. (vgl. Simon, 2004, S. 124 f.).

Peter Fuchs schließlich, ein Schüler Luhmanns, der sich in seinen Analysen mit verschiedenen Wirkzusammenhängen psychischer Phänomenbereiche in der sozialen Systemtheorie auseinandersetzt, liefert erste Hinweise für die Ausdifferenzierung des Psychischen (vgl. hierzu sowie zum Folgenden v. a. Fuchs, 2004, S. 91 ff.). Er unterscheidet innerhalb des psychischen Systems die Ebene der *Wahrnehmung* von der Ebene des *Bewusstseins*. Beide unterliegen der grundlegenden Idee der Sinngebung, unterscheiden sich aber im Grad ihrer rationalen Bewusstheit, die wiederum an das individuelle Denken und somit an die Sprache gebunden ist (womit gleichzeitig auf die soziale Herkunft bewusster Sinngebung verwiesen wäre). Aber auch die biologische Ebene der Emotionen wird von Fuchs zumindest angedeutet, wenn er von »Externalisierungsleistungen neuronaler Systeme« (2004, S. 95) spricht. Diese werden allerdings erst durch die Operation sinnbasierter Unterscheidungen zu Wahrnehmungen von Gefühlen und in der Folge womöglich zu Bewusstsein: »Das psychische System ist organisierbare bzw. organisierte Perzeptionalität, die an einen Körper gebunden ist, der neuronale Ereignisse produziert, deren Funktion [...] gedeutet werden kann« (2020, S. 1).

---

12 Paul Watzlawicks Unterscheidung in einen *Inhalts-* und einen *Beziehungs*aspekt bei jeder Kommunikation (vgl. Watzlawick, 1969, S. 79 ff.) berührt ebenfalls diese Thematik. Der Beziehungsaspekt bezieht sich unmittelbar auf die emotionale Anschlussfähigkeit von Kommunikation, durch ihn kann Kommunikation sowohl gewährleistet als auch gefährdet werden. Dieser Unterschied wird uns später noch beim Einsatz der emotionsbasierten Verfahren beschäftigen (▶ Kapitel 2).

1.2.2 Psychotherapie als »die Verwaltung der vagen Dinge«

Die Psyche ist im Unterschied zum Körper von außen unsichtbar. Während die moderne Medizin und Wissenschaft den Körper längst bis quasi in den entferntesten Winkel kartografiert und mittels hoch spezialisierter Apparate auch in seinem Inneren untersuchbar gemacht haben, bleibt die Psyche per definitionem eine Blackbox für jeden externen Beobachter. Gefühle und Gedanken sind von außen nicht lesbar, auch wenn Mimik und Gestik viel zu verraten scheinen über die Befindlichkeit des Gegenübers. Doch genau zu diesem Zeitpunkt, wenn beispielsweise Tränen oder Schamesröte sichtbar werden, sind aus systemtheoretischer Betrachtungsweise die drei Systemarten miteinander verkoppelt:

Über das *biologische System* »Körper« treten Phänomene nach außen, die als Gefühle von der betreffenden Person selbst und ebenso von anderen Beobachtern wahrgenommen werden können (im jeweiligen *psychischen System*), um dann womöglich in der Kommunikation berücksichtigt zu werden. Sobald die Tränen eines Gegenübers beispielsweise als Traurigkeit gedeutet werden, kann dies (nun wiederum auf der Ebene des *sozialen Systems*) Kommunikationsakte wie Tröstungsversuche oder empathisches Nachfragen hervorrufen, ganz anders allerdings, wenn die Tränen als Ausdruck von Rührung oder als Begleiterscheinung herzhaften Lachens interpretiert werden.

Daher lässt sich das psychische System in letzter Konsequenz nur über den Weg der Selbstbeobachtung und Externalisierung dieser Beobachtungen mittels Kommunikation erforschen (wobei dies auch über nonverbale Kommunikation oder künstlerische Ausdrucksformen geschehen kann), denn nur so können psychische Prozesse und Phänomene des einen dem anderen offenbart werden.

Zugleich ist es dabei unmöglich, in ein psychisches System direkt zu intervenieren – auch dies ein bedeutsamer Unterschied zu medizinischen Interventionsformen in unseren Körper. Selbst wenn wir das Feld hochmoderner Operationstechniken außer Acht lassen, sind zwar beispielsweise Eingriffe in die Neurobiologie durch Psychopharmaka laut Simon deutlich interventionistischer als psychotherapeutische Maßnahmen (vgl. 1995, S. 90 ff.), doch auch Erstere folgen häufig wenigstens primär der Trial-and-Error-Logik, und letztlich »entscheidet« das biologische System des Einzelnen in seiner Selbstorganisation, inwiefern und mit welcher Intensität es auf die Medikation reagiert. Noch deutlicher wird die strukturelle Verbindung bzw. Wechselwirkung zwischen biologischem und psychischem System, wenn wir den Placeboeffekt betrachten, wonach die vermeintliche körperliche Wirkung eines Medikaments einzig auf der psychischen Annahme seiner Wirksamkeit beruht.

Der Grund für die Unmöglichkeit, direkt in ein psychisches System zu intervenieren, liegt laut Simon in dessen Sinnorientiertheit zu suchen (vgl. Fuchs, 2011, S. 7). Wenn »Sinn« das Medium ist, auf das psychische Systeme orientiert sind (ebenso wie soziale – ich komme im nächsten Abschnitt auf diesen Zusammenhang zurück), lässt sich dieser Sinn als autopoietische Ultima Ratio (oder gar Conditio sine qua non) nur durch Variablen wie Überzeugung, Einsicht, Vertrauen oder Erfahrung etc. tangieren, jedoch niemals mittels Interventionen garantieren oder determinieren. Psychotherapeutisch induzierte Veränderung kann daher allenfalls über eine geglückte Koppelung therapeutischer Kommunikation und psychischer Prozesse gelingen, wobei Letztere allein der Selbststeuerung des Klienten unterliegen.

Interventionen in der Psychotherapie sind aus systemtheoretischer Sicht somit notwendigerweise immer als ein koevolutionärer Prozess zwischen dem therapeutischen Handeln im sozialen System »Therapie« und der Selbstorganisation des psychischen Systems der jeweiligen Klientin anzusehen, was aufgrund der jeweils einzigartigen und operational geschlossenen Autopoiese des psychischen Systems nur als eine fortlaufende Trial-and-Error-Versuchsanordnung konzipiert werden kann.

Denn bei aller Expertise und noch so viel Erfahrungswissen kann letztlich keine Therapeutin a priori voraussagen, *welche* seiner Interventionen *wie* beim Klienten »ankommen« werden – weder, ob überhaupt, noch, in welcher Form und Intensität. Wie der Klient die kommunikativen Angebote rezipiert, wie er sie »auffasst« und ob er sie dementsprechend annehmen und verarbeiten, zwischen den therapeutischen Einheiten beherzigen und umsetzen oder vielleicht sogar über einen längeren Zeitraum in seine Denk- und Handlungsstrukturen übernehmen und quasi verinnerlichen kann, unterliegt allenfalls dem Einfluss-, nicht aber dem Entscheidungsbereich der Therapeutin.

Im letztgenannten Fall, sprich: bei einer nachhaltigen Veränderung psychisch-immanenter Prozesse, würde ich von einem gelungenen Transformationsprozess sprechen wollen, der durch die Psychotherapie ausgelöst wurde. Aber Vorsicht: Dieses Ziel kann beim Umgang mit eben den »vagen Dingen« in der psychischen Autopoiese nie als selbstverständlich zu erreichen erwartet werden! An dieser Stelle wird wieder die Sinnhaftigkeit des Einbezugs der emotionalen Prozesse bedeutsam, da erlebnisorientiertes Lernen – wie noch zu zeigen sein wird (▶ Kapitel 2.2.6 und 2.3.4 ff.) – deutliche Vorteile gegenüber rein kognitivem Lernen besitzt und die Zielerreichungswahrscheinlichkeit nachhaltiger Transformation signifikant steigert.

1.2.3 Sinn als zentraler Begriff in der Architektur der Systemtheorie

In der Architektur der Systemtheorie spielt der Begriff Sinn eine entscheidende Rolle. Sowohl für psychische als auch für soziale Systeme bedarf es laut Luhmann als notwendiger Bedingung der Konstitution von *Sinn:* »Psychische und soziale Systeme sind im Wege der Co-evolution entstanden. Die jeweils eine Systemart ist notwendige Umwelt der jeweils anderen. [...] Personen können nicht ohne soziale Systeme entstehen und bestehen, und das gleiche gilt umgekehrt. Die Co-evolution hat zu einer gemeinsamen Errungenschaft geführt [...]. Beide Systemarten sind auf sie angewiesen, und für beide ist sie bindend als unerlässliche, unabweisbare Form ihrer Komplexität und ihrer Selbstreferenz. Wir nennen diese evolutionäre Errungenschaft ›Sinn‹« (Luhmann, 1987, S. 92).

Im Unterschied zum biologischen System spricht Luhmann auch im Zusammenhang sozialer und psychischer Systeme von »Sinnsystemen«, die sich dadurch auszeichnen, dass sie auf Selbstreferenzialität als wesentlichem Bestandteil ihrer Autopoiese beruhen. Diese Selbstreferenzialität wird, so Luhmann, über das Medium »Sinn« organisiert: »Gerade auf dieser Grundlage [der Autopoiese, Anm. d. Verf.] ergibt sich dann die Möglichkeit, organische und neurophysiologische Systeme von Sinn konstituierenden psychischen und sozialen Systemen zu unterscheiden« (Luhmann, 1987, S. 64).

Dabei bekommt der Sinnbegriff in diesem Zusammenhang eine vollkommen andere und weniger hochtrabende Bedeutung als in der vorsystemischen Philosophie. Sinn bedeutet nun im Wesentlichen die Erzeugung von Anschlussfähigkeit, die im Sozialen durch Kommunikation und im Psychischen durch gedankliche Konnektivität erzielt wird. Die Selektion der einzelnen Gedanken bzw. kommunikativen Beiträge basiert auf der Selbstreferenzialität des jeweiligen Systems und findet per definitionem im Medium »Sinn« statt.

Gemäß diesem Verständnis kann Sinn ebenso in trivialer Alltagskommunikation wie in komplexen oder elaborierten Interaktionszusammenhängen auftreten; die Bedeutsamkeit der jeweiligen sinnvermittelnden Anschlussfähigkeit wird zunächst nicht bewertet. So gesehen gibt es auch keinen »*Un*sinn«, denn Sinn ergibt sich einfach schon dann, wenn zwei oder mehr Personen sich aufeinander beziehen. Die jeweilige Bedeutungszuschreibung bleibt subjektiv bzw. intersubjektiv, ist somit nicht messbar, lediglich die soziale Anschlussfähigkeit der Kommunikation ist beobachtbar.

Vollkommen anders stellt sich der Sachverhalt hingegen bei der Abfolge Sinn erzeugender Gedanken im Psychischen dar. Kognitive Abläufe entziehen sich ja jeder Außenansicht, sind insofern nur mittels Selbstbeobachtung feststellbar, es sei denn, sie fließen über das Medium Sprache bzw. im Spezialfall über die

Beschreibung eigener psychischer Prozesse in Form von Selbstoffenbarungen in die Kommunikation mit einem Gegenüber ein.

Für therapeutische Zwecke wird in jedem Fall die Sinnfrage auf *beiden* Systemebenen höchst relevant, denn wenn die therapeutische Kommunikation keine sinnhafte Anschlussfähigkeit erzeugt, wird die Therapie abgebrochen bzw. beendet. Es ist also grundsätzlich von Bedeutung, dass im Gespräch mit einer Klientin weder endloses Schweigen noch ständige Unterbrechungen die Anschlussfähigkeit zum Erliegen bringen. Aber auch die reine Kommunikation über vom Therapiekontext abgekoppelte Themen wie das Wetter oder die letzte Reise würde nicht den Sinnhorizont einer Therapie erfüllen: Wenn innerhalb der Psyche der Klientin keine sinnhafte Anschlussfähigkeit stattfindet, die dieser das Gefühl gibt, verstanden und in ihren therapeutischen Anliegen unterstützt zu werden bzw. sich weiterzuentwickeln, wird die Therapie womöglich ebenfalls nicht ihr Ziel erreichen. Es geht also darum, wie sich der Sinn therapeutischer Kommunikation mit dem Sinn im psychischen System der Klientin verknüpft, womit an dieser Stelle die systemtheoretisch komplexe Frage des Re-Entry vom Sozialen ins Psychische aufgeworfen wird.

In diesem Zusammenhang spricht Peter Fuchs von der Differenz »latent/manifest« als wichtiger Leitunterscheidung innerhalb des Psychischen. Auch für die Selbstbeobachtung des Einzelnen bleiben bestimmte Phänomene verborgen. Gleichzeitig werden damit Grenzen der Psychotherapie markiert, die als Herausforderungen aufzufassen sind, auch wenn wir diese niemals total überwinden werden können. Fuchs führt hierzu aus: »Die Frage gilt […] der Grenze der Psychotherapie. Ich denke […], die Spezifik […] dieser Grenze könnte etwas mit der Unterscheidung manifest/latent zu tun haben. […] Die Grenze wäre also im Moment eingeschaltet, in dem Kommunikation und Kognition unter den Druck einer systematischen bzw. systemischen Unvollständigkeit der Selbstbeobachtung geraten. Die Klienten werden konfrontiert mit ›Lücken‹ in ihrer Selbstbeobachtung, kurzum: mit einer ihnen selbst nicht zugänglichen Selektivität. Psychotherapeuten sind insofern Experten, als sie über spezielle Beobachtungstechniken verfügen, mit denen das je Unbeobachtete wieder eingeführt wird« (2011, S. 22).

An dieser Stelle kommt nun aus meiner Sicht die Bedeutung der Emotionen ins Spiel. Affekte und die mit ihnen verknüpften Motivationen sind ja per definitionem dem Einzelnen nicht notwendigerweise bewusst; besonders sogenannte »negative Emotionen« wie beispielsweise das Gefühl der Beschämung (aber auch sehr oft Traurigkeit, Ärger, Furcht etc.) werden häufig nicht gern nach außen gezeigt und entsprechend auch nicht mit dem eigenen Selbstbewusstsein verknüpft. Die Termini Verdrängung, Verleugnung, aber auch Dissoziation und

Nicht-Wahrnehmung beschreiben diesen Filter- und Selektionsprozess gegenüber einer Vielzahl emotional belastender internaler Zustände, die gleichermaßen den Grenzbereich zwischen »latent« und »manifest« markieren. Affektdurchbrüche wiederum zeugen von der transitorischen Bedeutung und Intensität, die Emotionen beim Überschreiten dieser Grenze einnehmen können.

Emotionen und Affekte können somit als Medium betrachtet werden, mit dessen Hilfe nicht nur, aber eben auch nicht zuletzt im therapeutischen Prozess latente Themen bzw. verborgene bedürfnis- und/oder emotionsbasierte psychische Qualitäten ins Bewusstsein geraten können. Um diese Transformation vom Latenten ins Manifeste zu ermöglichen, bedarf es neben therapeutischer Kompetenzen vor allem auch einer spezifischen Haltung, die in der Beziehungsgestaltung mit dem Klienten ihren Ausdruck findet: Insofern es gelingt, eine Atmosphäre von Vertrauen zu schaffen – wofür in unserem kulturellen Kontext beispielsweise das Vermitteln von Empathie und emotionaler Wärme einen günstigen Nährboden erzeugen –, eröffnet sich für den Klienten die Möglichkeit, sich selbst zu offenbaren und genau *die* unangenehmen und schambesetzten Gedanken und Gefühle zu benennen, die in der Regel die Schwelle zum latenten Bereich ausmachen und für die eine Konsultation einer Therapeutin gemeinhin als sinnvoll erachtet wird.[13]

Eine weitere aufschlussreiche Definition zur Sinnfrage können wir zu guter Letzt dem Werk Luhmanns entnehmen, der konstatiert, »dass in aller Sinnerfahrung zunächst eine Differenz vorliegt, nämlich die Differenz von aktual Gegebenem und auf Grund dieser Gegebenheit Möglichem« (Luhmann, 1987, S. 111). Diese Grunddifferenz von Gegenwartsbezug und Möglichkeitsraum ist für jede Form von Psychotherapie besonders relevant. Wie ich noch zeigen werde, besteht eine der größten psychotherapeutischen Herausforderungen darin, bei aller Lösungsorientiertheit die eigene Selbstorganisation – in der therapeutischen Sprache häufig auch als »das eigene Selbst« konzipiert – im Rahmen der nicht erwünschten Aktualität (der vorliegenden Probleme des Wohlergehens, des Selbsterlebens und der Selbstwertgefühle) zu akzeptieren, sozusagen als eine grundlegende Voraussetzung, um den eigenen Möglichkeitsraum zu erweitern. Die Bejahung des Selbst ist, wie ebenfalls noch zu zeigen sein wird, eine wichtige, vielleicht sogar die entscheidende Voraussetzung für jede gelingende Transformation des Selbst.

---

13 Wobei zu erwähnen ist, dass erst die Ausdifferenzierung moderner Gesellschaften in verschiedene Systeme und Subsysteme – sozusagen die Kernthese der Systemtheorie – welche Luhmann als einen evolutionären Prozess beschreibt, unter anderem jene neuen Kommunikationssysteme hervorgebracht hat, die psychotherapeutische Prozesse ermöglicht haben.

1.2.4 Beitrag Luc Ciompis

Der bekannteste und profilierteste Autor, der sich bisher mit dem Stellenwert der Emotionen im Rahmen der Systemtheorie auseinandergesetzt hat, ist der Schweizer Psychiater Luc Ciompi. Er setzt da an, wo Luhmann aufgrund seiner hoch abstrakten Orientierung auf soziale Systeme die Bedeutung von Emotionen vernachlässigt hat, und gründet sein Werk auf der Annahme, dass Emotionen auf allen drei relevanten systemtheoretischen Ebenen eine entscheidende Rolle spielen. In seinem Konzept der »fraktalen Affektlogik« (vgl. v. a. Ciompi, 1982/2019; 1997; 2002/2013) behauptet er die grundsätzliche Ähnlichkeit emotionaler Wirkungen sowohl in psychischen als auch in sozialen Systemen. Ausdrücklich spricht er zudem von der politischen und historischen Bedeutung »kollektiver Emotionen«. Gleichzeitig bezieht er sich auf ihre biogenen Grundlagen.

Ciompi kritisiert, dass Emotionen in der Systemtheorie bisher nur marginal einbezogen worden seien, und bezeichnet diese Vernachlässigung als einen »blinden Fleck« in Luhmanns Werk (vgl. Ciompi, 2004). In der Tat sei die soziale Dimension der Wirkung von Emotionen, so Luhmann selbst in seinem Grundlagenwerk »Soziale Systeme«, eine »Forschungslücke« (Luhmann, 1987, S. 370). Dass diese von systemtheoretischer Seite nicht mittlerweile gefüllt wurde, ist allerdings überraschend, schließlich sind Emotionen längst zum Zielobjekt gesellschaftlicher Kommunikation geworden, was sich unschwer an der maßgeblich auf sie orientierten Ausrichtung der Public Relations bzw. werbewirksamer Marketingstrategien oder auch an der Hochkonjunktur politisch-populistischer Diskurse aufzeigen lässt, die allzu häufig über das Schüren von Angst und Hass Identitäts- und Zusammengehörigkeitsgefühle unter Gleichgesinnten bei gleichzeitiger Ablehnung anderer in Form von Rassismus, Frauenfeindlichkeit etc. stiften.

Für Luhmann sind Emotionen jedoch nur am Rande von Interesse. Teilweise betrachtet er sie als variable Störfaktoren, an anderer Stelle schreibt er ihnen eine Art »Alarmfunktion« im Sinne eines psychischen Immunsystems zu (vgl. 1987, S. 371). Dies könne jedoch nur für »negative« Emotionen wie Angst und Wut gelten, widerspricht Ciompi, alle »positiven« Emotionen wie Liebe, Freude, Vertrauen oder Zuneigung erzeugten eher Bindung, Nähe und Kohärenz bzw. Kontinuität in sozialen Beziehungen (vgl. 2004, S. 31). Diese Dimension bleibe, so Ciompis Kritik, in Luhmanns Werk komplett ausgeklammert. Ciompi selbst hingegen sieht in den Emotionen sogar einen Schlüssel für das Verständnis fast aller systemtheoretisch relevanter Phänomenbereiche. Für ihn spielen sie eine entscheidende Rolle bei der Entstehung von Selbstreferenz, Kontingenz, Komplexitätsreduktion, Sinn und der Bildung von Werten.

Weil Emotionen Menschen intensiv anzusprechen verstehen, sind sie wie kein anderes Medium in der Lage, die zunehmend anwachsende gesellschaftliche Komplexität »gefühlt« reduzieren zu helfen. Emotionen sind daher die Adressaten moderner Kommunikation. Sie erwecken Interesse, können darüber hinaus auch Gefolgschaft anbahnen, wenn Identifikation und Vertrauen ins Spiel kommen, denn sobald wir einer Botschaft vertrauen, sind wir eher bereit, weiteren Kommunikationsinhalten der betreffenden Person, Gruppe oder (als Konsumenten) einer Marke zu folgen bzw. Glauben zu schenken. Auch die für das Entstehen sowie die Stabilität sozialer Systeme wesentliche Kohärenz wird durch emotionale Bindungen erzeugt und aufrechterhalten.

Ciompis Begriff der Affektlogik bezieht sich nun primär auf die Erkenntnis des Zusammenwirkens von kognitiven und emotionalen Prozessen. Laut Ciompi kommt ihnen in der psychischen Selbstorganisation dabei jedoch teilweise eine unterschiedliche Funktion zu: »Affekte sind das energetisch-dynamische und körpernahe Element von psychischen Leistungen, während Kognitionen das strukturierende Element liefern, das die affektiven Energien formt und kanalisiert« (Ciompi u. Endert 2011, S. 32).

Dass Denken und Fühlen selten getrennt vorkommen, zeigt sich auch am Beispiel der beiden Pole des Denk-Fühl-Kontinuums: Bei extremen Gefühlen, wie beispielsweise in einer bedrohlichen, angsterzeugenden Situation, schießen – teilweise in ungeheurer Schnelligkeit – vielfältige Gedankenimpulse durch unser Gehirn, die Auswege aus der Gefahrenlage zu generieren versuchen, unabhängig davon, ob dieser Prozess der kognitiven Überschwemmung als nützlich oder eher verwirrend erlebt wird. Auf der anderen Seite des Kontinuums wiederum stehen komplexe Denkleistungen, die nur auf der Basis größtmöglicher Disziplin und Rationalität gelingen können. Doch auch hierbei spielen Emotionen mitunter eine entscheidende Rolle bzw. zeigen sich intensiv im Erfolgs- oder Misserfolgsfall.

Dies untermauert Ciompi am Beispiel des griechischen Mathematikers Archimedes. Dieser soll eine seiner größten Entdeckungen in der Badewanne gemacht haben, wo ihm die Erkenntnis zur Berechnung der Kraft des Auftriebs von Gegenständen in Flüssigkeiten gekommen sei. Voller Begeisterung sei er nackt auf die Straße gelaufen und habe »Heureka!« gerufen, was so viel bedeutet wie: »Ich hab's gefunden!« Der Heureka-Effekt beschreibt daher die Intuition des spontanen Einfalls, dem häufig intensive Vorarbeit vorausgeht, während überbordende Emotionen der Freude, die mit einer Entdeckung einhergehen, seither bisweilen Heureka-Gefühle genannt werden.[14] Grundsätzlich wird wohl

---

14 Auch bei Sigmund Freud, so Ciompi weiter, fänden sich Texthinweise, die etwas über die »Funktionslust« von Leistungen und Problemlösungen berichteten. Auf dieses spannende

jeder nachvollziehen können, dass stimmiges Denken und erfolgreiches Handeln deutlich mehr Wohlgefühle erzeugen als das Grübeln über ungelöste Probleme, unlösbar erscheinende Widersprüche oder Dilemmasituationen, die eher zu Beklemmung, Unbehagen bzw. eventuell sogar dem sprichwörtlichen Bauchweh führen können. Allein schon darin kommt unzweifelhaft zum Ausdruck, dass Fühlen und Denken »zusammengehören wie die beiden Seiten einer Medaille« (Ciompi u. Endert, 2011, S. 15). Dies zeigt sich auch an der Frage, welche Umwelteinflüsse ein autopoietisches System als relevanten Unterschied erachtet und als Informationen wahrnimmt. Grundsätzlich wird die Fähigkeit zur Erfassung und Verarbeitung von Unterschieden unseren *kognitiven* Operationen zugeordnet, wobei jedoch die *affektiven* Prozesse eine Art Filter- und Selektionswirkung ausüben, denn was macht für die Psyche letztlich einen »Unterschied, der einen Unterschied ausmacht«, wenn nicht Reize, die mit einer gewissen emotionalen Erregung einhergehen, sei es Bedrohliches, Erfreuliches, Überraschendes oder sonst wie Interessantes? Wie noch zu zeigen sein wird (▶ Kapitel 1.3.1 ff.), werden dabei besonders die bedrohlichen Reize auf neuronalen Bahnen (also auch im biologischen System) weitergeleitet und im limbischen System prozessiert. Biologisches und psychisches System sind hier also besonders eng gekoppelt.

Relevante Informationen, das heißt Unterschiedsbildungen, die für den Einzelnen Bedeutung erlangen, sind somit niemals rein kognitiv: »Eine Information, die gleichgültig lässt, bleibt wirkungslos« (Ciompi, 2004, S. 38). Um eine relevante Information zu generieren, benötigt es daher neben kognitiven grundsätzlich auch affektive bzw. emotionale Prozesse. Dabei kommt in ihrem Zusammenwirken Denken und Fühlen eine je unterschiedliche Funktion innerhalb der Konfiguration des Psychischen zu: Während das Denken tendenziell an Sprache gekoppelt ist, verbinden sich die Affekte häufig mit energetischen Zuständen, die sich wiederum unmittelbar mit neuronalen und neurobiologischen Bahnungen koppeln und gleichzeitig Handlungsimpulse bereitstellen. Beide versuchen, aus internaler und extern zugeordneter Unterschiedsbildung Sinn zu verarbeiten, jedoch auf unterschiedliche Art und Weise: die Kognitionen durch bewusste, sprachlich vermittelte Sinnorientierung, die Emotionen über implizite Prozesse und Erfahrungswissen mittels zumeist unbewusster Assoziationen und teilweise durch Bereitstellung von Energiereserven im Sinne von Handlungsimpulsen und Motivationen. Wenn beides zusammenfließt, ent-

---

Feld kann ich hier leider nicht näher eingehen, obwohl es naheliegt, dass beispielsweise für das Verständnis der Faszination und die Überzeugungskraft der systemischen Therapie neben deren aufschlussreichen Sichtweisen gerade die Lust an (eleganten) Problemlösungen maßgeblich sein könnte.

steht Kongruenz. Im anderen Fall sprechen wir von verschiedenen Formen der Ambivalenz oder Multivalenz, die hemmend bzw. störend auf das psychische Gleichgewicht zurückwirken kann.

Ciompi spricht in diesem Zusammenhang auch von »Affektökonomie« (Ciompi, 2004, S. 40; Ciompi u. Endert, 2011, S. 148) und meint damit zunächst einmal Unterschiede bzw. Schwankungen im investierten energetischen Aufwand, wie sie bei jeder Ambivalenz auftreten. Die Frage der Affektökonomie betrifft aber auch die Kontingenz, also die Möglichkeiten sozialer Anschlussfähigkeit: Weshalb fällt es wesentlich leichter, mit Menschen der gleichen »Wellenlänge« umzugehen, wohingegen solche mit anderer Auffassung oder Dominanzgebaren anstrengender erscheinen und eher zu einem Abbruch des Kontakts beitragen? Für Ciompi liegt die Antwort in dem affektökonomischen Mehraufwand, den es bedeutet, in einer spannungsgeladenen Situation oder gar Auseinandersetzung den Kontakt zu bewahren. Und selbst Phänomene wie Assimilation und Habituation, Anpassungsbereitschaft, Konformität und Opportunität lassen sich mit affektökonomischen Argumenten gut begründen, denn um neue Ideen in bewährte Systemabläufe einzubringen, bedarf eines ungleich höheren energetischen Aufwands, der sich allein aus psychisch erlebtem Sinn (beispielsweise aufgrund der Kongruenz mit bestimmten Idealen, Werten etc.) und daraus resultierender Motivation generieren lässt (vgl. Ciompi, 2004, S. 40).

Eine andere Lesart, der ich mich gern anschließen möchte, ist die Idee, dass Affektlogik auch interpretiert werden kann als eine Logik, die wir unseren Affekten abgewinnen können, kurz: eine »Logik der Affekte«. Dieser Logik unterliegt dabei aber selbstredend keine ontogenetische Bedeutung, sondern sie entspringt immer einer Bedeutungszuschreibung innerhalb eines sozialen oder psychischen Systemzusammenhangs. Mittels psychotherapeutischer Exploration lässt sich daher meines Erachtens *allen* Emotionen Sinn abgewinnen, wenn wir die Logik ihrer biografisch-autopoietischen Entstehungsgeschichte miteinbeziehen.

Kollektive Emotionen
Einige gesellschaftlich wie politisch brisante Fragen wirft Ciompi mit seiner Darstellung der kollektiven Emotionen auf. Er spricht in diesem Zusammenhang von einer grundsätzlichen »Ansteckungsfähigkeit« von Emotionen durch Emotionen, die auf Basis moderner Massenmedien zu einer besonderen Gefährdung heranwachsen drohe: »Emotional ansteckend sind dominante Persönlichkeiten oder Gruppen, also charismatische Autoritäts- oder Führerfiguren« (2004, S. 29).

Ein Verweis auf den Nationalsozialismus, der die Verbreitung der hochgradig emotionalisierenden Reden Hitlers und Goebbels' durch die damals komplett neue Technik der Radioübertragungen mittels der sogenannten Volksempfänger zur Vorbereitung der Machtergreifung bzw. zur Ausweitung der nationalsozialistischen Hegemonie ausnutzte, unterstützt ebenso diese These wie die gegenwärtige Flut an politisch motivierten Internet-Plattformen, die Verschwörungstheorien mit emotional besetzten Klischees und Feindbildern verknüpfen, um Stimmungen aufzugreifen, durch permanente Rückkopplungen zu vervielfältigen und dadurch auf postfaktischem Wege vermeintlich unumstößliche »Wahrheiten« zu erzeugen. Indem diese emotional aufgeheizte Kommunikation häufig in eigenen »Filterblasen« bzw. in »kommunizierenden Röhren« einschlägiger Plattformen stattfindet, wird kaum Relativierung oder Differenzierung erzeugt. Ganz im Gegenteil, durch die meist einseitige Orientierung an den immer gleichen Informationskanälen werden die Denkmuster der User wie in einer Art Dauerschleife in der Konstruktion ihrer emotional aufwühlenden Sichtweisen permanent bestätigt und damit gleichsam verstärkt. Diese Fixierung ist wieder höchst affektökonomisch, da sie kein weiteres Nachdenken erfordert, wodurch zugleich auf einfachstem Weg die Zugehörigkeit zur Gruppe der Gleichgesinnten in klarer Polarisierung zu allen Andersdenkenden gesichert wird.

Ciompi schränkt allerdings mit Recht ein, dass es immer auch auf die Bereitschaft des Empfängers ankommt, inwieweit dieser für demagogische Inhalte anschlussfähig ist. So löst die gleiche Botschaft bei Andersdenkenden meist gegenteilige Emotionen aus. Die Wirkung kann daher nicht einfach generalisierend vorhergesagt werden, da es immer auf die Autopoiese des individuellen psychischen Systems ankommt, wie und was es wahrnimmt, bewertet und auch empfindet.

Sobald wir uns einer Gruppe oder Ideologie zugehörig fühlen, wird eine Anschlussfähigkeit erzeugt, die soziale und emotionale Wirkungen hervorbringt. Im psychischen System wird dann die *kognitive* Polarisierung gegenüber anderen Gruppen und deren Denkweisen über die *emotionalen* Prozesse des Vertrauens und der Bindung zur eigenen Gruppe bei gleichzeitiger Abwertung und Ablehnung der anderen Gruppe angestoßen. Die affektiven Filterwirkungen und Bindungen intensivieren dabei die kognitive Codierung der Unterschiedsbildung bzw. Abgrenzung.

Affekte als Operatoren

Bereits der erste Eindruck einer anderen Person, also eine primär affektive Bewertung, besitzt Selektionspotenzial – ein Effekt, der unter anderem beim Speeddating sogar als Geschäftsidee fungiert. Erscheint mir eine Person, eine Gruppe, eine Situation etc. sympathisch/unsympathisch, bedrohlich/harmlos, interessant/uninteressant, angenehm/unangenehm, so dient diese erste emotionale Konnotierung als eine Art Filter für darauffolgende kognitive und handlungsbezogene Orientierungen. Diese affektive Bifurkation erzeugt Handlungstendenzen und motivationale Impulse, die bereits Vorentscheidungen mit Blick auf die binäre Tendenz der Annäherung/Vermeidung gleichkommen. Ciompi entwickelt daraus die provokante These: »Ohne Emotion keine Aktion« (2004, S. 31).

Somit werden Affekte bzw. Emotionen zu »Operatoren« für Handlungen, aber mehr noch für das eigene Denken. Während die kognitive Welt sich in der Wahrnehmung bzw. Bildung von Unterschieden und Unterschieden von Unterschieden (etc.) in einer hohen Komplexität und Rekursivität verlieren kann, geben die Affekte Orientierungen vor (wenn auch durchaus wandelbare) und somit dem Gefüge des Denkens Struktur und Richtung, aber auch Anfang und Ende. Jede Fokussierung der Aufmerksamkeit – ein für Psychotherapeutinnen sehr wesentlicher Prozess – wird durch das Interesse und die emotionale Anteilnahme gesteuert, die ja in ihrer jeweiligen Konkretisierung von der autopoietischen Bedeutungsgebung jedes einzelnen abhängen – und somit nicht exakt vorhersagbar sind. Ciompi beschreibt die Affekte sogar als den »*Leim« des Denkens*, der dieses zusammenhält, aber auch mit darüber entscheidet, was im Gedächtnis als emotional bedeutsam gespeichert bleibt: »Kognitionen, deren emotionale Färbung der aktuellen Stimmungslage entsprechen, werden bevorzugt gespeichert und erinnert, emotional gegenläufige dagegen bevorzugt verdrängt (sog. zustandsabhängiges Lernen und Erinnern [...])« (Ciompi, 2004, S. 31).

Die emotionale Färbung kognitiver Wahrnehmungen bzw. Konstruktionen entscheidet zudem häufig über den Gesamteindruck, den wir von einer Person, einer Situation, einem Beobachtungsobjekt etc. haben. Und die auch von Luhmann immer wieder in ihrer Bedeutung hervorgehobene Komplexitätsreduktion der Wirklichkeit wäre ohne emotionale Selektions- und Filtereffekte kaum denkbar. Schon der Soziologe Émile Durkheim wies in diesem Zusammenhang auf die wesentliche Funktion der Gefühle zur »*Organisation des sozialen Raums*« hin (zit. nach Ciompi, 2004, S. 22). Die Kategorien »*Wert*« und »*Sinn*« sind ohne emotionale Konnektivität bzw. ohne affektive Ladung ebenfalls nicht vorstellbar, denn erst durch diese bekommen sie ihre »Durchschlagskraft«. Jeder, der sich schon einmal sehr ungerecht behandelt fühlte oder ein schreiendes Unrecht miterlebte, kennt die besondere Qualität der emotionalen Ladung dieses Zustands.

Der universelle (bzw. »fraktale«) Anspruch, den Ciompi in seinem Ansatz den Emotionen zuschreibt, wird nicht zuletzt im folgenden Zitat deutlich: »Selbstreferenzielle soziale Systeme aller Art [...] bilden je besondere affektiv-kognitive Eigenwelten, die im Dienst der Autopoiese ihre eigene Affektlogik (bzw. ›Systemrationalität‹) mit je eigenen Wert- und Normbegriffen entwickeln« (Ciompi, 2004, S. 40). Auch wenn ich den Schritt, Affektlogik mit Systemrationalität gleichzusetzen und Affekte bzw. Kognitionen in sozialen

Systemen als Strukturmerkmale zu verorten, für die systemtheoretische Weiterentwicklung als zu weitgehend erachte, so ist die Erforschung der eminenten Wirkung sozialer Systeme auf psychische Prozesse und vice versa in jedem Fall weiter zu vertiefen. Viele Erkenntnisse, die sich auf die strukturelle Koppelung psychischer und sozialer Systeme beziehen und dabei die aus meiner Sicht elementare Bedeutung des Mediums Emotionen in den Fokus rücken, sind in jedem Fall als ein Verdienst Ciompis zu würdigen.

Chaostheorie und Synergieeffekte
Innerhalb der Chaostheorie bzw. der Theorie der Dynamik nichtlinearer Systeme spielt unter anderem das plötzliche Umschlagen von einem in einen anderen Systemzustand eine wesentliche Rolle. Dieser auch als Schmetterlingseffekt diskutierte Moment in einer Kette von aufeinander bezogenen Rückkopplungen wurde bereits in verschiedenen Wissenschaftsgebieten erforscht. Übergreifendes Ergebnis: In der Regel ist nicht vorhersagbar, ob und wann der Umschlag in eine neue Struktur passiert und wie genau sich die neue Struktur etablieren wird.

Wie der US-amerikanische Meteorologe Edward Lorenz herausfand, können schon kleine Änderungen in den Anfangsbedingungen eines dynamischen Systems, eben beispielsweise der Flügelschlag eines Schmetterlings in Brasilien, durch eine Vielzahl intermittierender Variablen große Wirkungen entfachen, z. B. einen Tornado in Texas auslösen. Es besteht eine hochkomplexe, multifaktorielle und dynamische Systementwicklung, die zwar nach deterministischen Mustern (d. h. nach physikalischen Regeln und Gesetzen und nicht rein zufällig) abläuft, aber in ihrer konkreten Ausformung und ihren Resultaten aufgrund der Vielzahl und der Schnelligkeit der Rückkopplungseffekte nicht exakt vorausgesagt werden kann.

Die plötzliche Wandlung alter und die Herausbildung neuer, nur allenfalls vage vorhersagbarer Strukturen (von dem russisch-belgischen Naturwissenschaftler und Nobelpreisträger Ilya Prigogine »dissipative Strukturen« genannt; vgl. 1996) können wir – auf soziale Systeme übertragen – mit Ciompi bei sozialen Umwälzungen aller Art beobachten, wie sie beispielsweise in Folge des Anwachsens politischer und/oder gesellschaftlicher Spannungen bzw. sonstiger Konfliktlagen ausbrechen (vgl. Ciompi, 2004, S. 33 f.).

Auch der gegenwärtig stattfindende Klimawandel kann als ein makroökologisches System zwar grundsätzlich konstatiert und beschrieben, aber eben nie in seinen exakten temporalen Abläufen und regionalen Auswirkungen vorhergesagt werden. Der mit dieser ökologischen Herausforderung einhergehende gesellschaftliche Wandel wiederum ist ebenfalls von unzähligen miteinander verwobenen politischen und ökonomischen Systemscheidungen abhängig. Dass hierbei auch ständig Emotionen eine Rolle spielen, indem gesellschaftliche Spannungen und Dynamiken zu Umwälzungen und dem Entstehen neuer Strukturen beitragen, streicht Ciompi in seinem Gesamtwerk an diversen Stellen heraus.[15]

Bezogen auf den einzelnen Menschen und dessen Psyche wurde das *Phänomen der dissipativen Strukturen* – zumeist ausgelöst im Kontext sozialer Konfliktlagen – nach dem Anwachsen nicht mehr in der vorherigen Struktur integrierbarer psychischer Spannungen unter anderem als Faktor bei der Herausbildung von Psychosen untersucht. Bei den Systembeobachtungen gemeinsam ist also die Beschäftigung mit dem Umschlag einer alten Struktur in einen neuen Aggregatszustand, hier jener der Psyche, dort jener der Gesellschaft, und das auf der Basis der Zunahme von Spannungen, hier der psychischen, dort der sozialen. Dabei gilt es zu erwähnen, dass die systemische Familientherapie bereits in ihrer Frühphase in den 1950er und 1960er Jahren die besondere Rolle der familiären Kommunikation, also von Vorgängen auf der Ebene des sozialen Systems, als wesentliche Entstehungsumwelt für das psychotische Erleben hervorgehoben und dementsprechend therapeutisch in sie interveniert hat. Somit gewinnt die von Ciompi in Anlehnung an die Chaostheorie übernommene Begrifflichkeit der »fraktalen« (mit anderen Worten: systemähnlichen) Wirkung dissipativer Strukturen an dieser Stelle an Bedeutung (vgl. Ciompi, 1997; 2004).

Auch die Betrachtung von Synergieeffekten, die eine über die einfache Addition der Einzelwirkungen hinausgehende, die Stabilität eines Systems daher potenziell umso mehr steigernde oder auch erschütternde Gesamtwirkung generieren, rückt mit diesen Überlegungen in den Fokus. Der deutsche Physiker Hermann Haken hat Synergieeffekte in physikalischen Modellen wie der Lasertechnik untersucht. Auch er beschreibt ins seinem Werk Übergänge von ungeordneten, offenen Systemen zu einer neuen, strukturierteren Ordnung und definiert als Mittler für den Übergang sogenannte »Ordner«. Im Beispiel des Laserlichts ist dies die Lichtwelle: »Diese kann die Bewegung der Elektronen in den Atomen in ihren Bann zwingen, [...] sie versklavt die Atome. Umgekehrt kommt das Lichtfeld erst durch die Lichtausstrahlung der Atome zustande, so dass wir eine zirkuläre Kausalität vor uns haben. Das Verhalten des einen bedingt das Verhalten des andern« (Haken, zit. nach Simon, 2007, S. 24).

Auch wenn ich vor der ungefilterten Übernahme solcher Begrifflichkeiten wie »Ordner« und »Versklavung« warnen würde, sind vergleichbare Synergieeffekte und die beschriebenen Übergänge in neue Ordnungen auch in sozialen

---

15 Auch viele Sprichworte zeugen von der feurigen Kraft sozialer Dynamiken: Eine Nachricht verbreitet sich »wie ein Lauffeuer«, es entsteht eine unkontrollierbare Situation, sobald »der Funken überspringt«, jemand »Öl ins Feuer gießt« oder »das Fass zum Überlaufen« gebracht wird.

und in psychischen Systemen permanent zu beobachten. Ciompi weist hierbei auf die enorme emotionssteigernde Wirkung hin, die durch Synergien in sozialen Systemen ausgelöst werden kann (vgl. Ciompi u. Endert, 2011, S. 31). Ohne dass es einen Akteur geben muss, der dies gezielt vorgibt bzw. »programmiert«, bilden sich solche Phänomene mit teilweise großer Dynamik auch innerhalb der Selbstorganisation eines Systems, wie beispielsweise bei einer spontanen Demonstration, einem Hupkonzert bei einem Autokorso oder der plötzlichen Begeisterung bei einem wichtigen Tor in einem Fußballspiel. Jede Gruppendynamik zeichnet sich letztlich durch teilweise spontane Veränderungen des Fließgleichgewichts aufgrund emotionaler Prozesse aus.

Aber auch die bewussten und gezielten Handlungen einzelner Akteure können sozusagen als »Ordner« auftreten und den Übergang in eine neu strukturierte Ordnung einleiten bzw. auslösen – Beispiele hierfür sind die einpeitschenden Kommandos der »Capos« als Dirigenten von Fangesängen in Fußballstadien, kriegsvorbereitende Gesänge und Tänze, wie wir sie heute noch als Touristenattraktion bei den Ureinwohnern Neuseelands, den Maori, wiederfinden, religiöse bzw. spirituelle Rituale oder Agitationsreden von politisch motivierten Demagogen.

Jede Form des Fanatismus birgt in sich das Potenzial und ist zumeist auch darauf angelegt, soziale Synergien vermittels der emotionalen Vereinnahmung[16] des Einzelnen zu orchestrieren. Als ideologische Grundlage, dies sollte nicht unerwähnt bleiben, dient dem Fanatismus dabei zumeist ein Fundamentalismus, der auf einer scheinbar einzig »richtigen« oder »wahren« Auslegung der Wirklichkeit beruht. Durch Polarisation, nicht über Differenzierung, werden die meisten negativen Emotionen erzeugt und durch die oben erwähnte emotionalisierte Kommunikation potenziell ins Unermessliche gesteigert. Polarisierende Leitideen wirken über geschürte Bedrohungsgefühle wie *affektive Ordner*, die Wut, Hass, Ängste etc. kanalisieren (vgl. auch Ciompi, 2021).

Aufgrund welcher Faktoren Überzeugungen mit hoher Affektwirkung und somit kollektiver Verstärkungstendenz zu Attraktoren werden, die neue soziale Tendenzen hervorbringen können, und welche gewaltige Rolle dabei die Nutzung emotionaler Ressourcen spielen, bleibt einstweilen eine spannende Aufgabe für zukünftige Untersuchungen.

---

16 Die Haken'sche Kategorie der »Versklavung« ist in meinen Augen ein wortwörtlich genommen zu harter Begriff, da es im Unterschied zu physisch gewaltorientierten oder auf psychische Einschüchterung setzenden Systemen wie beispielsweise manchen Sekten oder autoritären Regimen in den meisten modernen Gesellschaften bzw. den darin existierenden (Sub-)Systemen der prinzipiell selbstbestimmten Entscheidung des Individuums überlassen ist, inwieweit es sich vereinnahmen lässt.

1.2.5 Das bio-psycho-soziale Systemmodell

Kommen wir nun zu jenem Theoriekonstrukt, welches ich für das Verständnis des Menschen in seinem Denken, Empfinden und Handeln als am erhellendsten und gleichzeitig für therapeutische Zwecke als am geeignetsten und sinnvollsten erachte: das bio-psycho-soziale Systemmodell (Abb. 2).

Dieses Modell wurde ursprünglich in der Medizin als Krankheitsmodell zur Erklärung verschiedener Störungen und später auch in der Salutogeneseforschung angewandt. Es lässt sich optimal für systemtheoretische Zwecke nutzen. Je nach dem einzunehmenden Blickwinkel kann jeder Kreis als System und die anderen beiden als seine wichtigsten Umwelten betrachtet werden. Gleichzeitig kann auch aus einer Metaposition die Wechselwirkung der drei Systemarten aufeinander in den Fokus gerückt werden. Jeder Mensch ist imstande, sich selbst (bzw. seine kommunikativen Beiträge) auf allen drei Ebenen zu beobachten. Da diese drei Dimensionen potenziell ständig gleichzeitig beobachtbar wären, ist es letztlich eine Frage der Selektion, welche Position ich (primär) einnehme. Dadurch werden ein jeweils spezifischer Fokus und eine spezielle Perspektive erzeugt.

Für psychotherapeutische Zwecke sind zumeist alle drei Perspektiven wesentlich, wobei es für eine emotionsanalytische Erfassung der selbstgesteuerten Abläufe vor allem die Mikroprozesse ihrer Koppelung zu verstehen gilt. So ist das *psychische* System mit der Wahrnehmung unserer Emotionen und ihrer Bewertung beschäftigt. Gleichzeitig verlaufen Emotionen auf der Bühne des Körpers, das heißt der *biologischen* Ebene, weshalb unsere intuitive Wahrnehmung somatische Marker ausfindig macht und auf diese reagiert, während es parallel dazu zu ständigen Rückwirkungen auf die physiologische und neurobiologische Ebene kommt, je nachdem, wie die Emotionen bewertet werden und mit welchen Kognitionen bzw. welchen weiteren Emotionen sie verknüpft sind. Und ebenso entscheidend für die Wahrnehmung der Emotionen und den weiteren Umgang mit ihnen ist auch das jeweilige *soziale* System als ein relevanter Kontext nicht nur bei ihrer Entstehung, sondern gleichermaßen für ihre Bewertung, indem wir in sozialen Situationen unsere Emotionen und ihre Angemessenheit aus den Augen der anderen betrachten. Unsere Erwartungen an den sozialen Kontext beeinflussen schließlich die Form der Externalisierung der Emotionen mittels der unterschiedlichsten (Handlungs-)Impulse.

Emotionen können daher als wichtigstes Bindeglied zwischen den drei Systemarten angesehen werden. Sie fungieren als Medium, über das permanente Koppelungen zwischen dem biologischen, dem psychischen und dem sozialen System prozessiert werden. Die jeweilige Ausrichtung bzw. Fokussie-

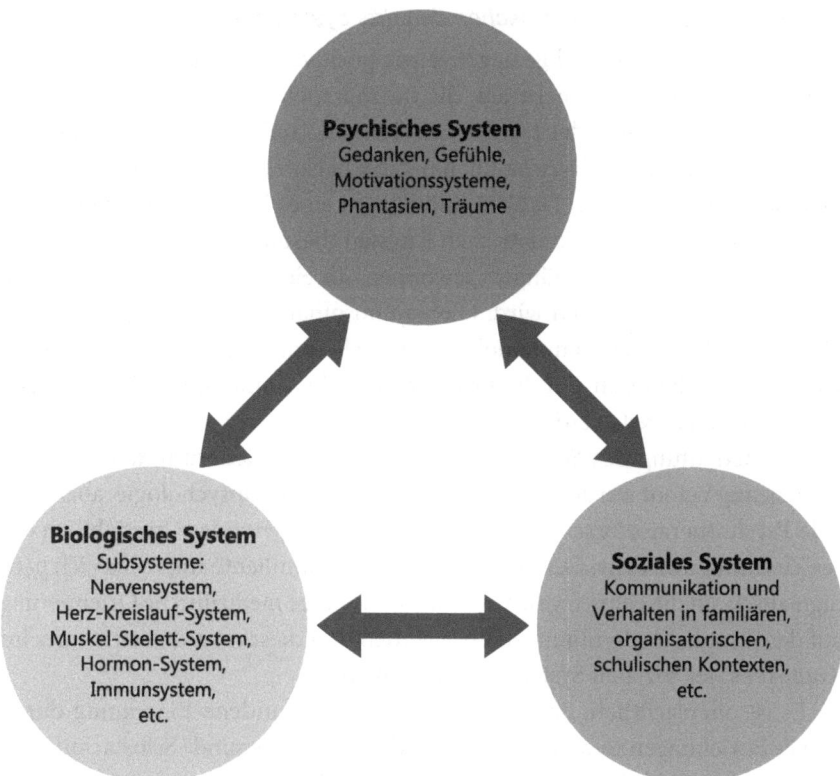

Abbildung 2: Das bio-psycho-soziale Systemmodell

rung unserer Aufmerksamkeit bestimmt dabei, welches System wir bevorzugt beachten.

Jeder Mensch kann seinen Körper einerseits von außen betrachten und andererseits von innen beobachten und in ihn hineinspüren, ja hineinhorchen, besonders wenn sich Schmerzen oder andere somatische Sensationen bzw. Empfindungen als Wahrnehmungen »aufdrängen«. Gleichzeitig beobachten wir soziale Situationen und reflektieren sie, sowohl in der Gegenwart wie auch als Rückschau oder als Vorwegannahme. Und jede/-r von uns kann in der eigenen Psyche wahrnehmen, *dass* er denkt und *was* er denkt und *dass* sie fühlt und *was* sie fühlt. Psychisch also ist jeder Mensch aktiv, nimmt wahr, erzeugt Unterschiede und bewertet diese pausenlos. Somit sind für die Psyche das Biologische (wie sich der eigene Körper anfühlt) und das Soziale (wie sich die anderen verhalten in Wechselwirkung zu meinem Verhalten etc.) permanente und unausweichliche Umwelten von höchster Relevanz.

Strukturelle Koppelungen zwischen den drei Systemebenen

Gleichzeitig gibt es unzählige negative wie positive Rückkoppelungsmomente zwischen den drei Systemebenen, die für therapeutische Zwecke bedeutsam sind. Die Fokussierung der *psychischen* Aufmerksamkeit auf körperliche Symptome (also auf die *biologische* Ebene) kann beispielsweise einen solch dominierenden Stellenwert im Denken und Fühlen eines Menschen erlangen, dass von Hypochondrie oder somatischen Ängsten (besondere Berühmtheit haben in dieser Hinsicht die Herzängste gewonnen) als eigenen störungsspezifischen Phänomenen ausgegangen wird. Die psychosomatische Medizin, die Psychophysiologie, Psychoneuroimmunologie und viele andere wissenschaftliche (Teil-) Disziplinen haben sich um die Erhellung des Zusammenspiels dieser beiden Systemebenen bereits verdient gemacht.

Die Bedeutung des *Sozialen* für das *Psychische* wiederum kann nun gar nicht genug betont werden. Das gesamte Feld der Sozialpsychologie, aber auch jede Psychotherapieforschung bemüht sich um Erkenntnisse hinsichtlich dieses Zusammenwirkens. Gerade die systemische Familientherapie hat sich paradigmatisch auf die Fahnen geschrieben, die einseitige medizinische Orientierung auf das (kranke) Individuum zu überwinden und dieses stattdessen immer im Kontext seiner sozialen Systeme zu betrachten.

Es ist offensichtlich, dass eine reale oder empfundene Einengung durch soziale Beziehungen so weit führen kann, dass für eine gesunde Selbstachtung zu wenig Spielraum bleibt (vgl. auch Reddys Beschreibung der emotionalen Regime Kap. 1.6, S. 146 ff.). Zugleich reduzieren autoritäre Systeme oder parentifizierende Familienstrukturen nicht umsonst ganz gezielt den sozial erlaubten Ausdruck eigener Gefühle und beschneiden die Erfüllung unserer (ja mit Emotionen verbundenen) vitalen Bedürfnisse. Die Kommunikation widersprüchlicher Gedanken und gegensätzlicher Motivationen mit entsprechender Emotionalität wird durch solche rigiden sozialen Bedingungen nicht nur erschwert, sondern teilweise komplett unterbunden. Für die Psyche bedeuten derartige Milieus ein hohes Spannungsniveau mit starker Anpassungs- und Verdrängungsaufforderung. Es bleibt dabei stets ungewiss, ob und, wenn ja, wann sich diese hohe Spannung in Form einer als dissipativ beschreibbaren Struktur, zum Beispiel mittels einer Übersprungshandlung, entlädt oder als ein Symptom manifestiert.

Ein weiteres Beispiel für die enge Koppelung von psychischem und sozialem System stellt für mich die *Selbstoffenbarung* dar, bei der ich bereit bin oder werde, Inhalte meines psychischen Erlebens kommunikativ in den sozialen Raum zu bringen. Diese Offenbarung von teils ja äußerst persönlichen, vielleicht sogar intimen Selbstinhalten bewirkt ganz häufig jenen sozialen Rückkopplungseffekt, dass sich mein Gegenüber ebenfalls eingeladen fühlt, sich in ähnlicher Weise zu offenbaren.

Auf dieser Grundlage erzeugt der Vertrauensvorschuss, den ich durch mein Verhalten gewähre, eine Entsprechung, wodurch wechselseitiges Vertrauen entsteht.

Insgesamt steht die Psyche häufig in einer Vermittlerposition zwischen dem eigenen biologischen und dem aktuell relevanten sozialen System. So gilt es, um nur ein Beispiel zu nennen, psychisch abzuwägen zwischen den Anforderungen des Berufs (bzw. wahlweise oder akkumulativ der Hausarbeit, der Partnerschaft, der eigenen Kinder oder/und anderer Personen Erwartungen etc.) und den Bedürfnissen des eigenen Körpers nach Erholung oder Bewegung, nach Nahrung oder Schlaf etc. Sozialisationsbedingt und auf Basis der eigenen Autopoiese haben wir einen Umgang mit diesen sehr unterschiedlichen Anforderungen erlernt, der Priorisierungen, Filterwirkungen und Selektionsentscheidungen vorsieht, die jedoch nicht unbedingt zu unserem Wohlbefinden und dem Erhalt unserer Gesundheit beitragen müssen.

Systemische Therapie beschäftigt sich daher stets mit der Koppelung aller drei Dimensionen, wobei mit der Fokussierung dieser Koppelungen immer auch ein weites Feld für psychotherapeutische Fragestellungen und Auftragsklärungen umschrieben ist. Auf den Punkt gebracht: In welchem Verhältnis steht im Denken und Empfinden eines Klienten die Orientierung, die Erwartungen anderer oder vermeintliche Pflichten zu erfüllen, zu der Fokussierung eigener Gefühle und Bedürfnisse? Diese wiederum können auch vermittels der Wahrnehmung somatischer Marker, also über den Resonanzraum des eigenen Körpers in den Fokus rücken, wie beispielsweise die Wahrnehmung von Müdigkeit und Erschöpfung als Hinweis auf das eigene Ruhe- und Abgrenzungsbedürfnis. Mit anderen Worten: Welchen Stellenwert hat die soziale Ausrichtung gegenüber der Selbstachtung, die Fremdbestimmung gegenüber der Selbstbestimmung? Und wie bzw. inwieweit lässt sich zwischen diesen beiden Polen (wieder) ein wohltuendes und stimmiges Gleichgewicht schaffen und erhalten bzw. immer wieder neu erzeugen? Fragen wie diese gelten nicht zuletzt der psychotherapeutischen Auftragsdynamik, für die das Verständnis und die Einbeziehung der Emotionen eine entscheidende Orientierung zu geben vermag.

Bio-soziale Koppelungen

Die Mittlerrolle der Psyche zwischen biologischem und sozialem System resultiert aus einem Entwicklungsprozess und schält sich erst allmählich im Laufe einer Biografie heraus. Zu Beginn eines jeden Lebens trifft der neugeborene Körper noch ohne ausgeprägtes (Selbst-)Bewusstsein auf seine soziale Umwelt. Das Körperliche prägt zu Beginn unsere Affekte, die vor allem dafür eingesetzt werden, um auf der sozialen Ebene auf akute primäre Bedürfnisse aufmerksam zu machen. In dieser Phase sind unsere biologischen Impulse und ihr Ausdruck noch kaum gehemmt, wir sind mehr oder weniger eins mit unseren Bedürfnissen, und die drei Systemebenen sind auf das Engste miteinander verkoppelt. Die Affekte des Neugeborenen verweisen auf seine unmittelbaren Bedürfnisse, die sich als Schreien, Seufzen, Lächeln, etc. sowie in mimisch-gestischer Gestalt wie beim Räkeln zeigen und soziale Wirkungen erzeugen.

Dass wiederum letztlich unsere gesamten Lebensgrundlagen primär sozial ausgerichtet sind, wird anhand moderner Ergebnisse der neurobiologischen Forschung immer offensichtlicher. Während noch Mitte des letzten Jahrhunderts in der Wissenschaft ein grundlegender und teils unversöhnlicher Streit über »angeborenes Verhalten und genetisch bedingte psychische Störungen« auf der einen Seite versus »umwelt- und sozialisationsbedingte Entwicklung des Menschen« auf der anderen Seite vorherrschte, haben sich die beiden Lager mit den Erkenntnissen der Epigenetik inzwischen angenähert.

Diese besagen, dass bis auf eine Handvoll an auserlesenen Genen, die physische Merkmale wie Augenfarbe oder Körpergröße determinieren, sämtliche restlichen Gene in einer beständigen Auseinandersetzung mit diversen anderen (Umwelt-)Faktoren stehen, und sich unter deren Einfluss in ihrer Wirkung verändern. Die Gene verhalten sich somit sozial, das heißt, sie interagieren mit der Umwelt und können sich bei entsprechenden äußeren Einflüssen durch eine epigenetische Transformation an neue Gegebenheiten anpassen. Die Gen-Umwelt-Interaktion bewirkt unter anderem, dass die Genexpression durch die Methylierung von Abschnitten des Gens reduziert oder sogar komplett eingestellt wird.[17] Vereinfacht ausgedrückt könnte man sagen: Ähnlich wie ein selbststeuernder Wasserhahn seinen Status von »inaktiv« auf »aktiv« ändert, wenn die Sensoren in seiner unmittelbaren Umgebung eine Bewegung registrieren, verändert sich je nach den äußeren Umwelt- bzw. Lebensumständen nicht allein unsere bio-psychische Selbstorganisation, sondern unter bestimmten Umständen auch die Aktivität und der Einfluss unserer Gene.

Dies ist die eine Wirkweise der Epigenetik, deren zweite darin besteht, dass Lebenserfahrungen gleichermaßen wie auch andere Mutationen sich im Gencode niederschlagen und dieser auf die Nachfahren übertragen wird. Diese flexiblen und somit prinzipiell reversiblen epigenetischen Modifikationen machen gegenüber den statischen Householdergenen[18] den Bärenanteil unse-

---

17 Die DNA-Methylierung ist ein weitverbreiteter Prozess der epigenetischen Ausstattung des Menschen und passiert über Enzyme. Indem in bestimmten Genbereichen sich Methylgruppen ansiedeln, kann die Aktivität der betroffenen Gene unterdrückt und sogar quasi zur Gänze stillgelegt werden.
18 Das sind jene Gene, die physiologische Merkmale, wie beispielsweise unsere Haar- und Augenfarbe festlegen.

res Genpools aus. So sind nur zwei Prozent unserer Gene fest formiert und irreversibel, während der große Rest, der auf Basis der Abschnitte, die früher als Genmüll angesehen wurden, durch die Interaktionen mit der Umwelt Veränderungen ausgesetzt ist und demnach sozialen Rückkoppelungsprozessen unterliegt.Unsere Gene sind jedoch auch aus noch deutlich zielgerichteteren Gründen sozial und keineswegs »egoistisch« ausgerichtet, wie der Soziobiologe Richard Dawkins in seinem Werk »The Selfish Gene« (1976) behauptete. So wissen wir, dass Säuglinge bereits kurz nach der Geburt in der Lage sind, bestimmte Verhaltensweisen bzw. mimische Ausdrücke, wie beispielsweise ein Lächeln oder das Herausstrecken der Zunge, zu imitieren. Solche für einen Säugling hochkomplexen sensorisch-motorischen Bewegungsabläufe werden über verschiedene Zentren im Gehirn gesteuert, die, erstmals von einer Forschungsgruppe um den italienischen Neurophysiologen Giacomo Rizzolatti bei der Beobachtung von Makaken festgestellt, mittlerweile auch beim Menschen nachgewiesen wurden und als Spiegelneuronen bekannt sind (vgl. Bauer, 2004; 2008). Es wird seither vermutet, dass diese mittels Imitation und der Signalisierung von Gleichartigkeit offenbar für das Herstellen von individueller Anschlussfähigkeit in sozialen Systemen zuständige Neuronengruppe ebenso ein Erklärungsmodell für Phänomene wie Empathie und das Modelllernen liefern könnte.

Auch der Neurowissenschaftler Thomas R. Insel, Leiter des US-amerikanischen National Institute of Mental Health, hat die biologische Grundlage der sozialen Ausrichtung des Menschen in seinem Aufsatz »Is social attachment an addictive disorder?« unterstrichen (vgl. Insel, 2003). Unter diesem ironisch aufzufassenden Titel (übersetzt: »Ist soziale Bindung eine suchterzeugende Störung?«) beschreibt er den direkten Zusammenhang von sozialen Bindungsprozessen und neurobiologischen Faktoren. So würden die Neuromodulatoren Dopamin, Oxytozin und Vasopressin (drei für unser psychisches Wohlergehen zentrale Botenstoffe) unmittelbar bei sozialen Bindungsprozessen ausgeschüttet, was dazu führe, dass gleichzeitig mit dem Entstehen der Bindung unsere Belohnungssysteme im Gehirn aktiviert würden (vgl. Insel, 2003, v. a. S. 354 ff.). In einem anderen Aufsatz spricht Insel daher vom menschlichen Gehirn als einem »social brain«, welches in erster Linie aufgrund von positiven Bindungserfahrungen in seinen Motivationen verstärkt werde (vgl. 2004).

Der Neurobiologe Joachim Bauer wiederum stellt diesen Zusammenhang folgendermaßen dar: »Die Motivationssysteme schalten ab, wenn keine Chance auf soziale Zuwendung besteht, und sie springen an, wenn das Gegenteil der Fall ist, wenn also Anerkennung und Liebe im Spiel ist« (Bauer, 2009, S. 37). Unsere biologisch angelegten und mittels neurobiologischer Modulatoren vermittelten Grundbedürfnisse formen somit auf epigenetischer Grundlage und anhand unserer sozialen Erfahrungen unsere Psyche. Insofern könnte man die These aufstellen, dass die Psyche eines Menschen das Resultat der Auseinandersetzung der biologischen Grundlagen mit der sozialen Umwelt darstellt, dabei jedoch – und hier kommt die systemtheoretische Perspektive der Autopoiese ins Spiel – eine ständig zunehmende eigene Dynamik und Selbstreferenzialität aufweist.

1.2.6 Emotionen auf drei Systemebenen

Emotionen sind systemtheoretisch dem psychischen System zuzuordnen, dabei jedoch auch eng verknüpft mit somatischen und neurobiologischen Impulsen. Gleichzeitig fließen sie, sei es über die Kommunikation *von* ihnen oder mittels der Kommunikation *über* sie (vgl. Simon, 2004, S. 119 ff.), in das soziale Universum ein. Sie bedingen Handlungsimpulse und werden oft durch soziale Kontexte ausgelöst. Die mit den Emotionen verknüpften Bedürfnisse und der Ausdruck unserer Emotionen sind sozial codiert und beziehen sich im Wesentlichen auf Interaktionen mit anderen Menschen.

Dennoch: Trotz ihres großen synergetischen und transformierenden Wirkungsgrades bzw. -potenzials sowohl innerhalb der drei für den Menschen relevanten Systeme als auch in den Beziehungen zwischen diesen sind Emotionen in der bisherigen systemtheoretischen Landschaft nur vereinzelt bzw. nur am Rande beachtet und in die theoretische Auseinandersetzung einbezogen worden. Dies liegt nicht allein in der grundsätzlich soziologischen Ausrichtung der Luhmann'schen Systemtheorie begründet. Auch wenn es zur systemtheoretischen Erforschung des Psychischen kommt, dominiert hierbei die Auseinandersetzung mit den Sinn erzeugenden Kognitionen. Jedem autopoietischen System sind blinde Flecken inhärent. Diese Sichtweise Luhmanns kann selbstverständlich auch auf seine eigene Theorie angewandt werden.

So sieht er Emotionen tendenziell eher als Störvariablen für soziale Systeme, erkennt ihnen höchstens eine Alarmfunktion im Sinne eines psychischen Immunsystems zu (vgl. Luhmann 1987, S. 371), was ja wiederum einzig und allein bezüglich »negativer« Emotionen gelten kann. Dies passt zu relevanten Begriffen der Systemtheorie wie Perturbation, Interpenetration, Irritation, welche Prozesse der strukturellen Kopplung beschreiben, die Veränderungen systemischer Muster nach sich ziehen können, semantisch jedoch nicht sonderlich einladend oder attraktiv klingen. Die unzähligen positiven Effekte hingegen, die Luhmann selbst unter dem Stichwort der grundsätzlichen »Co-evolution« der beiden Systemarten »sozial« und »psychisch« postuliert (vgl. 1987, S. 92), bleiben weitestgehend in der theoretischen Grauzone verborgen. Lediglich beim Thema »Vertrauen« in dessen soziale Systeme aufrechterhaltender Funktion konzediert Luhmann einen positiven Wirkungseffekt von emotionalen Zuständen, während er es bei der Diskussion des Themas »Liebe« bei einer historischen Würdigung des Wandels der Liebessemantik bewenden lässt.

Es ist Luc Ciompis Verdienst, die Affekte auch von systemtheoretischer Warte aus stärker in den Blickpunkt gerückt zu haben. Er beschreibt den mächtigen *Wirkungsgrad kollektiver Emotionen* bis weit ins politische Feld und deren *Ausnutzung und Instrumentalisierung durch autoritäre Systeme*. Auch wenn man Ciompi vorhalten kann, gemäß seiner Konzeption der fraktalen (systemähnlichen) Affektlogik Emotionen als Strukturelemente nicht nur dem psychischen, sondern gleichermaßen dem sozialen System zuzuordnen, ist sein Werk gespickt mit Hinweisen auf interessante Konvergenzen und Wechselwirkungen, die es nicht zuletzt für eine Einordnung der systemtheoretischen Bedeutung von Emotionen höchst lesbar machen.

Für den psychotherapeutischen Kontext sind all diese Zusammenhänge von großer Bedeutung, denn Psychotherapie kann als ein *soziales* System begriffen werden, welches sich zum Ziel gesetzt hat, das *emotionale* Leiden der Klientin zu verringern, was per definitionem nur über veränderte Sinnerzeugung in dessen *psychischem* System gelingen kann. Da wir nicht unmittelbar und instruktiv in die subjektiv-individuelle Sinnerzeugung des Einzelnen intervenieren können, bieten sich als Ansatzpunkte lediglich die kognitiven und emotiven rekursiven Abläufe an.

Dass es sich innerhalb der Selbstreflexion des Klienten jedoch um nur teilweise bewusste Prozesse handelt und es infolgedessen auch um das Aufspüren latenter Strukturen und unbewusster Dynamiken geht, zeigt Peter Fuchs auf. Demnach ist Psychotherapie immer auch die Bearbeitung vager, nicht einfach fassbarer Abläufe. Für diese bieten sich Explorationstechniken an, die einen Zugang zu den verborgenen dynamischen Prozessen für die selbstreferenzielle Beobachtung des Klienten ermöglichen. Neben der freien Assoziation, wie sie Freud in die therapeutische Praxis einführte, können dies Methoden bzw. Maßnahmen wie Tranceinduktionen, Wunderfragen, Affektbrücken oder hypnosystemische Instrumente sein. Theoretisch fundiert und methodisch bereichert wird dieser Zugang durch die verschiedenen emotionsbasierten Verfahren, die ich im zweiten Teil dieses Buches ausführlich darstellen werde.

Soziale Systeme sind die wichtigste Umwelt für lebende Systeme, die wiederum aus der engen Wechselwirkung biologischer und psychischer oder psycho-somatischer Wechselwirkungen bestehen. Wer die feine Verzahnung der biologischen und der psychischen Systemebene ins Auge fasst, ist darauf angewiesen, psychische Probleme nicht mehr allein über kognitive Explorationen zu erfassen, sondern auch als implizite Prozesse mittels erlebnisorientierter Verfahren zu verstehen. Die Anregung verschiedener emotionaler Prozesse, der Fantasie und der kreativen Möglichkeiten wird somit zum Angelpunkt therapeutischen Handelns. Mit der psychotherapeutischen Fokussierung dieser Prozesse erlangt der Zusammenhang von Emotionen, Motivationen und Grundbedürfnissen entscheidende Bedeutung.

Dieser Zusammenhang zeigt sich sowohl ontogenetisch als auch phylogenetisch. Die ersten, die autopoietische Struktur des Menschen prägenden Erfahrungen sind vorsprachlich und nicht-kognitiv. Das implizite Gedächtnis bildet sich über Erfahrungen, die sich in emotionalen Bewertungen und dazu passenden Verhaltensweisen niederschlagen.

Wenn wir nun bereits frühe Erfahrungen als strukturdeterminierend für die im Entstehen begriffene Persönlichkeit bzw. die dynamische Weiterentwicklung des psychischen Systems ansehen können – wofür die Neurobiologie eine Fülle von Belegen liefert –, ist eine therapeutische Haltung angebracht, die auf diese frühen emotionalen Prägungen eingehen und Antworten bis hin zu therapeutischen Interventionen auf die mit ihnen verbundenen Fragen finden kann.

In diesem Sinn kommt es darauf an, das in erster Linie kognitiv ausgerichtete Repertoire systemischer Therapie zu erweitern und mit einer den umfassenden, in allen Systemarten zutage tretenden Einfluss der Emotionen würdigenden Grundhaltung zu versehen, die diesen Erkenntnissen Rechnung trägt.

Die drei Systemebenen sind für das Verständnis menschlichen Verhaltens und Handelns sowie (zwischen-)menschlicher Prozesse a priori gleich wichtig. Erst der Beobachter-Blickwinkel entscheidet, welche jeweils in den Fokus genommen wird. Während beispielsweise für den systemischen Familientherapeuten stärker das Beobachten und Verstehen der sozialen Systemzusammenhänge aus der Kommunikation der Familienmitglieder untereinander und unter Einbeziehung der Kommunikation des Therapeuten als Kybernetik 2. Ordnung die Hypothesenbildung und Gesprächsführung bestimmt, wären aus der Sicht einer systemischen Einzeltherapeutin alle drei Systemebenen gleichermaßen relevant. Die zunehmende Einbeziehung von Methoden des Embodiments (vgl. Storch u. a., 2017) und das wachsende Interesse an emotionsbasierten Verfahren zeigen dabei auf, dass die systemische Therapie sich mittlerweile auch der körperlichen wie der emotionalen Ebene zu öffnen anschickt.

Wie bereits im Kapitel über die Bedeutung der Emotionen beschrieben (▶ Kapitel 1.1.1.), ordnet Antonio Damasio Emotionen der »Bühne des Körpers«, Gefühle hingegen als ihr wahrgenommenes Pendant der Psyche zu (vgl. 2005, S. 38). Luhmann wiederum griff die frühere Einschätzung Stanley Schachters und Jerome Singers (1971) auf, die davon ausgingen, dass mit jeder Emotion eine physiologische Erregung einhergeht, der erst aufgrund unserer kognitiven Bewertung ihre Bedeutung zukommt, es also eines kognitiven Akts bedarf, um ein Gefühl wahrzunehmen und als solches zu identifizieren: »Die bekannte Vielfalt unterschiedlicher Gefühle kommt demnach erst sekundär, erst durch kognitive und sprachliche Interpretation zustande; sie ist also, wie aller Komplexitätsaufbau psychischer Systeme, sozial bedingt« (Luhmann, 1987, S. 372).

Inzwischen wissen wir, dass neurobiologisch sehr wohl unterschiedliche Schaltkreise ablaufen, je nachdem, welche emotionalen Prozesse gerade aktiviert wurden, was jedoch noch nicht bedeutet, dass diese unterschiedlichen neurobiologischen Prozesse auch gleich bewusst wahrgenommen werden. Erst mit diesem Stadium – wenn wir die Unterscheidung Damasios aufgreifen – wird das psychische System durch die Wahrnehmung des Gefühls aktiviert und das betreffende Individuum in die Lage versetzt, mit Gefühlen bewusst umzugehen.

Wir können mit Blick auf die verschiedenen Systemebenen sowie ihre jeweiligen Charakteristika und Elemente von einer Einteilung ausgehen (Tab. 3).

Tabelle 3: Unterscheidungskategorien autopoietischer Systemarten

Biologisches System	Psychisches System	Soziales System
Neurobiologische und (psycho-)somatische Prozesse	Gedanken, Gefühle, Motivationen, Bedürfnisse	Kommunikation, Verhalten; kollektive Wirkung von Emotionen
Neurozeption (vgl. Porges, Polyvagaltheorie)	Wahrnehmung und Bewertung, der Emotionen	Resonanzphänomene; Reziprozität
Somatische Marker	Hineinspüren und Beachtung der Gefühle; Felt Sense	Umgang mit Gefühlen nach außen; Umsetzung von Handlungsimpulsen; Ausdruck von Gefühlen; Verbalisieren von Emotionen
Neuronale Netze und neurobiologische Wirkungen	Bewusst-kognitives Erkennen und latente, nicht bewusste psychische Strukturen	Rückkopplungsprozesse
Somatische Reaktion auf psychische und soziale Rückkopplungen	Bewertungen, Glaubensgrundsätze, Selbstwert	Soziale Kontingenz

Einschlägige Theorien und Therapieformen

Psychosomatische Medizin; Psychoneuroimmunologie; Körpertherapie	Ich-Psychologie; Psychoanalyse; Humanistische Psychologie; Verhaltenstherapie	Sozialpsychologie; Familientherapie; Systemische Therapie

> *Die systemische Therapie als integrative Therapieform*
> Ursprünglich erwuchs die systemische Therapie aus der Familientherapie und war von ihrer Provenienz her der sozialen Systemperspektive verpflichtet. Je mehr sie sich jedoch auch Einzeltherapien zuwandte, desto stärker rückten die psychische und mittlerweile auch die somatische, das heißt biologische Ebene in den Fokus. Die systemische Therapie ist nun nicht mehr nur wissenschaftlich, sondern seit 2018 auch von ihrem Nutzen und ihrer Wirtschaftlichkeit her in Deutschland als offizielles Verfahren der Einzeltherapie anerkannt. Während in Paar- und Familientherapien überwiegend die kommunikativen Aspekte und somit das soziale System im Vordergrund stehen, werden bei Einzeltherapien die beiden anderen Systemebenen notwendigerweise relevanter. Eine integrative Therapieperspektive, beruhend auf der Kenntnis der jeweiligen Spezifika und der Kopplung aller drei Systemebenen, wird aus meiner Sicht die Herausforderung der Zukunft bedeuten, wofür die systemische Therapie die besten theoretischen und methodischen Voraussetzungen bietet.

Emotionen spielen also eine bedeutende Rolle, wenn wir das Zusammenwirken der drei Systemebenen betrachten und die dort auftretenden (zwischen)menschlichen Probleme besser verstehen wollen. Ein zwar fiktives, gleichwohl geradezu klassisches Beispiel aus dem Partnerschaftsalltag kann dies bezeugen, wie es wohl kaum jemand treffender nachgezeichnet hat als der große Humorist Bernhard-Viktor Christoph-Carl »Vicco« von Bülow, besser bekannt unter dem Künstlernamen Loriot. In seinem Sketch »Feierabend« wird eine Kommunikation zwischen einem älteren Ehepaar geschildert, die – ursprünglich allein auf der sozialen Ebene angesiedelt – zu ihrem Ende hin mehr und mehr auch die psychisch-emotionale und damit die neurobiologische Ebene tangiert:

Sie: Hermann?
Er: Ja?
Sie: Was machst du da?
Er: Nichts.
Sie: »Nichts«? Wieso »nichts«?
Er: Ich mache nichts.
Sie: Gar nichts?
Er: Nein.
Sie: Überhaupt nichts?
Er: Nein. Ich *sitze* hier.

SIE: Du *sitzt* da?
ER: Ja.
SIE: Aber irgendwas *machst* du doch!
ER: Nein.
SIE: Denkst du irgendwas?
ER: Nichts Besonderes.
[…]
SIE: Liest du was?
ER: Im Moment nicht …
SIE: Dann lies doch mal was!
ER: Nachher, nachher vielleicht …
SIE: Hol dir doch die Illustrierten!
ER: Ich möchte erst noch etwas hier sitzen …
SIE: Soll ich sie dir holen?
ER: Nein, nein, vielen Dank …
SIE: Will der Herr sich auch noch bedienen lassen, was? Ich renne den ganzen Tag hin und her … Du könntest wohl ein Mal aufstehen und dir die Illustrierten holen!
ER: Ich möchte jetzt nicht lesen …
SIE: Mal möchtest du lesen, mal nicht …
ER: Ich möchte einfach hier sitzen.
SIE: Du kannst doch tun, was dir Spaß macht …
ER: Das tue ich ja!
SIE: Dann quengel doch nicht dauernd so rum!
ER: (schweigt)
SIE: Hermann!
ER: (schweigt)
SIE: Bist du taub?
ER: Nein, nein …
SIE: Du tust eben nicht was dir Spaß macht … Stattdessen sitzt du da!
ER: Ich sitze hier, weil es mir Spaß macht!
SIE: Sei doch nicht gleich so aggressiv!
ER: Ich bin doch nicht aggressiv.
SIE: Warum schreist du mich dann so an?
ER: (schreit) Ich schreie dich nicht an!
(Quelle: eigene Transkription von Loriot, 1977/2020)

Als Außenstehender können wir neurobiologische und psychische Prozesse nicht direkt beobachten, sie erschließen sich allein aus körperlichen Phänomenen wie Erröten, Schwitzen, Zittern, der Mimik und Gestik, der Prosodie der Stimme etc. Spätestens deren abrupt gesteigerte Lautstärke bestätigt in diesem Sketch am Ende die sich selbst erfüllende Prophezeiung nach dem Motto: »Ich wusste doch gleich, dass etwas nicht mit dir stimmt, und jetzt bist du auch noch so aggressiv!« Insbesondere in einem therapeutischen Kontext bedarf es aber gerade der Wahrnehmung und Deutung solcher Phänomene durch eine externe Beobachterin.

Wir können davon ausgehen, dass die geschilderte Interaktion den Blutdruck der beiden Beteiligten und die ausgeschüttete Menge an Stresshormonen und Neurotransmittern gesteigert haben dürfte. Die Emotionalität der Aggression wird also – wenn auch bei beiden unterschiedlich – sowohl psychisch wie neurobiologisch prozessiert und findet sich auch auf der sozialen Systemebene wieder, von der sie ja ohnehin ihre jeweiligen Auslösereize erfährt (erneut für beide unterschiedlich: bei ihr, weil sie sein Herumsitzen nervt oder sie dieses als unangemessen bzw. ungesund betrachtet; bei ihm, weil sie ihn nicht in Ruhe lässt und ihm ständig Gefühle, Bedürfnisse und Widersprüche unterstellt, die er keinesfalls als angemessen erlebt).

Bio-psycho-soziale Systemebenen sind, wie dieses Beispiel zeigen mag, permanent und mit engen Rückkopplungsschleifen verwoben. Im Sinne unserer psychischen Gesundheit wäre es angebracht, die psychischen und die biologischen Aspekte unseres Erlebens mehr zu achten, damit wir nicht zu Geiseln der sozial auf uns gerichteten Erwartungen werden. Die zunehmende Zahl von Klagen über Erschöpfungssymptome und der zu neuer Blüte gelangte Burn-out-Begriff, aber auch die Vielzahl von diagnostizierten Somatisierungsstörungen infolge psychosozialer Beeinträchtigungen zeugen von einer Vernachlässigung der emotionalen Prozesse, die als in meinen Augen wichtigstes Bindeglied zwischen den Systemarten betrachtet werden können.

Im Folgenden möchte ich die drei Systemarten im Bewusstsein ihrer permanenten Koexistenz und Koevolution gemäß ihrer je unterschiedlichen Relevanz für emotionale Prozesse nach spezifischen Besonderheiten untersuchen.

Begonnen wird dabei mit einer Analyse des biologischen Systems, also der natürlichen Grundlage aller emotionalen Prozesse, das jedoch, wie wir sehen werden, keineswegs statisch, sondern ebenfalls auf Basis ständiger Rückkopplungen ein dynamisches Geschehen zwischen verschiedenen Subsystemen darstellt und somit bereits in seiner eigenen Autopoiese höchste Komplexität aufweist.

1.3 Das biologische System

Der Organismus jedes Lebewesens kann als ein biologisches System begriffen werden, wobei sich dieses wiederum – jedenfalls bezogen auf den Menschen – in verschiedene Subsysteme unterteilen lässt, die sich miteinander in ständiger Interaktion befinden.[19] Auch für das Verständnis von Emotionen sind unterschiedliche physiologische und neurobiologische Schaltkreise von großer Bedeutung. Zu nennen ist in diesem Zusammenhang insbesondere das limbische System, das in den letzten Jahrzehnten von der Gehirnforschung intensiv untersucht wurde und dessen mittlerweile besser durchschaubare Funktionsweise ich im Folgenden skizzieren werde.

Ein zweiter Abschnitt dieses Kapitels ist der Polyvagaltheorie gewidmet, die einen wertvollen Beitrag für das Verständnis der Wirkung von Traumatisierungen und Bedrohungssituationen leistet und darüber hinaus einen Weg aufzeigt, wie Therapien effizient gestaltet werden können.

1.3.1 Limbisches System – das emotionale Gehirn

Die äußerste Schicht unseres Gehirns, die Großhirnrinde (Kortex, lat. cortex cerebri) hat eine Vielzahl an Funktionen inne und umgibt phylogenetisch ältere Teile des Gehirns, zu dem auch das limbische System gehört. Der Großteil der Großhirnrinde besteht aus dem Neokortex, darin sind motorische, assoziative und sensorische Funktionen angesiedelt; für das Verständnis der Kognitionen ist besonders der präfrontale Kortex (PFK) an der Vorderseite des Gehirns von Bedeutung. Während im PFK bewusste Vorgänge prozessiert werden, übernimmt das anatomisch darunter liegende limbische System unbewusste und mit Emotionen verknüpfte Aufgaben.

Das limbische System (vom lateinischen Wort »limbus« für »Saum«) ist eine funktionelle Einheit im Gehirn, welche zwischen dem Kortex und dem Hirnstamm eingebettet ist. Die Bezeichnung wurde 1872 von Paul Broca (Namenspatron des Broca-Areals, unseres Sprachzentrums im Neokortex) eingeführt, wobei der französische Anatom und Anthropologe seinerzeit nur von einem »limbischen Lappen« sprach, der uns mit allen Säugetieren verbinde. Auf den US-amerikanischen Gehirnforscher Paul MacLean geht die Idee zurück, das

---

19 Es würde den Rahmen sprengen, auf sämtliche Subsysteme im Einzelnen einzugehen. Erwähnt seien an dieser Stelle wegen ihrer Bedeutung im Kontext psychosomatischer Erkrankungen vor allem die Zusammenhänge zwischen Nerven-, Muskel-, Herz-Kreislauf-, Hormon-, Immun- und Organsystemen, die bei lang anhaltenden Stress- und Spannungszuständen verschiedenste Disbalancen und in der Folge Krankheiten hervorrufen können.

limbische System sei das Zentrum unserer Emotionen (1952). Auch wenn seine Theorie eines abgrenzbaren Gehirnareals, welches für alle emotionalen Prozesse zuständig sei, mittlerweile überholt ist, bleibt die Erkenntnis gesichert, dass es funktionelle, die Organisation unserer Affekte betreffende Zusammenhänge gibt, die dem limbischen System zugerechnet werden können.

Dessen Grenzen sind dabei in der Wissenschaft umstritten und werden unterschiedlich gezogen. Um nur einige der wichtigsten Areale zu nennen (Abb. 3): Einigkeit herrscht bezüglich der Amygdala (auch Mandelkern genannt) und des Hippocampus, vielfach werden auch der Hypothalamus und der Nucleus accumbens mit einbezogen und der deutsche Gehirnforscher Gerhard Roth rechnet sogar Teile des Neokortex dazu.

Auch wenn sich das limbische System in seiner Struktur räumlich nicht klar abgrenzen lässt, kann es in seiner Funktion und Bedeutung für den Komplex der Entstehung und Bewertung von Gefühlen schon recht exakt beschrieben werden: »Das limbische System [...] wird von Neurobiologen als ›Sitz‹ des Psychischen einschließlich der unbewussten und bewussten Gefühle (Emotionen), Motive und Ziele angesehen. Es hat die für den Organismus zentrale Aufgabe, Ereignisse und Handlungen danach zu bewerten, ob sie positive oder negative Folgen haben« (Roth u. Strüber, 2014, S. 63).

In diesem Netzwerk werden also unsere wichtigsten Gefühle prozessiert, in jedem Fall jene, die für unser Überleben entscheidende Bedeutung einnehmen. So werden im Mandelkern Ängste aktiviert, die uns auf Bedrohungssituationen aller Art unmittelbar reagieren lassen, an anderer Stelle im limbischen System werden Botenstoffe in Gang gesetzt, die uns die Attraktivität möglicher Sexualpartner signalisieren und über unser autonomes Nervensystem (ANS) uns auch körperlich entsprechend stimulieren. Gleichzeitig werden Bindungshormone wie Oxytocin sowie schmerzlindernde und Freude generierende Hormone und Neurotransmitter im Hypothalamus gebildet. Wichtig für den psychotherapeutischen Zusammenhang ist in jedem Fall die Erkenntnis, dass im limbischen System Affekte und Emotionen unabhängig vom Bewusstsein prozessiert werden und erst in Abhängigkeit von Aktivitäten des präfrontalen Kortex (PFK) zu Bewusstsein kommen.

Zwei Wege der Emotionsverarbeitung
Dabei gibt es trotz der Vielfalt solcher Prozesse und Phänomene genau genommen nur zwei Schaltkreise, die bei der Emotionswahrnehmung und -verarbeitung eine entscheidende Rolle spielen.

Der kürzere und schnellere Weg führt direkt von der Rezeption im limbischen System über den Hirnstamm mit den entsprechenden Aktivierungen des

Das biologische System

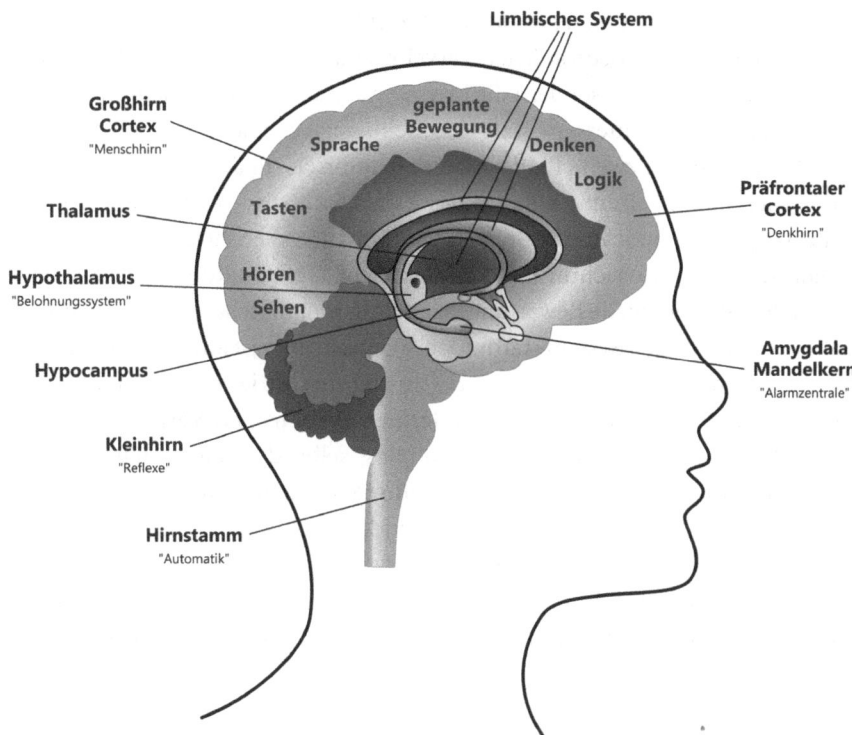

Abbildung 3: Schematischer Aufbau des Gehirns

autonomen Nervensystems und den hormonellen Ausschüttungen in die Zellen und in den Kreislauf unseres Körpers. Er initiiert die körperlichen Voraussetzungen für eine Sofortreaktion (primär die Entscheidung, zu flüchten, zu kämpfen oder zu erstarren). Die Aktivierung dieses Kreislaufs kann extrem rasant erfolgen und sich in Millisekunden vollziehen.

Der zweite Weg wiederum, der parallel ausgelöst wird, aber langsamer verläuft, kann dann zu weiteren oder sogar auch ganz anderen Schlüssen führen, so beispielsweise, wenn die Sehrinde im Kortex meldet, dass sich bei genauerer Prüfung die vermeintliche Schlange als ein Stück Holz oder die scheinbare Entdeckung einer alten Freundin auf der Straße als Trugschluss erwiesen hat. Die auf dem kurzen Weg erzeugte unmittelbare Erregung beginnt sich in einem solchen Fall schnell wieder zu legen. Auch die (Neu-)Bewertung und Entscheidung über den weiteren Umgang mit der jeweiligen Situation und den dabei ausgelösten Emotionen trifft dann zumeist wieder der »vernünftigere« PFK.

Auf diese Weise stellt zwar der Körper in echten oder auch nur vermeintlichen Bedrohungssituationen die entsprechende Erregung für eine schnelle

Reaktion zur Verfügung, aber der Kortex entscheidet, beispielsweise in einer Prüfungs- oder einer bedrohlichen Verkehrssituation nicht etwa zu fliehen oder gar andere anzugreifen, sondern die Erregung auszuhalten und wieder abklingen zu lassen, also »angemessen« statt »kurzschlüssig« zu reagieren.

Der langsamere zweite Pfad verläuft anatomisch zunächst vom Thalamus – oder auch Sehhügel, im Zentrum des Zwischenhirns – zum Kortex, wobei unterwegs der Hippocampus eingeschaltet wird, der die Situation mit früheren Erfahrungen und Gedächtnisinhalten vergleicht. Gerhard Roth weist allerdings darauf hin, dass implizite Bewertungen auf Basis biografischer Erfahrungen auch schon im limbischen System stattfinden: »Unbestritten ist auch die Beteiligung der […] Amygdala an […] durch Erfahrung modifizierten Emotionen und an den emotionalen Komponenten erlernten Wissens und Verhaltens« (Roth u. Strüber, 2014, S. 73). Das verdeutlicht, dass selbst die Bewertungen unserer Emotionen unmittelbar während ihres Auftretens zunächst im limbischen, also bewusstseinsfernen Gehirnbereich stattfinden und es daher von Hybris zeugen würde, wenn wir eine vollkommene, kognitiv gesteuerte Kontrolle unserer Emotionen erwarteten. Unseren Klienten gegenüber bedeutet diese Erkenntnis, dass wir als Therapeutinnen demütiger die Idee der rein kognitiven Steuerung der Emotionen betrachten sollten.

Das limbische System ist also die Schaltzentrale für unsere emotionale Wahrnehmung, die zum Teil direkt in körperliche, biochemisch gesteuerte Veränderungen mündet. Gleichzeitig ist es auch mit dem Kortex vernetzt, doch diese Vernetzung ist zutiefst autopoietisch, das heißt auf der Basis dessen organisiert, welche Abläufe sich bisher für das Überleben des jeweiligen Individuums (tatsächlich oder auch nur scheinbar) vorteilhaft erwiesen haben.

Wenn es sich beispielsweise aufgrund der sozialen Erfahrungen aus der Kindheit für einen Menschen als sinnvoll bewährt hat, die eigenen Emotionen, z. B. Weinen, Brüllen oder Schreien aus Protest gegen schlechte Behandlung, zu unterdrücken, weil darauf stets nur bzw. allzu häufig weitere Ablehnung oder gar Bestrafung gefolgt sind, dann werden das Nicht-Wahrnehmen oder Nicht-Wahrhaben-Wollen dieser Empfindungen durch den Kortex bzw. zumindest das Nicht-Ausdrücken und die Scham, diese Gefühle zu zeigen, so vorherrschend sein, dass die Möglichkeit dazu gar nicht im Bewusstsein (im Neokortex) auftaucht und somit, bis zum psychotherapeutisch induzierten Gegenerlebnis, keine realistische Option darstellt.

Das limbische System, so lässt sich folgern, ist – möglicherweise grundsätzlich, auf jeden Fall aber historisch aufgrund seiner starken Zügelung durch die jeweilige Sozialisation – quasi eingekeilt zwischen den Anforderungen und Signalen des biologischen Systems, mit dem es sehr eng verbunden ist, und den

Erwartungen (und Zumutungen) des sozialen Systems, dem das kognitive System (im Neokortex) näher steht und zumeist auch entsprechen will. Dies allerdings kann einen hohen Preis für unsere Gesundheit haben – David Servan-Schreiber, Bestsellerautor von »Die Neue Medizin der Emotionen«, nimmt sogar an, dass nicht die Emotionen selbst, sondern ihre »Unterdrückung [...] unser Herz und unsere Arterien« am meisten belasten (2006, S. 45).

Man könnte zugespitzt sagen, dass dem Zusammenspiel zwischen Neokortex und limbischem System eine Ausgleichsfunktion zwischen sozialen und biologischen »Systemanforderungen« zukommt. Jedoch werden diese Systemanforderungen und die aus ihrer Disparität resultierenden Konflikte nicht direkt vermittelt, sondern zeigen sich, sofern man die entsprechende Achtsamkeit entwickelt, auf vollkommen verschiedenen Wahrnehmungsebenen.

Um es an einem Beispiel aufzuzeigen: Wir sind in einer extrem harten Phase unserer Arbeit – vielleicht geht es um das Überleben der Firma, oder ein ganz wichtiger Auftrag muss in knapper Zeit erfüllt werden –, und die nächsten Aufgaben warten schon auf ihre Erledigung. Der sich ausbreitende Stress wird sich in jedem Fall auch physiologisch auswirken. Die Frage für das Zusammenspiel von limbischem System und Neokortex ist jetzt, wie der einzelne Mensch auf diese Stressexposition reagiert, ob und wie er sie *bewusst* oder nur *intuitiv* wahrnimmt und wie er mit dieser Art Wahrnehmung umgeht.

Eine der häufigsten Umgangsformen ist zwar zunächst das *intuitive* Gewahrwerden, dass etwas nicht stimmt, auch aufgrund unwillkürlicher physiologischer Veränderungen, etwa Erschöpfungsanzeichen wie verminderter Antrieb, Müdigkeit, höhere Anspannung in der Skelettmuskulatur, Kopfschmerzen, viszerale Spannungen, Einschlafstörungen oder fragmentierter Schlaf, vermehrte Nervosität, Dünnhäutigkeit etc. Die Frage, die sich dann aber hier schon stellt bzw. ins *Bewusstsein* drängt, ist, worauf dieses »Etwas stimmt nicht mehr mit mir« zurückgeführt und wie es interpretiert wird, als Selbst- oder Fremdattribuierung, also ob ich die Ursache in mir sehe bzw. suche, weil vermeintlich etwas mit mir *persönlich* nicht stimmt oder gar »nicht richtig« ist, oder ob ich meinen Zustand als Folge externer Einflüsse verstehen und stressauslösenden Umweltfaktoren, in diesem Fall den Arbeitsbedingungen, zuschreiben kann. Die Frage der Bewusstheit der Wahrnehmung physiologischer Warnhinweise, deren Zulassen womöglich auch vom Erleben von Beschämung beim Auftreten und damit Eingeständnis eigener Schwäche abhängig ist, und die Frage der Attribuierung sind in der Regel entscheidend für den weiteren Umgang mit diesen Stressoren.

Unbewusste oder halbbewusste Umgangsformen wie sozialer Rückzug aufgrund der Erschöpfung und Müdigkeit, vermehrter Alkoholkonsum zur Beruhigung der Angespanntheit oder Surrogatbefriedigung durch »Frustessen«

etc. erzeugen häufig weitere Kollateralschäden (z. B. Gewichtszunahme und daraus resultierend zusätzliche Trägheit). Sie sind Kompensationsversuche als Reaktion auf den Impuls »Mir fehlt etwas, ich brauche etwas«, jedoch unspezifisch bezüglich der eigenen Grundbedürfnisse und daher oft auf Dauer nicht nur nicht befriedigend, sondern sogar zusätzlich den Organismus belastend. In jedem Fall steigen Blutdruck, Nervosität und körperliche Anspannung in solchen Stressplateauphasen.

Es drängt sich daher die Frage auf: In welchem Verhältnis stehen limbisches System (»das Unbewusste«) und PFK (»das Bewusste)? Sind sie einander zugewandt und trotz ihrer sehr verschiedenen Funktionsweisen und Schaltkreise Teamplayer? Oder verstehen sie sich hierarchisch, im Sinne einer einseitigen Dominanz von ursprünglich der Rationalität zuordenbaren Glaubenssätzen, die im Dienst des Pflichtbewusstseins, des Leistungsdenkens oder größtmöglicher Anpassungsbereitschaft an bestehende Sozialsysteme alles daransetzen, es allen anderen, jedenfalls zumindest den wichtigen Bezugspersonen im familiären, beruflichen und sonstigen sozialen Umfeld, »recht zu machen«?

Ich gehe davon aus, dass in jedem Fall auch die ursprünglich gelernten Lebensprinzipien und Glaubenssätze rekursiv auf das limbische System zurückwirken und im Lauf der Sozialisation im impliziten Gedächtnis verankert werden. Mit anderen Worten, sie werden zu Elementen der automatischen Emotionsregulation, sozusagen »limbisch«, indem beispielsweise die Angst vor Regelverletzungen bzw. die Furcht, die Erwartungen der wichtigen anderen zu enttäuschen, zu einflussreichen Operatoren der Denk-, Fühl- und Verhaltensmuster werden. Ähnlich verhält es sich mit Werten bzw. dem Streben nach größtmöglichem persönlichem Erfolg, nach Macht, Reichtum, Wissen, Moralität, Vernunft oder (über)mächtigen Idealen und Ansprüchen etc.

Diese Persönlichkeitszüge sind natürlich einerseits weit verbreitet und auch gesellschaftlich hoch angesehen und sind daher auch Quelle für Anerkennung und Bestätigung, weshalb sie sich auch neurophysiologisch zu Attraktoren herausbilden. Doch nur allzu leicht können sie aufgrund ihrer permanenten Verstärkung überbewertet werden und sich daher dominant entwickeln und in der Folge auch das Wohlergehen und die Gesundheit strapazieren. Dies geschieht, wenn sie von der Achtsamkeit unserer somatischen Marker (z. B. derer, die uns Erschöpfung und Müdigkeit signalisieren) und unserer Grundbedürfnisse (z. B. auf Ruhe und Entspannung) abgekoppelt werden. Diese Achtsamkeit mittels entsprechender Methoden (wieder) zu entdecken, die eigenen Empfindungen und Bedürfnisse neu zu bewerten und in der Folge eine veränderte Balance zwischen den emotional-bedürfnisbzogenen Prozessen und den eigenen Ansprüchen herzustellen, wird uns als eine grundsätzliche Zielsetzung sowohl systemischer als auch emotionsbasierter Verfahren in den methodischen und praktischen Teilen dieses Buches weiter beschäftigen.

Individualität der Stressregulation

Stress bedeutet primär die Anforderung, sich an sich verändernde Situationen physiologisch, psychisch und/oder sozial anpassen zu müssen. Schon die Regulierung der Körperfunktionen bei starken Schwankungen der Außentemperatur kann Stress bedeuten; in modernen Gesellschaften werden allerdings vor allem die sich wandelnden sozialen Anforderungen häufig als primärer Stressfaktor erlebt. Die Unterscheidung *Eustress* vs. *Disstress,* also positiver, stimulierender vs. negativer, belastender Stress, ist dabei für das emotionale Erleben extrem bedeutsam, da mit der Bewältigung von Herausforderungen Zufriedenheit und sogar Glücksgefühle entstehen können (vgl. z. B. Csikszentmihalyi, 1992), wohingegen mit Disstress eine Vielzahl belastender Emotionen, Grübeleien und Erschöpfungssymptome einhergehen. Dennoch wirkt auch Eustress letztlich kumulativ, daher sollte in der Stressbilanz auf das Maß an Stressbelastung insgesamt geachtet werden.

Bei der Stresseinschätzung sind drei Faktoren zu unterscheiden:

(1) die Stressoren
(2) die individuelle Bewertung
(3) die Stressreaktion

Die interindividuellen Unterschiede, wie Menschen auf äußere Stressoren reagieren, sind erheblich. Diese Aussage muss nach neueren Erkenntnissen sogar noch grundsätzlich erweitert werden. Was der Einzelne als Stressor erlebt, entspricht nämlich der autopoietischen Struktur seines Nervensystems und wurde auch durch die persönlichen Erfahrungen und Bewertungen innerhalb seiner Lebensgeschichte geformt (vgl. Hüther, 2007, S. 42). Dabei spielt es eine untergeordnete Rolle, inwieweit diese Erlebnisse bewusst erlebt wurden, da an dem Prozess der Speicherung dessen, was ein Individuum als Bedrohung und somit als Stress erlebt, vornehmlich das limbische System beteiligt ist.

Existenziell traumatisierende, aber auch »gewöhnliche« aversive Erfahrungen wie Beschämungen, Demütigungen, Verluste, Erlebnisse von Einsamkeit, Überforderung, Hoffnungslosigkeit und psychischer Schmerz werden in der Amygdala gespeichert. Über den Hippocampus wird dieses Reservoir in aktuellen Situationen nach vergleichbaren Erfahrungen durchsucht, und es kommt gegebenenfalls zu Alarmierungen, die sich vom limbischen System über die Symphatikus-Nebennierenmark-Achse mit entsprechenden Stresshormon- und Transmitterausschüttungen ausbreiten. Dieser Mechanismus verhalf uns bereits evolutionär, Gefahren frühzeitig zu antizipieren und auf diese unmittelbar durch die sekundenschnelle Aktivierung physiologischer Erregung für die Bereitschaft zu sofortiger Flucht (oder Kampf), mittelbar durch erhöhte Wachsamkeit zu reagieren und damit unser Überleben zu sichern.

In wissenschaftlichen Tests konnte zudem aufgezeigt werden, dass Stresssituationen ihre Schatten vorauswerfen: Der Level der biochemischen Stressproduktion erreicht beispielsweise bei Fallschirmspringern schon einige Minuten vor dem Absprung ein Hochplateau, und der Spiegel des Stresshormons Cortisol im Blut steigt schon bei der Antizipation einer als bedrohlich eingeschätzten Situation merklich an (vgl. Deinzer, Kirschbaum, Gresele u. Hellhammer, 1997). Dieses Phänomen kennen wir auch aus unzähligen Alltagssituationen. So lassen – um nur ein Beispiel zu nennen – wichtige Prüfungssituationen unseren Stresshormonspiegel bereits im Vorfeld signifikant ansteigen.

Ähnlich verhält es sich mit den in der Amygdala gespeicherten Ängsten. Wer einen schweren Unfall an einer bestimmten Kreuzung erlebt hat, wird in ähnlichen Verkehrssituationen, besonders aber beim Befahren der gleichen Kreuzung, mit entsprechender Steigerung der Herz- und Pulsfrequenz reagieren, auch wenn das Bewusstsein nicht explizit mit der Erinnerung an den Unfall beschäftigt ist. Und ein Kind eines sehr autoritären, herabwürdigenden Vaters wird womöglich noch als Erwachsener bei einer Vorladung durch einen (männlichen) Vorgesetzten mit höherer Erregung reagieren als ein Zeitgenosse mit einer vertrauensvollen Vater-Kind-Beziehung. Erst allmähliche Habituation, also die wiederholte Erfahrung, dass eine Gefahr trotz Vergleichbarkeit der durchlebten Situation nicht mehr auftritt, trägt dazu bei, dass die Erregungskurve in diesen Situationen schneller wieder abnimmt bzw. erst gar nicht mehr signifikant ansteigt.

Limbisches System und autonomes Nervensystem sind also keineswegs bei allen Lebewesen einer Spezies gleich strukturiert, sondern entwickeln sich autopoietisch, als ein individuell lernendes System, wobei die frühen existenziellen Erfahrungen besonders strukturbildend wirken. Gleichzeitig verstärken sich stressaktivierende Prozesse durch wiederholte Erfahrungen, indem die Rezeptoren sensibilisiert und die neuronalen Bahnungen intensiviert werden. Dabei stabilisieren sich zugleich die an diesem Wachstumsprozess beteiligten Nervenzellnetzwerke durch wiederholten Einsatz selbstverstärkend und gewinnen so eine dominierende Funktion im Nervensystem – ein Zusammenhang, der Auswirkungen auf die emotionale Regulation und die sozialen Bewältigungsmuster der betreffenden Person in ähnlichen Situationen prädisponiert und uns später in diesem Buch als *emotionale Schemata* wieder begegnen wird (▶ Kapitel 2.2.2). Stress ist also für jeden Menschen vollkommen unterschiedlich erlebbar. Es ist daher eine psychische und somit auch psychotherapeutische Aufgabe, sich selbst in seinem Stresserleben, seiner Stressanfälligkeit und seinen Stressreaktionen besser verstehen und eventuell auch regulieren zu lernen.

1.3.2 Polyvagaltheorie

Die Polyvagaltheorie wurde von dem US-amerikanischen Psychiater und Neurowissenschaftler Stephen W. Porges in den 1990er Jahren entwickelt und vermag zu zeigen, wie sozial ausgerichtet unser biologisches System ist und wie sich die Reaktionsweisen unseres Autonomen Nervensystems (ANS) auf der Basis unserer jeweils individuellen Bindungsgeschichte, unserer sozialen Biografie und unserer Traumata samt deren Verarbeitung unterschiedlich entwickeln (vgl. hierzu und zu diesem Kapitel insgesamt Porges, 2017).

Sympathikus und Parasympathikus
Die Theorie fußt auf dem bisherigen Wissen über die beiden zentralen, wechselseitig aufeinander bezogenen und für unser Überleben elementar wichtigen Teile des autonomen Nervensystems: das sympathische und das parasympathische.

Während der Parasympathikus in erster Linie für »innere Angelegenheiten« wie die Steuerung der Organe und des Blutkreislaufs, den Stoffwechsel und die Erholung des Körpers zuständig ist (so die gängige Lehrmeinung), dient der Sympathikus vor allem der Aufrechterhaltung bzw. nötigenfalls Steigerung unserer nach außen gerichteten Aktions- und Leistungsfähigkeit, indem er unser Herz-Kreislaufsystem aktiviert. Unter anderem ist der Sympathikus verantwortlich für die schnelle Bereitstellung von Energie in Bedrohungssituationen. Hierbei mobilisiert der Körper durch die unmittelbare Ausschüttung von Adrenalin und Noradrenalin in Bruchteilen von Sekunden Energien, die unsere Herzrate beschleunigen und uns, gemäß unserem evolutionären Bauplan, unmittelbar zu Flucht oder Angriff oder Schockstarre veranlassen.

Da wir auf der gegenwärtigen Stufe der Zivilisation selten diese Muster tatsächlich nutzen können, da Flucht im Sinne von »Weglaufen« oder »Angreifen« zumeist keine sinnvollen Problemlösungen darstellen, bleiben wir häufig in der körperlichen Erregung, den Stressphänomenen und den verbundenen Emotionen (der Angst und/oder der Aggression) befangen. Bei längerem Anhalten der (vermeintlichen) Bedrohung wird über einen komplexen Schaltkreis, in den der Hypothalamus, die Hypophyse und die Nebennieren involviert sind, das Stresshormon Cortisol aktiviert. Diesen neurobiologischen Schaltkreis stellt unsere Evolution für den Umgang mit länger anhaltenden Belastungen bereit, z. B. früher bei der Großwildjagd, kriegerischen Auseinandersetzungen, Naturkatastrophen, Migrationen (z. B. Alpenüberquerungen oder langen Schiffspassagen), etc.

In solchen Phasen ist der Parasympathikus eindeutig subdominant. Wenn diese Unterordnung gegenüber dem Sympathikus unter belastenden Bedingungen aber über sehr lange Zeit anhält, droht das neuronale Gleichgewicht zu kippen. Dies kann dann in eine dauerhafte Überlastung münden, die mit ausgeprägter Müdigkeit und Antriebslosigkeit einhergeht – die Nebennieren produzieren kaum noch Cortisol, was den Blutzuckerspiegel im Körper sinken und uns schließlich von einem Erschöpfungssyndrom sprechen lässt.

Zwei grundverschiedene Funktionsweisen des Vagusnervs

Einer von Porges geleiteten Forschungsgruppe gelang es nun, dieses schon bekannte Wissen mittels Studien um die Entdeckung einer dritten Funktionsweise des Nervensystems zu erweitern, die wiederum mit einer Ausdifferenzierung des parasympathischen Systems zusammenhängt. Porges und seine Mitstreiter vermuten, dass diese sich evolutionär über einen Zeitraum von mehreren hundert Millionen Jahren vollzogen haben muss und unter anderem den Grund für einen wesentlichen Unterschied zwischen der Überlebensstrategie der Reptilien gegenüber derjenigen der Säugetiere offenbart.

Der Vagusnerv ist in den letzten Jahren wegen seiner Bedeutung für Ruhe und Entspannung bekannt geworden. Er entstammt wie das gesamte parasympathische System den Kranialnerven, entspringt unmittelbar aus dem Hirnstamm und »vagabundiert« (entsprechend der Übersetzung des seinem Namen zugrunde liegenden lateinischen Verbs »vagare«) im wahrsten Sinne des Wortes durch den Körper.

Die große Leistung von Porges besteht nun darin, dass er zwei vollkommen unterschiedliche Funktionsweisen des Vagusnervs entdeckt hat, die mit zwei unterschiedlichen Pfaden durch den Körper verknüpft sind: Der phylogenetisch deutlich ältere durchwandert den Körper dorsal vom Zwerchfell aus abwärts, der andere verläuft ventral vom Zwerchfell aus aufwärts. Diese beiden unterschiedlichen Verläufe erzeugen zwar beide Immobilität, jedoch mit sehr unterschiedlichen Vorzeichen und beinahe diametral verschiedenen emotionalen Auswirkungen.

Dorsaler Vagus

Nach Porges ist der ältere, dorsale Teil des Vagusnervs neben der Steuerung der Verdauung offenbar auch zuständig für die primäre Überlebensstrategie von verschiedenen Tierarten, die evolutionär bereits vor ca. 500 Millionen Jahren entstanden ist. Es handelt sich um die Schockstarre, der von entsprechenden Botenstoffen ausgelöst wird und tatsächlich eine Art körperliche Lähmung oder sogar eine geistige Ohnmacht hervorruft. Eine Funktion besteht darin, dass er eine analgetische Wirkung evoziert, was eine Linderung sowohl akuten physischen wie auch psychischen Schmerzes herbeiführt.

Eine weitere, wesentlich grundlegendere Funktion kennen wir nicht zuletzt aus dem Tierreich, schließlich ist sie allen Wirbeltieren gemein. Wenn sich beispielsweise eine Maus von einer Katze in die Ecke gedrängt fühlt und keinen Ausweg mehr sieht, gerät sie in einen Zustand der Erstarrung, überlebensstrategisch in der Hoffnung, der Feind könne sein Interesse an dem nicht mehr flüchtenden Opfer verlieren. Allerdings entspricht dies nicht unbedingt einer bewussten List der Maus, sondern wird auf biologischem Wege durch die Ausschüttung von Hormonen hervorgerufen, wobei gleichzeitig körpereigene Opiate eine Schmerzlinderung bewirken. Auch beim Menschen tritt dieser Zustand ein, wenn er von etwas Bedrohlichem völlig überrascht wird und in die sprichwörtliche »Schockstarre« verfällt.

Wenn ein solcher Zustand anhält oder sich häufig wiederholt, übernimmt auf Dauer der dorsale Pfad des Vagusnervs mehr und mehr das Kommando über die Lebensfunktionen des Betroffenen, der zunehmend abstumpft und immer lethargischer wird. Dies kann zum Beispiel in Gefangenschaft auftreten, aber auch in anderen langfristig ausweglos anmutenden Situationen – in unserer modernen Leistungsgesellschaft vermutlich besonders oft dann, wenn sich Menschen ihrem Chef oder anderen Personen gegenüber ausgeliefert oder an sie gestellten Anforderungen dauerhaft nicht gewachsen sehen, sich wiederholt ungerecht behandelt fühlen, kurz: in jedweder Ohnmachtssituation.

Für das Verstehen von traumatischen Prozessen, aber auch für starke depressive und entsprechend angstbesetzte Phasen mancher Klienten erscheint dieser neurobiologische Funktionszusammenhang, den Porges auch als *Shutdown* bezeichnet, besonders relevant. Er erklärt auf der Ebene des ANS, wie ein neurobiologisches Muster zum Schutz des Überlebens auf die unterste Stufe des Energieverbrauchs umschaltet und somit auf einer biologischen Ebene codiert wird, was psychisch in etwa so formuliert werden könnte: »Es lohnt sich nicht (mehr) zu kämpfen, jetzt ist eh alles verloren«, oder: »Ich kann nicht mehr!«, oder: »Die Situation ist (zumindest momentan) aussichts- und hoffnungslos!« Es liegt nahe, dass solche mentalen Zustände, die im biologischen System größtmögliche Immobilität, ja Lähmung erzeugen, sich auch im Verhalten niederschlagen und einer Selbstaufgabe bzw. »inneren Kündigung« gleichkommen. Es funktioniert wie ein Notstromsystem, das, von Angst- und Hilflosigkeitsgefühlen ausgelöst, den Organismus automatisch in den Energiesparmodus herunterfährt.

Nun lässt sich unschwer vermuten, dass dieses Funktionsmuster auch bei der Burn-out-Entwicklung eine entscheidende Rolle spielt. Daher ist es zumeist nicht allein die physische Erschöpfung, die ein Burn-out-Syndrom auslöst – eine psychische Komponente in Form gefühlter Ohnmacht, Hilf- und Wertlosigkeit kommt meist hinzu. Oft trifft es Personen, die lange intensiv dem Leistungsprinzip gefrönt, sich nicht geschont, sondern nach der Devise »Es ist nie genug« tendenziell eher aufgearbeitet haben. Wird dann zunehmend die Erfahrung gemacht, dass all der Einsatz nicht mehr reicht (vielleicht, weil die Anforderungen weiter zugenommen, eine Umstrukturierung oder eine Fusion zu neuen Machtverhältnissen geführt haben oder neue Technologien eingeführt wurden, die unsere bisherige Leistung, unseren Einsatz, sozusagen unser Lebenswerk nicht mehr gelten lassen), werden Ohnmachts- und Wertlosigkeitsgefühle ausgelöst bzw. verstärkt, die mit einer schleichenden »Machtübernahme« des dorsalen Vagus einhergehen. Das im Zuge dessen oft eintretende Gefühl der Demütigung aufgrund des scheinbaren persönlichen Versagens trägt dann, zusätzlich zur real erlebten Erschöpfung, zum umso schleunigeren Verfall des Energieniveaus und zu entsprechender größtmöglicher Hilflosigkeit bei.

Es versteht sich von selbst, dass sich eine solche Entwicklung oft zu einem inneren Drama auswächst, das man getrost als Teufelskreis bzw. Abwärtsspirale betrachten kann. Denn gerade die betroffenen Menschen beziehen ihren Selbstwert ja vielfach in erster Linie aus der erlebten Anerkennung, in den Augen anderer im (Berufs-)Leben erfolgreich zu sein. Die befürchtete Umkehr dieser für ein intaktes Selbstbild notwendigen Anerkennung in eine Erfahrung der Herabwürdigung und damit (gefühlten) Wertlosigkeit stellt sich als Bedrohung dar und erzeugt auf der sympathikotonen Achse zunächst weiteren großen Stress. Versagensängste und infolgedessen zusätzlich erhöhte Anstrengungen sind die Folge, oftmals begleitet von nächtlichen Grübeleien, was man bloß besser machen könnte oder, schlimmer noch, wieso jetzt alles, was früher richtig war, plötzlich falsch zu sein scheint.

Solche extrem quälenden, ständig wiederkehrenden Gedanken erzeugen eine Befindlichkeit, die als eine sich mehr und mehr festigende Hintergrundemotion letztlich ein hochfrequentes Umschalten in den »dorsalen Modus« verursacht. Verschiedene für die Beschreibung von Depressionen typische »-losigkeiten« (wie Antriebslosigkeit, Freudlosigkeit, Sinnlosigkeit, Hoffnungslosigkeit) und immer stärkere Einschränkungen bis zum Verlust vieler vitaler Funktionen sind dann bei fortschreitender Dominanz des dorsalen Vagus die unausweichliche Folge.

Weitere Auswirkungen einer permanenten Aktivierung unseres parasympathischen Notfallsystems sind die in der Psychiatrie so häufig beschriebenen Phänomene der Dissoziation (vgl. z. B. Peichl, 2010, S. 51). Das Bewusstsein wird dabei in seiner Aufmerksamkeit unterbrochen, wodurch der Kontakt und die Körperwahrnehmung für eine gewisse Zeit verloren gehen. Es ist daher neurobiologisch nachvollziehbar, dass Triggersituationen die neuronalen Bahnungen einer alten Schock- und/oder Ohnmachtssituation jenseits der Kontrollmöglichkeiten unseres Bewusstseins reaktivieren und die damit verbundenen neurophysiologischen Muster auslösen können. Mit seinen Erkenntnissen schuf Porges somit auch eine einleuchtende Begründung für das Verständnis neurobiologischer Veränderungen bei Traumafolgen und somit eine wesentliche Grundlage für die Behandlung der Posttraumatischen Belastungsstörung (PTBS).

Ventraler Vagus
Eine vollkommen andere Emotionalität wiederum entwickeln wir über den Pfad des ventralen Vagus. Dieser »erst« ca. 200 Millionen Jahre alte Teil des parasympathischen Nervensystems ist der jüngste unserer drei neuronalen Schaltkreise (Sympathikus, Parasympathikus: dorsaler/ventraler Vagus) und gleichzeitig derjenige, der den förderlichsten Einfluss auf die Lebensqualität hat. Im Gegensatz zum dorsal verlaufenden Vagus, der allen Wirbeltieren gemein ist, bleibt der ventrale den Säugetieren vorbehalten und wird auch »sozialer« oder »kluger« Vagus genannt.

Über seine Aktivierung erzeugt er zwar letztlich ebenfalls einen Zustand weitgehender körperlicher Immobilisierung, doch könnten das emotionale Erleben und die Bewertung von dessen Qualität durch das betroffene Individuum kaum unterschiedlicher ausfallen. Schon die Zugangswege sind diametral entgegengesetzt: Während der ältere, dorsale Vaguspfad biologisch in Situationen ausweglosen Not und Hilflosigkeit »beschritten« wird, öffnet sich der sehr viel jüngere über basale emotionale Zustände wie vertrauensvolle Geborgenheit und Sicherheit, die wir stammesgeschichtlich am ehesten in der Zugehörigkeit zu einer Gruppe oder Sippe fanden bzw. in modernen Gesellschaften nicht zuletzt in einer sicheren Bindung zu einer oder mehreren Bezugspersonen aufbauen können. Evolutionär entwickelte er sich offenbar erst durch den Zusammenhalt bestimmter Säugetierarten in sozialen Gruppen. Grundbedürfnisse wie jenes nach Zusammengehörigkeit und Bindung sind der psychische Niederschlag dieser ko-evolutionären Entwicklung.

Zielzustand dieser ventralen Vagusfunktion ist daher unsere innere Ausgeglichenheit, Erholung und Ruhe, die am sichersten über den Weg der sozialen Verbundenheit hergestellt werden. Diese überlebenswichtige Funktion wird physiologisch durch einen ruhigen, tiefen Atem und einen regelmäßigen Rhythmus des Herzens begleitet. So versorgt er unter anderem die Gesichtsmuskeln, womit er sich letztlich gleich über eine doppelte Bahnung sozial auswirkt: einmal über die Emergenz der Mimik, die automatisch über die Gesichtsmuskeln gebahnt wird, zum anderen über die Prosodie, also den Ausdruck und die Melodie unserer Stimme, die über unsere Atem- und Herzfrequenz reguliert wird.

Die Tatsache, dass der ventrale Vagus in seiner neurobiologischen Entwicklung auf ein soziales Miteinander angewiesen ist und durch häufige Bedrohungen in seiner Funktionsweise gestört wird, zeigt wieder einmal die enge Koppelung von psychischer, sozialer und biologischer Systemebene. Frühe fürsorgliche Bindungserfahrungen prädisponieren dabei die Aktivierung und Nutzung dieses beruhigenden Teils unseres Nervensystems, was auch von Porges immer wieder unterstrichen wird. Die stabilisierende und schützende Myelinschicht, die den Vagus umgibt, entwickelt sich beim Menschen bereits im letzten Drittel der intrauterinen Phase und verstärkt sich im ersten Lebensjahr, also in einer für die Bindung ganz entscheidenden Entwicklungsphase. Die Funktionsfähigkeit des ventralen Vagus ist somit quasi auf Gedeih und Verderb auf Ko-Regulation angewiesen, also auf die gefühlsregulierende Bezogenheit, wie sie fürsorgliche, behütende, Geborgenheit spendende Bezugspersonen vermitteln. Das Vorhandensein einer Sicherheit gewährenden Bindung ist die beste Voraussetzung, den ventralen Vagus als basalen Gegenspieler des sympathikotonen Nervensystems aufzubauen und zugleich den dorsalen Vaguspfad nur in Notfall- und Ausnahmesituationen zu benötigen, wie es beispielsweise bei Verlusterfahrungen oder plötzlichem im-Stich-gelassen-werden geschieht.

Es ist naheliegend, dass in dieser frühkindlichen Entwicklungsphase das Pendel zwischen gefühlter *Bedrohung,* auf die das Kind mit Schreien (also sympathikoton) reagiert, *Ohnmacht,* wenn niemand sofort kommt und dem Unbehagen Abhilfe schafft (was den dorsalen Vagus aktiviert), und *Freude* über die schlussendliche Auflösung der Bedrohung durch das Auftauchen und Entgegenkommen einer wohlmeinenden Bezugsperson und die unbewusst-vertrauensvolle kindliche Hingabe in deren Obhut (was erst ein »Abbiegen« in den ventralen Vaguspfad ermöglicht) sich oft noch sehr schnell hin und her bewegen wird. Entscheidend ist daher zunächst einmal die Frage, inwieweit womöglich *über längere Zeit* ein Ungleichgewicht besteht und welches dieser Systeme phasenweise jeweils dominiert.

Wechselspiel der neuronalen Pfade

Soweit es die Ergebnisse der bisherigen Forschung aufzeigen, wechseln wir täglich wiederholt durch die verschiedenen neuronalen Schaltkreise, wobei sowohl die Formatierung als auch die Elastizität zwischen ihnen je nach biografischer Prägung unterschiedlich ausfällt. Therapeutisch ist es nun zunächst einmal wichtig, generell die hierarchische Ordnung und die Durchlässigkeit der drei neuronalen Pfade zu verstehen.

Wie bereits beschrieben, hat sich bei allen Wirbeltieren als phylogenetisch frühester neuronaler Schaltkreis der dorsale Vagus entwickelt, der neben der überlebenswichtigen Funktion der Verdauung für lebensbedrohliche Situationen die Funktion des Shutdowns bereitstellt. 100 Millionen Jahre später kam als Mechanismus zur Bewältigung von Gefahrensituationen die schnelle Kampf-Flucht-Reaktionsfähigkeit über die Aktivierung des sympathikotonen Pfades hinzu, und vor rund 200 Millionen Jahren entstand schließlich, so der gegenwärtige Forschungsstand, die Fähigkeit zur Beruhigung und zur Erfahrung von Sicherheit, vermittelt nicht zuletzt durch Ko-Regulation über den ventralen Vaguspfad (Tab. 4, S. 96).

Je nach persönlicher Biografie lernt nun das ANS eines Lebewesens, wann welche der drei Funktionsweisen aus der bisherigen Erfahrung für das Überleben notwendig bzw. am besten geeignet erscheint, und wechselt automatisch in den dazugehörigen Pfad, was mehrmals täglich passieren dürfte. So kann beispielsweise bereits beim Autofahren das zu aggressive (oder zu langsame) Fahrverhalten anderer Verkehrsteilnehmer dazu führen, dass das sympathikotone Nervensystem hoch aktiviert wird. Spätestens nach dem Einparken übernimmt dann wieder der ruhigere Modus des ventralen Vagus und erzeugt im Kontakt mit anderen Personen wohlmeinende Reziprozität.

Auch in der Paartherapie, wo die Zustände der neuralen Gestimmtheit der Partner sich während eines Gesprächs mitunter spürbar wandeln, lässt sich dieses Muster beobachten. Häufig kommt es hier zu kritischen Situationen, in denen die Reziprozität durch sympathikotone Kampf- und Rechtfertigungsmuster bestimmt wird. Gelegentlich entstehen sogar Shutdown-Situationen, wenn ein Teilnehmer innerlich »aussteigt«, weil er oder sie sich zu sehr angegriffen, zu wenig berücksichtigt oder unverstanden fühlt, was das Nervensystem aufgrund der bisherigen Lebenserfahrungen als bedrohlich erlebt (die kognitiven Prozesse, die parallel ablaufen, sind dabei selbstverständlich ebenfalls als nicht unbedeutend einzustufen). Wenn es aber im therapeutischen Verlauf gelingt, das Gespräch auf gegenseitiges Verständnis, wohlwollende Reziprozität und gemeinsame Ressourcen zu lenken, beginnt unter Umständen bald schon wieder der ventrale Vagus zu dominieren. Das Paar kann dann mit einem Gewinn an Verständnis und Zuversicht den Heimweg antreten. In der Einzeltherapie wiederum ist es aufgrund der von vornherein vertraulichen, wertschätzenden, zugewandten Haltung der Therapeutin deutlich leichter, den ventralen Vagus zu aktivieren und dadurch ein Wohlgefühl beim Klienten, aber aufgrund der Reziprozität durchaus auch bei der Therapeutin selbst zu erzeugen.

Biologisch jedenfalls, daran lässt Porges keinen Zweifel, entsteht auf der Basis eines dominanten ventralen Vagus eine Reduzierung von Gesundheitsrisiken, indem schädlichen Strukturen wie Herz-Kreislauf-Erkrankungen, Hypertonie oder Diabetes besser vorgebeugt wird. Gleichzeitig hilft der ventrale Vagus, das Wohlgefühl und die innere Ausgeglichenheit zu steigern, und befähigt dazu, offener auf andere Menschen zuzugehen und uns nach Konflikten leichter zu versöhnen. Er fördert zudem – wie Porges unterstreicht – das soziale Engagement (vgl. 2017, S. 44 ff. S. 65 ff.).

Tabelle 4: Wesentliche Merkmale der neuronalen Pfade

	Phylogenese	Aktivierungskontext	Funktion	Positive Wirkung
Dorsaler Vagus	500 Mio. Jahre	Lebensgefahr	Erschöpfung, Erstarrung, Tarnung durch Bewegungslosigkeit	Energiesparmodus, Schmerzlinderung
Sympathikus	400 Mio. Jahre	Gefahr	Kampf, Flucht	Gefahrenabwehr
Ventraler Vagus	200 Mio. Jahre	Sicherheit	Erholung, Entspannung	Ausgeglichenheit

Wir können uns diese drei zentralen Bestandteile des ANS auch als eine Ampel vorstellen (Abb. 4):

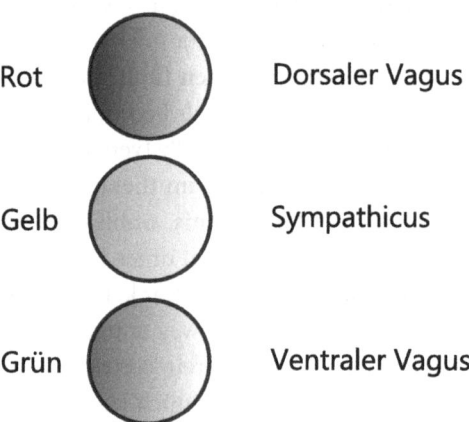

Abbildung 4: Die drei zentralen Bestandteile des autonomen Nervensystems

Bei Grün geht es uns gut, wir sind zugewandt, kontaktfreudig und fühlen uns sicher.

Bei Gelb ist etwas geschehen, was uns in Alarmbereitschaft versetzt. Der Körper erzeugt Erregungsenergie, um schnell zu reagieren. Eine Kette von Stresshormonen wird ausgeschüttet.

Bei Rot erscheint die Gefahr so übermächtig, dass Flucht oder Kampf nicht mehr infrage kommen oder nicht anwendbar sind, zum Beispiel, weil sie zivilisatorisch nicht angemessen erscheinen. Im ersten Fall kommt es zum Shutdown, das heißt, unsere Energien fahren herunter, im zweiten zur allmählichen Erschöpfung.

Die Ampel lässt sich sehr anschaulich in psychotherapeutischen Sitzungen einführen. Klientinnen können daran mit *einem* Blick erkennen, in welchem Zustand sich ihr Organismus in bestimmten bedrohlichen Situationen befindet. Als mögliche therapeutische Perspektive für die weitere Auftragsklärung bietet sich dann die Fragestellung an, welche Ressourcen sie für einen Switch in einen anderen neuronalen Zustand – hier symbolisiert durch die Farben der Ampel – benötigen.

Ein anderes Bild zur Veranschaulichung des Wechsel- wie auch teilweise Gegenspiels der neuronalen Pfade wählt Deb Dana, eine US-amerikanische Therapeutin, deren Werk sich auf die Umsetzung der Polyvagaltheorie in die therapeutische Praxis begründet: Sie beschreibt die Durchlässigkeit der drei Schaltkreise anhand einer Leiter (vgl. 2019, S. 66 ff.). Im Unterschied zur Ampel, bei der Rot als Symbol für das Anhalten mit der Funktion des dorsalen Vagus gleichzusetzen ist und die oberste der drei Signalstufen darstellt, setzt Dana den dorsalen Vagus bei der Leiter als unterste Stufe an. Wir gehen also quasi vom Boden aus und bewegen uns dann über die sympathikotone Achse und die Kampf-Flucht-Muster weiter aufwärts, bis wir ganz oben im ventralen Vagus, über den wir Sicherheit und Entspannung empfinden können, zur Ruhe kommen.

Die Leiter entspricht letztlich mehr einer Symbolisierung der körperlichen Mobilisierung bzw. Immobilisierung, während die Ampel auf allgemeine diesbezügliche Prozesse und Vorgänge verweist. Beide Darstellungen unterstützen in jedem Fall auf anschauliche Weise das Unterfangen, die Bedeutung wesentlicher körperlicher Funktionskreisläufe zu begreifen und in die therapeutische Wahrnehmung einzubeziehen.

Neurozeption

Sobald wir in eine (vermeintliche oder tatsächliche) Bedrohungssituation geraten, reagiert unser ANS auf die ihm vorgegebene Weise: zumeist sympathikoton durch das Kampf-Flucht-Muster oder im Extremfall geschockt, erstarrt, gelähmt über den dorsalen Vaguspfad. Die primäre »Entscheidung« trifft das Nervensystem dabei autonom, also ohne unser bewusstes Einwirken, und aktiviert entsprechend in sehr unterschiedlichem Maß verschiedene aufeinander bezogene biologische Subsysteme, unter anderem das endokrine System und jenes zur Steuerung der Herz- und Atemfrequenz.

In Anlehnung, aber eben auch in Abgrenzung zum Begriff der *Perzeption*, der die mehr oder weniger *bewusste* Wahrnehmung und Verarbeitung von Eindrücken bezeichnet, hat Porges deshalb den Begriff der *Neurozeption* in seine Theoriebildung eingebaut. Damit will er verdeutlichen, dass es primär das ANS ist, das unmittelbar, automatisch und *unbewusst* auf Bedrohungen (biologisch) reagiert und die Überlebensstrategie des jeweiligen Lebewesens bedingt, derweil die Bewertungen des Bewusstseins erst nachgelagert stattfinden und für die unmittelbare Reaktion längst nicht als so entscheidend einzustufen sind, wie es kognitive Therapieansätze und auch die Kognitionswissenschaften bisher angenommen haben. Indem das Nervensystem autonom reagiert, liefert es die energetischen Voraussetzungen, die wir brauchen, um sie in Aktivität (oder in Erstarrung) umzusetzen. Man könnte sagen: »Der Geist erzählt, was das Nervensystem weiß« (Dana, 2019, S. 47).

Mit der Einführung seiner Begriffsschöpfung der Neurozeption konstatiert Porges mindestens für Bedrohungssituationen eindeutig das Primat des biologischen Systems, was angesichts der Schnelligkeit, mit der es allein schon evolutionär auf Gefahren zu reagieren galt, auch hochplausibel erscheint. Allerdings kann der Geist nach Gewahrwerden einer Situation und dem Abklingen der ersten neuronalen Reaktion (also schon Millisekunden später) bereits wieder entscheidend eingreifen und die Situation eventuell umbewerten.

Dennoch sollten wir als Therapeuten die Kraft der Bahnungen durch die verschiedenen Pfade des Nervensystems spätestens mit den Entdeckungen Porges' nicht mehr unterschätzen. Sie legen nahe, dass Patientinnen oft gar nicht anders *können*, als entsprechend den Automatismen ihrer Neurozeption zu reagieren, und dabei neuronale Bahnungen aktiviert werden, die dann auch das Denken, Fühlen und Handeln prädisponieren. Dies entspricht in etwa dem Konditionierungsmechanismus im psychischen System.

Jede Veränderung im Verhalten bzw. in der Emotionsregulation eines Klienten, die einen Wechsel zwischen den drei neuronalen Pfaden in die therapeutisch gewünschte Richtung vorsieht, bedarf aus dieser Perspektive daher einer besonderen Würdigung. Denn nur weil der Verstand ihn als rational logisch bzw. wünschenswert betrachtet, ist der Übergang zu einem erstrebenswerten Zustand eben keineswegs selbstverständlich. Um eine *biologisch vom eigenen*

Organismus eingeschlagene Überlebensstrategie zu verlassen, beispielsweise aus der Übererregung in eine wohltuende Entspannung zu gelangen, obwohl die (vermeintliche) Bedrohung anhält, setzt oft besondere Fertigkeiten voraus, zu denen sowohl mentale Stärke als auch meditative, achtsamkeitsorientierte Kompetenzen gehören können. Es erfordert sogar – wie wir später noch anhand der Wirkung der emotionsbasierten Verfahren sehen werden – ein überproportional hohes Maß an Selbstachtsamkeit und Selbstfürsorge, um besonders aus den niedrigeren dorsalen Stufen des Shutdowns und der Hilflosigkeit, aber auch aus den sympathikotonen Stufen der permanenten Kampfbereitschaft, der Flucht, der Übererregung und der mit ihr verbundenen Vigilanz herauszukommen und in einen der biologischen wie psychischen Gesundheit zuträglicheren Zustand zu wechseln.

Inwieweit hierbei die emotionsbasierten Verfahren von ganz besonderem Nutzen sind, selbst in das biologische System hineinzuwirken, um eine Transformation der Automatismen der neuronalen Bahnungen und damit auch weitreichende Folgen für das gesamte bio-psycho-soziale System zu organisieren, wird an anderer Stelle zu vertiefen sein (▶ Kapitel 1.2.5, ▶ Kapitel 2, insbesondere 2.3.2).

Ventraler Vagus und Ko-Regulation

Unsere sozialen Grundbedürfnisse führen bei ihrer Erfüllung nicht zuletzt auch zu einer Stärkung des ventralen Vagus. Offenkundig brauchen Neugeborene ein besonders intensives Maß an Zuwendung und Sicherheit – ohne die Zugehörigkeit zu einer Gruppe bzw. zumindest zu einer Bezugsperson wären kein Säugling und kein Kleinkind überlebensfähig. Die in dieser Frühphase des Lebens nahezu ausschließlich über die Ko-Regulation zu bewirkende Aktivierung der ventralen Vagus-Bahnen erzeugt dabei das Gefühl von Sicherheit und Verbundenheit, wodurch wiederum auch die Grundbedürfnisse nach Vertrautheit und Zugehörigkeit befriedigt werden.

Zugleich lernt der Mensch im Laufe der Individuation verschiedene Fertigkeiten zu entwickeln, die dazu dienen, sich wohlzufühlen, und den ventralen Vagus somit *selbst* zu aktivieren. Dabei hängt es sehr von den jeweiligen Lebensumständen und der weiteren individuellen Persönlichkeitsentwicklung ab, inwieweit diese Fertigkeiten sich eher im sozialen Raum, also im Kontakt mit anderen, oder in der Beziehung zu sich selbst entfalten.

Wir können also interaktive und intra-individuelle Fertigkeiten und Ressourcen unterscheiden, die jeweils eine spezifische neurobiologische Grundlage und ein neurobiologisches Korrelat besitzen. So werden Menschen, die gelernt haben, andere Menschen vor allem als bedrohlich zu erleben, folgerichtig im Kontakt mit anderen stärker sympathikoton erregt, was sich als soziale Angst und latentes Misstrauen etablieren und in Zwänge umschlagen kann. Andere hingegen fühlen sich im zwischenmenschlichen Kontakt tendenziell sicher, und so steigert sich deren Wohlempfinden zumeist in Zusammenkünften mit gleichgesinnten oder vertrauten Anderen. Die biografischen Erfahrungen früher wohltuender Ko-Regulation führen daher in der Regel zu mehr Sicherheit und Vertrautheit und stärken zirkulär den Tonus des ventralen Vagus.

Besonders prägnant lässt sich dieser Zusammenhang in der Verliebtheit beobachten, wenn ein ganzer Cocktail an Hormonen die Verbundenheit und den gegenseitigen Nähewunsch der Partner intensiviert. Die Ko-Regulation zwischen den ventralen Vagusnerven beider Personen bezieht vom Zwerchfell aufwärts steigend das in einem wohltuenden Rhythmus schlagende Herz und einen entspannten Atem mit ein. Während im Liebesakt die Körper intensiv durchblutet werden, bestimmt anschließend wieder der Parasympathikus in seiner ventralen Ausprägung die Kohärenz von Atem und Herzschlag. Jede reziprok erlebte Verliebtheit beschreibt also eine Hochphase der Ko-Regulation zwischen zwei sich zugewandten Menschen. Stress wird dann höchstens durch Leistungsansprüche, Verlust- und Versagensängste eingeführt.

Umgekehrt bereitet das Gefühl, isoliert oder einsam zu sein, psychischen Schmerz. Forscher haben nachgewiesen, dass bei Einsamkeit vermehrt die Sympathikus-Nebennierenmark-Achse aktiviert und das Stresshormon Cortisol ausgeschüttet wird (vgl. Cacioppo et al., 2002). Und für emotional gehemmte Menschen sind soziale Ängste oder das Gefühl, nicht dazuzugehören bzw. »fremd« oder »falsch« zu sein, vertraute Grundempfindungen. Eisenberger (2012) stellte fest, dass soziale Isolation einen realen Risikofaktor für die Gesundheit darstellt, nicht nur bezüglich psychischer Beschwerden, sondern auch die Entstehung verschiedener körperlicher Krankheiten betreffend. Und Joachim Bauer (2011) beschreibt, dass die Exklusion aus sozialer Zugehörigkeit eine Schmerzgrenze erreichen kann, die das Potenzial besitzt, in ziellose Gewaltbereitschaft umzuschlagen.

Paardynamik der Nervensysteme

In Paartherapien erleben wir häufig einen Durchlauf durch sämtliche Funktionsweisen unseres Nervensystems. Bei konflikthaften Szenen, die in diesem Kontext ja sehr häufig anzutreffen sind, ist in der Regel der Sympathikus tonangebend. Mindestens einer der Partner ist dann im Angriffsmodus und macht dem anderen direkt oder indirekt Vorhaltungen, was den anderen entweder in die Defensive oder viel häufiger ebenfalls in die Konfrontation, also den Kampfmodus bringt. Beide Beteiligte werden durch die unmittelbare Aktivierung ihrer Sympathikus-Nebennierenmark-Achse vermehrt Adrenalin, Noradrenalin und Cortisol ausschütten und von Gefühlen der Angst (vor Schuldzuschreibungen) und/oder des Ärgers bzw. der Wut getrieben werden. Für den Therapeuten liefert dies wertvolles Anschauungsmaterial, wie die spezifischen Konfliktmuster sich offenbaren, aber auch, ob und wie es den Konfliktparteien gelingt, wieder in den Modus des Parasympathikus umzuschalten. Dabei macht es einen immensen Unterschied, ob der dorsale oder (idealerweise) der ventrale Vagus die Oberhand übernimmt, also ob sich eher Hilflosigkeit, Lähmung und Erstarrung bei mindestens einem der Interaktionsteilnehmer breitmachen oder wieder ein versöhnliches, zugewandtes Miteinander gelingt.

In diesem Prozess übernimmt natürlich auch der Therapeut selbst eine wichtige Funktion. Gerade bei Paaren, die nicht aus dem sympathikotonen Kampfmodus herauskommen und sich gegenseitig mit Vorhaltungen traktieren, entspricht es einer Kunst, die beiden Streithähne auf eine wieder ruhigere, aufeinander bezogene Gesprächsebene zu bringen. Der systemische Therapiekontext hält viele nützliche und sinnvolle Methoden parat, um dies zu bewerkstelligen. Besonders zirkuläre Fragestellungen können dazu verhelfen, die Perspektive das anderen einzunehmen und sich aus dem unmittelbaren Kampfmodus zu lösen.

Emotionsfokussierte Paartherapie setzt sich hingegen das Ziel, die emotionale Basis des Konfliktmusters umzuwandeln. Diese besteht vordergründig meist aus dem Zusammenspiel der Emotionen Angst und Wut. Es gilt, die dahinter verborgenen schmerzhaften Erfahrungen der Verletzungen, Entbehrungen und Enttäuschungen, die sich in Vorwurfs- und/oder Rückzugsmustern verfestigt haben, zu explorieren und mittels Empathie, Mitgefühl und gegenseitigem Verzeihen wieder den ventralen Vaguspfad beschreitbar zu machen.

In der Interaktion des Paares treten unterschiedliche Verhaltensweisen zutage, von denen sich vor allem das aggressive Verhalten in Form von Vorwürfen oder Kritik zeigt. Dies führt sehr häufig beim Gegenüber zum spontanen Empfinden, ungerechtfertigt angegriffen und nicht akzeptiert zu werden. In der Neurozeption wird dies als Bedrohung wahrgenommen, was unmittelbar das Nervensystem aktiviert und bei sehr vielen Menschen sofort eine sympathikotone Reaktion auslöst, die den Betreffenden zu Widerworten animiert. Je nach Persönlichkeitstyp und Beziehungsmuster kann dies dann eher auf der Rechtfertigungsebene, auf der Gegenvorwurfsebene oder in einem Mix passieren. Schnell ist eine Spirale in Gang gesetzt, die in wechselseitiger Erregung und Eskalation mündet und als symmetrischer Machtkampf beschrieben werden kann. Dieser wird am Ende meist durch den emotionalen Rückzug eines oder durch eine Art Waffenstillstand beider Beteiligten abgelöst. Auch die körperliche Erschöpfung nach einer solchen ja nicht nur sprichwörtlich »an die Substanz gehenden« Auseinandersetzung mag dazu beitragen, dass jetzt der dorsale Vagus zu dominieren beginnt.

Ziel der Therapie wäre es also – polyvagal gedacht –, dem Paar zu verhelfen, gemeinsam auf die ventrale Vagusebene zu gelangen. Alle Maßnahmen, die dazu beitragen könnten, werden im Sitzungsverlauf gesammelt und verdienen Beachtung und auch unter Umständen die besondere Würdigung der Therapeutin, um daran modellhaft aufzuzeigen, wie es gelingen kann, aus dem Kampfmuster wieder auszusteigen, ohne dass einer der Beteiligten das Gesicht verliert oder sich unterwirft.

Emotionsfokussiert ist dabei die Bearbeitung der schmerzhaften Gefühle wesentlich. Wenn das sympathikotone Kampfmuster dominiert, ist es hilfreich, die dahinterliegenden »weichen Gefühle« der Traurigkeit, der Verletztheit, des Schmerzes und der Angst offenbar werden zu lassen. Erst an diesem Wendepunkt kann das Gegenüber auf Empathie und Mitgefühl umschalten, was den Einstieg in den ventralen Vagus signalisiert. Hier ist es also die Aufgabe des Therapeuten, feinfühlig die Emotionen, die hinter Kampf- bzw. Fluchtmustern verborgen sind, zu explorieren. Erst wenn diese Ebene erreicht wird, besteht eine echte Chance auf wechselseitiges Verstehen und Verstandenwerden.

Aus der Aggression heraus ist ein Verständnis kaum möglich, bzw. es würde bei Einseitigkeit eher ein Ungleichgewicht verfestigen. Systemische und emotionsbasierte Ansätze stimmen jedoch in der Auffassung überein, dass es für jede Paartherapie eine entscheidende Grundlage ist, beide Partner gleichrangig in ihren Anliegen, Gefühlen und Bedürfnissen zu berücksichtigen und zu würdigen.

Nutzen für die Therapie

Jede Psychotherapiesitzung stellt eine Möglichkeit dar, den ventralen Vagus unserer Patientinnen (wieder) anzuregen. Allein das Zuhören eines wohlwollend zugewandten Gegenübers und die Erfahrung, nicht bewertet und nicht verurteilt zu werden, erzeugen bei vielen Patienten das Gefühl einer ersten Sicherheit, die es erlaubt, aus der Angespanntheit und Vigilanz des Sympathikus in eine höhere Entspannung überzugleiten. Diese Prozesse vollziehen sich natürlich neurobiologisch autonom gesteuert.

Zudem wird das Setting der Therapie von den meisten Patientinnen als ein nicht bedrohlicher Raum erlebt – erst kürzlich wieder beschrieb einer meiner Patienten dieses Gefühl, als er äußerte: »Hier ist eigentlich der einzige Raum, in dem ich alles sagen kann. Nur hier bin ich vollkommen frei, alle meine Gefühle und Gedanken frei auszusprechen.« Auf meine Nachfrage, wie er dies erlebe, erwiderte er: »Sehr entlastend!« Genau dies ist die Funktion, die Therapien im Allgemeinen oft schon in ihrer Anfangsphase zugesprochen wird. Natürlich ist uns als Therapeuten das für die Zielführung einer Therapie grundsätzlich zu wenig, wollen wir doch den Klientinnen helfen, diesen Zustand auch unabhängig von unserer Sitzung einnehmen zu können. Jedoch ist die Ressource, dass hier eben ein Raum besteht, der vielen erstmals nach langer Zeit ermöglicht, ihren ventralen Vagus zu aktivieren und das Gefühl der Sicherheit zu erleben, nicht zu unterschätzen und ein wichtiger Faktor, der Psychotherapien für viele unserer Patientinnen so wertvoll macht.

Allein die Erfahrung, belastende Dinge auszusprechen, sie sich wortwörtlich »von der Seele zu reden«, gesteigert durch das Gefühl, verstanden und akzeptiert zu werden, ist ein wesentliches Element, das zu einer ersten Erleichterung beiträgt. Die Transformation dieses Erlebens zum Dauerzustand bzw. das Entwickeln einer selbstwirksamen Fähigkeit zum eigenmächtigen Erschaffen solcher Zustände ist eines der Hauptziele einer auf der Polyvagaltheorie basierenden Psychotherapie.

Deb Dana schlägt für diese Transformation einen über drei Wege verlaufenden Therapieprozess vor, den sie *Mapping* nennt, da sie die Patienten diese drei Wege jeweils als »Landkarten« anlegen lässt (vgl. 2019, S. 63 ff.). Die erste Karte betrifft dabei den Aspekt der Prozesshaftigkeit und zeichnet den Übergang vom dorsalen Vagus über den Sympathikus bis zum ventralen Vagus als eine Art Stufenleiter. Die Patientinnen sollen sich überlegen, auf welcher Stufe dieser Leiter sie sich in ihrer gegenwärtigen Phase vor allem oder in einer speziellen Situation im Besonderen befinden. Diese Einschätzung soll selbstverständlich ohne Bewertung stattfinden.

Die zweite Karte markiert die Triggerpunkte, die jeweils zu einem Wechsel auf eine der beiden bedrohlichen Stufen – also des Sympathikus oder des dorsalen Vagus – veranlassen. Diese Triggerpunkte können je nach Biografie und Prägungsgeschichte bei jedem Individuum sehr unterschiedlich ausfallen. Bei dem Übergang vom Sympathikus zur höchsten Stufe, dem ventralen Vagus, spricht Dana statt von Trigger- von »Glimmerpunkten«. Mit der Bezeichnung Glimmer soll quasi das Leuchten bzw. der Zauber des Wohlfühlens und der emotionalen Verbundenheit unterstrichen werden.

Die dritte Karte schließlich bezieht sich auf die Ressourcen und eigenen Fähigkeiten des Patienten, die helfen können, den Wandel in die gewünschte Richtung bzw. auf die angestrebte Stufe der Nervenbahnleiter zu veranlassen. Hiermit wird die Regulationsfähigkeit der neuronal vermittelten Emotionen skizziert. Es versteht sich von selbst, dass jeder Mensch über durchaus verschiedene Fertigkeiten und Fähigkeiten verfügt, in die gewünschten Zustände zu gelangen. In der systemischen Therapie sind daher das Entdecken und Entwickeln von Ressourcen und Lösungswegen ein zentrales Anliegen. Es ist dann eine Frage der Einübung, ob diese Ressourcen dauerhaft greifen. Die emotionsbasierten Verfahren gehen dagegen davon aus, dass eine Therapie unmittelbar an der Emotionsverarbeitung ansetzen sollte, weil diese direkt mit der neuronalen Bahnung verkoppelt ist.

Im Abschnitt über die emotionsbasierten Methoden werden einige der Therapieverfahren vorgestellt, die dafür geeignet sind, die neuronalen Bahnen grundlegend in ihrer Elastizität und ihren Übergängen zu verändern (▶ Kapitel 2.1.3 ff.). Dabei wird es letztlich immer darauf ankommen, ob eine Stärkung der Bahnung des ventralen Vagus auf Basis einer autonomen Regulierung des Nervensystems gelingen kann. Eine mögliche metatherapeutische Zielsetzung ist daher auf Grundlage der Polyvagaltheorie darin zu sehen, angeregt durch eine veränderte emotionale Regulierung eine bessere Balance zwischen Sympathikus und Parasympathikus zu etablieren, die einen gesunden Wechsel von positiver Anspannung und wohltuender Entspannung ermöglicht.

In jedem Fall ist es eine spannende Aufgabe, die ich Paaren gern auch als eine Art Übung stelle, sowohl während der Sitzung als auch zu Hause zu beobachten, von welchem der Nervensysteme gerade wohl die Interaktion dominiert wird und wie ein Wechsel auf eine der anderen Ebenen zustande kommen könnte bzw., anders gefragt, welchen Beitrag jeder für sich zu leisten imstande ist, um diesen Wechsel zu ermöglichen. So bilden sich Wahloptionen, die den Partnern die Einsicht vermitteln, selbst an ihrem Schicksal beteiligt zu sein und sich somit nicht nur als »Opfer« des anderen zu verstehen.

Als Fazit der Erkenntnisse aus verschiedenen neurobiologischen Theorie- und Forschungsfeldern kann festgehalten werden, dass emotionale Prozesse mit sowohl neuronalen als auch hormonellen sowie somatischen Prozessen sehr eng verkoppelt sind. Auslösereize auf der sozialen Ebene erzeugen in Bruchteilen von Sekunden neurozeptive und psychisch-mentale Veränderungen. Die therapeutische Nutzbarmachung dieses Zusammenspiels setzt ein Verständnis der Entstehungs-, Verarbeitungs- und Wirkprozesse von Emotionen auf der neurobiologischen Ebene voraus, die uns offenbart, dass die meisten therapeutisch relevanten Veränderungen, wenn sie nachhaltig Bestand haben sollen, psychische und neuronale Schaltkreise durchlaufen müssen und somit Zeit für ihre Implementierung und Bahnung auf diesen verschiedenen Ebenen in ihrer strukturellen Koppelung benötigen.

Darüber hinaus würde ich aus meiner heutigen Erfahrung behaupten wollen, dass es in jedem Fall zu kurz greift, psychische Probleme, die sich neuronal niedergeschlagen und manifestiert haben, allein über ihre sprachliche Thematisierung und die Aktivierung kognitiver Prozesse therapieren zu wollen. Am hier nur angedeuteten Beispiel der Paartherapie wird ersichtlich, wie effektiv hingegen eine mit der Anwendung emotionsbasierter Methoden verbundene systemische Grundhaltung auch gegenüber neurobiologisch induzierten Herausforderungen wie hoher Bedrohungs- und Konfliktbereitschaft und übermäßig gesteigerter Erregungsfähigkeit zu wirken vermag.

1.4 Das psychische System

Systemtheoretisch betrachtet basieren psychische Systeme auf Selbstorganisation und Selbstreferenzialität. Sie bestehen aus Gedanken und Gefühlen, deren Anschlussfähigkeit Sinn bzw. »Eigen-Sinn« erzeugt (vgl. Fuchs, 2003). Innerhalb der Systemtheorie gibt es bisher nur wenige Autoren, die sich mit der differenzierten Analyse des psychischen Systems auseinandergesetzt haben. Der prominenteste von ihnen, Peter Fuchs, beschreibt das psychische System gemäß der Luhmann'schen Theorie als sinnorientiert, so dass wir diese Sinnhaftigkeit auch bezüglich der Emotionen untersuchen können (vgl. die ▶ Kapitel 1.1 und 1.2.3).

Für den Zusammenhang dieses Buches werden dabei vor allem zwei Fragen aufgeworfen: zum einen, wie in einem psychischen System, welches sinnbasiert ist, Gefühle organisiert und prozessiert werden können, unter denen Menschen so sehr leiden, dass sie eine Therapie aufsuchen; und zum anderen, mittels welcher therapeutischer Interventionen sich diese Sinnhaftigkeit durch eine Veränderung der Anschlussfähigkeit von Gefühlen und Gedanken wandeln kann.

Wenn wir Antonio Damasio folgen, finden Emotionen allerdings als körperliche Impulse statt und sind somit auch als Teile des biologischen Systems aufzufassen (▶ Kapitel 1.3). Erst ihre Wahrnehmung, psychische Codierung und der Umgang mit ihnen wären demzufolge dem psychischen System zuzuordnen. Daher ist auf dem Feld der Gefühle grundsätzlich von einer äußerst engen Koppelung psychischer mit biologischen Prozessen auszugehen. Auch unbewusst ablaufende emotionale Prozesse beeinflussen unsere Stimmung, deren Umschwung wir womöglich wahrnehmen, ohne dies in jedem Einzelfall bestimmten Emotionen zuordnen zu können.

Innerhalb der Systemtheorie definiert Fuchs als eine Leitdifferenz des Psychischen die Unterscheidung latent/manifest, welche für das Feld der Emotionen eine wichtige Rolle spielt (▶ Kapitel 1.2.2).

Ich gehe daher von der These aus, dass jede psychotherapeutisch tätige Person intendiert, Interventionen einzusetzen, die dazu in der Lage sind, im psychischen System einer Klientin an der Stelle bisher unbeobachteter Zusammenhänge der eigenen Denk-, Fühl- und Verhaltensmuster, die insbesondere Leiden, Probleme, Spannungen bzw. Unwohlsein erzeugten, Neuinformationen hervorzubringen, die für dieses System einen *Unterschied ausmachen und eine neue Sinnhaftigkeit* erlangen. Dies gilt selbstverständlich ebenso für systemische Therapien wie auch für emotionsbasierte Verfahren, wobei Letztere zugleich intensiv das Erleben fokussieren, welches körperliche Prozesse miteinbezieht. Daher erscheint es für psychotherapeutische Zwecke besonders sinnvoll, Emotionen, da sie sich primär auf der körperlichen Ebene aktualisieren, im Psychischen bisweilen jedoch verborgen oder zumindest unverstanden bleiben, aufzuspüren und ins Bewusstsein rücken zu helfen, um in der Folge neue Arten des Verstehens und des Umgangs mit ihnen zu ermöglichen. Somit gilt als ein vorrangiges therapeutisches Ziel Emotionen anders wahrzunehmen und durch ein besseres Akzeptieren und Umbewerten einen anderen Ansatz des Umgangs mit ihnen zu entwickeln, der der Sinnhaftigkeit des psychischen Systems und dem daraus resultierenden individuellen Wohlergehen besser entspricht. Eine therapeutisch induzierte Veränderung wird demzufolge umso wirksamer, je mehr sie neben der Berücksichtigung der kognitiven Ebene auch gerade auf Prozessen der Emotionsregulation aufbaut. Idealiter bedeutet dies, dass kognitiver und erlebnisorientierter Wandel zusammenfließen und Synergien bilden.

Doch um welche Emotionen geht es denn insbesondere, wenn wir die Sinnhaftigkeit des psychischen Systems in einem psychotherapeutischen Kontext verstehen wollen? Hierbei können wir zusammengefasst zwei Emotionsfelder, nämlich einen *störungsspezifischen* und einen *veränderungsorientierten Komplex* unterscheiden.

1.4.1 Störungsspezifische Therapieforschung

Als *störungsspezifisch* möchte ich emotionale Grunddispositionen wie Angst, Verletzlichkeit und Scham hervorheben, was die Frage aufwirft: Wie werden solche ja durchaus alltäglichen und von jedem Menschen erfahrenen Emotionen durch Kognitionen und Verhaltensmuster in einer Weise verstärkt, dass sie zu ernsthaften Problemen für das psychische Gleichgewicht werden können? Und welche Emotionen oder Emotionsgemische sind besonders dazu auserkoren, psychische Störungen zu verursachen? Wie wir in den Kapiteln über die Schematherapie und die emotionsfokussierte Therapie (EFT) noch sehen werden, sind es dabei tatsächlich weniger die Emotionen selbst als vielmehr die sich aufgrund wiederholter Entbehrungen und Traumatisierungen entwickelnden emotionalen Schemata, die in ihrer Anschlussfähigkeit zu psychischen Störungen beitragen (▶ Kapitel 2.2, 2.3). In diese Schemata fließen individuell (scheinbar oder tatsächlich) bewährte Glaubenssätze und Bewältigungsmuster ein, so dass sie sich stabilisieren und rekursiv verstärken können. Es kann daher thesenartig davon ausgegangen werden: Psychische Störungen sind dadurch gekennzeichnet, dass sich bestimmte als negativ erlebte Erfahrungen und deren Verarbeitung als emotionale Muster erweisen, die unabhängig von ihrer Bewusstheit neuronal gespeichert werden, so dass sie in ähnlichen Situationen angetriggert und wieder aktiviert werden. Dies gilt besonders für Gefühle der Bedrohung, der Verletztheit, der Beschämung und starker Ängste. Die sich aus diesen Emotionen ergebenden bzw. mit ihnen verwobenen Denk-, Fühl- und Verhaltensmuster werden im Rahmen der emotionsbasierten Therapieverfahren als emotionale Schemata diskutiert (▶ Kapitel 2.2.1). Die im Rahmen der Schematherapie formulierten 18 Schemata wurden ebenfalls als störungsspezifische Variablen definiert, die besonders zu langwierigen bzw. wiederkehrenden psychischen Problemlagen und Störungsmustern veranlassen; sie werden ausführlich im Kapitel über die Schematherapie (▶ Kapitel 2.2.2) dargestellt.

Als *veränderungsorientiert* wiederum sind Emotionen wie Vertrauen und Selbstvertrauen, Selbstwertgefühle, Akzeptanz, Selbstakzeptanz und Zuversicht hervorzuheben, die es in beinahe jeder Therapie zu fördern gilt. Diese können sich auch durch *Verhaltens*veränderungen einstellen, sind jedoch immer eingebettet in einen Wandel des *Erlebens* und *Bewertens*. Die Kunst der Therapie besteht in der Regel darin, diese wertvollen Gefühlszustände, die als Ressourcen zu betrachten sind, auch und gerade für jene Situationen bzw. Lebensphasen unseren Klienten zugänglich zu machen, in denen bisher negativ bewertete Emotionen dominierten.

Grundgefühl Angst

Existenzialphilosophen sehen die Angst als Grundzustand unseres Daseins, da sie uns von der Geburt bis zum Sterben als existenzielles Gefühl begleitet. Schon bei der Betrachtung der biologischen Grundlagen menschlicher Emotionen (▶ Kapitel 1.3) zeigte sich Angst in der Tat als eines unserer wichtigsten Grundgefühle. Sie tritt in jedem Fall auf, sobald das Überleben eines Menschen bedroht wird. Die neurobiologischen Kettenreaktionen, die dann via limbisches System und autonomes Nervensystem verlaufen und unter anderem über hormonelle Prozesse im Körper ihren Ausdruck finden, wurden ebenfalls bereits kursorisch im Kapitel über das biologische System dargestellt.

Angstgefühle erzeugen je nach Intensität und Dauer eine Alarmreaktion oder auch eine länger anhaltende Anspannung und Nervosität. Dabei hat Angst trotz ihres negativen Images sehr wertvolle Funktionen. So fördert sie nicht nur das schnelle Reagieren in akuten Bedrohungssituationen, um unser Überleben zu sichern, sondern setzt zudem über den Zyklus des sympathikotonen Nervensystems Energien frei, die uns bei gesunder Dosierung antreiben und leistungsfähiger machen. Die positiven Seiten bzw. Effekte der Angst wurden im Zusammenhang mit Phänomenen wie der Angstlust oder dem Flow bereits wissenschaftlich untersucht. So stellte der ungarisch-amerikanische Psychologe Mihály Csíkszentmihályi (1992) fest, dass ein positiver Flow entsteht, wenn wir uns einer Anstrengung unterziehen und dabei Erfolg erzielen, wobei eine solche erfolgreich erlebte Anstrengung auch und gerade bei der Überwindung von Ängsten als Euphoriegefühl wirksam wird.

Grundsätzlich gilt es zwei Phänomenbereiche der Wirkungsweise von Angst zu unterscheiden. Man kann sie auch in Zeitzonen aufteilen: zum einen die unmittelbare Angst, die kurzfristig auftritt, wenn ich beispielsweise einer Schlange begegne oder ein Auto auf mich zurast, was dann zu den in ▶ Kapitel 1.3 beschriebenen Flucht-Kampf-Reaktionen führt; und zum anderen die mittel- bis langfristige Angst, die ich vor zukünftigen Ereignissen hege. Auch diese ruft im biologischen System Stress, Anspannungen und Nervosität hervor, wird aber vor allem durch Operationen im psychischen System erzeugt und mittels Befürchtungen, Sorgen, Grübeleien, negativen Erwartungen und Schreckensfantasien prozessiert.

Bei dieser zweiten Variante der Angst, die störungsspezifisch wesentlich stärker ins Gewicht fällt, sticht hervor, dass das Ereignis selbst, welches die Angst auf sich zieht, noch in der Zukunft liegt, die biologischen Begleiterscheinungen aber schon die Gegenwart bestimmen. Besonders belastend sind hierbei Varianten des Katastrophendenkens, die sich meist aus pessimistischen Kognitionen und fatalistischen Imaginationen zusammensetzen. Als therapeutische Zielsetzung gilt es in solchen Fällen, das konditionierte Ablaufschema versteh- und veränderbar zu machen, indem beispielsweise vermittelt durch den therapeutischen Prozess Klienten erkennen und erleben können, wie sie sich durch ihr eigenes Denken und Fantasieren die Ängste selbst erzeugen und wie sie aus diesen Prozessen auch wieder »aussteigen« können.

Als biografische Quellen in der Selbstorganisation der Angst können derweil vor allem frühe Verletzungen unserer Grundbedürfnisse betrachtet werden. Dies gilt insbesondere für das Zugehörigkeitsbedürfnis: Kein Kleinkind könnte ohne Bezugsperson überleben, daher wird alles, was diese Zugehörigkeit bedroht, als existenzielle Angst erlebt. Das Gefühl oder die reale Erfahrung, alleingelassen zu werden, erzeugt somit größtmögliche Ängste, und Bestrafungen, die in diese Richtung wirken, wie beispielsweise die Androhung von Liebesentzug oder (früher) das Eingesperrtwerden in den Kohlekeller, können bereits traumatisierende Wirkung entfalten. Aber auch Bedrohungen durch Schuldzuschreibungen und Beschämungen aller Art sind potenziell ähnlich negativ wirksam, da sie auf der Angst fußen, die (Be-)Achtung und schlimmer noch: die Zugehörigkeit der Bezugsperson(en) zu verlieren. Gleichzeitig können sie Ängste bezüglich der eigenen Integrität heraufbeschwören. Die Folge sind Minderwertigkeitsgefühle und Versagensängste. Gleich einer Vulnerabilität wirken sie oft das ganze Leben hindurch als Triebfedern für weitere Verletzungen und alle Versuche, diese ständig abzuwehren bzw. zu kompensieren, erfordern hohen psychischen und physischen Aufwand. Nicht umsonst ist Angst als ein Grund- oder Lebensgefühl auch ein wesentlicher Bestandteil depressiver Stimmungen, da sie – wie ein Gegenspieler der Lebensfreude und der Zuversicht – sowohl auf den gesamten Antrieb als auch auf spezielle Motivationen einer betroffenen Person hemmend wirken kann.

Diese belastenden Emotionen sind fataler Weise deshalb so anschlussfähig, da sie derart bedrohlich wirken (und daher auch im limbischen System gespeichert werden), dass die Psyche in ihrer Selbstorganisation versucht, alles Erdenkliche (und Undenkbare) zu unternehmen, um das Bedrohliche zu vermeiden oder abzuwehren. Dieses wird teils bewusst fokussiert, ist aber auch implizit wirksam und trägt zu Anspannung, Nervosität und Vigilanz bei. Eine hohe Sensibilität ist daher nicht notwendigerweise mit bewusster Aufmerksamkeit, dafür aber in jedem Fall mit neuronaler Konnektivität verbunden.

Störungsspezifischer Umgang mit Angst
Die Frage, wie bestimmte Gefühle zu einem Dauerproblem werden können, zeigt sich exemplarisch sehr gut an der Entwicklung einer sogenannten Angststörung. In der Regel haben wir es bei einer störungsspezifischen Kumulation und Aufrechterhaltung von Angst in der Psyche eines Menschen mit einer Verkettung von selbstorganisierten Phänomenen zu tun. Paradoxer Weise hängen diese Phänomene mit Reaktionsweisen zusammen, die das Angstgeschehen mental bewältigen helfen sollen, es aber vice versa sogar schneller hervorbringen, länger aufrechterhalten, steigern und auf die Spitze treiben können.

Fünf dieser unzulänglichen Strategien bzw. Reaktionsweisen seien hier hervorgehoben:
(1) Negation der Angst
(2) Fiktion ihrer Kontrolle
(3) Vermeidung der Angst
(4) Verleugnung der Angst
(5) Selbstabwertung

Es liegt nahe, dass Angst zuvorderst als unangenehmes, aversives Gefühl wahrgenommen wird, welches es nach Möglichkeit zu überwinden gilt. Aus dieser verständlichen Intention können die fünf Reaktionsweisen erklärt werden, die als Lösungsversuche erster Ordnung allerdings letztlich erst dazu führen, dass sich ein Problem (in diesem Fall das Problem »Angst«) tatsächlich manifestiert (vgl. Watzlawick, Weakland u. Fisch, 1974; Schumacher, 2003).

Es fällt auf, dass jene Menschen, die unter einer Angststörung leiden, ihre Angst nicht haben wollen und diese daher vollständig ablehnen. Was zunächst tautologisch klingt, wird bei näherer Betrachtung seiner selbstrekursiven Wirkung evident: Der Gedanke, Angst sei etwas Schlechtes, führt dazu, diese nicht wahrnehmen zu wollen und abzuwehren. Durch diese negative Bewertung der Angst wird rekursiv aber jedes unwillkürliche Erleben von Ängsten zu einem »Problem« bzw. gar zu einem Phänomen einer »Störung«. Weil nicht sein darf, was nicht sein soll, werden die psychischen und biologischen Merkmale dann häufig negiert (Strategie #1). Und da sich Angst vor allem auch auf Zukünftiges richtet und sich erst in dieser Form extensiv im Bewusstsein ausbreiten kann, erzeugt die fixe Idee, sie kontrollieren zu müssen (Strategie #2), geradezu eine Dauerfokussierung der Angst: »Der Versuch die Angst im Bewusstsein unter Kontrolle zu halten führt dazu, dass die Angst ins Bewusstsein gerückt wird, was wiederum dazu führt, dass sie dort kontrolliert werden muss, *ad infinitum*. In Versuchen der *aktiven Negation* fließt alle aufgewandte Energie gegen die Angst der Angst selbst zu und verstärkt sie [...]« (Schumacher, 2003, S. 4). Das berühmte Phänomen der »Angst vor der Angst« könnte sich ohne die Illusion, die Angst kontrollieren und beseitigen zu müssen, keineswegs so dominant ausbreiten.

Ähnlich aufrechterhaltende Wirkung hat die Idee, die Angst dadurch zu beseitigen oder wenigstens zu umgehen, dass entsprechende angstauslösende Situationen einfach vermieden werden (Strategie #3). Während die grundsätzliche Lebenserfahrung zwar zeigt, dass neue und ungewohnte Situationen häufig mit Ängsten und Unsicherheit einhergehen, führt die wiederholte Erfahrung der gleichen Situationen jedoch zumeist auch zu einer Habituierung und schrittweisen Überwindung der Angst. Durch das Vermeiden wird also die Angst konsequent aufrechterhalten oder sogar gesteigert, zumindest wenn ein gewisser Druck oder auch eigene Ambitionen bestehen, sich der Herausforderung zu stellen und diese zu meistern.

Das Verleugnen oder Nicht-wahrhaben- bzw. Nicht-wahrnehmen-Wollen der Angst (Strategie #4) kann mit einer ähnlichen mentalen Haltung einhergehen, nach dem Motto: »Was ich nicht wahrnehme [wohlgemerkt: im psychischen System], kann mir nichts anhaben. Sobald ich aber meine Angst wahrnehme, bin ich ihr ausgeliefert.« Dies führt allerdings zu dem unerwünschten Ergebnis, dass, sobald doch Angstphänomene auf der Bühne des Körpers auftreten (eine zittrige Stimme oder wackelige Knie, vermehrtes Schwitzen, ein mulmiges Gefühl in der Magengegend, Herzrasen, ein angespannter Muskeltonus etc.), sich also sowohl alle Kontroll- als auch Verleugnungs- und Vermeidungsversuche als fehlgeschlagen erweisen, schlimmste Selbstabwertungen (Strategie #5) die Folge sein können: »Wieso kriege ich das nicht in den Griff? Bin ich denn wirklich nicht in der Lage, dies hinzubekommen? Ich bin ein Versager!« Spätestens solche Gedanken erzeugen eine mentale Hemmung bzw. geistige Lähmung, die – wie im Abschnitt zur Polyvagaltheorie (▶ Kapitel 1.3.2) dargestellt – auch auf biologischen Rückkopplungsprozessen beruht.

In diesem sich selbst verstärkenden Kreislauf tragen die Angstphänomene dann noch zusätzlich dazu bei, dass die gewünschte Performance, also die von einem selbst erwartete Leistung, geschwächt bzw. verhindert wird. Darin birgt sich das Gefahrenpotenzial, den von der versuchten Angstnegation ausgehenden Teufelskreis der Angst vor der Angst (Abb. 5) mit seinen ständigen Kontroll- und sonstigen Bekämpfungsversuchen ad absurdum zu steigern. Mindestens diejenigen Angstpatientinnen, die als psychisch krank definiert wurden und sich mit dieser Diagnose identifizieren, bewerten sich wiederholende angstbesetzte Erfahrungsmuster als Evidenz einer Angsterkrankung, da diese gleichzeitig sowohl psychisch wie auch körperlich wahrgenommen und im Zuge ihrer Unkontrollierbarkeit als größtmögliche Hilflosigkeit und existenzielle Angst erlebt werden. Damit schließt sich der Kreis hin zur Feststellung einer Chronifizierung, die wiederum eine Lösung bzw. ein Verlassen dieses Teufelskreislaufs immer unwahrscheinlicher macht. Bei depressiven Patienten wiegt diese Erfahrung umso schwerer, weil sie mit jedem neuen Durchlauf die Grundüberzeugung der depressiven Selbstorganisation bestätigt: »Ich bin hilflos, ich bin ausgeliefert, ich kann nichts machen.« Der Schritt zum fatalistischen Selbstaufgabe-Gedanken »Ich bin vom Pech verfolgt – was ich auch mache, es geht sowieso schief!« bzw. »Ich bin eben krank, da gibt es offensichtlich kein Entrinnen!« ist dann nicht mehr weit.

Daher lautet das therapeutische Gebot der Stunde, eben *nicht* auf den Auftrag des Findens einer Lösung *erster* Ordnung einzusteigen und die Angst als ein grundsätzliches Phänomen beseitigen zu wollen. Es erfordert vielmehr eine Lösung *zweiter* Ordnung, welche eine Umbewertung der Angst als ein natürliches Gefühl ermöglicht und die Fiktion der Negation der Angst bzw. die Idee ihrer Kontrollierbarkeit zu überwinden hilft. Das ist natürlich ein schwieriges Unterfangen, weil es ja einem Schwimmen gegen den Strom bisheriger Überzeugungen, Bemühungen und Erfahrungen des Klienten gleichkommt.

Abbildung 5: Der Teufelskreis negierter Angst in Anlehnung an Schumacher (2003); eigene Darstellung

Die Basisidee der emotionsbasierten Verfahren, Gefühle verstehen und akzeptieren zu lernen, kann hierbei nun als Grundlage für einen veränderten Umgang und für das Finden von Lösungsmöglichkeiten auf einer anderen Ordnungsebene angesehen werden. Von dieser ausgehend lässt sich die Reziprozität zwischen Denken, Fühlen und körperlichem Erleben über den Weg ebendieses Erlebens in der Therapie explorieren und gemäß der selbstorganisierten Sinnhaftigkeit und Anschlussfähigkeit des Einzelnen verändern. Bei der methodischen Darstellung der EFT ist eine Übung zur Arbeit mit Ängsten vorgesehen (▶ Kapitel 2.3.4). Sie zeigt, wie das Entstehen und Aufrechterhalten von Gefühlen durch unsere (teils automatisierten) Gedanken hervorgerufen werden und wie gleichzeitig deren Wandlung selbstgesteuert gelingen kann.

Bewertung der Emotionen als impliziter Prozess
Ein zentraler Faktor für unsere Lebensqualität ist die grundlegende Bewertung unserer in einer spezifischen Situation auftretenden Emotionen. Dies wurde am Beispiel der Angst deutlich, die von vielen Klientinnen als negativ bewertet wird,

obwohl sie eine überlebenswichtige Funktion haben kann. Sobald wir spezielle Emotionen aber per se ablehnen, geraten wir in den oben beschriebenen Teufelskreis, der zumeist mit negativen Bewertungen beginnt, die im Laufe unseres Lebens konditioniert werden.

Dies bestätigen neuere Erkenntnisse der Gehirnforschung. Gerhard Roth und Nicole Strüber stellen beispielsweise dar (vgl. Roth u. Strüber, 2014), dass die Bewertung der Emotion im Zusammenspiel des limbischen Systems mit dem präfrontalen Kortex stattfindet, das heißt, sie läuft zumeist implizit, also quasi automatisch ab. Es reicht die Intuition bzw. die emotionale Orientierung, die sich aus unseren bisherigen Lebenserfahrungen und ihrer impliziten Bewertung speist, um als ein handlungssteuerndes Signal in die vermeidende, Schutz suchende oder in die aktivierend-motivierende Richtung zu dienen. Vermeidungs- oder Annäherungsziele werden somit zu einem beträchtlichen Teil von unbewussten bzw. halbbewussten Motivationen oder Attraktoren gesteuert.[20]

1.4.2 Die Trias: Verletztheit, Beschämung und Wertlosigkeit

Auf der Basis dieser Selbstregulationsprozesse wirken viele emotionale Zustände infolge ihres zumindest potenziell bedrohlichen Charakters hemmend und führen zu Abwehrreaktionen und Vermeidungsverhalten. Dazu zählen für die meisten Menschen unseres Kulturkreises nicht zuletzt die Zustände der *Verletztheit,* der *Scham* bzw. *Beschämung* und der gefühlten eigenen *Wertlosigkeit,* die bei der Entstehung psychischer Störungen oft eine tragende Rolle spielen. Trotz ihrer zweifellos und verständlicherweise zuvorderst negativen Konnotation kann diese Trias aber – wie ich noch zeigen werde – zugleich auch als wichtiger emotionaler »Rohstoff« betrachtet werden, den es psychotherapeutisch umzuwandeln gilt, indem die bedürfnisbezogenen sowie die aktivierend-motivierenden Potenziale therapeutisch herausgearbeitet werden können.

Emotion 1: Verletztheit

Emotionale Verletztheiten treten auf, wenn psychische Grundbedürfnisse bedroht werden. Verletzlichkeit ist daher eine menschliche Prädisposition, die durch konkret erlebte Verletzungen individuell geprägt und konditioniert wird. So betrachtet stellt Verletztheit ebenso wie Angst ein Grundgefühl dar, welches einerseits der Natur des Menschen entspricht und andererseits im Sinne der Vulnerabilität etli-

---

20 Der konditionierte und automatisierte Ablauf der Bewertungsprozesse entspricht auch der von Ciompi beschriebenen Affektökonomie (▶ Kapitel 1.2.4), da er das Leben vereinfacht, indem er gewohnte Bahnen bzw. bewährte Muster von Denken, Fühlen und Handeln vorzeichnet.

chen psychischen Störungen zugrunde liegt. Dabei kommt eine psychische Verletztheit selten allein. Meist zieht sie einen Rattenschwanz an sehr belastenden Gefühlen und Denkmustern nach sich, die in ihrer Gesamtheit depressive Stimmungen und anhaltende Versagensängste heraufbeschwören können.

Die meisten Menschen fühlen sich verletzt, weil sie sich schlecht oder ungerecht behandelt fühlen, gleichzeitig können auch Überforderungen und Selbstwertprobleme Verletzlichkeiten bewirken. Welche Situationen beim Einzelnen psychische Verletzungen auslösen und deren Intensität und Dauer sind subjektiv sehr unterschiedlich. Sie münden in der Beschreibung, sich schlecht und wertlos zu fühlen.

Die emotionalen Muster der Verletzlichkeit beruhen in der Regel auf frühen schmerzhaften Erfahrungen der Betroffenen, die mit Ohnmachts-, Hilflosigkeits- und Wertlosigkeitsgefühlen oder umgekehrt mit Größenphantasien einhergingen. Diese Verletzungen aus der Vergangenheit sind, auch aufgrund ihrer einstmals akut bedrohlichen Wirkung, als Erfahrungswerte im limbischen System erhalten und damit zugleich psychisch, wenn auch im Verborgenen, anschlussfähig geblieben. Sie können also in der Gegenwart durch äußerlich ähnliche – bzw. genauer gesagt: innerlich gleich codierte – Situationen angetriggert werden.

Aktuelle Verletzungen und die mit ihnen verwobenen Gefühle werden den meisten Menschen oft gar nicht explizit im Sinne einer eigenen (biografisch konditionierten) Verletzbarkeit bewusst, da sich die assoziierten Gedanken primär mit den aktuellen Ursachen, dem Ärger über den auslösenden Reiz, häufig adressiert an eine andere Person oder Personengruppe bzw. über die verpasste Chance, nicht anders reagiert zu haben, mit anderen Worten: den Fremd- und Selbstverurteilungen und den daraus ableitbaren möglichen Folgen auseinandersetzen. Daher ist es eher eine Ausnahme, in solchen Situationen die eigenen Gefühle zu fokussieren, vor denen man sich ja prinzipiell eher schützen möchte, weil sie sich so schmerzhaft anfühlen und in der Regel extrem negativ bewertet werden.

Unserem heimlichen Ideal bzw. unserer Wunschvorstellung entspräche es, wenn es nie einen Anlass gäbe, in den Zustand der Verletztheit hineinzugeraten. Daher verfallen die meisten Menschen, wenn dies nun doch geschieht, intuitiv darauf, als vermeintliche *Ursache* den *Auslöser* der akuten Verletztheit zu bekämpfen. Es ist eine Frage der Persönlichkeit bzw. ihrer verinnerlichten Attribuierungsmuster, ob diese Ursache als Schuld dabei eher dem Außen (den anderen) oder eher sich selbst zugeschrieben wird. Dass die Intensität des Schmerzes jedoch zumeist in einer autopoietischen Verarbeitungsweise bzw. einer biografisch konditionierten Emotionsregulation begründet liegt und nicht akut schuldhaft zuzuweisen ist, wird nur wenigen unserer Klienten als Basis weiterer kognitiver und emotionsregulierender Anschlussoperationen dienen. Aus emotionsfokussierter Sicht wird die aktuelle Verletztheit aber eben in aller Regel lediglich durch eine gegenwärtige Situation *ausgelöst*. Die selbstorganisierte psychische Struktur, auf diese Situation verletzt zu reagieren, ist hingegen bereits in früheren Phasen der Persönlichkeitsentwicklung entstanden – wir bringen sie sozusagen schon mit.

In der emotionsbasierten therapeutischen Arbeit ist es aufgrund der nicht immer leicht bzw. auf Anhieb zu durchschauenden Zusammenhänge hinter der aktuellen Auslösesituation wichtig, sich Zeit zu lassen für die Herausarbeitung der miteinander verwobenen Fühl- und Denkmuster, zumal diese auch für das Entdecken unterschiedlicher (auch neuer) Handlungsperspektiven prädestinieren. Es gilt, sie als beispielhaft für viele andere Situationen, in denen ähnliche Gefühle ausgelöst werden, zu betrachten und sich auf diese Weise selbst besser verstehen zu lernen, bevor Veränderungsoptionen der Emotionsregulation eingeübt bzw. ausprobiert werden können. Als zentralen Punkt für diese Herangehensweise werde ich später eine mit dem systemischen Reframing verwandte Methode vorstellen, die für die EBV essenziell ist: die Umdeutung und Neubewertung unserer Gefühle.

Emotion 2: Scham bzw. Beschämung

Die grundlegende Bedeutung von Scham bei der Entwicklung vielfältiger psychischer Störungen wurde von verschiedenen Autoren nachgewiesen Gilbert, Mc Ewan, Irons, Christie, Broomhead u. Rockliff, 2010). Besonders für das Aufkommen depressiver Symptome gilt ein ausgeprägtes Gefühl der Scham als basal (Kim, Thibodeau u. Jorgensen 2011; Gibert 2013; Zhang, Carr, Garcia-Williams u. a. 2018). Der Begriff »shame« führt dabei allerdings deutlich weiter, als das deutsche Wort Scham es erkennen lassen würde, da er bereits eine Beschädigung der Persönlichkeit bezeichnet. Er kann daher vielleicht am besten mit Erniedrigung oder tiefer Beschämung übersetzt werden.

Die zentrale Rolle von Scham bei der Entstehung psychischer Störungen

Schon in archaischen Gesellschaften war Beschämung als soziales Phänomen bekannt und wurde (bzw. wird) in Gestalt von mit öffentlicher Bloßstellung verbundenen Bestrafungsritualen bisweilen ganz bewusst eingesetzt, um den erniedrigenden und damit abschreckenden Effekt zu verstärken. Beschämung in Form von *Schande* kann dabei auch – fast wie eine ansteckende Krankheit – auf die dazugehörige Gruppe übertragen werden, beispielsweise als Familienschande, die nicht nur historisch, sondern teils bis heute in verschiedenen Kulturen zu strengen Bestrafungen sowohl der unmittelbar auslösenden Person als auch der gesamten Sippe führt.

Ebenfalls auf der sozialen Ebene dieser menschenverachtenden Tradition der Beschämung finden wir diverse Formen der Gewalt, die neben der physischen eben auch die psychische Dimension umfassen. Letztere hat verstärkt durch den Siegeszug der Social Media (die manchmal nicht so sozial sind) in jüngerer Zeit erheblich zugenommen: oft von Rassismus, Sexismus oder sonstigen Diskriminierungen getragene Hassbotschaften, Abwertungen und Bloßstellungen, die auf der psychischen Ebene Gefühle von Bedrohung, Erniedrigung und Beschämung auslösen, also massive Ängste, die existenziell wirken und die betroffene Person in jeglicher Hinsicht schwer beeinträchtigen können.

Aber auch wesentlich geringere Auslöser können Beschämungen auslösen. Ich beziehe mich hier im Wesentlichen auf die familiäre, schulische oder in Peergroups erlittene Beschämung, die so weit verbreitet ist, dass sie schon zur Normalbiographie zu gehören scheint. Auch der häufig verwendete Begriff Mobbing umschreibt Situationen mit ähnlichen sehr intensiv erlebten Erfahrungen. Erlittene Verletzbarkeit und Beschämbarkeit sind wesentliche, wenngleich häufig versteckte Gefühle fast aller psychotherapeutisch relevanter Patientengruppen. Das jeweilige Ausmaß, die sozial erfahrene Unterstützung und vor allem die individuellen Bewältigungsmuster sind hingegen sehr unterschiedlich ausgeprägt und formen die einzelne Persönlichkeit in verschiedenen Facetten ihrer Denk-, Fühl- und Verhaltensmuster, insbesondere auch in ihrer Resilienz.

Ursprünglich ist Scham also ein soziales oder besser gesagt sozial vermitteltes Gefühl. Es tritt auf, wenn wir merken, dass wir etwas unternommen oder unterlassen haben, was andere missbilligen. Da eines unserer Grundbedürfnisse darin besteht, Anerkennung und Beachtung zu erfahren, erzeugt die gegenteilige Erfahrung ein Gefühl der Bedrohung. Im schlimmsten Fall empfinden wir die Angst, *es nicht Wert zu sein* bzw. *nicht gut genug zu sein,* um von der jeweiligen Bezugsperson oder -gruppe angenommen zu werden. Gefühle dieser Art können schon mit sehr frühen Erfahrungen verwoben sein. Ausgestoßen zu werden würde für ein Neugeborenes, einen Säugling oder ein Kleinkind das Überleben massiv gefährden. Auch deshalb signalisiert der Körper beim Erleben von Beschämung durch das Erröten und/oder Senken des Kopfes das Bitten um Milde – die anderen mögen nicht zu hart urteilen, nicht gänzlich den Stab brechen. Ähnlich verhält es sich mit dem kindlichen Impuls, sich wortwörtlich klein zu machen und zu verstecken bzw. am liebsten im Erdboden versinken zu wollen, um der schamvollen Situation zu entfliehen und keinen weiteren Anlass für eine Beschämung oder gar Bestrafung zu liefern.

Mit fortschreitendem Lebensalter etablieren sich die Ablaufprogramme der individuellen Beschämungsmuster, deren typische Entstehungsbedingungen und die persönlichen Reaktionsweisen, als emotionale Schemata in der psychischen Selbstorganisation, was bedeutet, dass sie sich zu wiederholen beginnen und implizit konditioniert werden. Dennoch bleibt das Schamgefühl immer auf soziale Situationen bezogen. So stellt man sich beispielsweise vor, eine Rede oder ein Referat halten zu müssen, malt sich aus, wie die anderen einen sehen, wie sie bei einer womöglich fehlerhaften, minderwertigen Darbietung mit Missfallen reagieren werden, was einen bereits in der Vorstellung beschämt, weshalb ein starker Impuls darin besteht, die Situation zu vermeiden und zu flüchten. Die Scham im Vorfeld sozialer Ereignisse will uns also davor beschützen, dass wir uns einer (zumeist nur vermeintlichen) Ablehnung oder Abwertung und der damit verbundenen Beschämung durch andere aussetzen. Sie veranlasst uns im günstigsten Fall, über die bedrohliche Situation nach- und verschiedene Möglichkeiten durchzudenken, wie wir diese am besten meistern können. Dieses Nachdenken kann allerdings sehr belastend wirken und in Grübeln ausarten. Es ist dementsprechend ebenfalls von Angst begleitet.

Diese Angst vor Beschämung wirkt sich auch häufig blockierend bis lähmend auf unser Verhalten aus. So ist bei vielen depressiven Störungen der Antriebsverlust eine entscheidende Variable, die sich aufgrund des Vermeiden-Wollens von Beschämungen wie eine Abwärtsspirale weiter verstärken kann. Auch hier führen die Negation und das Abwehren eines Grundgefühls zur Aufrechterhaltung und Festigung eines malignen Kreislaufs.

Fallbeispiel
Herr Ludwig möchte sich in einer schweren depressiven Phase krankschreiben lassen. Ihn belastet der Gedanke, in diesem Zustand nur eine geringe Leistung zu erbringen und von seinen Arbeitskollegen und seinem Vorgesetzten als minderwertig gesehen zu werden. Er denkt: »Wie sehen mich die anderen? Sicher ganz negativ. Sie sehen wie schwach ich bin, wie minderwertig und nutzlos! Ich bleibe lieber zu Hause und erspare mir diese Blicke.« Jedoch beginnt hier oft ein Teufelskreis, denn durch den kurzfristigen Gewinn, den die Vermeidung der Scham mit sich bringt, wird die vermutete Beschämung langfristig oft noch größer und wächst sogar noch während des Krankenstandes an: »Wie sehen mich die Kollegen, wenn ich jetzt so lange gefehlt habe und ich ihnen so viel mehr Arbeit gemacht habe. Musste das wirklich sein? Was sage ich auf die Fragen, was mir gefehlt hat, also woran ich erkrankt war und wie es mir geht ...? Ich fühle mich hundeelend!« Durch das kurzfristige Vermeiden der Beschämung begibt sich Herr Ludwig immer wieder mittels seines eigenen Gedankenkreisens gewissermaßen in einen Beschämungs-Teufelskreis, welcher dramatische Auswirkungen annehmen kann. Aus der Sicht von Herrn Ludwig stellt dies ein unentrinnbares Dilemma dar.

Der einzige Ausweg, sich der Scham in einem solchen Dilemma vollständig zu entziehen, sind leider nicht selten suizidale Phantasien. Auch bei Herrn Ludwig ist der Wunsch groß, dass niemand mehr seine vermeintliche Wertlosigkeit sehen kann und dass der endlos anmutende Beschämungs-Teufelskreis endet. Es versteht sich von selbst, dass jede Therapie darauf angelegt sein muss, die Gefahren vermeintlicher Beschämung zu verstehen und reduzieren zu helfen. Bereits das Gewahrwerden dieser Gefühle im Kontext einer therapeutischen Gesprächssituation und das gemeinsame Erleben, dass die als besonders beschämend gedachten Situationen und die dabei entstehenden Gefühle benennbar und auch aushaltbar erlebt werden können, kann aufgrund des sozialen Charakters jeder Therapiesitzung und der wohlwollend-akzeptierenden Grundhaltung im therapeutischen Kontext als ein erster Schritt zu einer Integration und einem besseren Umgang mit den Schamgefühlen betrachtet werden. Wie ich in den Kapiteln zur emotionsfokussierten Therapie und zur Mitgefühlsorientierten Therapie aufzeigen werde (▶ Kapitel 2.3 und 2.5), sind Empathie und der Aufbau von Selbstakzeptanz und Selbstwertgefühlen wichtige Meilensteine bei der Überwindung anhaltender Beschämung. Wichtig ist die Erfahrung von Selbstwert in einer solchen Situation, quasi als heilsames Gegengift. Nach dem Motto: »Auch sich schämen ist menschlich. Selbst wenn ich mich schäme, weil ich nicht so effektiv arbeiten kann, bin ich als Mensch wertvoll, liebenswert und völlig okay.«

Die Unterscheidung und die Vermischung von Scham und Schuld

Ein im Zusammenhang der Thematisierung von Schamgefühlen eng verwobener Komplex ist jener der *Schuld*. Die Unterscheidung der beiden miteinander verwandten, doch etwas jeweils Eigenes bezeichnenden Phänomene geht bereits auf Helen B. Lewis zurück. Auch die US-amerikanische Psychoanalytikerin wies auf die eminente Bedeutung der Scham bei einer Vielzahl von psychischen Störungen hin. Scham beziehe sich aber auf die gesamte Person, erfasse und durchdringe sie in all ihren Ebenen und Facetten, wohingegen die rational-analytisch davon abgrenzbare Schuld an konkreten Aspekten festzumachen sei (vgl. Lewis, 1971). Sie tritt auf, wenn eine Person nicht gehandelt hat, wie es angebracht bzw. erforderlich gewesen wäre, oder etwas unterlassen hat, was sie hätte tun sollen. Schuld kann daher auf ein bestimmtes Verhalten oder eine Unterlassung bezogen werden und betrifft eben nicht zwingend die Person als Ganzes.

Idealtypisch kann Schuld auch abgetragen oder (gegebenenfalls symbolisch) wiedergutgemacht werden, indem derjenige, der sie auf sich geladen hat, sich entschuldigt bzw. seine Schuld beichtet, eine Strafe empfängt und dann nach angemessener Sühneleistung wieder frei von Schuld in die Gemeinschaft integriert, resozialisiert und rehabilitiert wird. Systemische Therapeutinnen wissen allerdings nicht zuletzt aus der Geschichte der Familientherapie, dass es sehr unterschiedliche Konstruktionsweisen für die Zuschreibung von Schuld gibt, es sich also im Wesentlichen nicht um einen objektiv beurteilbaren Tatbestand handelt, selbst in jenen Fällen, in denen eine Schuld juristisch festgestellt wird. Einer der Pioniere der Familientherapie, der ungarisch-amerikanische Arzt und Psychotherapeut Iván Böszörményi-Nagy, spricht in seiner Darstellung der »unsichtbaren Bindungen« daher auch von einer zwar generationsübergreifenden »Schuld-und-Verdienst-Buchführung«, die jeder Einzelne jedoch aufgrund der subjektiven und zumeist unsichtbaren Konstruktion der »Schuld-Verdienst-Konten« sehr unterschiedlich auslege (vgl. Böszörményi-Nagy u. Spark, 1981, S. 146 ff.).

Auch bei der Analyse des Schuldbegriffs wird also eine starke Koppelung mit der sozialen Systemebene deutlich. Dabei erleben Menschen, wenn sie ein geringes Selbstwertgefühl mitbringen und unter Insuffizienzgefühlen leiden, bisweilen bereits jeden (sozialen) Kontext, in dem Schuld auftreten könnte, als mehr oder weniger zutiefst beschämend. Schuld und Scham sind dann auf das Engste miteinander verflochten – die Ursache vieler psychischer bzw. seelischer Störungen.

Fallbeispiel

Peter hat seiner Frau zugesagt, auf dem Nachhauseweg noch im Supermarkt einkaufen zu gehen. Als er zu Hause ankommt, merkt er, dass er den Einkauf komplett vergessen hat.

Nehmen wir für den ersten Fall an, Peter schämt sich für seine Vergesslichkeit. Dann sucht er eher nach einer Ausrede. Er schiebt vor, dass er im Stau gestanden oder sein Chef ihn genervt habe, weshalb er nicht habe einkaufen können. Auf diese »Rechtfertigungen« reagiert seine Frau innerlich aufgebracht, zeigt dies jedoch nicht, um nicht weiteres Öl ins Feuer zu gießen, sprich: die bereits angespannte Atmosphäre zu verstärken. Die Stimmung bleibt allerdings trotzdem noch länger kühl-distanziert.

Im zweiten Fall kann Peter gut zwischen Scham und Schuld unterscheiden. Oder, spezifischer: Es bedeutet für ihn keine Beschämung seiner ganzen Person, etwas vergessen zu haben. Nach dem Begrüßungsbussi gesteht er in diesem Fall den Einkauf schlicht vergessen zu haben und entschuldigt sich dafür, dass er eine zugesagte Handlung unterlassen hat. Je nach Wichtigkeit bittet ihn die Ehefrau daraufhin, noch kurz zum Bäcker zu fahren, um wenigstens Brot zu kaufen. Die Stimmung zwischen den Eheleuten bleibt unaufgeregt-entspannt.

Das obige ist natürlich ein sehr sanftes Beispiel. Sie können sich leicht vorstellen, welch enormes Steigerungspotenzial bei beschämenderen Handlungen bzw. stärkeren Beschämungs-Auslösern besteht. In vielen Paarkonflikten gibt es zudem eine lange Geschichte gegenseitiger Beschämungen und Verletzungen, die Vorsicht, Misstrauen, Rückzugs- und Vermeidungsverhalten begründen und in einem stagnierenden Patt münden. Für viele Partner wirken dann bereits eigentlich harmlose Forderungen und leise Kritik des anderen zutiefst beschämend.

Fallbeispiel
Herr Krause, von dem weiter oben bereits kurz berichtet wurde, sucht eine Therapie auf, weil es wiederholt zu heftigen Ehestreitigkeiten gekommen ist. Er beschreibt ein Aggressionsproblem: »Ich werde schnell laut und aufbrausend.« Von seiner Frau fühlt er sich fast täglich angegriffen, besonders, wenn sie ihm Vorhaltungen wegen seiner Art macht, mit dem gemeinsamen Kind umzugehen. Es kommt dann immer wieder zu Wortgefechten. Allein schon von seiner Frau aufgefordert zu werden, es doch einmal anders zu probieren, bedeutet für ihn, »es nicht richtig zu machen«, was einer Beschämung gleichkommt.

Wie sich in diesem Fall herausstellt, fußt das Verhalten auf biografischen Verletzungen. Herr Krause hatte einen extrem strengen Vater, der ihn und die Mutter oft anschrie. Die despotische Erziehung zielte auf die bedingungslose Unterordnung der beiden. Widerworte wurden teilweise mit Schlägen bestraft. Auf diese Weise erscheinen in Herrn Krauses psychischer Struktur Aufforderungen wie Abwertungen und gleichermaßen als inhärente »Einladungen« zur Unterordnung, die er massiv abwehren muss. Zudem waren Aufforderungen in seiner Kindheit zumeist verbunden mit dem Zusatz, wohl »zu blöde« zu sein, »da nicht selber darauf zu kommen«. Fast jede Aufforderung, zumal im privaten Kontext, ist daher für ihn mit einer persönlichen Abwertung und somit Beschämung assoziiert. Sein autonomes Nervensystem reagiert in seiner Neurozeption (▶ Kapitel 1.3.2., S. 97) folglich wie auf eine Bedrohung. Unmittelbar damit verbunden ist ein Anstieg der neurobiologischen Erregung durch die Ausschüttung von Stresshormonen, die seiner Bereitschaft, sich verbal aggressiv zu wehren oder zumindest missmutig zu reagieren, sofortige Schubkraft verleiht. Aufgrund der automatisch auftretenden Erregbarkeit und Gereiztheit ist eine Impulskontrolle so lange nur schwer möglich, wie sein Organismus diese Situation als bedrohlich erlebt.

Dank der Therapie kann Herr Krause letztlich die Erkenntnis generieren, dass die neurobiologische Erregung nicht auf eine tatsächliche, sondern auf eine biografisch konditionierte Beschämung verweist und somit nichts akut Bedrohliches anzeigt. Dazu ist es hilfreich, die Emotionen der früheren Beschämung wieder zu erleben, um diese besser zu verarbeiten und um vor allem auf diese adäquater reagieren zu lernen. Durch dieses Vorgehen gelingt es, ähnliche Ereignisse in der

Gegenwart, die bisher die früheren Beschämungsmuster angetriggert hatten, in einem anderen Licht zu erleben, was sowohl das Fühlen als auch das Begreifen und Verstehen miteinbezieht.

Ziel des Einsatzes emotionsbasierter Therapieverfahren ist es in solchen Fällen also, durch die Etablierung neuer Schlüsselerfahrungen die Überwindung der Empfindungen von Unzulänglichkeit und der damit verbundenen Selbstbeschämungsmuster zu initiieren.

Emotion 3: Wertlosigkeitsgefühl

Wie im vorangegangenen Abschnitt bereits angeklungen ist, gehen Schamgefühle nicht nur oft einher mit Gefühlen der Schuld, sondern auch mit der Empfindung der eigenen Wertlosigkeit. Sie treffen dabei ebenfalls die gesamte Person, verweisen auf deren scheinbar vollkommenes Ungenügen bezüglich der eigenen Ansprüche und/oder jener der relevanten Bezugsperson(en) bzw. auf deren Unzulänglichkeit. Daher erscheinen Schamgefühle, die so häufig mit immanenten Wertlosigkeitsgefühlen einhergehen, nur schwer aushaltbar. Dabei sind die Wertlosigkeitsgefühle den meisten Patienten keineswegs auf den ersten Blick bewusst. Auch sie laufen in der Regel im Verborgenen ab, was jedoch nichts an ihrer fatalen, gesundheitsschädigenden Wirkung ändert. Sie können aber mittels der emotionsbasierten Verfahren gut sichtbar und damit einer Bearbeitung zugänglich gemacht werden.

Aufgrund der bedrohlichen Koppelung mit implizit auftretenden Wertlosigkeitsgefühlen wird die Abwehr von Scham zum zentralen Thema der zumeist automatisch ablaufenden Schutzmechanismen, die jedoch häufig einen nach außen sozial vermeidenden, überangepassten oder auch aggressiven und auch die psychische Gesundheit gefährdenden Charakter annehmen können.

Frühzeitig im Verlauf der Sozialisation erlebte Beschämungen sind dabei besonders geeignet, zu nachhaltigen Verletzungen der Integrität zu führen, zu dem tiefsitzenden Gefühl, »nicht gut genug« zu sein, um die Anerkennung oder wenigstens die Tolerierung der Mitmenschen zu erlangen. »Irgendetwas stimmt nicht mit mir, irgendetwas ist falsch an oder mit mir, ich genüge den Ansprüchen nicht« – so oder so ähnlich lauten die Glaubensüberzeugungen, die aus emotionalen Erfahrungen der Missachtung und der Beschämung entspringen. Die gefühlte Schuld, aufgrund eigener Unzulänglichkeiten »nicht gut genug« zu sein, wirkt wiederum selbstbeschämend, was letztlich zur Aktivierung jener bereits erwähnten Abwehrmechanismen führt, die der US-amerikanische Psychiater Donald Nathanson als einen »Kompass der Scham« dargestellt hat (vgl. 1994).

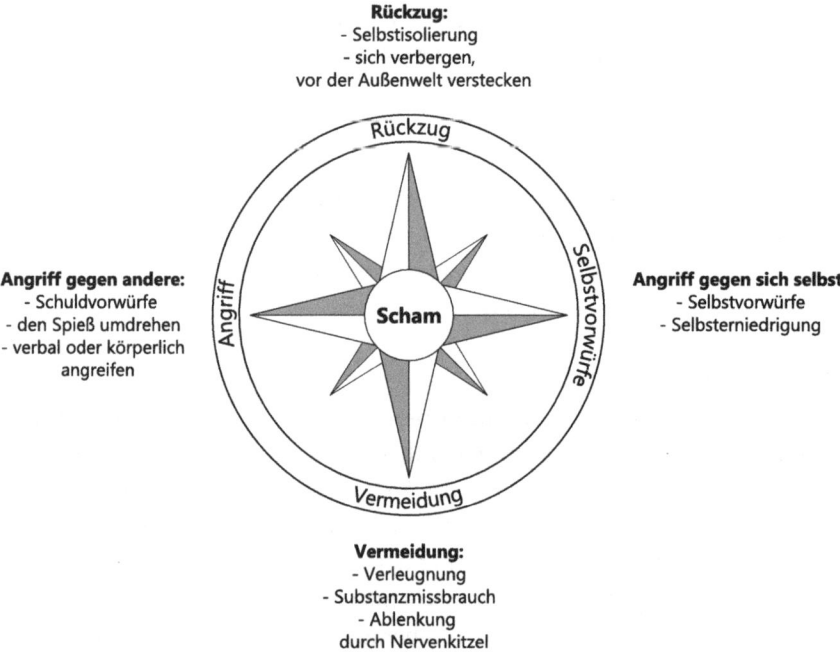

Abbildung 6: Mechanismen der Abwehr von Schamgefühlen in Anlehnung an Nathanson (1994); eigene Darstellung

Die beiden Hauptachsen zeigen dabei die wesentlichen Stoßrichtungen: horizontal für aggressive, vertikal für defensive Muster, wobei in der Realität diese Muster häufig kombiniert auftreten und zeitlich alternieren können (Abb. 6).

Beginnen wir mit den Auswirkungen des oberen Quadranten: Der *Rückzug* aus sozialen Beziehungen kann schleichend oder abrupt erfolgen (oft angekündigt durch Abbruch- oder Schlussstrich-Drohungen à la »Wenn das noch mal vorkommt, mache ich Schluss!«, »Mir reicht's bald endgültig!«, »Das darf nie wieder passieren, sonst ...« etc.). Er geht als theoretisch »sicherste« Schutzmaßnahme jedoch letztendlich auf Kosten unserer Beziehungsfähigkeit, erzeugt soziale Distanzierung, einen Rückgang an Lebensfreude und in seiner extremen Variante soziale Isolierung. Auch der beleidigte Rückzug, der Liebesentzug auf Zeit, das Anschweigen und Aus-dem-Weg-Gehen sind Facetten dieses Musters.

Der rechte Quadrant beschreibt die Muster der *Selbstanklage, Selbstabwertungen* und *Selbstbeschämung,* die bei den meisten psychischen Störungsbildern eine zentrale Rolle einnehmen und tief mit dem Gefühl der Beschämung verwoben sind. Da die Überwindung dieser Muster in schwierigen Konstellationen durch herkömmliche bzw. rein kognitive Verfahren kaum möglich erscheint, wird bei der Darstellung der emotionsbasierten Methoden die Beschreibung der Arbeit an der Transformation dieser inneren Anteile besonderes Augenmerk erhalten (▶ Kapitel 2.2.6 und 2.3.3 ff.).

Im unteren Quadranten finden wir die *Vermeidung* durch alle Arten und Formen von Ablenkung, Verleugnung und Flucht, wozu nicht zuletzt auch der Missbrauch von Suchtmitteln gehört, und im linken Quadranten werden alle *aggressiven* Muster zusammengefasst, die auf der verbalen oder körperlichen Ebene in Angriffe gegen andere münden, sei es durch direktes Sich-Wehren oder durch den Versuch, über die Beschämung anderer die eigene wettzumachen. Rechtfertigungen, Schuldzuweisungen, Gegenvorwürfe, sprichwörtliches *den-Spieß-Umdrehen*, Rache- bzw. Vergeltungsaktionen etc. sind Stilmittel dieses Musters.

Im Zusammenhang mit der Schematherapie werden wir nochmals auf die Dialektik der verschiedenen Schutzmechanismen und ihrer zum Teil dysfunktionalen Begleiterscheinungen zu sprechen kommen (▶ Kapitel 2.2.4).

Selbstbeschämungsmuster

Die erwähnten Selbstbeschämungs- und Selbstentwertungsmuster als ein wesentliches Element psychischer Störungsbilder laufen in unserem Kopf als automatische Gedanken ab. Sie beruhen auf negativen Annahmen über unser Selbst, sind gespickt mit Selbstabwertungen und Selbstverurteilungen und werden auf diese Weise Teil einer inneren Eskalations- und Abwertungsspirale, die ins Bodenlose führen kann.

Negative Zuschreibungen, die wir früher aufgeschnappt oder uns zu eigen gemacht haben, lassen die Selbstabwertungen in einem zentralen Gedanken kristallisieren: »Ich bin zu blöd«, »Ich bin schlecht, wertlos, nicht gut genug«, »Ich hab's auch nicht besser verdient« etc. Die Kausalitätszuschreibung mutet dabei oft willkürlich an, folgt aber meist auch kognitiv bereits verinnerlichten konditionierten Mustern – im oben erwähnten Beispiel von Peter: »Ich bin schlecht, weil ich so vergesslich bin«.

Im Fall des uns ebenfalls bereits begegneten Herrn Krause wiederum richtet sie sich auf seine aufbrausende Reaktion nach Aufforderungen: »Ich bin nicht gut, weil ich so übersensibel bin und mich nicht beherrschen kann« oder »Ich bin einfach blöd, dass ich meine Schnauze nicht halte«. Wie in einem ewigen Schuld-Pingpong wird diese Bezichtigung dann analog seiner Ehefrau widergespiegelt, zumindest im inneren Dialog, der hin und her oszilliert zwischen Fremd- und Selbstvorwürfen: »Wieso greift sie mich ständig an? Bin ich denn zu nichts gut genug? Wieso kann sie auch ihre Klappe nicht halten, wenn ich doch schon so angestrengt und überfordert bin! Nie kriege ich ein Lob, nie Anerkennung für meine Situation ...« So dreht sich das gedankliche Schuldvorwurfskarussell in einer rasanten Fahrt weiter, bei aller darin enthaltenen Selbstentwertung vor allem danach ausgerichtet, die Beschämung nicht noch tiefer auf die eigene Person bezogen zu erfahren, sondern möglichst von sich fernzuhalten und auf andere zu projizieren, zumeist auf den unmittelbaren Auslöser der die Beschämung auslösenden Situation.

Zugleich greifen solche Selbstbeschämungsmuster jedoch häufig auch bereits *vor* möglichen Ereignissen und laufen sozusagen als präventive, aber dennoch schon sehr belastende, Stress induzierende Denkprozesse ab. Zum Beispiel gehen Menschen mit einem hohen Beschämungspotenzial zukünftige Situationen in Gedanken häufig unzählige Male durch, überlegen immer wieder, wie sie der Beschämung durch einen möglichen Konflikt, eine Bloßstellung, eine Kritik, einen Fehler, antizipiert auch aus den Augen anderer, zuvorkommen oder entgehen könnten. Im obigen Kompass kann dann ein Ausschlagen der Nadel in Richtung von Vermeidung, aber auch zu stärkeren Aggressionen die Folge sein.

Dass die dabei ausgemalten Szenarien nicht selten nur einen allenfalls verzerrten Bezug zur Realität aufweisen, liegt fast schon auf der Hand. Lammers und Ohls bezeichnen die der Selbstbeschämung zugrundeliegenden Gedanken daher auch als kontrafaktisch, da sie häufig in Annahmen über die ohnehin nicht treffsicher vorhersagbaren Reaktionen und Bewertungen anderer Menschen kreisen und sich diese allein in den negativsten Farben ausmalen: »Wenn Scham sehr intensiv und quälend ist, beschämen wir uns oft selbst durch eigene abwertende Gedanken« (2017, S. 22).

Der Auslöser für Scham und damit einhergehend für großen psychischen Stress sind wir durch unser implizites Denken also offensichtlich sehr oft selbst, und dies zumeist ohne es zu merken bzw. ohne die Mechanismen der Schamerzeugung uns selbst zuzuordnen. Plakativ ausgedrückt: Der Feind (sprich: der schamauslösende Operator) sitzt in unserem eigenen Kopf, in Form von Selbstabwertungen oder schlicht als ewig wiederkehrende Frage »Was könnten denn die anderen über mich denken?«, mit vorwiegend beschämendem Beiklang in der Gedankenkette.

Scham als Ausdruck tieferer Bedürfnisse

Die zentrale These dieses Buches, dass Emotionen immer auch auf dahinterliegende Bedürfnisse verweisen und von diesen gespeist werden, muss natürlich auch für ein derart zentrales Gefühl wie die Scham gelten. Doch welches Bedürfnis soll sich hinter etwas so destruktiv Anmutendem und scheinbar Unnützem wie Scham verbergen? Bei genauerem Hinsehen zeigen sich hier nun eine *vordergründige Funktion* und ein tieferliegendes, *hintergründiges Bedürfnis*.

Die vordergründige *Funktion* besteht in dem Effekt, durch das Empfinden von Scham dafür sensibilisiert zu werden und sich somit davor zu schützen, das Missfallen wichtiger Bezugspersonen auszulösen und in der Folge von ihnen verlacht, missachtet, abgelehnt oder gar ausgestoßen zu werden. Die Beschämung dient also einer Vorwarnung, in potenzielle Gefahr zu geraten, die Zuneigung der Bezugsperson(en) und die Achtung der Bezugsgruppe bzw. der Peer Group zu verlieren. Das Schamgefühl zeigt auf, was (vermeintlich oder tatsächlich) der betreffenden Person/Gruppe missfallen könnte, und verweist somit auf eine Grenze, bei deren Überschreiten bzw. wiederholter oder dauerhafter Verletzung die Wertschätzung und Achtung dieser anderen verloren gehen könnte. Vordergründig zeigt mir die Scham demnach, wie ich mich *nicht* verhalten sollte, um mich nicht zu blamieren bzw. in jedem Fall Irritation, Spott oder Ärger, kurz: das Missfallen der anderen zu vermeiden.

Hintergründig wiederum geht es um das *Bedürfnis*, angenommen und wertgeschätzt zu werden, damit das menschliche Grundbedürfnis nach Zugehörigkeit bzw. deren Voraussetzung, von anderen gemocht zu werden, nicht gefährdet wird. Dieses Bedürfnis ist daher so zentral, als seine Gefährdung, zumal in den frühen Jahren unserer Existenz, tiefste Spuren in unserer Gefühlsentwicklung und in den damit verwobenen Bewältigungsmustern für kritische Lebenssituationen hinterlässt, die zeitlebens durch ähnliche Konstellationen (Kontextparallelen) angetriggert werden können.

Dass dieser gesamte Komplex der in Kindheit und Jugend erlebten Beschämungen und früheren Prägungen der Schamentwicklung samt den damit einhergehenden neurobiologisch verankerten Stressreaktionen und den psychischen Abwehrmechanismen dabei nicht bewusst gesteuert wird und teilweise zudem vorsprachlich abläuft, erklärt letztlich auch, warum rein kognitive Therapiemaßnahmen hier in der Regel zu kurz greifen. Sobald es sich im Therapieprozess als sinnvoll erweist, kann der Auftrag daher implizit oder auch ganz explizit um die Arbeit an diesen Schlüsselemotionen erweitert werden, wobei deren Transformation in erster Linie keiner besonders gewitzten therapeutischen Technik bedarf, sondern eher einer aufgeschlossenen Grundhaltung, den bisher beschämenden Fühl-, Denk- und Verhaltensmustern mit Akzeptanz zu begegnen. Erst im weiteren Verlauf einer Therapie sind dann auch erlebnisorientierte Übungen wertvoll, um diese Muster aufzuspüren und mittels Selbstakzeptanz und Selbstmitgefühl die mit den Schamgefühlen verwobenen Abwehrmechanismen erleb- und veränderbar zu machen.

1.4.3 Veränderungsorientierte Emotionen

Nachdem bislang so viel von Störungen und negativen Gefühlen die Rede war, kommen wir nun zu jenen Emotionen (bzw. zu den Fähigkeiten ihrer Regulation), die es im Rahmen der therapeutischen Arbeit in den meisten Fällen zu fördern gilt. Hierzu möchte ich vor allem die (Selbst-)Akzeptanz und Selbstachtung sowie damit einhergehend Gelassenheit, Entspannungsfähigkeit und Kompetenzen der Selbstberuhigung, darüber hinaus Empathie, (Selbst-)Mitgefühl, (Selbst-)Vertrauen, Selbstwertgefühle und Zuversicht zählen.

Im Methodenteil dieses Buches (▶ Kapitel 2) wird gezeigt werden, wie diese wertvollen Ressourcen als *Zielemotionen* in die Therapie eingeführt und im gemeinsamen Prozess mit dem Klientensystem vermittelt werden können. Auch wird zu zeigen sein, wie solche Ressourcen gerade bei tiefen Beschämungen und Verletzlichkeiten zu fördern sind. Die einfachste Voraussetzung besteht hierbei darin, dass der Therapeut lernen sollte, diese Emotionen selbst vorzuleben. Mit seiner Haltung ist er einerseits Modell, andererseits auch der vertrauenerweckende Gegenpol, dem gegenüber Klientinnen beginnen können, ihre zumeist latenten schambesetzten Gefühlszustände zu offenbaren. Eine akzeptierende und empathische Grundhaltung und die Bereitschaft, sich auch auf schmerzliche emotionale Prozesse einzulassen und diese schlicht auszuhalten, setzen allerdings viel Erfahrung im Mitfühlen voraus. Akademische Weihen und abstraktes Lernen theoretischen Wissens können diese Prozesse leider nicht vorwegnehmen, weshalb viele Klientinnen intuitiv Therapeuten mit Lebenserfahrung vorziehen.

An dieser Stelle möchte ich kurz noch den Zusammenhang von Akzeptanz und Selbstwertgefühlen skizzieren. Wie vorhin beschrieben, gehen Verletztheiten, Beschämungs- und Wertlosigkeitsgefühle zumeist Hand in Hand. Es liegt nahe, dass diese emotionalen Zusammenhänge gerade wegen ihres beschämenden und belastenden Charakters häufig in die Latenz geraten und eher zu Schweigen, Verdrängung oder sogar zu Dissoziation einladen. Durch die therapeutische Einladung wiederum, diese Prozesse *transparent* zu machen, entsteht für die meisten unserer Patienten erstmals die Möglichkeit, die einzelnen Emotionen bzw. deren Vermischung überhaupt erst bewusst wahrzunehmen, zu besprechen und zu bearbeiten. Eine häufige Funktion der Therapie besteht daher darin, das ungeordnete Emotionsgewirr zu sortieren und damit die Voraussetzung einer ersten Differenzierung zu schaffen.

Diese Differenzierung wird dann durch Externalisierungen der emotionalen Schemata mittels der emotionsbasierten Methoden weiter gesteigert, so dass als ein Ziel dieser Therapiemaßnahme eine klare Unterscheidung von Verletzungen, Beschämungen und Wertlosigkeitsgefühlen entstehen kann. Die

Verletzungen und mit ihnen Prozesse des Schmerzes, der Trauer und/oder der Wut werden durch den therapeutischen Prozess transparent gemacht, verlieren dabei aber zugleich allmählich ihren beschämenden Charakter und können statt mit der Dramatik der Wertlosigkeitsgefühle mit Selbstakzeptanz und im günstigen Fall sogar mit Selbstwertempfinden verknüpft werden. Daraus entsteht Vertrauen in die Therapie und das Selbstvertrauen und die Zuversicht, auch andere beschämende und verletzende Situationen mit ähnlichem Erfolg meistern zu lernen.

Doch ist dies bei den meisten Klientinnen ein langer Prozess, der auch mit Rückschlägen einhergehen kann. Daher ist es wichtig, Psychotherapie auf dieser Ebene nicht als zu schnelles, rein lösungsorientiertes Verfahren darzustellen, um keine überhöhten Erwartungen aufseiten des Klienten zu wecken, die nicht einzuhalten sind. Zugleich ist es aber auch keineswegs nötig, sehr viele Sitzungen in schneller Folge anzubieten, da Zeitabstände sehr gut für die Auf- und Weiterverarbeitung der therapeutisch vermittelten Erlebnisse und Erkenntnisse und dadurch auch zur Stärkung der Selbstverantwortung und der Selbstwirksamkeit genutzt werden können. Aus meiner Erfahrung verleiht es vielen Patientinnen zudem weitere Sicherheit und Zuversicht, wenn die Möglichkeit einer längerfristigen Unterstützung, eine angemessene Rückfallprophylaxe und die Chance zu einer Nachbearbeitung bestehen, sobald nach einer Therapie nochmals Krisen auftreten.

1.5 Das soziale System

Folgen wir der Systemtheorie, so werden Emotionen in lebenden Systemen prozessiert, die sich wiederum in biologische und psychische Subsysteme differenzieren lassen. *Soziale* Systeme sind jedoch die entscheidenden Kontexte für die *Entstehung* und die *Konsolidierung* emotionaler Prozesse. Metatheoretisch gesprochen findet die anfängliche Autopoiese des psychischen Systems unter den Kontextbedingungen derjenigen sozialen Systeme statt, welche eine Sicherung der Überlebensbedingungen und eine zumindest teilweise Befriedigung der grundlegenden Bedürfnisse des Säuglings bzw. heranwachsenden Kleinkinds gewährleisten sollten. Das Privileg, wichtigstes Sozialsystem für die psychische Entwicklung lebender Systeme zu sein, fällt in menschlichen Gesellschaften der Familie zu. In früheren nomadischen Stammeskulturen konnte dies eine Sippe, eine Gruppe, später die Großfamilie sein. Heutzutage reduziert sich die Zusammengehörigkeit oft auf die Kernfamilie oder gar auf die letztverbleibende Bindung zu einer alleinerziehenden Bezugsperson.

Die Emergenz der psychischen Strukturen wiederum ist, wie Neurobiologie und Bindungsforschung unterstreichen, Resultat der Auseinandersetzungen und Wechselbeziehungen zwischen Neugeborenem bzw. Säugling/Kleinkind und seinen Bindungspersonen, wobei einschränkend hinzugefügt werden muss, dass diese Entwicklung bereits pränatal beginnt und dank der Plastizität unseres Gehirns als niemals abgeschlossener dynamischer Prozess zu verstehen ist. Dennoch kann auf Basis neurobiologischer Forschungsergebnisse das Theorem der Bindungstheorie bestätigt werden, dass insbesondere die Bindungserfahrungen der ersten zwei bis drei Lebensjahre wichtige Spuren hinterlassen und gleichermaßen Grundlagen für die Selbstorganisation des psychischen Systems schaffen.

1.5.1 Bindungsforschung oder: Aller Anfang ist systemisch

Bei der Entstehung neuen Lebens bedarf es unter Säugetieren eines sozialen Kontaktes. Es ist eine Frage der Interpunktion[21], ob neues Leben bei Säugetieren mit der fortschreitenden Entwicklung eines Embryos im Uterus oder bereits bei der Befruchtung einer Eizelle durch die Begegnung mit einer Samenzelle beginnt. Menschliches Leben »passiert« also über Beziehung. Ohne die strukturelle Koppelung von biologischen und sozialen Prozessen wäre die Entstehung neuen Lebens nicht denkbar.

Im weiteren pränatalen Entwicklungsverlauf sind dann vor allem biologische Prozesse am Wirken, die auf einer ko-regulatorischen Abstimmung bzw. Austarierung zwischen mütterlichen und embryonalen Entwicklungsschritten beruhen. Doch auch hierbei spielt der soziale Kontext eine gewichtige Rolle, indem beispielsweise die lebensweltlichen Bedingungen und die spezifischen Verhaltensmuster der Mutter die embryonale Entwicklung beeinflussen und in ihrem gesunden Gleichgewicht empfindlich stören können.

Dies wird unter anderem an Müttern deutlich, die sich aufgrund von im Verlauf ihrer Biografie erfahrenen schweren Traumatisierungen oder aus anderen Gründen bereits in dieser Schwangerschaftsphase mit der über viele Monate andauernden Verantwortung, ihrem Kind schon pränatal eine gesunde Lebensgrundlage zu bieten, überfordert fühlen. Die Angst, dieser Herausforderung weder jetzt noch erst recht nach der Geburt gewachsen zu sein, und die damit verbundenen Scham- und Insuffizienzgefühle, einem Neugeborenen vielleicht nicht die spezifischen Voraussetzungen bieten zu können, die dieses Wesen für

---

21 In der systemischen Terminologie wird der Begriff Interpunktion auch in jenem Sinn verwendet, wie und wo man den Punkt setzt, den man als Ausgangspunkt für seine Sichtweise auswählt.

sein Überleben und Gedeihen benötigt, werden nicht selten mittels Substanzmissbrauch kompensiert, was wiederum rekursiv einen sich stetig verstärkenden Kreislauf des Schuld- und Schamempfindens auslöst.

Umgekehrt ist eine ausgeglichene Mutter die beste Basis für das störungsfreie Heranwachsen eines Embryos zum Baby, mit dessen Geburt dann ein komplett neuer Kreislauf sozialer Bezogenheiten beginnt.

»Mutterschaftskonstellation« und die Unterstützung durch das soziale Umfeld

Bei der großen Mehrzahl der Mütter wird nun – flankiert von der Ausschüttung hormoneller Botenstoffe – eine Art intuitives Fürsorgeprogramm aktiviert. Der Bindungsforschungsexperte Alexander Trost spricht in diesem Zusammenhang von einem »epigenetischen Schalter«, der das Fürsorgesystem der Mutter auf einer ko-evolutionären Ebene organisiert (vgl. 2018, S. 92 ff.). Zugleich erfährt vor allem eine erstmals gebärende Mutter mit diesem Ereignis eine solch gravierende emotional wie real-lebensweltliche Umwälzung, dass die verschiedensten elementaren Fragen, Zweifel und Unsicherheiten aufgeworfen werden: »Kann ich meinem Kind das Überleben sichern? Bekommt es genug Nahrung, Schlaf, Bewegung und Sauerstoff? Kann ich mein Kind annehmen und es lieben, so wie ich es von mir erwarte (und eventuell auch für mich selbst gewünscht hätte)? Kann ich meinem Kind darüber hinaus alles bieten, was es braucht? Bin ich achtsam und einfühlsam genug?« Und gleichzeitig: »Hoffentlich bekomme ich kein ›Schreikind‹, verwöhne ich mein Kind nicht, mache ich nicht allzu viele Fehler!« Diese besondere Situation wurde von Daniel Stern, US-amerikanischer Psychoanalytiker und Vorreiter der empirischen Säuglingsforschung, als »Mutterschaftskonstellation« beschrieben, welche er – so hochgradig individuell sie sich auch darstellt – als weitverbreiteten Normalzustand definiert (vgl. 2020). Dabei tritt ebenso automatisch das eigene biografische Erleben manifest oder latent zum Vorschein, und vieles, was mit früheren (Mutter-)Kind-Erfahrungen einhergeht, wird internal abgeglichen. Ganz auf sich allein gestellt ist die Mutter in dieser mit einem hohen Stresspotenzial behafteten Situation zum Glück zumeist nicht, denn das oben erwähnte »Fürsorgeprogramm«, das im Übrigen ebenso bei nicht leiblichen Eltern greift, kann auch weitere wichtige Bezugspersonen wie den Kindsvater und/oder die Großeltern sowie etwaige Geschwister miteinschließen.

Während bis weit ins letzte Jahrhundert Väter von der Geburt ihrer Kinder weitestgehend ausgeschlossen waren und bei der Betreuung der Kleinkinder zumeist nur wenig Anteil nahmen, können sie in westlichen Gesellschaften inzwischen Elternzeit beantragen und sind in der Regel nicht nur beim Geburtsprozess präsent, sondern auch bei der Kinderbetreuung beteiligt. Ich sehe in der Hinwendung der Väter auch und gerade zu den unmittelbaren Bedürfnissen ihrer Kleinkinder einen wichtigen Beitrag, der das Selbstverständnis der früheren Männerrolle mit den Insignien der Härte und Strenge, der Rationalität und der emotionalen Distanziertheit nachhaltig zu wandeln begonnen hat, dahingehend, dass sich Männer mehr den emotionalen und bedürfnisbezogenen Qualitäten des Lebens öffnen. Doch nach wie vor schränken finanzielle Anforderungen und die temporäre Beanspruchung der vollzeitigen Berufsarbeit die Verfügbarkeit der Männer im familiären Alltag stark ein.

Traditionell erfährt besonders die Mutter der Mutter in der Lebensphase der sogenannten Mutterschaftskonstellation vielfach einen nochmaligen Bedeutungszuwachs, da sie häufig die nächststehende Vertraute ist, die diesen Prozess bereits mindestens einmal mehr oder weniger erfolgreich überstanden hat. Wenn die Beziehung der Kindsmutter zur eigenen Mutter aus welchen Gründen auch immer gestört ist bzw. so erscheint oder schlicht nicht existiert, können gegebenenfalls auch andere Mitglieder des (familiären) sozialen Umfelds diese Funktion wahrnehmen. Oft ist es jedoch eben die Großmutter, also die Mutter der Mutter, deren Rat und Unterstützung bei all den während einer Schwangerschaft bzw. nach der Geburt auftretenden kleinen bis existenziellen Fragen sie zu einer sehr wichtigen Bezugsperson und Ansprechpartnerin machen, was dann zum Entstehen einer real erlebten oder zumindest imaginierten Triade zwischen Mutter, Kind und Großmutter beitragen kann.

Es gibt Kulturen, in denen das Hierarchieverhältnis aufgrund des tradierten Generationenvertrags bzw. Rollenverständnisses tatsächlich sogar noch die Groß- oder auch die Schwiegermutter als die legitime dominante Person in dieser Triade vorsieht. In Gesellschaften mit einer langjährigen Emanzipationsgeschichte wie der westeuropäischen dürfte solch ein Dominanzanspruch – jedenfalls wenn er intensiv ausgelebt, vielleicht gar explizit eingefordert wird – allerdings zumeist zu schweren Konflikten bis zum Beziehungsabbruch führen, was wiederum der nicht zu verleugnenden Bedürftigkeit der Mutter nach Unterstützung nicht förderlich wäre und diese in psychische Bedrängnis manövrieren würde.

Auch Großväter können natürlich die Unterstützungsfunktion einnehmen, sofern sie über ihre aktive Beteiligung bei der Betreuung der eigenen Kinder Erfahrungen sammeln konnten, die ihre Einflussnahme nun hinreichend überzeugend legitimiert erscheinen lassen. Gerade in stark arbeitsteiligen modernen Gesellschaften mit hohen Mobilitätsanforderungen sind jedoch Großeltern nicht mehr quasi selbstverständlich im direkten sozialen Umfeld präsent, weshalb schlussendlich auch Personen des erweiterten Umfelds wie

Hebammen, Familienhelferinnen oder nötigenfalls Psychotherapeuten zu wichtigen Ansprechpartnerinnen in diesem Vakuum werden können. Sie entsprechen dann zumindest teilweise der unterschwelligen Erwartungshaltung der Mutter nach akzeptierender Unterstützung und schlüpfen in eine Art Ersatzrolle, was Alexander Trost als »Gute-Großmutter-Übertragung« bezeichnet (2018, S. 94).[22]

Selbstorganisation und Selbstwirksamkeit des Kindes
Doch nicht nur die erwachsenen Mitglieder der Triade bzw. des sozialen Umfelds treten im Verlauf von Schwangerschaft, Geburt und postnataler Weiterentwicklung als Akteurinnen auf den Plan, auch das Kind selbst ist im Austausch mit seinen Bezugspersonen interaktiv beteiligt und bildet dabei eine eigene Dyade mit der Hauptbezugsperson – ich nenne sie einfachheitshalber ab jetzt »Mutter«. Gleichzeitig werden dabei die Voraussetzungen für die Emergenz seiner psychischen wie emotionalen Strukturen geschaffen.

Schon mit der Befruchtung beginnt ja ein Prozess der autopoietischen Entwicklung, der die Zellen zunächst zu einem Fötus, dann zum Embryo und schließlich zu einem vollständig entwickelten, außerhalb des Mutterleibs prinzipiell (über-)lebensfähigen Organismus reifen lässt. Diese Entwicklung setzt sich – zwar anfangs rein instinktiv und dennoch gänzlich eigengesteuert – bereits unmittelbar nach der Geburt fort, wenn der Säugling beispielsweise lernt, die Mutter aufgrund ihrer Stimme und ihres Geruchs von anderen Personen zu unterscheiden. Während intrauterin noch von einem ko-biologischen Prozess gesprochen werden kann, tritt jetzt also die soziale Bezogenheit mit ihren vielfältigen Variationsmöglichkeiten in den Vordergrund, allerdings natürlich zunächst immer stark gekoppelt mit den biologisch angelegten Grundbedürfnissen und Reflexen des Neugeborenen.

Doch schon sehr bald beginnt ein psychischer Prozess des Lernens von Regelkreisläufen und Konditionierungen, der dem Säugling das Erleben von mehr oder weniger ausgeprägter Selbstwirksamkeit vermittelt. Die wichtigste und automatisch stattfindende Lernerfahrung dieses Primärprozesses impliziert dabei, ob und inwieweit es der Säugling schafft, das Fürsorgesystem der Mutter anspringen und auf sich reagieren zu lassen, idealerweise möglichst angemessen. Das heißt aus der Sicht des Babys: Stillt, nährt und wärmt meine Mutter mich,

---

22 Neben dieser zentralen Funktion als wichtiger Ansprechpartner und empathischer Berater habe ich es innerhalb einer Psychotherapie häufig als weiteres wichtiges Anliegen junger Mütter erlebt, unter professioneller Begleitung speziell ihre Ängste und biografischen Wunden thematisieren und bearbeiten zu wollen, um nicht die gleichen »Fehler« zu machen, die sie bei ihren Müttern beobachtet und unter denen sie in ihrer eigenen Kindheit gelitten haben.

gewährt sie mir – vor allem auch physisch, über meine Haut – Kontakt, verleiht sie mir mit einer zugewandten Stimme Orientierung? Und kann sie dieses oder jenes meiner Bedürfnisse wahrnehmen und es aus der einzigen mir zur Verfügung stehenden Form mich zu artikulieren – meinen Lauten und Schreien – heraushören und verstehen, sei es das Bedürfnis nach Nahrung oder nach Berührung, nach Aufmerksamkeit, Kontakt, Ruhe oder der Befreiung von unangenehmen Reizen, zum Beispiel der Feuchtigkeit der Windel?

Die Erfahrung von Selbstwirksamkeit ist in dieser Phase der zentrale Aspekt im Prozess der Selbstregulierung des Säuglings und kann nur über eine gelingende Ko-Regulation stattfinden. Dabei wird das elementar wichtige Erleben jener Selbstwirksamkeit zerebral rechtshemisphärisch und in subkortikalen Bahnen prozessiert, weshalb die sich im unteren und mittleren limbischen System ablagernden entsprechenden Prägungen rein kognitiv nicht zugänglich, sondern in erster Linie über körperorientierte und emotionsbasierte Verfahren aufzuspüren sind. Selbst im Fall von dabei zutage tretenden Vulnerabilitäten sollte man auf dieses Aufspüren, von dem im methodischen Teil noch die Rede sein wird (▶ Kapitel 2), meines Erachtens nicht verzichten. Ich betrachte es sogar als eine große Chance, wertvolle Ressourcen zu entdecken, da es zumeist Hinweise für »vergrabene«, mit anderen Worten verdrängte und abgewehrte Bedürfnisse und somit die Verortung von Nachreifungs- oder Heilungsbedarf liefert. Damit einher geht der Gewinn von Verständnis für die Sinnhaftigkeit gewisser therapeutischer Ziele oder Maßnahmen, beispielsweise für Elemente des Reparenting.[23]

Bedeutung frühkindlicher Bindungserfahrungen

Die Voraussetzung für die beschriebene Art frühkindlicher Selbstwirksamkeitserfahrung ist das Vorhandensein von Bezugspersonen, die im Falle eines akuten Bedürfnisses verlässlich zur Verfügung stehen und dementsprechend jederzeit »aktiviert« werden können.

Welch elementare Bedeutung solche festen und als sicher erlebten frühkindlichen sozialen Bindungen für die gesamte Individualentwicklung haben, hat eindrucksvoll der österreichisch-amerikanische Psychoanalytiker und Säuglingsforscher René Spitz mit seinen berühmt gewordenen Studien an in Heimen

---

23 Reparenting bedeutet weniger eine spezielle Methode als eine therapeutische Grundhaltung, die jene bedürfnisbezogenen Qualitäten zu erleben ermöglicht, die bei vielen Klientinnen aufgrund ihrer real erlebten biografischen Erfahrungen in ihrer Selbstorganisation zu kurz gekommen sind. Der Aufbau von Selbstvertrauen und -akzeptanz bedarf der Wahrnehmung von Verständnis und dem Gefühl, angenommen zu werden ebenso wie begrenzte (quasi elterliche) Fürsorge oder gar empathische Konfrontation (vgl. ▶ Kapitel 2.2.7).

aufwachsenden Kleinkindern aufgezeigt (vgl. 1945, 1946; Stangl, 2019). Der systematische Mangel an emotionaler Zuwendung und sicherer Bindung hinterließ bei den Kindern einen ganzen Komplex von Defiziten im sozialen, motorischen, sensorischen und emotionalen Bereich, der seither unter dem Begriff Hospitalismus bekannt geworden ist. Unter anderem stellte Spitz bei einer Vielzahl von Kindern eine verlangsamte Motorik, einen gebremsten Antrieb bis hin zur Apathie, regressive Verhaltensmuster, Lernstörungen sowie eine erhöhte Anfälligkeit für unterschiedliche Krankheiten fest (vgl. Stangl, 2019).

Wenn nun eine sichere, verlässliche frühkindliche Bindung fehlt oder nur sehr eingeschränkt vorhanden ist, beschreibt die Bindungsforschung zwei prototypische Reaktionsweisen: den unsicher-vermeidenden, distanzierten und den unsicher-ambivalenten, verstrickten Bindungsstil (vgl. Bowlby, 2005).

Ersterer manifestiert sich in einem gesteigerten Kontrollbedürfnis des Kindes. Es versucht, sich so gut es geht unabhängig zu machen, um gar nicht erst im Stich gelassen und somit nicht verletzt zu werden. Distanzierung ist die Folge. Unsicher-vermeidende Kinder lassen sich tendenziell kaum Emotionen anmerken, weil ihnen die Erfahrung und damit auch die Zuversicht fehlt, dass ihre Bezugspersonen verlässlich für sie da sind und auf ihre ausgesandten emotionalen Signale angemessen reagieren. Sie entwickeln die Erwartungshaltung, dass ihre Wünsche ohnehin auf Ablehnung stoßen und ihnen kein Anspruch auf Zuwendung und Unterstützung zusteht. Als Erwachsene sind diese Menschen dann oft sehr selbstständig, aber auch unnahbar. Sie versuchen, über Macht und Wissen Kontrolle über ihre Umgebung zu erlangen und eignen sich eher für Führungspositionen oder selbstständige Berufe, während sie sich in Partnerschaften mit einer verlässlichen Bindung schwertun.

Kinder des unsicher-ambivalenten Typs wiederum zeigen sich genau umgekehrt eher abhängig, fügsam und sehr anpassungsbereit. Nur über den Weg der verstärkten Anpassung an die Erwartungen der Bezugspersonen – so die Lebenserfahrung dieser Kinder – kann die benötigte Zuwendung und Anerkennung gewährleistet werden. Daher werden vor allem die kritischen, fordernden elterlichen Stimmen intensiv wahrgenommen und verinnerlicht, so dass diesen in vorauseilendem Gehorsam möglichst gut entsprochen werden kann. Unsicher-ambivalente Kinder sind gesellschaftlich gemeinhin gern gesehen, da sie sich in der Regel anpassungsbereit und im sozialen Zusammenleben unkompliziert verhalten. Sie entsprechen oftmals sozial erwünschten Werten bzw. verkörpern Eigenschaften wie Anpassungsbereitschaft, Höflichkeit, Zurückhaltung und Fleiß, da sie Momente der Beschämung aufgrund jeder potenziellen Gefährdung der ohnehin als »wackelig« erlebten Verlässlichkeit von Beziehungen um jeden Preis vermeiden wollen. Jedoch werden durch die

Zurückstellung und Verdrängung vieler eigener Bedürfnisse, nicht zuletzt die nach Selbstbestimmung und Lusterfüllung, grundlegende Impulse unterdrückt, was langfristig das Entstehen von Somatisierungsstörungen, Depressionen, Stresssymptomen, Erschöpfungssyndromen und Angststörungen begünstigt.

Bei diesem rudimentären Überblick über die Erkenntnisse der Bindungsforschung muss ich es an dieser Stelle bewenden lassen – es würde den Rahmen sprengen, hier sämtliche Aspekte der umfassenden und diverse weitere Gebiete berührenden Thematik darzustellen. Für den Zusammenhang dieses Buches ist die Frage von Bedeutung, wie frühkindliche Prägungen, die als eine Grundlage der weiteren Entwicklung der Emotions- und Beziehungsregulation anzusehen sind, im womöglich erst im Erwachsenenalter stattfindenden therapeutischen Prozess berücksichtigt werden können. Einige spezifische Gesichtspunkte aus diesem Themenkomplex werden im weiteren Verlauf des Buches im Zusammenhang mit der Darstellung der Schematherapie (besonders in den Abschnitten zu den verschiedenen Elternanteilen (▶ Kapitel 2.2.4)), der EFT und der inneren Kinderarbeit beschrieben.

1.5.2 Familiensystem

In der Geschichte der Sozialpsychologie und der Sozialisations- sowie der Familientherapieforschung sind bereits unzählige Modelle und Theorien entworfen worden, um zu untersuchen bzw. zu erklären, welche Mechanismen die psychische und emotionale Entwicklung von Heranwachsenden besonders stark prägen können.

Erwähnt seien hier aus den beiden erstgenannten Feldern lediglich kursorisch Albert Banduras Konzept der Modellbildung (1979), die auf die »Berliner Schule« der 1920er Jahre um Max Wertheimer, Wolfgang Köhler, Kurt Koffka und Kurt Lewin zurückgehende Gestaltpsychologie (z. B. Metzger, 1941), an Piagets Entwicklungsmodell (1926/1978) und George Herbert Meads Identitätstheorie (1934/1968). Auf dem Gebiet der Familientherapieforschung gilt es derweil vor allem die Arbeiten bzw. Modelle von Gregory Bateson (1969; 1985), Salvador Minuchin (1977), Horst-Eberhard Richter (1962; 1970), Ivan Boszormenyi-Nagy (vgl. Boszormenyi-Nagy u. Spark, 1973), Virginia Satir (1975) und Helm Stierlin (1975; 1982; 1989) hervorzuheben, um nur einige zu nennen, die speziell den Einfluss der Familie auf die psychische Entwicklung des Einzelnen in den Fokus nehmen. Die Bedeutung von unterschiedlichen Familienrollen und -strukturen, Kommunikationsstilen, Triangulierungen, versteckten Allianzen, Parentifizierungen, Loyalitätskonflikten, Schuldkonten, unsichtbaren Bindungen, Verlusten und Ausstoßungen, Verstrickungen, Delegationen und Doppelbindungen sowie die vielfältigen Möglichkeiten der therapeutischen Bearbeitung dieser Konfliktmuster wurden dabei durch die Erfolge der systemischen Familientherapie und der ihr zugewandten Forschung bereits hinlänglich sichtbar gemacht (vgl. z. B. v. Sydow, Beher, Retzlaff u. Schweitzer, 2008).

Loyalitätskonflikte und Bezogenheiten
Auch für das Verständnis emotionaler Prozesse sind diese Erkenntnisse von großer Bedeutung, denn grundsätzlich weist die Familientherapie ja schon per se darauf hin, dass es im Rahmen familiärer Konflikte *zu emotionalen Spannungen kommt, die kreative, aber auch symptomatische Lösungen*[24] *hervortreten lassen.* Am Beispiel des Loyalitätskonflikts lässt sich das Hervortreten solcher Spannungen besonders eindrucksvoll aufzeigen: Da die kindliche Loyalität dem Grundbedürfnis entspringt, die Zugehörigkeit zu seinen Bezugspersonen zu bewahren und mit diesen verbunden zu bleiben, bringt jede Nötigung, sich von dieser Zugehörigkeit zu distanzieren oder sie infrage zu stellen, einen seelischen Konflikt mit sich. Ängste und Schuldgefühle, unter Umständen auch Wut, Hass, Verletzlichkeit, Scham-, Schuld- und Wertlosigkeitsempfinden sind die emotionalen Korrelate der verschiedenen familiären Konfliktlagen. Umgekehrt gedeihen Selbstakzeptanz und Selbstwertgefühle besonders gut in einer Atmosphäre des Vertrauens und der gegenseitigen Bezogenheit. Die scheinbar gegensätzlichen Grundbedürfnisse nach Bindung und nach Autonomie entfalten sich somit letztlich am besten unter familiären Bedingungen, die sowohl die Sicherheit der Zugehörigkeit gewährleisten als auch Freiheiten zur Selbstbestimmung und -erfahrung zulassen können.

Der Heidelberger Familientherapeut Helm Stierlin beschreibt diese Synthese als Resultat eines aufgrund günstiger familiärer Voraussetzungen gelingenden Prozesses mit dem Begriff der »bezogenen Individuation« (Simon u. Stierlin, 1984, S. 160 f.). Die für die individuelle Entwicklung wichtige Frage der Bezogenheit differenziert Stierlin dabei, indem er neben den Elternmodi »Bindung« und »Ausstoßung« die Macht unsichtbarer Bindungen analysiert. Diese werden laut Stierlin über implizite und explizite Aufträge erzielt, die er als »Prozess der Delegation« zusammenfasst (Stierlin, 1982, S. 24). Zugleich weist er darauf hin, *dass durch die Orientierung an den elterlichen Erwartungen und Aufträgen auch und gerade Sinn im psychischen System entsteht.* Diese Orientierung kann jedoch

---

24 Aufbauend auf Watzlawicks Werk und dessen Idee, dass oft Lösungen bzw. Lösungsversuche Probleme erzeugen (vgl. 1974, S. 51 ff.), wurde von verschiedenen systemischen Therapeuten die Hypothese aufgeworfen, Symptome auch als einen Lösungsversuch zu verstehen (vgl. Ebbecke-Nohlen, A. 2000; Schmidt, G. 2009).

auch über- oder unterfordernd ausfallen und dann zu immensen psychischen Spannungen beitragen, ein Prozess, der laut Stierlin potenziell Entgleisungen entstehen lässt, der Verzweiflung, Orientierungslosigkeit, Schuld- und Sinnlosigkeitsgefühle hervorrufen und psychische Krankheiten bis zu suizidalen Handlungen bedingen kann (vgl. Stierlin, 1982, S. 25 ff.).

Familie als zentraler Ort der Emotionsregulation
Die Bedeutung des Familiensystems für die Herausbildung emotionaler Schemata und Prozesslogiken ist also letztlich gar nicht hoch genug einzuschätzen, auch wenn im biografischen Verlauf natürlich noch weitere Sozialisationsinstanzen wie Schule, Arbeit, Partnerschaft, Freundeskreis etc. neue systemische Muster für die Emotionsregulation zur Verfügung stellen und zur Emergenz neuer Dynamiken einladen. Gleichzeitig entstehen durch diese anderen Sozialsysteme ständig neue Herausforderungen, auf die das autopoietische psychische System des Einzelnen mittels seiner Selektions- und Filterwirkung reagiert.

Dennoch lässt sich grundsätzlich sagen, dass vor allem die Herkunftsfamilie essenziell wichtige Kontextbedingungen für die Emotionsregulation beisteuert. Die im Abschnitt über das psychische System beschriebenen Emotionen wie Beschämung, Schuld- und/oder Wertlosigkeitsempfinden (▶ Kapitel 1.4.2) mitsamt ihren häufig noch langfristig zutage tretenden negativen Auswirkungen finden oftmals in den Erfahrungen der Heranwachsenden im Familiensystem ihre Ausgangslage. Umgekehrt, auch für den heilenden Charakter auf traumatische Erlebnisse in der Kindheit, die außerhalb des Familiensystems ihren Ursprung nehmen, ist das Parenting, die potenzielle Anteilnahme, das Vertrauensverhältnis zu den eigenen Eltern und deren fürsorgliche Haltung ausschlaggebend.

Für das Verständnis von und den Umgang mit Konflikten und Problemen, die in familiären Kontexten entstehen, ist eine systemische (Familien-)Therapie deshalb besonders geeignet, weil sie kommunikativ die verschiedenen Anliegen der emotional oftmals sehr eng und komplex miteinander verstrickten Akteure unter neutraler (oder besser gesagt: allparteilicher) Haltung exploriert und würdigt. Doch auch für die Einzeltherapie hat sie sich als sehr wirkungsvoll erwiesen, da durch die Berücksichtigung der jeweiligen Kontextbezüge, also der unterschiedlichen sozialen Systemebenen, die ressourcen- und lösungsorientierten Interventionen besonders passgenau und angemessen ermittelt und eingesetzt werden können.

1.5.3 Therapie als soziales System

Nicht erst mit den Erkenntnissen der Kybernetik zweiter Ordnung, die auf soziale Systeme bezogen besagt, dass der Beobachter das zu Beobachtende bereits durch die Art der Beobachtung beeinflusst, wird die Bedeutung der Therapie als eigenes System und der rekursiven Einflussnahme der Therapeutin auf den therapeutischen Prozess evident. Denn eine wesentliche sich aus dieser Betrachtungsweise ergebende Folgerung ist, dass die Objektivität, die früher mit Blick auf Diagnostik und auch die Therapiebereitschaft und Eignung eines Patienten (oder einer Familie) als gegeben unterstellt bzw. bisweilen explizit eingefordert wurde, letztlich gar nicht bestehen *kann* – die Therapeutin nimmt eben stets Einfluss auf das allgemeine Therapie- wie das spezifische Sitzungsgeschehen, ob sie will oder nicht, selbst wenn sie in vollkommener Zurückhaltung auftritt.

Mit anderen Worten: Jede Patientin reagiert auf jeden Therapeuten zu unterschiedlichen Zeitpunkten und in unterschiedlichen Situationen, Gemütslagen etc. verschieden, und umgekehrt ist auch der Therapeut niemals nur ein weißes Blatt und reine Projektionsfläche für die Patientin, sondern beeinflusst in jedem Fall den Prozess der Therapie allein durch seine Anwesenheit und die Form seiner Interaktionen. Damit erweist sich die Kybernetik 2. Ordnung nicht nur für diagnostische und therapeutische Zwecke von Bedeutung, sie hat zudem Auswirkungen auf weitere Theoreme wie beispielsweise das Konzept des Widerstands. Dieses erscheint aus der konstruktivistischen Sicht somit äußerst fragwürdig, da es die Verantwortung für ein im sozialen, interaktiven Beziehungserleben stattfindendes Phänomen einseitig einer Eigenschaft des Klienten und dessen vermeintlicher Renitenz und Verweigerungshaltung zuschreibt. Im Abschnitt über das psychische System wurde bereits dargestellt, dass Emotionen wie Beschämung, Verlegenheit, Unsicherheit als soziale Gefühle zu verstehen sind, die kontextabhängig unterschiedlich auftreten (▶ Kapitel 1.4.2.).

Systemische Therapeutinnen ermuntern nun ihre Klienten, deren Anliegen zu beschreiben, um an diesen anzuknüpfen. Und auch emotionsbasiert arbeitende Therapeutinnen versuchen, eine wohlwollende Atmosphäre zu erzeugen, indem sie dem Klienten eine akzeptierende Haltung entgegenbringen. Ihnen geht es darum, mittels aktiver Gesprächsführung die belastenden Emotionen aufzuspüren und wieder in den Fluss ihrer Verarbeitung zu bringen, wozu viele interaktive Angebote eingebracht werden.

Die Sinnhaftigkeit einer therapeutischen Haltung, sich nicht, wie in manch traditionellem Verfahren in beziehungsdistanzierend wirkende emotionale Abstinenz zu hüllen, sondern die therapeutische Beziehung aktiv zu gestalten wird unter anderem durch den Begriff des Joining unterstrichen. Sogar die Möglichkeit von sich selbst etwas preiszugeben und persönliche Befindlichkeiten einzubringen, beispielsweise von eigenen belastenden Emotionen und ihrer Bewältigung zu erzählen, kann – wenn es passend erscheint – dosiert eingesetzt werden und dazu beitragen, Vertrauen aufzubauen und Anschlussfähigkeit zu erzeugen. Dies gilt umso mehr, wenn wir berücksichtigen, wie schwer es den meisten Menschen fällt, schmerzhafte Emotionen freimütig zu benennen, da Schamgefühle (und erst recht die mit ihnen verwobenen Schuld-, Insuffizienz- und Wertlosigkeitsempfindungen) die Bereitschaft zur Selbstoffenbarung stark einschränken.

Darüber hinaus erzeugen Umgänglichkeit und selbstoffenbarende Eigenbeiträge des Therapeuten ein geringeres hierarchisches Gefälle, wodurch gleichzeitig positive Werte wie Transparenz, Offenheit und gleichrangige Teilhabe gestärkt werden. Wichtig ist dabei allerdings, bei Selbstoffenbarungen keine ungelösten Probleme zurückzulassen, sondern aufzuzeigen, dass es verschiedene Wege gibt (nicht nur den der Therapeutin), Schwierigkeiten zu überwinden und Krisen zu meistern. Es geht also darum, Vertrauen zu schaffen und womöglich auch Zuversicht zu streuen.

Zusammengefasst sei auf folgende Aspekte im Kontext der therapeutischen Beschäftigung mit Emotionen in sozialen Systemen nochmals gesondert hingewiesen: Soziale Systeme besitzen als Auslöser und Verstärker einen enormen Stellenwert für emotionale Prozesse. Sie können manchmal geradezu als Brandbeschleuniger für Emotionen dienen und zu Erfahrungen kollektiver Emotionen beitragen.

(1) Biografische Erfahrungen besonders aus dem System der Herkunftsfamilie schlagen sich psychisch nieder und werden je nach ihrer psychischen und neurozeptiven Bedeutsamkeit im Kontext anderer Sozialsysteme wieder angetriggert.

(2) Im sozialen System Therapie können durch die akzeptierend-wohlwollende Grundhaltung des Therapeuten Sicherheit, Entlastung, Vertrauen und somit auch Wohlgefühle entstehen. In erster Linie dienen Therapien der Umwandlung belastender und schmerzhafter Emotionen und ihrer Prozesslogiken durch den Aufbau von Problemlösungskompetenz und Selbstakzeptanz.

(3) Die der therapeutischen Herangehensweise zugrundeliegenden theoretischen Modelle und Erkenntnisse ebenso wie die in der Praxis angewandten Methoden und Interventionen, aber auch die Grundhaltung der Therapeutin sind nicht zuletzt in ihrem systemischen Zusammenspiel auf der sozialen Ebene dazu geeignet, einen Prozess zu unterstützen, um im psychischen

System des Klienten neue Sinnbezüge zu erzeugen. Dafür erweist sich der Einbezug der Emotionen als Transmitter zwischen den drei Systemebenen von weitreichender Bedeutung.

1.6 Eine kurze Geschichte der Emotionen

Prähistorische Dokumente über den menschlichen Umgang mit Emotionen existieren aus verständlichen Gründen nicht. Archäologische Fundstücke können zwar Erkenntnisse über von unseren Vorfahren verwendete Werkzeuge, die Beschaffenheit des Knochenbaus oder die Verortung religiöser Kultstätten liefern, jedoch vermögen sie kaum etwas über immaterielle Geschehnisse wie den alltäglichen Umgang mit Gefühlen auszusagen, die nun mal keine unmittelbar manifesten Spuren hinterlassen. Dazu bedarf es schriftlicher Aufzeichnungen, und so beginnt unsere Reise durch die Geschichte der Emotionen zwangsläufig erst in der Antike.

Wer kennt sie nicht, jene zu den frühesten uns bekannten europäischen Schriftwerken zählenden Erzählungen, die Homer zugeschrieben und von der Geschichtsschreibung bereits ins achte bis siebte Jahrhundert vor Christi datiert werden – die Ilias und die Odyssee? Ein Bild aus Letzterer sei für das seinerzeitige Verständnis der Emotionen herausgegriffen. Im zweiten großen Epos Homers sieht sich Odysseus auf seiner Rückkehr aus dem Trojanischen Krieg vielen aufregenden Abenteuern ausgesetzt. So führt ihn der Weg unter anderem an der Insel der gefürchteten Sirenen vorbei, die mit ihrem Gesang schon unzählige Seefahrer in den Untergang gelockt haben. Von der Zauberin Circe gewarnt, wird er von seinen Gefährten an den Mast seines Schiffes gefesselt, während diese, die Ohren gefüllt mit Wachs, das Schiff sicher navigieren können. So kann Odysseus den betörenden Klang des Sirenengesangs zwar hören, aber diesem nicht folgen, was an den gefährlichen Klippen der Inseln unabwendbar zum sicheren Tod seiner gesamten Mannschaft geführt hätte.

Die Sirenen galten als Symbol einer todbringenden Gefahr, da jeder ihrem bezaubernden Gesang erliegen und an den Felsen zerschellen musste, sobald er dessen gewahr wurde. Sie sind Inbegriff der Verführungsmacht, die über die folgenden Jahrhunderte immer wieder den Frauen – in welcher Gestalt auch immer, ob als Nymphen, Feen, Hexen, Nixen oder eben Sirenen – zugeschrieben wurde, denen der Mann in seiner vermeintlichen »Schwäche des Fleisches« erliege. Die Lustgefühle, insbesondere die erotischen Leidenschaften, wurden moralphilosophisch fast immer als Schwäche gebrandmarkt, die es zu kontrollieren galt. Der Mann, der altertümlich oft als ein »höheres Wesen« dargestellt wurde, ist in unzähligen Mythen der Macht der sinnlichen Verführbarkeit hilflos ausgeliefert.

Selbst schon die Vertreibung aus dem Garten Eden wird in der Mythologie der Bibel auf eine Verführung Adams durch Eva zurückgeführt. An die Stelle der Lust, hier die, den verbotenen Apfel zu essen, tritt die Scham bzw. die Beschämung, ein Gefühl bzw. die massive Zuschreibung eines solchen, das uns als Ausgangspunkt für eine Vielzahl psychischer Störungen noch ausführlicher beschäftigen wird. Dieser zum Ursprung allen menschlichen Unheils auserkorene Sündenfall markiert eine historische Zäsur: strenge Gebote der Unterordnung, die Dämonisierung der Lust und eine Geschichte der Implementierung von Schuldgefühlen, die das christlich-abendländische Zeitalter über viele Jahrhunderte prägen sollte.

In der folgenden Darstellung möchte ich das Werk des Historikers Jan Plamper hervorheben, der die in Philosophie, Theologie und in anderen wissenschaftlichen Feldern geführte Auseinandersetzung über die Einschätzung und Bedeutung von Emotionen in der Geschichte hervorragend zusammengestellt hat. Er hat unter anderem aufgezeigt, dass bereits von antiken Geschichtsschreibern Gefühle für die Entstehung von Kriegen verantwortlich gemacht wurden. Der griechische Historiker Thukydides zum Beispiel brachte Gefühle und den Peloponnesischen Krieg (431–404 v. Chr.) in Zusammenhang. Er mutmaßte, dass vor allem die Furcht vor Athens Machterweiterung die Spartaner antrieb, jenen Krieg zu führen, während er den Korinthern Hass als Motivation unterstellte, gegen die Kerkyrer zu kämpfen (vgl. Plamper 2012, S. 56). Aversive Gefühle, geformt aus Furcht und Hass als Triebfedern für Feindseligkeit und Kriegshandlungen, diese toxische Verbindung wird uns im Laufe menschlicher Geschichtsschreibung noch allzu häufig begegnen. Polybios wiederum (ca. 200–120 v. Chr.), selbst Politiker und Historiker aus der griechischen Antike, fragte sich, welche Umstände zum Umschlagen einer Herrschaft in eine Tyrannei beitragen könnten. Dabei erkannte er den mächtigen Einfluss persönlicher Gefühle der Herrscher und Könige als Ursache für Willkür und Despotismus. Nicht umsonst wurden bestimmte Emotionen schließlich schon lange überwiegend als Gefahr betrachtet und mehr und mehr jener Instanz gegenübergestellt, die in der Lage sein sollte, diese zu kontrollieren: die Vernunft.

Bereits Platon (428–347 v. Chr.) hatte sich auf die Suche nach einer Begründung für den Dualismus zwischen Leib und Seele gemacht und war bei den Emotionen fündig geworden. Auf ihn geht die von vielen Religionen übernommene Idee der Unsterblichkeit der Seele zurück, die sich nach dem Tod vom Körper löst. Den Körper sieht er als »Gefäß« oder »Wohnstätte« der ranghöheren Seele, manchmal wird er ihr auch zum »Gefängnis«. Der Vernunft als ein Teil der Seele kommt derweil die Aufgabe zu, die *Begierde* zu bändigen. In einem Gleichnis Platons, in dem die Seele mit einem Pferdewagen verglichen wird, soll die Ratio wie ein Wagenlenker die Pferde »Willen« und »Begierde« beherrschen und führen lernen, um Harmonie im menschlichen Leben zu erzielen.

Auch bei Aristoteles (384–322 v. Chr.) finden wir die Dualität zwischen Rationalem und Irrationalem bzw. Leib und Seele, wobei in seinem Werk den Emotionen eine Art Mittlerfunktion zukommt. In »Magna Moralia« (wobei Aristoteles' Urheberschaft ein andauernder Streitpunkt ist) erklärt er den Menschen im Unterschied zum Tier als befähigt, eine Übereinstimmung zwischen Leib und Seele bzw. Rationalem und Irrationalem zu erzielen. Und in seinen Schriften zur Rhetorik, die damals als Grundlage des antiken Erziehungssystems zur Verbreitung des Wissens und der Willensbildung für den gesellschaftlichen Zusammenhalt sehr bedeutsam waren, schreibt er den Emotionen (dem *Pathos*) vor allem eine wichtige Bedeutung für die Urteilskraft des Menschen zu. Daher sah er die Fertigkeit, die Emotionen der Zuhörer und damit ihr Urteil zu beeinflussen, als ein herausragendes Ziel bei der Ausbildung der Redekunst. Das Pathos des Publikums zu entfachen galt als wichtigstes Überzeugungsmittel seiner Rhetorik. Diese Idee geht allerdings bereits auf die Sophisten zurück, die sich als Wanderlehrer über die Weitergabe von Bildung ihren Lebensunterhalt verdienten und dabei das Ansprechen und die Lenkung der *Gefühle* des Publikums mittels Rhetorik zu ihrem Ziel erhoben. Besonders die Jugend benötigte nach Ansicht der antiken Philosophen, um eben zum richtigen Urteil zu gelangen, eine ausgesprochene *Gefühlsbildung,* wie es Aristoteles prononcierte (vgl. auch Plamper 2012, S. 25).

Ganz im Gegensatz dazu steht die auf Epikur (ca. 341–270 v. Chr.) und Pyrrhon von Elis (ca. 362–275 v. Chr.) zurückgehende Idee der *Ataraxie.* Sie erhebt als höchstes Ziel der menschlichen Existenz ein Stadium der inneren Seelenruhe und Gelassenheit. Diesen Zustand gilt es zu erlangen, indem wir uns von unseren Emotionen tendenziell befreien. Besonders wirksam sei dieses Streben nach Affektlosigkeit, um die *Eudaimonie,* das »Glück der Weisen und Gelassenen«, auch im Angesicht von Schicksalsschlägen und ähnlichen negativen Außeneinwirkungen zu erlangen bzw. nicht zu verlieren. Ähnlich wie bei den Vorsokratikern stören nach diesem Konzept Emotionen tendenziell eher den friedlichen Umgang der Menschen untereinander. Die Idee ähnelt späteren christlichen und buddhistischen Strömungen, die in der Befreiung von Emotionen, Bedürfnissen und Leidenschaften den Weg zu der vermeintlich göttlichen Bestimmung des Menschen weisen. Da in vielen Religionen die eigentliche Erfüllung erst im Jenseits erwartet wird, dient der menschliche Körper nur als ein notwendiges Übergangsobjekt, während der Geist mittels Askese für seine höheren Weihen vorbereitet werden soll.

Dieses Grundprinzip finden wir auch bei Augustinus/Augustin von Hippo (354–430 n. Chr.), einem Neoplatoniker, der ein hierarchisches Seelenmodell in sieben Stufen propagiert. Während die unterste Stufe dem rein vegetativ-körperlichen Prinzip unterworfen ist, gelten die obersten beiden Stufen der größtmöglichen Nähe zu Gott und damit der Erleuchtung, wobei diese gemäß den patriarchalischen Macht- und Denkstrukturen jener Zeit nur von Männern erreicht werden können (vgl. Plamper 2012, S. 27). Auch wenn Augustin Mann und Frau als »in den Tiefen bzw. Höhen ihres Menschseins […] ebenbürtig, gleichwertig und gleichermaßen Ebenbild Gottes« (Zentrum für Augustinus-Forschung, 2008) betrachtet, erklärt er dann doch »die Nichtgleichwertigkeit« der Frau mit ihrer mehr dem Leibe und den Affekten zugewandten Seite.

Die »Geistseele« des Menschen hingegen, die sich über seinen Leib erhebe, strebe nach der Erlangung der höheren Stufen. Der Aufstieg dorthin erfordere es aber eben, von Grund auf der Sinneswelt der Gefühlsregungen zu entfliehen (»penitus ista sensibilia fugienda«), und ist somit allein theologisch orientierten bzw. religiös geleiteten Männern vorbehalten. Darüber hinaus gibt Augustin auch der zu seiner Zeit grundlegenden Rollenzuweisung der Frau als sozial untergeordnet zusätzliche theologische Legitimation, indem er sie in der göttlichen Welt- und Schöpfungsordnung durch den Sündenfall Evas verankert und festgelegt sieht.

Augustins weltanschaulichem Dualismus zufolge stehen Gutes und Böses einander gegenüber, was sich im einzelnen Menschen widerspiegle, wobei das Gute mit der Seele und das Böse mit dem Leib identifiziert wird, wenn »das Begehren des Fleisches« sich gegen »das Begehren des Geistes« richtet: »Denn eine heftige Lust des Leibes kann nicht mit vernünftigem Denken harmonieren. Wer ist nämlich imstande, wenn er jene Lust genießt, die größer ist als jede andere, sich mit dem Geist auf etwas anderes zu konzentrieren […]?« (Augustinus, zit. nach Mayer, 2004).

Die Spaltung des Menschen in einen sündigen Körper und eine gottähnliche Seele wurde letztlich auch durch Augustin zu einer essenziellen Grundlage christlich-abendländischen Denkens. Dabei spielt zugleich die Liebe in der christlichen Anthropologie eine wesentliche Rolle. Doch erfährt auch sie als höchstes Ziel und gleichzeitig Fundament der christlichen Ethik eine dualistische Spaltung, denn es braucht nach Augustin den Willen zu ihrer Veredelung. Ansonsten entgleite sie zur »perverse[n] Liebe, Begierde« (Mayer, 2004).

Die über viele Jahrhunderte weitergegebene Emotionstheorie Augustins behielt bis ins späte Mittelalter und teilweise noch darüber hinaus Gültigkeit. Auch Thomas von Aquin (1225–1274) stellte sie nicht grundsätzlich infrage. In seiner Moralphilosophie werden ebenfalls die Integration der Affekte und deren tugendhafte Bewältigung als höchstes Ziel angesehen. Er greift dabei auch die Thesen Aristoteles' auf, dass eine Integration der Leib-Seele-Dualität nur durch Mäßigung unserer Passionen und Affekte zu erzielen sei.

Erst mit Ende des Mittelalters ergaben sich grundlegende Veränderungen im Umgang mit den Gefühlen, wie der Soziologe Norbert Elias beobachtet hat. In seinem Hauptwerk »Über den Prozeß der Zivilisation« (1939) beschreibt er, wie – ausgehend von der höfischen Gesellschaft – Sitten und Normen sich weiter ausdifferenzierten und die herrschenden Verhältnisse von jedem Einzelnen eine zunehmend strengere Kontrolle der Affekte verlangten. Durch die Psychoanalyse Freuds beeinflusst, reinterpretiert Elias das Aufkommen der rigiden Konventionen dabei als gesellschaftliche Geburtsstunde des Über-Ichs: *Aus Fremdkontrolle wurde im späten Mittelalter zunehmend Selbstkontrolle* (vgl. Plamper 2012, S. 62).

Die kontinuierlich sich steigernde Ausbildung der individuellen »Selbstregulierung momentaner trieb- und affektbedingter Verhaltensimpulse« (Elias, zit. nach Schaufler, 2002, S. 48) betraf die verschiedensten Bereiche des Lebens und manifestierte sich unter anderem in strengeren Regularien hinsichtlich der Tischsitten, des Umgangs mit körperlichen Ausscheidungen, der Gewaltausübung und vor allem der Sexualität. Auf Basis einer Analyse von historischen Sitten- und Manierenbüchern stellt Elias unter anderem fest, dass es zu einem deutlichen Anwachsen der Scham- und Peinlichkeitsschwellen kam. Technischer Fortschritt und ökonomische Monopolisierung bildeten dabei die gesellschaftlichen Rahmenbedingungen für eine ab der Renaissance allmählich einsetzende Verbreitung der Rationalität auf der einen und eine zunehmende Kontrolle der Affekte auf der anderen Seite.

Auch wenn Hans-Peter Duerr (1988) nachweist, dass bereits in indigenen Kulturen Schamgefühle und -grenzen existierten und daher nicht allein von einer zivilisatorischen Neuentdeckung der Scham im Zeitalter der Frühen Neuzeit gesprochen werden kann, sind sozialhistorische Veränderungen in diesen Epochen unverkennbar. Der technische Fortschritt wurde dabei insbesondere ab Beginn der Aufklärung zusätzlich durch neu aufkommende progressive wissenschaftliche und philosophische Strömungen untermauert.

Noch ein wenig vor dieser Zeit schrieb der französische Naturwissenschaftler, Mathematiker und Philosoph René Descartes (1596–1650) seine ersten Werke. Vor allem ihm wurde seither von zahlreichen Geisteswissenschaftlern die Einführung des grundlegenden Dualismus zwischen Körper und Geist zugeschrieben, der jedoch, wie wir gesehen haben, bereits in der Antike von Platon und später von Augustin begründet wurde. Gleichwohl trug Descartes maßgeblich zu der Festschreibung dieses Dualismus bei, vor allem durch seine Unterschiedsbildung bei der Definition der *res cogitans*, der »denkenden Substanz«, im Gegensatz zur *res extensa*, der »materiellen Substanz«, zu der in erster Linie der Körper gezählt wurde. Die Trennung zwischen Geist und Körper war auch eine Begründung Descartes' für die Unsterblichkeit der Seele.

Trotz dieser metaphysischen, religiöse Mythologien untermauernden Annahmen wurden Descartes' Schriften nach seinem Tod auf päpstlichen Erlass zunächst für viele Jahre verboten, da sie zugleich etliche dem kirchlichen Weltbild zuwiderlaufende Elemente und Gedanken enthielten. Sein rationalistisches Diktum »cogito ergo sum« (»Ich denke, also bin ich«) ist geradezu eine Liebeserklärung an den Zweifel, der für ihn eine erkenntnistheoretische Notwendigkeit bedeutete, um nichts als sicher anzunehmen, auch nicht das, was uns unsere Sinnesorgane und unsere Vernunft als evident suggerieren.

Baruch de Spinoza (1632–1677), niederländischer Philosoph mit portugiesischen Wurzeln, kann als Gegenpart zu Descartes angesehen werden (vgl. Plamper 2012, S. 29). Er widersprach dem dualistischen Prinzip, indem er Geist und Gefühle gleichermaßen als Produkte der Natur interpretierte. In unserer Zeit hat der Neurowissenschaftler Antonio Damasio Spinozas Theoriegebäude aufgegriffen und bezeichnet die Erkenntnis, »dass Geist und Körper parallele und wechselseitig miteinander verknüpfte Prozesse [...] und wie zwei Seiten einer Medaille sind« (2005, S. 252), explizit als *Spinoza-Effekt*.

Der schottische Philosoph, Ökonom und Historiker David Hume (1711–1776) stellte dann die moralphilosophisch bis dahin übliche Rangordnung auf den Kopf, indem er den Gefühlen und Leidenschaften gleich eine Vorherrschaft gegenüber der Vernunft zusprach – berühmt wurde seine Aussage: »Die Vernunft ist nur ein Sklave der Affekte und soll es sein« (zit. nach Wikiquote, 2014). Auch die *Sympathie,* die dem damaligen Verständnis nach unserer heutigen Vorstellung von *Empathie* entsprach, wurde von Hume als wichtiges Element sozialer Verständigung hervorgehoben (vgl. Plamper 2012, S. 32).

Mit der Aufklärung und ihrer Betonung der Rationalität erfuhr das Verhältnis »Vernunft versus Emotion« eine neue Dimension der Aufspaltung, die zu einer antagonistischen Bewertung der Emotionen führte: Von den einen wurden sie als störend abqualifiziert, von den anderen – auch als Reaktion darauf – neu entdeckt und beispielsweise auf künstlerischem Gebiet in der literarischen Strömung des Sturm und Drang geradezu zelebriert.

Immanuel Kant (1724–1804) gehörte zumindest in seinem Spätwerk zur ersten Gruppe. Affekte und Leidenschaft waren nach seiner Auffassung nicht nur schwer von der Vernunft zu kontrollieren, ihre Vorherrschaft mache den Menschen zudem unfrei und sei, so Kant 1798 in seiner »Anthropologie in pragmatischer Hinsicht«, sogar eine »Krankheit des Gemüths« (zit. nach Brandt, 1999, Abschnitt 202). Auch das Diktum »Wir sind nicht auf der Welt, um glücklich zu werden, sondern um unsere Pflicht zu erfüllen« wird Kant zugeschrieben –

von Gefühlsseligkeit war der Königsberger Philosoph zweifellos weit entfernt, und schon Jahre zuvor hatte er den zutiefst rationalistisch geprägten Leitsatz der gesamten Epoche formuliert: »Habe Muth dich deines eigenen Verstandes zu bedienen! ist also der Wahlspruch der Aufklärung« (1784, S. 481).

Der erste Wissenschaftler, der den Emotionen geschichtlich einen wichtigen Stellenwert einräumte, war der französische Historiker Lucien Febvre (1876–1956). In seinem 1941 verfassten und 1977 auf Deutsch erschienenen Aufsatz »Sensibilität und Geschichte: Zugänge zum Gefühlsleben früherer Epochen« weist er darauf hin, dass es einer neuen Geschichtsschreibung bedürfe, die es sich zum Ziel mache, das affektive Leben einer Epoche zu rekonstruieren – »eine zugleich faszinierende und unendlich schwierige Aufgabe« (S. 323). Er betont, dass die Beschreibung von Emotionen in verschiedenen historischen Schriftstücken Bedeutungsverschiebungen unterliege, und erkennt zugleich in seinem Gefühlskonzept die Vielschichtigkeit und Widersprüchlichkeit von Gefühlszuständen an.

Ähnlich wie bei Ciompi finden wir bei Febvre auch die Idee der »Ansteckung« durch Gefühle. Geprägt von den Erfahrungen zweier Weltkriege und den menschenverachtenden Gräueltaten des Faschismus, plädierte er für eine Erforschung der Geschichte des Hasses, der Angst und der Grausamkeit, um verstehbar zu machen, wie kulturelle und insbesondere intellektuelle Errungenschaften der Menschheit durch die Verbreitung primitiver Gefühle zurückgedrängt werden konnten (vgl. Plamper, 2012, S. 55). Febvres Werk eröffnete der Emotionsforschung für die weitere Geschichtsschreibung einen interdisziplinären Zugang unter Einbeziehung psychologischer, soziologischer und ethnologischer Forschungszweige, und in der Tat, vor allem in den letzten zwanzig Jahren hat die historische Emotionsforschung vollkommen neue Felder erschlossen.

Besonders erwähnenswert ist für mich in diesem Zusammenhang der US-amerikanische Historiker William Reddy, der den sozialen Umgang mit Emotionen als einen Schlüssel für das Verständnis von gesellschaftlichen Veränderungen und Herrschaftsverhältnissen begreift (vgl. hierzu sowie zum Folgenden insgesamt Reddy, 2001; Plamper, 2010; Plamper, 2012, S. 297 ff.). Mit seiner emotionshistorischen Theoriebildung wendet er sich dabei auch gegen die Auswüchse eines konstruktivistischen Relativismus: Nach ihm besitzen Emotionen und der Umgang mit ihnen eine gestaltende und zugleich wertende Kraft, die nicht allein mit ihrer sozialen Konstruiertheit zu erklären sei. Laut Reddy »existieren (universelle) Grenzen für unsere Plastizität auf diesem Gebiet [der sozialen Konstruktion der Gefühle, d. Verf.], genauso wie ein (universelles) physiologisches Substrat existiert ...« (Reddy im Interview mit Plamper, 2010, S. 43). Um besser zu verstehen, wie gesellschaftlicher Wandel und vorherrschende Diskurse das emotionale Geschehen historisch beeinflussen führt Reddy Schlüsselbegriffe wie »Emotive«, »emotionale Regime«, »emotionale Nischen und Zufluchtsorte«, »emotionale Freiheiten«, »emotionales Leiden« und »emotionale Navigation« in die geschichtswissenschaftliche Diskussion ein und erschafft damit geradezu neue »Leitplanken« in der Emotionsforschung, die einer näheren Betrachtung wert sind.

Emotive stellen kulturspezifische Sprechakte dar, die Gefühle thematisieren und – ähnlich den Narrativen – neben ihrem unmittelbaren Inhalt gleichzeitig auch etwas über die Bedeutung der jeweiligen Gefühle in der betreffenden Kultur aussagen. Interessant dabei ist die Frage der *Absicht*, die hinter einem Emotiv steht: Ist die verbale Äußerung eines Gefühlszustands rein *deskriptiv*, also beschreibend zu verstehen, oder wird eine *performative*, sprich: auf Veränderung abzielende Intention transportiert? Reddy geht davon aus, dass bei Emotiven beide Komponenten eine Rolle spielen. Wenn jemand beispielsweise erwähnt, er oder sie sei traurig, fokussiert dies zumeist die Aufmerksamkeit der Beteiligten und provoziert womöglich empathisches Nachfragen bzw. Trost spendende Handlungen etc. Doch auch für den Protagonisten des Gefühlsausdrucks selbst hat das Hervorheben seiner aktuellen Gefühlslage Auswirkungen, die über die unmittelbare Äußerung hinausreichen: Da wir häufig verschiedene Gefühlszustände unterschiedlich intensiv erleben, beeinflusst die spezifische Betonung eines Gefühls möglicherweise den weiteren Verlauf des Geschehens. Dazu müssen wir lernen, emotional zu navigieren. Sobald sich Ambivalenzen auftun, ist die Fähigkeit, mit diesen umzugehen, unter anderem auch von der emotionalen Freiheit abhängig, sie offen benennen und gestalten zu können. Das wiederum unterliegt den jeweils gesellschaftlich und/oder kulturell herrschenden bzw. akzeptierten Gepflogenheiten und Emotiven, wie bestimmte Gefühle und Bedürfnisse in einem bestimmten Sozialsystem bewertet werden.

Geradezu politisch wird Reddys Analyse in diesem Zusammenhang mit der Einführung des Begriffs des »emotionalen Regimes«, der bezeichnet, welche Emotive in einer bestimmten Epoche in bestimmten sozialen Räumen benutzbar und zulässig erscheinen. So konnten beispielsweise in Deutschland noch kurz vor Kriegsende 1945 die emotional mehr als verständlichen Äußerungen des Ärgers über »diesen verdammten Krieg« und »die verrückte Sinnlosigkeit, an ihm festzuhalten«, oder der Hoffnung, dass er »doch endlich vorüber sein« und auch »die deutsche Kriegsführung dies endlich einsehen« solle, als »Wehrkraftzersetzung« ausgelegt werden und zur standrechtlichen Erschießung führen. Und wer Mitgefühl zeigte beim Abtransport jüdischer oder anderer verfolgter Mitbürger, lief Gefahr, selbst angezeigt und eingesperrt zu werden. Je strenger ein Regime die emotionalen Freiheiten einschränkt, desto schwieriger wird es demnach für den Einzelnen, emotional zu navigieren und für die eigenen aufrichtigen Gefühle einzutreten, was zu immensem emotionalem Leid beiträgt. Durch emotionale Regime werden also vermehrt Dilemmasituationen erzeugt, die – indem sie emotionales Navigieren extrem einschränken – die Unterdrückung der eigenen Gefühle bzw. ihres Ausdrucks nahelegen und somit zu hohem psychischen Stress beitragen.

Doch ist der Begriff des emotionalen Regimes keineswegs nur auf Staatsgewalt und Nationalismus zu reduzieren. Ein alltägliches Beispiel lässt sich an Scheidungskindern in der Nachkriegszeit aufzeigen. Das emotionale Regime jener Zeit entsprach noch dem Gedanken, dass Ehen ewig währen müssten und daher vor dem Tod nur aufgrund einer extremen Schuld auseinandergehen könnten. Umso mehr wurde dann zwischen den Scheidungsparteien um die Zuschreibung dieser Schuld bis ins Unermessliche gestritten und dadurch ungeheuerliches Konfliktpotenzial und Leid besonders auch bei den gemeinsamen Kindern angehäuft. Denn die Emotive vieler Geschiedener waren so gestaltet, dass sämtliche Gefühle des Kindes, die sich als Zuneigung für den geschiedenen Partner interpretieren ließen, als emotionale Unterwanderung der Schuld des anderen und daher als gefühlter Verrat ausgelegt wurden, was wiederum dem Kind eine enorme gefühlte Schuld auferlegte.

Am Beispiel der Französischen Revolution illustriert Reddy den Zusammenhang von Emotiven und emotionalem Regime besonders eindrucksvoll (vgl. wie im Folgenden Plamper 2012, S. 307 ff.). Im Ancien Régime der vorrevolutionären Zeit herrschte ein aristokratischer Ehrenkodex, der schon bei kleinsten Konflikten die Wahrnehmung einer Beleidigung provozierte und Satisfaktionen erforderte, weshalb betonte Höflichkeit und Blasiertheit die Emotive jener Zeit prägten. Im krassen Gegensatz dazu standen die gleichzeitig stattfindenden Ausschweifungen und die Heuchelei, wofür es jedoch eine einfache Erklärung gibt: Je rigider das emotionale Regime, desto gegensätzlicher die emotionalen Zufluchtsorte, die hier nun in Saufgelagen, sexuellen Ausschweifungen und sonstigen Exzessen ihren Ausdruck fanden. Emotionale Nischen bestanden aber auch in der Sentimentalität von Lyrik und Poesie. Wie Reddy darlegt, bildeten literarische Salons und Logen ebenso wie gefühlsbetonte Romane und Briefwechsel weitere emotionale Zufluchtsorte jener Zeit, was zum schillernden Sittengemälde einer von Verdorbenheit wie Rührseligkeit gekennzeichneten Epoche beiträgt.

Eine nahezu völlige Umkehr bewirkte dann die Französische Revolution. Sie schuf neue Emotive, welche unter anderem durch Jean-Jacques Rousseau (1712–1778) propagiert worden waren. Der Schriftsteller und Philosoph hatte in seinen Werken die Konventionen der vorherrschenden Kultur als Versklavung gegeißelt (»Der Mensch ist frei geboren und überall liegt er in Ketten«; zit. nach Schönherr-Mann, 2012) und eine Rückbesinnung auf die ursprüngliche Lebensart des Menschen eingefordert. Als Utopie vereinigte Rousseaus Philosophie die Idee des »menschlichen Naturzustands« mithilfe des freien Willens, der Vernunft und des Gewissens zu einem neuen Gesellschaftsvertrag. Gleichzeitig sollte sie Grundlage einer neuen politischen Ordnung sein. Die Vorstellung dieses Naturzustands gründete sich dabei auf den Werten des *Sentimentalismus*, der den Ausdruck unverfälschter Gefühle zum Ideal erhob. Während die vorrevolutionäre Epoche und ihre Kultur als verdorben und gegen die Natur gerichtet verurteilt wurden, entwickelte sich als neues Emotiv eine Vorliebe für *Empfindsamkeit* und *Gefühlsechtheit*, deren Ausdruck mit natürlicher Tugendhaftigkeit gleichgesetzt und als höchster Wert verehrt wurde.

Diese Ideen mündeten schließlich zu Zeiten der Französischen Revolution in einen regelrechten *Authentizitätskult*, mit jedoch zwiespältigem Charakter: Da gemäß den Idealen des Sentimentalismus Gefühle edel und rein zu sein hatten und niemals gemischt bzw. ambivalent sein durften, verlangte das vorherrschende Emotiv die Unterdrückung aller »nicht edler« Gefühle – die Idealisierung des »authentischen« Gefühlsausdrucks führte also geradezu in sein Gegenteil. Spätestens in der zweiten Phase der Revolution mit der Einsetzung von Revolutionstribunalen und der Ausbreitung der Schreckensherrschaft wuchs zudem allenthalben die Angst vor der Guillotine, was zunehmend allgemeines Misstrauen und Zweifel an der Echtheit und Reinheit der vorgebrachten Sentiments als Zeichen wahrhafter Tugendhaftigkeit aufkommen ließ. Wer jedoch ständig befürchten muss, dass ihm nicht geglaubt wird, dass echt *ist*, was er *fühlt*, wird zutiefst verunsichert. Es liegt nahe, dass die Angst, die mit dieser Misstrauensbildung einhergeht, die emotionale Selbstwahrnehmung und natürlich erst recht den Gefühlsausdruck irritiert und grundlegend verändert. Die Vermischung bzw. Ambiguität der Gefühle wird dann zur sich selbst erfüllenden Prophezeiung. Die Revolution zerstörte damit die Grundlagen der neu geschaffenen Freiheiten sogar auf dem essenziellen Gebiet der Gefühle. Auch die emotionalen Freiheiten zerbrachen, und unsägliches emotionales Leid, Ängste, gegenseitiges Misstrauen, Wahn, Zwänge und Verrat nahmen exponentiell zu. Nach den unsäglichen Greueln, die mit den revolutionären Auswüchsen und der Überhöhung des reinen Sentiments verbunden waren, schlug die nachrevolutionäre napoleonische Herrschaft dann schließlich wieder in ein emotionsarmes bzw. unterdrückendes Regime um.

Im Umgang mit unseren Gefühlen spiegeln sich also, wie Reddy anschaulich aufzeigt, auch Macht- und Herrschaftsverhältnisse. Zur Durchsetzung dieser dienen verschiedene Diskurse und Narrative, die gleichzeitig zur Einengung dessen führen, was zu fühlen bzw. besser gesagt, welche Gefühle zu zeigen erlaubt ist. Für die emotionale Freiheit und damit auch das emotionale Leiden jedes Einzelnen sind die jeweils vorherrschenden Emotive und emotionalen Regime in jedem Fall von gravierender Bedeutung.

Aus dieser Logik heraus wäre ein offener Umgang auch und gerade mit ambivalenten und widersprüchlichen Gefühlszuständen ein wichtiges Ziel in einer offenen Gesellschaft, idealerweise als demokratische Grundlage in all ihren verschiedenen sozialen Subsystemen. Umgekehrt werden, wie schon die Geschichtsforscher der griechischen Antike beschrieben, Ängste und Hass durch emotional aufgeladene Narrative geschürt und in kriegerische Aggressionen umgeleitet. Die noch in der Gegenwart weitverbreitete Abwertung, Nicht-Beachtung und Unterdrückung von Emotionen wurde historisch über Jahrhunderte vor allem durch die christlich-abendländische Doktrin untermauert, indem die Emotive der Reinheit und Keuschheit die Überwindung der niedrigen Instinkte und eine Geißelung der Lust proklamierten. Ihre Zuspitzung, auch als Gefühlsblindheit oder Alexithymie bekannt, ist die Kehrseite der gesamtgesellschaftlich übermächtigen Vorherrschaft der Ratio, die sich historisch zunächst als angestrebte Überlegenheit des Geistes, seit der Aufklärung dann auf Basis des Primats der Vernunft durchgesetzt hatte.

Greifen wir an dieser Stelle noch einmal Kants berühmt gewordenes Diktum auf: »Aufklärung ist der Ausgang des Menschen aus seiner selbst verschuldeten Unmündigkeit. Unmündigkeit ist das Unvermögen, sich seines Verstandes ohne Leitung eines anderen zu bedienen. Selbstverschuldet ist diese Unmündigkeit, wenn die Ursache derselben nicht am Mangel des Verstandes, sondern der Entschließung und des Muthes liegt, sich seiner ohne Leitung eines anderen zu bedienen. Sapere aude! Habe Muth dich deines eigenen Verstandes zu bedienen! ist also der Wahlspruch der Aufklärung« (1784, S. 481). Wir sehen, dass es selbst bei dieser Huldigung des Verstandes einer Emotion bedarf, nämlich des *Mutes*, diesen zum Ausdruck zu bringen. In unserem heutigen Verständnis, nach langen Phasen der Geringschätzung der Emotionen, gilt dies gleichermaßen, wenn wir unseren Verstand dafür einsetzen, unsere Emotionen besser wahrzunehmen, sie als legitime Botschafter unserer legitimen Grundbedürfnisse zu verstehen und für diese einzutreten.

Weder in der Abwertung noch in der Überhöhung der Gefühle, sondern in einem für uns selbst und andere achtsamen und würdevollen Umgang mit unseren Emotionen und Bedürfnissen liegt meines Erachtens ein adäquater Weg aus persönlicher wie gemeinsam erlebter Unmündigkeit. Es bedarf eines ausgewogenen Zusammenspiels von Ratio und Emotionen, wofür ein profundes Verständnis, sowohl die eigenen Emotionen und Motivationen als auch die unserer Mitmenschen stimmig einschätzen zu können, mit anderen Worten: der mit Empathie gepaarte Verstand von größter Bedeutung ist. Er dient dann dem Verständnis emotionaler und motivationaler Prozesse und hilft, diese selbstbewusst und gleichermaßen einfühlsam in den jeweiligen sozialen Systemen anschlussfähig wahrzunehmen und auszudrücken.

2 Emotionsbasierte Verfahren (EBV)

2.1 Grundidee und Vorläufer

Emotionsbasierte Verfahren zeichnen sich dadurch aus, dass sie den Stellenwert von Emotionen für psychische, somatische und verhaltensbezogene Abläufe nicht nur theoretisch hervorheben, sondern deren Aktivierung im psychotherapeutischen Prozess als wesentlichen Teil der Veränderungsarbeit betrachten. Auch eint diese verschiedenen Ansätze die Grundidee, dass die emotionale Verarbeitung von Verletzlichkeiten und Traumatisierungen und die gelernte bzw. konditionierte Regulation emotionaler Prozesse die biografische Dimension wesentlich miteinbezieht. Auf diese Zusammenhänge werde ich in den folgenden Kapiteln näher eingehen. Schon die Vorläufer, als die ich die Gestalttherapie, das Psychodrama und die Transaktionsanalyse hervorheben möchte, basieren auf der Idee der Transformation erworbener Muster der Konfliktverarbeitung durch erlebnisaktivierende Interventionen.

2.1.1 Grundidee

Bei aller Unterschiedlichkeit von theoretischer Ausrichtung, Ansatzpunkt und Methodik ist es vor allem *ein* charakteristisches Merkmal, das allen emotionsbasierten Verfahren (EBV) gemeinsam ist: Sie sind *erlebnisorientiert,* das heißt, es werden unmittelbar im therapeutischen Prozess Erfahrungen generiert, die das Wahrnehmen und Ausdrücken von Emotionen möglich machen. Die EBV haben damit aus meiner Sicht deshalb so großen Erfolg, weil sie direkt an die emotionalen Quellen unserer problematischen Muster und der entsprechenden Symptome zurückgehen und diese just mittels ihres Erlebens wieder ins Fließen, in einen dynamischen, lebendigen, veränderbaren Prozess bringen.

Dabei geschieht dies nicht, um anschließend darüber zu reflektieren, was in der jeweiligen Situation passiert ist – das allein würde die automatisiert ablaufenden neurobiologischen Muster und die psychosozialen Konditionierungen, die mit ihnen verkoppelt sind, nicht grundlegend und nachhaltig verändern können. Die Erregung wird vielmehr zu dem Zweck wieder aufgesucht, um aus ihr heraus eine Transformation erlebbar zu machen. Die Idee besteht darin, dass sich eine therapeutisch induzierte Veränderung emotionaler Muster am besten dadurch implementieren lässt, indem sie nicht allein kognitiv skizziert wird, sondern aufgrund der in der Therapie unmittelbar erlebten Transformationen im Alltag einfach »passiert«.

Man könnte es auch so beschreiben: Wir haben im Verlauf unserer Biografie gelernt, in Bezug auf spezifische erregende Situationen mit einem jeweils spezifischen, stets ähnlichen Ablaufprogramm zu reagieren. Beispielsweise reagieren viele Personen in einer beschämenden Situation mit einer Ansammlung an Selbstschutz- und Abwehrmechanismen, die längst einem konditionierten Skript entsprechen, auch wenn es bisweilen zu Übersprungshandlungen und spontanen Emotionsausbrüchen kommen kann.

Indem wir nun mit einem emotionsbasierten Verfahren bewusst und gezielt beschämende Situationen wieder aufgreifen und uns die in ihnen ablaufende Emotionsregulation und unsere damit gekoppelten kognitiven und behavioralen Muster genauer anschauen, begeben wir uns zum Kern des Geschehens und können uns daran machen diesen zu bearbeiten. Wir versuchen sozusagen das Eisen zu schmieden, solange es noch heiß ist. Dazu heizen wir – um im Bild zu bleiben – in der therapeutischen Situation die Glut, die der Klient beim Erzählen seiner beschämenden Alltagsereignisse andeutet und sozusagen zum Glimmen bringt, durch den Einsatz emotionsbasierter Verfahren bewusst weiter an. An dieser Stelle werden dann die hochkomplexen Wechselwirkungen des Erlebens, die emotionalen und neurobiologischen Muster, die verschiedenen Ebenen an Kognitionen und unsere unterschiedlichen Verhaltensmöglichkeiten, sei es im Rückzugs-, sei es im Angriffsmodus, greif- bzw. erleb- und damit wieder formbar.

Als Therapeuten können wir hier also einen Möglichkeitsraum gestalten, in dem unsere Klienten befähigt werden, aus der unmittelbaren Erregung und ihren direkt (wieder-)erlebten, auf der Körperebene und im psychischen Bereich ablaufenden Empfindungen neue Muster zu entwickeln, die dabei sowohl ihren erwachsenen als auch ihren kindlichen Bedürfnissen besser entsprechen. Erwachsen, weil wir zumeist erst mit fortschreitendem Lebensalter die Befähigung (zurück-)erwerben, Einblick in die eigene Gefühlswelt, deren Benennung und deren Ausdruck zu gewinnen; kindlich, weil es oft schon in der Kindheit erlebte Verletzungen unserer elementaren Grundbedürfnisse betrifft, deren Bewältigungsmuster sich zu einem sich wiederholenden selbstregulativen Prozess verfestigt haben. Ähnlich wie Plastilin in der Hand von Kindern oder eben Eisen im Feuer eines Schmiedes werden basale Transformationen letztlich erst durch die Aktivierung der Emotionen möglich.

2.1.2 Vorläufer

Wesentliche Vorläufer emotionsbasierter Verfahren wurden schon in der ersten Hälfte des letzten Jahrhunderts als Ansätze der Humanistischen Psychotherapie entwickelt. Hier sind vor allem die Gestalttherapie von Fritz und Lore Perls, das Psychodrama von Jacob Levy Moreno und die Transaktionsanalyse von Eric Berne hervorzuheben, die allesamt bereits die Bedeutung der Aktivierung von Kreativität und Spontaneität erkannten und mittels praktischer Methoden zum therapeutischen Einsatz brachten.

Gestalttherapie

In den 1940er Jahren entwickelten Fritz (1893–1970) und Lore Perls (1905–1990) die Gestalttherapie. Ihre Herkunft war die Psychoanalyse, die sie mit bioenergetischen Ideen Wilhelm Reichs verknüpften. Gemäß der Gestaltpsychologie konstruiert der Mensch bereits beim Prozess des Wahrnehmens aus verschiedenen Merkmalen eine ganzheitliche Figur. Diese Idee übertrugen die Perls auf den Umgang mit Konflikten. Die Grundidee bestand darin, dass Konflikte aus der Vergangenheit, die nicht gelöst werden konnten und in der Folge zumeist verdrängt werden mussten, Spannungen konservieren, die sich in Form von Wiederholungen stets aufs Neue offenbaren und einer Konfliktlösung bedürfen. Die Perls sprechen unter anderem von einer »Gestaltschließung«, die auf Konflikte übertragen auch die Idee des Wiederholungszwangs von Freud in einem positiveren Licht erscheinen lässt. Der Mensch reinszeniert also gerade deswegen alte Konflikte bzw. knüpft an diese an (obwohl das ja offensichtlich immensen Stress beinhaltet), um sie schlussendlich zu einer positiven Gestalt zu bringen.

Als ein Schlüssel für die Überwindung der eigenen Fesseln wurde im Perls'schen Konzept, ähnlich wie in der Bioenergetik, das Entdecken und Zulassen von Aggressionen angesehen und dementsprechend die Enthemmung der Aggressionen durch therapeutische Konfrontation und praktische Übungen gefördert. Dabei verwendet die Gestalttherapie für die Umsetzung erlebnisaktivierende Methoden, das heißt, der Therapeut fokussiert auf die belastenden und schmerzhaften Seiten des gegenwärtigen sozialen und psychischen Erlebens. Die Akzentuierung ist im Gegensatz zu einer Psychoanalyse konsequent auf das Erleben im Hier und Jetzt ausgerichtet. Wenn es sich anbietet, beginnt dann – ähnlich einer Affektbrücke in der Hypnotherapie – eine Rückorientierung in die Vergangenheit, um das verdrängte Geschehen zu bearbeiten. Die Leere-Stuhl-Arbeit, die wir in ähnlicher Form sowohl in der Schematherapie als auch in der emotionsfokussierten Therapie (EFT) wiederfinden, hatte Perls dabei von dem Wiener Psychiater und Soziologen Jacob Levy Moreno (1889–1974) übernommen.

Psychodrama

Dieser konzipierte darüber hinaus nicht nur die empirische Sozialforschungsmethode der Soziometrie, sondern auch das in unterschiedlichen und nicht zuletzt therapeutischen Feldern zum Einsatz kommende Psychodrama, ursprünglich eine Form der Gruppentherapie, in der die Probleme eines Einzelnen bearbeitet werden. Die Methode ist handlungsorientiert und nutzt Elemente des Stegreiftheaters und des Rollenspiels, basiert somit auf kreativen und spontanen Elementen. Szenisch werden die vom Hauptprotagonisten eingebrachten Probleme durchgespielt und mithilfe der Gruppenteilnehmer, die bestimmte Rollen einnehmen (die sogenannten Hilfs-Ichs), Lösungsoptionen ausprobiert und spielerisch weiterentwickelt. Der Fokus des therapeutischen Geschehens liegt also eindeutig auf einem neuen Erleben über den Weg des Erprobens und (sofern der Protagonist sich selbst durch ein Hilfs-Ich spielen lässt) Visualisierens neuer Verhaltensweisen. Die kreative Lösung bisher als konflikthaft wahrgenommener Situationen und das Erlernen neuer Handlungsmöglichkeiten sind das Ziel.

Transaktionsanalyse

Die Transaktionsanalyse (TAA) ist eine Therapieform, die auf der von Eric Berne (1910–1970) entwickelten Theorie zwischenmenschlicher Kommunikation und der mit ihr verbundenen Transaktionen aufbaut. In einem Strukturmodell der menschlichen Psyche werden verschiedene Ich-Anteile unterschieden, die in jeweils spezifischen Transaktionen zum Vorschein kommen (Berne, 2005). Eine Grundstruktur ist die Unterscheidung in ein Eltern- bzw. Erwachsenen-Ich und ein Kind-Ich. So kann beispielsweise beim Durchspielen einer ehelichen Auseinandersetzung der eine Partner stärker aus einem Kind-Ich-Anteil, der andere mehr aus einem Eltern-Ich-Anteil agieren. Die dabei stattfindende Transaktion wäre dann komplementär: Sie kann tendenziell, je nach Art des »Spiels«, als fürsorglich und zuwendungsorientiert oder eher kontrollierend-fordernd, maßregelnd und »von oben herab« wahrgenommen werden. Ziel ist es in jedem Fall, die Erwachsenen-Ich-Anteile zu stärken.

Ähnlich der Auftragsklärung der systemischen Therapie wird in der TAA anfangs ein »Vertrag« besprochen, der den Klienten dazu befähigen soll, selbst aktiv den Prozess mitzugestalten. Im Gegensatz zu der seinerzeit überwiegend kognitiven Ausrichtung des therapeutischen Handelns besonders in der Verhaltenstherapie betonte die TAA dabei bereits Mitte des 20. Jahrhunderts die Notwendigkeit einer korrigierenden emotionalen Erfahrung und setzte in diesem Zusammenhang auf die therapeutische Triade der drei Ps: Permission, Protection und Potency. Das erste P bedeutet, sich selbst die Erlaubnis zu geben, auch Fehler machen zu dürfen, das zweite P, sich dabei geschützt und sicher zu fühlen, und das dritte P, die Kraft zu erlangen, sich gegen Autoritäten zu behaupten und über rigide Regeln hinwegzusetzen. Ziel ist es, in Konfliktsituationen bei allen Widersprüchen und Gegensätzen die Grundhaltung einzunehmen: »Ich bin okay, du bist okay!«

2.1.3 Emotionsbasierte Verfahren

Die emotionsbasierten Verfahren, die ich im weiteren Verlauf detailliert vorstellen möchte, haben sich erst in den letzten Jahrzehnten entwickelt und basieren infolgedessen auf den neueren Erkenntnissen aus dem Bereich der neurobiologischen Forschung. Dies gilt allerdings nur eingeschränkt für die Innere-Kind-Arbeit, die Einflüsse aus einem breiten Spektrum an Autorinnen und Richtungen bezieht und nur zum Teil den Anspruch erfüllt, wissenschaftlichen Standards zu entsprechen.

Im Gegensatz dazu sind die emotionsfokussierte Therapie (EFT) und die Schematherapie aus einer Weiterentwicklung bestehender Methoden entstanden und sowohl in ihrer theoretischen Ableitung als auch in der Evaluation ihrer Wirkweisen um wissenschaftliche Untermauerung bemüht. Auf diese beiden Methoden werde ich mich daher in den folgenden Ausführungen vorwiegend beziehen.

2.2 Die Schematherapie

Die Schematherapie wurde von Jeffrey Young, Psychotherapieforscher an der Columbia University und Leiter des Cognitive Therapy Center in New York, in den 1990er Jahren entwickelt und ist aus mehrerlei Gründen für ein modernes Psychotherapieverständnis hochinteressant. Unter anderem setzte Young sich zum Ziel, die lang gepflegten Grabenkämpfe der klassischen Psychotherapieschulen zu überwinden, weshalb sein Ansatz psychotherapeutisch relevante Erkenntnisse aus verschiedenen Wissenschaftsdisziplinen und aus unterschiedlichen methodischen Zugängen integrierte.

Young arbeitete lange Zeit als Direktor für Forschung und Ausbildung an der Klinik von Aaron Beck, dem »Vater der kognitiven Verhaltenstherapie«, mit dem er zahlreiche Arbeiten über Depression und kognitive Therapie publizierte. Die Erkenntnis, dass die kognitive Verhaltenstherapie zwar insgesamt ein hochwirksames Verfahren darstellte, aber dennoch in gravierenden Fällen, wie beispielsweise bei einer Vielzahl von Persönlichkeitsstörungen, an ihre Grenzen stieß, brachte Young auf die Idee, ein neues Verfahren zu entwickeln. Vor allem die sogenannten Achse-2-Störungen, die gemäß dem Diagnostic and Statistical Manual of Mental Disorders (DSM) alle langwierigen Störungen umfassen, konnten mit den bisherigen kognitiv-behavioralen Ansätzen nur sehr bedingt erfolgreich behandelt werden.

Young gelang nun mittels der Integration verschiedener Therapieverfahren das Kunststück, die Komplexität psychodynamischen Wissens mit verhaltenstherapeutischen Erkenntnissen zu vereinigen und eine anschaulich-plausible, mit ihren zahlreichen methodisch wirksam einsetzbaren Interventionen sehr auf die Praxisanwendung ausgerichtete Theorie zu entwickeln. So flossen sowohl Erkenntnisse aus der Neurobiologie und der Bindungsforschung als auch tiefenpsychologische, gestalttherapeutische, transaktionsanalytische, traumatherapeutische und hypnotherapeutische Elemente in die Schematherapie ein. Trotz gewisser Affinitäten zur tiefenpsychologischen Theoriebildung ist sie dabei bis heute in der Verhaltenstherapie beheimatet.

Nach dem reinen Behaviorismus und der kognitiven Wende in den 1960er Jahren läutete die Entwicklung der Schematherapie neben der Akzeptanz- und Commitmenttherapie (ACT), der emotionsfokussierten Therapie (EFT) und der dialektisch-behavioralen Therapie (DBT) die sogenannte »dritte Welle« der Verhaltenstherapie ein. Ausgehend von neueren neurobiologischen Erkenntnissen, wonach das bewusst gesteuerte Denken bei einer Vielzahl dysfunktionaler Erregungs- und Verhaltensmuster keineswegs immer die entscheidende Instanz ist, wurde die Notwendigkeit der Einbeziehung von Erlebnismustern und Emotionen in die therapeutische Arbeit entdeckt. Die neurobiologischen Prozesse, die vornehmlich im limbischen System aktiviert werden und über den Hirnstamm direkt in den Körper wirken (▶ Kapitel 1.3), erhalten dadurch ein größeres Gewicht in der Therapie.

Die Grundidee der Schematherapie besteht darin, dass jeder Mensch im Laufe seines Lebens spezifische Schemata entwickelt, die sich als nützlich, aber auch als hinderlich bzw. *dysfunktional* bei der Alltagsbewältigung erweisen können. Sie laufen aufgrund impliziter Prozesse in der Regel mehr oder weniger automatisch ab und können daher nicht einfach kognitiv kontrolliert bzw., wenn erforderlich, umgesteuert werden. Innerhalb der Schematherapie werden nun vor allem jene Schemata analysiert, die als internale Bedingungen für die verschiedenen Arten von psychischen Störungen anzusehen sind.

2.2.1 Was ist ein Schema?

Der Schemabegriff wurde von Jean Piaget Mitte des 20. Jahrhunderts in die Entwicklungspsychologie eingeführt. Schemata sind für ihn wesentliche Elemente des Lernens zur besseren Orientierung und Anpassung an die Umwelt. Piaget unterscheidet kognitive und operationale Schemata, die jedes Kind in der Interaktion mit seiner Umwelt konstruiert. Sie fungieren wie Grundstrukturen des Denkens, sind also vor allem für die kognitive Entwicklung und die Organisation des Verhaltens zuständig.

In der Psychotherapieforschung wurde der Begriff zunächst von Aaron Beck (Beck, Rush, Shaw u. Emery, 1986) aufgegriffen. Ähnlich wie bei Piaget (vgl. 1926/1978) wird das Schema von ihm als kognitives Muster verstanden, um Erfahrungen auszuwerten und sich im eigenen Handeln zu orientieren. Ein Schema ist dabei verwoben mit bestimmten Grundannahmen, die das Selbstbild und die Beziehung zur Umwelt betreffen. Da viele dieser kognitiven Schemata sich nun als dysfunktional für die psychische Gesundheit erwiesen, machte es sich die kognitive Verhaltenstherapie zum Ziel, die dafür jeweils verantwortlichen Grundannahmen umzuwandeln, um Problemlösungen zu finden.

Besonders depressive kognitive Grundüberzeugungen wie »Ich bin nicht liebenswert«, »Ich bin nicht gut genug«, »Ich bin ein Versager« etc. bilden sich lebensgeschichtlich heraus und können durch entsprechende belastende Erfahrungen in der Gegenwart wiederbelebt werden. Mittels der kognitiven Therapie Aaron Becks ließen sich diese Schemata zielgerichtet bearbeiten, doch als Jeffrey Young in seiner eigenen Praxis auf andere Patientengruppen stieß, merkte er die Grenzen der kognitiven Verfahren. Während diese bei depressiven Patienten eine sehr gute Erfolgsquote von über 70 Prozent erreichten, waren die Erfolgsaussichten bei Patienten mit anderen Diagnosen, wie beispielsweise den verschiedensten Arten von Persönlichkeitsstörungen, dysthymen Störungen oder generalisierten Angststörungen, nicht zufriedenstellend.

Mit der Zeit erkannte Young allerdings, dass all jene Patienten, die nicht auf die bisherigen kognitiv geprägten Therapiemethoden ansprachen, ein kontinuierliches bzw. wiederkehrendes Muster irgendeines psychischen Problems aufwiesen, weshalb er sich entschied, den Begriff Schema neu zu definieren, um die kognitive Verhaltenstherapie gerade für diejenigen schwerwiegenderen Störungsbilder weiterzuentwickeln, deren Behandlung bisher häufig fehlgeschlagen war. Daher fällt auf, dass in der Begriffsklärung eines Schemas betont biografische Kriterien auftauchen.

Young definiert als Schema:

»– ein weit gestecktes, umfassendes Thema oder Muster,
- das aus Erinnerungen, Emotionen, Kognitionen und Körperempfindungen besteht,
- die sich auf den Betreffenden selbst und seine Kontakte zu anderen Menschen beziehen,
- ein Muster, das in der Kindheit oder Adoleszenz entstanden ist,
- im Laufe des weiteren Lebens stärker ausgeprägt wurde und
- stark dysfunktional ist« (Young, Klosko u. Weishaar, 2005, S. 36).

Alle drei im Theorieteil dieser Arbeit besprochenen Systemdimensionen (▶ Kapitel 1.3, 1.4, 1.5) sind also von einem Schema betroffen: die biologische Dimension (über Körperempfindungen), die psychische (Erinnerungen, Emotionen, Kognitionen) und die soziale (Kontakte zu anderen Menschen), wobei Young eben zusätzlich die biografische Dimension einführt. Aus systemischer Sicht ist zudem wichtig anzumerken, dass Schemata keineswegs universell, also ständig, sondern punktuell, das heißt kontextbezogen auftreten. Auch eine Ähnlichkeit dazu, wie beispielsweise Ich-Anteile im Rahmen der Ego-State-Therapie definiert werden, fällt ins Auge.

Fallbeispiel
Eine 28-jährige Patientin erzählt eine ein paar Tage zurückliegende Situation. Sie hatte ihrem Freund, mit dem sie ein paar Monate zusammen ist, eine wohlwollende WhatsApp-Nachricht geschrieben und wollte sich mit ihm für den Abend verabreden. Nicht nur, dass er sich nicht innerhalb der nächsten Stunde gemeldet hatte, frustrierte sie: Seine spätere Aussage, dass er sich schon mit einem Freund verabredet habe, brachte sie vollkommen in Rage. Selbst in der immerhin bereits zwei Tage später stattfindenden Therapiesitzung kann sie sich ob dieser »Behandlung« kaum beruhigen, sie wirkt aufrichtig empört und voller Emotion. Ihm habe sie darauf die kalte Schulter gezeigt und gesagt, wenn das so sei, brauche er sich gar nicht mehr zu melden. Er sei dann zwar am nächsten Tag wieder freundlich auf sie zugekommen (sie bezeichnet es als »angekrochen«), dennoch hält ihre Empörung an. In der Therapiesituation kann sie schließlich anerkennen, dass es sie verletzt, wenn jemand sie »hängen lasse« – »obwohl ich das selbst bescheuert finde«.

Schematherapeutisch gehen wir davon aus, dass hier ein Schema existiert, das womöglich bereits in der Kindheit oder Jugend entstanden ist und in der Gegenwart angetriggert wird. Die heftige Erregung ist ein untrügliches Zeichen für eine solche Schemaaktivierung.

2.2.2 Schemata im Einzelnen

Nach Young gibt es im Wesentlichen achtzehn verschiedene Schemata. Viele basieren auf frühen Verletzungen oder Entbehrungen aus der Kindheit, andere sind wiederum als Reaktionen auf diese Verletzungen zu verstehen. Youngs Einteilung in fünf übergeordnete Schemadomänen hilft, einen Überblick zu gewinnen (vgl. hierzu sowie zum Folgenden insgesamt Young, Klosko u. Weishaar, 2005):

  I Abgetrenntheit und Ablehnung (Disconnection and Rejection)
 II Eingeschränkte Autonomie und Leistung (Impaired Autonomy and Performance)
III Beeinträchtigter Umgang mit Grenzen (Impaired Limits)
 IV Fremdbezogenheit (Other-Directedness)
  V Übertriebene Wachsamkeit und Gehemmtheit (Overvigilance and Inhibition)

Diesen Domänen sind die einzelnen Schemata zugeordnet, die im Folgenden näher beschrieben werden.

I   Abgetrenntheit und Ablehnung (Disconnection and Rejection)
(1) *Verlassenheit/Instabilität (Abandonment/Instability)*
   Frühe Verlusterfahrungen durch Trennung der Eltern, Tod eines Elternteils oder den Wegzug wichtiger Bindungspersonen, häufiges Alleingelassenwerden bzw. nur sporadische Anwesenheit einer verlässlichen Bezugsperson und grundsätzlich unzuverlässiges Bindungsverhalten können zu den Ursachen dieses Schemas gerechnet werden. Es zeichnet sich beispielsweise durch die übermäßige Angst vor Verlassenheit und Instabilität, bisweilen aber auch durch die Reinszenierung dieser Beziehungsmuster aus. Die Angst vor dem Verlassenwerden wiederum kann sich in übertriebenem Klammern, in Besitzansprüchen, extremer Eifersucht und daraus resultierend maßloser Aggressivität, aber auch im radikalen Schutz vor dieser Bedrohung durch Beziehungsabbrüche, Isolierung bzw. Abkapselung und Partnerlosigkeit manifestieren.
(2) *Misstrauen/Missbrauch bzw. Misshandlung (Mistrust/Abuse)*
   Dieses Schema entsteht vorzugsweise durch verletzende bis traumatische (Missbrauchs-)Erfahrungen, aber auch durch Erfahrungen elterlicher Mani-

pulationen, Unwahrheiten, Mystifikationen oder massiv erlebter Ungerechtigkeiten. Es zeichnet sich aufseiten der Betroffenen durch die Erwartung aus, womöglich wieder betrogen, belogen, verletzt oder hintergangen zu werden. Diese Befürchtung kann sich zur inneren Gewissheit (Grundüberzeugung) verdichten und eine enorme Wachsamkeit erzeugen, ständig auf der Hut sein zu müssen, um nicht benachteiligt zu werden.

(3) *Emotionale Entbehrung/Vernachlässigung (Emotional Deprivation)*
Emotionale Vernachlässigung von Kindern ist familial wie gesellschaftlich weitverbreitet. Es fehlt vielfach an basalem Beachtetwerden und an Verständnis für deren Bedürfnisse, an Aufmerksamkeit und emotionaler Zuwendung, oft auch an körperlicher Zuwendung und Wärme in Form von Zärtlichkeit. Den von diesem Schema geprägten Menschen hat sich durch geringe Anteilnahme schon frühzeitig das Grundgefühl aufgedrängt, »nicht wichtig« zu sein und nur durch das Erbringen besonderer Leistungen oder überhöhte Angepasstheit Wohlwollen zu wecken. Doch auch das Gegenteil, Aufmerksamkeit durch provokatives, unangepasstes Verhalten zu erlangen kann eine unmittelbare Folge dieses Schemas bedeuten.

(4) *Unzulänglichkeit/Scham (Defectiveness/Shame)*
Dieses Schema ist ebenfalls weitverbreitet und in seiner Wirkung auf die psychische Gesundheit nicht zu unterschätzen (▶ Kapitel 1.4.2.; vgl. auch Gilbert, 2013). Scham als eine basale Emotion kann als ein Gefühl verstanden werden, das immer dann zum Vorschein kommt, wenn wir mit unserem Verhalten auf (vermeintliche) Ablehnung stoßen, wobei sich dieser Prozess im Laufe des Lebens verselbstständigt und Schamempfindungen auch vermehrt durch innere (Gedanken-)Prozesse hervorgerufen werden können. Das Gefühl bzw. das Schema der Unzulänglichkeit ist dann schon eine Verdichtung im negativen Selbstbild des Betroffenen, das Ängste auslöst bzw. von Ängsten, »nicht gut genug« zu sein, ausgelöst wird.

(5) *Soziale Isolierung/Entfremdung (Social Isolation/Alienation)*
Mit diesem Schema wird ein Zustand beschrieben, der das Erleben von Außenseitertum bzw. seelischer Einsamkeit ausdrückt. Die Erfahrung, allein zu sein oder zumindest von niemandem verstanden zu werden, weitet sich zu einem konstanten oder wiederkehrenden Gefühl des Nichtdazugehörens aus, welches sich auch generieren kann, wenn Menschen in ihrem familiären System den Status eines Sündenbocks bzw. schwarzen Schafes zugewiesen bekommen oder sich als ausgestoßen erleben. Wem dies zustößt, der sucht die Begründung für diesen Mangel oft auch bei sich selbst, besonders wenn hierfür Zuschreibungen oder andere Hinweisreize aus dem Kreis der Bezugspersonen geliefert werden. Das Gefühl, nicht »in Ordnung« und nicht

liebenswert zu sein, wird in der Regel leicht generalisiert und auf andere Lebenszusammenhänge übertragen, weshalb Rückzug und Selbstisolierung auch als eigeninitiierte Schutzmechanismen gegen schmerzhafte Emotionen angesehen werden können.

II Eingeschränkte Autonomie und Leistung (Impaired Autonomy and Performance)
Die Schemata dieser Domäne sind weniger Resultate unmittelbarer Traumata bzw. konkreter Erlebnisse, sondern lassen sich eher auf kontinuierliche biografische Erfahrungen zurückführen.

(6) *Abhängigkeit/Inkompetenz (Dependence/Incompetence)*
Von diesem Schema sind Menschen betroffen, die sich nicht in der Lage fühlen, ihr Leben selbstständig zu bewältigen, und sich in Abhängigkeiten begeben, um sich sicher zu fühlen. Das Konzept der »erlernten Hilflosigkeit« des US-amerikanischen Psychologen und Verhaltensforschers Martin E. Seligman (1979) verdeutlicht diesen Zusammenhang. Aufgrund von wiederholten invalidierenden Lebenserfahrungen reift bei den Betroffenen die Überzeugung, dass sie nicht kompetent seien, bestimmte Lebensaufgaben ohne Hilfe bzw. Anleitung von anderen zu meistern. In ihrer Selbstwahrnehmung betrachten sie sich als allein nicht lebensfähig, es fehlt vor allem an Selbstwirksamkeitserfahrungen und der Grundüberzeugung, das Leben selbstständig gestalten zu können. In abgeschwächter Form kann das Schema auch nur für bestimmte Bereiche des Lebens gelten, z. B. als partnerschaftliche Abhängigkeit, als berufliche Dependenz oder als Schwierigkeit, für sich selbst wichtige Entscheidungen zu treffen.

(7) *Verletzlichkeit/Anfälligkeit für Schädigungen oder Krankheiten (Vulnerability to Harm or Illness)*
Dieses Schema ist einer Angstsymptomatik zuzuordnen. Die übermäßige Angst vor Katastrophen aller Art ist ein häufiger Anlass für eine Psychotherapie. In den Gedankengängen der Patienten erscheint die Unmöglichkeit, derartige Ereignisse vermeiden oder wenigstens sicher kontrollieren zu können, bzw. das Empfinden, ihnen hilflos ausgeliefert zu sein, als extrem furchterregend. Die Katastrophe wird in der Fantasie immer wieder durchgespielt, so dass ihr Eintreten zunehmend als unausweichlich und omnipräsent erscheint. Auch dieses Schema besitzt eine Konditionierungsgeschichte, die einen Fokus auf diese Themen durch ängstliche Vorbilder und/oder bedrohliche Lebenserfahrungen beinhaltet.

(8) *Verstrickung/Unterentwickeltes Selbst (Enmeshment/Undeveloped Self)*
Die systemisch/familientherapeutisch orientierte Leserschaft kennt dieses Schema in abgewandelter Form auch unter den Begriffen der Triangulierung

und Parentifizierung. Es entsteht, wenn ein Elternteil aufgrund der eigenen Abhängigkeitsbedürftigkeit das eigene Kind auf eine Art und Weise für sich braucht und beansprucht bzw. vereinnahmt, die die eigenständige Entwicklung desselben entscheidend einschränkt. Das Kind lernt dann, übermäßige Verantwortung für andere Personen zu übernehmen, weil diese sich unfähig zeigen, selbstständig mit bestimmten Lebensaufgaben klarzukommen. Häufig wird die Verstrickung auch von der bedürftigen Bezugsperson aktiv eingeleitet bzw. unterstrichen mit Appellen wie »Ohne dich kann ich nicht leben« oder »Was soll ich nur ohne dich anfangen?«. Der Preis der Verstrickung ist zumeist, dass sich die betroffene Person wenig auf die eigenen Bedürfnisse und Entwicklungsschritte konzentrieren kann, da sie ja (vermeintlich) für den anderen da sein muss, was dann in der Konsequenz zu einem unterentwickelten Selbst bzw. – differenzierter gesagt – einer unterentwickelten Selbstachtung beiträgt.

(9) *Versagen (Failure)*
Der weitverbreitete Anglizismus des »Losers« drückt dieses Schema in nominalisierter Form aus. Es ist von der Entstehungsgeschichte untrennbar mit Schema #4, der *Unzulänglichkeit*, verknüpft. Wer eine Grundüberzeugung dieser Art in sich trägt, fühlt sich in einem oder mehreren wichtigen Bereich(en) des Lebens als zutiefst unzureichend. Selbstwertgefühle und Selbstbewusstsein sind allenfalls außerordentlich gering vorhanden. Schon die starke Angst vor dem Versagen kann jedoch schwerwiegende Blockaden erzeugen. Versagensängste und -denken zu reduzieren ist daher eine Kernaufgabe fast jeder emotionsbasierten Psychotherapie.

III Beeinträchtigter Umgang mit Grenzen (Impaired Limits)
Diese Domäne umfasst Schemata, die häufig von den betroffenen Personen selbst gar nicht unbedingt als störend erlebt werden, auch weil für sie wenig unmittelbarer Leidensdruck mit ihnen verbunden ist. Für den therapeutischen Kontext bedeutet dies, dass oft andere, zumeist die jeweiligen Partner, eine Veränderungsnotwendigkeit sehen und das Aufsuchen einer Therapie initiieren, weshalb die Auftragsklärung den speziellen Überweisungskontext berücksichtigen und eine hohe intrinsische Therapiemotivation nicht als selbstverständlich erachtet werden sollte, weshalb es womöglich einer wertschätzenden Fokussierung bedarf.
(10) *Anspruchshaltung/Grandiosität (Entitlement/Grandiosity)*
Dieses Schema ist Teil jeder narzisstischen Persönlichkeitsakzentuierung. Es liegt auf der Hand, dass sowohl eine ausgeprägte Anspruchshaltung als auch das Gefühl der eigenen Grandiosität psychische Konstrukte sind, die eine Person erst im Laufe ihres Lebens aufbaut. Das Fühlen und Denken, welches dieses Schema umschreibt, gipfelt in dem Anspruch, mehr wert zu

sein als andere Menschen. Als daraus resultierende soziale Manifestationen können oft starkes Rivalitäts- und Konkurrenzverhalten ebenso wie Dominanz- und Kontrollmuster beobachtet werden. Zugleich sind Personen dieses Schemas oft sehr verletzbar, wenn man ihnen ihre Unfehlbarkeit nicht zugesteht. Bereits leichte Kritik oder bloß ein Mangel an Aufmerksamkeit können als Auslöser narzisstischer Kränkungen fungieren.

(11) *Unzureichende Selbstkontrolle/Selbstdisziplin (Insufficient Self-Control/Self-Discipline)*
»Kinder brauchen Grenzen« – in Familien, in denen die Umsetzung dieses geflügelten und weitverbreiteten pädagogischen Grundsatzes nicht in ausreichendem Maße gelingt, wirken die Heranwachsenden oft maßlos, da sie ihre Frustrationstoleranz und Selbstkontrolle zu wenig etablieren lernen. Menschen mit diesem Schema wirken sehr auf die Durchsetzung ihrer eigenen Interessen und Ansprüche bedacht, sie erscheinen wenig sozial orientiert und unangepasst. Solche Patientinnen sind oft nicht so leicht therapierbar, da ihr Leiden erst sekundär durch die Abwendung anderer Personen als Reaktion auf das Verhalten der Betroffenen eintritt.

IV Fremdbezogenheit (Other-Directedness)

(12) *Unterwerfung und Unterordnung (Subjugation)*
Dieses Schema beschreibt ein subdominantes Beziehungsmuster. Die Gründe für eine solche Unterwerfung können dabei existenzieller wie habitueller Art sein, ausgelöst beispielsweise durch strukturelle oder auch manifeste Gewalt, traumatische Erfahrungen und/oder die Angst vor Ausstoßung. Einhergehend gekoppelt mit jeder Unterwerfung ist auch die Unterordnung der eigenen emotions- und bedürfnisbezogenen Qualitäten (vgl. z. B. auch die emotionshistorischen Ausführungen zu William Reddy in ▶ Kapitel 1.6). Die betroffene Person stellt ihre Interessen, Wünsche und Bedürfnisse hintan und nimmt ihre Emotionen kaum wahr, um nicht Gefahr zu laufen, missbilligt und womöglich bestraft zu werden. Emotionale Abstumpfung und vorauseilender Gehorsam sind meist die Folgen einer solchen Gefühlsunterdrückung.

(13) *Selbstaufopferung (Self-Sacrifice)*
Ebenfalls zur Domäne der Fremdbezogenheit gehört das Schema der Selbstaufopferung. Hier wird allerdings mehr das (scheinbar) freiwillige Zurückstellen der eigenen Bedürfnisse und Interessen zugunsten des Einsatzes für andere Menschen akzentuiert. Im Gegensatz zur Unterwerfung findet Selbstaufopferung ohne direkten Zwang und eher aufgrund moralisch oder auch familiendynamisch motivierter Beweggründe statt. Die Rolle als

älteres Geschwisterkind bei struktureller Abwesenheit der Eltern oder die Übertragung der Aufgabe, sich um ein krankes/schwaches Mitglied in der Familie zu kümmern, können zu diesem Schema prädisponieren. Es führt dazu, eine hohe Sensibilität gegenüber den Erwartungen, Bedürftigkeiten und dem Leid anderer sowie gleichzeitig ein übertriebenes Verantwortungsgefühl zu entwickeln, was dann keinen oder nur wenig Spielraum für die Durchsetzung eigener Interessen zulässt. Mehr noch: Das Eintreten für die eigenen Bedürfnisse wird dabei sogar als egoistisch erlebt bzw. aufgefasst und infolgedessen abgewertet. Das Selbstwertgefühl ist bei Personen mit diesem Schema übermäßig auf die Ausfüllung der sozialen Rolle bzw. der Funktion, gebraucht zu werden, angewiesen. Neben Überforderungsgefühlen und Erschöpfungssymptomen kommt es langfristig oft auch zur Bilanzierung, ungerecht behandelt bzw. ausgenutzt zu werden, was selbst in nahen Beziehungen zu enttäuschtem Rückzug veranlassen kann.

(14) *Streben nach Zustimmung und Anerkennung (Approval-Seeking/Recognition-Seeking)*
Die Anerkennung anderer zu erhalten, ist ursprünglich als eines unserer Grundbedürfnisse zu verstehen. Daher geht es hier um eine Zuspitzung, die durch den Glaubenssatz, es allen recht machen zu müssen, initiiert und begleitet wird. Das setzt die Betroffenen sehr unter Druck, bringt bei unterschiedlichen systemischen Erwartungen (Loyalitäts-)Konflikte mit sich und kostet entsprechend viel Anstrengung. Grundsätzlich ist das Selbstwerterleben bei diesem Schema zu sehr auf die Anerkennung seitens anderer ausgerichtet; externe Kritik und Unstimmigkeiten werden daher als kränkend aufgefasst und überbewertet. Auch kann sich dieses Schema daran ausrichten, unbedingt den Konventionen entsprechen zu wollen. Das Grübeln darüber, »was die Leute denken könnten«, nimmt großen Raum im eigenen Denken ein. Die Gefahr der ständigen Anstrengung, den (antizipierten) Erwartungen und Idealvorstellungen anderer genügen zu wollen, besteht besonders darin, an Burn-out-Symptomen oder depressiver Erschöpfung zu erkranken.

V Übertriebene Wachsamkeit und Gehemmtheit (Overvigilance and Inhibition)
(15) *Negativität/Pessimismus (Negativity/Pessimism)*
Die gedankliche Fokussierung und die Kommunikation vorwiegend bis ausschließlich kritischer Ereignisse kann sich auf mögliche »große« Katastrophen, aber auch auf ganz alltägliche Dinge, die schiefgehen können, und auf vermeintliche oder tatsächliche eigene wie fremde Fehler beziehen. Dieses Schema wird in der schematherapeutischen Literatur auch unter dem Gesichtspunkt »das Negative hervorheben« diskutiert. Darunter fällt nicht

nur das notorische Schwarzsehen und Schwarzmalen, sondern ebenso ständiges Miesmachen, Nörgeln, Kritisieren, Beklagen und Anklagen. Dabei können latente Ängste, wie die für das Verstehen psychischer Symptome – insbesondere wenn sie chronifizieren – besonders bedeutsame Zukunftsangst, dieses Schema einerseits hervorbringen, andererseits werden sie von ihm rekursiv aufrechterhalten. Hinzu kommt, dass das Schwarzsehen oft von Vorurteilen und einer binären Schwarz-Weiß-Logik unterfüttert ist, was es erschwert, auch die positiven Aspekte einer Betrachtungsweise in den Blick zu bekommen. So ist zum Beispiel bei fast jeder depressiven Störung der Anteil des pessimistischen und fatalistischen Denkens als wesentlicher Faktor zu begreifen. Die klassischen systemischen Therapieansätze des positiven Konnotierens, des Reframings sowie der Ressourcen- und Lösungsorientierung sind jedoch exzellente Methoden, um an diesem Schema anzusetzen.

(16) *Emotionale Gehemmtheit (Emotional Inhibition)*
Emotionale Gehemmtheit entsteht aufgrund der kontinuierlich erlebten Erfahrung, dass Gefühlsäußerungen seitens der Bezugspersonen weder selbst vorgelebt noch beim Kind gutgeheißen (»Jungs weinen nicht!«, »Mädchen tun so etwas nicht!«) werden. Sanktionen und Verbote (»Hört auf mit dem Geschrei und spielt gefälligst leise, sonst setzt es was!«) verfestigen dieses Schema, welches sich in einer eingeschränkten Wahrnehmung bzw. dem reduzierten Ausdruck verschiedener Gefühlszustände äußert. Besonders in Familien, in denen Emotionen weitgehend unterdrückt und kontrolliert werden oder wenn besonders aggressive, den Ausdruck der kindlichen Emotionen bestrafende Erziehungsstile vorherrschen, entsteht dieses Schema. Emotionale Gehemmtheit ist somit meist eine Folge von Gefühlskälte, emotionaler Ignoranz und/oder Deprivationen in der Kindheit und somit auch eine mögliche Folge des Schemas emotionale Entbehrung (Schema 3). Während dieses jedoch im Wesentlichen eine Disposition für zukünftige emotionale Verletzlichkeiten (und Sehnsüchte) offenbart, zeigt sich die emotionale Gehemmtheit auch womöglich im aktuellen Beziehungsverhalten. In ausgeprägter Form geht es häufig auch mit sozialer Gehemmtheit und sozialen Ängste einher.

(17) *Unerbittliche Standards/Überkritische Haltung (Unrelenting Standards/ Hypercriticalness)*
Unerbittliche Standards oder überhöhte Ansprüche führen häufig zu einer besonders kritischen Haltung, sobald die selbst gesetzten Standards sich nicht erfüllen lassen respektive von anderen nicht erfüllt werden. Die populärste Spielart überhöhter Ansprüche, der Perfektionismus, ist weitverbreitet. Entscheidend an der Destruktivität des Schemas ist vor allem die Rigidität der Standards. Je überhöhter die Maßstäbe gehandhabt werden und

je unerbittlicher die Ansprüche, desto kritischer und strenger die Prozesse des (Ver-)Urteilens, welche sich sowohl gegen das eigene Selbst als auch gegen andere richten können. Die augenfälligste Schattenseite des Schemas sind Angstzustände, zu scheitern oder zu versagen, hoher Erwartungsdruck, übergroßer Ehrgeiz, zu viel Strenge und Anstrengung und zu wenig Leichtigkeit und Lebensfreude.

(18) *Bestrafungsneigung (Punitiveness)*
Bei Personen mit diesem Schema sind häufig Bestrafungserfahrungen in der Kindheit vorgefallen. Mit sich wiederholender Frequenz und aufgrund des bedrohlichen und verletzenden Gehalts solcher Erfahrungen hat sich schließlich im Kind der Glauben verfestigt, dass jegliche Art von Fehltritt, Regelüberschreitung oder Normabweichung zwingend sanktioniert werden müsste, und dies umso strenger, als je bedrohlicher und verletzender die zugleich ja selbst als gerechtfertigt akzeptierten Bestrafungen erlebt wurden. Auch bei diesem Schema können wir eine Gerichtetheit sowohl nach innen als auch nach außen finden. Zudem tritt es meist gekoppelt mit Emotionen wie Ärger und Zorn auf, wohingegen Werte bzw. Eigenschaften wie Empathie, Toleranz, Akzeptanz und das Verständnis für das Verhalten anderer unterrepräsentiert sind. Aufgrund der schmerzvollen und demütigenden Erfahrungen jener Ereignisse, die sich biografisch auf das eigene Selbst gerichtet haben, wurden die damit verbundenen Emotionen oft abgespalten; oft werden daher die Bestrafungsimpulse »automatisch« reproduziert. Daher gilt es therapeutisch, in aller Behutsamkeit die Förderung von Empathie mit den vermeintlich verachtenswerten Seiten des eigenen Selbst zu ermöglichen.

Zusätzlich zu bzw. basierend auf dieser klassischen Young'schen Aufstellung hat Heinrich Berbalk, Gründer des Instituts für Person-geleitete Veränderung in Eckernförde, der als einer der Ersten die Schematherapie nach Deutschland brachte, in seiner Systematik noch weitere Schemata hinzugefügt bzw. die bestehenden stärker ausdifferenziert. Die folgenden Punkte stammen aus einem Skript Berbalks von einem Seminar 2005 in München, bei dem ich die große Freude hatte, teilnehmen zu können (vgl. auch Berbalk 2009):

- Eigenwahrnehmung als sozial und/oder körperlich unattraktiv
- Strafneigung nach innen gerichtet
- Strafneigung nach außen gerichtet, meist vorgeblich moralisch begründet und/oder sadistisch ausgeprägt
- Verbitterung
- *lost* in der Welt

Besonders das letztgenannte Schema verdient meines Erachtens besondere Beachtung. Es ähnelt zwar in gewisser Weise dem oben genannten Schema *Soziale Isolierung*, doch geht es in dem Ausmaß der Abgetrenntheit von anderen Menschen und der in ihm enthaltenen Perspektiv- und Hoffnungslosigkeit offenbar noch darüber hinaus. Denn während man sich ja sogar durchaus absichtlich isolieren oder vorübergehend von der Welt zurückziehen kann, beschreibt *lost* eher einen Zustand, in den man unfreiwillig gerät, der einen allmählich oder plötzlich überkommt und aus dem es nicht so leicht ein Entrinnen gibt.

Es zeigt sich insgesamt, dass die definierten Schemata kein festes Prokrustesbett darstellen, sondern sich kreativ weiterentwickeln lassen. Aus konstruktivistischer Sicht sind sie auf keinen Fall dogmatisch zu betrachten, sondern können je nach den Erfordernissen und Einsichten jedes einzelnen Klienten sowie jeder einzelnen Therapeutin adaptiert und verändert werden. So könnte aus meiner Sicht ergänzend zu Schema #11 *Unzureichende Selbstkontrolle/Selbstdisziplin* ein Schema mit der Bezeichnung *Mangelnde Ausdauer, Durchsetzungskraft und Konsequenz* hinzugefügt werden. Dieses Schema bewirkt, dass die betroffene Person unbequem anmutende Herausforderungen nicht annimmt, sondern stattdessen im Vermeiden verharrt und dadurch sich selbst behindert, entsprechende Erfahrungen zu machen, an denen die eigene Persönlichkeit wachsen könnte. Ebenfalls zu kurz kommt unter dem Einfluss dieses Schemas, das entsteht, wenn einer Person in ihrer Sozialisation zu viel abgenommen wird und die Erfahrung des Durchhaltens und der Frustrationstoleranz nicht gewinnbringend gelingt, z. B. das Erreichen bestimmter (Teil-)Ziele, worunter wiederum die Erfahrung der Selbstwirksamkeit leidet. Die viel diskutierte Prokrastination ist damit verwandt. Ein weiteres Schema könnte – anknüpfend an #14 *Streben nach Zustimmung und Anerkennung (Approval-Seeking/Recognition-Seeking)* und #17 *Unerbittliche Standards/Überkritische Haltung (Unrelenting Standards/Hypercriticalness)* der obigen Liste – in *Ständigen Selbstzweifeln* liegen, die auf einem zu geringen Selbstwertgefühl und der übertriebenen Anstrengung, immer alles »richtig« machen zu wollen, gründen. Dieses Schema zeigt sich beim schwierigen Umgang mit Entscheidungen aller Art, aber auch in einem Mangel an Proaktivität und Selbstvertrauen. Der therapeutisch zu kommunizierende Umkehrschluss könnte bedeuten, sich nicht immer nur am Erfolg allein zu messen, der ja am Anfang einer Idee noch längst nicht feststehen kann, sondern bereits am Gewinn an Erfahrung, frei nach dem Motto: Der Weg ist das Ziel.

Mein Appell für den Umgang mit Schemata in der systemischen Therapie lautet daher letztlich, sich nicht sklavisch an die vorgegebenen Kategorien zu halten, sondern eigene, fallspezifische Begrifflichkeiten zu verwenden. Es empfiehlt sich dabei, besonders diejenigen Begriffe aufzugreifen, die sich aus dem Gespräch mit dem Klienten herauskristallisiert haben. In jedem Fall ist es sinnvoll, den Klienten aufzufordern, eigene Begriffe zu generieren und diese auch weiterhin für die Bearbeitung der Schemata zu nutzen, da auf diese Art und Weise sowohl die kommunikative Anschlussfähigkeit und das therapeutische Bündnis als auch das Erleben der Selbstwirksamkeit des Klienten die stärkste Unterstützung erfahren.

2.2.3 Schemaentstehung

Die meisten Schemata entstehen – wie bereits erwähnt – in Kindheit und Jugend. Viele basieren auf singulären oder wiederkehrenden Traumata oder schleichenden Prozessen der Vernachlässigung oder Verstrickung. Ein entstehendes Schema wird leicht verstärkt, da die selbstreferenzielle Aufmerksamkeit sich zumeist dorthin richtet, wo Bedrohungen und Verletzungen erlebt und neuronal gespeichert wurden bzw. potentielle Verletzlichkeiten antizipiert werden. Unser Organismus trachtet danach, diese Bedrohungen zu reduzieren oder zu vermeiden, wodurch Aufmerksamkeit gebunden wird und die mit dem Schema verknüpften Bewältigungs- und Abwehrmuster internalisiert und im weiteren Verlauf des Lebens verstärkt werden.

So erzeugt beispielsweise die allmähliche Anpassung an die Grundüberzeugung, nicht genug beachtet zu werden, eine Verstärkung des Schemas *Emotionale Entbehrung*. Beim Schema *Unzulänglichkeit* wiederum werden Erfahrungen, die diesem Schema entsprechen, besonders stark wahrgenommen und konsolidieren es mit umso häufigerer Wiederkehr zu einem immer festeren Anteil der Persönlichkeit. Soziale Ängste und Lernblockaden bestätigen dann rekursiv das bereits im Entstehen begriffene Schema. Allerdings gibt es natürlich auch vielfältige gegenläufige Dynamiken durch korrigierende Erfahrungen.

Verletzung psychischer Grundbedürfnisse
Wichtig in diesem Zusammenhang ist die Hervorhebung, dass Schemata im Wesentlichen dort entstehen, wo psychische Grundbedürfnisse biografisch nicht erfüllt, missachtet oder verletzt wurden, womit zunächst einmal die Frage bedeutsam wird, was überhaupt als solche Grundbedürfnisse verstanden werden kann. Auch innerhalb der Schematherapie gibt es diesbezüglich mittlerweile verschiedene Typologien, die jeweils leicht unterschiedliche Akzentuierungen setzen.

Young beispielsweise definierte (2005 S. 39) folgende fünf Themen als psychische Grundbedürfnisse:

(1) Sichere Bindungen, die Zuwendung und das Grundbedürfnis, akzeptiert zu werden, einschließen und Sicherheit und Stabilität vermitteln
(2) Autonomie, Kompetenz und Identitätsgefühl
(3) Grundsätzliche Freiheit, die eigenen Bedürfnisse und Emotionen auszudrücken
(4) Spontaneität und Spiel
(5) Angemessene Grenzen zu erfahren und Selbstkontrolle zu erlernen

Eckhard Roediger wiederum, Leiter des Instituts für Schematherapie in Frankfurt/Main, greift die Auflistung des Psychotherapieforschers Klaus Grawe auf, dessen Modell vier Grundbedürfnisse vorsieht (vgl. Roediger, 2009; 2010):

(1) Verlässliche Bindungen und Zugehörigkeit als Basis für die eigene Autonomieentwicklung
(2) Orientierung und Selbstbestimmung durch möglichst viele Handlungsmöglichkeiten
(3) Selbstwert, also das Bedürfnis, sich selbst als gut, kompetent, wertvoll und von anderen geliebt zu fühlen
(4) Lust und Unlustvermeidung, was darauf abzielt, erfreuliche, lustvolle Erfahrungen herbeizuführen und schmerzhafte, unangenehme Erfahrungen zu vermeiden

Auch wenn die Frage, welche Typologie der Grundbedürfnisse am besten zugrunde gelegt werden sollte, bisher nicht einhellig beantwortet werden konnte, sind sich Schematherapeutinnen zumindest darin einig, dass die lebensgeschichtlichen Erfahrungen eines Menschen, *welche* seiner Grundbedürfnisse *wie* erfüllt oder eben verletzt wurden, entscheidenden Einfluss auf die Schemaentwicklung ausüben. Sie können als »Treiber des psychischen Geschehens« (Zarbock, 2014, S. 25) bzw. als Operatoren der Selbstorganisation betrachtet werden, um die sich aufgrund wiederholter Einschränkungen oder traumatischer Erfahrungen konditionierte Bewältigungsmuster ranken, die die dynamischen Strukturen der Autopoiese einer Persönlichkeit entscheidend formen.

Zur Frage der Dysfunktionalität und Veränderbarkeit von Schemata
Der Aspekt der Dysfunktionalität von Schemata wurde von Young und seinen Mitarbeitern eingehend untersucht und systematisch herausgearbeitet. Sie analysierten die verschiedensten psychischen Störungsbilder und besonders die bisher nur ungenügend behandelbaren Störungen der Achse-2, sammelten die aus ihrer Sicht wichtigsten distinktiven Faktoren und fassten sie schließlich als jene 18 Schemata zusammen, die ich weiter oben dargestellt habe.

Aus konstruktivistischer Sicht ist jedoch die Frage der Dysfunktionalität kritisch zu diskutieren. Da jede Beobachtung und jede Beschreibung als eine Feststellung seitens des Beobachters aufzufassen ist, gilt für systemische Therapeutinnen der Grundsatz, negativ konnotierende Begriffe im Kontext psychischer Probleme möglichst nicht zu verfestigen. Ziel ist es, einer scheinbar allgemeingültigen Normierung und Einengung ebenso wie jeder spezialisierenden Pathologisierung durch Expertenwissen entgegenzuwirken und jede Defizitorientierung – und damit auch den Krankheitsbegriff – zumindest im Einzelfall zu dekonstruieren.

Es liegt nahe, dass sich die Frage der Funktionalität bzw. Dysfunktionalität der oben beschriebenen Schemata von Situation zu Situation und ja nach Beobachterstandpunkt unterschiedlich darstellt. In ihrer Entstehungsgeschichte sind Schemata in jedem Fall als aus der psychischen Prozesslogik sinnvolle und dementsprechend nachvollziehbare Muster der konkreten Auseinandersetzung mit der unmittelbaren sozialen Umwelt zu verstehen. Sie verdichten sich im Laufe der Zeit dank ihrer Intensität oder durch Wiederholung und Konditionierung zu Elementen der psychischen Selbstregulierung.

Systemischen Therapeutinnen, geübt darin, die Passung von Gefühlen und Verhaltensmustern herauszuarbeiten, wird es also nicht schwerfallen, die Sinnhaftigkeit und Funktionalität der einzelnen Schemata zumindest in ihrer lebensgeschichtlichen Dimension zu entdecken bzw. den Klienten entdecken zu lassen. Auf diese Art gelingt es den Betroffenen leichter, die in der Gegenwart störenden Muster als Folgen einer Entwicklung zu begreifen, die nicht nur nicht selbst verschuldet, sondern sogar vielmehr aufgrund von belastenden, leidvollen oder zumindest schwierigen Bedingungen entstanden sind. Gleichzeitig werden sie mittels dieser Sichtweise jedoch nicht als unveränderliches Schicksal betrachtet, sondern eben als Operatoren der Selbstorganisation gerade auch bei solchen Symptombildungen identifizierbar gemacht, die es zu verändern gilt.

> Die therapeutische Haltung, Schemata einerseits als relevante Faktoren der psychischen Entwicklung und gerade bei der Selbstorganisation von Symptomen anzusehen und andererseits als Ansatzpunkte für eine optionale

Veränderung ernst zu nehmen, bedeutet in meinen Augen die Einführung einer nachhaltigen Lösungsorientierung in der Psychotherapie schwieriger und langwieriger Störungsmuster.

Für systemische Therapeutinnen empfiehlt es sich, den Begriff der Dysfunktionalität zu überwinden, indem die konkrete Bewertung der Nützlichkeit und der Sinnhaftigkeit und somit auch die Veränderungswürdigkeit jedes einzelnen spezifischen Schemas in der konkreten therapeutischen Gesprächssituation offen mit dem Klienten reflektiert wird.

Die schematherapeutische Betrachtung bietet Möglichkeiten einer Differenzierung und Vertiefung der Auftragsklärung, um der Frage der Zielsetzung der Therapie gemeinsam mit dem Klienten wertvolle Impulse zu verleihen.

Fallbeispiel

Eine ca. 50-jährige Klientin erweist sich aus der Sicht des Therapeuten als in ihren Beziehungsmustern extrem abhängig und unterwürfig, was jedoch nicht der von ihr selbst genannte Grund für das Aufsuchen der Therapie ist. Die Exploration ihrer Herkunft ergibt, dass sie in einer sehr ländlichen, vom Vorherrschen traditioneller Rollenmuster geprägten Gegend aufgewachsen ist. Entscheidend sind nun die persönlich erlebte Rigidität dieser Rollenzuschreibungen und die verinnerlichte Selbstverständlichkeit des Erwartungsdrucks im Verhältnis zur individuellen Befähigung zur Selbstachtung. Es stellt sich heraus: Schon früh hat die Klientin gelernt, dass sie nur geduldet und anerkannt wird, wenn sie sich anpasst und unterordnet. Überhaupt, so ihre Erfahrung, sind Frauen in erster Linie dafür zuständig, für andere da zu sein, während sie sich selbst und ihre Bedürfnisse zurückzustellen haben. So lebten es ihr Mutter, Tanten und Großmütter vor, und genau dies wurde auch von ihr erwartet.

Ihre Autonomie und ihre Fähigkeit, auf sich selbst zu achten, sind deutlich unterentwickelt, doch ist dies ja zunächst keineswegs als Dysfunktionalität aufzufassen, sondern kann umgekehrt ebenso als große Leistung der Anpassung, der Empathie, der Bereitschaft, für andere einzutreten, und letztlich auch des altruistischen Verzichts auf Durchsetzung der eigenen Interessen gewürdigt werden. Das Schema *Selbstaufopferung* ist also zwar feststellbar, stellt aber für die Klientin womöglich gar kein Problem dar, da es zu ihrem Charakter bzw. zu den familiären/kulturellen und geschlechtsspezifischen Erwartungen und Normen ihrer speziellen Lebenswelt wie selbstverständlich dazugehört. Es ist daher zunächst einmal ergebnisoffen herauszuarbeiten, ob dieses Schema, in erster Linie für andere da zu sein und sich zurückzustellen (sich also aufzuopfern), für die Klientin tatsächlich veränderungswürdig ist oder zumindest einen Preis hat, der sich in ihrer aktuellen Situation störend bemerkbar macht oder zumindest in Zukunft ihre psychische und/oder somatische Gesundheit beeinträchtigen könnte.

> Die Anerkennung und Würdigung der Sinnhaftigkeit der Schemata zumindest in ihrer Entstehungsgeschichte erleichtert Klientinnen, auch die Frage nach ihren Nachteilen und Veränderungsmöglichkeiten anzunehmen. Sie werden dadurch in die Lage versetzt, die aus diesen Nachteilen ableitbaren Veränderungswünsche selbst zu bestimmen und die hierfür notwendige Veränderungsmotivation freizusetzen.

Statt also vom Expertenstuhl (und somit quasi von oben herab) in den herauszuarbeitenden Schemata sogleich Dysfunktionalität zu unterstellen, sollte es primär um die Würdigung der gesamten damit verbundenen Vor- und Nachteile gehen, wozu sich die Anwendung des berühmten Sowohl-als-auch-Prinzips des systemischen Diskurses ausgezeichnet eignet. Der Patient fühlt sich wesentlich eher in der Lage, auch die Nachteile anzuerkennen, wenn die andere Seite der Polarität genügend Wertschätzung erfährt. Ebenfalls sehr wesentlich dazu gehört die Würdigung der Tatsache, dass das Schema mindestens in seiner Entstehung eine ganz natürliche und naheliegende Anpassung an biografische Notwendigkeiten bzw. eine Lösung für ein Dilemma darstellte. Und auch die Würdigung des Leids und der Not, die mit der Schemaentstehung, -etablierung und -verstärkung verbunden gewesen sind, kann bedeutsam sein, selbst wenn diese Gefühle vielleicht im Moment der therapeutischen Reflexion der zugrundeliegenden Schemata lediglich im impliziten Gedächtnis ruhen.

2.2.4 Modusmodell

Kernstück der Schematherapie ist das von Jeffrey Young entwickelte Modusmodell. Es schafft für den Therapeuten wie für den Patienten einen anschaulichen Überblick über äußerst diffizile Zusammenhänge, indem es die Komplexität vieler tiefenpsychologischer und psychotherapeutischer Konzepte auf lediglich sieben Kategorien reduziert (Abb. 7; vgl. Young, Klosko u. Weishaar, 2005).

Young definierte gemäß der Bindungsforschung sowie moderner neurobiologischer Erkenntnisse zunächst die Modi *Verletzte* versus *Glückliche Kindanteile* als Ausgangspunkte des Verständnisses der Persönlichkeitsentwicklung des Menschen gerade mit Blick auf die Erklärung der Ätiologie dauerhafter psychischer Störungen. Das physische und psychische Überleben wird durch ein reichhaltiges Arsenal an *Bewältigungsmustern als Schutz- und Anpassungsstrategie gegenüber den* unterschiedlichen *Verletzungen und Entbehrungen* gesichert. Verinnerlichte *Kritische* und *Fordernde Elternanteile* schließlich unterstützen (mindestens bei ihrer Entstehung) die Anpassung an das soziale System und dienen somit ebenfalls dem Überleben – später können diese Modi allerdings auch äußerst dysfunktionale Züge annehmen.

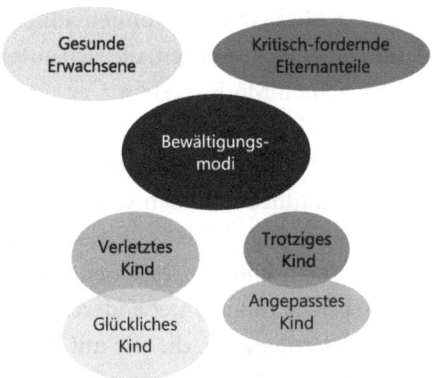

Abbildung 7: Modusmodell nach Young (vgl. Young, Klosko u. Weishaar, 2005)

Der *Gesunde Erwachsene* wird als eine idealtypische Figur eingeführt, die für eine bessere Integration und eine stimmige Balance der verschiedenen Modi samt den ihnen innewohnenden potenziell dysfunktionalen bzw. zumindest latent problematischen Anteilen zuständig ist (siehe Abb. 8). Im Verhältnis zu den Schemata ist »Modus« dabei ein Oberbegriff, das heißt, die verschiedenen Schemata lassen sich jeweils den Modi zuordnen. Eckhard Roediger (2009, S. 43) führt zudem die begriffliche Unterscheidung ein, Schemata als States (Zustände), Modi als Traits (Züge) zu verstehen.

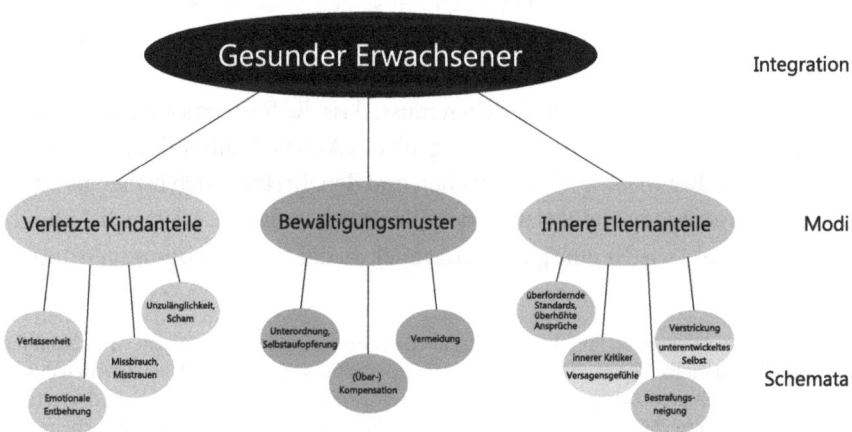

Abbildung 8: Integration von Modi und Schemata in Anlehnung an Rödiger (2009); eigene Darstellung

Mit dem Modusmodell können auf einen Blick innerpsychische Spannungen deutlich gemacht werden, die sich aufgrund verschiedener Konflikte zwischen den einzelnen Modi ergeben.

Wenn wir unsere bisherigen theoretischen Überlegungen einbeziehen, geht es dabei um einen Grundkonflikt zwischen unseren biologischen und psychischen Grundbedürfnissen und den Anforderungen unserer sozialen Umwelt, die auf vielfältige Weise auf besagte »Needs« reagieren kann und eben auch Restriktionen und Repressionen bereithält[25].

So spricht Young unter anderem von den *Kritisch-fordernden* sowie den *Strafenden Elternanteilen*, die wir mit der Zeit verinnerlichen. Diese führen zu teilweise enormen Spannungen mit unseren kindlichen Bedürfnissen, die als Folge verschiedener biografisch erlebter Entbehrungen und Traumatisierungen als verletzte und verletzliche Anteile latent oder manifest im psychischen System operieren. Wir haben es also zumeist mit einem Grundkonflikt zwischen kindlichen Bedürfnissen und erwachsenen Anforderungen, Restriktionen und Bestrafungen zu tun, der etlichen Schemata zugrunde liegt, wobei auch jene zur Bewältigung dieser Spannungen entwickelte, ursprünglich hilfreiche Verhaltens- bzw. Handlungsmuster sich im Laufe des Lebens dysfunktional niederschlagen können.

Bewältigungsmuster

Es mag individuelle Unterschiede geben, wie sich jedes neugeborene Kind bzw. jeder Säugling aufgrund seiner biologischen Ausstattung und seiner intrauterinen Entwicklung in Situationen verhält, in denen die eigenen elementaren Grundbedürfnisse nicht erfüllt werden. In jedem Fall lernt das Kind nach der Geburt rasch, wie die Bezugspersonen mit seinen Bedürfnissen und den mehr oder weniger deutlichen Zeichen seines Unwohlseins (z. B. Schreien, Weinen, Quengeln) umgehen.

Wenn es dabei des Öfteren erleben muss, dass die Restriktionen größer und demnach mächtiger sind als seine Fähigkeit des Auf-sich-aufmerksam-Machens, wird es irgendwann andere Wege suchen und den direkten, sich bisher als unzureichend erwiesenen Gefühlsausdruck allmählich aufgeben. Lässt sich dadurch gleich oder bald wieder eine gute Bezogenheit zu der oder den Bezugsperson(en)

---

25 Eine grobe Analogie zu Freuds Strukturmodell der Psyche, welches von einem Grundkonflikt zwischen dem Es (den kindlichen Trieben und Bedürfnissen) und dem Über-Ich (den durch die unmittelbaren Bezugspersonen vermittelten gesellschaftlichen Normen und Wertvorstellungen) ausgeht, den das Ich durch seine Funktionen zu bewältigen versucht, scheint auf den ersten Blick augenscheinlich. Es ist allerdings hervorzuheben, dass die Unterschiede zwischen Freuds Strukturmodell und Youngs Modusmodell wesentlicher größer sind als die Gemeinsamkeiten.

herstellen, wird es sich weiter anvertrauen und in der nächsten Situation seine Bedürfnisse erneut auf die nun bewährte Weise artikulieren. Wenn es jedoch merkt, dass bestimmte Bedürfnisse wiederholt oder gar ständig nicht erfüllt werden, wird es irgendwann dazu übergehen, diese Bedürfnisse selbst zu verdrängen und wenn möglich über andere Wege zu kompensieren. Etabliert sich dabei zusätzlich die Erfahrung, dass das Signalisieren bestimmter Bedürfnisse bestraft wird, wird es mittel- bis langfristig lernen, sich zu schämen, wenn es diese Bedürfnisse wieder wahrnimmt und äußern möchte.

Diese Lernprozesse finden unmittelbar im Schaltkreis zwischen limbischem System, Großhirn und autonomem Nervensystem statt und ereignen sich bereits in einer Entwicklungsphase, in der das Kind noch über keine differenzierbaren Mittel der sprachlichen Verständigung verfügt. Mit der Zeit verdichten sich die gelernten Reaktionen und werden wie Regelkreisläufe zu automatisch ablaufenden Mustern, die uns helfen, die Spannung zwischen den sozialen, von unserer Umwelt bzw. den Bezugspersonen an uns gestellten Anforderungen und Begrenzungen und den eigenen Bedürfnissen zu bewältigen.[26]

Jedoch erzeugt dieser Konflikt zugleich eine Spannung, die sich je nach Stärke und Häufigkeit ihres Auftretens psychisch, neurobiologisch und somit letztlich auch psychosomatisch auf das Wohlergehen niederschlagen kann.

Formen und Funktionen von Bewältigungsmustern

Das Feld der Bewältigungsmuster ist insgesamt ein sehr breites. Es reicht von den verschiedensten Anpassungs- und Kompensationsleistungen über Schutzmechanismen der Verdrängung und Vermeidung bis zu den weniger positiv konnotierten Formen des Erduldens und Unterordnens, der Resignation, der Verleugnung oder der erhöhten Aggressionsbereitschaft. Young definiert drei Grundstile als übergeordnete Bewältigungsmuster: Vermeidung, Erdulden und Kompensation bzw. Überkompensation (2005, S. 67), wobei diese aus meiner Erfahrung nicht nur in Reinform, sondern häufig auch kombiniert bzw. nacheinander auftreten.

Eine Übersicht weitverbreiteter Erscheinungsformen typischer Bewältigungsmuster (BM), die für die therapeutische Praxis besonders relevant sind, liefert die folgende Tabelle:

---

26 Bei Freud findet man in diesem Zusammenhang den Begriff der Abwehrmechanismen, die sich – nomen est omen – in einer Abwehr der eigenen Triebe und Bedürfnisse zugunsten einer besseren Anpassung an die familiären Erwartungen und Zwänge und einer Reduzierung der Ängste, verletzt zu werden, manifestieren.

Tabelle 5: Erscheinungs- und Ausprägungsformen typischer Bewältigungsmuster (BM)

Defensive BM	Aggressive BM	Mischformen
Stiller Rückzug	Attacke	Ostentativer Rückzug (z. B. Türenknallen); passiv-aggressives Beleidigtsein
Erdulden	(Gegen-)Vorwürfe	Rechtfertigungen
Ironie	Zynismus	Sarkasmus
Selbstvorwürfe	Wut, Ärger, Hass auf andere, Vorwurfshaltung	Grübeln; Kritische Ja-aber-Haltung
Negativität nach innen	Negativität nach außen; kritisches Hervorheben	kritische Grundhaltung, Pessimismus; Leiden an der »Schlechtigkeit der Menschen bzw. der Welt«
Unterordnung	Dominanzstreben	Gelegentliche Machtkämpfe; Rückzugs-Patt und Entfremdung
Unterwerfung	Tyrannei, Despotie	Eskalation und Beziehungs-/Kontaktabbrüche
Selbstaufopferung	Perfektionismus; rigide Ansprüche	Hohe Selbst- und Fremdansprüche im Wechsel

Im Konzept von Young werden in erster Linie sich im Erwachsenenleben als dysfunktional erweisende Bewältigungsmuster beschrieben, die zu einer für das spätere Wohlergehen ungünstigen (maladaptiven) Anpassung, Bekämpfung oder Vermeidung ähnlich eingestufter Situationen führen. Ungeachtet solch negativer Ausprägungen sind Bewältigungsmuster jedoch insgesamt außerordentlich wichtig, da sie uns helfen, wiederkehrende bedrohliche bzw. kritische Situationen zu vermeiden oder zumindest besser zu überstehen. Die Definition der Funktion des Modus *Bewältigungsmuster* erinnert somit an die auch zur Beschreibung des Wesens von *Coping-Strategien* verwendeten Begrifflichkeiten. Dank dieser wertvollen semantischen Brücke können Bewältigungsmuster aus konstruktivistischer Sicht sehr viel leichter als Ressourcen zumindest in ihrer ursprünglichen Form aufgefasst werden, selbst wenn sie nachteilige Wirkungen erzeugen und daher auf einer oberflächlichen Betrachtungsebene als dysfunktional eingeschätzt werden.

Es ist ein Verdienst der Schematherapie, durch die komplexitätsreduzierende Theoriekonstruktion den Bewältigungsmustern eine positiv bewertbare Schlüsselfunktion zukommen zu lassen. In der therapeutischen Umsetzung gelingt es somit sehr viel besser, die einzelnen Modalitäten trotz ihrer teilweise pejorativen Begrifflichkeit als zumeist implizit ablaufende Muster zu begreifen, die im Kern neben allen Nachteilen eben in erster Linie eine Schutz- und Bewältigungsfunktion besitzen. So sind sie zumindest zum Zeitpunkt ihrer Entstehung notwendige bzw. sehr naheliegende Ressourcen zur

Bewältigung hochkomplexer, oft bedrohlicher Lebenssituationen. Sie in ihren Ursprüngen und im weiteren Biografieverlauf als außerordentlich sinnhaft begreifen und bewerten zu können ist eine wertvolle Hilfe für den therapeutischen Zugang, ein fundiertes Reframing, welches es sowohl Klientinnen als auch Therapeuten deutlich erleichtert, mit den einzelnen Fühl-Denk-Verhaltensmustern, aus denen sich die jeweiligen Bewältigungsmuster zusammensetzen, umzugehen.

Zwei entgegengesetzte Bewältigungsmuster: Vermeiden und (Über-)Kompensation

Als zwei Grundrichtungen besagter Verhaltensmuster können die uns aus der sympathikotonen Funktionsweise des Nervensystems bekannten Reaktionen der Kampf-/Flucht-Dualität betrachtet werden (▶ Kapitel 1.3.2). Beide gehen mit denselben oder zumindest vergleichbaren Erregungsmustern einher, werden aber unterschiedlich genutzt.

So werden sämtliche Kampfmuster innerhalb der Schematherapie den kompensatorischen Modi zugerechnet. Umgekehrt entspricht es ursprünglich wohl eher dem Fluchtmodus, sich aus bedrohlichen Situationen zurückzuziehen und sie zukünftig zu vermeiden. Jedoch bedeutet dies für die neuronal und hormonell aktivierte Erregung, dass diese nicht so leicht abgebaut werden kann. Die ausgeschütteten Stresshormone werden nicht für eine schnelle motorische Aktivität gebraucht und bleiben ungenutzt, was häufig dazu führt, dass sie sich intrapsychisch auswirken. Dadurch werden in der Regel innere Spannungen erzeugt, die in Grübeleien, Verzweiflung, Ärger, Selbstzweifel etc. umschlagen können. Somit verlagert sich neurobiologisch die sympathikotone Reaktion mit dem vermeidenden Rückzug häufig über den Umweg des Grübelns in eine lähmende, hilflose psychische Struktur. Bei den daraus resultierenden Schemata des Erduldens, der Unterordnung und der Unterwerfung wiederum wird abermals auf eine äußere Konfrontation verzichtet und somit die Aktivierung des dorsalen Vagus schneller und bereitwilliger vollzogen.

I. Vermeiden

Sinnvollerweise sollten die Vor- und die Nachteile der einzelnen Bewältigungsmuster gemeinsam mit dem Klienten herausgearbeitet werden. So lässt sich z. B. als psychologischer Gewinn für das Bewältigungsmuster *Vermeiden* aufzeigen, dass dieses dabei hilft, einer Konfrontation aus dem Weg zu gehen und sich damit womöglich eine Menge unangenehmer Gefühle zu ersparen. Doch auch die Nachteile einer Vermeidung gilt es exemplarisch aufzuzeigen: Durch die Vermeidungshaltung wird nicht nur auf Konfrontation, sondern in der

Regel auch auf das Einbringen bzw. Vertreten eigener Bedürfnisse und Interessen verzichtet. Je mehr die Vermeidung mit Zurückhaltung einhergeht, desto stärker trägt sie zur Aufrechterhaltung bestehender Probleme bzw. problematischer Konstellationen bei.

Vor- und Nachteile der Vermeidung sind zunächst in jedem Einzelfall genauer zu untersuchen und auf ihre emotionale Valenz zu prüfen. Der Gewinn einer Konfrontation (also das Überwinden der Vermeidung) kann beachtlich sein, wenn man es nur unter dem Aspekt des Eintretens für die eigenen Bedürfnisse betrachtet. Wenn man die Bewertung der Konfrontation hingegen allein vom finalen Erfolg bei der Erreichung der eigenen Ziele abhängig macht, wird womöglich die Angst vor einem Misserfolg zum bestimmenden Faktor für das eigene Handeln.

Da die Wirkung unseres Verhaltens in ungewissen Situationen nicht vorhersehbar ist, vermeiden Menschen mit geringem Selbstwertempfinden häufig den Aufwand der Konfrontation. Der vermeintliche Erfolg des Vermeidens, sich nicht bloßstellen und keine direkte Niederlage einstecken zu müssen, erscheint als Garant, weitere Beschämungen zu verhindern, und somit als Anreiz, das Vermeidungsverhalten fortzusetzen. Entscheidend ist daher der Referenzpunkt: Gilt es für eine Klientin, Misserfolg oder Beschämung um jeden Preis zu vermeiden, oder kann zumindest ein Versuch gewagt werden, für die eigenen Bedürfnisse und Interessen einzutreten? Das Fördern der Fähigkeit, sich auch bei Misserfolgen als wertvollen Menschen zu erleben, was therapeutisch am besten durch die Eindämmung und schrittweise Umwandlung der kritischfordernden Elternanteile gelingt, ist daher die erlebnisorientierte Vorstufe zur Überwindung des Vermeidungsmusters.

II. (Über-)Kompensation
Kompensieren heißt ursprünglich »ausgleichen«, »ersetzen« oder »durch eine Gegenwirkung aufheben« und bezeichnet einen Ausgleich von real vorhandenen Mängeln durch andere Mittel oder Fähigkeiten.[27] Somit kann Kompensation im schematherapeutischen Sinn definiert werden als eine wie auch immer geartete

---

27 Auch in der psychoanalytischen Theoriebildung wird die Bedeutung der Kompensation hervorgehoben: Bereits bei Alfred Adler (1870–1937) findet man den Begriff als Strategie, bewusst oder unbewusst erlebte bzw. eingebildete Minderwertigkeiten auszugleichen. Adler bezieht sich dabei nicht nur auf Minderwertigkeitsgefühle, sondern sogar auf reale körperliche Defizite, die der Organismus zu kompensieren versucht. Dies zeigt sich zum Beispiel an Schlaganfallpatienten, wenn nach einem Apoplex bei Läsionen bestimmter zerebraler Strukturen andere Hirnareale deren Funktionen zumindest teilweise übernehmen. Carl Gustav Jung (1875–1961) thematisiert ebenfalls die Idee der Kompensation als psychischen Ausgleich von Einseitigkeiten und bei psychischer Unausgeglichenheit.

(pro-)aktive Reaktionsweise zur psychischen Verarbeitung bzw. Abmilderung der Auswirkungen von Entbehrungen und Verletzungen aller Art.

Aus meiner Sicht ist es zielführend, dabei eine *primäre* bzw. unmittelbare und eine *sekundäre* bzw. mittelbare Reaktion auf eine Schemaaktivierung zu unterscheiden. Als primäre Kompensation wären alle Reaktionen einzuschätzen, die unmittelbar aus der sympathikotonen Erregung heraus passieren, also typischerweise direkte Reaktionsmuster. Dazu würden beispielsweise sämtliche reaktiv aggressiven Verhaltensmuster passen, bei Erwachsenen vornehmlich verbale Mittel, wobei zusätzlich oft auch nonverbale Muster, wie der Einsatz der Stimme und die Körpersprache, eine zentrale Rolle spielen. Es gibt also eine ganze Palette an unmittelbaren kompensatorischen Reaktionsweisen, die von archaischen Formen des Ausdrucks der Wut bis hin zu sehr differenzierten Formen der rhetorisch geschickten Erwiderung reichen können.

Primäre Kompensation wird in der Regel als eine natürliche und »gesunde« Reaktionsform angesehen. Sollte jedoch das Zur-Wehr-Setzen als unangemessen oder gar verletzend aufgefasst werden, kann aufseiten der Gegenpartei schnell eine weitere Aggression oder ein Rückzug die Folge sein und eine Eskalationsspirale oder ein Rückzugspatt entstehen. Um den damit verbundenen erheblichen Einschränkungen des sozialen Zusammenlebens entgegenzuwirken, besteht eine wertvolle Kompetenz darin, in diesem Spannungsfeld eine Balance zu finden, also Grenzen zu setzen und gleichzeitig deeskalierend wirken zu können.

Übertriebene Formen der Kompensation, beispielsweise ein demonstrativ zur Schau getragenes Überlegenheitsgefühl, können aufgrund ihrer einschüchternden Wirkung bereits a priori eingesetzt und dabei leicht zu sekundären Mustern werden. Spätestens ab diesem Stadium werden solche Bewältigungsmuster als *Überkompensation* bezeichnet. Der Rowdy oder der Schikanierer, aber auch der Wichtigtuer und der Besserwisser sind Spielarten des überkompensierenden Modus (siehe Tabelle 6, S. 183).

So habe ich bei vielen meiner Patienten feststellen können, wie sie ihre in der Kindheit erworbenen Schemata z. B. der emotionalen Entbehrung und der Unzulänglichkeit durch eine übertriebene Leistungsorientierung und durch Perfektionismus zu kompensieren gelernt haben. Dabei handelt es sich zugleich um Bewältigungsmuster, die in unserer Gesellschaft eine permanente Verstärkung erfahren und sich leicht als wünschenswerte Grundtugenden der Persönlichkeit etablieren können. Ähnlich verhält es sich mit dem Pflichtbewusstsein, dem Ehrgeiz, dem Erfolgsstreben und der Prinzipientreue, die uns helfen, einen erlebten Mangel an Bindung, Wertschätzung und Anerkennung über kompensatorische Gleise wenigstens teilweise ausgleichen zu können.

Bei Zwangsstörungen können wir ebenfalls davon ausgehen, dass den Zwängen ursprünglich eine kompensatorische Funktion innewohnte, bevor sie sich verselbstständigt haben und als leidvoll erlebt werden. Und auch in narzisstischen Persönlichkeitsmustern können wir viele Züge der Kompensation verletzter kindlicher Grundbedürfnisse entdecken: Die Verletzlichkeit wird durch kompensatorischen Stolz überlagert; wird dieser Stolz, der sich häufig an Statusobjekten, aber auch an der Unangreifbarkeit der eigenen Person festmacht, verletzt, erzeugt dies bei Personen, denen man eine narzisstische Persönlichkeit zuschreibt, häufig Aggressionen, eine weitere Form der übertriebenen Kompensation.

Das Bewältigungsmuster *Kompensation* kann somit identitätsstiftend wirken und die Persönlichkeit bzw. den Charakter eines Menschen enorm prägen. Die Übergänge zwischen kompensierenden und überkompensierenden Bewältigungsmustern sind dabei fließend. Es ist, wie jede konstruktivistische Beobachterin wohl unterschreiben würde, in erster Linie eine Frage der subjektiven Bewertung. Man könnte als Unterscheidungskriterium einführen, dass die Überkompensation unmittelbaren Schaden aufseiten mindestens eines Beteiligten anrichtet, während die Kompensation sozial akzeptiert wird bzw. sogar meist auf Anerkennung stößt.

> Wem es gelingt, einen Mangel an empfangener bzw. empfundener Wertschätzung und Achtung dadurch auszugleichen, Anerkennung z. B. über besondere Leistungen in der Schule oder in einer Sportart zu erlangen, wird dadurch in seinem Selbstwert bestätigt. Ein Problem wird erst dann auftreten, wenn diese Anerkennung über den eingeschlagenen Weg nicht mehr erreichbar ist. Wer hingegen vor lauter Ehrgeiz sich und andere missachtet, um sich selbst als wichtig zu erleben, überkompensiert den gleichen Mangel mittels Wichtigtuerei oder sogar der Herabwürdigung anderer.

Kompensation bewirkt also, gemäß unserer Definition, im Gegensatz zur Überkompensation keinen sofortigen Schaden. Dieser wird, wenn überhaupt, erst im Langzeitverlauf sichtbar. Daher ist eine Veränderungsmotivation aufseiten eines Klienten bei kompensatorischen Bewältigungsmustern auch nicht unmittelbar zu erwarten. Da sich Nachteile möglicherweise erst im weiteren Verlauf des Lebens zeigen, werden diese Bewältigungsmuster zunächst positiv erlebt und wirken selbstrekursiv und identitätsbildend. Von einer raschen Veränderung kann daher selbst bei vorhandener Motivation nicht ausgegangen werden, zumal diese Muster eben auch wichtige Ressourcen, Kompetenzen und Strukturen der Persönlichkeit darstellen. Daher geht es eher um das Schaffen einer Balance mit anderen Fähigkeiten und Werten.

Fallbeispiel

Eine 48-jährige Patientin, Frau Bach, kommt wegen eines außerordentlich ausgeprägten Erschöpfungssyndroms in meine Praxis. Sie ist ständig müde und sehr ausgelaugt. Wie sich zeigt, zeichnete sie sich über Jahre durch ihre unbedingte Einsatzbereitschaft aus, alles für ihren Beruf zu geben, immer für andere da zu sein und alle Fragen und Anliegen ihrer Kollegen und Kolleginnen, auch lange nach Dienstschluss, zu beantworten bzw. zu erfüllen. Die vielen Überstunden machte sie unentgeltlich. Natürlich galt dieses Muster auch im privaten Bereich gegenüber ihren Kindern, ihrem Partner, ihren pflegebedürftigen Eltern etc., was die Erschöpfungsproblematik der Patientin in dieser Lebensphase und nach etlichen Jahren des Raubbaus an ihrem Körper ins Extreme steigerte.

Als *Selbstaufopferung durch den unbedingten Willen, es allen anderen recht zu machen,* konnten wir das zugrundeliegende Schema im gemeinsamen Gespräch benennen. Die Patientin hatte dieses Schema schon in ihrer frühen Jugend herausgebildet, als sie als Älteste von drei Geschwistern aufgrund der Berufstätigkeit und der häufigen Abwesenheit beider Eltern den Auftrag erhielt, den Haushalt zu führen und die Versorgung für ihre Geschwister zu übernehmen. Sie verinnerlichte mit der Zeit immer stärker diese Verantwortung. Das Es-allen-recht-zu-Machen wurde bei ihr zu einem Habitus bzw. einem Grundschema. Nun gelang es ihr zu erkennen, dass sie ihre Grundbedürfnisse nach Anerkennung und Wertschätzung über den Weg der allumfassenden Verantwortungsübernahme und Leistungsbereitschaft und durch ihre ständige Einsatzbereitschaft, für andere wichtig und wertvoll zu sein, kompensieren konnte. In der Therapie stellten wir dann das Schema der *Selbstaufopferung* dem Bedürfnis gegenüber, ab jetzt mehr auf die eigene Gesundheit und das eigene Wohlergehen zu achten, dessen Bedrohung sich ultimativ am konkreten Erleben des Sich-erschöpft-Fühlens offenbarte. Die Achtung ihrer Grenzen wurde von der Patientin in einem ersten Schritt operationalisiert: das bewusste Einlegen von Pausen und Entspannungsübungen, das Wahren des Feierabends und geregelter Arbeitszeiten, die sich selbst gegebene Erlaubnis, auch »Nein« auf überfordernde Anfragen sagen zu dürfen, positiv formuliert durch die Fähigkeit zur Selbstachtung und zu mehr Selbstfürsorge. Dieses Fühlen und Sich-selbst-Achten als eigenen Wert darzustellen und ernst zu nehmen war neu für die Klientin. In der eigenen Wertehierarchie konnte sie diese Werte jetzt über die anderen, vormals wichtiger erschienenen, stellen.

Im Sinne der systemischen Frage nach *Unterschieden, die einen Unterschied ausmachen,* reicht hier schon die Frage nach einem 51 zu 49 Prozent-Unterschied –

erst bei Gleichstand besteht die Gefahr, dass doch im Zweifelsfall die alten Muster begünstigt würden oder Unsicherheit entstünde. Die Patientin konnte sich letztlich klar zugunsten der besseren Selbstachtung gegenüber der weiteren Selbstaufopferung bekennen und dokumentierte dies mit einer Reduzierung ihrer Arbeitsstundenzahl, auf deren Einhaltung sie ab jenem Zeitpunkt tatsächlich strikt achtete, und mit einer verbesserten Abgrenzungsfähigkeit auch gegenüber den vielen Erwartungen ihrer Mitmenschen im privaten Bereich. Was sie vorher nicht vermutet hätte geschah letztlich auch verbessert dank dem Einsatz der erlebnisaktivierenden Übungen, dass dieser Wandel ihr auch ganz spontan gelang, z. B. wenn es galt sich ad hoc von plötzlich auftretenden Anforderungen abzugrenzen.

Da es im Kernbedürfnis vieler Klientinnen – wie auch in diesem Fallbeispiel – um einen Ausgleich für die mangelnde Anerkennung ihrer eigenen Bedürfnisse und Gefühle geht, ist ein weiterer Schwerpunkt emotionsbasierter Therapieprozesse, diesen Mangel durch das Schaffen bzw. die Förderung von Selbst-Anerkennung auszugleichen und somit das Bedürfnis nach Achtung und Wertschätzung sich selbst gegenüber zu erfüllen. Wenn dies gelingt, wird gleichzeitig ein enormer Zugewinn an Autonomie und Selbstwirksamkeit eingeleitet. Die Innere-Kind-Arbeit (▶ Kapitel 2.4, S. 296) und die Arbeit mit dem inneren Kritiker, die ich beide im Verlauf dieses Buches noch darstellen werde (▶ Kapitel 2.3.4, S. 281), aber auch das Einüben von den eigenen Selbstwert stabilisierenden Grundüberzeugungen bieten hierfür konkrete Ansatzpunkte.

Konditionierte Bewältigungsmuster als Anteile der Persönlichkeit

Oft wird die Persönlichkeit eines Menschen durch seine Bewältigungsmuster geprägt, manchmal geradezu geformt. Deren »bewährte« Manifestationen wirken dann im Umgang mit anderen Menschen, im Auftreten nach außen, in den wesentlichen Beziehungsmustern häufig gleichförmig, als ob sie die Identität des Betreffenden ausmachten. Dabei sind diese Bewältigungsmuster gleichermaßen veränderbar, besonders wenn es gelingt, die zugrundeliegenden verletzten Grundbedürfnisse besser zu integrieren. Manche Muster treten erst als Reaktion auf Konflikte bzw. auf vermeintlich beschämende Situationen auf; viele werden jedoch schon »instinktiv« zur Vermeidung von allfälligen Konflikten bzw. als Vorsichtsmaßnahme gegenüber drohenden Beschämungen eingesetzt.

Für die therapeutische Praxis bietet es sich an, diese Bewältigungsmuster zu nominalisieren und sie dadurch in Anlehnung an die Arbeit mit inneren Kind- und inneren Elternanteilen besser (be-)greifbar zu machen. Die Nominalisierung leistet auch die ideale Vorarbeit für jede Form der therapeutischen

Methodik der Externalisierung, die sowohl in der systemischen Therapie als auch in den emotionsbasierten Verfahren als eine Art Schlüsselintervention ihre Anwendung findet.

Tabelle 6 zeigt beispielhaft eine Systematisierung potenzieller Nominalisierungen. Die aufgeführten Modi sind dabei natürlich oft auch im Therapieprozess zu beobachten und manifestieren sich auf vielfältigste Weise. Mögliche Erscheinungsformen eines »distanzierten Beschützers« können beispielsweise sein: Dem Patienten »fällt nichts ein«, anhaltendes Schweigen, andauerndes Abschweifen, das Versäumen von oder Zuspätkommen zu Sitzungen etc.

Tabelle 6: Bewältigungsmuster als innere Anteile

Gefühlsvermeidende Modi	Erscheinungsformen
Distanzierter Beschützer	Rückzugsmodus; Schüchternheit; Vermeiden
Distanzierter Selbstberuhiger	Alkoholismus; Drogenkonsum; Ablenkungen
Aggressiver Beschützer	Vorwärtsverteidigung, Gegenangriff
Perfektionist; permanenter Antreiber; Selbstüberhöher/Wichtigtuer/Besserwisser; Schikanierer- und Angreifer-Modus; Manipulierer/Trickser/Lügner; Zerstörer-/Killer-Modus; zwanghafter Kontrolleur	weitere überkompensierende Modi

Der Innere-Eltern-Modus: Eltern als Modell und Komplement für Beziehungsmuster

Es ist wie mit der Kugel im Roulette: Wir können es uns nicht aussuchen, wohin das Schicksal uns verschlägt, sprich: wo wir hineingeboren werden, in welche Zeit, Kultur oder auch in welche Familie. Die ersten Lebensjahre prägen uns auf ebenso vielfache wie vielfältige Weise. Wir sind auf Gedeih und Verderb von unseren Bezugspersonen abhängig. Diese können Kinder in diverser Hinsicht außergewöhnlich stressen und herausfordern, ihnen jedoch zugleich die Chance zu leben geben und überwiegend häufig eine Lebenswelt zum Aufwachsen bieten. Im Bild gesprochen: Wo die Kugel hinfällt, entscheidet über unsere Startchancen im Leben und unsere primären psychischen Entwicklungsmöglichkeiten. Wegen der immensen Abhängigkeit des Neugeborenen wird das Verhalten der Bindungspersonen bzw. deren Rezeption zum wichtigsten Koordinatensystem für die psychische Selbstorganisation der im Entstehen begriffenen Biografie.

In erster Linie und in den meisten Fällen sind es unsere Eltern, die uns ein Modell geben, wie man sich als Erwachsener in den verschiedenen alters- und geschlechtsspezifischen Rollenbildern verhält, sie leben uns Werte vor und vermitteln diese durch ihre Kommunikationsmuster – frei nach dem lakonisch-selbstironischen Motto des bayerischen Kabarettisten Karl Valentin: »Es hat keinen Sinn, Kinder zu erziehen, sie machen uns sowieso alles nach.«

Das Modelllernen spielt als Risikofaktor für die Ätiologie psychischer Störungen eine wichtige Rolle, insbesondere wenn wir den elterlichen Umgang mit Emotionen betrachten (vgl. Breitenstein, 2017). So werden häufig Formen der Angst und des depressiven Rückzugs von den Eltern auf die Kinder übertragen, so dass eine nicht psychologisch geschulte Beobachterin geradezu von einer genetischen Übertragbarkeit ausgehen könnte. Auch Gewalterfahrungen und der Umgang mit Aggressionen werden häufig von der nachfolgenden Generation bzw. einzelnen Personen übernommen, weshalb in der Traumaforschung auch vom Täterintrojekt die Rede ist, der ursprünglich zu Selbstschutzzwecken erfolgenden und alsdann verinnerlichten Identifikation des Opfers mit dem Aggressor.

Insbesondere mit ihren Erziehungspraktiken hinterlassen Eltern gravierende Spuren im psychischen System ihrer Kinder. Sie erzeugen Bahnungen der Emotionsregulation und damit verwobene Beziehungsmuster bei den Heranwachsenden, wirken somit komplementär, indem sie – systemtheoretisch gesprochen – zu Beziehungsanschlusshandlungen auffordern oder einladen. Eine Form der massiven *Einladung zur Unterordnung* besteht dabei in dominanten elterlichen Beziehungsmustern, welche besonders intensiv bei der Arbeit mit den fordernden und den kritischen inneren Elternanteilen bearbeitet werden.

Obwohl diese im Modusmodell eine zentrale Stellung einnehmen, gibt es innerhalb der Literatur zur Schematherapie erstaunlich wenig fundierte, sich mit ihrer Entstehung beschäftigende Textstellen. Sie werden als eine Art verinnerlichte Stimmen, die uns in Gedankenkreisläufen (inneren Dialogen) immer wieder unter Druck setzen, quasi wie selbstverständlich vorausgesetzt. Es findet sich zwar die Unterscheidung zwischen strafenden und kritisch-fordernden Elternanteilen, die zu einem hohen Maß zum Aufkommen von innerer Erregung und Stressempfinden beitragen. Doch wenn wir die für eine Therapie wesentlichen Eltern-Imagos differenziert betrachten, stoßen wir eben immer wieder auch auf ängstliche, verstrickende, im Stich lassende, vernachlässigende, ambivalente und unsicher-bindende Modellbildungen und Erziehungsmuster, die innerhalb der Schematherapie aus meiner Sicht nicht ausführlich genug behandelt werden. Die starke Akzentuierung auf die strafenden und besonders die kritisch-fordernden Elternanteile liegt wahrscheinlich daran, dass diese leichter zu fassen und für den therapeutischen Prozess, wie noch zu zeigen sein wird, auch leichter aufzugreifen sind.

Die inneren Elternanteile ähneln Konstrukten anderer Therapieformen bzw. ansätze. Stellvertretend sei hier die Ego-State-Therapie erwähnt, in der beispielsweise »innere Antreiber« und »innere Kritiker« besonders prominente und auch häufig bearbeitete innere Anteile darstellen. Ein Verdienst der Schematherapie ist es, die biografische Herkunft dieser Anteile in den Vordergrund zu rücken und dadurch den Klienten mittels eines besseren Verständnisses der Sinnhaftigkeit seiner eigenen Entwicklungsgeschichte auch in deren nicht erwünschten bzw. Anteilen und Aspekten (z. B. den Schemata) zu entlasten. Gleichzeitig gibt es hochwirksame Methoden, diese Anteile an ihrer biografischen Wurzel bearbeitbar zu machen (▶ Kapitel 2.2.4.).

Der kritische innere Elternanteil
Die kritischen inneren Elternanteile sind für therapeutische Zwecke besonders interessant, da sie ein großes Potenzial bzw. Risiko für Selbstschädigung in sich bergen. Zudem sind sie in unserer Kultur sehr verbreitet, da über viele Generationen der Erziehungsstil vorherrschte, eher kritisch die Defizite eines Kindes bzw. Heranwachsenden hervorzuheben (wohl oftmals durchaus mit der guten Absicht versehen, diese auzumerzen oder wenigstens zu verbessern), als positive Aspekte oder gar das Kind als Ganzes zu würdigen und wertzuschätzen.

Wenn aber ein junger, in seinem Selbstbild noch nicht gefestigter Mensch von seinen Eltern oder auch nur von einer Bezugsperson überwiegend Vorwürfe zu hören bekommt, bezieht er diese kritische Haltung zumeist auf seine gesamte Person und nicht nur auf den konkreten Anlass. Die daraus erwachsende Anfälligkeit, sich grundsätzlich schlecht zu fühlen, sobald etwas Unerwünschtes passiert, setzt sich häufig im Erwachsenenleben fort und ist eine wesentliche Quelle für psychisches Leid.

Viele unserer inneren Glaubenssätze, die sich für unser Wohlergehen als zutiefst dysfunktional erweisen, haben wir – so betrachtet – also den kritischen inneren Elternanteilen zu verdanken. Selbstkritische Gedankenkreisläufe können sich dabei sehr tief auswirken und einen ständig wiederkehrenden Niederschlag in unserem Fühlen und Denken veranlassen. In Kindheit und Jugend wiederholt erlebte Vorwürfe und Verurteilungen, die womöglich zusätzlich durch Strafen verstärkt wurden, hinterlassen allzu oft Grundüberzeugungen wie »Ich bin nicht gut genug« oder »Ich bin nichts wert«. Äußere Kleinigkeiten triggern diesen Modus dann an.

In vielen Anamnesen können wir anhand der Beschreibung typischer Kindheitserfahrungen ablesen, welche Atmosphäre der Geringschätzung und Zurückweisung etlichen unserer Patienten widerfahren ist und wie sich diese Mischung aus erlebter Ablehnung und gehörten Abwertungen in jener Stimme verdichtet, die in der Schematherapie als der kritische, oft auch verurteilende innere Elternanteil begriffen wird. Perfiderweise geben sich Kinder schließlich unbewusst oft selbst die Schuld für Degradierungserlebnisse und/oder hinterfragen sich: »Was mache ich bloß falsch?«, bzw. stärker auf die ganze Persönlichkeit des Kindes projiziert: »Was ist falsch an mir? Warum bin ich nicht gut genug? Womit habe ich das verdient, dass ich so behandelt, missachtet, entwertet werde?« Diese Zuschreibungen aus der Kindheit und Jugend liefern dem kritischen inneren Anteil die semantische Munition, mit der die Angriffe gegen das eigene Selbst dann im Erwachsenenalter typischerweise in ähnlicher Form abgefeuert werden. So wurden manche meiner Patienten einst damit traktiert, dass sie »ein Trottel«, »dümmer als ein Pferd«, »der letzte Dreck«, »einfach nur dumm«, »zu blöd für die einfachsten Verrichtungen« etc. seien. Die Liste der Beleidigungen ließe sich beliebig zu einem eigenen Kompendium umschreiben. In einer Gewaltstudie der Universität Bielefeld gaben sogar mehr als 25 Prozent der befragten Kinder und Jugendlichen an, dass sie bereits in eine Situation geraten seien, in der ihnen Erwachsene das Gefühl gaben, dumm oder nutzlos zu sein. Gleichermaßen ist bei fast ebenso vielen der Befragten das Gefühl entstanden, weniger wert zu sein als andere (vgl. Ziegler, 2013).

Solche Erfahrungen hinterlassen natürlich ihre Spuren, die sich in bestimmten Situationen des späteren Erwachsenenlebens massiv auswirken. Dabei sind diese abwertenden Grundannahmen nicht ständig virulent, sondern tauchen im Denken des Betroffenen oft erst dann auf, wenn sie durch einen Anlass aktiviert werden. In der Akutsituation des Auftretens wird der Betroffene beispielsweise in Stress versetzt und gerät in einen Erregungszustand, der zu Grübeleien und Selbstvorwürfen veranlasst. Die entsprechenden körperlichen Gefühle des Unwohlseins, des viszeralen Unbehagens, der muskulären Verspannungen und der physiologischen Übelkeit begleiten die Glaubenssätze, vor allem sobald der innere Kritiker phasenweise besonders vehement und dominant auftritt. Da dieser Zustand schwer auszuhalten ist, geraten viele Betroffene automatisch in unterschiedliche Abwehrmodi, die wir im Kapitel über die Bewältigungsmuster diskutiert haben. Unmittelbarer sozialer Rückzug ist ein Hauptweg dieser Abwehr, weil die selbstkritische Haltung beschämend wirkt. Aber auch nach außen gerichtete Aggressivität und Reizbarkeit können die Folge sein. Die Annahme, in den Augen anderer etwas falsch gemacht zu haben, aktiviert den inneren Kritiker und verstärkt das Gefühl der eigenen Wertlosigkeit.

Wenn eines unserer primären kindlichen psychischen Grundbedürfnisse, also jenes nach Anerkennung und Wertschätzung, wiederholt verletzt wurde, werden wiederkehrende entsprechende Erfahrungen in unserer Amygdala als

Bedrohung gespeichert. Die therapeutische Arbeit an dieser Haltung durch die Externalisierung des inneren Kritikers ist für mich zu einer Schlüsselkategorie beinahe jeder gelingenden Therapie geworden. Ziel ist es, sich durch die speziellen Methoden der Schematherapie – beispielsweise den Stühledialog – gegen die kritischen Elternanteile oder den inneren Kritiker zur Wehr setzen zu lernen (vgl. dazu auch weitere Übungen im Abschnitt zur EFT, ▶ Kapitel 2.3.4). Im Idealfall gelingt eine Wandlung des Kritikers zu einem positiven Bewerter, also einem anerkennenden und unterstützenden Anteil. Bei der Darstellung der emotionsbasierten Interventionen werde ich im Einzelnen aufzeigen, wie ein nachhaltiger Wandel ermöglicht wird, indem die selbstverurteilenden Gedankengänge im therapeutischen Prozess mit resilienten Emotionen und Beziehungsmustern transformatorisch verkoppelt werden (▶ Kapitel 2.2.4; ▶ Kapitel 2.3.3).

Der strafende innere Elternanteil
Wenn Kinder häufig bestraft wurden, wird Bestrafung zu einem Teil ihrer inneren Schemata. Die Strafneigung kann sich dabei sowohl nach innen als auch nach außen manifestieren. Das ursprüngliche Erleben ging je nach Ausmaß der Bestrafung mit Angst- und Demütigungserfahrungen einher, was sich letztlich oft auch auf der psychosomatischen Ebene niederschlägt.

Fallbeispiele
Viele Patienten vor allem früherer Generationen haben regelrechte Rituale körperlicher Züchtigung über sich ergehen lassen müssen, bei manchen wurde die Bestrafung gar nach Art einer Zeremonie aufgeführt. Eine Patientin berichtete beispielsweise, dass sie auf Geheiß des eigenen Vaters im Garten einen passenden Stock für die Züchtigung suchen musste, den dieser anschließend für die Exekution der Strafmaßnahme mit einem Messer präparierte. Dann musste sie die Hose herunterziehen und sich bäuchlings auf einen extra dafür vorgesehenen Schemel legen. Der Peiniger zählte anschließend seine Schläge genau ab.
  Ein Mitte 50jähriger Patient, Herr Donat, berichtete von der Erziehungspraxis in einem katholischen Internat durch organisierte Prügelstrafen. Zu Hause musste er als »kleine« Strafmaßnahme mit nackten Unterschenkeln auf einem Holzscheit knien, bis er blutete. Diese Maßnahmen waren in seiner Kindheit und Jugend so verbreitet, dass sie zur alltäglichen Routine wurden. In seinem Erwachsenenleben – beruflich arbeitete er als Kirchenangestellter – gerieten zwar die Maßnahmen selbst in Vergessenheit (und wurden erst durch den Missbrauchsskandal in der katholischen Kirche und die öffentliche Diskussion für ihn wieder in Erinnerung gerufen), doch reichte die an ihn gerichtete sich wiederholende Kritik eines anderen, dem

Pfarrer freundschaftlich nahestehenden Kirchenangestellten aus, ihn in solch gravierenden Stress zu versetzen, dass er wegen Schlafstörungen und erheblicher gastritischer Symptome kaum noch arbeitsfähig war und eine Therapie aufsuchte. Die Angst vor einer Bloßstellung erzeugte bei ihm eine immense und anhaltende Belastungsreaktion, und seine Gedanken richteten sich pausenlos auf potenzielle Auseinandersetzungen mit besagtem Kirchenangestellten und dem Pfarrer, in denen er sich rechtfertigte und auch die andere Seite zur Rede stellte – Auseinandersetzungen, die in der Realität jedoch bis auf eine einzige Ausnahme nie stattfanden. Die innere Strafangst löste bei ihm endlose und mit höchstem Stress belastete innere Konflikte aus, die sich auch in seinen Träumen niederschlugen.

Eine andere extrem willkürliche Strafmaßnahme berichtete mir Frau Kramer, eine multitraumatisierte Patientin. Sie musste wegen absoluter Nichtigkeiten wie beispielsweise fünfminütigem Zu-spät-nach-Hause-Kommen oder unerlaubtem Telefonieren oft tagelang in Angst vor der angekündigten Strafe ausharren, bis der Zorn des Vaters so weit angewachsen war, dass er sich dann plötzlich wie ein Gewitter entlud und dieser brüllend anfing, ein Familienmitglied – oft traf es ihren Bruder oder auch ihre Mutter, gelegentlich aber auch sie selbst – vehement zu schlagen. Für diese Patientin grub sich die Angst letztlich so in ihr Nervensystem ein, dass sie als Erwachsene bei eigenen Verspätungen mit heftigen fibromyalgischen Schmerzschüben reagierte.

Aus meiner Erfahrung sind gerade Fibromyalgien eine häufig aufzufindende psychosomatische Störung in Verbindung mit erlebten willkürlichen Bestrafungen oder Konflikten in der Kindheit. Die traumatische Erfahrung bewirkt schon bei marginalen Anlässen eine intensive (Bestrafungs-)Angst, die den gesamten Körper erfasst und diesen unter extremen Schmerzen sich quasi zusammenziehen lässt. Strafen wie das Eingesperrtwerden in den dunklen Keller hinterlassen oft ebenfalls starke Ängste, die traumatisch nachwirken können. Stubenarrest, Ausgehverbote und dergleichen sind dagegen primär eher ärgerlich, können allerdings bei häufiger Wiederholung das Gefühl der Deprivation erzeugen, nicht zur Peergroup dazugehören zu dürfen, also ausgegrenzt zu werden. Eine weitere häufige Bestrafung besteht im Angeschrienwerden, was später in der Herausbildung eines besonders ausgeprägten inneren Kritikers und/oder in heftigen Selbstvorwürfen gipfeln, sich jedoch auch in einer impulsiven Strafneigung nach außen ein Ventil suchen kann. Eine solche innere und/oder äußere Strafneigung stellt einen Kompensationsversuch dar, der aufgrund seiner starken Dysfunktionalität besonders der therapeutischen Bearbeitung bedarf. Aber auch Variationen nicht so »spektakulärer« Strafen, wie Liebesentzug, eisiges Schweigen und länger anhaltendes Ignoriertwerden, sind diesbezüglich leider effektiv. Sie wirken subtiler, aber nicht minder nachhaltig. Diese Form der Bestrafung schafft auf der emotionalen Ebene das Gefühl, als Mensch abgelehnt zu werden und minderwertig zu sein. Die damit verbundene tiefe Verletzung der sicheren Bindung geht mit größtem psychischem Stress, Schuldgefühlen, Grübeleien und Ängsten einher.

All solche in der Kindheit und Jugend erlittene Verletzungen können in einer Therapie beispielsweise durch die inszenierte Erlaubnis der direkten Aussprache mittels Stuhldialog mit der imaginierten damaligen strafenden Person in einer zugewandten und wohlwollenden Atmosphäre transformierbar gemacht werden. Der Therapeut unterstützt diese Aussprache, indem er als Modell für mögliche Formulierungen zum Beispiel dieser Art fungiert:

»Wenn ich damals eine Kleinigkeit gemacht habe, die dir nicht gepasst hat, hast du mich oft nicht mehr angeschaut, stundenlang, ja manchmal über Tage nicht mehr mit mir gesprochen. Das war oft sehr, sehr schlimm für mich, ich habe mich geschämt, mich wertlos gefühlt. Ich wollte mich in Luft auflösen. Du hast mir das Gefühl gegeben, für dich nicht mehr existent und nichts mehr wert zu sein. Das hat mir sehr wehgetan. Und dann die Angst: Wie lange wird das noch gehen, wird das denn gar nicht mehr aufhören? Bleibe ich jetzt für immer unerwünscht und missachtet? Wie komme ich da wieder heraus? Heute frage ich mich: Wie konntest du mir das antun? So würde ich mit meinem Kind nie umgehen, das ist so gemein!«

Der fordernde innere Elternanteil

Der fordernde ist die in unserer Kultur häufigste dysfunktionale Form der verinnerlichten Elternanteile. Er ist eng verwandt mit dem inneren Antreiber, wobei sich Letzterer auch als kompensierendes Bewältigungsmuster etablieren und verstärken kann.

Der fordernde Elternanteil setzt unter Druck, ständig aktiv zu sein und noch mehr schaffen zu müssen, als im Alltag oft gelingt. Zwar hat er durchaus auch viele gute Funktionen, erzeugt positiv betrachtet zum Beispiel sowohl Struktur als auch Sinn, das Leben aktiv zu gestalten, Aufgaben zu bewältigen, Verantwortung zu übernehmen. Doch für diejenigen, die sich aufgrund eines übermächtigen Antreibers in Therapie begeben, sind die Nachteile nur allzu offensichtlich. Am häufigsten anzutreffen ist eine ständige Ruhelosigkeit und Gestresstheit, wie sie für die moderne Zeit fast schon sprichwörtlich ist. Der Sympathikus ist überaktiv, wohingegen das Erholungs- und das Ruhebedürfnis, die neurobiologisch über den Parasympathikus aktiviert werden, zu kurz kommen.

Fallbeispiel

Als ein Fallbeispiel möchte ich von einer Klientin berichten, die sehr streng erzogen wurde. Ihre Eltern, Aussiedler aus einem osteuropäischen Land, legten größten Wert auf gute Manieren. »Was die anderen denken könnten« und »Ja nicht negativ auffallen« waren ihre pädagogischen Leitsätze. Besonders die Mutter achtete sehr auf kniggehaftes Benehmen und perfekte Leistungen. So war schon die Note zwei in der Schule eine gerade noch akzeptable, eine Drei bereits eine schlechte und beschämende Leistung.

Meine Klientin fügte sich in diese Rolle und »spielte das Spiel mit«. Dennoch hatte sie gelegentliche Wutausbrüche, bei denen sie minutenlang furchtbar schrie und nicht mehr so schnell zur Ruhe gebracht werden konnte. In einem solchen Streit sagte ihre Mutter einmal: »Seit deiner Geburt bin ich nur noch unglücklich!« Diese Hypothek lastete sehr auf meiner Klientin, weshalb sie versuchte, fortan möglichst perfekt dem Vorstellungsbild ihrer Mutter zu entsprechen. Es ist zu vermuten, dass die Wutausbrüche als eine Reaktion auf den immensen Anpassungs- und Leistungsdruck und die vielen Schuldgefühle erfolgten.

In eine erste depressive Phase geriet sie, als ihr Mann beruflich länger ins Ausland musste, während ihre Tochter gerade vier Jahre alt war. Seither verschlechterte sich ihr Zustand phasenweise immer wieder. Sobald sie merkte, ihren hochgesteckten, perfektionistischen Anforderungen (den kritisch-fordernden Anteilen) nicht mehr gewachsen zu sein, litt sie unter Schuld- und Insuffizienzgefühlen sowie Versagensängsten. Dabei zog sie sich vollkommen niedergeschlagen ins Bett zurück und grübelte stundenlang, ohne einen Ausweg zu finden. Der Kreislauf aus überhöhten Ansprüchen, großen Anstrengungen, diese zu erfüllen, Insuffizienzgefühlen und endlosen Grübeleien führte zu einem ausgeprägten depressiven Erschöpfungssyndrom. Dennoch dauerte es noch weitere vier Jahre, bis sie auf den Rat ihres Arztes eine Psychotherapie aufsuchte.

Es ist nicht selten, dass Menschen mit solch ausgeprägten fordernden und kritischen Anteilen erst sehr spät in die Therapie gelangen, da sie ja gerade von sich erwarten, alles selbst schaffen zu müssen, und den Therapiebesuch als ein Aufgeben bzw. ein Zeichen des eigenen Scheiterns oder zumindest eigener Schwäche auffassen. Zusätzlich zu den depressiven Symptomen leiden diese Patienten häufig unter somatischen und Erschöpfungssymptomen, da sie mit dem Suchen externer Hilfe oft so lange warten, bis sich die Belastungen körperlich niederschlagen. Wie im obigen Fall bilden bei Personen mit einem sehr ausgeprägten fordernden Modus ganz häufig erst auftretende psychosomatische Beschwerden die Legitimation für eine Therapie.

Der innere Kritiker und innere Antreiber als Zwillingspaar

In vielen Therapieformen werden für die aus einer Überaktivierung des Sympathikus ableitbaren Krankheitsbilder des Bluthochdrucks, Schlafstörungen, Herzrasens (samt Folgesymptomatik) sowie verschiedenste Ängste und Erschöpfungssyndrome, vor allem Entspannungsübungen der progressiven Muskelrelaxation nach Jacobson oder autogenes Training angeboten. Meditationen, Yoga und viele andere körperorientierte und den Geist entspannende Verfahren sowie die gegenwärtige Welle der Achtsamkeit sind zweifellos als auch kulturell wichtige Kompensationsversuche zu verstehen, der Übermacht der inneren (und äußeren) Antreiber und ihrer gesundheitsgefährdenden Wirkung etwas entgegenzusetzen.

Die Grundidee der Schematherapie setzt auf einer tieferen Ebene an. Ausgangspunkt ist die in unserem Kulturkreis weitverbreitete Lebenserfahrung, dass das Grundbedürfnis nach Anerkennung und dessen ständige Bedrohung, Ablehnung zu erfahren, unmittelbar gekoppelt sind mit unseren Kognitionen und unserem Verhalten. Erst wenn wir sehr viel leisten und uns außerdem konform verhalten, sind wir es wert, Anerkennung zu erhalten – so lautet die biografische Grunderfahrung vieler Generationen. Sobald das Selbstwertempfinden aber nur über diesen Funktionsmechanismus reguliert wird, sind wir sehr abhängig vom Ausmaß bzw. von der Heftigkeit innerer und äußerer Kritik, die sich vielfach allein an unserem Tun, an dessen Erfolg oder Misserfolg und unserer Leistung bzw. unseren Fehlern festzumachen droht. Daher sind innerer Antreiber und innerer Kritiker oft eng miteinander verknüpft, und nur die Zeitdimension mag sich unterscheiden: Der innere Kritiker verweist tendenziell mehr in die jüngste Vergangenheit, der Antreiber hingegen als aktiver, dominanter Anteil in Gegenwart und Zukunft. Ansonsten treten sie gern als Zwillingspaar auf. Nicht umsonst nennt beispielsweise Young sie in einem Atemzug und betrachtet sie als einen gemeinsamen Modus, wenn er vom kritisch-fordernden inneren Elternanteil spricht.

Die psychischen Folgen des Zusammenwirkens dieses Zwillingspaares können gewaltige Ausmaße annehmen. Die verinnerlichten Forderungen plus die damit verbundene Angst, den eigenen wie fremden Ansprüchen nicht gerecht zu werden, erzeugen Erschöpfung und in der Folge eine Reihe von Störungen und sonstige Komplikationen: Versagensängste und Insuffizienzgefühle, Rückzug, Antriebslosigkeit und Lähmung, womit wir uns dann bereits mitten im Bereich der depressiven Erlebnis- und Verhaltensmuster befinden. Zudem entstehen oft Zukunfts- und andere existenzielle bzw. in diffuser Form generalisierte Ängste, und zugespitzt sind auch diverse Zwangsstörungen auf besonders rigide kritisch-fordernde innere Anteile zurückzuführen.

Systemische Ergänzung: Der ängstlich-verstrickende innere Elternanteil
Handelt es sich bei den bislang besprochenen inneren Elternanteilen um solche, die in allen »klassischen« Versionen des Modusmodells vorkommen, so möchte ich mit dem ängstlich-verstrickenden noch ein weiteres Element hinzufügen, das den familiendynamischen Zusammenhang bei der Genese psychischer Störungen zusätzlich unterstreicht. Denn nicht nur aggressiv-dominante, auch allzu ängstlich-defensive und verstrickende elterliche Beziehungsmuster können problematische Wirkung entfalten.

Wenn Eltern ihrem Kind die Botschaft vermitteln, dass die Welt als Ganzes gefährlich ist und andere Menschen bedrohlich sind, strahlen sie Ängstlichkeit aus und wirken auch in dieser Hinsicht als Modell. Sie können außerdem Botschaften der eigenen Schwäche aussenden, indem sie dem Kind oder Jugendlichen durch Worte und/oder Taten das Gefühl geben, dass es bzw. er gebraucht wird, damit sie selbst oder ein anderes Familienmitglied nicht zu sehr leiden oder überhaupt überleben können.

In der Familientherapie wurde für Letzteres das Konzept der Parentifizierung beschrieben, welches die verstrickende Wirkung dieses Beziehungsmusters besonders eindrucksvoll aufzeigt. Die Parentifizierung wirkt dadurch so stark, weil sie dem Kind eine ungeheure Bedeutung für den Erwachsenen zuschreibt und zugleich eine Verantwortung, die vollkommen unangemessen ist. Die Verstrickung kann z. B. dazu veranlassen, sich anstelle der eigentlich zuständigen Eltern um ein anderes (jüngeres oder oft auch krankes) Familienmitglied kümmern zu müssen. Diese Rollenzuschreibung ist häufig belastend für das zum Helfen oder Kümmern auserkorene Kind bzw. den Jugendlichen. Sie nimmt ihm die Freiheit bzw. schränkt diese massiv ein, sich eigenständig und kindgemäß zu entwickeln.

Eine mögliche Folge verstrickender familiärer Beziehungsmuster ist, dass Kinder solcher Eltern sich letztlich nur schwer von zu Hause ablösen und sich auch in späteren Beziehungen nicht zurechtfinden. Das verinnerlichte Credo, es allen recht machen zu müssen, der Vorsatz, stets anderen helfen oder gar diese »retten« zu wollen, kann zu Überforderungen aller Art beitragen. Die Betroffenen tendieren dazu, sich aufzuopfern, und schreiben bei Konflikten sich selbst die Schuld zu. Der Gedanke »Was ich mache, ist nie gut genug« wird dabei leicht zu einer Grundüberzeugung. Da sie eigene Bedürfnisse missachten, erhoffen sie deren Erfüllung umso mehr von ihrem Partner. Da dies jedoch auch umgekehrt einer Überforderung gleichkommt, fühlen sie sich in einer längeren Partnerschaft zumeist eher unverstanden und ausgenutzt.

Die Ängstlichkeit und die erlebte Schwäche der Eltern oder eines Elternteils können also auf die eigene Persönlichkeit abfärben, da jedes Elternteil nolens volens ein Modell ist, von dem Anteile übernommen werden, und sei es nur in Form der Negation, bloß nicht so werden zu wollen wie die schwache Mutter und/oder der schwache Vater. Doch selbst in diesem Fall finden sich häufig von den Eltern übernommene ähnliche Muster der Emotionsregulation und der Beziehungsgestaltung zumindest in Spurenelementen im Repertoire der nachfolgenden Generation.

Es ist daher therapeutisch geboten, sich sowohl mit den verstrickenden Beziehungsmustern als auch mit der (teilweise) idealisierten oder umgekehrt der abgelehnten Vorbildrolle der Eltern auseinanderzusetzen, um damit das Persönlichkeitsprofil der betreffenden Patientin besser verstehen und differenzieren zu können. So kann es im therapeutischen Prozess gelingen, durch gezielte Fragen und Interventionen Teile des Modells und der verstrickenden, Angst induzierenden Botschaften rückwirkend zu relativieren und deren bindende Kraft aufzulösen. Es findet somit ein Abgleich zwischen den Gefühlen und Bedürfnissen der Patientin und den erlebten Beziehungsmustern zu den Eltern statt.

Oft wird als ein Resultat dieses Prozesses Traurigkeit freigesetzt. Diese Traurigkeit zeigt etwas Verlorenes auf: die verlorene Zeit, die verlorene Energie, die Hoffnungen und Enttäuschungen, die vertanen Chancen aufgrund des eigenen Einsatzes, die starke Gebundenheit, die unfrei machte, etc. In der Regel löst und verändert sich mit der Entdeckung dieser Traurigkeit aber auch etwas in der Struktur des Schemas, weshalb sie für emotionsbasierte Therapeuten von unschätzbarem Wert ist. Statt der bisherigen Gebundenheit an andere und der starken Fixierung auf das Helfer- und Retterideal tritt mit dem Empfinden der Traurigkeit die Wahrnehmung des eigenen Selbst und somit ein Prozess der beginnenden Selbstachtung ein.

Das ängstlich-verstrickende Modell erzeugt systemisch gesprochen Kohäsion, womit familiendynamisch das Maß gemeint ist, wie stark der Zusammenhalt ausgeprägt ist und wie sehr sich die Familienmitglieder aufeinander angewiesen erleben, beispielsweise, wie sehr sich jeder einzelne um andere Familienmitglieder kümmert. Je mehr nun eine Familie die Außenwelt als bedrohlich erlebt, desto mehr wächst der Druck auf den inneren Zusammenhalt (die Kohäsion), was wiederum eine Abweichung des einzelnen Mitglieds höchst unerwünscht erscheinen lässt und somit die Individuationschancen reduziert. Dieser Druck kann rasch zu einem Risikofaktor für die psychische Entwicklung von unter solchen Bedingungen aufwachsenden Kindern und Jugendlichen werden. Die negative Dialektik von familiärer Kohäsion und Individuation wurde exemplarisch von Lyman Wynne mit dem Bild eines »Gummizauns« beschrieben, an dem sowohl von außen die Grenzen des Familiensystems überschreiten wollende Eindringlinge als auch nach draußen strebende Mitglieder abprallen (vgl. Wynne, Cromwell u. Matthysse, 1978).

Ängste wie auch andere Symptome können (und sollten) daher therapeutisch auf ihre beziehungsstiftende Funktion untersucht werden, wie sie beispielsweise in Aussagen bzw. Botschaften wie diesen zutage tritt: »Die Außenwelt ist so bedrohlich, daher darfst du nicht allein hinaus, du brauchst unseren Schutz!« Oder, umgekehrt: »Ich brauche dich doch!«, »Jetzt kannst du mich doch nicht im Stich lassen!« Selbstverständlich kann dadurch auch das Gegenteil des Gewünschten ausgelöst werden, wenn das Maß der mit dieser Kohäsion einhergehenden Einengung zu groß wird, wobei sich in aller Regel der Konflikt dann innerlich in Form des schlechten Gewissens weiter fortsetzt.

Ein psychischer Niederschlag des ängstlich-verstrickenden Modells ist letztlich in jedem Fall zu erwarten, sei es als unmittelbare Übernahme der Ängstlichkeit (Identifikation), sei es in der Rolle des Kümmerers bzw. der Helferin (getragen von dem Wunsch, es allen recht machen zu wollen) oder in einer abgeschwächteren Form. Der Konflikt verlagert sich dabei fast immer auf die innere Ebene und wird zu einem Zwiespalt zwischen den Wünschen nach Ablösung und dem Bedürfnis nach Harmonie, Sicherheit und Loyalität. Dieser Konflikt wird besonders virulent, wenn nach Gründung einer eigenen Partnerschaft der neue Partner in Konkurrenz zum Elternsystem gerät und ebenfalls die Loyalität einfordert. Häufig kommt es dann für den Einzelnen zu massiven Loyalitätskonflikten, die den Betroffenen in tiefe Sinnkrisen und depressives Grübeln stürzen können.

In der Therapie wirkt es für die Klientin befreiend, zunächst einmal Verständnis für die immense Konflikthaftigkeit der Situation gewinnen zu dürfen, um auf dieser Basis an den belastenden Gefühlen und Bedürfnissen anzusetzen und diese als weiteren Schritt angemessen auszudrücken. Das systemisch bewährte Sowohl-als-auch-Muster wird dieser Gefühlsspannung besonders gut gerecht.

Fallbeispiel

Ein gut aussehender, schlanker 40-jähriger Patient kommt wegen depressiver Stimmungen zu mir. In der jüngsten Vergangenheit gab es Konflikte zwischen seiner Partnerin und seinen Eltern. Wie sich zeigt, ist er noch sehr an seine Herkunftsfamilie gebunden; akut leidet er unter extremen Loyalitätskonflikten. Seine Eltern erwarten, dass er mindestens einmal pro Woche, am besten am Wochenende, zu einer Mahlzeit vorbeikommt. Seine Gattin hat sich jedoch mit seinen Eltern überworfen und lehnt daher die gemeinsamen Besuche ab. Verständlicherweise stört es sie auch, dass er sich einerseits so abhängig und andererseits so verantwortlich gegenüber seinen Eltern zeigt und sich nicht »Nein« zu sagen traut.

Wir arbeiten in der Therapie an einer klaren Aussprache seiner Gefühle und Bedürfnisse: »Ich fühle mich oft eingeengt und für euch verantwortlich. Ich möchte es euch gern recht machen und euch nicht verletzen, auch wenn ich zu meiner Partnerin halte, so dass ich derzeit noch ein schlechtes Gewissen bekomme, wenn ich am Sonntag nicht bei euch vorbeikomme. Das macht mir doch arg zu schaffen und quält mich innerlich sehr. Ich wünsche mir mehr Freiheit, zu tun, was ich und meine Partnerschaft brauchen. Auch dann bleibe ich mit euch verbunden. Aber ich muss meinen eigenen Weg gehen lernen, auch wenn es mir manchmal schwerfällt. Daher wünsche ich mir, dass ihr mich versteht. Ich möchte euch verbunden bleiben, auch wenn ich zu meiner Partnerin halte und stehe.«

Hier zeigt sich deutlich das überaus fruchtbare Zusammenwirken systemischer und emotionsbasierter Modelle und Interventionsmöglichkeiten. Aus systemischer Sicht ist die Integration beider Bedürfnisse wichtig, allerdings auch eine klare Priorisierung. Um jedoch die starken Gefühle der Hemmung zu überwinden, ist es bedeutsam, die Emotionen zu aktivieren und mittels Stuhldialog und direkter Anrede deren verstrickend-vermeidende Logik zu überwinden.

Der Innere-Kind-Modus und der verletzte innere Kindanteil
Der Innere-Kind-Modus umschreibt eine Kategorie, die das emotionale Herzstück der Schematherapie darstellt. Die verschiedenen inneren Kindanteile verweisen dabei auf frühe biografische Schemata, die auch in der Erwachsenenwelt des Patienten eine entscheidende Rolle einnehmen können. Neurobiologisch würde ich sie als neuronale Netze beschreiben, die sich bereits in der Kindheit oder Jugend im limbischen System auf eine Art und Weise gebahnt haben, dass sie durch Auslösesituationen in der Gegenwart angetriggert werden und somit sowohl die Ausschüttung von Hormonen und Neurotransmittern als auch das Entstehen konditionierter emotionaler und kognitiver Muster bewirken.

Der verletzte innere Kindanteil
Einen ganz wesentlichen Stellenwert innerhalb der konzeptionellen Architektur der Schematherapie nehmen die verletzten Kindanteile ein, die eine Art Oberbegriff für all jene Schemata bilden, die in ihrer Entstehung mit Traumatisierungen, aber auch mit schleichenden Vernachlässigungen einhergehen. Auch in der Traumaforschung ist die Unterscheidung zwischen einem Schocktrauma und einem Entwicklungstrauma gebräuchlich (vgl. z. B. Levine u. Frederick, 1999).

Als im Kontext des Innere-Kind-Modus bzw. dessen verletzter Anteile häufigste und gleichzeitig besonders elementare Schemata lassen sich aus meiner Sicht folgende »Big Four« aufzählen:

> Verlassenheit/im Stich gelassen/Instabilität
> Misstrauen/Missbrauch/Misshandlung
> Emotionale Entbehrung/Vernachlässigung
> Unzulänglichkeit/Scham

Allerdings treten diese Schemata sehr selten singulär auf. In einer Vielzahl der Fälle sind sie auf die eine oder andere Art miteinander verknüpft, weshalb es sich bewährt hat, in der Therapie mit dem verletzten Kindanteil als Gesamtheit zu arbeiten und nicht unbedingt mit den Schemata im Einzelnen.

Während die *Bewältigungsmuster* insofern sehr auffallen, als sie unsere Persönlichkeit und unser Verhalten in bestimmten Situationen besonders prägen und auch nach außen sichtbar werden, bleiben die verletzten Kindanteile meist im Verborgenen. Die Konflikte, die aus ihnen entstehen, sind latent. Sie manifestieren sich zumeist erst, wenn sie in gegenwärtigen Konflikten und Ängsten offenbar werden oder, anders ausgedrückt: Sobald Schemata aus der Kindheit und Jugend angetriggert werden, erzeugen sie ein hohes akutes Erregungs- und Konfliktpotenzial.

Fallbeispiel

Frau Kramer wurde, wie bereits im Abschnitt über die inneren strafenden Elternanteile kurz erwähnt, in der Kindheit und Jugend immer wieder Opfer häuslicher Gewalt. Bei kleinsten Abweichungen von den rigiden Regeln und auch aus purer Willkür schlug der Vater sowohl ihre Mutter und ihren Bruder als auch sie selbst. Sie leitete viele Bewältigungsmuster aus diesen Verletzungen und der überwältigenden Angst vor erneuten Misshandlungen ab. Zu ihrem Schutz versuchte sie natürlich, es dem Vater möglichst immer recht zu machen, sich übermäßig anzupassen und unterzuordnen – Widerworte führten nur zu dessen noch größerem Zorn.

Heute ist ihr Vater seit vielen Jahren verstorben, sie ist verheiratet mit einem Ehemann, der noch nie körperliche Gewalt gegen sie angewendet hat. Jedoch gleicht der Ehemann insofern ihrem Vater, als auch er rigide Regeln aufstellt und ihre Unterordnung einfordert, indem er sie bei Abweichungen von diesen Regeln unmittelbar, wenn auch subtil, beispielsweise mit Vorwürfen und Abwertungen sowie in der Folge mit lang anhaltendem Schweigen bestraft.

Wenn Frau Kramer in eine Situation gerät, eine Vorschrift ihres Mannes womöglich zu verletzen bzw. eine seiner Erwartungen nicht zu erfüllen, beispielsweise wenn sie mit einer Nachbarin, die er nicht mag, kurz am Zaun plaudert oder ein paar Minuten nach ihm nach Hause kommt, reicht dies in der Gegenwart bereits aus, ein solch starkes schlechtes Gewissen auszulösen, dass unmittelbar eine schmerzhafte psychosomatische Reaktion bei ihr eintritt, die als fibromyalgischer Schub bezeichnet wird.

Als verletzte Kindanteile können somit die vielen traumatisierenden Erfahrungen der Erniedrigung, der körperlich und seelisch erlebten Schmerzen und der ständigen Angst vor Strafe gesehen werden. Sie werden bereits durch die Furcht vor dem ablehnenden Verhalten des Ehemannes angetriggert, und zwar schon antizipatorisch, selbst wenn noch keine Ablehnung eingetreten ist.

Doch auch bei wesentlich weniger dramatischen Vorkommnissen sind verletzte Kindanteile oft entscheidend für gegenwärtige Probleme.

Fallbeispiel
Eine als depressiv klassifizierte Patientin berichtet, dass sie deshalb so sehr unter dem Kontakt mit ihrer Schwägerin leidet, weil sie diese sowie deren Kinder ununterbrochen mit sich und ihren eigenen vergleiche und bei jeder für sie selbst ungünstig anmutenden Diskrepanz extrem an sich zweifle. Dies führe dazu, dass sie sich dann ins Bett zurückziehe und unerbittlich abwerte, so dass sie selbst in der Therapie von eindeutig depressiven Zügen spricht.

Es kristallisiert sich heraus, dass in ihrer Kindheit die emotionalen Entbehrungen, die sie erlitten hat, häufig mit Abwertungen untermauert wurden (sie sei nicht so lieb, brav, nett wie eine bestimmte Cousine) und generell höchster Wert auf die Außenwirkung gelegt wurde. Dies manifestierte sich in der familiären Leitfrage »Was nur die Leute denken könnten!«. Die in der Kindheit erlebten Ablehnungen wurden also sehr häufig durch den Vergleich mit besagter Cousine verstärkt, und so löst das fast zwanghaft anmutende innere Vergleichen mit ihrer Schwägerin auch heute Gefühle der (Selbst-)Ablehnung und tiefsten Wertlosigkeit bei ihr aus.

Wie die Beispiele zeigen, entwickeln sich aus dem Modus des verletzten Kinds immer auch automatische, im weiteren Verlauf des Lebens selbstreferenziell sich wiederholende Bewältigungsmuster (im Fall auf S. 190) primär kompensatorisch der Perfektionismus der Patientin, sekundär ihr Rückzug ins Bett) und innere Konflikte (das Vergleichen und die Selbstabwertungen als Ausdruck der verinnerlichten kritischen Elternanteile). In diesem Dreieck zwischen verletzbaren Kindanteilen, Bewältigungsmustern und den verschiedenen inneren Elternanteilen sind sehr hohe Konfliktspannungen enthalten, die Energien binden und Stresssymptome, Ängste und Leidenszustände generieren.

Daher wird es in jeder Schematherapie darauf ankommen, die verletzbaren Anteile erkennen zu können und für den Patienten selbst versteh- und annehmbar zu machen. Diese Aufgaben werden in der therapeutischen Arbeit zunächst durch das Vorgehen und das therapeutische Modell aufgezeigt, später dann im Sinne der Selbstwirksamkeit und der Selbstheilung dem gesunden Erwachsenen zugedacht.

Ein Werkzeug, mit dem Patienten ihre verletzbaren Kindanteile zwischen den Sitzungen besser beobachten und verstehen lernen können, ist ein Selbstfragebogen wie dieser (Tab. 7):

Tabelle 7: Selbstfragebogen zu verletzbaren Kindanteilen

Wie erkenne ich, dass ich mich im Modus des verletzten Kindes befinde?
Typische Merkmale:
Typische Auslöser:
Typische Gefühle:
Typische Gedanken:
Typische körperliche Reaktionen:
Typische Bewältigungsmuster:
Welche Modi folgen darauf (z. B. kritischer oder strafender Elternmodus oder trotziger Kindmodus)?
An welche Kindheitsszenen erinnert mich dieser verletzte Kind-Modus?
Welche Bedürfnisse sind zu kurz gekommen bzw. verletzt worden?
Hilft mein bisheriges Verhalten, diese Bedürfnisse erfüllt zu bekommen?
Wie kann ich für diese Bedürfnisse besser eintreten?

Die Arbeit mit den verletzbaren Kindanteilen setzt eine für systemisch orientierte Therapeutinnen leicht veränderte Haltung voraus. Das Prinzip der Gleichrangigkeit und der elementaren Selbstverantwortung des Klienten wird zwar nicht grundsätzlich aufgehoben, jedoch durch das Prinzip der zeitlich begrenzten therapeutischen Fürsorge speziell für die zu kurz gekommenen bzw. verletzten kindlichen Anteile ergänzt.

Diese bilden immerhin eine das psychische System unserer Klienten in bestimmten Strukturmerkmalen determinierende Bedingung. Die neuronalen, die Mandelkerne des limbischen Systems durchdringenden Bahnen sind insbesondere bei Traumatisierungen aufgrund von Verdrängungs- und Dissoziierungsprozessen in aller Regel wenig mit wohlwollenden, verstehenden, ressourcen- und lösungsorientierten Bahnungen vernetzt. Es gilt daher in der Therapie, Erfahrungen zu generieren, die es möglich machen, die verletzten Kindanteile besser zu integrieren, was als Koppelung der psychischen mit der biologischen Ebene bedeutet, den angstbesetzten und traumatischen Schemata mit akzeptierenden, wohlwollenden und mitfühlenden Botschaften zu begegnen und dadurch auch neue Synapsen und Bahnungen zu ermöglichen. Wenn dies mittels einer Therapie gelingt, können korrigierende Beziehungserfahrungen den Klienten unterstützen sich in seiner Emotionsregulation weiterzuentwickeln (vgl. auch das psychodynamische Konzept des britischen Kinderarztes Donald Winnicott (1896–1971).

Dazu bietet die Schematherapie unter anderem die Methode des *Reparentings* an. Der Therapeut schlüpft dabei vorübergehend in die Rolle einer fürsorglichen elterlichen Bezugsperson und versucht akzentuiert (also nicht als Dauerlösung) die Haltung von gütigen, wohlwollenden, akzeptierenden und fürsorglichen, mit einem Wort »guten« Eltern einzunehmen, um auf diese Weise partiell auszugleichen und mit neuen Erfahrungen zu versehen, was bisher zu den verletzten inneren Anteilen geführt hatte. Da diese zum Teil abgespalten bzw. verdrängt waren und zumeist in Form verschiedener (dysfunktionaler) Bewältigungsmuster beschützt und auf diese Weise im Verborgenen weitergewirkt hatten, gilt es diese durch die vertrauenserweckende, zugewandte Haltung erst zugänglich zu machen und dafür die Voraussetzung zu schaffen.

Ähnlich wie bei der Innere-Kind-Arbeit gilt es also letztendlich, die verletzten Kindanteile nachträglich zu heilen, was zunächst bedeutet, sie anzunehmen, zu verstehen und ihnen mit Empathie begegnen zu lernen. Im nächsten Schritt wird angestrebt, diese Haltung den Klientinnen selbst gegenüber seinen verletzten Anteilen einnehmen zu lassen. Geeignete Werkzeuge für diese oft sehr intensive Arbeit werden wir in den nächsten Abschnitten kennenlernen.

Der wütende innere Kindanteil

Wenn wir in der therapeutischen Arbeit auf einen wütenden Kindanteil stoßen, kann dieser verschiedene entstehungsgeschichtliche Ursachen haben. Häufig hat er sich als spätere Reaktion auf einen verletzten Anteil entwickelt, da sich Heranwachsende in jugendlichem Alter teilweise leichter wehren können, sobald sie sich angegriffen fühlen. In diesem Sinne ist jede Form der Aggressivität ein zumeist wirksamer Selbstschutzmechanismus, der sich als Bewältigungsmuster vielleicht erst in der Pubertät oder der Adoleszenz organisiert hat. Doch auch bei kleinen Kindern zeigen sich wütende Anteile im trotzigen oder impulsiven Modus.

Der wütende Anteil ist deshalb bei manchen Patienten zum automatischen Reaktionsmuster geworden, weil er sich für sie in gewisser Weise bewährt hat – man lernt, auf sich aufmerksam zu machen, flößt anderen Respekt ein, zeigt sich wehrhaft, lässt nichts auf sich sitzen, rächt sich für erlittene Demütigungen, demonstriert Stärke etc. Allerdings kann er natürlich auch Schaden anrichten, da die meisten Menschen sich die Aggressivität anderer nicht einfach klaglos gefallen lassen, und es daher dazu kommen kann, dass beispielsweise Freundinnen einem sich oft wütend gebärdenden Menschen mehr und mehr aus dem Weg gehen oder Partner sich verletzt zurückziehen und somit neue Entbehrungen, Enttäuschungen und Verlusterfahrungen erzeugt werden.

Ein anderer möglicher Grund für aggressives Auftreten in der Lebensgeschichte besteht darin, dass die betreffende Person nicht gelernt hat und es nicht gewohnt ist, Kritik oder Grenzen zu erleben. Wie ein verwöhntes Kind im Supermarkt, das jetzt unbedingt dieses Spielzeug haben will und durch nichts in der Welt von diesem Impuls abzurücken bereit wäre, schreit der wütend-impulsive Kindanteil empört um sein vermeintliches Recht: »Es steht mir zu!«, oder umgekehrt: »Es steht anderen nicht zu, mich so zu behandeln, mich einzuschränken, mich zu kritisieren …!«

Die beiden genannten Grundvarianten von Wutanteilen sind für die therapeutische Arbeit zu unterscheiden, da erstere einer Notwehrreaktion gleicht, die gelernt wurde, um durch Aggressionen die eigene Verletzlichkeit zu kompensieren, nach dem Motto »Angriff ist die beste Verteidigung«. Bei der Behandlung wird es darauf ankommen, die verletzliche Seite und die damit verbundenen zu kurz gekommenen oder bedrohten Bedürfnisse herauszuarbeiten, um Strategien zu entwickeln, für diese einzutreten und sie zu heilen, statt durch aggressives Verhalten weiteren Schaden zu erzeugen.

Bei dem wütenden Kindanteil hingegen, der aus mangelnden Grenzen resultiert, ist es schwieriger, eine bedürfnisorientierte Ursache herauszufinden. Das Kind selbst würde es schließlich niemals als sein Bedürfnis betrachten können, auf das gewünschte Spielzeug zu verzichten. Ganz im Gegenteil – das Bedürfnis nach ständiger Befriedigung der kindlichen Lust steht ja sogar im Vordergrund. Daher sprechen Psychologen hier auch von einer *primären* Wut, während bei derjenigen, die als Selbstschutz zur Abwehr eines verletzten Kindanteils eingesetzt wird, von einer *sekundären* Emotion ausgegangen werden kann.

Bei der Behandlung der *primären* Wut des tendenziell eher verwöhnten Kindanteils besteht somit eine wesentliche Schwierigkeit aufseiten des Klienten darin, als Therapieziel überhaupt erst einmal die Bereitschaft zur Eingrenzung zu akzeptieren. Potenzielle Anreize bzw. Vorteile können dabei sowohl auf der biologischen Ebene liegen, da mit der Wut ja stets eine gewisse Stressbelastung einhergeht (Ausschüttung von Stresshormonen), als auch auf der sozialen Ebene, wo die Wut häufig Schaden anrichtet, indem Beziehungen latent belastet bis akut gefährdet werden. Beides kann sich wiederum auf der psychischen Ebene in Grübeleien, gedanklichen Schuldvorwürfen, Hass und Groll, aber auch in Verlust- und Versagensängsten niederschlagen.

Zielführend können hier nun konfrontative therapeutische Interventionen sein, die der Patientin Grenzen aufzeigen, sowie Maßnahmen, sie zu Empathie mit anderen zu veranlassen. Dabei kann es helfen, die Handlungsmotive anderer Personen als nicht gegen sich persönlich gerichtet aufzufassen, sondern deren Absichten zu *normalisieren,* sie also, statt sie ständig zu verurteilen, neutraler zu sehen, vielleicht sogar das Verhalten der anderen als deren persönliche Bewältigungsmuster interpretieren zu lernen. Diese Denkansätze lassen sich letztlich idealerweise in eine begrenzt mitfühlende Haltung wandeln, frei nach dem Motto »Leben und leben lassen«. Ziel ist es, durch eine zusätzliche Fokussierung auf den inneren Kritiker nicht nur einen toleranteren Umgang mit den vermeintlichen Fehlern anderer zu finden, sondern gleichermaßen die eigenen Schwächen besser zu akzeptieren.

Bei der Wut wiederum, die sich als Notwehrreaktion (*sekundäre* Emotion) etabliert hat, gilt es die eigene Aggression in Verbindung mit einem möglichen eigenen Hilflosigkeitsempfinden wahrzunehmen. Die therapeutische Aufmerksamkeit richtet sich also auf die Gefühle und Impulse, die vor dem Umschlagen in den wütenden Modus in uns passieren. Sobald die Wut aufsteigt, soll der Klient innehalten und in sich hineinspüren, welcher Modus und welche begleitenden Emotionen gerade angetriggert wurden. Dazu kann unterstützend eine Atemübung eingesetzt werden, um die unmittelbare adrenerge Reaktionsweise zu verringern und dadurch die Kontrolle über die direkte aggressive Reaktionsweise zu reorganisieren. Auch eine Unterbrechung des konditionierten Handlungsstrangs durch z. B. kurzfristiges Verlassen des Raumes ist potenziell hilfreich, ebenso auf der kognitiven Ebene die autosuggestive Verbalisierung von einfachen, aber beruhigenden Sätzen wie »Ich bin okay, du bist okay« oder »Auch wenn ich mich angegriffen fühle, bin ich vollkommen okay«. Die sehr effektive Arbeit mit den zugrundeliegenden Emotionen wird im folgenden Abschnitt detailliert geschildert.

2.2.5 Therapeutische Methoden 1: Werkzeuge und Basisinterventionen

Die Schematherapie ist nicht nur wegen ihrer innovativen therapeutischen Konzeptualisierung eine sich rasch entwickelnde Therapieform, die sich besonders in den angelsächsischen Ländern, aber ebenso im deutschsprachigen Raum auf dem Vormarsch befindet. Auch ihr Methodenrepertoire ist sehr vielseitig und ansprechend – es reicht von umfangreichen Fragebögen und komplexen Fallanalysen bis hin zu intensiven erlebnisorientierten Interventionen.

Zudem bietet sie neue Grundlagen für die sogenannte Psychoedukation[28], und auch die Selbstreflexion jedes Patienten kann durch die anschaulichen Modellbildungen sehr angeregt werden. Sie kann gleichermaßen die Patientin emotional aktivieren wie auch ihr für das strukturelle Verstehen ihrer Emotionen und Verhaltensmuster sehr nützlich sein. Symptome bekommen einen anderen Stellenwert, so dass sie besser in ihren zwischenmenschlichen und biografischen Zusammenhängen begriffen werden können.

Modusmodell als Tool

Schon das Modusmodell selbst kann in grafischer Form als ein sehr anregendes Tool begriffen werden (Abb. 9), in dem sich Patienten bereits beim bloßen Betrachten wiederfinden und sich selbst beschreiben können. Deshalb hängt auf einer Flipchart in meiner Praxis auch eine Darstellung des Modells und lädt ein, sich damit zu beschäftigen.

Es lässt sich aufgrund seiner exzellenten Reduktion der Komplexität eines umfassenden Persönlichkeitsmodells relativ leicht und schnell erläutern. Dass gleichzeitig der Blick ad hoc frei wird für die dysfunktionalen Zusammenhänge von Lebensgeschichten mit all ihren persönlichkeitsakzentuierenden Prägungen und dieser Blick dennoch in erster Linie auf einer Achse zwischen *wertneutral* und *wohlwollend-akzeptierend-wertschätzend* verläuft, ist ein weiterer nicht zu unterschätzender Vorteil der schematherapeutischen Modellbildung. So ist eine Psychoedukation und Auftragsklärung mittels des Modusmodells möglich.

---

28 Der Begriff Psychoedukation ist in der systemischen Therapie berechtigterweise umstritten, da er einen Erziehungsauftrag auf Basis eines Wissensvorsprungs des Therapeuten suggeriert, was jedoch die systemische Gleichrangigkeit konterkarieren würde. Daher verwendet zum Beispiel Gunther Schmidt für Erklärungen zu seinem Therapieverständnis lieber den Ausdruck »Produktinformation« (zitiert aus verschiedenen Seminaren mit Schmidt). Um begriffliche Verwirrung zu vermeiden, bleibe ich im Folgenden dennoch bei der herkömmlichen Formulierung.

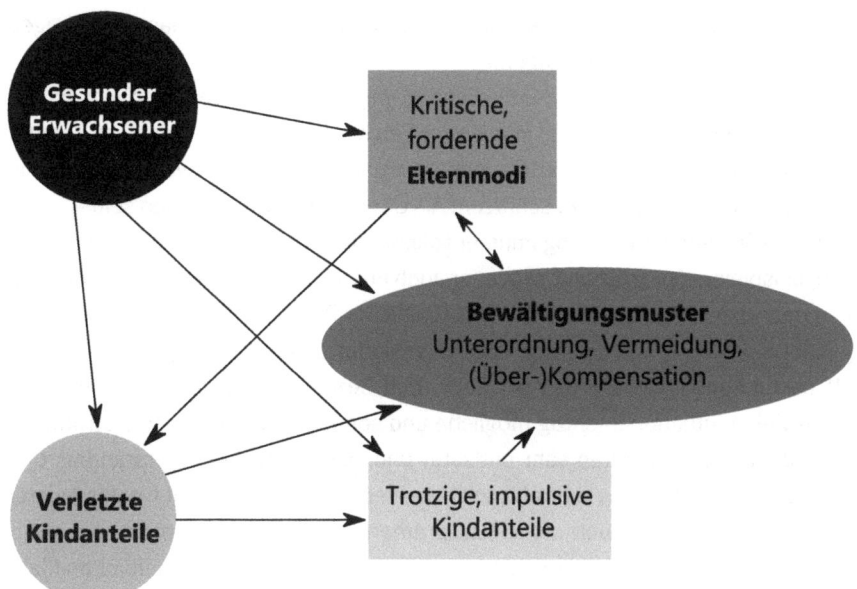

Abbildung 9: Modusmodell als Tool

Fallbeispiel

Falls es sich im Laufe einer beginnenden Therapie anbietet, z. B. weil der Klient sehr komplexe und langwierige psychische Problembeschreibungen vorträgt, verweise ich gern auf das viele Dinge vereinfachende Modusmodell bzw. dessen grafische Darstellung in meiner Praxis.

Wenn der Klient dafür Interesse signalisiert, beginne ich meine Erläuterung meist mit einem Fingerzeig auf den *verletzbaren Kindmodus.* Ich erörtere, dass wohl jedes menschliche Lebewesen verletzbare Anteile in sich trägt, womit ich implizit unterstreiche, dass es wirklich keine Schande ist, sich mit diesem Anteil auseinanderzusetzen. Im Gegenteil, betone ich manchmal, es seien sogar so manche Schätze darin verborgen, da hinter den Verletzungen unsere seelischen Grundbedürfnisse (nach Anerkennung, Zuwendung etc.) lägen, die wir möglicherweise längst verdrängt oder als reine Sehnsüchte und Idealbildungen abgespalten hätten. Somit versuche ich von Beginn an, das Schema-Modusmodell insgesamt, also selbst in seinen schmerzlichen Anteilen, als enorm ressourcenorientiert begreifbar zu machen. Die Verletzungen selbst könnten, so führe ich weiter aus, erinnerbare Vorkommnisse wie Misshandlungen, Bestrafungen, kleine oder größere Traumatisierungen sein, aber auch kontinuierlich erlebte Entbehrungen und Vernachlässigungen. Letztere müssten nicht spektakulär aufgetreten sein, daher würden sie oft auch als »eher normal« abgespeichert. Erst im Kontrast zu anderen

Menschen und deren familiären Kontexten träten uns diese Vernachlässigungen teilweise offensichtlich vor Augen.

Anschließend komme ich auf die *Bewältigungsmuster* zu sprechen. Diese hätten wir – sei es unmittelbar, sei es in weiterer Folge – als überlebenswichtige Reaktionen entwickelt, um solche Verletzungen auszuhalten und zu bewältigen bzw. uns vor psychischem Schmerz zu schützen. Als Überlebensstrategie seien selbst sozial nicht erwünschte Bewältigungsmuster vollkommen normal und angemessen gewesen, beispielsweise Trotz und Wut, aber auch Erdulden, Verdrängen, Sich-Unterordnen und Vermeiden, sobald unser ursprünglicher Protest keine Chance auf Erfolg gehabt hatte. Hier werden also ebenfalls wieder unangenehme, allgemein eher als dysfunktional bewertete Verhaltens- und Beziehungsmuster psychoedukativ als in vielen Situationen einzig mögliche und somit anerkennenswerte Strategien umgedeutet, was Klienten sehr entlastet und sich für ihr Selbstverständnis und ihre Selbstakzeptanz als sehr nützlich erweisen kann. Gleiches gilt für das Muster des Kompensierens. Auch diesen Zusammenhang führe ich in meinen psychoedukativen Erläuterungen gern aus, da er das im politisch-gesellschaftlichen Mainstream vorherrschende Leistungs- und Erfolgsdenken zumindest relativiert. Über den Weg des braven, angepassten Verhaltens und/oder der pflichtschuldigen oder auch ehrgeizigen Leistungserfüllung versuchten wir, Anerkennung und Zuwendung zu erlangen, was ja sozial durchaus erwünscht sei, allerdings auf lange Sicht auch sehr anstrengend und erschöpfend sein könne.

Während der *Trotzige oder Impulsive Kindanteil* von mir nur bei Patientinnen erwähnt wird, die wegen ihrer Aggressivität, beispielsweise einer Impulskontrollstörung, oder aufgrund narzisstischer oder instabiler Persönlichkeitsakzentuierungen die Praxis aufgesucht haben, verdient der *Kritisch-fordernde Elternanteil* eine etwas eingehendere Betrachtung, da er nicht sofort einleuchtend ist bzw. verständlich wird – wie kommt es, dass ein Anteil mir innewohnt, der mir offensichtlich eher Schaden zufügt? Als einfaches Erklärungsmodell lässt sich nun anführen, dass wir diese kritischen Stimmen bereits in der Vergangenheit verinnerlicht haben, sei es aus Gewohnheit (also durch die häufige Konfrontierung mit ihnen), aus Loyalität mit dem kritisierenden Elternteil, aufgrund des schlichten Lernens am Modell oder aus Angst vor dem kritischen, vorwurfsvollen oder bestrafenden Elternteil, das heißt, um uns vor dieser Stimme zu schützen, indem wir ihr selbst zuvorkommen. In jedem Fall sind die kritischen Stimmen oft unerbittlich und schlagen perfiderweise gern genau dann zu, wenn unsere bewährten Bewältigungsmuster, wie z. B. das Kompensieren oder das Vermeiden, nicht (mehr) funktionieren und die verletzlichen Kindanteile infolgedessen nicht mehr genügend geschützt sind, sondern bloßliegen. Umso heftiger wüten dann oft die kritischen inneren Elternanteile, was besonders schmerzhafte Emotionen, schlimme Grübeleien und Spannungszustände erzeugen kann. Daher, so erläutere ich den Klienten gleich an dieser Stelle, würden wir es mit diesen Anteilen – dem verletzten Kind und den kritisch-fordernden Eltern – in der Therapie auch häufig zu tun bekommen und sie direkt bearbeiten, wobei ich immer hinzufüge: »Wenn Sie wollen …«, um die stets gegebene Freiwilligkeit aller Therapieschritte zu unterstreichen.

»Ziel des ganzen Unterfangens bzw. dieses Therapiemodells«, mit diesen Worten beende ich dann meinen psychoedukativen Exkurs in die Schematherapie, »ist die Stärkung des *Gesunden Erwachsenen*. So wird in diesem Modell jene Instanz genannt, die das, was ich Ihnen gerade erklärt habe, auf die eigene Person bezogen versteht, die versucht, die verletzten bzw. verletzbaren Anteile anzunehmen, zu verstehen und zu integrieren, vielleicht auch zu trösten, jedenfalls liebevoll und fürsorglich mit ihnen und den dahinterliegenden Bedürfnissen umzugehen. Dabei helfe ich Ihnen, wenn Sie wollen, so gut ich kann. Darüber hinaus gilt es die Bewältigungsmuster im Sinne Ihrer Bedürfnisse besser abzustimmen, Übertreibungen abzumildern und die kritisch-fordernden Anteile zurückzudrängen. Auch dabei würde ich Ihnen gern helfen.« Je nach Aufmerksamkeitsfokussierung des Klienten kann diese Einführung natürlich auch deutlich kürzer ausfallen.

Bei einer solchen Herangehensweise werden drei wichtige therapeutische Funktionen mit einem »Werkzeug« gleichzeitig erfüllt:
(1) Die geschilderte Darstellung des Modusmodells beschreibt anschaulich ein Konzept, welches wesentliche lebensgeschichtliche Aspekte einer Person in Beziehung mit ihrer Persönlichkeitsentwicklung und mit ihren wesentlichen dysfunktionalen Fühl-, Denk- und Verhaltensmustern – also auch den jeweiligen Symptombildungen und ihren Bedingungen – setzt. Mittels einer nicht allzu komplizierten Grafik werden für die Betroffenen somit verschiedene psychische und beziehungsdynamische hoch relevante Elemente sichtbar gemacht und in einen nachvollziehbaren Zusammenhang gebracht.
(2) Dadurch wirkt es für die meisten Patienten in seiner ebenso einleuchtenden wie erhellenden Plausibilität imponierend und verleiht der Therapeutin die Legitimität einer Person, die tatsächlich einen hermeneutischen Rahmen anzubieten hat, in dem Verständnis für die Hintergründe des persönlichen Gewordenseins des Patienten, für dessen wiederkehrende lebensalltägliche Schwierigkeiten und dessen belastende Gefühls- und Verhaltensweisen generiert wird. Damit wird gleichzeitig für die Betroffenen die hoffnungsvolle Aussicht geschaffen, endlich von einem Menschen in angemessener Komplexität verstanden zu werden, was für viele Patienten ein außerordent-

lich vermisstes Phänomen darstellt. In dem Maße, wie dies gelingt, wird Zuversicht erzeugt, mit dieser Therapie etwas zu erreichen, was bisher noch nicht gelungen ist: ein tieferes Verständnis für sich selbst zu gewinnen und gleichzeitig einen Lösungsweg für akute Probleme vermittelt zu bekommen. Beides sind, wie wir nicht erst aus der Therapieforschung von Klaus Grawe (1998) wissen, wesentliche Wirkfaktoren für eine gelingende Psychotherapie.

(3) Es bieten sich viele verschiedene Möglichkeiten für eine ausdifferenzierte Auftragsklärung. Was anhand der Erkenntnisse aus diesem Modell vom Patienten als veränderungsrelevant erachtet wird, kann anschließend sehr viel differenzierter und eingehender als Fragestellung und möglicher Auftrag verhandelt werden. Wie immer bei der Auftragsklärung ist dies ein dynamischer Prozess, der durch die Präsentation des Modells einen nicht zu unterschätzenden Input erhält, die Zusammenhänge und Veränderungsmöglichkeiten in einem anderen Licht zu betrachten und tiefere Schichten der eigenen psychischen Dynamik sowie möglicher wiederkehrender Muster zu begreifen. Bisher habe ich es noch nicht erlebt, dass ein Klient dieses Werkzeug als Element der Auftragsklärung abgelehnt hätte. Im Gegenteil, für sehr viele werden dadurch Möglichkeitsräume geschaffen, eigene Veränderungsoptionen auch auf Strukturebenen zu erkennen oder zumindest zu erahnen, die bisher noch nicht in den Fokus der (Selbst-)Betrachtung gezogen wurden und auch halbbewusste, latente und/oder affektiv-nebulöse Erlebnis-, Denk- und Verhaltensmuster mit einbeziehen. Mittels der grafischen Darstellung des Modells und dessen erläuternder Beschreibung wird für die therapeutische Auftragsklärung also ein weites Feld eröffnet, das der Komplexität psychischen Erlebens einen für eine differenzierte psychotherapeutische Behandlung angemessenen Rahmen verleiht.

Fallbezogene Exploration als Tool

Für die systematische fallbezogene Exploration existieren innerhalb der Schematherapie verschiedene nützliche Werkzeuge. So entwickelte die Gruppe um Jeffrey Young mehrere Fragebögen, unter anderem den YSQ-S1 bis YSQ-S3 zur Erfassung der verschiedenen Schemata, den SMI zur Erfassung der verschiedenen Kind-Modi, den YPI zur Erfassung der elterlichen Zuwendung, den YCI und den YRAI zur Erfassung spezifischer Bewältigungsmuster (namentlich der Kompensation und der Vermeidung) und den YMI als eine Art zusammenfassende Erhebungstechnik (vgl. u. a. Young, Klosko u. Weishaar, 2005).

Auch Tagebuchaufzeichnungen zur vertieften Exploration und Fallkonzeptionen werden von Schematherapeuten gerne eingesetzt. Das Schema/Modus-

Memo sei hier exemplarisch dargestellt. Es werden die verschiedenen relevanten Schemata eines Betroffenen aufgrund der Selbstbeschreibung des Patienten gesammelt und in einen zeitlichen Zusammenhang gebracht.

Nehmen wir ein konkretes Beispiel: Eine Patientin erlebt eine Auseinandersetzung mit ihrem Freund so, dass sie sich danach sehr traurig und schlecht fühlt. Im therapeutischen Gespräch fällt ihr auf, dass sie sich von ihm nicht wahrgenommen fühlt, was schematherapeutisch dem Schema *Emotionale Entbehrung* zugeordnet werden kann und bei ihr als Bewältigungsmuster automatisch den emotionalen Rückzug auslöst.

Innerlich ist sie dabei noch Stunden danach hocherregt, ihre Gedanken kreisen um alles Negative, was sie mit dieser Situation assoziiert, bis hin zu Trennungsfantasien. Wenn wir nur diesen Ablauf in einem schematherapeutischen Fallkonzept nachzeichnen, lässt er sich wie in Abbildung 10 darstellen:

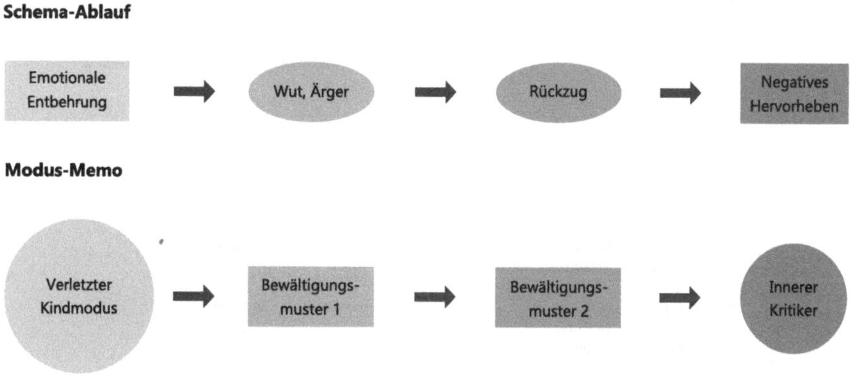

Schema-Ablauf

Emotionale Entbehrung → Wut, Ärger → Rückzug → Negatives Hervorheben

Modus-Memo

Verletzter Kindmodus → Bewältigungsmuster 1 → Bewältigungsmuster 2 → Innerer Kritiker

Abbildung 10: Schema-Ablauf und Modus-Memo

Zur systematischen Erhebung werden nun alle relevanten Gefühle, Gedankengänge, Verhaltensmuster und sonstigen aus dem Kontext resultierenden psychischen wie emotionalen Phänomene in ein Ablaufdiagramm aufgenommen, wobei zunächst eine Auslösesituation definiert wird, welche die Reaktionskette in Gang setzt.

(1) Auslösesituation
(2) Aktivierte Gefühlszustände
(3) Automatische Gedanken und Bewertungen der Situation
(4) Verhaltensmuster
(5) Konsequenzen im weiteren Ablauf

Diese Schritte werden dann mittels der Schema-Analyse in einen präzisen, zeitlich geordneten Ablaufplan eingebracht und können nochmals mittels entsprechender Modus-Memos reflektiert werden.

Eine solche Systematik kann auch dazu anregen, dass der Klient selbst – beispielsweise anhand von Tagebuchaufzeichnungen – seine Schemata besser erkennt und eigenständig in ähnlichen Fallkonzeptualisierungen zu ordnen vermag. Typische Moduslandkarten wie in Abbildung 11 sind ein weiteres geeignetes Mittel zur Veranschaulichung bzw. (Selbst-)Verdeutlichung der dem Schema-Ablauf zugrundeliegenden Wechselbeziehungen.

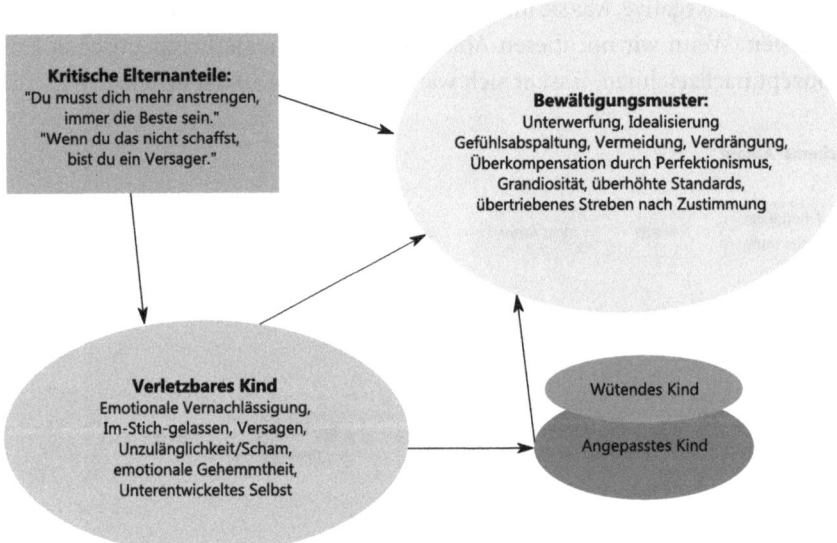

Abbildung 11: Exemplarische Moduslandkarte mit Wechselbeziehungen

In einem nächsten Schritt können schließlich noch Ereignisse und Zusammenhänge aus der Biografie zusammengetragen und hinsichtlich ihrer Effekte auf die Entstehung bzw. Abläufe der Schemata untersucht werden. Da wir davon ausgehen, dass sich die meisten Schemata lebensgeschichtlich in der Kindheit und Jugend herausbilden, bestätigen die Ergebnisse der Fallkonzeptualisierungen, die sich mit der Vergangenheit beschäftigen, oft das Bild unserer gegenwärtigen Moduslandkarten. Zugleich fördern sie das Verständnis für deren Entwicklung bzw. Verstärkung auch aufgrund von äußeren Bedingungen, besonders in Form der Elternanteile, die jedoch zusätzlich um andere Einflusskohorten erweitert werden können (Schule, Peergroups, sonstige relevante Bezugspersonen).

Vor dem Hintergrund der späteren Bearbeitung der verletzbaren Kindanteile, die gemäß der Schematherapie ja den meisten gegenwärtigen Symptomen zugrundeliegen, kann es zusätzlich von Nutzen sein, den Blick in der gleichen oder in einer weiteren Explorationsphase in die Vergangenheit zu lenken und dort nach prägenden Erlebnismustern Ausschau zu halten. Auf daraus resultierende Erzählungen der Patienten über bestimmte Erlebnisse bzw. Zustände aus ihrer Biografie kann der Therapeut dann mit einem Angebot reagieren, diese Berichte mittels verschiedener Methoden aufzugreifen (▶ Kapitel 2.4.2)

Für mich ist eine schematherapeutische Erhebung ohne vorgegebene Struktur, also allein auf Grundlage der Äußerungen innerhalb der Therapiesitzungen, der beste Weg, um gemeinsam mit dem Klienten eine Moduslandkarte zu entwerfen und/oder Schema-Ablaufpläne zu skizzieren. Es ergibt sich dann quasi von selbst, daraus Ideen bzw. Ansätze für eine mögliche Veränderung zu generieren, und regt somit nicht zuletzt die Auftragsklärung sehr an.

Das weitere Vorgehen bzw. methodische Repertoire innerhalb der Schematherapie kann dann analog zur verhaltenstherapeutischen Tradition in vier Obergruppen eingeteilt werden: *kognitive, verhaltensbezogene* und *emotionsaktivierende Interventionen* sowie die *therapeutische Beziehung*.

Kognitive und verhaltensbezogene Interventionen

Aufgrund ihrer Provenienz ist die Schematherapie mit der kognitiven Verhaltenstherapie eng verbunden. Daher gilt das klassische ABC-Modell nach Albert Ellis auch für sie als eine wesentliche Grundlage.

Verändern sich die kognitiven Bewertungen, so die Grundannahme dieses Modells, dann verändern sich auch die damit verbundenen Emotionen und ebenso das daraufffolgende Verhalten. Demgemäß besteht die therapeutische Hauptaufgabe darin, in der Sphäre des im Modell als »B« ausgewiesenen Bereichs die Bewertungen und – wenn möglich – auch die dysfunktionalen Grundüberzeugungen zu bearbeiten und zu verändern.

Das Instrumentarium der therapeutischen Interventionsmöglichkeiten ist dabei innerhalb der kognitiven Verhaltenstherapie sehr groß, aber auch in anderen Therapieverfahren existieren sehr wirkungsvolle Methoden, um Bewertungen und Deutungsmuster zu verändern. Erwähnt seien hier nur die aus der systemischen Therapie bekannten Methoden des positiven Konnotierens und des Reframings, die zum Entwickeln einer positiven Grundhaltung und zur Überwindung des defizitorientierten Blickes sehr viel beitragen können.

Allerdings gibt es zugleich die dem ABC-Modell etwas entgegenstehende neurobiologische Erkenntnis, wonach viele psychotherapeutisch relevante Symptome über konditionierte Automatismen psychischer und somatischer Prozesse entstehen, während die kognitiven Kontroll- und Bewertungsinstanzen in anderen Hirnarealen gesteuert werden – in der Polyvagaltheorie wird ja sogar von der unabhängig vom Bewusstsein ablaufenden Neurozeption gesprochen (▶ Kapitel 1.3.2). Dies spricht eindeutig dafür, die Wirksamkeit kognitiver Therapiemaßnahmen letztlich nicht zu überschätzen und stattdessen häufiger erlebnisorientierte und emotionsbasierte Methoden anzubieten. Doch auch klassisch verhaltensbezogene Maßnahmen erzeugen selbstredend wichtige Veränderungsoptionen.

Vor allem wenn sich als therapeutischer Auftrag eine Veränderung bestimmter Bewältigungsmuster ergeben hat, bieten sich verhaltensbezogene Interventionen an. Hierbei kann das gesamte verhaltenstherapeutische und systemische Repertoire eingesetzt werden, wie beispielsweise Verhaltensanalysen, Rollenspiele, kommunikative Übungen, das Durchspielen von lösungsorientierten Verhaltenssequenzen, Wunderfragen, Als-ob-Interventionen und Hausaufgaben.

2.2.6 Therapeutische Methoden 2: Emotionsaktivierende Interventionen

Das eigentliche Kernstück der Schematherapie bilden indes die emotionsbasierten bzw. aktivierenden Interventionen. Mit ihrer elaborierten Verbindung von Erlebnis- und Lösungsorientierung bedeuten sie nicht nur eine enorme Weiterentwicklung der Psychotherapie im Allgemeinen, sondern repräsentieren aus meiner Sicht auch am besten das besondere Innovationspotenzial des schematherapeutischen Ansatzes nicht nur innerhalb der Verhaltenstherapie sondern gleichermaßen für systemische Therapeutinnen.

Die dabei eingesetzten Techniken und Methoden können im Wesentlichen in zwei Bereiche gegliedert werden: die *Stuhlarbeit* in der Auseinandersetzung mit den verschiedenen inneren Anteilen bzw. Modi und die *Imaginationsarbeit* in der Auseinandersetzung mit imaginierten kritisch, strafend oder in anderer Hinsicht beeinträchtigend erlebten Bezugspersonen, insbesondere den Eltern.

Stuhlarbeit
Für die Stuhlarbeit bieten sich alle Arten dysfunktional erlebter innerer Anteile, die verschiedenen Schemata und vor allem Konflikte zwischen den verschiedenen inneren Modus-Anteilen an.

Kritisch-fordernder Eltern- versus verletzter Kindanteil
Der Hauptkonflikt, an dem die überwiegende Anzahl der Patienten leidet, lässt sich als Konflikt zwischen den kritisch-fordernden Elternanteilen und den verletzten Kindanteilen beschreiben.

Vor allem, wenn wir als Therapeuten Selbstvorwürfe aufseiten des Patienten wahrnehmen, wenn Schuldgefühle, Ärger über sich selbst und Grübeleien auftreten oder wenn der Patient offensichtlich unter den eigenen Ansprüchen an sich leidet, aber auch, wenn das Pflichtbewusstsein oder der innere Antreiber übermäßig dominieren, bietet sich eine Stuhlarbeit zwischen den genannten Anteilen an. Um den Einstieg zu erleichtern bzw. mögliche Hemmungen oder Vorbehalte abzubauen, können wir die beiden Positionen auch den (selbst-) kritisch-bewertenden und den emotional-verletzlichen Anteil nennen (Abb. 12).

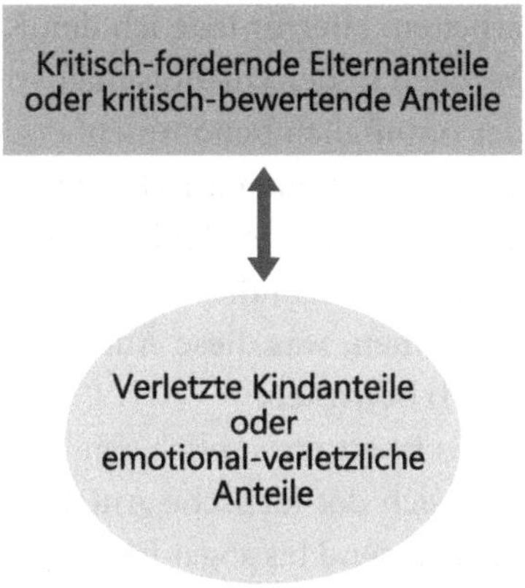

Abbildung 12: Stuhlarbeit; Kritisch-fordernde Elternanteile vs. verletzliche Anteile

Die beiden Anteile bekommen nun zwei klar unterscheidbare Positionen im Raum zugewiesen (am besten zwei Stühle), zwischen denen der Konflikt im Folgenden deutlich herausgearbeitet werden soll.

In der Regel beginnt der Klient aus gegebenem Anlass, also aufgrund aktuell erlebter Selbstvorwürfe, von der Position des kritischen Anteils aus. Dazu lasse ich ihn sich auf einen speziellen Stuhl setzen. Er kritisiert jetzt sich selbst, indem er die Vorwürfe direkt dem anderen Stuhl zugewandt ausspricht, beispielsweise: »Schon wieder hast du dich unmöglich verhalten. Wie oft habe ich dir gesagt, dass du es zu nichts bringst, wenn du deinen Tag so vertrödelst. Du bist einfach nur stinkfaul.«

Wie so oft bei Konflikten werden allerdings auch im inneren Dialog die Inhalts- und Beziehungsaspekte häufig vermischt, beispielsweise, wenn der kritische Anteil viele Aspekte aufzählt oder der verletzliche Anteil sich rechtfertigt bzw. dem kritischen Anteil sogar Recht gibt. Im obigen Beispiel würden dann typischerweise etliche Situationen hervorgehoben, in denen innerhalb der Selbstkritik das Nicht-Erfüllen bestimmter perfektionistischer Erwartungen inhaltlich aufgelistet würde. Entscheidend für die selbstschädigende Wirkung sind aber die impliziten Abwertungen und Verurteilungen, die häufig erst innerhalb der Stuhlarbeit durch die Art der Formulierungen und womöglich den Tonfall zu Tage treten. Doch auch diese besonders verletzenden Aspekte werden von manchen Klienten zunächst noch durch ihren sachlich-rational wirkenden Sprechstil überspielt und somit »latent« gehalten.

Daher ist es wichtig, gerade wenn anfangs nur die inhaltlichen Punkte präsentiert werden, die Kerngehalte der vorwurfsvollen Haltung klar herauszuarbeiten. Hierfür lade ich den Klienten dazu ein, dies auf den anderen Stuhl bezogen in der Du-Botschaft vorzutragen, beispielsweise: »Du hast dich wieder unmöglich benommen!« oder, in der Steigerungsform: »Du bist unmöglich!« Aus therapeutischer Sicht ist es dabei durchaus empfehlenswert, auch häufig im eigenen Denken vorkommende härtere (unerwünschte) Gedankengänge als Formulierungen einzubringen, um gleich in der Folge erkennen zu können, was diese Äußerungen auf der Gefühlsebene (auf dem anderen Stuhl) bewirken.

Es ist oft erstaunlich, wie schnell nun eine Eigendynamik entsteht und wie sehr sich der kritische Anteil bei dieser Übung überaus dominant, teilweise herablassend bis sogar beleidigend einlässt. Für die Herausarbeitung des enormen Spannungspotenzials, welches sich ansonsten nur im Verborgenen der Psyche entfaltet, sind diese Eigendynamik und die dabei häufig auftretende unerwartete Schärfe der kritischen Anteile zunächst durchaus zu begrüßen, da sie deutlich aufzeigen, wie sich der Klient selbst psychisch verletzt und wie innerlich eine schwer aushaltbare Spannung erzeugt wird. Umso heilsamer können schließlich die weiteren Schritte der Therapie ausfallen.

Dann biete ich dem Klienten einen Wechsel auf den »verletzlichen« Stuhl an und frage anschließend: »Was fühlst du hier, wenn du diese Worte hörst?«, wobei ich in der Regel die schlimmsten Äußerungen nochmals wiederhole. Auf der verletzlichen Seite verfehlt diese Form der Kritik nur selten ihre Wirkung. Die erste Reaktion ist häufig nonverbal: Oft wird unmittelbare Traurigkeit in den Augen sichtbar. Emotionsfokussiert betrachtet öffnet sich damit eine Tür, die uns einlädt, diese Gefühle zu unterstützen und dem kritischen Anteil gegenüber auszusprechen. Eine direkte Formulierung, zu der wir den Klienten ermutigen, könnte beispielsweise lauten: »Deine Worte machen mich traurig und klein.« Mit dieser Selbstoffenbarung der auf der Beziehungsebene entstandenen Gefühle kann jetzt ein Prozess der Verständigung und des empathischen Verstehens beginnen.

Viele Patienten sind die kritischen und herablassenden Denkmuster schon so sehr gewohnt, dass sie dem vorwurfsvollen Anteil zunächst zustimmen. Nach beredtem Schweigen folgt dann auf meine Frage, was sie jetzt auf diesem Stuhl fühlen, nicht allzu selten: »Ich muss ihm recht geben, ich bin wirklich selbst schuld« oder dergleichen mehr. Ich greife dann sofort ein und fordere dazu auf, nicht inhaltlich, also nicht auf der Ebene von Recht oder Unrecht zu antworten, sondern einzig und allein in sich hineinzufühlen und zu beschreiben, was die Kritik in ihnen emotional auslöst. Hilfreich kann hierbei auch die Frage nach dem körperlichen Empfinden sein, mit der Submodalität »eher klein oder groß, eher schwach oder stark«.

Spätestens ab diesem Moment ist die Eigendynamik nicht mehr vorhersagbar, und es ist außerordentlich spannend, ob der Klient nun tendenziell eher eine aggressiv-kämpferische oder eine demütig-unterwürfige, sich klein machende Reaktion wählt. Bei der folgenden Beschreibung gehen wir von der weitaus häufigeren Variante aus, die mit einer verletzlichen, kleinlauten und niedergeschlagenen Haltung einhergeht.

Dabei ist es nun ganz wichtig, diesen Gefühlszuständen eine Sprache zu geben, die in ihnen zum Ausdruck kommenden Emotionen zu würdigen und die entsprechende Haltung gemeinsam zu explorieren. Oft geht das mit Tränen einher. Sobald es mir gelingt, die Traurigkeit aufseiten des Klienten aufzuspüren – zumeist zuerst nonverbal, durch feuchter werdende Augen –, spiegele ich diesen Prozess: »Jetzt nehme ich auch Traurigkeit wahr« oder »Das fühlt sich auch für mich traurig an«, worauf der Klient zumeist nickend zustimmt.

Dann fordere ich den verletzlichen Anteil auf, all diese Gefühle gegenüber dem kritisch-vorwurfsvollen Anteil direkt auszusprechen: »Du machst mich traurig« (oder »klein«, »niedergeschlagen«, »wertlos« – welche Formulierung auch immer am besten für den verletzlichen Anteil passt). Hier ist ebenfalls wieder die Du-Form besonders hilfreich, da sich der kritische Anteil seiner Wirkung bis zu diesem Augenblick nie gewahr wurde und durch diese Übung seiner Verantwortung für das psychische Empfinden bewusst werden kann. Aber auch der verletzliche Anteil nimmt durch diese Formulierung besser wahr, dass seine Gefühle durch innere Interaktionen (oder anders gesagt: durch eigene selbstkritische Gedankengänge) hervorgerufen werden und nicht allein durch die vorausgegangene Problematik der Auslösesituation.

Oft wiederholt der Kritiker bei einem erneuten Stuhlwechsel seine Vorwürfe nochmals mit anderen Worten, bringt weitere Begründungen und versucht, seine Macht durch weitere Vorhaltungen zu unterstreichen. Es passiert aber auch, dass er bereits an dieser Stelle einsieht, dass er eine destruktive Wirkung gegen das eigene Selbst erzeugt. Der therapeutische Prozess bleibt daher äußerst spannend und unvorhersehbar.

Beim nächsten Stuhlwechsel kann es gelingen, dass der verletzliche Anteil aus seiner subdominanten Haltung herauskommt und sich zu wehren beginnt. Dies wäre ein erster Erfolg in Richtung von mehr Widerstandskraft. Die beiden Gegenüber kämen auf diese Art mehr auf Augenhöhe, was bereits einen Meilenstein des Gelingens dieser Stuhlarbeit signalisieren würde.

Eine andere Wendung könnte sein, dass die Traurigkeit zwar bestehen bleibt, der Therapeut nun aber immerhin nach den Bedürfnissen des verletzlichen Anteils fragen kann. Nie sind wir unseren sozial orientierten Grundbedürfnissen so nahe wie in einem solch traurigen Zustand.

> Aus meiner Erfahrung sind Traurigkeit und das Erkennen der eigentlichen Bedürfnisse wie die zwei Seiten einer therapeutisch sehr wertvollen Medaille. Dies kann als ein unschätzbarer Gewinn bei dieser Übung gesehen werden, weshalb Therapeuten gegenüber der oft aufkommenden Traurigkeit eine besonders wertschätzende Haltung einnehmen sollten, immer mit dem Gedanken verknüpft, dass diese uns hilft, Lösungen im Sinne der Entdeckung unserer Bedürfnisse zu generieren.

Jedoch ist auch der gleichrangige, entschlossenere Zustand hilfreich, den Klienten intensiv dafür einnehmen zu können, sich diese Bedürfnisse zuzugestehen und sie sogar einzufordern.

Auf dem anschließend abermals eingenommenen kritischen Stuhl wird der Klient wiederum gefragt, wie er zu diesen Gefühlen und Bedürfnissen stehe, ob er sie verstehen könne und Mitgefühl oder eher Ablehnung und Verachtung empfinde. Auch dies sind häufig erlebte Gefühlszustände unserer Klienten, die mit der erlebten Rigidität und Härte ihrer verinnerlichten Elternanteile einhergehen. Der Ausgang ist dabei erneut offen. Es kann zu einer besseren Verständigung, aber auch zu einer gewissen Unversöhnlichkeit mit dem verletzlichen Anteil kommen, wobei Letztere auf eine nachhaltige Diskrepanz zwischen Selbstansprüchen und -vorwürfen und den eigenen Bedürfnissen verweist und eine Klärung des Auftrags nahelegt, diese massives Leid und psychischen Stress provozierende Diskrepanz in den folgenden Sitzungen weiter im Auge behalten und bei Bedarf wieder bearbeiten zu wollen.

In der klassischen Schematherapie wird sogar davon ausgegangen, dass die kritischen Anteile oft derart unversöhnlich und uneinsichtig seien, dass sie nicht integriert, sondern nur ausgeschlossen werden könnten. Dies sehe ich allerdings sowohl aus neurobiologischer wie auch systemischer Perspektive als unrealistisch an. Neurobiologisch wissen wir, dass keine neuronalen Netze gelöscht werden können. Beim Gelingen therapeutischer Erfolge findet die Transformation vielmehr dadurch statt, dass in unserem Gehirn neue Synapsen entstehen und somit im besten Fall sich diese neuen neuronalen Verschaltungen zu Attraktoren bahnen. Systemisch wiederum gehen wir davon aus, dass jeder Anteil auch eine sinnvolle Funktion innehat oder zumindest früher einmal besaß und somit besser utilisiert und integriert werden sollte. Daher ist aus meinem Verständnis eine Annäherung der beiden Seiten zielführender als der Versuch des Ausschlusses, womit ich mich an diesem Punkt in meiner Position ausdrücklich von denjenigen der schematherapeutischen Pioniere unterscheide.

Der Gesunde Erwachsene als Vermittler

Eine sehr praktische Form der Vermittlung zwischen den beiden diametralen Anteilen kann durch die Einführung eines weiteren Stuhles induziert werden, von dem aus der Gesunde Erwachsene quasi in einer Metareflexion beschreibt, wie er den Prozess der bisherigen Auseinandersetzung erlebt hat. Je nach Fortschritt der Therapie kann der Gesunde Erwachsene dabei auch als eine Art Mediator eingreifen (Abb. 13).

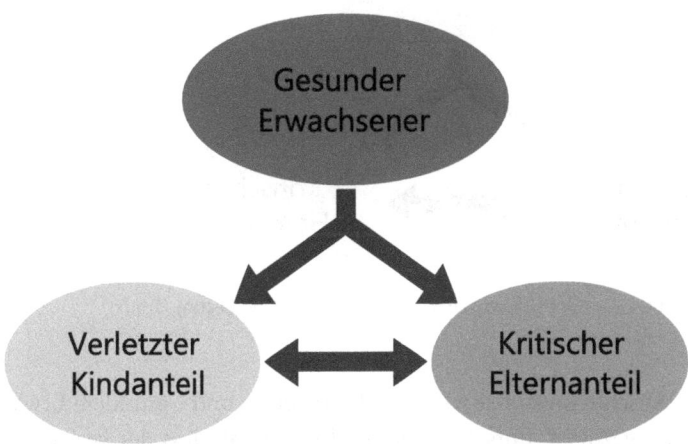

Abbildung 13: Die Vermittlung zwischen verletztem Kindanteil und kritischem Elternanteil mit dem Gesunden Erwachsenen als Mediator in der Stuhlarbeit

Dann wird er eingeladen zu reflektieren, was aus seiner Sicht die beiden »Kontrahenten« noch bräuchten, um einander besser verstehen oder vielleicht sogar sinnvoll zusammenwirken zu können. Mit dieser Fragestellung wird zugleich auch wieder dezidiert lösungsorientiert auf die real bestehende Möglichkeit der besseren Kooperation hingewiesen – was sind die jeweils guten Absichten und Funktionen der beiden Seiten, was können sie beitragen, um ein besseres gegenseitiges Verständnis aufzubauen?

Der Gesunde Erwachsene und der Therapeut als Reflecting Team

Die Therapeutin kann bei diesem Prozess ebenfalls eine wichtige Funktion einnehmen. Neben der Moderation des gesamten Ablaufs übernimmt er es beispielsweise im Bedarfsfall, den Gesunden Erwachsenen in dessen Rolle als Mediator selbst zu beraten, zu coachen oder zu supervidieren. Aus systemischer Sicht kann man die Zusammenarbeit zwischen der Therapeutin und dem Gesunden Erwachsenen auch wie ein *Reflecting Team* auffassen. Bei diesem Vorgehen besprechen sich beide über die Dynamik zwischen den konkurrierenden Anteilen und über deren jeweilige Sinnhaftigkeit und Funktionalität. Danach nimmt der Gesunde Erwachsene wieder den direkten Dialog mit den beiden Anteilen auf (Abb. 14).

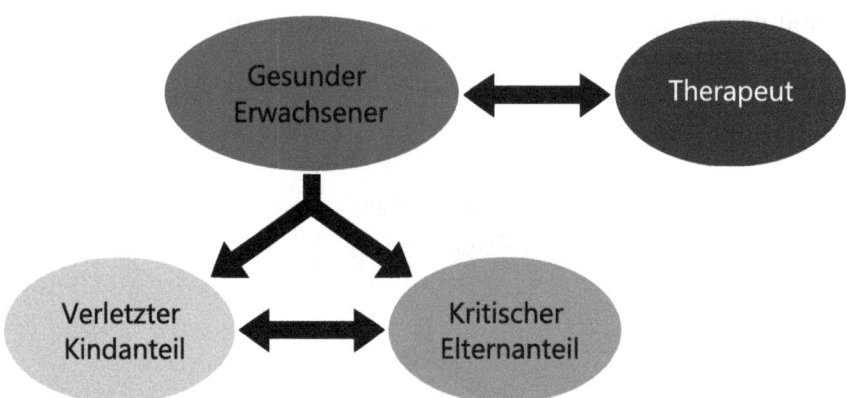

Abbildung 14: Gesunder Erwachsener und Therapeut als Reflecting Team

Auch das Abschlussresümee wird von Therapeutin und Gesundem Erwachsenen gemeinsam gezogen. Entscheidend ist dabei nicht, dass der verletzte und der kritische Anteil miteinander in Einklang kommen oder sogar unmittelbar ein Commitment erzielen, sondern dass ein Prozess in Gang kommt, der wieder aufgegriffen werden kann. Oft bestehen die Spannungen zwischen den kritisch-fordernden und den verletzlichen Anteilen ja schon sehr lange und werden entsprechend als sehr belastend erlebt. Daher ist in der ersten Sitzung mit dieser Methode keine Einigung um jeden Preis zu erwarten, denn es ist nicht davon auszugehen, dass internale Konflikte, die auf biografischen Wurzeln aufbauen und gleichzeitig latent abgelaufen sind, sich bereits in so kurzer Zeit auflösen lassen.

In beinahe jedem Fall wird dem Betroffenen mit dieser Arbeit aber zumindest schon einmal bewusst, wie seine inneren Spannungen prozessiert werden. Damit einher geht eine klarere Orientierung und eine perspektivische Aufgabe für die Klientin, an der es sich immer wieder zu arbeiten lohnt, mindestens solange die Spannungen auftreten. Dies kann nach häufigerer therapeutischer Einübung durch die Klientin auch selbstorganisiert passieren, indem sich ihre Denkmuster in ihren impliziten Abläufen wandeln oder indem sie selbst lernt, die beiden Seiten im inneren Dialog besser zu integrieren.

Stuhlarbeit mit Bewältigungsmustern

Eine weitere Variante der Stuhlarbeit bietet sich im Umgang mit den verschiedenen dysfunktionalen Bewältigungsmustern an. Diese Arbeit gleicht der in der systemischen Therapie bekannten Methode der Externalisierung. So kann beispielsweise der *Distanzierte Beschützer*, der versucht, Emotionen tendenziell eher zu vermeiden oder zu verdrängen, auf einen eigenen Stuhl gesetzt werden.

Jedes dysfunktionale Muster, sei es das überkompensierende Angriffs-, das Rückzugs- und Vermeidungs- oder das Unterwerfungs- und Erduldungsmuster, lässt sich auf diese Art besprechen und bearbeiten. Darüber hinaus kann als Gegenspieler des zu bearbeitenden Bewältigungsmusters in einem ersten Schritt beispielsweise der kritisch-fordernde Anteil ausgewählt werden – je nachdem, auf welcher Ebene sich der Hauptkonflikt am deutlichsten zeigt und mittels der Stuhlarbeit erfassen lässt –, bevor dann der Gesunde Erwachsene eine adäquate Vermittlung der unterschiedlichen Positionen initiiert. Und genauso wie bei der im vorigen Abschnitt dargestellten Stuhlarbeit mit den kritisch-fordernden und den verletzlichen Kindanteilen kann auch bei dieser Arbeit die Therapeutin den Gesunden Erwachsenen auf alle erdenkliche Weise unterstützen.

Durch die Externalisierung derjenigen Bewältigungsmuster auf einen eigenen Stuhl, die Therapeutin und Patientin vorher gemeinsam als zu bearbeitenden Auftrag herausgefiltert haben, entsteht eine wohlwollende Auseinandersetzung mit den ebenfalls im gemeinsamen Gespräch als problematisch definierten Anteilen. Dadurch wird ein Wechselspiel zwischen Identifizierung und wohlwollender Distanzierung inszeniert. Die Distanz verhilft der Klientin primär dazu, sich nicht als Person insgesamt infrage stellen zu müssen. Zweitens kann sie dadurch ihren »blinden Fleck« überwinden, den die Identifikation mit einem oder mehreren inneren Anteilen meist verursacht. Auf diese Weise wird sie in die Lage versetzt, differenzierter die Vor- und Nachteile jedes einzelnen Bewältigungsmusters wahrzunehmen und diese zu reflektieren.

So kann sie zum Beispiel erkennen, dass der Modus der Unterordnung und Selbstaufopferung zwar früher gute Dienste erfüllt hat, indem er in der eigenen Jugend und Adoleszenz Konflikte und Strafen vermeiden half, und dass auch heute ein gewisser Grad der Anpassungsbereitschaft hilfreich ist, um nicht ständig anzuecken – dass aber gleichzeitig ein Aufrechterhalten dieses Modus zu Erschöpfung und Unwohlsein beiträgt und somit dem Wohlergehen und der eigenen Gesundheit eher abträglich gegenübersteht. Es lässt sich dann zwischen den beiden Stühlen verhandeln, in welchen Situationen, mit welcher Qualität, Dosierung, Intensität und in welcher Häufigkeit dieses Bewältigungsmuster noch sinnvoll ist und wann es nicht mehr angebracht erscheint. Für letztere Fälle stellt sich dann die Frage, welche anderen Kompetenzen es stattdessen braucht und ob ein weiterer Therapieauftrag darin bestehen könnte, diese Kompetenzen aufzubauen und einzuüben.

Das gleiche Prozedere ist auch für sämtliche anderen Bewältigungsmuster, die sich im Leben der Klientin als zu dominant oder auf eine andere Weise als dysfunktional erwiesen haben, vorzunehmen, sofern die Klientin dazu bereit ist bzw. den Auftrag dazu erteilt. Das systemische Sowohl-als-auch bietet dabei eine vorzügliche Grundlage, um Vor- und Nachteile der einzelnen Muster differenziert wahrzunehmen, zu bilanzieren und in eine neue Balance zu bringen. Die Therapeutin und die Klientin bilden bei dieser Arbeit abermals ein Team, wobei die Therapeutin sowohl Lösungsideen als auch Hypothesen zu den verschiedenen Vor- und Nachteilen einbringen darf.

Imaginationsarbeit

Die als Methode aus dem Fundus der Gestalttherapie übernommene Imaginationsarbeit ist ein weiteres Kernstück der Schematherapie. Mit ihr wird der Übergang von kognitiven zu erlebnisorientierten Verfahren bzw. »von kalten zu heißen Kognitionen« (Rafaeli, Bernstein u. Young, 2013, S. 106) geebnet. Dabei kann die geleitete Imagination sowohl für zu Einschätzungszwecken dienende Erinnerungs- als auch für die unmittelbare Transformationsarbeit eingesetzt werden.

Erinnerungsarbeit

Für die Einschätzung der Gründe und Faktoren der Schemaentstehung bzw. Schemaverfestigung innerhalb der Biografie eines Patienten werden Ereignisse und Erlebnisse aus dessen Vergangenheit imaginiert. Dies bietet sich beispielsweise an, wenn bereits im Vorlauf entweder durch die Schema-Moduslandkarte oder durch die Erfassung aktivierter Schemata in der Gegenwart das Interesse von Therapeut und Patient geweckt wurde, die Genealogie der Schemata besser verstehen zu wollen.

Es eignen sich besonders die mit dem Verletztes-Kind-Modus verknüpften Schemata für diese Arbeit, also z. B. *Verlassenheit/Im-Stich-gelassen/Instabilität, Misstrauen/Misshandlung/Missbrauch* und *Emotionale Entbehrung/Vernachlässigung*. Nach dem emotionalen Einlassen des Patienten auf das betreffende Schema wird die Erinnerungsarbeit durch das Schließen der Augen, gleichmäßiges, tiefes Atmen und die Aufforderung, den Blick in aller Ruhe nach innen zu richten (Introspektion), induziert, um im Geiste ein Bild oder eine Szene entstehen zu lassen. Der Patient berichtet dann, was er sieht bzw. imaginiert und was er beschreiben möchte. Häufig treten bei dieser Imaginationsarbeit nun Szenen aus der Vergangenheit vor dem inneren Auge auf, wobei diese zumeist von Affekten begleitet werden, was als deutlicher Hinweis zu interpretieren ist, dass es sich für den weiteren Therapieprozess um wertvolles »Material« handelt.

Aufgrund der emotionalen Belastung kann schon diese Erinnerungsarbeit Ängste und Schamgefühle auslösen. Daher sind vertrauensbildende Maßnahmen in der Vorbereitung angezeigt. Das Patient-Therapeut-Verhältnis muss bereits gut belastbar sein, eine solide Vertrauensbasis ist unbedingt erforderlich. Der Patient wird eingeladen, den Prozess mitzubestimmen und die Kontrolle zu behalten bzw. jederzeit wiedererlangen zu können, beispielsweise, indem er explizit darauf hingewiesen wird, zu jedem Zeitpunkt unterbrechen und auch aussteigen zu dürfen. Es kann hilfreich sein, vorher ein Zeichen zu vereinbaren, beispielsweise das Heben einer Hand, um aufzuzeigen, dass der Patient mehr Zeit braucht und/oder für diese Phase keine weitere Vertiefung der Exploration wünscht. Ebenso kann es bei Trauma-Aufarbeitungen hilfreich sein, vorher eine Übung zum »sicheren Ort« zu gestalten und dadurch die Sicherheit und die Fähigkeiten zur Selbstkontrolle des Patienten zu erhöhen (▶ Kapitel 2.4).

Transformationsarbeit

In der Transformationsarbeit gerät die Therapie in eine besonders »heiße« Phase: Der Patient wird eingeladen, eine Person aus der Vergangenheit, die sich in der Geschichte seiner Schemaentstehung besonders hervorgetan hat, auf einem anderen Stuhl zu imaginieren.

Dabei ist es aus meiner Erfahrung sehr nützlich, das Thema, das bei dieser geleiteten Imagination behandelt werden soll, schon in gewisser Weise vorzubesprechen. In jedem Fall sollte bereits der Zusammenhang zwischen Ereignissen aus der Vergangenheit und dysfunktionalen Schemata in der Gegenwart verstanden worden sein. Innerhalb einer Sitzung wird dann quasi in der »Laborsituation« der Therapie eine lebensgeschichtlich relevante Person ausgewählt, die der Patient daraufhin auf einem gegenüberstehenden Stuhl imaginieren soll. Ziel ist es jetzt, dieser imaginierten Person die damals erlebten Gefühle und Ereignisse so zu schildern, als wären sie erst vor Kurzem geschehen.

Da viele unserer Klientinnen in ihrer realen Kindheit und Jugend dies nicht oder kaum gekonnt hätten – weil sie weder über die sprachlichen Mittel verfügten noch die Macht besaßen, ihre Bezugspersonen zum ruhigen Zuhören zu bewegen –, ist diese Situation für viele vollkommenes Neuland. Oft fehlen ihnen schlicht die Worte, um die erlebten Emotionen tatsächlich direkt ausdrücken zu können. In vielen Fällen sind aber auch die erlebten Beziehungsmuster so beschaffen (gewesen), dass ein Ausdruck der persönlichen Gefühle und Bewertungen nicht akzeptiert worden wäre und somit zu weiteren Verletzungen und Beschämungen (z. B. durch Ablehnung oder zusätzliche Bestrafungen) beigetragen hätte. Ein dritter Hinderungsgrund schließlich kann darin bestehen, dass der Patient durch das vermutete und/oder tatsächlich erlebte Leiden der anderen Person gehemmt wird, diese mit den eigenen Gefühlen zu konfrontieren (und damit zu belasten). Wenn die Erfahrung sich manifestiert hat, dass die Bezugsperson sehr instabil wirkte, oder eine Konfrontation voraussichtlich zu einem Vorwurf nach dem Motto »Wie kannst du mir das antun …?« geführt hätte, können Schuld-, Scham- und Verantwortungsgefühle eine unüberwindliche Barriere gegenüber dem eigenen Gefühlsausdruck aufrichten.

Umso wichtiger ist der behutsame Umgang mit diesen Barrieren, weil sie sehr viel über die erlebten und erlittenen, verstrickenden, Angst und Schuldgefühle auslösenden Beziehungsmuster aussagen. In diesen Fällen ist es wichtig, den nonverbalen Auftrag aus der Kindheit bzw. Jugend in der Imaginationsarbeit vorwegzunehmen, indem der Patient zum Beispiel formuliert:

»In der Beziehung zu dir hatte ich immer das Gefühl, für dich da sein und dich schonen zu müssen bzw. dich nicht belasten zu dürfen, weil du Widerspruch nicht gut aushältst *[oder auch: weil du eine gute Mutter sein wolltest und dabei keinerlei Widerspruch ausgehalten hast, da bei einer guten Mutter, in deinem Verständnis, das Kind immer pariert, keine Widerworte wählt etc.]*. Darum habe ich mich fast immer komplett mit meinen Emotionen und Bedürfnissen zurückgehalten und untergeordnet und dir nie direkt gesagt, wie ich mich wirklich gefühlt habe. Selbst heute, zwanzig Jahre später, fällt es mir so ungeheuer schwer …«

Mit diesem Einstieg wäre somit bereits auf der Ebene der biografischen Beziehungsarbeit die basale Erklärung gefunden, warum es vielen Menschen so schwerfällt, selbst als Erwachsene ehrlich und offen mit ihren Emotionen umzugehen. Im Folgenden lassen sich dann der soziale Kontext, die konkreten Umstände und Handlungsabläufe, aber eben ganz besonders auch die damit verwobenen Gefühle herausarbeiten, wobei letztere in der Imagination direkt ausgesprochen werden.

Als ein weiterer wichtiger Schritt gilt es, all jene diesen Lebenserfahrungen zugrunde liegenden *Bedürfnisse* ins Bewusstsein zu rücken, um begreifbar zu machen, dass unsere Emotionen in aller Regel auf Bedürfnissen begründet sind, die vollkommen »in Ordnung«, sind. Im oben genannten Beispiel liegt diese Verknüpfung mit der Bedürfnisebene quasi auf der Hand, dennoch empfiehlt es sich, sie auch explizit zu erwähnen und klar auszusprechen:

»Ich hätte mir so gewünscht, dass du mich einfach so annimmst, wie ich bin, statt mir Vorwürfe zu machen und mich so oft zu erniedrigen und herunterzumachen, dass ich das Gefühl bekam, einfach ›nicht richtig‹ zu sein. Ich habe es vermisst, dass du mich stattdessen in den Arm nimmst und mir das Gefühl gibst, dass ich völlig okay bin. Ich habe mir immer so sehr deine Anerkennung gewünscht, dass du mich so, wie ich bin, grundsätzlich annimmst und lieb hast.«

Es liegt eine sehr befreiende Kraft darin, diese Zusammenhänge in einer (imaginierten) direkten Rede aussprechen und somit auf der Ebene einer tieferen Wirksamkeit verarbeiten zu können. Die emotionale Verarbeitung seitens des limbischen Systems wird bei dieser Arbeit mit dem kognitiven Verstehen durch den Präfrontalen Kortex auf eine neue Art und Weise verknüpft. Das bewirkt in der Regel, dass das »alte« Muster der Unterordnung und Zurückhaltung durch das neue Muster des Wahrnehmens und Begreifens der eigenen Gefühle und Bedürfnisse ergänzt bzw. schließlich schrittweise ersetzt wird. Darüber hinaus werden durch den im Rahmen der Therapie »offiziell« erlaubten und sogar geförderten Umgang mit diesen Emotionen die Selbstwahrnehmung, das Selbstwertgefühl und die Selbstachtung der Patienten außerordentlich gefördert. Als weiterer positiver Effekt wird der bessere Ausdruck der eigenen Impulse als Mittel der besseren Selbstwahrnehmung der eigenen Bedürfnisse und eines verbesserten Selbstbewusstseins oft auch als neu wahrgenommene Stärke im Umgang mit anderen Personen erlebt.

Rein praktisch helfe ich als Therapeut bei der Formulierung der Ansprachen der Klientinnen an imaginierte Dritte oft mit und unterstütze diesen Prozess tatkräftig. Ich bin Verbündeter der verletzten Kindanteile und versuche, dass der Gesunde Erwachsene meiner Klientin im Verlauf des Prozesses befähigt wird, klarer und selbstbewusster für die eigenen verletzten Anteile Partei zu ergreifen. Das Erwachen dieser Befähigung erlebe ich sehr häufig als einen ganz entscheidenden Durchbruch im gesamten Therapieprozess.

Für die Selbstwirksamkeit ist es allerdings zugleich äußerst wichtig, dass die Klientin auch mit ihren *eigenen* Worten diesen Prozess bewusst und aktiv gestaltet. Das Ausmaß der eigeninitiativen Ausgestaltung kann dabei jedoch je nach Stadium des Therapieprozesses noch sehr unterschiedlich ausfallen.

Affektbrücke
Ausgehend von der Erkenntnis, dass wesentliche Prägungen in der Autopoiese des psychischen Systems bereits biografisch früh angelegt werden, stellt die Bearbeitung früher Verletzungen und Entbehrungen einen entscheidenden Schlüssel für eine emotionsbasierte Veränderung der Situation des Klienten dar. Daher ist bei der Imaginationsübung das Errichten einer Affektbrücke in die Vergangenheit von besonderer Bedeutung, da mit ihr die ursprünglichen Erfahrungen leichter in den Blick zu bekommen sind.

Die Affektbrücke gelingt am besten, wenn der Klient nach der Exploration der belastenden Gegenwartsgefühle eingeladen wird, die Augen zu schließen und sich an frühere Begebenheiten mit ähnlichen Gefühlslagen zu erinnern:

THERAPEUT: »Kennen Sie dieses Gefühl von früher? Fällt Ihnen dazu spontan ein Bild ein?«
KLIENT: »Ja, so ähnlich habe ich es schon vor einem halben Jahr erlebt.«
THERAPEUT: »Kennen Sie dieses Gefühl auch aus der Kindheit? Spüren Sie nochmals hinein in dieses Gefühl ... Wenn Sie wollen, schließen Sie die Augen ... und schauen ... Welches Bild taucht da auf ...?«

Sobald dem Klienten ein Bild vor Augen tritt, lädt der Therapeut zur Exploration des vergangenen Erlebens ein und bittet darum, sich die Situation von damals genauer beschreiben zu lassen. Meist leiten nun die aufsteigenden Assoziationen des Klienten diesen Prozess. Falls der Klient jedoch ins Stocken gerät, können Fragen wie diese weiterhelfen:

»Was ist damals passiert?«
»Wer war dabei?«
»Wer hat was getan?«
»Wie hast du dich[29] dabei gefühlt?«
»Was ist danach geschehen?«

Die Gefühle des Klienten gilt es empathisch zu spiegeln, um sie möglichst differenziert verarbeiten zu können:

»Egal was das Kind in Ihnen empfindet, ob Scham, Angst, Wut oder Schmerzliches in Ihnen hochkommt – es ist alles okay!«
»Hier sind alle Ihre Gefühle erlaubt, hier dürfen Sie sie wahrnehmen und auch ausdrücken.«

Entscheidend ist bei diesem Prozessschritt nun das Validieren und Würdigen dieser Gefühle. Gerade weil sie womöglich erstmalig im Erleben des Klienten bewusst und differenziert wahrgenommen werden, stellt die Erfahrung, dass diese Emotionen beachtet und gewürdigt werden, eine neue Information für die

---

29 Die Anredeform ist natürlich freigestellt und in jedem Einzelfall aushandelbar. Es passiert aber gerade bei der Arbeit mit dem verletzten Kindanteil sehr häufig, dass ich vom Sie zum Du übergehe bzw. dies anbiete, um anschließend wieder in das Sie zurück zu wechseln.

Autopoiese dar, die den Selbstwert und die Neu- und Weiterverarbeitung des emotionalen Erlebens stärkt und dadurch bereits die Schemaheilung einleitet.

Eine weitere entscheidende Wendung, um die Gefahr abzuwenden, in der Hilflosigkeit der damaligen Situation stecken zu bleiben bzw. – hypnotherapeutisch gesprochen – in einer Problemtrance zu verharren, entsteht mit der Hinwendung zu den Bedürfnissen. Diese auch für die vergangene Situation zu explorieren, halte ich für ein Muss bei jeder emotionsbasierten Intervention, da vor allem die bedürfnisbezogene Exploration Selbstwirksamkeit und Lösungsorientierung in die Therapie einführt. Fragen können beispielsweise sein:

»Was denken Sie: Was hat Ihnen damals am meisten gefehlt?«
»Was haben Sie am meisten vermisst?«
»Was hättest du dir von deiner Mutter/deinem Vater gewünscht?«
»Wonach sehnst du dich gerade am meisten?«
»Wenn du dich in die kleine Karin hineinfühlst, was hätte sie am meisten gebraucht?«
»Was wünscht sich denn die kleine Karin jetzt?«

> Der imaginierte Dialog erzeugt emotionale Unmittelbarkeit und aktiviert emotionale Prozesse. Hemmungen sind häufig wertvolle Hinweise auf angst- und schambesetzte Verinnerlichungen. Problemtrance und Retraumatisierung werden durch gezielte Transformationsarbeit überwunden. Durch das direkte Aussprechen der Emotionen und Bedürfnisse entstehen *Emotionale Klarheit, Selbstwirksamkeit* und *Resilienz*. Die Bedürfnisorientierung bildet die therapeutische Pforte zu einer neuen Dimension der Selbstachtsamkeit und der Selbstfürsorge

Szenische Imagination

Eine für mich oft verblüffend starke Wirkung hat die Szenische Imagination, also das möglichst realistisch inszenierte Sich-Hineinversetzen in eine belastende Situation der Vergangenheit inklusive der direkten Ansprache der damaligen Beteiligten durch die Klientin:

»Stellen Sie sich vor, Ihr Vater sitzt Ihnen hier *(auf einen leeren Stuhl zeigend)* gegenüber. Stellen Sie sich sein Gesicht vor, wie er da sitzt ... Und jetzt sagen Sie ihm, wie Sie sich in dieser Situation gefühlt haben, so als wäre es jetzt, in der Gegenwart. Sagen Sie ihm all Ihre Gefühle, ganz klar und so deutlich wie möglich.«

In Du-Form auszusprechen, was uns einst verletzt oder in Not gebracht hat, und sich dabei die betreffende Bezugsperson vorzustellen, die diese Gefühle in uns ausgelöst hat, ist unglaublich emotional aufwühlend und gleichzeitig unvergleichlich wirksam. Die starke Emotionalität erzeugt neurobiologisch (im Kontext des limbischen Systems und des präfrontalen Kortex; ▶ Kapitel 1.3.1) sowie psychisch die Grundlagen für nachhaltige Veränderungs- und Heilungschancen.

Die Therapeutin unterstützt dabei aus seiner empathischen Haltung heraus so gut er kann, macht beispielsweise Angebote bzw. Vorschläge, wenn die Klientin zögert:

»Ist es vielleicht so, dass Sie sagen möchten ... *(zum leeren Stuhl gewandt):* ›Verdammt, du hast mir gerade sehr wehgetan. Du hast mich zutiefst erschreckt und mich gedemütigt ... Du machst mir unheimlich Angst, wenn du mich so anschreist!‹? ... *(zum Patienten gewandt):* »Wie klingt das für Sie?«

Sehr häufig antwortet die Klientin nun in dieser Art:

»Ich hätte es nicht besser sagen können.«
Oder auch: »Ich hätte es jetzt nicht so ausdrücken können, aber es ist genau das, was ich spüre.«

Dann kann seitens der Therapeutin die Ermutigung folgen:

»Versuchen Sie es ruhig einmal mit Ihren eigenen Worten.«

Wie bereits betont: Das Aussprechen der Bedürfnisse ist ein die Selbstwirksamkeit stärkender therapeutischer Wendepunkt, weshalb in aller Regel die Therapeutin explizit dazu einladen sollte:

»Sag ihm, was du in dieser Situation vermisst hast!«
»Was hättest du von ihm stattdessen gebraucht?«

Bei sehr negativ besetzten, zum Beispiel einst sehr aggressiv aufgetretenen Bezugspersonen kann hier das größte auf Anhieb wahrnehmbare Bedürfnis schon sein:

»Dass du mich in Ruhe lässt, dass du aufhörst, mich zu schlagen, mich zu beschimpfen ... dass du mich so sein lässt, wie ich bin!«

Dies ist natürlich das primäre Bedürfnis in einer solchen Situation: die Bedrohung zu beenden. Gleichzeitig ist es ein zentrales Menschenrecht, in seiner Würde geachtet zu werden. Es bietet sich dennoch das Nachfragen an:

»Was hättest du dir stattdessen von ihm gewünscht?«
»Das ist nur allzu verständlich. Gibt es aber vielleicht noch etwas was du in der damaligen Zeit besonders vermisst hast?«

Sobald schlussendlich die Phase der emotions- und bedürfnisbezogenen Aussprache innerhalb der Imaginationsübung gelungen ist oder zumindest für den Moment ausgeschöpft erscheint, wechselt die Therapeutin wieder auf die Gegenwartsebene:

»Wie fühlt es sich an, diese Gefühle einmal auszusprechen?«

Zumeist werden hierbei das alte Schema berührende und dessen Verhärtungen aufweichende, lösende Gefühle wie Traurigkeit und Erleichterung genannt, aber auch die aufwühlend-anstrengende Gefühlsseite wird oft deutlich. In jedem Fall gilt es, an diesen Emotionen Anteil zu nehmen, Verständnis zu zeigen und sie sogar ausdrücklich als sehr wertvoll für den therapeutischen Prozess wertzuschätzen.

Oft ist der Effekt aus dieser Übung weit über die eigentliche Ausgangssituation hinausgehend. Dennoch kann in einer der folgenden Sitzungen auch der unmittelbare Transfergedanke noch einmal aufgegriffen werden:

»Wie würden Sie denn nach den inzwischen erlebten Veränderungen reagieren, wenn Sie dies auf die Ausgangssituation übertragen oder in naher Zukunft mal wieder entsprechend getriggert werden?«

Aus meiner Erfahrung findet der Transfer nach dieser Arbeit bzw. vergleichbaren intensiven erlebnisorientierten Übungen zumeist von allein, spontan und intuitiv auf der Basis impliziter Transformationsprozesse in der jeweiligen Selbstorganisation der Klienten statt. Häufig berichten diese in den darauffolgenden Stunden von überraschenden Veränderungen in ähnlichen Lebenszusammenhängen. Je nach Bedarf kann eine eingetretene Veränderung auch unterstützt werden mittels eines Leitsatzes, einer Symbolisierung etc., die dann eine Erinnerungsbrücke für die Zukunft bilden.

Zusammenfassender Überblick: Schritte der Imaginationsarbeit
(1) Identifizieren von Erregungsmustern in der Gegenwart (Schemata, v. a. Vulnerabilitäten)
(2) Definieren und Explorieren der Ausgangs-/Auslösesituation
(3) Konzentration auf die Gefühle unter Einbeziehung auch körperlicher Empfindungen
(4) Vertiefung/Verstärkung der Gefühle
(5) Erinnerungsarbeit über eine Affektbrücke: mit geschlossenen Augen ähnliche Gefühle in der Kindheit/Jugend suchen, dazu vor dem inneren Auge entsprechende Bilder aufsteigen lassen
(6) Vertiefen/Erweitern der Bilder zur Vorstellung einer spezifischen Situation aus der Kindheit/Jugend, die wie in einem Film szenisch beschrieben wird
(7) Explorieren des damaligen Erlebens, der Interaktion(en) und der dabei aufsteigenden Gefühle: »Was geschieht da mit dir, wie fühlt sich das an?«
(8) Validieren und Würdigen dieser Gefühle durch den Therapeuten
(9) Explorieren der damaligen Bedürfnisse: »Was hättest du als Kind/Jugendliche gebraucht? Spüre in dich hinein ...« (dabei Zeit lassen)
(10) Imaginieren einer im betreffenden Kontext relevanten damaligen Bezugsperson auf einem gegenüberstehenden Stuhl
(11) Verbalisieren der damals verletzten Gefühle und Bedürfnisse durch direkte Ansprache des Gesunden Erwachsenen gegenüber der imaginierten Person
(12) Empathische Unterstützung dieses Prozesses durch den Therapeuten, der – je nach Selbstsicherheit und Eigeninitiative der Klientin – in dieser Phase eine aktive bzw. mitgehende/verstärkende Rolle einnimmt; die Erfahrung, dass jemand sie in ihrer Not versteht und sich einfühlsam für sie einsetzt, kann für Klientinnen sehr entlastend und befreiend sein; zugleich wird durch das eigene Aussprechen und die Eigeninitiative die Selbstwirksamkeit erhöht.
(13) Veränderungsphase: »Was verändert sich durch das Aussprechen? Wie fühlt es sich jetzt an, auch körperlich?«
(14) Transfer: »Was verändert sich bezüglich der Ausgangssituation, wenn du das veränderte Gefühl auf diese überträgst?«
(15) Optional bzw. in einer späteren Sitzung: Finden eines Begriffs, Leitsatzes oder metaphorischen Symbols für die Veränderung

2.2.7 Therapeutische Beziehung

Neben dem Einsatz emotionsaktivierender bzw. erlebnisbasierter Interventionen ist die dezidierte Berücksichtigung der therapeutischen Beziehung ein weiteres wesentliches Merkmal und ein zentraler Schlüssel innerhalb der Schematherapie. Ähnlich wie in tiefenpsychologischen und systemischen Verfahren wird ihr hier im Gegensatz zu früheren verhaltenstherapeutischen Ansätzen bzw. »klassischen« Settings ein sehr viel höherer Stellenwert eingeräumt, ja sie wird sogar explizit als ein wertvolles und gezielt einsetzbares therapeutisches Instrument verstanden.

Dies liegt nicht zuletzt darin begründet, dass die zu behandelnden Schemata ja zumeist eine in die Kindheit reichende Struktur aufweisen und die Arbeit an den verletzlichen Anteilen der Patientinnen bei diesen oft entsprechend schmerzhafte Emotionen aufkommen lässt. Die Therapeutin nimmt daher häufig geradezu zwangsläufig und ganz bewusst eine fürsorglich-nachbeelternde Haltung ein, muss gelegentlich aber auch in konfrontierender bzw. aktivierender Funktion tätig werden.

Um diesem Umstand Rechnung zu tragen bzw. ihn therapeutisch auszunutzen, wurden in der Schematherapie die Konzepte der begrenzten *Fürsorglichen Nachbeelterung* (Reparenting) und der *Empathischen Konfrontation* (Empathic Confrontation) entwickelt. Außerdem verpflichten sich Schematherapeutinnen, die Beziehung zu ihren Klientinnen stets transparent zu halten und beispielsweise etwaige Schwierigkeiten, die darin auftreten, durch aktives Gestalten möglichst nutzbar zu machen. Schließlich werden in der Schematherapie die Beziehungserfahrungen in der Therapiesituation selbst zu einer wichtigen Informationsquelle, um die Bewältigungsmuster, die verschiedenen Schemata und die unerfüllten Bedürfnisse und Sehnsüchte des Patienten aufzuspüren.

Fürsorgliche Nachbeelterung

Die Grundidee der Schematherapie, hervorgegangen aus der Erforschung langwieriger Störungen, geht von der Annahme aus, dass sich aufgrund biografischer Erfahrungen bestimmte Schemata herausgebildet haben, die unsere Persönlichkeit ebenso wie unsere psychische Störanfälligkeit prägen. Gezielt werden daher in einer Therapie jene Schemata aufgesucht, die als Basis unserer Verletzlichkeiten und unserer bereits konditionierten Bewältigungsmuster dienen, um diese einer heilenden Veränderung zuzuführen.

Es liegt nahe, dass Klientinnen sich klein und verletzlich fühlen, sobald solche ja überwiegend früh, in der Kindheit bis Jugend entwickelten Schemata aktiviert werden. Daher ist es eine besonders verpflichtende Herausforderung für den Therapeuten, der höheren Verantwortung gerecht zu werden und den Klienten in ihrer emotionalen Bedürftigkeit und Not beizustehen. Zumeist wurden sie schließlich bereits bei ihren frühen Verletzungen alleingelassen. Dies trägt dazu bei, dass ein Schema gerade aufgrund des Alleingelassenwerdens seine schwer verarbeitbare Struktur gewinnt.

Das Alleinsein bei der Verarbeitung der meisten Schemata ist zudem oft gleichsam mit der Entstehung des Schemas selbst vernetzt, daher kann schon die bewusste empathische Begleitung durch den Therapeuten einen wichtigen Meilenstein der Veränderung darstellen. Doch zusätzlich bedarf es für das Entwickeln einer heilsamen Wirkung auch der »offiziellen Erlaubnis«, die eigenen Gefühle und Bedürfnisse zuzulassen und für sie eintreten zu dürfen, was der Therapeut immer wieder durch seine grundsätzliche Anteilnahme und die Durchführung praktischer Übungen unterstreicht. Diese Erlaubnis wird sowohl bei der Stuhl- als auch bei der Imaginationsarbeit ganz explizit erteilt und im Idealfall dann als eine innere Befähigung eingeübt.

Für die Nachbeelterung gilt somit zum einen der Grundsatz, die therapeutische Grundhaltung des Wohlwollens glaubhaft vorzuleben und dem Patienten möglichst direkt zu zeigen, dass der Therapeut ihn als Menschen akzeptiert und so annimmt, wie er seine Gefühle und Bedürfnisse erlebt, quasi bedingungslos. Diese grundsätzlich akzeptierende Botschaft ist in einer Atmosphäre des vertrauensvollen Umgangs natürlich besonders leicht vermittelbar, zugleich bedeutet sie aber nicht, jedes Verhalten und jeden Handlungsimpuls des Patienten billigen und gutheißen zu müssen. Auch und gerade bei den als persönlichkeitsakzentuierend definierten Störungen lässt sich die Unterscheidung von Akzeptanz der Person und kritischem Hinterfragen des jeweiligen Verhaltens gut einbringen.

> Nachbeelterung bedeutet, der Klientin das Gefühl zu geben, als gesamter Mensch mit all seinen verletzten und verletzlichen Gefühlen und Bedürfnissen angenommen zu werden. Eine empathische und fürsorgliche Haltung gerade bezüglich der bislang zu kurz gekommenen Grundbedürfnisse hilft der Klientin, sich selbst besser akzeptieren zu lernen und daran wachsen zu können.

Zum anderen – und fast noch zentraler – greift die fürsorgliche Nachbeelterung dann, wenn Patientinnen sich von ihrer verletzlichen Seite zeigen, wenn sie sich offenkundig klein fühlen, weinen etc., was ja durch die schematherapeutische Arbeit nicht selten evoziert wird. Für all diese Gefühlszustände gilt es unsere empathische Beachtung und uneingeschränkte Aufmerksamkeit für die Zeitspanne der Sitzungsdauer, unsere Wertschätzung, Würdigung und Anerkennung sowie unser Verständnis ganz besonders im Hinblick auf die dahinter verborgenen und noch nicht oder nur wenig erfüllten Bedürfnisse der Patientin aufzubringen.

Seitdem ich das Konzept der Fürsorglichen Nachbeelterung anwende, haben sich meine Aufmerksamkeit und der Grad der Zuwendung für meine Patienten deutlich gesteigert – nicht nur im unmittelbaren therapeutischen Setting. So zeige ich mich für Fragen auch außerhalb der Sitzungen offen und beantworte bestimmte persönliche E-Mails, wenn es nicht zu viel Zeit in Anspruch nimmt. Im Gegensatz zu meiner früheren, sehr auf die Eigenverantwortung der Klienten bauenden systemischen Haltung ist inzwischen meine Bereitschaft gewachsen, mich in bestimmten Grenzen um deren Belange zu kümmern und mich fürsorglich zu verhalten.

> Die fürsorgliche und akzeptierende Haltung der Therapeutin dient quasi als Modell, das idealiter, angetrieben durch die Prozesslogik der Therapie und den gestuften Einsatz der Interventionen, Schritt für Schritt in die Eigenregie und Selbstverantwortung des Klienten übergeht.

Auf verschiedene praktische Herangehensweisen, Methoden und Möglichkeiten der empathischen Begleitung werde ich noch ausführlicher bei der Beschreibung der emotionsfokussierten Therapie eingehen (▶ Kapitel 2.3).

Empathische Konfrontation

Eine weitere wichtige, gleichwohl insgesamt seltener beanspruchte Variante der therapeutischen Beziehungsgestaltung ist die Bereitschaft der Therapeutin zur Konfrontation. Dies kann unter anderem das Ansprechen unangenehmer Folgen verschiedener Bewältigungsmuster umfassen, beispielsweise diejenigen der überkompensierenden, teils destruktiv, teils überheblich wirkenden Muster, mit anderen Worten, wenn ein Klient in seinem Verhalten, seinen Handlungen und/oder seiner Einstellung sich bzw. seinem Umfeld offensichtlich schadet, bei ethisch fragwürdigem Verhalten oder bei Störungen des Therapieprozesses.

Gerade weil eines der Hauptaufgabengebiete die fürsorgliche Beelterung darstellt, darf umgekehrt das Begrenzen kindlicher Allmachtsfantasien und egoistischer bis destruktiver Züge nicht vernachlässigt werden. Die Konfrontation gelingt jedoch in meinen Augen nur, wenn auch sie von einer fürsorglich-akzeptierenden, wohlwollenden Grundhaltung getragen ist. Sie wird zudem leichter angenommen und akzeptiert, wenn der Klient bereits Vertrauen aufgebaut hat und die Therapeutin selbst in der Konfrontation empathisch bleiben kann. Daher kann es von Bedeutung sein, die konfrontative Formulierung mit wertschätzenden Worten einzuleiten, beispielsweise: »Ich arbeite sehr gerne mit ihnen zusammen« oder »Ich möchte sie gerne bei ihrem Anliegen unterstützen« … um dann zum Kern der Konfrontation vorzudringen, »dabei ist mir aufgefallen, dass sie bestimmte Bewältigungsmuster (bewusst oder unbewusst) einsetzen, die ihnen vielleicht in dem Moment gut tun, andere aber verletzen, erniedrigen, etc. könnten (und somit dem Erhalt der Beziehung auf längere Sicht womöglich schaden).« Oder, »ich merke gerade, dass ich nicht genau verstehe, worauf sie hinauswollen …« bzw. »was sie mir damit sagen wollen.« Oder »ich möchte Ihnen gerne eine Rückmeldung geben …« Je tragfähiger die therapeutische Beziehung sich gestaltet, desto wahrscheinlicher wird es, dass die Konfrontation nicht nur ausgehalten wird, sondern sogar zu einer positiven Veränderung des Therapieverlaufs beitragen kann, da sie womöglich einen signifikanten Unterschied in der Anschlussfähigkeit der Therapie signalisiert, der auch einen Unterschied im psychischen System bedingen kann, mehr Differenzierung im Rahmen von einer vertrauensvollen und tragfähigen Beziehung zuzulassen.

2.2.8 BEATE-Modell

Eine sehr praktische Technik im Anschluss an die Bearbeitung der verschiedenen Schemata ist das BEATE-Modell (Abb. 15). Es verläuft in fünf Schritten und hilft, mittels der Therapie bereits erlebte Veränderungen zu mentalisieren. Die fünf Schritte des Modells können den Klienten auch als Übungsaufgabe mit auf den Weg gegeben werden.

B	Benennen
E	Erkennen
A	Anerkennen
T	Trennen
E	Einüben

Abbildung 15: Die fünf Schritte des BEATE-Modells

(1) **B**enennen
Der Klient soll beim künftigen Auftreten schematypischer Situationen lernen, die ihn betreffenden Gefühlszustände und die Auslösesituationen zu benennen. Auch ist der Zusammenhang zwischen Auslösesituation und dem Aufkommen der eigenen Emotionen nicht für jede Person sofort ersichtlich. Die Zuordnung von Gefühlen zu Auslösesituationen stellt daher einen wichtigen Lernprozess dar.

(2) **E**rkennen
Im nächsten Schritt soll der Klient erkennen, welche Schemata bzw. Modi durch diese Situation aktiviert wurden. Dieses Erkennen kann sich gleichermaßen auf verletzte oder trotzige Kindanteile, auf die mit ihnen verknüpften Bewältigungs-

muster und auf kritische und/oder fordernde Elternanteile beziehen. Es stellt also bereits einen äußerst komplexen und elaborierten Prozess dar, der in umfassender Form erst nach eingehender schematherapeutischer Behandlung mit erlebnisorientierten Methoden möglich sein wird.

(3) **A**nerkennen
Hier verlasse ich den ursprünglich von Jeffrey Young eingeschlagenen Weg, der an dieser Stelle noch ganz im Sinne der kognitiven Verhaltenstherapie eine Realitätsprüfung seitens des Klienten vorsah, die darauf aufbaut, die Dysfunktionalität der mit dem Schema verknüpften eigenen Vorwegannahmen anzuerkennen und zu überprüfen. Eine Patientin beispielsweise, die immer großen Ärger und hohe Erregung empfindet, wenn ihr Freund sich verspätet und sie warten lässt, sollte anerkennen lernen, dass diese Reaktion nicht allein aus der gegenwärtigen Situation heraus gerechtfertigt erscheint, sondern mit dem aus ihrer Kindheit stammenden Schema *Verlassenheit* verbunden ist. Der Vorwurf »Immer lässt du mich warten, ich bin dir überhaupt nicht wichtig« kann relativiert und entschärft werden, sobald die Klientin anerkennt, dass eben gerade ein »altes«, früher in der Biografie geprägtes Schema aktiviert wurde.

Mein Vorschlag zielt hingegen vielmehr auf das Anerkennen des hinter dem Schema liegenden *Grundbedürfnisses*. Wenn ich erhöhte Erregung in mir wahrnehme, sollte ich mich also fragen, welches Grundbedürfnis sich »bedroht« anfühlt. Dann stoße ich im obigen Beispiel auf das Grundbedürfnis, nicht im Stich gelassen zu werden, bzw. positiv formuliert: das Bedürfnis nach Zuverlässigkeit und Sicherheit. Entsprechende dies anerkennende Aussagen wären dann zum Beispiel: »Ich brauche die Verlässlichkeit und Sicherheit, dass mein Freund zu mir hält«, oder vergangenheitsbezogen: »Ich brauche die Verlässlichkeit und Sicherheit, dass meine Mutter/mein Vater für mich da ist, wenn ich sie/ihn brauche.« Und weiter: »Diese Verlässlichkeit kann ich mir heute zumindest teilweise selber geben, indem ich (beispielsweise mittels der inneren Kinderarbeit eingeübt) zu mir stehe und zu mir halte.«

Sobald es dem Klienten gelingt, dieses Grundbedürfnis zu fokussieren, kann er auch unmittelbar in der Gegenwart besser dafür eintreten bzw. selbstfürsorglich damit umgehen. Es empfiehlt sich, diesen Schritt nach dem Einsatz der bereits besprochenen erlebnisorientierten Übungen der Stuhl- bzw. Imaginationsarbeit ähnlich einer kognitiven Eselsbrücke durchzuführen.

(4) **T**rennen
Damit einher geht eine Trennung oder besser: klare Unterscheidung von »damals« und »heute«. Während ich damals dem Verhalten der Eltern (bzw. einer

anderen das betreffende Grundbedürfnis verletzenden oder missachtenden Bezugsperson) ausgeliefert war, weil ich sie elementar brauchte und deshalb meine Verletzbarkeit in diesem Schema auch so stark werden konnte, kann ich heute lernen, souveräner mit der Situation und mit meinen Grundbedürfnissen umzugehen. Daher ist auch das alte Bewältigungsmuster des Erduldens bzw. später der Wut jetzt nicht mehr in gleicher Weise angebracht.

(5) **E**inüben
Je öfter ich die korrigierende bzw. regulierende Erfahrung mache, dass ich meine Gefühle wahrnehmen kann, aber nicht überbewerten muss, sondern stattdessen meine entsprechenden Grundbedürfnisse anerkenne und würdige, desto souveräner und sicherer werde ich im Umgang mit dem zugrunde liegenden Schema. Ich kann dann zum Beispiel meine Emotionen zwar äußern: »Ich hatte schon Angst, du kommst gar nicht mehr ...«, vielleicht auch einen Wunsch oder Vorschlag daran anschließen: »Du kannst dich ja nächstes Mal kurz melden, wenn du dich verspätest«, dann aber klar für mein Grundbedürfnis eintreten: »Jetzt freue ich mich, dass du da bist!«

2.2.9 Systemischer Nutzen

Für systemische Therapeuten, die auch Therapie für den Einzelnen anbieten, stellt die Schematherapie eine große Bereicherung dar.

Grundsätzlich beziehen sich systemische Betrachtungsweisen ja auf die Beziehungen und Interaktionen der Elemente eines Systems, weshalb für die psychotherapeutische Einzelarbeit Modelle entwickelt bzw. aufgegriffen wurden, die die Psyche als aus verschiedenen inneren Anteilen bestehend konzipierten. Inzwischen gibt es eine Vielzahl von Ansätzen, die das Individuum als ein Zusammenspiel verschiedener innerer Anteile begreifen.

Die Schematherapie unterscheidet sich von Ansätzen wie der Ego-State-Therapie oder dem Internal-Family-System durch ihre vorgegebene Einteilung und ihre Anlehnung an die tiefenpsychologische Modellbildung. Diese Vorgabe mag manch postmoderner Kritiker der psychodynamischen Tradition als Nachteil betrachten, da sie weniger Spielraum lässt, die Anteile vollkommen frei zu erfinden.

Ich sehe in der Modellbildung der Schematherapie und der mit ihr verbundenen klar strukturierten Einteilung jedoch einen großen Vorteil. Aufgrund ihrer übersichtlichen Theoriekonstruktion bietet sie einen einfachen Zugang und ist auch für Laien verständlich. Die inneren Anteile bekommen zudem eine biografisch nachvollziehbare Ordnung und Logik, wodurch sie auch eine

Sinnperspektive gewinnen, die für Reframing und Selbstakzeptanz eine wertvolle und plausible Grundlage bildet.

Auf Basis der neurobiologischen Erkenntnisse bezüglich der biografisch sehr frühen Bahnung einer Vielzahl neuronaler Netze (▶ Kapitel 1.3) und der gleichzeitigen Plastizität des Gehirns, also dessen nachgewiesener Wandlungsfähigkeit bis ins hohe Alter, kann man durch das schematherapeutische Modell ein wissenschaftlich nachvollziehbares Verständnis sowohl für die Genese als auch für die Veränderbarkeit der Schemata bekommen. Zusätzlich entwickelt der Ansatz dank der in ihm vertretenen Überzeugung, dass die Schemata meist in Erfahrungen aus der Kindheit ihren Ursprung haben, auch eine emanzipatorische Tragweite. Der Einzelne wird entlastet, da ihm durch das biografische Modell aufgezeigt wird, dass kritische, fordernde, strafende und verletzliche innere Anteile sowie die daraus resultierenden Bewältigungsmuster zusammengehören und einer entstehungsgeschichtlichen Prozesslogik entstammen, die nur zu gewissen Anteilen selbstbestimmt zu verantworten gewesen ist. Gleichzeitig wird den Betroffenen ein großer Handlungsspielraum mitsamt der individuell austarierbaren Verantwortung für Veränderungen durch die verschiedenen proaktiven Interventionsmöglichkeiten eröffnet.

Das emanzipatorische Potenzial liegt auch darin begründet, im therapeutischen Diskurs vor allem die verletzlichen Anteile verstehen und annehmen zu lernen, um befähigt zu werden, die dahinter verborgenen Bedürfnisse zu entdecken und fortan stärker zu achten. Dies ist ein im Kern ressourcen- und lösungsorientiertes Vorgehen: Der Patient entwickelt so das Vermögen, sich selbst, seine Gefühle und Motivationen anders wahrzunehmen und seine bisherigen automatisierten Bewältigungsmuster neu zu bewerten. Das wirkt sich besonders wertvoll in der unmittelbaren Reaktion auf bisher negativ besetzte Situationen im Umgang mit anderen Menschen aus. Oberste Priorität hat allerdings die Veränderung im inneren Erleben.

Einer Vielzahl an Patienten gelingt es auf diese Art und Weise, ihre eigene Verletzbarkeit abzubauen und aus eingefahrenen Automatismen auszusteigen. Dank der erlebnisorientierten Übungen wird Schutz gegenüber inneren und äußeren Triggerpunkten der eigenen Verletzlichkeit aufgebaut, der auch auf das biologische System zurückwirkt, indem zum Beispiel neurobiologische Stressreaktionen reduziert werden. Der Gewinn an Resilienz zeigt sich somit sowohl auf der psychischen wie auf der biologischen Systemebene. Dies hat in der Regel auch unmittelbare Auswirkungen auf das soziale System, da sich durch den Zugewinn an Selbstakzeptanz und Selbstvertrauen die eigenen Handlungsimpulse in den sozialen Interaktionen zumeist in selbstbewusstere und selbstsichere Reaktionsweisen wandeln.

Der in der Architektur des Modusmodells als Zielfigur geschaffene *Gesunde Erwachsene* hat eine zentrale Integrationsfunktion. Er nimmt Beziehung auf zu den verletzten bzw. verletzlichen, aber auch zu übertriebenen bzw. überreagierenden Anteilen, wie beispielsweise dem inneren Kritiker, dem Antreiber, dem Angstmacher, dem Perfektionisten usw. Über diese Figur lernt der Patient, sich anzunehmen, sich in seinen Grundbedürfnissen und den dazu entwickelten Emotionen, Strukturen, Schemata und Mustern zu verstehen und für diese besser einzutreten.

Der Gesunde Erwachsene kann für das Erreichen wichtiger Ziele im Außen ebenso wie für die Beziehungsarbeit zwischen inneren Anteilen im psychischen System operationalisiert werden. Insbesondere kann er für die Zukunft eigentherapeutische Verantwortung übernehmen und für die Klientin dahingehend von größtem Nutzen sein, selbstwirksam aus jeder künftigen länger anhaltenden Hilflosigkeit und Ohnmacht herauszukommen und für die eigenen Bedürfnisse einzutreten. Mit dieser Anleitung zur Selbstannahme, Selbstfürsorge und zu emotional wirksamer Selbsthilfe wird die Überwindung der Opferrolle angebahnt.

Die Funktionen des Gesunden Erwachsenen lassen sich auch in seiner nach innen und nach außen gerichteten Wirkungsweise unterscheiden (Abb. 16).

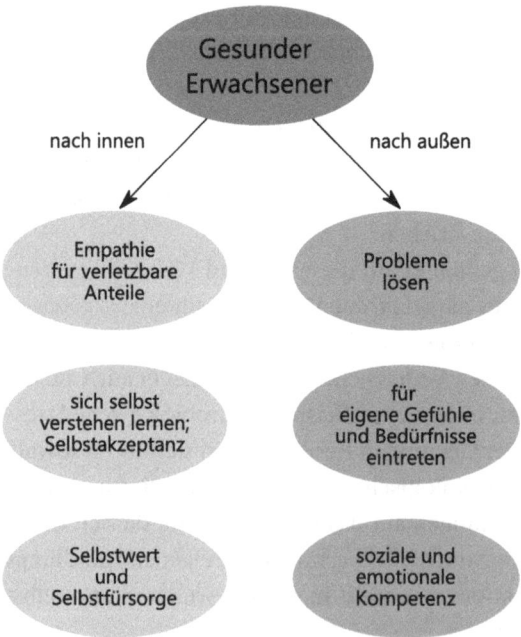

Abbildung 16: Wirkungsweisen des Gesunden Erwachsenen

Durch die Erarbeitung eines fundierten Verständnisses der inneren Prozesse, besonders der verletzten bzw. verletzlichen Anteile, und die damit verbundene größere Selbstakzeptanz entwickeln sich auch die Fähigkeiten, für die entsprechenden Emotionen und die dahintersteckenden Bedürfnisse besser einzustehen bzw. einzutreten und sie adäquater auszudrücken. Dies kann als ein Lernprozess angesehen werden, der über mehrere Monate, vielleicht Jahre verlaufen kann (was mit dem alten Paradigma einer lösungsorientierten Kurzzeittherapie nicht so leicht vereinbar erscheint) und bei dem die Abstände zwischen den Sitzungen nach den ersten Erfolgen durchaus mehrere Wochen betragen dürfen.

Speziell das Modusmodell der Schematherapie dient dem systemischen Therapeuten vor allem auch dazu, wertvolle Hypothesen und zielführende Therapieaufträge zu generieren. Das Modell kann als ein Angebot verstanden werden, in dem sich jede Klientin leicht wiederfindet. Es ermöglicht ohne langen Umweg der Selbstabwertungen das Verstehen der eigenen Persönlichkeit auch in ihren schwierigen Seiten aus der eigenen Geschichte heraus. Psychische Störungen, Symptome und Verletzlichkeiten können auf Basis dieses Modells, so meine Schlussfolgerung, wesentlich besser psychotherapeutisch integriert und effizient bearbeitet werden.

2.3 Emotionsfokussierte Therapie (EFT)

Während die Schematherapie mit dem Modusmodell und der Beschreibung der Schemata strukturelle Zusammenhänge des Psychischen aufzeigt und für die praktische Therapie nutzbar macht, beruht die Expertise der Emotionsfokussierten Therapie (EFT) stärker auf fundierten Erkenntnisse bezüglich der konkret ablaufenden emotionalen Prozesse, die für die Dynamik des Therapieprozesses bedeutsam sind. Viele dieser Erkenntnisse sind wertvolle Voraussetzungen für das Verständnis des dritten Teils, welche die Integration mit der systemischen Therapie betreffen. Neben der zugrundeliegenden Emotionstheorie wird der Fokus auf emotionsbasierte Verfahren gelegt, die in ihrer praktischen Anwendung die therapeutischen Handlungsspielräume zu erweitern und gleichzeitig zu vertiefen vermögen.

2.3.1 Grundlagen der EFT

Es gibt erstaunlich viele Parallelen im theoretischen Aufbau zwischen systemischer Therapie und EFT. Selbstorganisationsprozesse und Konstruktivismus spielen in den Epistemologien beider Modelle eine herausragende Rolle.

Beide konzipieren Psyche nicht als eine feste Struktur (vgl. Greenberg, 2006; 2016), sondern als ständigen Prozess. Auch das Narrativ der eigenen Lebensgeschichte taucht in beiden Konzeptionen als eine wesentliche Komponente der Selbstorganisation und der therapeutischen Arbeit auf. Doch im Unterschied zur systemischen Therapie wird für die EFT die Emergenz psychischer Prozesse vor allem über das körperlich vermittelte Erleben wahrnehmbar. In dieser Zirkularität erkennt die EFT den grundlegenden dialektischen Prozess der Selbstorganisation. Wir (re-)konstruieren kognitiv (wenigstens zum Teil), was wir über implizites Erleben emotional und somatisch prozessieren und versehen es mit Bedeutung. Anders als die Schematherapie ist die EFT daher in erster Linie prozessorientiert. Zudem bedient sie sich zwar ebenfalls des Begriffs der »emotionalen Schemata«, der aber weiter gesteckt ist als in der Schematherapie und an jeder erlebten und die psychische Struktur prägenden Erfahrung ansetzt. Über diese emotionalen Schemata, die wir bereits in der frühen Kindheit präverbal und daher als implizites Wissen zu entwickeln beginnen, verläuft letztlich unsere weitere Erfahrungsverarbeitung. Die an Auszra, Herrmann und Greenberg (2017) angelehnte Darstellung in Abbildung 17 zeigt die Grundidee der EFT, wie emotionale, somatische, kognitive und narrative Organisationsmuster einen dialektischen Prozess der Selbstorganisation bilden.

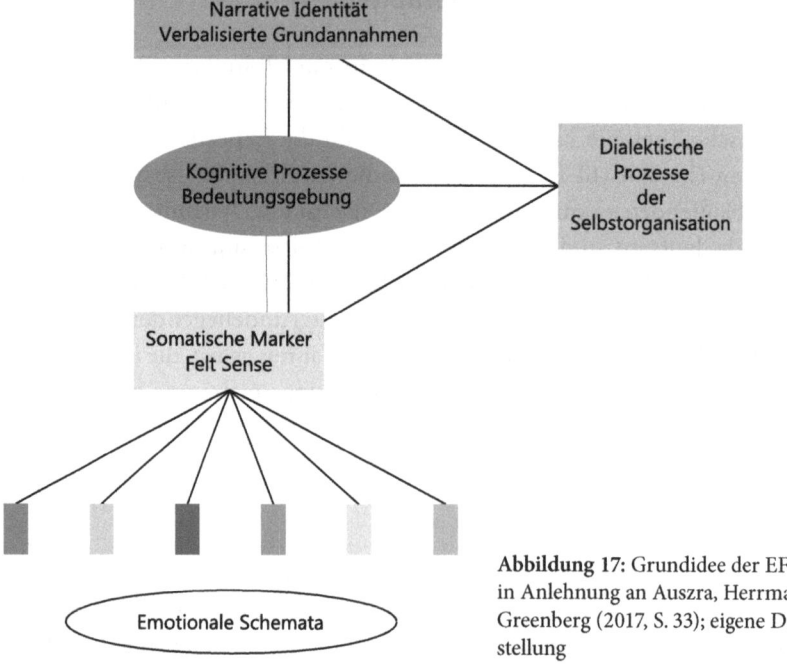

Abbildung 17: Grundidee der EFT in Anlehnung an Auszra, Herrmann, Greenberg (2017, S. 33); eigene Darstellung

2.3.2 Emotionstheorie der EFT

Die EFT wurde maßgeblich von Leslie S. Greenberg konzipiert, dem Leiter des Psychotherapieforschungszentrums der York-Universität in Toronto, Kanada, der sein gesamtes Werk der Weiterentwicklung der Psychotherapie gewidmet hat und unter anderem 2012 mit dem »Award for Distinguished Professional Contributions to Applied Research« ausgezeichnet wurde, einer der weltweit wichtigsten Auszeichnungen für angewandte psychologische Forschung.

Seine Theorie baut auf dem Konzept der Emotionsregulation auf, welches jene Prozesse umfasst, die durch die individuelle und implizite Steuerung des Flusses unserer Emotionen organisiert werden. Wesentliche Grundlage zum Verständnis der Theorie auch und gerade mit Blick auf ihre Bedeutung für psychotherapeutische Prozesse ist dabei die Idee der *emotionalen Schemata*.[30]

Emotionale Schemata

Greenberg beschreibt zwei Arten emotionaler Reaktionen (vgl. hierzu sowie zum Folgenden v. a. Greenberg, 2006):
(1) angeborene, auf Reflexen beruhende psychomotorische Programme
(2) komplexe emotionale Reaktionen, die durch emotionale Schemata hervorgerufen werden

Emotionale Schemata bilden sich in der Emotionstheorie Greenbergs biografisch als psychische Reaktionen auf die Auseinandersetzung zwischen unseren biopsychischen Grundbedürfnissen und unserer sozialen Umwelt heraus. Grundlage dessen ist, dass Zustände des besonderen Wohlergehens und Zustände der Bedrohung bzw. Verletzung dieses Wohlergehens neuronal gespeichert und dabei körperliche Erlebnismuster, die auslösende Situation sowie die unmittelbaren Auswirkungen auf das Wohlergehen als gemeinsames Schema encodiert werden. Solche emotionalen Schemata bilden aufgrund ihrer Bedeutsamkeit für das Wohlergehen dann eine Matrix für zukünftiges Erleben in ähnlichen Situationen. Diese Erlebnismatrix wiederum, die sich aus körperlichen, psychischen und sozialen Komponenten und deren Rückwirkungen zusammensetzt, verläuft autopoietisch und wird innerhalb der emotionsfokussierten Theorie als *emotionales Schema* definiert.

---

30 Es ist anzumerken, dass der Begriffsbezeichnung des emotionalen Schemas in der EFT bei aller Ähnlichkeit weiter gefasst ist als in der Schematherapie und nicht auf eine bestimmte Anzahl an vordefinierten Begriffen begrenzt wird, wie in den Konzepten von Young und später bei Berbalk.

Aufgrund der Tatsache, dass emotionale Schemata bereits sehr früh im Leben entstehen können, fußen viele davon nicht unbedingt auf einer sprachlichen Codierung oder einer dem Bewusstsein zugänglichen Logik. Es ist anzunehmen, dass ein Schema umso stärker wirksam wird, je intensiver und je häufiger das Wohlergehen eines Betroffenen in Situationen mit ähnlichen Kontextbedingungen bedroht bzw. gesteigert wird. Im Gegensatz zum kognitiven Schema sind bei dieser emotionalen Schemaentstehung zunächst vor allem viszerale, neurobiologische und affektive Komponenten beteiligt, die in unseren ersten Lebensjahren naturgemäß primär präverbal ablaufen.

Sobald ein emotionales Schema etabliert ist, dient es als implizites Verarbeitungsmuster, wobei es jederzeit modifiziert und in andere emotionale Schemata transformiert werden kann, sobald neue bedeutsame Erfahrungen, die unser Wohlergehen in einem ähnlichen Kontext betreffen, generiert werden. Es wirkt also als latente Matrix der inneren Verarbeitung, bedarf jedoch der Aktivierung, damit es bemerkbar werden kann. Auslöser der Aktivierung sind wiederum häufig externe Anlässe. Der Prozess der Entwicklung unserer emotionalen Schemata organisiert sich folglich in einer permanenten dialektischen Auseinandersetzung zwischen unseren biologischen und psychischen Grundbedürfnissen und den zu erwartenden und/oder bereits erlebten Reaktionen unserer sozialen Umwelt als ein idiosynkratischer[31] bzw. (systemisch ausgedrückt) selbstreferenzieller Prozess.

Unterschiedliche Emotionstypen

Ein weiterer in diesem Zusammenhang wichtiger Aspekt in Greenbergs Konzept ist die Unterscheidung zwischen adaptiven und maladaptiven sowie primären und sekundären Emotionen.

Als *adaptive primäre Emotionen* werden Reaktionen aufgefasst, die eine angeborene, quasi universelle emotionale Reaktion darstellen: »Primäre Emotionen sind unsere erste und tiefste Reaktion auf ein Geschehen, gleichsam der Kern dessen, was wir fühlen« (Auszra, Herrmann u. Greenberg, 2017, S. 38). Dies kann beispielsweise Trauer bei Verlust, Ärger bei Grenzverletzungen oder Angst bei Bedrohung bedeuten. Diese Gefühle gilt es therapeutisch betrachtet zu fördern, da sie einer gesunden Funktionsweise entsprechen und in unmittelbarer Verbindung zu unseren Grundbedürfnissen organisiert sind. Anders verhält es sich mit den maladaptiven und den sekundären Emotionen.

---

31 Das Wort idiosynkratisch wird in der Sprache der EFT für implizite selbstorganisierte psychische Prozesse angewendet und geht bereits auf Beck (1986, S. 41) zurück. Es entstammt dem altgriechischen idiosynkrasia, was übersetzt in etwa Selbst-Eigenheit/Charakter bedeutet.

Maladaptive primäre Emotionen bilden sich als Folge von wiederholten Bedürfnisenttäuschungen und sogenannten Entwicklungstraumata oder in Reaktion auf ein (eventuell auch multiples) Schocktrauma. Die dabei entstehenden Gefühle – wie z. B. Angst kombiniert mit Hilflosigkeit, Verlassenheit bzw. Einsamkeit und Scham – werden von Greenberg als maladaptiv gewertet, weil sie nicht nur sehr schwer auszuhalten sind, sondern auch für zukünftige Ereignisse, in denen sie aufgrund unserer neuronalen Warnsysteme schnell angetriggert werden können, häufig zu dysfunktionalen Denk-, Fühl- und Handlungsmustern verleiten. Es wird damit eine innere Struktur erzeugt, »auch in zukünftigen Situationen mit diesen Gefühlen zu reagieren [...]. Erlebt ein Kind wiederholt intensive Scham durch entwertende und erniedrigende Kritik, wird es einen inneren Nährboden für das Erleben von Scham ausbilden und auch später selbst auf milde Kritik oder Zurückweisung mit einem Gefühl intensiver Scham und Demütigung reagieren. Ebenso wird ein Kind, das sich immer wieder in Situationen wiederfindet, in denen keine Kontrolle oder Handlungsmöglichkeiten bestehen, später auf herausfordernde Situationen mit einem überwältigenden Gefühl der Ohnmacht reagieren. Zentrale maladaptive Schemata werden oft Teil der Identität. Häufig sind dies ein angstbasiertes Grundgefühl des Selbst als *unsicher und schwach (weak me)*, ein schambasiertes Grundgefühl des Selbst als *schlecht* oder *defekt (bad me)* [...] oder ein Grundgefühl des Selbst als *einsam und unverbunden (lonely abandoned me)*« (Auszra, Herrmann u. Greenberg, 2017, S. 40).

Die hierbei entwickelten maladaptiven Emotionen bilden zumeist ebenfalls ein emotionales Schema, das in zukünftigen ähnlichen Situationen automatisch hervorgerufen wird und sowohl mit implizit vorhandenen Grundeinstellungen und Glaubenssätzen verbunden ist als auch mit neurophysiologischen Prozessen einhergeht. Solche maladaptiven Emotionen und Schemata gilt es in der Therapie als Quelle vieler hochgradig belastender psychischer und psychosozialer Prozesse zu entdecken und zu bearbeiten, weshalb eine Direktive der EFT lautet, diesen auch als »zentraler Schmerz« bezeichneten Emotionen besonders nachzugehen.

Sekundäre Emotionen schließlich sind Folgen primärer (meist maladaptiver) Emotionen und überlagern diese häufig. Während die primären Emotionen schneller wieder vergehen und mehr im Fluss sind, zeigen sich sekundäre Emotionen oft beständiger und können über längere Zeiträume aufrechterhalten oder immer wieder von Neuem erzeugt werden. Ein Beispiel ist der stets wiederkehrende Ärger über dies und jenes, der sich als Folge von früheren Verletzungen zu einer Art Schutzmantel entwickelt hat, oder das Schuldgefühl, das sich auf jede potenzielle Differenz bzw. Meinungsverschiedenheit mit anderen legt und dadurch Gefühle, die zu einer gesunden Auseinandersetzung durchaus dazugehören (zum Beispiel eigener Ärger oder Wut als Impulse zur Selbstbehauptung) im Keim ersticken lässt.

Sekundäre Emotionen können aber auch Folge eigener Gedankenkreisläufe sein, wie beispielsweise im Zuge sorgenvoller, pessimistischer und fatalistischer Grübeleien oder sich Katastrophen ausmalender Imaginationen. Und schließlich können erziehungsbedingte, kulturelle, häufig auch geschlechtsspezifische Gründe ebenfalls für das Entstehen sekundärer Emotionen geltend gemacht werden. So trägt beispielsweise die nach wie vor weitverbreitete gesellschaftliche Grundüberzeugung, Verletzlichkeit oder Überforderung zu zeigen sei ein Zeichen von Schwäche, dazu bei, dass das Erleben ebendieser Gefühlszustände mit Scham- und Schuldempfinden einhergeht. Die Psychotherapeutin Berne Brown weist sogar nach, dass Verletzlichkeit vor allem durch diese negative kulturelle Konnotation zunehmend zu einem bedeutsamen und komplexen emotionalen wie sozialen Problem anwächst und unverändert zumeist mit Schwäche gleichgesetzt wird (2013). Besonders für Männer galt schließlich über Generationen hinweg das Ideal, keine Schwächen zu zeigen. Deren Verleugnung, je nach Schichtzugehörigkeit gepaart mit unterschiedlichen Bewältigungsmustern wie Rationalisierungen oder Aggressionen, wohnt(e) daher dem vielfach tradierten »klassischen« Männlichkeitsbild inne.

Sekundäre Emotionen, wie beispielsweise in Vorwürfen kanalisierter Ärger, Verbitterung oder Verachtung, dienen daher häufig auch dazu, sozial negativ behaftete Empfindungen bzw. Gefühlszustände wie Verletzlichkeiten etc. zu verdecken (Tab. 8).

Es versteht sich von selbst, dass es sich bei dieser Aufstellung um eine rein modellhafte Unterteilung handelt und die Übergänge fließend sind. Auch die semantische Bedeutung der Emotionsbegriffe wird individuell unterschiedlich wahrgenommen. Die Wertung, die sich in der Unterscheidung der adaptiven gegenüber den maladaptiven Emotionen verbirgt, beruht hingegen auf der empirisch gemachten Erfahrung, dass die hier beschriebenen maladaptiven Emotionen häufiger bei psychisch wiederkehrenden Problemen involviert sind. Sie treten zwar auch gleichermaßen »natürlich« auf, ihre Verfestigung ist aber tendenziell eher das Resultat nicht oder nur unzureichend gelingender emotionaler Verarbeitungsprozesse.

In einer Therapie gilt es den maladaptiven und den sekundären Emotionen nun also besonders einfühlsam zu begegnen, um die dahinterliegenden bzw. mit ihnen verbundenen primären Emotionen zu entdecken. Die Idee der EFT ist es dabei, einen Zugang zu diesen primären Emotionen zu gewinnen, um sie als quasi ursprüngliche Energien aus den Verstrickungen der sekundären und maladaptiven Erfahrungen zu befreien. Es liegt nahe, dass dieses Ziel im Sinne

Tabelle 8: Emotionstypen und ihre Merkmale (in Anlehnung an Greenberg, 2006, S. 221)

Emotionstypen	Merkmale/Funktionen	Beispiele
primär und adaptiv	lebendig und im Fluss; fördert die Anpassung und Interaktion mit der Umwelt; bietet Handlungsimpulse für angemessene Reaktionen; fühlt sich treffend und stimmig an	Freude, Begeisterung, Lust, Unlust, Ekel, Trauerreaktion, Impulse, momentane Furcht, situativer Ärger, unmittelbare Verletztheit
primär und maladaptiv	fühlt sich schlecht, aber bekannt an; erzeugt häufig emotionale Schemata; führt zu Vermeidung und/oder zu Überreaktionen; erzeugt Stress	Hilflosigkeit, Scham, Angst, Wut, untröstliche Traurigkeit, Verzweiflung, Verlassenheit
sekundär	entsteht als Folge unverarbeiteter Gefühle; verdeckt ein (sozial) unerwünschtes primäres Gefühl; entsteht aufgrund von Gedanken, Grundüberzeugungen, Vorurteilen, Introjektionen und Projektionen	Hass, Schuldgefühle, schlechtes Gewissen, Depressivität, Selbstunsicherheit, Ängstlichkeit, Angst vor der Angst, Angst vor Konflikten, Sinnlosigkeitsgefühle, Hoffnungslosigkeit, hilflose oder zerstörerische Wut, Verbitterung, dauerhafter Ärger, Verstrickung

einer nachhaltigen Transformation eines langen therapeutischen Weges bedarf, der damit beginnt, für unsere Klientinnen Möglichkeitsräume zu schaffen, ihre primären Emotionen durch neues, therapeutisch induziertes Erleben besser wahr- und anzunehmen und in der Folge in ihre psychische Selbstorganisation zu integrieren. Emotionen werden auf diesem Weg flüssiger, emotionale Schemata weniger rigide wahrgenommen.

Meines Erachtens können sich primäre maladaptive Emotionen, die nicht verarbeitet wurden, verstärken, wenn ähnliche Erlebnismuster sich wiederholen und dadurch letztlich potenziert werden. Es gibt zahlreiche Fallbeispiele, die auf einer solchen, bisweilen wie eine Art Verdoppelung wirkenden Verstärkung des primären Gefühls durch sekundäre Gefühle beruhen. Die berühmteste Variante besteht in der Angst vor der Angst – jede Person, die schon einmal eine Panikattacke erlebt hat, wird diese antizipatorisch wahrgenommene Angst vor der Angst kennen. Vormals erlebte Paniksymptome, die sich auch über ihr körperliches Korrelat so schlimm angefühlt haben, dass sie als existenzielle Bedrohung erlebt wurden, haben dabei einen neuronalen Fußabdruck hinterlassen und können nun einen ständigen Fokus der Aufmerksamkeit auf die potenzielle Wiederkehr ähnlicher Erlebnismuster zumindest in ähnlichen Situationen provozieren. Die bewusste Aufmerksamkeit zielt dann vor allem darauf ab, eine erneute Panikattacke zu vermeiden, was somit einer sekundären Angst entspricht. Ängste und Sorgen kreisen um ein mögliches Wiedererleben und repetieren die Angst vor der Angst. Ein anderes Beispiel der Verdoppelung von Gefühlen, diesmal aus meiner eigenen Praxis, handelt von Trauererfahrungen.

Fallbeispiel

Frau Zeiser kommt wegen anhaltender Depressionen in die Therapie. Diese seien besonders schlimm geworden, als ihr Schäferhund ein paar Monate zuvor verstarb, in einer Phase, als sie sich gerade von ihrem Freund getrennt hatte und auch aus beruflichen Gründen sehr erschöpft gewesen sei. Bei der Frage nach ihrer Trauerverarbeitung stellt sich heraus, dass bei dem einzigen Todesfall, den sie bis dahin erlebt hatte, als in ihrer Kindheit ihre geliebte Oma verstorben war, sie in der Trauer vollkommen alleingelassen wurde. Sowohl wurde sie von der Toten ferngehalten als auch jedes Gespräch über den Tod und den Verlust der Großmutter konsequent vermieden. Als sie dies nun erzählt, brechen die Tränen wie ein wahrer Sturzbach aus ihr heraus.

Vor dem Hintergrund dieser Erfahrung bietet sich die Erklärung an, dass Frau Zeiser auch deshalb von der Trauer über ihren verstorbenen Hund so überwältigt wurde, weil sie den Verlust eines geliebten Wesens einst als kolossale Überforderung, hilflos und alleingelassen, kennengelernt hat und dieses emotionale Schema in der Gegenwart erneut aktiviert wurde. Darüber hinaus erhielten Emotionen im Allgemeinen und Trauer im Speziellen eine sehr negative Konnotation in der Familie. Aufgrund dieser Konditionierungen sind große Ängste, Scham- und Wertlosigkeitsgefühle (als sekundäre Emotionen) mit der gegenwärtig aufbrechenden Trauer verbunden. Dies alles schürte bei ihr die Vermutung, der Gesamtsituation nicht gewachsen und demzufolge wohl depressiv zu sein.

Mit anderen Worten: Die primäre Trauer von einst wurde damals assoziiert mit zwei wesentlichen *überfordernden* Empfindungen, nämlich dem Gefühl alleingelassen zu werden bzw. in der Trauer isoliert zu sein und der damit verbundenen völligen Hilflosigkeit, welche nun bei dem erneuten Trauererlebnis automatisch mit aktiviert wurden. Ähnlich wie bei der Angst vor der Angst trat bei Frau Zeiser also eine Art sekundäre Trauer auf. Sie war allein vollkommen überfordert, den Mischmasch an Gefühlen der Hilf- und Wertlosigkeit, welche gleichzeitig mit dem Gefühl der Trauer über den Tod des geliebten Hundes auftraten, zu verstehen und zu verarbeiten. Auf diese Weise geriet sie in Selbstzuschreibungen »extrem unverhältnismäßig« zu reagieren, »nicht richtig im Kopf« und somit wohl depressiv zu sein.

Aus diesem Beispiel wird ersichtlich, wie massiv emotionale Schemata und sekundäre Emotionen unser psychisches Gleichgewicht und unser Wohlergehen gefährden können. Doch auch die therapeutische Wirkung des Verstehens der emotionalen Prozesse als eine heilsame Kraft kann hiermit eindrücklich unterstrichen werden, in diesem Fall das Verstehen des Zusammenhangs der Gegenwartssituation mit den biografischen Erfahrungs- und Erlebnismustern und der mit dem Schema der Hilflosigkeit und der Isolation verbundenen Trauer.

Bei Frau Zeiser fand nun tatsächlich bereits nach der ersten Sitzung eine merkliche Besserung ihres Zustands statt. Diese Verbesserung war meines Erachtens nicht allein wegen der Entlastung aufgetreten, die durch das Aussprechen und Gehörtwerden induziert wurde. Mehr noch trug in diesem konkreten Fall dazu bei, dass sie selbst mittels der Wirkung des empathischen Akzeptierens und des therapeutischen Verstehens ihrer lebensgeschichtlichen Erfahrungen ihre gegenwärtige überbordende Trauerreaktion in einem anderen Licht, beinahe als etwas Normales oder zumindest Folgerichtiges und somit nicht als individuelle Störung oder gar als individuelles Versagen erkennen konnte.

Durch eine solche Hinwendung zu den emotionalen Prozessen gelingt es oft, dass Patienten sich selbst wieder besser verstehen lernen, wenn vorher aufgrund der aktivierten emotionalen Schemata und der sekundären Emotionen der Fluss der Emotionen gestört war und eine unlösbar erscheinende Belastung im emotionalen Erleben zu einer Vermischung bzw. »Verklebung« der Emotionalität beigetragen hatte.

In der Sprache der EFT bedeutet dies, dass die impliziten, automatisch ablaufenden Verarbeitungsprozesse häufig in eine Sackgasse geraten sind und sich dann verfestigen. Durch die empathische Zuwendung, das wohlwollende Erkennen und Verstehen im therapeutischen Prozess werden die Emotionen wieder in Bewegung gebracht, ähnlich einem lebendigen, sich selbstorganisierenden Fluss, den das Treibholz nicht mehr zu behindern vermag.

Emotionen als Verweis auf mögliche Auftragsziele

Innerhalb der EFT wird den Emotionen grundsätzlich eine ebenso wichtige wie wertvolle Funktion für unser Leben zugeschrieben, indem sie auf unsere Bedürfnisse, Interessen, Ziele und Werte verweisen (vgl. Greenberg, 2006, S. 10). Greenberg schlägt vor, eine Unterscheidung zu treffen, welche Emotionen hilfreich sind, um unser Handeln gemäß unseren Zielen zu steuern, und welche sich dabei als eher hinderlich erweisen. Letztere, die als *maladaptiv* bezeichnet werden, beruhen »auf unverarbeiteten Ereignissen der Vergangenheit bzw. katastrophale Erwartungen bezüglich der Zukunft [...]. Oder – anders ausgedrückt – man muss herausfinden, ob sich die problematischen Gefühle auf die gegenwärtige Situation beziehen oder ob sie durch Erinnerungen an die Vergangenheit hervorgerufen werden, in denen man sich verletzt, minderwertig, unzulänglich oder einfach sehr verunsichert gefühlt hat« (2006, S. 220).

Wie lässt sich aus der Theoriearchitektur der EFT nun die Möglichkeit eines therapeutischen Wandels jener für das psychische Wohlergehen und den sozialen Umgang des Menschen mit seiner Umgebung eher dysfunktionalen oder »schlecht angepassten« Emotionen erklären bzw. in die Wege leiten? Auszra, Herrmann und Greenberg postulieren in diesem Zusammenhang eine radikale These: (Maladaptive) Emotionen seien nur durch andere Emotionen wandelbar, zumindest seien sie nur im aktivierten Zustand für einen Input offen (vgl. Auszra u. a., 2017, S. 36). Dies gilt verständlicher Weise insbesondere für verleugnete, verdrängte und dissoziierte Gefühlszustände. »Nur was gefühlt wird, kann verändert werden, was abgespalten wird, bleibt immer gleich« (Auszra u. a. 2017, S. 49). Diese Sichtweise ergibt tatsächlich schon deshalb Sinn, weil die meisten maladaptiven Emotionen und die aus ihnen herausgebildeten emotionalen Schemata ja nicht aufgrund bewusster Erwägungen entstanden sind und auch in ihrer weiteren Emergenz impliziten und automatischen Mustern unterliegen, zumal sie ja auch aufgrund ihres schmerzlichen Charakters zumeist abgelehnt und vermieden – aus dem Bewusstsein also möglichst ferngehalten werden.

Der erlebnisorientierte Zugang hat noch einen weiteren Vorteil: Mit diesem kann der nicht selten zu hörenden Kritik entgegengewirkt werden, Psychotherapie sei in erster Linie mittelschichtorientiert und nur auf Personen mit einem sprachlich elaborierten Code zugeschnitten. Ein gewisses Maß an kognitiven und vor allem an selbstreflexiven Fähigkeiten ist zwar selbstverständlich für den therapeutischen Prozess im Allgemeinen durchaus zielführend bzw. zumindest hilfreich, doch bietet die EFT durch ihre Emotionsorientierung und ihr erlebnisorientiertes Vorgehen einen wertvollen zusätzlichen bzw. alternativen Zugang, bei dem Aufträge über den Weg des auf emotionale Prozesse orientierten Sensoriums und nicht allein über das sprachlich-kognitive Codierungssystem vermittelt werden können. Die EFT erkennt vielmehr verschiedene Marker, die Hinweise auf besonders lebendige, bedeutsam wirkende, selbstkritische, verletzliche, stark emotional gefärbte oder generalisierende Prozessanteile geben, welche wiederum eine explorative Vertiefung bzw. emotionale Verarbeitung nahelegen.

Wie um ein Angebot zu machen, greift die Therapeutin diese Anteile auf und beobachtet, wie der Klient auf dieses Angebot reagiert. Es ist dabei gut möglich, die Anteile auch im Sinne eines emotionalen Schemas zu erfassen, um eine Bearbeitung in einem späteren Verlauf der Therapie anzubieten.

Fallbeispiel
Frau Mahler beschreibt in der zweiten Sitzung ihre verschiedenen Anliegen, zunächst aus der Opferrolle, als reine Problembeschreibungen. Sie erzählt von einer sich

wiederholenden problematischen Situation mit einer Kollegin am Arbeitsplatz, die sie als »Mobbing« kennzeichnet.

Noch in der gleichen Sitzung erzählt sie auch von belastenden biografischen Erlebnissen. Sie waren als Familie sehr oft umgezogen, teilweise über Landesgrenzen hinweg von Spanien nach Deutschland, später wieder zurück. Durch diese vielen Wechsel musste sie häufig von Neuem anfangen, sich einzugewöhnen und versuchen, Anschluss bei Peergroups zu finden. Immer wieder erlebte sie sich als Außenseiterin, die »nicht dazugehörte«. So entwickelte sich bereits in der Schulzeit die starke Sehnsucht nach Zugehörigkeit und die große Angst vor Zurückweisung. Dies verschärfte sich, als sie mit zwölf Jahren zu den Großeltern nach Spanien zurückkehrte, während die Eltern noch ein Jahr in Deutschland blieben. Ausgerechnet in dieser Phase befreundete sich ihre Schwester eng mit einer Cousine, wodurch sie selbst sich sehr allein fühlte.

Ich greife am Ende der Stunde diese beiden Erzählstränge auf, indem ich zusammenfasse, dass sie ja immer wieder mit einem Gefühl der Ablehnung konfrontiert worden sei (sie selbst nennt es »fünftes Rad am Wagen«) und dass wir dies, wenn sie wolle, im Verlauf der Therapie auf jeden Fall aufgreifen könnten, was sie sofort bejaht.

Mein Eindruck ist, dass sich meine Patientinnen sehr gut aufgehoben und verstanden fühlen, wenn ich solche impliziten Aufträge, die sich aus dem Narrativ ergeben, aufgreife und als potenziell zu bearbeitende Aufgabe formuliere. Diese Aufgabe endet, so beschreibt es auch Elliott (2007), sobald der Patient sich verstanden fühlt und der Therapeut erkennt, dass jener nun entsprechend seinen Bedürfnissen handeln kann (vgl. Auszra, Herrmann u. Greenberg, 2017, S. 145).

Somatische, psychische und kommunikative Marker

Die EFT beschreibt die bereits erwähnten Marker auf allen drei systemisch relevanten Ebenen: der biologischen, der psychischen und der sozialen.

Somatische Marker und der Felt Sense

Aus neurobiologischer Sicht findet bei der Entwicklung somatischer Marker ein Zusammenspiel von verschiedenen Hirnarealen statt. Dabei sind besonders der ventromediale präfrontale Kortex, das limbische System und der Hirnstamm beteiligt (▶ Kapitel 1.3.1, Abbildung 3). So gelingt eine ungeheuer schnelle, teilweise nur 200 Millisekunden dauernde Informationsverarbeitung, die dem Körper sensomotorische Impulse versetzt, sich in einer bestimmten Art und Weise zu verhalten. Das Bezugssystem unserer somatischen Marker beinhaltet laut

Damasio (2005) sowohl angeborene Reflexe als auch unser Repertoire bewusster, unbewusster und konditionierter Erfahrungen.

Die Wahrnehmung unserer somatischen Empfindungen kann uns daher helfen, auf unser gefühltes, implizites Wissen zurückzugreifen. Dafür ist es nützlich, die somatischen Marker des eigenen Organismus kennen und verstehen zu lernen. Während herkömmliche Erziehung oftmals von dem Leitsatz ausgeht, eigene Empfindlichkeiten zurückzustellen bzw. sie möglichst nicht zu beachten (»Stell dich nicht so an«, »Du bist viel zu sensibel«, »Sei nicht so egoistisch [selbstverliebt etc.]«), gilt es mittels der Wahrnehmung der somatischen Marker bessere Informationen über die eigenen Befindlichkeiten, spontanen Empfindungen sowie den Felt Sense (s. u.) zu gewinnen. Der eigene Körper wird als Resonanzraum verstanden, der genau genommen Gefühle nicht nur widerspiegelt, sondern diese sogar hervorbringt bzw. verortet.

Es ist dabei keineswegs nur das sogenannte Bauchgefühl, welches als somatischer Marker bezeichnet wird. Der berühmte »Kloß im Hals«, die Schwere auf der Brust, wie gelähmt erscheinende Arme oder Beine, ein Nebel im Kopf, der Atem, der verflacht, das Brennen in den Augen und vieles mehr können als somatische Marker verstanden werden. Mittels der Methode der Fokussierung auf das körperliche Erleben bei der Exploration emotional schwieriger Situationen und Ereignisse unterstützen wir als Therapeutinnen unsere Klienten, ihre somatischen Marker mehr in den Blick zu bekommen und achtsamer mit diesen umzugehen.

Der Felt Sense

Der Philosoph Eugene Gendlin, Begründer der Focusing-Methode, definiert den Felt Sense als »keine geistige, sondern eine physische Erfahrung, ein körperliches Wahrnehmen einer Situation, Person oder eines Ereignisses« (Gendlin, zit. nach Levine, 2012, S. 56). Darunter versteht Gendlin ein komplexes und zugleich auf eine spezifische Situation bezogenes Körpererleben, das mehr als ein Gefühl oder eine Empfindung sowohl kognitive als auch emotionale Anteile enthält.

Ein solcher Felt Sense ist zugleich höchst dynamisch und bietet sich bei seiner Fokussierung als »Quelle der Veränderung« an (Gendlin, 1998, S. 33). In der Regel werden bei bewusster Beachtung die Veränderungen im Erleben konkret auf der Körperebene spürbar, z. B. als Lösen von Anspannung oder als Erleichterung. Gendlin spricht in diesem Zusammenhang auch von »felt shift« (»gefühlte Verlagerung«), einem wichtigen Ziel seiner therapeutischen Methode. Levine wiederum zeigt die Dynamik des Felt Sense, wenn er von einem »Strom« spricht, »der durch eine ständig sich ändernde Landschaft fließt. […] Ist das Gelände abfallend und schroff, bewegt sich der Strom mit Kraft und Energie, wirbelnd und sprudelnd, während er über Felsen und Geröll hinabstürzt. In der Ebene schlängelt er sich so langsam dahin, dass man sich fragt, ob er sich überhaupt bewegt« (Levine, 2012, S. 57 f.).

Somatische Marker bzw. der Felt Sense sind also für alle Therapeuten, die den rein kognitiv ausgerichteten Therapiepfad erweitern wollen, außerordentlich wichtige Dimensionen der Fokussierung. Diese Erkenntnis ist ja auch längst in der systemischen Welt angekommen, wie die inzwischen mehrfach durchgeführten Kongresse zum Thema »Reden reicht nicht!? – Bifokal-Multisensorische Interventionstechniken« in Heidelberg (2014, 2016) bzw. Bremen (2019) belegen. Gerade auf der Ebene der Körperwahrnehmung sei hier zudem nur das große Feld des Embodiments und der körperzentrierten Therapie aufgeführt (vgl. z. B. Storch, 2009; Storch u. a. 2017).

Psychische Marker

Psychische Marker für eine Fokussierung der Emotionen finden sich in einer Therapie zuhauf. Greenberg weist darauf hin, dass therapeutische Achtsamkeit besonders in zwei Fällen angebracht sei: wenn (bestimmte) Emotionen nur untergeordnet wahrgenommen und überreguliert sowie wenn sie überbewertet und unterreguliert werden. Die psychotherapeutische Praxis liefert im Alltag diverse Beispiele aus beiden Kategorien. So zeigen sich psychische Marker unter anderem in der Art und Weise, wie das Erleben im Narrativ des Patienten prozessiert wird – gibt es auf dessen Seite einen Zugang und ein Verständnis für seine Emotionsverarbeitung innerhalb des eigenen Narrativs oder wirkt die Darstellung gerade bei der Erzählung der Schlüsselereignisse eher auf den Erlebnisgehalt bezogen abstrakt, diffus und emotionsvermeidend?

Kommunikative Marker

Gemäß unserer Konditionierungsgeschichte werden viele emotionale Schemata von Empfindungen der Scham und emotionalen Abwehr überlagert. Dies drückt sich im kommunikativen Prozess durch Vermeidungshandlungen, Unterbrechungen, Rationalisierungen, Schuldzuweisungen (häufig auch per Selbstvorwurf) oder Schweigen aus. Die Feinfühligkeit der Therapeutin ist daher bei diesen Prozessen besonders gefragt, eine gute Balance zu etablieren zwischen empathischem Dranbleiben einerseits und der Fähigkeit, die Scham und Abwehr des Patienten zu respektieren, auf der anderen Seite.

Geeignete Mittel und Maßnahmen, wie der Umgang mit den psychischen und den kommunikativen Markern in einer Therapie möglichst gewinnbringend bzw. zielführend zu bewerkstelligen ist, werde ich im folgenden Kapitel über die Methoden der EFT besonders bei der Darstellung der empathischen Fertigkeiten des Therapeuten aufgreifen.

Resümee des emotionsfokussierten Ansatzes

Emotionsbasierte Verfahren wie die EFT haben bei der Behandlung psychischer Störungen meines Erachtens deshalb so großen Erfolg, weil sie die psychische Selbstorganisation von Klienten auf der Grundlage der unmittelbaren Emotionsregulation erfassen und damit direkt an den Operatoren unserer emotionalen Schemata anschließen. Indem mit emotionsbasierten therapeutischen Methoden verschiedene Automatismen der problematischen Denk-, Fühl- und Verhaltensmuster erfasst werden können, sind sie besonders geeignet die emotionalen Quellen psychischer und psychosomatischer Symptome zu bearbeiten. Das hochkomplexe Konstrukt unserer Persönlichkeit mit ihren individuellen, biografisch gebildeten Strukturen unterschiedlicher Kognitionen, Emotionen und Verhaltensmuster, die sich im Laufe der Zeit zu einem Geflecht oft automatisierter Abläufe geformt haben, wird auf diese Weise sicht- und gestaltbar. Dabei wird neben den aktuell ablaufenden emotionalen Prozessen in der Therapie auch als weitere Möglichkeit die biografische »Erzeugung« der problematischen Muster und Symptome rekonstruiert, um aus ihrer Entstehungsgeschichte bzw. einzelnen Episoden heraus eine Veränderung zu bewirken. Und zwar nicht allein, um darüber zu reflektieren, was damals passiert ist, dies allein würde die automatisiert ablaufenden neurobiologischen Muster und die psychosozialen Konditionierungen, die mit ihnen verkoppelt sind, nicht grundlegend und nachhaltig verändern können, sondern durch gezielte erlebnisorientierte Interventionen, die eine Veränderung in der Emotionsregulation bewirken können. Innerhalb der EFT wird im Unterschied auch zur Schematherapie dabei diese Veränderung primär nicht kognitiv vorgeplant, sondern passiert aufgrund des unmittelbar erlebten veränderten Umgangs mit verschiedenen Erregungssituationen einfach als Folge der therapeutischen Transformationsarbeit (▶ Kapitel 2.3.3 und 2.3.4).

Ziel ist nicht zuletzt, ein größeres (Selbst-)Verständnis und eine entsprechend verbesserte Achtung und Würdigung unserer Grundbedürfnisse zu schaffen – deren oft schon in der Kindheit und Jugend erlebte Vernachlässigung respektive Verletzung brachten schließlich jene problematischen emotionalen Schemata hervor, die unter bestimmten Kontextbedingungen häufig auch in unserem Erwachsenenalter aktiviert werden.

Die individuelle Anfälligkeit für spezifische Auslösereize aus den gegebenen Kontextbedingungen liegt in der Selbstorganisation der jeweiligen Psyche begründet (vgl. im ▶ Kapitel 1.2), deren Verletzbarkeit/Angreifbarkeit durch die in der Vergangenheit vollzogene Etablierung der emotionalen Schemata und Glaubenssätze eine biografische Dimension aufweist. Daraus lässt sich die Überlegung ableiten, wie wir aus den aktuell erlebten Erregungsmustern und den Grundemotionen, die auf der Körperebene und im psychischen Bereich ablaufen, neue Denk-, Fühl- und Verhaltensmuster evozieren können, die unseren erwachsenen und kindlichen Bedürfnissen besser entsprechen. Erwachsen, weil erst der Erwachsene zumeist die Befähigung (zurück-)erwirbt, Einblick in die eigene Gefühlswelt, deren Benennung und deren Ausdruck zu gewinnen, kindlich, weil es unsere elementaren, oft schon in der Kindheit verletzten Grundbedürfnisse und emotionalen Schemata betrifft, die sich unter bestimmten Kontextbedingungen nach wie vor im Erwachsenenalter zeigen.

Daher plädiere ich dafür, neben der Frage der *situativen* Angemessenheit unserer emotionalen Reaktionsweisen auch die nach der *biografischen* Angemessenheit zu stellen, die zumindest im psychotherapeutischen Kontext nachvollzogen werden kann, also das Verständnis für die einzelne Person immer wieder aufgrund ihrer speziellen biografischen Bedingungen zu reflektieren und bei entsprechenden Fortschritten angemessen auch zu würdigen.

In diesem Sinn bringt jeder Mensch durch seine biografisch geformte Persönlichkeit und die in ihr enthaltenen emotionalen Schemata inhärente (aber eben *nicht unveränderbare*) individuelle Kontextbedingungen mit, die es als Verständnisgrundlage für die EFT wie für jede Form der Psychotherapie zu berücksichtigen gilt. Die Grundhaltung eines EFT-Therapeuten basiert dabei sehr auf dem Verstehen und Akzeptieren der Klientinnen, da vice versa deren Selbstverstehen, Selbstakzeptanz und Selbstwertempfinden als Schlüssel für die Heilung bzw. den therapeutischen Erfolg angesehen werden.

2.3.3 Therapeutische Methoden 1: Tools und Interventionen

Die Methoden der EFT sind vielfältig, wobei ähnlich wie in der systemischen Therapie Verstehensprozesse im Sinne einer ständigen Hypothesenbildung und Therapieprozess nicht voneinander zu trennen sind. Zugleich ist die EFT in ihrer Herangehensweise und Methodik deutlich prozessorientierter als beispielsweise die Schematherapie.

Ziel ist in jedem Fall die Schaffung von Selbstakzeptanz aufseiten des Patienten über den Weg des Verstehens und Regulierens der eigenen Emotionen, denn (wie Matthias Berking et al. formulierten): »Die Akzeptanz und Toleranz problematischer Emotionen scheint die größte Wirksamkeit aller emotionsregulatorischen Techniken zu besitzen« (Berking, zit. nach Lammers, 2015, S. 103). Das therapeutisch wichtigste Grundwerkzeug stellt daher das emotionale Verstehen und Validieren der Patientin dar.

Emotionales (Selbst-)Verstehen und Selbstakzeptanz

Carl Rogers, der Begründer der klientenzentrierten Gesprächspsychotherapie, brachte die therapeutische Sinnhaftigkeit des emotionalen Verstehens und der damit verbundenen Selbstakzeptanz auf den Punkt: »Es ist ein merkwürdiges Paradoxon, dass erst, wenn ich mich so akzeptiere, wie ich bin, ich mich verändern kann« (frei übersetzt nach Rogers, 1961, S. 17). Viele Interventionen der EFT dienen daher dem Ziel, dass sich unsere Klienten emotional zu verstehen und zu akzeptieren lernen.

Mittels der EFT wird hierfür ein Weg gewählt, der durch die in der Therapie vermittelte Praxis wesentliche Hilfestellungen zur Selbstexploration und zur Schaffung von Selbstakzeptanz bereitstellt. Der direkte Zugang ist dabei die Erfahrung der unmittelbaren zwischenmenschlichen Beziehung im therapeutischen Prozess. Primäres Beziehungsmedium wiederum ist die Empathie, die während der Exploration emotionaler Prozesse durch die Therapeutin vermittelt wird.

Empathie als Schlüssel zur Selbstakzeptanz

Viele Grundkomponenten der EFT übernahm Greenberg aus dem Fundus der klientenzentrierten Gesprächsführung. Nach Rogers besteht das Wesen der Empathie darin, sich in eine andere Person einzufühlen, indem man sich in deren Bezugsrahmen hineinversetzt (vgl. hierzu sowie zum Folgenden u. a. Rogers, 1983). Erst dadurch gelingt es, die emotionale Situation des anderen nachzuerleben und sie somit an dessen Stelle zu erfühlen.

Dies passiert auf Basis der Spiegelneuronen (▶ Kapitel 1.2.5) in Situationen, in denen wir bestimmte Emotionen unseres Gegenübers durch dessen direkten Ausdruck, beispielsweise Lachen oder Tränen, unmittelbar wahrnehmen, relativ leicht. Doch ist die emotionale Wahrnehmung in den meisten Situationen therapeutischer Prozesse nicht so offensichtlich, weshalb es für die Entwicklung von Empathie aufseiten des Therapeuten sowohl einer besonderen Orientierung als auch spezieller Techniken bedarf.

Nach Rogers ist hierfür zuvorderst das bewusste, zeitlich-räumlich befristete Einnehmen einer Haltung zielführend, die er mit dem Begriff »Als-ob-Erleben« umschreibt. Diese steht im Gegensatz zu einer fortwährenden Identifikation, womit er den temporären Charakter des empathischen Prozesses hervorhebt. Der bewusste Akt des befristeten Hineinversetzens in die innere Erlebniswelt des anderen ist dabei gleichzeitig auch die Voraussetzung, um diesen Zustand wieder verlassen und, mehr noch, um sich während des Prozesses des empathischen Erlebens sowie besonders danach wieder abgrenzen bzw. differenzieren zu können. Es handelt sich somit um eine Fähigkeit (oder, wie Rogers an anderer Stelle formuliert, um eine »Als-ob-Eigenschaft«), die, wenn sie die Therapeutin nicht einnehmen kann bzw. wenn sie verloren geht, entweder in einer therapeutisch nicht als zielführend anzusehenden Identifikation oder in ebenfalls kaum förderlicher zu großer emotionaler Distanz mündet.

Der besondere Wert der Empathie des Therapeuten besteht darin, dass die wesentlichen psychischen Störungen in aller Regel mit einer inadäquat gesteuerten Emotionsregulation der Klientin und eben gerade auch einem Mangel an Empathie (zumindest mit sich selbst) und Selbstakzeptanz einhergehen. Mit Lammers kann sogar vermutet werden, »dass ein emotionsphobischer Konflikt einen wesentlichen Teil der psychischen Problematik ausmacht und häufig Grundlage bzw. Nährboden für die offensichtlichen symptomatischen Verhaltensweisen und Beschwerden ist« (Lammers, 2015, S. 48).

Die empathische Grundhaltung, die uns die EFT lehrt, beruht letztlich auf der Grundannahme, dass jeder Mensch sich in seinen Kernbedürfnissen und den mit diesen verbundenen (primären) Emotionen akzeptiert fühlen und annehmen lernen sollte. Mittels der empathischen Grundhaltung wird diese grundsätzliche Bereitschaft bedingungsfreier Akzeptanz therapeutisch angeboten. Bedingungs*frei* ist sie deshalb, weil sie nicht, wie sonst in unserem Gesellschaftssystem zumeist üblich, an irgendwelche Bedingungen bzw. Konzessionen oder (Gegen-)Leistungen gekoppelt sein sollte. Sie sollte auch nicht von der Wertung der Therapeutin abhängig sein, ob sie das Verhalten bzw. die Intensität der Emotionen des Klienten als richtig oder falsch einschätzt.

Zugleich ist sie jedoch nicht bedingungs*los,* da sie sehr wohl an unsere Fähigkeit des emotionalen Verstehens gekoppelt ist, welche wiederum an Bedingungen ähnlicher Erfahrungshorizonte und Erlebniszusammenhänge anknüpft. Mehr noch: Sie ist auch deshalb nicht bedingungslos, weil sie nicht den Freiraum und die Illusion vermitteln sollte, dass jedes mit den Emotionen des Klienten verknüpftes Verhalten zu akzeptieren bzw. zu tolerieren und damit womöglich zu legitimieren sei. Emotionen und Bedürfnisse sind daher teilweise leichter empathisch zu begleiten als die mit ihnen verknüpften Verhaltensweisen. Es ist dabei wichtig, dass wir uns als Therapeutin oder auch einfach als Mitmensch auf die Situation des anderen einlassen können, und diesen verstehen zu versuchen, ohne zu (ver-)urteilen. Selbstredend ist hierbei ein vollkommen anderer Kommunikationsmodus gefragt als jener häufig erlebte wertende und urteilende, der sich überwiegend zwischen den Polaritäten des Richtig oder Falsch bewegt.

Der Gewinn einer seitens des Therapeuten überzeugend vermittelten empathischen Haltung ist, dass auf der anderen Seite Menschen, die sich in ihrer emotionalen Entwicklung in vielen Bereichen teilweise extrem über- oder unterfordert und oft auch alleingelassen gefühlt haben, erleben können, selbst mit sehr unangenehmen, schambesetzten und negativ bewerteten Emotionen bzw. Erlebnismustern als vollkommen in Ordnung wahrgenommen zu werden. Diese akzeptierende Grundhaltung der Therapeutin überträgt sich im Laufe einer gelingenden Therapie immer stärker auf die Selbstorganisation des Patienten, indem dieser eine zunehmend selbstakzeptierende Wahrnehmung und im Idealfall eine selbstakzeptierende Grundhaltung entwickelt und in seiner Autopoiese verankert. Dies ist aus meiner Sicht eine zentrale Basis für die Genese von Selbstakzeptanz und psychischem Wohlergehen und somit für jede erfolgreiche Therapie eine unverzichtbare Grundlage.

Die fünf Variationen der Empathie

Auch Empathie kann man erlernen. Dies passiert beispielsweise in vielen sozialen und therapeutischen Berufen ebenso wie in privaten Zusammenhängen durch die Hinwendung zu den Nöten und Gefühlen unserer Mitmenschen, besonders gegenüber Schutzbefohlenen. Für therapeutische Schulungszwecke lässt sich dieser Lernprozess meines Erachtens in mehrere Schritte gliedern und mittels differenzieller Übungen gezielt fördern.

(1) Schaffen eines empathischen Raumes
(2) Empathisches Explorieren
(3) Empathisches Spiegeln
(4) Empathisches Validieren
(5) Empathisches Evozieren

(1) Schaffen eines empathischen Raumes
Die Fähigkeit hierzu kann als wichtigste Voraussetzung für eine gelingende Therapie angesehen werden. Am Anfang steht dabei das Joining, also die Beziehungsherstellung zwischen Therapeutin und Klientin und die Schaffung eines therapeutischen Bündnisses. Der Begriff Joining stammt ursprünglich aus der systemischen Familientherapie und bedeutet eben just dies: anschließen, verbinden, ein Bündnis herstellen. Der damit verbundene Prozess ist mittlerweile in fast allen Therapieformen von großer Bedeutung, wenn auch unter variierenden Bezeichnungen: In der gruppendynamischen Tradition ist vom Andocken die Rede, in der Hypnotherapie bzw. beim NLP wurde die Methode des Pacings entwickelt, die quasi ein »Mitschwingen« auf den verschiedenen

Ebenen der Kommunikation ermöglicht. Hierbei werden besonders die Körpersprache und Körperhaltung, Mimik und Gestik, aber auch die vom Patienten genutzten Begrifflichkeiten und Denkmuster beachtet.

Die systemische Therapie bietet darüber hinaus für das Joining paradigmatisch sehr viele günstige Bedingungen, da sie einen wertschätzenden Blick vermittelt, der aufgrund der konstruktivistischen Haltung die subjektive Wirklichkeitskonstruktion und somit auch das individuelle Erleben jedes einzelnen Menschen würdigt, wodurch zudem die Gleichrangigkeit zwischen Therapeut und Klient betont wird. Indem sich Ersterer nicht in der Überlegenheit wähnt zu wissen, was für Zweiteren das Beste sei, bietet das konstruktivistische systemische Therapiemodell einen stimmigen Rahmen, um einen von beidseitiger Ebenbürtigkeit getragenen empathischen Raum zu eröffnen.

Die EFT unterstützt dies darüber hinaus, indem Gefühle in den Mittelpunkt der Therapie gestellt werden und von Beginn an deren Akzeptanz durch das empathische Verstehen der Therapeutin unterstrichen wird. In Weiterführung der konstruktivistisch ausgerichteten systemischen Therapie könnte man sagen, dass mittels der EFT nicht nur die kognitiven Wirklichkeitskonstruktionen als Ausdruck der Selbstorganisation jedes Einzelnen verstanden werden wollen, sondern besonders auch dessen unmittelbares emotionales Erleben geachtet und gewürdigt wird. Hierfür schafft das empathische und Emotionen explorierende Vorgehen des emotionsfokussiert orientierten Therapeuten einen besonderen Raum des Verstehens.

(2) Empathisches Explorieren
Der emotionale Raum wird vertieft, indem Emotionen in bestimmten vom Klienten als problematisch erlebten Situationen ebenso umfassend wie intensiv exploriert werden. Die EFT beruht schließlich auf der Haltung, dass tiefgreifender Wandel nur mittels des Einbezugs der emotionalen Prozesse gelingen kann. Daher suchen und bahnen emotionsfokussierte Therapeutinnen mit ihrer Gesprächsführung bewusst die vertiefende Exploration der Emotionen. Immer wieder wird gezielt nachgefragt: »Was fühlst du jetzt gerade?« bzw. »Was hast du gerade gefühlt?«

Es ist erstaunlich, welche Emotionen allein durch diese beharrlich eingesetzte Fragetechnik hervortreten können. Häufig werden genau solche angesprochen, die sich im weiteren Verlauf als sehr bedeutend erweisen, um den Prozess der Therapie voranzubringen und/oder in eine andere, neue Richtung zu gestalten. Aus meiner Erfahrung können auch lange Perioden des gefühlten Stillstands, die beispielsweise durch das ausführliche Beschreiben bestimmter Problemzusammenhänge entstehen und mitunter sehr viel nur begrenzt zielführend nutzbare Zeit einnehmen, durch die Fokussierung auf die Emotionen abgekürzt und auf das Wesentliche reduziert werden. Gerade Emotionen wie Traurigkeit, Ärger und Angst lassen sich auf diese Weise wesentlich schneller erleben, als relevant erkennen und dementsprechend aufgreifen.

Bei der großen Mehrheit meiner Klienten wurde das Erleben dieser Emotionen negativ konnotiert und bewertet. Ihre Exploration ist daher in der Problem-Lösungs-Logik der EFT eine entscheidende Weggabelung, die das Problemnarrativ auf den wesentlichen emotionalen Kern fokussiert, den es zu verstehen und zu wandeln gilt. Die therapeutische Struktur und der Prozess der Emotionsregulation werden durch diese Neufokussierung entscheidend beeinflusst, wobei das Hervortreten der unangenehmen Emotionen oft sogar eine motivationale Basis für die unmittelbare Auftragsdynamik und gleichzeitig für den weiteren Transformationsprozess bildet.

(3) Empathisches Spiegeln
Empathisches Spiegeln bedeutet, dass der Therapeut emotional mitfühlend wiederholt, welche Emotionen er in den Schilderungen der Klientin wahrgenommen hat. Dabei hat dieses Spiegeln oft eine emotionsverstärkende Wirkung. Es ist gleichzeitig auch ein Angebot des Therapeuten, die zutage getretenen Emotionen genauer und auch tiefer verstehen zu wollen, was die Klientin annehmen oder übergehen kann. In der Regel wird sie sich verstanden und eingeladen fühlen, die emotionale Exploration zu vertiefen oder zumindest weiterzuführen. Sie kann aber auch mit einer Unterschiedsbildung seiner Gefühlslage reagieren und diese differenzierter darlegen wollen. Das empathische Spiegeln bestätigt in jedem Fall der Klientin, dass ihre Emotionen willkommen sind und sie ihnen mehr Raum geben darf.

Fallbeispiel
Frau König berichtet im Erstgespräch von einer schwierigen Geburt, bei der es aufgrund von unerwarteten Komplikationen zum Kaiserschnitt kam. Sie hält bei dieser Erzählung inne, während sich ein paar Tränen den Weg auf ihrer Wange bahnen. Darauf erwidere ich, ihre offenkundigen Gefühle einfühlsam spiegelnd: »Es macht Sie heute noch traurig, wenn Sie daran denken, wie das alles über sie hereinbrach ...«

Frau König bejaht dies und erzählt weiter, jetzt auch mehr von der emotionalen Seite des Geschehens – dass sie voller positiver Erwartungen gewesen sei, weil die ganze Schwangerschaft so gut gelaufen war und sie sich schon so sehr auf die Geburt gefreut hatte. Und dann geht sie sogar ohne weitere Nachfrage meinerseits dazu über, das traumatische Geschehen selbst etwas genauer zu beschreiben.

Emotionspsychologisch ist es sinnvoll, der Schilderung traumatischer Ereignisse genau zuzuhören, mit dem Ziel, herauszufinden, welche Gefühle evoziert wurden und wann besonders intensiv Schmerz ausgelöst wurde, so dass diesem nun Raum für eine Verarbeitung gegeben werden kann. Das Spiegeln sollte in traumatischen Kontexten jedoch von Fall zu Fall unterschiedlich und gegebenenfalls auch nur dosiert eingesetzt werden. Entscheidend sind hier das Gewahrsein und eine gute Intuition des Therapeuten, inwiefern die Klientin vom Geschehen und ihren wieder aufbrechenden Emotionen überschwemmt zu werden droht.

Hilfreich sind dabei Ansätze, die eine Wendung des traumatischen Erlebens durch spezielle Übungen explizit miteinbeziehen, wie sie im Abschnitt über den sicheren Ort beschrieben werden (▶ Kapitel 2.4.2). Doch auch hier ist letztlich die Klientin die Expertin dafür, ob sie sich dies (jetzt schon) zutraut und wenn ja, wie weit sie im Einzelfall gehen möchte.

Grundsätzlich ist das empathische Spiegeln eine wertvolle Methode, um die Akzeptanz der Gefühle der Patientin durch den Therapeuten zu bestätigen, was wiederum zur Stärkung des therapeutischen Bündnisses beiträgt.

(4) Empathisches Validieren

Empathisches Validieren ist eine weitere hilfreiche Technik, um das emotionale Selbst-Verstehen und somit die Selbstakzeptanz der Klientin zu fördern. Der Therapeut kann die wahrgenommenen Emotionen der Klientin auf verschiedene Arten bestätigen. Eine besonders nützliche Variante dieses Validierens besteht beispielsweise darin, die explorierten bzw. gespiegelten Emotionen nach einigen Minuten, sobald es inhaltlich passt, nochmals hervorzuheben bzw. am Ende eines Sitzungsteils zusammenzufassen. Auch das Sortieren verschiedener Emotionen kann sehr hilfreich für deren Verstehen seitens der Patientin sein.[32]

Eine weitere Validierungsvariante sind Erläuterungen des Therapeuten, um die Emotionen der Klientin in einen Raum der Sinnhaftigkeit, Nachvollziehbarkeit, Angemessenheit bzw. einfach des »Normalen« zu rücken. Hier kann der

---

32 Dieses Sortieren kann durch aus der systemischen Therapie bekannte Unterschiedsfragen angereichert werden, was zu einer besseren Differenzierung beiträgt. Wenn etwa ein Klient von einer Enttäuschung berichtet und auf Nachfrage sowohl Ärger als auch Traurigkeit als Grundemotionen erkennen kann, ist die Frage, welche wohl gerade etwas überwiegt, hilfreich für die emotionale Orientierung. Auch bei allen Formen von Mischgefühlen bzw. ambivalenten Zuständen sind Unterschiedsfragen wertvoll, um das Sortieren und Gewichten der Emotionen des Klienten zu unterstützen.

von den meisten Klientinnen erwartete und auch anerkannte Expertenstatus des Therapeuten sehr unterstützend wirken. Aus der systemischen Therapie können zum Beispiel verschiedene Kontextanalysen utilisiert werden, um die Sinnhaftigkeit bzw. Normalität der erlebten Emotionen in den Fokus zu stellen. Als Kontexte sind dabei jedoch nicht nur die situativen beziehungsdynamischen relevant, sondern auch – besonders bei schwierigeren emotionalen Prozessen – die jeweiligen biografischen.

In diesem Sinn sind Kontextanalysen, gegenwarts- wie vergangenheitsbezogen, aus meiner persönlichen Sicht großartige Bereicherungen des Validierungsprozesses, indem sie zu einem verbesserten Selbstverständnis und damit zu einer Erhöhung der Selbstakzeptanz beitragen. Die Klientin gewinnt das Gefühl, unter diesen Umständen sich selbst als »normale« und ihre Emotionen, seien sie noch so maladaptiv, gerade auch unter Hinzuziehung der biografischen Dimension als nachvollziehbar, plausibel und/oder folgerichtig zu betrachten. Dadurch gelingt ein Wandel in der (Selbst-)Bewertung emotionaler Prozesse, der sich sehr unterstützend für die weitere Exploration ebenso wie für die Selbstakzeptanz auswirkt.

(5) Empathisches Evozieren
Hierzu zählen eine ganze Reihe von Fragetechniken, die den Klienten in seinen Expertenstatus zurückversetzen, seine Emotionen selbst am besten erkennen und wahrnehmen zu können, denn schließlich gilt: »Der Patient ist stets Experte für den Inhalt seines Erlebens« (Auszra, Herrmann u. Greenberg, 2017, S. 136).

Evozieren geht als Methode insofern über das Spiegeln hinaus, als hierbei nun Fragen zur Passung emotionaler Prozesse gestellt werden. Besonders bei Klienten, deren emotionale Differenzierungsfähigkeit bislang nur wenig entwickelt ist, werden von der Therapeutin sozusagen Emotionsvorschläge angeboten, beispielsweise »Waren Sie in dieser Situation ärgerlich?« oder »Ich spüre auch ein wenig Traurigkeit bei Ihnen«. Auszra, Hermann und Greenberg betonen die Wichtigkeit des emotionalen Spiegelns und Evozierens für den therapeutischen Prozess: »Dieses innere Abgleichen der Spiegelungen und Angebote des Therapeuten mit dem eigenen körperlich basierten Erleben ist ein zentraler Prozess bei der empathischen Exploration. Es regt den Patienten an, zu suchen und zu prüfen, bis es ›passt‹, bis er stimmige Worte für sein idiosynkratisches Erleben und den damit verbundenen subjektiven Bedeutungen gefunden hat. Die erlebnisorientierte Grundhypothese lautet: ›Neues‹ im Patienten entsteht durch die Selbstexploration seines Erlebens« (Auszra, Herrmann u. Greenberg, 2017, S. 136).

Dazu werden auch gern Metaphern eingesetzt, welche die Emotionen auf eine tiefere Beschreibungsebene bringen. Diese Sprachbilder können sehr hilfreich sein, um einen anderen Zugang zu den eigenen Emotionen zu gewinnen, um sie anders zu betrachten und um mit ihnen auf eine neue Weise umzugehen. Die Vielzahl der Möglichkeiten ist riesengroß, entscheidend ist die Anschlussfähigkeit, ob der Klient die Metapher oder das Sprachangebot für sich annehmen und damit umgehen möchte. Ideal sind natürlich solche metaphorischen Redewendungen, die der Klient selbst einbringt, wobei auf eine wohlwollende, positive Semantik zu achten ist, da abwertende Formulierungen sich erfahrungsgemäß als tendenziell eher inkompatibel mit der anvisierten Selbstakzeptanz erwiesen haben.

Auch jene Fragetechniken, die in der EFT als *empathisches Vermuten* und *Zurückfokussieren* definiert werden, betrachte ich als potenziell hilfreiche Optionen, um Emotionen des Patienten deutlicher zu evozieren. Das *empathische Vermuten* ähnelt dabei der Hypothesenbildung, die wir in der systemischen Therapie als Angebote für eine veränderte Bedeutungsgebung einbringen können, um dem Klienten die Gelegenheit zu geben, auf diese einzugehen oder sie auch abzulehnen, zu ignorieren oder zu modifizieren. Empathische Vermutungen haben einen reinen Angebotscharakter, sollten niemals eine Ich-weiß-es-besser-Botschaft transportieren. Experte für seine Emotionswahrnehmung und -validierung bleibt letztlich immer der Klient selbst. Beim *Zurückfokussieren* wiederum greifen wir eine Emotion oder einen emotionalen Zusammenhang auf, der in einer Erzählung des Patienten gerade nur kurz angedeutet und dann wieder übergangen wurde. Dies geschieht schon deshalb häufig, weil Emotionen, insbesondere der unangenehme Teil des Gefühlslebens, für viele Menschen in ihrer Wahrnehmung und der expliziten Ausdrucksweise eine untergeordnete, wenn nicht sogar abgelehnte Rolle spielen. Daher kann das Zurückfokussieren als wichtiger Mosaikstein bei der Entwicklung einer emotionsorientierten Selbstwahrnehmung als Vorstufe zu einer verbesserten Selbstakzeptanz angesehen werden.

Achtsamkeit und Emotionsregulation

Ziel der EFT ist es, Emotionen besser wahrnehmen und achten zu lernen. Dafür ist die Beachtung der eigenen Körperempfindungen (Somatische Marker), die mittels der empathischen Exploration im therapeutischen Prozess mehr und mehr in den Fokus der Aufmerksamkeit rücken, ein wesentlicher Schlüssel. Gleichzeitig sind Emotionen als Ausdrucksmittel jedoch auch bezogen auf ihre soziale Angemessenheit und ihre Rekursivität auf unsere Mitmenschen sowie in Antizipation ihrer Rückwirkungen auf die eigenen Bedürfnisse zu beachten und zu regulieren. Daher ist eine Intention der bewusst gesteuerten Emotionsregulation, dass wir zwar unsere Emotionen wahrnehmen, verstehen und achten lernen, sie aber nicht zwingend auch »ausagieren« müssen.[33]

Für diejenigen unter uns, die sehr temperamentvoll und emotionsgesteuert reagieren, ist es fast ein meditativer Akt, sich der eigenen Emotionen bewusst zu werden, ohne diesen sofort nachzugeben bzw. sie in Handlung umzusetzen. Achtsamer Umgang mit den eigenen Emotionen impliziert Momente des Innehaltens und Gewahrwerdens. Je nach Stärke der aufgetretenen Emotionen und der mit ihnen verbundenen körperlichen Erregung kann bereits das Einlegen einer bewussten (Atem-)Pause die üblichen Automatismen unterbrechen. Nicht nur das eigene Handeln, auch das eigene Denken lässt sich durch eine solche Haltung verändern. Jedoch wäre es ein Trugschluss anzunehmen, dass Haltungen sich unmittelbar über Erkenntnisse neu entwickeln. Es braucht neben Einsichten auch die Orientierung in der Zeit, also die Fähigkeit und die Geduld, diese Haltung durch ausdauerndes Einüben zu generieren.

Zum Einüben können nun wieder verschiedenste Techniken eingesetzt werden, beispielsweise die Fokussierung bewussten Atmens, diverse Achtsamkeitsübungen oder die Anwendung der Fertigkeit, bei besonders hitzigen Auseinandersetzungen eine Auszeit einzulegen – vielleicht kurz aus dem Raum zu gehen oder auch tatsächlich die sprichwörtliche Nacht darüber zu schlafen –, dies alles mit dem gemeinsamen Ziel, Ruhe und Zeit zu gewinnen, um dem Körper eine Chance zu geben, die Stresshormone wieder abzubauen. Weder wollen wir unsere Emotionen dabei »in den Griff bekommen« und komplett kontrollieren, noch sollten uns umgekehrt die Emotionen dominieren. Ziel ist es, eine Balance zwischen Wahrnehmung und Achtung auf der einen (im Inneren, also im psychischen System) und einem bewussten Umgang mit unseren Emotionen auf der anderen Seite (nach außen gerichtet, also in das soziale System hinein) zu gewinnen.

Bei intensiven Befindlichkeiten ist es sinnvoll, die aufbrechenden Emotionen dem Kontext angemessen zu erkennen. In unserem Geist versuchen wir dabei, die Emotionen, die uns gerade bewegen, möglichst genau wahrzunehmen, ihnen einen Namen zu geben, sie sozusagen zu bestimmen. Es geht bei dieser Methode nicht in erster Linie darum, die erlebte Situation zu analysieren, sondern vielmehr die Emotionen zu verstehen und auszuhalten, ohne eine Über-

---

33 Mit »ausagieren« ist nicht nur der wie auch immer geartete Ausdruck einer Emotion gemeint, sondern auch, dass die betreffende Emotion uns zu teilweise unbedachten Handlungen anleitet.

sprungshandlung bzw. eine impulsive Entladung zu benötigen. Auch ihre biografische Dimension zu explorieren, also zu reflektieren bzw. »einzutauchen«, inwieweit uns die Gefühle bekannt vorkommen, kann uns dabei helfen, die Erregung des Augenblicks etwas zu relativieren.

Fallbeispiel
Ein Patient fühlt sich durch die kleinste Kritik seiner Partnerin stets massiv in seinem Selbstwert bedroht und reagiert aufgrund dieser Bedrohung sofort mit verschiedenen Bewältigungsmustern. Häufig rechtfertigt er sich dabei vehement, was aber leicht in Gegenvorwürfe umschlagen kann.

Im Therapiegespräch stellt sich heraus: In seiner Kindheit wurde er systematisch als Vermittler für den Konflikt seiner Eltern eingesetzt, jedoch lediglich mit dem Ergebnis, nichts bewirken zu können. Dies hinterließ bei ihm die Grundüberzeugung, nicht zu genügen, und das emotionale Schema, sich immer wieder schuldig zu fühlen und als unfähig und wertlos zu erleben. Das Erkennen der biografischen Komponente dieses Gefühls- und Beziehungsmusters hilft ihm nun zwar, sich selbst besser zu verstehen, verändert aber noch nicht notwendigerweise die Auftretenswahrscheinlichkeit seines emotionalen Schemas der erlebten Wertlosigkeit.

Wir versuchen daher aufgrund seines eigenen Anliegens, Achtsamkeit an die Stelle zu fokussieren, wenn er sich in dieser Form angegriffen und in der Folge wertlos fühlt. Da diese Gefühle so massiv auftreten, braucht er in der realen Alltagssituation eine deutliche Auszeit, wofür er den Raum verlassen und sich zunächst auf sich selbst besinnen möchte. Damit seine Partnerin dies nicht als Bruch der Beziehung oder als Bestrafung auffassen muss, möchte er versuchen, diesen Zwischenschritt ohne Vorwurf in der Stimme anzukündigen, mit der schon vorher vereinbarten Sicherheit, dass er nach angemessener Zeit, sobald er sich von seinem emotionalen Schmerz erholt hat, in den Raum zurückbewegen und wieder Kontakt mit ihr aufnehmen kann. Mit Eckhard Roediger lässt sich diese Methode der Unterbrechung automatisch ablaufender hochemotionaler Prozesse auch mit einer Autofahrer-Metapher beschreiben: einen Gang herausnehmen und zunächst einmal in den Leerlauf schalten, bevor ein neuer Gang gewählt wird (vgl. 2009, S. 30).

Achtsamkeit ist innerhalb der allgemeinen Psychotherapieentwicklung mittlerweile eine vielfältig benutzte Kategorie geworden. Neben der Achtsamkeit, die auf Entspannung und innere Ruhe bezogen ist, ist auch diejenige, die in einem buddhistischen Sinne sich auf das Hier und Jetzt bezieht, sehr en vogue und mit der erstgenannten Begriffsverwendung durchaus verwandt. Eine dritte Variante stellt die für die EFT besonders relevante Fähigkeit dar, seine eigenen Gefühle wahrzunehmen und im Sinne einer Beobachtung zweiter Ordnung mögliche Reaktionsweisen abzuwägen. Es gilt in kürzester Zeit die Entscheidung zu treffen, ob und inwieweit die soeben erlebten Gefühle als Handlungsimpulse dienen und wenn ja, in welcher Form diese adäquat ausgedrückt werden können, oder ob diese Gefühle eher als emotionale Schemata zu verstehen sind, für die ein achtsamer Umgang von Vorteil wäre. Bei besagten Schemata wiederum sind, ähnlich wie im Kapitel zur Schematherapie beschrieben, der biografische Hintergrund des jeweiligen Schemas und damit auch die Angemessenheit des Umgangs mit diesem Schema in der Gegenwart von besonderer Bedeutung.

Fallbeispiel

Herr Baade beklagt sich in einer Sitzung vehement über das Verhalten seiner Ehefrau. Seine Erregung und sein Ärger gehen so weit, dass er schon über eine Trennung nicht nur nachgedacht, sondern diesen Gedanken sogar bereits als Drohung in den Raum gestellt hat: »Dann kannst du ja ausziehen!« Wir rekonstruieren die Situation und seine Emotionen, die zu dieser Aussage geführt haben. Er beschreibt es dabei als »unfassbar«, dass seine Frau ihn aus seiner Sicht über längere Zeit missachtet und dann auch noch seinen Klärungsversuch (den sie wohl eher als Vorwurf erlebt hatte) nicht positiv erwidert habe. Im Gegenteil, es kam in diesem vermeintlichen Friedensgespräch sogar noch zu Gegenvorwürfen seiner Frau, was für Herrn Baade das Fass zum Überlaufen gebracht hatte.

Zuerst versuche ich nun vorsichtig, ihn zirkulär nach den vermutlichen Gefühlen seiner Frau zu fragen, als er den sogenannten Klärungsversuch startete. Dies führt zu einer halbherzigen Einsicht, dass diese »sich wohl nicht so toll gefühlt hat«, was jedoch noch nicht seinen grundlegenden Ärger wandelt. Danach fokussiere ich mit ihm die Emotionen, welche er erlebt hatte, als sie auf seinen Klärungsversuch nicht in der Form reagierte, wie er sich das erwartet hätte. Als Gefühle der Ablehnung, des Nicht-ernst-genommen-Werdens, ja der Zurückweisung beschreibt er seine Empfindungen.

Ich frage daraufhin nach, ob er diese Gefühle aus seiner Biografie und weiter, ob er sie mehr aus dem Erleben gegenüber seinem Vater oder seiner Mutter kenne, was ihn zum Nachdenken bringt. Er kann sich im Kontext beider Eltern an Erlebnisse mit ähnlichen Zügen und Empfindungen erinnern, worauf wir mit dosiertem empathischem Explorieren jener Szenen der Vergangenheit in den nächsten ca. fünf Minuten der Sitzung erreichen, dass er sein Gefühl in einen biografischen Kontext stellen und seine eigene Verwundbarkeit an dieser Stelle erkennen kann.

Er vermag jetzt die zunächst so verletzende Situation mit seiner Frau einem eigenen, sehr häufig erlebten emotionalen Schema aus der Vergangenheit zuzuordnen, was seine Wut und das Gefühl der Ablehnung bis hin zum Beziehungsabbruchswunsch in der Gegenwartssituation sofort zu verändern hilft. Diese Einsicht wird durch die Anwendung der Emotions- bzw. Bedürfnisanalyse, einer erlebnisorientierten Methode, die ich in den nächsten Abschnitten erläutern werde, vertieft.

In der nächsten Sitzung erzählt Herr Baade, dass die letzte Sitzung doch einiges gebracht habe und es mit Blick auf die Beziehung zu seiner Frau wieder »wunderbar zwischen uns läuft«. Diese Einschätzung von ihm bleibt nachhaltiger, als ich es erwartet hätte, und hat auch noch nach mehreren Monaten Bestand.

Das Verständnis für die Gewordenheit unserer emotionalen Schemata und für die biografische Dimension ihrer Verankerung kann eine bedeutsame Veränderungsweichenstellung sein. Sie zeigt auf, dass die Attribuierung der gegenwärtigen Emotionen nicht allein und nicht primär auf die Auslösesituation bzw. den für diese »Verantwortlichen« bezogen bleiben muss. Die Adressierung der Gefühle kann sich mit dieser Erkenntnis somit diversifizieren und an diejenigen Personen gerichtet werden, die einst bei der Entstehung der emotionalen Schemata beteiligt waren. Allerdings braucht es für die Erarbeitung einer nachhaltigen Selbstwirksamkeit dieser Weichenstellung fast immer eine Kombination der erlebnisorientierten emotionalen Bearbeitung und der kognitiv-selbstreflexiven Verstehensarbeit.

Emotionsanalyse

Um das Reflektieren unserer emotionalen Reaktionen und Schemata besser einzuüben, habe ich in Anlehnung an Lammers (2015) folgendes Übungsblatt erarbeitet (Tab. 9), das die Klientinnen zu Hause für bestimmte belastende Situationen ausfüllen können. Dieses Tool gebe ich meinen Klientinnen gern mit, sobald sie ein gewisses Grundverständnis für die Problematik ihrer Emotionsregulation entwickelt haben.

Tabelle 9: Übungsblatt Emotionsanalyse

Emotionsanalyse 1
1 Auslösendes Ereignis für meine Emotion (wer, was, wann, wo?):
Beschreibe und benenne die Emotion:
Skaliere die Intensität (1–10):
Welche Körperwahrnehmungen und körperlichen Reaktionen begleiten diese Emotion (Felt Sense)?
Welche Gedanken haben die Emotion begleitet, hervorgerufen bzw. verstärkt?
Was habe ich in der Situation getan bzw. was für einen Handlungsimpuls hatte ich?
Was für ein Bedürfnis drückt sich durch die Emotion aus bzw. verbirgt sich womöglich hinter der Emotion?
Was wäre ein angemessener, hilfreicher Umgang mit dieser Emotion gewesen?
Wie fühle ich mich jetzt, nach dieser Exploration?

Es versteht sich von selbst, dass diese Übungsform nicht für komplexe Situationen geeignet ist, da wir beispielsweise in der Phase nach einem Streit oder einem beruflichen Konflikt in der Regel einander widerstreitende und oft auch hoch ambivalente Gefühlszustände erleben. Daher gilt es in solchen Fällen deren emotionale Vielfalt und mögliche Konflikthaftigkeit differenzierter zu analysieren (Tab. 10), was in der Folge wichtige Grundlagen für das Verständnis und somit für eine weitere Verarbeitung der involvierten Emotionen liefern kann.

Tabelle 10: Übungsblatt zur Emotionsanalyse 2 für komplexe Situationen

Emotionsanalyse 2
1 Welche (verschiedenen) Emotionen sind aufgetreten (Intensität, je 1–10)?
Auslösende Ereignisse für meine Emotionen (wer, was, wann, wo?):
Welche Gedanken gingen mir währenddessen durch den Kopf?
Welche Körperwahrnehmung und körperliche Veränderung habe ich gespürt?
Was habe ich in der Situation getan bzw. welche (unterschiedlichen) Handlungsimpulse hatte ich?
Welche verschiedenen Bedürfnisse stecken hinter den verschiedenen Emotionen?
Welche dieser Emotionen kann ich besser annehmen, welche beschämen oder belasten mich noch zu sehr?
Was wäre zukünftig ein angemessener, hilfreicher Umgang mit diesen Emotionen?

Bedürfnisanalyse emotionaler Prozesse

Wie bereits in ▶ Kapitel 1.1 dargelegt, können sämtliche Emotionen bzw. körperlichen Empfindungen als Signale für ein oder mehrere dahintersteckende Bedürfnisse verstanden werden. Viele Beispiele sind offensichtlich: Hunger steht für das Bedürfnis nach Nahrungsaufnahme und Stärkung, Durst für die Versorgung des Körpers mit Flüssigkeit, Müdigkeit für das Schlafbedürfnis.

In therapeutischen Prozessen allerdings stellt sich das Verständnis der mit den Emotionen verbundenen Bedürfnisse ungleich komplizierter dar, besonders bei einer Vielzahl unangenehmer Emotionen, die uns bei relevanten Problemen zumeist beschäftigen. Scham beispielsweise verweist auf das Bedürfnis, sozial angesehen und anerkannt zu werden, welches im Moment der Beschämung bedroht erscheint. Besonders die Bestätigung des Selbstwerts wird in beschämenden Momenten infrage gestellt, weshalb Situationen, die beschämend sein könnten, zumeist vorauseilend vermieden werden. Auch das Gefühls-Gedanken-Konstrukt, fremden oder eigenen Ansprüchen bzw. Erwartungen nicht zu genügen, das als Insuffizienzgefühl begriffen werden kann, geht mit Schamempfinden einher und verweist somit ebenfalls auf das grundlegende Bedürfnis, sozial anerkannt und – auch aus den Augen anderer betrachtet – akzeptiert zu werden. Therapeutisch könnte hier nun allerdings auch versucht werden, das Bedürfnis zu wecken bzw. an dem Auftrag zu arbeiten, dass das unabhängig von externen Einflüssen empfundene Selbstwertgefühl wächst und dadurch möglichen Beschämungen im Selbsterleben deutlich weniger Raum und Bedeutung beigemessen wird.

Jede Emotion kann entsprechend hinterfragt werden, ob und inwiefern sie unseren Grundbedürfnissen nach Sicherheit, Zugehörigkeit, Identität, Autonomie, Bindung, Anerkennung, Selbstwert, Harmonie etc. dient und wie wir für die Erfüllung bzw. Gewährleistung des entsprechenden Bedürfnisses eintreten können.

Fallbeispiel

Herr Mauser berichtet von einem schlimmen Ehestreit in den letzten Tagen. Es ging um den Haushalt und die Vorwürfe seiner Frau, dass ihn dies überhaupt nicht interessieren würde, obwohl er nach eigenen Angaben gerade erst mehrere Stunden in die Hausarbeit investiert hatte. Er sei nach dem Streit so wütend ins Bett gegangen, dass seine ersten Gedanken sogar um einen möglichen Abbruch der Beziehung kreisten. Diese Wut bzw. die in ihrem Zuge aufkommende Trennungsidee dienten offensichtlich dem Bedürfnis, seine Autonomie wiederherzustellen und sich selbst in Zukunft besser vor scheinbar ungerechtfertigten Vorwürfen von außen beschützen zu können.

Dann jedoch erlebte er eine schlaflose Nacht, die wir in der nächsten Sitzung als Resultat seiner verständlichen Ängste deuten konnten, welche Bedrohungen anderer Grundbedürfnisse mit einer solchen Trennung zusammenhängen würden. Vor allem der potenzielle Verlust an Bindung und Zugehörigkeit, der sich aktuell bereits im Verlust der Harmonie offenbarte, bedeutete eine größtmögliche Bedrohung des Sicherheitsbedürfnisses. Die zwei wichtigsten Grundbedürfnisse, einerseits nach Bindung und Zugehörigkeit, andererseits nach Autonomie, waren in dieser Nacht also in einen erheblichen Konflikt miteinander geraten. Wie wir im Kapitel über das biologische System gesehen haben, wird in solchen Phasen psychophysiologisch die Ausschüttung einer Reihe von Stresshormonen ausgelöst, die im Fall von Herrn Mauser zu einem erheblichen Schlafentzug geführt hatten.

Auch andere Gefühle, mit denen es teilweise schwerfällt umzugehen, lassen sich durch das Identifizieren der tatsächlich dahintersteckenden Bedürfnisse besser verstehen:
- *Eifersucht* signalisiert nicht nur Verlustängste, zumeist involviert sie unterschwellig auch das Bedürfnis, mit dem Partner – oder auch auf andere nahestehende Personen bezogen – eine besondere Beziehung zu »besitzen«. Die Eifersucht berührt dabei teilweise ein Alleinstellungsmerkmal, welches das Bedürfnis erfüllt, etwas Besonderes zu sein und eine einzigartige Bindung zu bewahren.
- *Ekel* bedeutet eine Abwehrhaltung, die sich zum Beispiel auf Nahrungsmittel, Räume, Gerüche, aber auch auf andere Menschen beziehen kann. Er dient dem Bedürfnis, unversehrt zu bleiben, sich durch das »Fremde« nicht zu infizieren, sowohl physisch sich nicht den Magen zu verderben, als auch psychisch nicht gefährdet oder belastet zu werden, mit anderen Worten die eigenen Grenzen zu wahren,
- *Neid* impliziert, dass jemand etwas anderes hat oder erlebt, was auch ich gern haben oder erleben möchte. So kann die Aussage »Ich beneide dich um ...« auch als Kompliment gewertet werden, solange der Neid nicht in Missgunst umspringt. Doch selbst diese lässt sich positiv umwerten, indem das Motiv »Ich gönne dir das nicht« rückgeführt wird auf ein Motiv, dies auch haben zu wollen, aber nur schwer erreichen zu können.

In diesem Sinne ist es stets hilfreich, miteinander im therapeutischen Dialog Gefühle immer wieder auf ihre bedürfnisbezogenen Qualitäten abzufragen und wertfrei zu analysieren. Klienten bekommen daher von mir oft auch die Hausaufgabe, bewusst auf ihre in bestimmten Situationen auftretenden Emotionen zu achten und diesen mögliche eigene Bedürfnisse zuzuordnen (Tab. 11).

Tabelle 11: Übungsblatt Bedürfnisanalyse (schematisch)

Emotion	Verwandte Emotionen	Mögliche Bedürfnisse
Bsp.: Eifersucht	Verlustangst, Neid, Selbstunsicherheit, Angst vor Alleinsein	Bindung, Beziehungssicherheit, Vertrauen, Verlässlichkeit, Ehrlichkeit …
…		…

Der Klient wird also eingeladen, ein spezifisches Gefühl wahrzunehmen und dieses mit ihm zugänglichen bzw. nachvollziehbaren potenziell dahintersteckenden Bedürfnissen zu kombinieren. In einem zweiten Schritt soll er dann in sich hineinfühlen, inwiefern sich diese Zuordnung von Emotionen und Bedürfnissen für ihn besonders passend bzw. stimmig anfühlt.

Eine solche Emotions-Bedürfnis-Analyse lässt sich schlussendlich auch im Sinne einer Selbstwertaffirmation weiterverwenden, indem eine zweite Satzkonstruktion hinzugefügt wird, welche die Gefühle ebenso wie die noch unerfüllten Bedürfnisse mit einem selbstakzeptierenden Gedanken verknüpft, beispielsweise:

»Auch wenn ich mich ärgerlich fühle, weil ich mich ungerecht behandelt fühle (etc. …), und das insbesondere, weil ich meine Anstrengungen, ein guter Partner zu sein, nicht gewürdigt erlebe (etc. …), bin ich vollkommen okay, so wie ich bin.«

Die Betonung sollte bei längerem Üben zunehmend auf den zweiten Teil der Satzkonstruktion gelegt werden, wobei der erste Teil einer möglichst exakten Differenzierung der eigenen Emotionen dient, so dass sich der Selbstwert bei fortgesetzter Übung mit den verschiedensten unangenehmen Emotionen verbinden lässt.

Man kann diese Selbstwertaffirmationen für alle Emotionen anwenden, die scheinbar einem positiven Selbstwertgefühl gegenüberstehen, um die grundsätzliche Selbstakzeptanz auch und gerade bei zunächst als negativ bzw. selbstabwertend erlebten Lebenssituationen einzuüben. Den meisten Klientinnen fällt die verbalisierte Koppelung von unangenehmen Emotionen und Selbstaffirmationen allerdings zumindest anfangs sehr schwer – ein Hinweis darauf, wie sehr unser Selbstwertgefühl offensichtlich von unseren Stimmungslagen abhängt und auf eine Konditionierungsgeschichte rekurriert, die »schlechte« Gefühle automatisch mit einer negativen Selbst-Bewertung assoziiert. Die Neubewertung des Selbstgefühls auch bei im Erleben jedes Menschen gelegentlich aufkommenden unangenehmen Emotionen ist daher ein zentrales Anliegen der EFT.

2.3.4 Therapeutische Methoden 2: Erlebnisaktivierende Methoden

Ähnlich wie in der Schematherapie sind erlebnisaktivierende Methoden ein Kernstück der praktischen Arbeit der EFT, die dabei im Wesentlichen zwei Arten unterscheidet: Die Arbeit mit inneren Anteilen, die zu psychischem Leid beitragen, wird mittels *Stuhldialogen* (siehe auch ► Kapitel 2.2.4.) ausgetragen, während wiederkehrende beziehungsorientierte Schwierigkeiten, die sich in erster Linie auf entwicklungsbedingte Probleme zurückführen lassen, mit der *»Unfinished Business«* genannten Methode bearbeitet werden.

Stuhldialoge

Stuhldialoge stellen ein wesentliches Instrumentarium der EFT dar. Sie werden bei verschiedenen psychischen Konfliktlagen angewandt, insbesondere bei offensichtlich selbstkritischen, bei selbstschädigenden sowie bei Angst und/oder Sinn- bzw. Hoffnungslosigkeit erzeugenden Prozessen. Die Grundidee besteht darin, dass die Selbstreferenzialität des psychischen Systems sich auch gerade bei der Bildung von Symptomen in einer intensiven Wechselwirkung emotionaler und kognitiver Prozesse hochschaukeln kann. Dieser Prozess wird mittels des Stuhldialogs verlangsamt und pointiert in Szene gesetzt, wodurch das Erleben und das Erkennen der Dynamik eine immense Augenscheinlichkeit erfährt. Der selbstorganisierte Teufelskreis bei z. B. Selbstvorwürfen und Selbstanklagen hin zu Schuld-, Insuffizienz- und Wertlosigkeitsgefühlen wird dabei nicht nur transparent, sondern auch gleichzeitig einer Transformation zugänglich.

Als Leitfrage stellt sich dabei zunächst: »*Wie* wird das symptomatische Erleben im Patienten erzeugt, das heißt wie ›macht‹ er oder sie sich ängstlich, hoffnungslos, depressiv, resigniert, verzweifelt? Dies soll nicht unterstellen, der Patient sei schuld an seinen Gefühlen. Ziel ist, den implizit ablaufenden Prozess der Aktivierung und Aufrechterhaltung dieser Gefühle in der Stunde explizit zu machen, wobei sich Patienten ihrer aktiven Rolle *(agency)* in diesem Prozess bewusst werden sollen« (Auszra, Herrmann u. Greenberg, 2017. S. 195; Herv. i. O.). Das Hauptziel der Stuhldialoge ist folglich die Transformation dieser symptomerzeugenden Prozesse durch eine systematische Stärkung der Selbstachtung.

Arbeit mit selbstkritischen Anteilen

Bereits im Rahmen der Darstellung der Schematherapie wurde diese Art der Arbeit im Abschnitt über die kritisch-fordernden Elternanteile näher beschrieben (► Kapitel 2.2.4.).

Marker dafür, dass es in einer Therapie angebracht ist, diese hochgradig emotionsaktivierende Intervention einzusetzen, sind alle Formen der Selbstabwertung und übermäßig selbstkritischer Formulierungen seitens des Klienten (Tab. 12).

Tabelle 12: Merkmale für das Erkennen therapeutisch relevanter selbstkritischer Anteile

Auslösesituationen	Selbstkritische Denkmuster	Selbstabwertende Grundüberzeugungen	Thema
Etwas wird nicht sofort verstanden; schlechte Zensuren; Kritik, Tadel	»Ich hab's wieder nicht kapiert«	»Ich bin zu dumm«	Intelligenz
Überforderung; Prüfungssituation; schlechte Zensuren; Kritik, Tadel	»Ich krieg's nicht auf die Reihe«	»Ich schaffe nichts«	Leistung
Misserfolg; Kritik, Tadel	»Ich hab's wieder einmal vermasselt«	»Ich bin ein Loser/ Versager«	Umgang mit Frustration; Selbstakzeptanz
Gewichtszunahme	»Ich habe schon wieder zugenommen«	»Ich bin hässlich und unattraktiv«	Körperselbst
Begehen eines Fehlers; Kritik	»Schon wieder habe ich einen Fehler gemacht«	»Ich bin nichts wert«; »Ich bin schlecht«	Selbstwert
gefühlte Ablehnung	»Die anderen mögen mich nicht«	»Ich hab's nicht verdient«; »Ich bin an allem selbst schuld«	Integration; Zugehörigkeit; Interaktionen;
generelle negative Denkmuster	»Schon wieder ...«	»Immer ich ...«; »Immer ... mir«	Generalisierung als Opfer, Pechvogel; Nichtsnutz

Selbstkritische Denkmuster können jederzeit im Laufe der Biografie entstehen und müssen nicht gleich per se problematisch sein. Sie reifen jedoch zu Grundüberzeugungen, wenn sie uns von unseren wichtigen Bezugspersonen wiederholt explizit oder implizit vermittelt bzw. bestätigt wurden. Zumeist kommen diese selbstabwertenden Gedankengänge nur unter bestimmten Kontextbedingungen wieder zum Vorschein und werden situativ durch das Erleben oder die Antizipation eigener Unfähigkeiten dominant. Sie sind neuronal verwoben mit emotionalen Prozessen, die ausgehend vom limbischen System unmittelbar psychophysiologische Vorgänge auslösen, und aufgrund ihrer extremen emotionalen Wirkung allein durch kognitiven Einsatz zumeist nicht veränderbar.

Entdeckt der Therapeut nun Marker dieser Art, kann er im Falle eines bereits bestehenden vertrauensvollen therapeutischen Bündnisses vorschlagen, den selbstkritischen Anteil auf einen eigenen Stuhl zu externalisieren. Da es ja um das Erleben der emotionalen Wirkung der selbstkritischen Prozesse geht, sitzt auf dem anderen Stuhl dann jener Anteil, der das eigene Erleben beachten und wiedergeben soll. In der Literatur wird dieser Teil »das erlebende Selbst« (Auszra, Herrmann u. Greenberg, 2017, S. 192), »das Opfer« oder »das innere Kind« (Lammers, 2015, S. 171) genannt. Ich bezeichne die emotionale Seite auch gern als das »gefühlte Selbst«, wobei Lammers ausdrücklich vorschlägt, dass es geraten sei, mit dem Klienten gemeinsam Benennungen für die beiden Seiten zu entwickeln.

Die Differenzierung in Form einer wortwörtlichen »Auseinander-Setzung« der Anteile ist sehr sinnvoll, denn erst durch diese Erfahrung kann der Patientin deutlich werden, dass sie nicht »objektiv« unter den »Tatsachen« leidet, die der selbstkritische Anteil zumeist im Brustton der völligen Überzeugung ausspricht, sondern dass sich das Leiden in erster Linie als Folge eines inneren Dialogs manifestiert. Es ist daher ein wichtiges Ziel dieser Intervention, das eigene selbstkritische Denken in seiner selbstschädigenden Wirkung besser zu erkennen. Dazu geben wir ihm mehr Raum – in der therapeutischen Übung manifestiert durch einen eigenen Platz in Form eines Stuhles – und arbeiten mit Geduld heraus, wie dieser Anteil unser Gefühl, unser Selbstbild und unsere Selbstwirksamkeit beeinträchtigt. Doch auch das Gefühl selbst wird nun bereits dadurch aufgewertet, dass es ebenfalls einen eigenen Platz in Form eines gleichwertigen Stuhles bekommt.

Die Sinnhaftigkeit dieser Übung verdeutlicht Lammers beispielhaft in einem Patientengespräch bei einer Einführung in den Stuhldialog, das hier aufgrund seiner Genauigkeit ausführlicher zitiert werden soll:

»Ihre problematische Emotion der Scham (Angst, Einsamkeit, Schuld etc.) ist die Folge von früheren belastenden Ereignissen mit anderen Menschen, welche genau diese Emotion bei Ihnen hervorgerufen haben. In der Gegenwart wird die Scham dadurch aktiviert, dass es einen Teil in Ihnen gibt, der die früher erfahrenen Abwertungen und Beschämungen sich selbst wieder und wieder sagt. Diesen Teil Ihrer Person können wir inneren Kritiker bezeichnen. Auf diese abwertenden Sätze reagiert ein anderer Teil von Ihnen mit Schamgefühlen. Wir können diesen Teil, der die Schamgefühle erlebt, das innere Kind oder auch das Opfer nennen. Mit der Zwei-Stuhl-Technik können Sie diese beiden Teile zunächst einmal ganz genau erleben, d. h. erfahren, mit welchen Sätzen der innere Kritiker beim inneren Kind bzw. Opfer die Scham hervorruft.

Und anschließend werden wir daran arbeiten, dass der beschämte Teil anfängt, sich gegenüber dem abwertenden Teil zu wehren, und ihn zur Rede stellt. Der beschämte Teil reagiert dann nicht mehr hilflos wie ein Kind, sondern wird erwachsen und kann sich gegen die Angriffe des inneren Kritikers zur Wehr setzen. Und wir werden auch am inneren Kritiker arbeiten und diesen in seinen Urteilen abmildern bzw. ihn zu einem konstruktiven Umgang mit dem anderen Teil bringen« (Lammers, 2015, S. 171).

Es gibt aber auch deutlich kürzere Einführungen, die mehr Spielraum für das Selbsterleben lassen, wie z. B die folgende, von mir vorgebrachte:

»Ich würde gern mit Ihnen bearbeiten, wie sich diese Selbstvorhaltungen, die Sie sich gerade gemacht haben, in Ihrem Erleben auswirken. Dazu lade ich Sie ein, auf diesem Platz *(ich zeige auf einen Stuhl)* die selbstkritische Stimme ganz deutlich zu betonen, um später auf diesem Stuhl *(ich zeige auf einen anderen Stuhl)* nachzuspüren, was diese eigentlich in Ihnen auslöst.«

Zu achten ist allerdings in jedem Fall darauf, dass bereits eine emotional schwingungsfähige Beziehung zwischen Therapeutin und Klient besteht. Schon die Einladung zu dieser Übung kann bei manchem Klienten Schamgefühle und Vermeidungsverhalten auslösen, und selbstredend sind eine einfühlsame Beobachtung dessen, was sich der Klient zumuten kann und will, und der Respekt davor eine unbedingte Voraussetzung. Umgekehrt ist es aber auch nicht nötig, zu vorsichtig oder gar ängstlich an diese Übung heranzugehen, da sich eine solche Unsicherheit mit hoher Wahrscheinlichkeit auf den Klienten übertragen und dadurch eine wertvolle Chance zur Intensivierung der therapeutischen Arbeit vertan würde.

> Manche Patienten betonen, dass sie Rollenspiele bzw. Theaterspielen nicht mögen, oder trauen sich einfach nicht, ihre kritische und/oder ihre verletzliche Seite zu offenbaren. Bei der ersten Gruppe weise ich gern darauf hin, dass es oft erstaunlich ist, welche Kraft sich aus dieser Übung entfaltet, und es nur am Anfang ungewöhnlich sein mag, sich in die verschiedenen Seiten hineinzuver-

setzen, mit der Zeit sich aber häufig eine sehr spannende und aufschlussreiche Dynamik entwickelt. Bei der zweiten Gruppe lasse ich mehr Zeit, die wir dafür nutzen können, die Gefühlszustände noch etwas weiter zu explorieren. Es geht weniger um »Theater« als um ein Erforschen der Wechselwirkung zwischen Denk- und Fühlprozessen. In Echtzeit finden sie simultan statt und sind daher nicht auseinanderzuhalten. Somit benötigt es dafür eben die *Auseinander-Setzung* der beiden Ebenen in Zeitlupe und quasi unter Laborbedingungen.

Sobald sich der Patient auf die Stuhlübung einlässt, entfaltet sich oft schnell eine Dynamik, die sich durch bloßes Reden über dieses Thema niemals in dieser Form entwickeln würde. Zumeist können die selbstkritischen Anteile dabei rasch eine sowohl den Inhalt als auch die Intonation betreffend sehr (selbst-)abwertende Färbung annehmen. Doch manchmal wird die Kritik auch nur moderat und in neutralem Tonfall geäußert. In diesem Fall versucht die Therapeutin, die Intensität des kritischen Anteils der psychischen Konflikthaftigkeit angemessen zu verschärfen, indem er den Kritiker auffordert, etwas deutlicher zu werden.

Dies kann dann häufig durch den Einsatz nonverbaler Kommunikationsmittel umgesetzt werden: Die Therapeutin fragt, ob der Kritiker mittels Gestik und/oder Betonung seine Aussagen unterstreichen könne, wozu beispielsweise eine herablassende Handbewegung und ein schärferer oder verächtlicher Tonfall beitragen könnten. Auch inhaltlich kommen in der Folge des Stimm(ungs)wechsels häufig massive Abwertungen zutage.

Dann lädt die Therapeutin den Klienten zu einem Stuhlwechsel ein. Sobald dieser vollzogen ist, wiederholt die Therapeutin nochmals die Kernsätze des Kritikers, unterstreicht sie mit den nonverbalen Begleiterscheinungen, der entsprechenden Geste und dem Tonfall, und fordert die emotionale Seite auf, sich zu den erhobenen Vorwürfen bzw. Vorhaltungen zu äußern.

Der emotionale Anteil wird nun in vielen Fällen zunächst die üblichen Muster befolgen und dem kritischen Anteil recht geben. Dies ist jedoch nicht das Ziel der Übung. Die Therapeutin interveniert daher umgehend und bittet den Klienten, nicht *inhaltlich* zu reagieren, sondern auf die eigenen Empfindungen zu achten:

»Spüren Sie nach, was diese kritische Stimme in Ihnen auslöst. Spüren Sie auch körperlich – was nehmen Sie wahr?«

Für manche Klienten, die bisher wenig Achtsamkeit bezüglich der Wahrnehmung ihrer Gefühle und Körperempfindungen sowie deren Benennung entwickelt haben, kann die Therapeutin auch Wahlmöglichkeiten in den Raum stellen:

»Fühlt es sich, wenn Sie dies hören, in Ihrem Körper eher klein und schwach oder groß und kräftig an?«

Darüber hinaus wird der Klient gebeten, seine Antwort dem inneren Kritiker in einer auf den anderen Stuhl gerichteten Du-Botschaft zu kommunizieren:

»Sagen Sie bitte direkt zu Ihrem kritischen Anteil, was er in Ihnen auslöst. Ungefähr so: Ich fühle mich so klein und schwach, wenn ich diese Vorwürfe von dir höre.« *Und als Steigerung:* »Du machst mich klein und schwach.«

Die Du-Formulierung erzeugt bereits ein ganz anderes Potenzial für die anvisierte Entwicklung von Resilienz, da sie den Übergang aus der kleinen, schwachen, unterlegenen Opfer-Rolle in eine Haltung der kommunikativen Gleichrangigkeit markiert. Sie verlagert auch die Verantwortung für das emotionale Schema der Wertlosigkeit aus dem erlebenden Selbst hinaus zu den abwertenden, selbstkritischen Denkmustern – nicht das Selbst mit seinen Gefühlen und Bedürfnissen ist schlecht, sondern die Zuschreibungen des Kritikers erzeugen schlechte Gefühle und ein schlechtes Selbstbild.

Möglicherweise nach einem doppelten Stuhlwechsel folgt die Fragestellung in Richtung der *Bedürfnisse* des erlebenden Selbst, die eine neue Wendung bringen kann:

»Was brauchst oder wünschst du dir statt der bisherigen Abwertungen von deinem bewertenden Anteil? Versuch, es ihm direkt zu sagen!«

Es schließen sich nun – je nach Verlauf – zumeist mehrere Stuhlwechsel an. Häufig erweist sich der Kritiker als nachhaltig kritisch und rückt trotz der emotionalen und bedürfnisbezogenen Reaktionen nicht so schnell von seinem erhobenen Standpunkt ab. Doch auch ein solcher scheinbar widerspenstiger Prozessverlauf ist als wertvolle Informationsquelle hinsichtlich der Härte, Rigidität, Festigkeit und Konditionierung der psychischen Abwehrdynamik zu betrachten. An dieser Stelle können verschiedene Erkenntnisse gewonnen werden, beispielsweise:
- Die biografische Dimension der Habituierung an die Unterordnung des Selbst unter die kritischen Maßstäbe kann sehr hart und schmerzlich gewesen sein, weshalb Verständnis und Erleichterung nicht so leicht zu gewinnen sind.
- Ähnlichkeiten mit biografisch relevanten Bezugspersonen in leicht oder schwer verletzenden Situationen oder als kontinuierlicher Grundsatz können deutlich und später für die nächste Übung des Unfinished Business genutzt werden.

- Der kritische Anteil kann sich darin gefallen, die erlebte Dominanz und Hartnäckigkeit seiner kritisch-fordernden Haltung zu bewahren, weil sie ihm endlich auch ein Gefühl von Macht und Überlegenheit verleiht.
- Auf Nachfrage kann deutlich werden, dass der selbstkritische Anteil befürchtet, wenn er seinen Standpunkt aufgebe, werde »alles den Bach runtergehen« bzw. mit anderen Worten, dass ohne die Strenge des inneren Kritikers und Antreibers das Selbst in sich zusammenfallen oder ins Bodenlose versinken könnte.

All diese Hinweise eröffnen wertvolle Weggabelungen für weitere Therapieschwerpunkte, die unsere besondere Wahrnehmung und feinfühlige Beachtung erfordern und uns den Weg weisen für den nächsten sinnvollen Schritt des therapeutischen Prozesses. Doch oft gelingt auch die gewünschte Annäherung zwischen der kritischen Seite und dem gefühlten Selbst. Diese zeigt sich unter anderem darin, dass sich der Kritiker im Laufe des Dialogs sanfter und versöhnlicher geben kann, was dann auf einen Wandel der Emotionsregulation hinweist (vgl. Böcker, 2018, S. 133).

Bei festgefahrenen Interaktionsmustern ist in jedem Fall die Frage nach den Ängsten des selbstkritischen Anteils geraten:

»Was fürchtest du, wenn du ihn *(ich zeige auf den Gefühlsstuhl)* verstehen und auf seine Gefühle und Bedürfnisse eingehen würdest? Was würde nach deiner Vermutung dann im schlimmsten Fall passieren?«

Meist ergibt sich daraufhin eine neue Aufgabe, mit der nun artikulierten Angst im gemeinsamen Gespräch umzugehen. Auch zeigt sich bei diesem Vorgehen, dass der kritische Anteil durchaus eine wichtige Funktion innehat, die es zu würdigen gilt. Häufig vertritt er nämlich gesellschaftliche Standards, Werte und Normen, die einem rein hedonistisch ausgerichteten Selbst wichtige Orientierung geben können. Hier bietet sich für die genauere Exploration das systemische Pendeln zwischen den Konfliktparteien mit einer allparteilichen Haltung an.

Vorwiegend ist es aber die (in meinen Augen unbegründete) Furcht, dass ohne Strenge und Härte des selbstkritischen Anteils das Selbst in vollkommene Apathie oder Faulheit verfällt, was den inneren Kritiker unnachgiebig bleiben lässt. Demgegenüber kontere ich gern, dass ich noch nie ein Baby gesehen habe, das nicht auch mit Neugier die Welt entdecken möchte (was – nebenbei bemerkt – spätestens im Krabbelalter zum Problem für die Eltern werden kann). Die Motivation, Neues zu entdecken und im Leben etwas zu schaffen, ist uns also angeboren, auch wenn es Phasen gibt, in denen wir – vielleicht aus

Opposition, vielleicht aufgrund vieler Enttäuschungen – nicht (mehr) so lernwillig erscheinen mögen.

Eine weitere Möglichkeit in dieser Phase der Stuhlarbeit besteht aber auch darin, dass der selbstkritische Anteil die Emotionen des erlebenden Selbst annehmen und verstehen kann. In diesem Fall ist bereits das Fundament einer wunderbaren Brücke für eine neue Verbindung der beiden Anteile gelegt. In der Therapie können wir diese Brücke verstärken, indem wir beim gefühlten Selbst nachfragen, wie diese Einsicht sich anfühlt. Wenn besagtes Verständnis auf fruchtbaren Boden fällt und vom gefühlten Selbst wohlwollend angenommen werden kann, gilt die Hauptfrage dann der Transferierbarkeit in zukünftige Situationen.

Da wir von der Konditionierungsregel ausgehen, dass gewohnte Muster in ähnlichen Situationen und Kontexten mit hoher Wahrscheinlichkeit automatisch wieder auftreten werden, ist das nächste Ziel also die Etablierung einer bewusst zu beachtenden Dialogfähigkeit der beiden Anteile, bis diese sich zu einer neuen Normalität konditioniert bzw. konsolidiert. Ich frage daher nach:

»Wer von beiden kann, wenn es schwierig wird, zu einem inneren Dialog einladen?«
Und ganz bewusst ans gefühlte Selbst gerichtet: »Welche Gefühle könnten zukünftig Marker werden, den kritischen Anteil einzuladen, eher den eigenen Bedürfnissen entsprechend zu reagieren?«
Und an den kritischen Anteil gerichtet: »Was würde dir helfen zu merken, dass du gerade wieder damit beginnst oder schon dabei bist, dein Selbst von oben herab zu behandeln, zu schwächen und klein zu machen, und stattdessen zu merken und zu beachten, was dein Selbst in dieser Situation von dir braucht, um besser mit der Situation klarzukommen?«

Nach meiner Erfahrung kann bereits ein einziger Durchgang durch eine solche Stuhlübung eine wichtige Transformation für die zukünftige Entwicklung des Patienten bringen.

Jedoch würde ich zumeist davon ausgehen, dass sich aufgrund der Konditionierungsgeschichte psychischer Strukturen eine mehrfache Anwendung der Übung – für verschiedene Situationen und über einen längeren Therapiezeitraum hinweg, womöglich zusätzlich untermauert durch Übungen zum Unfinished Business – als für eine nachhaltige Veränderung besonders zielführend erweist.

Arbeit mit angsterzeugenden Anteilen

Eine weitere Form des Stuhldialogs bietet sich bei unangemessen intensiv und/oder häufig erlebten Ängsten an. Statt eines kritischen wird hier ein angsterzeugender oder verstärkender Anteil[34] angenommen, der durch seine Gedankengänge, Sorgen, Vorstellungen und Projektionen körperlich wahrnehmbare Ängste anzuheizen und gegebenenfalls bis ins Unerträgliche zu steigern vermag.

Grundsätzlich lässt sich ein immer wiederkehrendes, letztlich psychisch belastendes Angstgeschehen als zirkuläres Wechselspiel von körperlichem Erleben und sorgenvollen Gedankengängen verstehen. Insofern ist es eine wertvolle Erfahrung, das Zusammenspiel dieser beiden Ebenen bewusst erfahrbar und dadurch selbstwirksam beeinflussbar zu machen.

Wir laden daher beim Erkennen von Markern, die auf ein erhöhtes Angstaufkommen hindeuten, zu folgender Stuhlübung ein: Auf der einen Seite sitzt der Anteil mit den sorgenvollen, angstmachenden, existenziell verunsichernden und/oder Katastrophen ausmalenden Denkmustern, auf der anderen wieder unser gefühltes Selbst mit dem Zugang zu unseren Körperwahrnehmungen und unseren Bedürfnissen.

Welcher Anteil den Dialog beginnt, kann aus der Situation entschieden werden, abhängig davon, wie der Klient seine Ängste erlebt – eher auf der emotionalen und der körperlichen Ebene oder mehr als Ausdruck seiner kognitiven Muster. Häufig sind letztere Ausgangspunkt der Selbstwahrnehmung, weshalb der Therapeut als ersten Schritt dazu einlädt, die angstmachenden Gedanken in Du-Form gegenüber dem gefühlten Selbst auszusprechen, so beispielsweise bei Versagensängsten:

»Du schaffst das nicht! Du bist dem doch wieder nicht gewachsen! Alles wird über dich hereinbrechen. Du wirst kläglich scheitern!«
»Du wirst dich bloßstellen! Die anderen werden merken, dass du es nicht draufhast, sie werden auf dich herabsehen, deine Schwächen aufdecken, dich abwerten und ablehnen!«

Auf dem anderen Stuhl wird sich nun erweisen, wie diese Aussagen rein emotional und auf der Bühne des körperlichen Erlebens wirken. Häufige sind von Patienten Aussagen wie die folgenden zu hören:

---

34 Dies gilt in ähnlicher Form auch für depressive Anteile, die ja in der Praxis zumeist von Ängsten, insbesondere von Versagens- und Zukunftsängsten, aber auch von Hilflosigkeits-, Insuffizienz- und Wertlosigkeitsgefühlen begleitet und sogar häufig von diesen untermauert werden. Auch diese können mittels Stuhlarbeit besonders eindrucksvoll herausgearbeitet und einer Transformation zugänglich gemacht werden.

»Ich fühle mich schlecht. Mir zieht es den Magen zusammen.«
»Ich möchte im Boden versinken, mich ganz klein machen; ich schrumpfe zusammen.«
»Ich habe einen Kloß im Hals!«

Dann fordere ich das gefühlte Selbst auf, diese Emotionen in der Du-Form auszusprechen, zum Beispiel so:

»Du machst mir mit diesen Gedanken starke Angst; ich fühle mich miserabel, fast gelähmt. Ja, du machst mich ohnmächtig, wenn du so mit mir redest und mir solche Angst einflößt!«

Auch hierüber lässt sich im Therapieprozess die nachvollziehbare Einsicht schaffen, dass weder die Situation noch das gefühlte Selbst allein die starke Angstentwicklung zu verantworten haben. Vielmehr zeigt sich offensichtlich, dass sowohl die Intensität der Ängste als auch ihre Schambesetztheit in einem gehobenen Maß den gedanklichen Zuschreibungen, Bewertungen und Prophezeiungen unseres kognitiven Apparats folgen. Die Du-Form in der Anrede, die wir ja sonst im psychologischen Diskurs eher ablehnen, weil wir die Verantwortung für die eigenen Gefühle nicht abschieben wollen, wird hier ganz bewusst und gezielt eingeführt, weil es im inneren Prozess genau um diese Verantwortung geht, die die eigenen negativ bewertenden Gedanken für das eigene Fühlen bedeuten.

Diese wiederum würden ohne diese Form des Stuhldialogs niemals derart unverhohlen und teilweise drastisch ausgesprochen werden, doch erst so kann ihre fatale Wirkung auf die eigenen Gefühle, das Selbstvertrauen und den eigenen Antrieb erkannt werden und in die Selbstwahrnehmung einfließen. Die beteiligten Prozesse verlaufen dabei, wie schon Aaron T. Beck (1986) in seiner kognitiven Verhaltenstherapie festgestellt hatte, automatisch oder halbbewusst ab und lassen sich oft erst durch eine solche therapeutische Übung in ihrer schnellen und dramatischen Wirkung nachvollziehen.

Eine wichtige Weichenstellung kann auch hier nun wieder dadurch stattfinden, dass der Therapeut das gefühlte Selbst der Klientin nach ihren *Bedürfnissen* fragt:

»Was würdest du dir in einer solch herausfordernden Situation von einem inneren Partner oder Freund wünschen?«

Zumeist kommen dann Antworten wie »Unterstützung«, »Ermutigung«, »Zutrauen«, bei längerem Verlauf der Auseinandersetzung eventuell auch der Wunsch, dass – sollte das bevorstehende, mit Versagensängsten besetzte Ereignis tatsächlich schiefgehen – der innere Kritiker nicht wie ein Scharfrichter über das Selbst herfallen möge. Hierbei zeigt sich also abermals die enge Verknüpfung des angstmachenden und des selbstkritischen Anteils.

Rückfallprophylaktisch lässt sich daher an diese Übung dahingehend anknüpfen, dass auch im Falle eines möglichen Misserfolges (im Worst-Case-Szenario) der bewertende Anteil zum gefühlten Selbst stehen und es wohlwollend annehmen und trösten könnte. Mit diesem neuen Szenario, selbst im ungünstigsten Fall nicht alleine und in der Selbstbetrachtung als kompletter Versager dazustehen, sondern umgekehrt sogar Beistand von einer inneren Instanz zu erfahren, entsteht schon im Hier und Jetzt eine gewisse Erleichterung, die wiederum eine positive Rückkopplung zu den eigenen Ressourcen und Motivationen ermöglicht. Ein solches neu zu erzeugendes emotionales Schema stellt somit ein ideales Ziel für die Therapie mit den angsterzeugenden und selbstentwertenden inneren Anteilen dar.

Für viele Klienten ist es jedoch bereits gewinnbringend, wenn sie die angsterzeugende, sorgenvolle, zum Grübeln veranlassende und/oder katastrophisierende Stimme zunächst mal einfach nur besser wahrnehmen und identifizieren können. Dieses Minimalziel der Übung erzeugt schon aufgrund der Erfahrung, wie sehr die eigenen Gedanken und Bewertungen zu einer bis tief ins Körperliche gehenden Belastung, Bedrohung und sogar demotivierenden Lähmung beitragen (vgl. die Wirkungsweise des dorsalen Vagus, ▸ Kapitel 1.3.2), die Idee bzw. Ahnung, mit den ja im Kern grundsätzlich zumeist nachvollziehbaren Ängsten besser umgehen zu können. Eine solche selbstwirksame Veränderungswahrnehmung wird noch durch die erlebnisorientierte Erfahrung gesteigert, dass im inneren Dialog sogar tröstende, selbstberuhigende, unterstützende und aufmunternde Impulse empfangen werden können.

Fallbeispiel

Frau Holzer kommt während der Corona-Pandemie in meine Praxis. Sie ist 70 Jahre alt, zählt also in diesen Tagen zur Risikogruppe. Ursprünglich war sie gekommen, nachdem ihr Mann an einem Herzinfarkt verstorben und sie in eine depressive Krise geraten war. Seit jeher bestand der Sinn ihres Lebens darin, sich für andere Menschen aufzuopfern. Dieses Verhalten begann während der Kindheit in ihrer Herkunftsfamilie, wo sie sich immer um ihren jüngeren, mit schwerem Asthma bzw. einer Lungenschwäche auf die Welt gekommenen Bruder kümmern sollte. Auch der Vater, der mit bleibenden Schäden aus dem Zweiten Weltkrieg zurückgekommen war, musste umsorgt werden. So lernte sie von Kindesbeinen an, ihre eigenen Bedürfnisse zurückzustellen und sich für die Belange und Erwartungen anderer einzusetzen. Die christliche Erziehung tat ihr Übriges dazu. Die Selbstaufopferung führte schließlich dazu, dass Frau Holzer ihre eigenen Empfindungen als egoistisch einstufte und sich selbst für ihre eigenen Bedürfnisse schämte bzw. scharf kritisierte. Als Symptome der daraus resultierenden inneren Konflikte waren neben einer latenten Depressivität bereits somatische Beschwerden in Gestalt eines Reizdarms sowie multiple Ängste und Panikattacken aufgetreten.

Nach dem Tod ihres Mannes hatte sie sich ehrenamtlich in der Nachbarschaftshilfe engagiert. Gleichzeitig war sie schweren Herzens aus dem vormals gemeinsamen Haus ausgezogen, weil es sich für eine Person als zu groß erwies und außerdem voller Erinnerungen steckte. Dies alles hatte Frau Holzer sehr ermüdet und ausgelaugt, was zu einer Phase der Motivationslosigkeit und des Rückzugs beitrug. Darauf meldete sich punktgenau ihr innerer Kritiker und begann ihr Selbstwertgefühl zu zermürben, das ja vor allem auf der Basis des Kümmerns um andere aufgebaut war.

In dieser Phase kam nun auch noch die Coronakrise hinzu, was den sozialen Rückzug für die alleinstehende Dame nochmals notwendiger erscheinen ließ. Die zunehmende Einsamkeit und die Angst, an COVID-19 zu erkranken, was aufgrund ihrer Vorerkrankungen (es bestand neben dem Reizdarm eine Lungenschwäche) und ihres Alters für sie selbst existenziell bedrohlich wirkte, verschärften ihre Krise so intensiv, dass sie nach zuvor etlichen panikfreien Jahren wieder mehrere Panikattacken zuletzt sogar inklusive eines Notarzteinsatzes erlebte.

In der unmittelbar darauffolgenden Therapiesitzung versuchte ich sie zunächst mittels einer neu geschaffenen Videokonferenz zu unterstützen und wieder etwas zu stabilisieren. Erst in der nächsten Sitzung trauen wir uns an eine Auseinandersetzung mit der angstmachenden Seite.

Diese zeigt sich im Stuhldialog aufgebracht:

»Du wirst alle deine Kontakte verlieren! Wenn du so weitermachst, wirst du irgendwann allein dastehen und immer mehr vereinsamen! Das ist kein sinnvolles Leben. Und außerdem wirst du immer antriebsloser. Es wird immer schlimmer!« *(Wie häufig zu beobachten, neigt die angstmachende Seite dazu, die Zukunft besonders schwarzzumalen.)*

Ich lade Frau Holzer ein, den Stuhl zu wechseln und in das fühlende Selbst hineinzuspüren, worauf sich folgender Dialog entspinnt:

Frau H.: »Hier fühle ich Müdigkeit.«
Ich: »Sagen Sie es zum anderen Stuhl: ›Du machst mich müde.‹«
Frau H.: »Du machst mich müde. Du nimmst mir den Antrieb, wenn du so mit mir redest.«

ICH: »Was würden Sie in Ihrer Lage, erschöpft von dem Umzug und der ehrenamtlichen Arbeit und dann noch in dieser Coronakrise, von Ihrem denkenden Anteil, wenn er Ihnen freundlich gesinnt wäre, brauchen, um die Situation besser zu überstehen?«
FRAU H. *(mit Tränen in den Augen):* »Zuspruch.«
ICH: »Sagen Sie ihm, was Sie brauchen.«
FRAU H.: »Ich brauche Zuspruch von dir, dass du mir nicht ständig Angst einjagst und Schuldgefühle machst, sondern zu mir sagst, dass es in Ordnung ist, wenn es mich zurzeit zu niemandem hinzieht. Dass, wenn ich die Freunde nicht treffen will, ich die Kontakte ja nicht gleich verlieren werde.«

In der nächsten Sitzung erzählt Frau Holzer, dass sie, als sie die Praxis verlassen hatte, gar nicht mehr genau wusste, was passiert war. Sie berichtet aber auch von seither eingetretenen Veränderungen, die »einfach passiert« seien. Zum Beispiel habe die Leiterin der Nachbarschaftshilfe, Ursula, sie angerufen und ihr in einem längeren Telefonat berichtet, was inzwischen alles passiert sei und was Ursula alles gemacht habe. Doch erstaunlicherweise habe dies in Frau Holzer nicht jene Gefühle der Unzulänglichkeit, der Schuld und des Versagens ausgelöst, die sie bei solchen Äußerungen sonst immer wahrgenommen habe. Stattdessen habe sie denken können: »Es ist in Ordnung, dass ich nicht mehr mitarbeite. Ich kann und ich will auch nicht.« Sie konnte also ihre »Schwäche« akzeptieren, ohne sich zu schämen und ohne sich in ihrem Selbstempfinden zutiefst entwertet zu fühlen. Sie fasst diese Wirkung am Ende der Sitzung für sich folgendermaßen zusammen: »Ich weiß nicht, wo das herkam, aber es hat sich gut angefühlt. Ich glaube, ich konnte erstmals zu meiner Schwäche stehen.«

Dieses Beispiel zeigt, wie verflochten oft die angstmachende Seite mit Versagens- und Insuffizienzgefühlen zusammenwirkt und wie der Selbstwert von diesen emotionalen Schemata unmittelbar geprägt wird. Es ist gleichzeitig therapeutisch wertvoll zu sehen, wie wenig kognitiv die Veränderung bei Frau Holzer stattfand, ohne Verordnungen, Hausaufgaben oder Empfehlungen, worauf sie daheim alles achten sollte. Wie Frau Holzer es beschrieb, »passierte« die Veränderung einfach, beinahe so, als wisse sie gar nicht, wie ihr geschieht. Dieses häufig feststellbare »Einfach-so-Passieren« einer Veränderung ist in meinen Augen der große Vorteil des emotionsfokussierten Arbeitens. *Es bestätigt die Hypothese, dass implizite Muster der Selbstorganisation sich gerade auch durch sich verändernde Prozesse des Erlebens zu wandeln beginnen,* und dies, wie Luc Ciompi (vgl. ▶ Kapitel 1.2.4) betonen würde, *auf sehr affektökonomische Weise.*

Tabelle 13: Verschiedene Ängste und mögliche zugrundeliegende Bedürfnisse

Art der Ängste	Lebensbereiche und Bedürfnisse
existenzielle Ängste	Sicherheitsbedürfnis
hypochondrische, körperbezogene Ängste	Unversehrtheit des eigenen Körpers
Versagensängste	Selbstwert; Selbstvertrauen
Einsamkeits-/Verlustängste	Bindung; Zugehörigkeit; Nähe
soziale Phobien	Schutz vor Beschämung, Zurückweisungen, Verletzungen; Selbstsicherheit
generalisierte Ängste	Sicherheit; Selbstachtung; Bindungssicherheit
Zukunftsängste	Sinnperspektive; Zuversicht
einzelne/spezielle Phobien	Schutz vor (vermeintlichen) Gefahren

Tabelle 13 zeigt die verschiedenen Arten von therapierelevanten Ängsten bzw. über die Stuhlarbeit erreichbare Anwendungsfelder angsterzeugender Thematiken und die von ihnen berührten Lebensbereiche bzw. dahintersteckenden Bedürfnisse. Letztere müssen natürlich immer im Einzelfall exploriert werden und können je nach psychischer Dynamik auch verschoben bzw. überlappend involviert sein.

Wichtig für die Übung ist in jedem Fall der interaktive Beitrag, wie Fühlen und Denken sich wechselseitig bedingen und wie wir durch einen Wandel unserer Emotionswahrnehmung und bewertung auch unsere Emotionen selbst unterschiedlich regulieren lernen können. Dieses Vorgehen verspricht das höchste Maß an Selbstwirksamkeit, das im Einklang mit unseren emotionalen Prozessen zu gewinnen ist. Es verspricht jedoch ausdrücklich *nicht* die Befähigung, unsere Gefühle, insbesondere unsere Ängste, komplett unter Kontrolle zu halten. Für alle Emotionen – auch gerade bei Ängsten – ist diese Vorstellung, wie bereits im ▶ Kapitel 1.4.1 gezeigt wurde, sogar als zutiefst kontraproduktiv anzusehen.

Das heißt, auch in Zukunft werden wir mit dem Auftreten von Ängsten und Furcht, mit Phasen der Unsicherheit und Besorgnis etc. rechnen müssen. Jedoch können wir mithilfe der vorgenannten Übungen im Lauf der Zeit einen anderen, wohlwollenden, gütigen Umgang mit unseren basalen Emotionen und eben auch den dazu zählenden Ängsten entwickeln. Rogers' paradox anmutendes Diktum, dass die grundsätzliche Akzeptanz der Gefühle den ersten Schritt für ihre Veränderung oder zumindest einen besseren Umgang mit ihnen bedeutet, gilt gerade auch für unsere Ängste und Sorgen.

Der nicht zielführenden Idee, absolute Kontrolle über unsere Ängste gewinnen zu müssen, und der damit einhergehenden Angst vor der Angst wird durch die therapeutisch erlernte bzw. geförderte Befähigung, Emotionen (wieder)

annehmen und sie im Rahmen des Möglichen regulieren zu können, entgegengewirkt. Neben Ängsten können dabei natürlich auch andere belastende Emotionen wie Scham, Ärger, Traurigkeit etc. ähnliche Kreisläufe der Negation, Ablehnung und Vermeidung durchlaufen und erst durch ihre Akzeptanz zu einer neuen Form des Umgangs mit ihnen gebracht werden.

> Wir dürfen Emotionen haben (besser gesagt: empfinden und wahrnehmen), brauchen uns aber nicht in sie hineinzusteigern, weil wir lernen, mit ihnen wohlwollend umzugehen, und weil wir erkennen können, dass sie sich auf diese Weise sehr viel leichter aushalten und auch wandeln lassen. Sie verlieren durch unsere andere Art der Beobachtung und Bewertung ihre negative, teils übermächtige Fokussierung, wodurch wir unsere Aufmerksamkeit auf andere Themen richten können. Der Denk-Fühl-Stau wird aufgehoben, Emotionen und Motivationen kommen wieder in ihren Fluss.

Liaison von innerem Kritiker und Angstmacher

Angstmacher und innerer Kritiker haben häufig eine gemeinsame oder zumindest ähnliche Quelle: Sie speisen sich meist aus dem emotionalen Schema der Unzulänglichkeit und Wertlosigkeit. Ich möchte mit folgender längerer Fallgeschichte exemplarisch darstellen, wie verflochten die angsterzeugende Stimme und die selbstkritische Haltung häufig auftreten können. Zugleich wird hieran deutlich, dass die Liaison der beiden Anteile auch das emotionsfokussierte Arbeiten in seinem Ansatzpunkt und in seiner Bedeutung bestätigt, da mit den erlebnisorientierten Übungen gleichzeitig ähnliche emotionale Muster angestoßen werden, die den Klienten helfen, deren Wirkung zu verstehen und vertieft wahrzunehmen.

Fallbeispiel

Frau Wächter, eine Klientin, die schon jahrelang unter depressiven Schüben leidet, kommt nach einer Fortbildung in die Behandlung. Sie erzählt von ihren massiven Ängsten, ja von Panik, die sie während jener Fortbildung ergriffen habe, weil sie das Gefühl hatte, nicht genug zu verstehen, und große Angst bekam, die bevorstehende Prüfung nicht zu bestehen. »Ich habe wieder die Angst, es nicht zu schaffen«, erzählt sie mit trauriger Stimme.

Solche massiven Versagensängste begleiten die Patientin seit ihrer Kindheit. Besonders in der Schule hatte sie oft das Gefühl »zu dumm« zu sein, und gerade in Prüfungssituationen erlebte sie oft eine Blockade, die es ihr versagte, auf das vorhandene Wissen zurückzugreifen. Diese negativen Erfahrungen trugen dazu bei, dass sie immer mehr in den Strudel von Ängsten und schlechten Leistungen geriet, was sie als einen Beweis ihrer Defizite und mangelnden Intelligenz auffasste und zu tiefen Minderwertigkeitsgefühlen beitrug.

Man kann dies als typischen Teufelskreis auffassen. Die auftretenden Lernblockaden und Blackouts in Prüfungssituationen, die sich aufgrund der massiven Ängste vor dem Scheitern ergaben, führten bei Frau Wächter tatsächlich zu schlechten Zensuren, die die Prophezeiung bestätigten, dass sie »zu dumm« sei oder »es einfach nicht draufhabe, es zu schaffen«, was wiederum die Insuffizienzgefühle verstärkte, damit wieder die Ängste vor der nächsten Prüfungssituation anschwellen ließ und so weiter.

In der Therapiesitzung setzen wir nun die angstmachenden Kognitionen auf den einen, die dabei entstehenden Gefühle auf den anderen Stuhl. Gleich zu Anfang wird deutlich, dass die angstmachenden Kognitionen sich jener Vorwurfshaltung bedienen, die uns schon aus der Arbeit mit dem inneren Kritiker bekannt vorkommen, zum Beispiel: »Wenn ich nur an die kommende Prüfung denke – das schaffst du ja eh nicht, da bist du viel zu blöd dafür! Das hast du doch schon hundert Mal bewiesen. Du wirst es wieder nicht schaffen, du wirst dich blamieren!«

Der wesentliche Unterschied zum inneren Kritiker besteht jetzt vor allem in der zeitlichen Dimension. Während der Kritiker in erster Linie gegenwärtiges oder vergangenes Verhalten zum Gegenstand seiner Kritik macht, ist es bei den angstmachenden Gedankengängen die Zukunft, die als zutiefst problematisch antizipiert wird. Zugleich geschieht jedoch auch etwas im emotionalen Erleben, das sich unmittelbar im Hier und Jetzt abspielt. So beschreibt die Patientin auf dem Gefühlsstuhl eine tiefe Traurigkeit, und auch ihre Augen und die gesamte Mimik illustrieren ihre Betroffenheit. Auf Nachfrage beschreibt sie, dass sie sich »klein« fühlt, und beantwortet meine Frage, ob sie sich darüber hinaus nun eher motiviert oder demotiviert fühle, vollkommen eindeutig: »Gelähmt, ich fühle mich jetzt gelähmt und zu nichts mehr in der Lage. Am liebsten würde ich mich jetzt verkriechen.« Nach dem Stuhlwechsel ist sie auf dem Kognitionsstuhl ihrer Gedanken nun wiederum nicht mehr so aggressiv, ganz im Gegenteil: »Hier bin ich jetzt ratlos«, so beschreibt sie ihren Zustand. Auf meine Nachfrage, ob sie das gewollt habe, ihr gefühltes Selbst so traurig und niedergeschlagen zu machen und sich sogar zu lähmen, antwortet sie glaubhaft: »Nein, das wollte ich nicht. Das war mir gar nicht bewusst, dass ich solch eine Wirkung erzeuge, das tut mir jetzt leid.«

Nach dieser wertvollen Botschaft, die eine Einsicht in die Wirkung der bisherigen, extrem selbstkritischen Haltung prozessiert, ist es mein wichtigstes Anliegen, diese Einsichtsfähigkeit zu einer ausgewogeneren Abstimmung zwischen Fühlen und Denken zu vertiefen. Bei den weiteren Stuhlwechseln geht es folglich darum, die beiden Seiten in eine bessere Kooperation miteinander zu bringen. Der Übergang dorthin wird dadurch geebnet, indem die sich mit den Gefühlen identifizierende Seite ihre Bedürfnisse in Bezug auf das eigene Denken wahrnehmen und verstehen zu lassen. Das Schöne an dieser Anteilsarbeit ist ja, dass durch die Externalisierung auch der bisher kritische, teilweise feindselige Anteil zu einem lebendigen Gegenüber werden kann, der Bezogenheit und Zuwendungspotenzial ausstrahlt. Dies mache ich für den weiteren Prozess nutzbar, indem ich eben nach den (Beziehungs-)Wünschen des Gefühlsanteils an den Kritiker, der in dieser Phase neutraler als innerer Bewerter benannt werden kann, frage.

Der Gefühlsstuhl beginnt: »Ich wünsche mir, dass du mich unterstützt und mir glaubhaft Hoffnung machst«, und später: »... dass wir ein Team werden.« Vonseiten des Therapeuten lässt sich ein solcher Dialog unterstützen, indem dessen eigene Intuitionen, so sie passend erscheinen, quasi als Angebot eingebracht werden. Im Fall von Frau Wächter fällt mir an dieser Stelle eine zutiefst menschliche Sehnsucht als potenzieller Wunsch ein, und ich schlage vor: »Ich wünsche mir, dass du zu mir stehst, egal was passiert, selbst wenn ich die Prüfungen vergeige. Ich möchte, dass du bedingungslos zu mir stehst, vollkommen egal, was passiert.« Während ich dies ausspreche, treten Tränen in Frau Wächters Augen. Sie greift dies später auf, als ich sie nach ihrer gerade aufgetretenen Betroffenheit befrage. »Ja, das hat mich sehr berührt. Was Sie da gesagt haben, ist ein Wunsch, den ich mich gar nicht auszusprechen traue, eine ganz tiefe Sehnsucht.«

Im Folgenden arbeiten wir daran, wie sie sich solche Unterstützung fortan selbst holen kann, wenn sie diese am meisten benötigt, welche Art von Zuspruch sie also von ihrem denkenden, bisher sehr selbstkritischen und angstmachenden Anteil bräuchte, um nicht erneut in die gerade erst erlebte depressive Starre zu verfallen, wenn sie sich wieder traurig oder auch ängstlich fühlen sollte, beispielsweise in Anbetracht der kommenden Prüfungssituation. Ich erläutere, dass ihre Ängste ja aufgrund ihrer vielen belastenden Erfahrungen vollkommen plausibel und verständlich seien und auf der körperlichen Ebene auch in jedem Fall wieder auftreten werden, sobald die Prüfung näher rücke bzw. ganz besonders in der Prüfungssituation selbst (die Neurozeption vollzieht sich schließlich unabhängig von unserem Denken, ► Kapitel 1.3.2). Dies seien natürliche Vorgänge, wie sie bei jedem Menschen in unterschiedlicher Intensität abliefen und bei jemandem wie ihr, die schon so starke Ängste erlebt habe, eben besonders stark hervortreten könnten. Aber entscheidend werde nun sein, wie der kognitive Apparat darauf reagiere – verstärkend, also mit den gewohnten angstmachenden Prophezeiungen, oder beruhigend und unterstützend.

Sehr wichtig für die Klienten ist dabei, dass die Äußerungen in diesen Stuhldialogen für sie glaubhaft dargestellt werden können, weshalb die differenzierte Erarbeitung ihrer eigenen Wunschvorstellungen und deren Konkretisierung (»Woran würden Sie merken ...?«, »Welche Worte wären hier besonders hilfreich?«, »Gäbe es hierfür vielleicht sogar eine körperliche Geste, die Sie sich vorstellen können?« etc.)

eingeübt werden müssen. Der Kognitionsstuhl ist dann letztlich nur noch für die Validierung und für eine Art Reframing des bisher kritisch-fatalistischen Denkens wertvoll.

Gleichzeitig stellt dieser Prozess in unserem konkreten Fall für Frau Wächter nach jahrzehntelangen (Selbst-)Abwertungen und der spiralartigen Konstruktion von Minderwertigkeitsgefühlen und Versagensängsten eine solch neue und noch vollkommen ungewohnte Erfahrung dar, dass es unbedingt angesagt ist, ihn kontinuierlich fortzusetzen und die Übung bei Bedarf zu wiederholen. Auch für die emotionsfokussierte Therapie gilt schließlich der Grundsatz: Nur Übung macht den Meister – oder mit wissenschaftlichem Humor ausgedrückt: Ohne Redundanz ist noch kein Meister vom Himmel gefallen.

Unfinished Business

Emotionale Schemata, die sich als wenig hilfreich erweisen, um spezifische Alltagssituationen und Konflikte zu meistern, lassen sich bezüglich ihrer Genese meist bis in die Kindheit oder Jugend der betreffenden Person zurückverfolgen. Sowohl durch biografische Explorationen (beispielsweise auch mithilfe der Genogrammarbeit) wie durch die Stuhldialoge mit den inneren Anteilen können solchermaßen lebensgeschichtlich bedeutsame Konstellationen offenbar werden.

Für die Methode des Unfinished Business wiederum werden nun konkrete bzw. typische schmerzhafte oder frustrierende biografische Erlebnisse als Grund- oder Meilensteine der Entwicklung emotionaler Schemata rückblickend aufgesucht und mittels einer Imaginationsübung mit der damaligen Bezugsperson in Szene gesetzt. Ziel der Übung ist es dabei, uns nicht nur dieser jeweils besonderen Konstellation bewusst zu werden (dazu würde das Darüber-Sprechen, wie es in vielen Therapieformen üblich ist, womöglich schon ausreichen). Es geht vielmehr in einem ersten Schritt darum, uns unsere damals entstandenen Emotionen und verletzten Bedürfnisse, die wir in aller Regel weder benennen noch als (von einem uns zugewandten Menschen) anerkennenswert erleben konnten, als vollkommen berechtigt aneignen und ohne Schuld- und Schamgefühle annehmen lernen zu können.

Dazu ist die therapeutische »Ermächtigung«, sie jenen Menschen gegenüber auszudrücken (und sei es nur in der »Laborsituation« der Therapie), die zu diesen Emotionen und Verletzungen beigetragen haben, von ganz erheblicher Bedeutung. In all meinen Jahren als Therapeut ist es dabei noch kaum jemals vorgekommen, dass diese Übung ohne starke emotionale Betroffenheit ablief, was ein Hinweis darauf ist, dass die Verarbeitung dieser Prozesse aufwühlt und mit emotionaler Bedeutung gekoppelt ist. Es ist dabei keineswegs notwendig, ja noch nicht einmal unbedingt sinnvoll und nützlich, diese Ermächtigung auch auf die tatsächlichen aktuellen Beziehungen zu den relevanten Personen, so sie denn noch leben, zu übertragen, da hier zunächst die Folgen bzw. die Vor- und Nachteile genauer abzuwägen wären. Dies sollte vom Therapeuten unbedingt als Warnhinweis bzw. als Klärungsnotwendigkeit möglichst schon vor der Durchführung der Übung eingebracht werden.

Die Übung beginnt mit einem leeren Stuhl, auf den wir uns das Gegenüber aus der damaligen Zeit vorstellen. Die Klientin beschreibt nun nur als Anhalts- bzw. als Ausgangspunkt die Situation oder die Konstellation, in der sie sich befand. Ziel ist es, gleich in medias res, also in die Beschreibung der Emotionen zu gehen, wobei bestimmte Kontextbedingungen helfen können, das ganze Ausmaß der Emotionen besser zu verstehen.

Fallbeispiel

Frau Berger kommt wegen einer schweren depressiven Krise mit starken Erschöpfungssymptomen zu mir in die Therapie. Wie sich herausstellt, ist eines ihrer Grundprobleme, dass sie es anderen Menschen immer besonders recht machen möchte und sich bei Konflikten, wie sie sie unter anderem an ihrem Arbeitsplatz erlebt hat, sehr schnell abgelehnt fühlt. Dies sind Auslöser, die sie sich stets extrem zurückziehen lassen. Bei der empathischen Exploration kann sie als Motiv ihres Rückzugs die Angst erkennen, weiter verletzt zu werden. Anhand der biografischen Anamnese wiederum erweist sich, dass bereits die Beziehung zu ihrer Mutter mit ähnlichen Mustern und Gefühlen behaftet war. Diese hatte ihr immer wieder ein zutiefst schlechtes Gewissen schon wegen Kleinigkeiten gemacht, beispielsweise wenn sie aus Versehen ein Glas Milch umschmiss oder eigene Wünsche äußerte, die der Mutter gerade nicht passten.

Daher bearbeiten wir nun ihre Beziehung zur Mutter mittels der Methode des Unfinished Business. Nach der Besprechung einiger typischer damaliger Auslösesituationen für Beschämungen und einer Einführung, wie eine Unfinished-Business-Übung ungefähr abläuft, lade ich Frau Berger zu folgender Imagination ein:

»Stellen Sie sich jetzt vor, Ihre Mutter, wie Sie sie damals erlebt haben, sitzt jetzt vor Ihnen. Dann sagen Sie ihr, wie Sie die Situation mit ihr erlebt haben, besonders, welche Gefühle in Ihnen erzeugt wurden.«

FRAU B.: »Hm, gar nicht so leicht ... Ich versuche es mal ... *(an den Stuhl gewandt)* Du hast mir immer wieder das Gefühl gegeben, dass ich ›nicht richtig‹ bin. Wenn ich ein Eis essen oder einen bestimmten Kinderfilm anschauen wollte, und es hat dir nicht gepasst, dann hast du nicht mehr mit mir geredet, so als wäre ich Luft.«

Sie stockt kurz, und ich frage nach: »Wie war das für Sie?«

FRAU B.: »Ja ... Das hat mir sehr wehgetan ... Allerdings kannte ich es ja früher nicht anders, weshalb ich wirklich dachte, mit mir stimmt etwas nicht.« *(Ihr Blick geht wieder zu mir.)*

Ich: »Sprechen Sie ruhig weiter zu Ihrer Mutter.«

Frau B.: »Und wenn du mit mir auf diese Art beleidigt warst und einfach nicht mehr mit mir sprechen wolltest, hast du mich auf mein Zimmer geschickt, bis ich mich bei dir entschuldigt habe. Erst dann konnte ich auf Gnade hoffen, also, dass du wieder einigermaßen normal mit mir umgehst. Wobei ich mich erst mal länger nicht getraut habe, aus meinem Zimmer zu kommen und dir zu begegnen. Erst recht habe ich dann für lange Zeit mich nicht mehr getraut, etwas haben zu wollen. Das Perfide war jedoch, dass ich selber immer dachte, ich sei schuld daran, wäre ich nicht so vorlaut gewesen, wäre dies ja nicht passiert. *(Ihr Blick wendet sich wieder mir zu).* Dieses Schuldgefühl hat mich bis in meine Erwachsenenzeit, ja bis in die Gegenwart begleitet. Es hat dazu geführt, dass ich in meinen wenigen Beziehungen immer versucht habe, es dem Partner recht zu machen, um ja keinen Anlass zu bieten, dass er enttäuscht sein und sich abwenden könnte.«

Ich hake nach: »Erzählen Sie Ihrer Mutter noch genauer, wie Sie sich damals gefühlt haben.«

Frau B.: »Ich weiß es gar nicht mehr so genau.«

Ich: »Das ist verständlich, nach so vielen Jahren. Was vermuten Sie, aus heutiger Sicht, wenn Sie sich in ihr Erleben als Kind hineinversetzen?«

Frau B.: »Schon auch etwas trotzig-ärgerlich, aber ich konnte ja nichts machen, und mein Ärger hätte die Sache ja noch schlimmer gemacht. Also bin ich hinaufgegangen in mein Zimmer. Dort habe ich mich abgelenkt, aber innerlich war ich noch aufgewühlt, verletzt, enttäuscht, und gleichzeitig auch dieses Gefühl, etwas Falsches gemacht zu haben.«

Ich: »Okay, also durchaus verschiedene Gefühle – Ärger, Trotz, aber auch diese Schuldgefühle–, die sich vermischt und eine Art Hilflosigkeit oder Ohnmacht hinterlassen haben?«

Frau B.: »Ja, genau.«

Ich: »Können Sie dies direkt zu Ihrer Mutter auf diesem Stuhl sagen?«

Frau B.: »Schwer. Ich versuche es *(zum leeren Stuhl gewandt):* Wenn du so böse warst und nicht mehr mit mir gesprochen hast, habe ich mich sehr hilflos gefühlt. Ich wusste nicht, wie ich reagieren soll. *(Sie beginnt zu weinen.)* Ich bin dann in mein Zimmer, aber ich wusste nicht, wie du zu mir stehst … Ich hatte das Gefühl, schlecht zu sein.«

Ich: »Sagen Sie ihr: ›Du hast mir das Gefühl gegeben, schlecht zu sein.‹«

Frau Berger zögert etwas, dann sagt sie: »Du hast mir das Gefühl gegeben, schlecht zu sein … Und dieses Gefühl begleitet mich jetzt immer wieder in den verschiedensten Situationen … Es ist so anstrengend.«

ICH: »Gut. Können Sie ihr sagen, was Sie stattdessen gebraucht hätten oder vermisst haben in diesen Konfliktsituationen?«
FRAU B.: »Ich hätte dein Verständnis gebraucht, dass ich auch etwas haben darf und nicht deshalb schlecht bin und auch nichts Falsches mache, nur weil ich etwas möchte. Und, dass du mir nicht das Gefühl gibst, schuldig zu sein, sondern auch wieder auf mich zugehst, wenn etwas passiert ist ...«

In der nächsten Sitzung berichtet Frau Berger, dass beim letzten Telefonat mit ihrer Mutter etwas anders gewesen sei. Als die Mutter ansetzte, ihr ein schlechtes Gewissen zu machen, weil sie sich lange nicht gemeldet habe, gelang es Frau Berger innerlich erstaunlich gelassen zu bleiben. »Da war kein schlechtes Gewissen mehr, stattdessen konnte ich ihr ruhig sagen, was ich alles in der Zwischenzeit erlebt habe. Und als sie uns neulich besucht und mich indirekt wegen meiner Kindererziehung kritisiert hat, habe ich ihr in aller Ruhe erklärt, warum ich dies eben so mache und nicht anders. Das war richtig gut!«

Noch deutlicher wird der biografische Kontextbezug bei Situationen, die wir als »Verstrickung« begreifen.

Fallbeispiel
Herr Maier bearbeitet im Stuhldialog die Beziehung zu seinem Vater. Der war nach dem Krieg geflüchtet und in die Familie der Ehefrau gezogen. Von deren sehr autoritärem und dominantem Vater wurde er jedoch als »falsche Wahl« für die eigene Tochter betrachtet und verachtet. Der Konflikt brachte die Eltern von Herrn Maier in eine ausweglose Situation, die sich zunehmend durch Streit und Sprachlosigkeit auszeichnete. Die Verstrickung bestand dabei darin, dass Herr Maier bereits als Kind implizit versuchen sollte bzw. dafür herhalten musste, die Eltern wieder zu versöhnen. Die Mutter beauftragte ihn regelmäßig, zum Vater auf den Hof hinauszugehen und ihn bei bestimmten Handwerken zu unterstützen. Sobald er dies tat, wurde er jedoch vom Vater als »zu ungeschickt« oder »zu dumm« bezeichnet. Wenn er aber nicht hinausging, war wieder die Mutter seinetwegen »beleidigt und enttäuscht«.

Es bietet sich daher nun therapeutisch an, mit beiden Elternteilen die Übung des Unfinished Business durchzuführen. Wir beginnen mit dem Vater, der von Herrn Maier folgendermaßen angesprochen wird:

HERR M.: »Ich bin zu dir herausgekommen, um eigentlich der Mama einen Wunsch zu erfüllen. Ich wollte, dass sie nicht so traurig ist und ihr nicht mehr so viel streitet.

Aber du hast mich behandelt, als wäre ich Luft. Für alles, was ich gemacht habe, hast du mir das Gefühl gegeben, als hätte ich zwei linke Arme. Ich hab' mich dann so unnütz und fehl am Platz gefühlt. Am liebsten wäre ich im Erdboden versunken. Doch wenn ich dann gegangen bin, war wieder die Mama so enttäuscht. Deshalb bin ich dann doch noch bei dir geblieben, obwohl ich gemerkt habe, dass du mich nicht dahaben willst.«

ICH: »Sagen Sie ihm nochmals direkt, welches Gefühl er in Ihnen ausgelöst hat.«

HERR M.: »Ich habe mich so unzulänglich gefühlt und hilflos und minderwertig.«

ICH: »Sagen Sie es ruhig ganz deutlich: ›Du hast mir das Gefühl gegeben, nutzlos und nichts wert zu sein ...‹«

HERR M.: »Ja, du hast mich behandelt wie den letzten Dreck!«

ICH: »Können Sie ihm sagen, was Sie gebraucht hätten und am meisten vermisst haben?«

HERR M.: »Ich habe vermisst, dass du mich annimmst, mir erklärst, was ich machen soll, und mir auch einmal ein Lob gibst.«

ICH: »Und das Gefühl, etwas wert zu sein?«

HERR M.: »Ja, dass du mir das Gefühl gibst, überhaupt einen Wert zu haben. Dieses Ignorieren und Schlechtmachen, ich habe geglaubt, der komplette Nichtsnutz zu sein.«

ICH: »Sagen Sie ihm auch, wie Sie das bis heute begleitet?«

HERR M.: »Immer, wenn ich etwas nicht sofort hinbekomme, aber auch, wenn ich Else *(seine Partnerin)* enttäusche, kommt dieses Gefühl auf, nichts wert zu sein.«

ICH: »Können Sie ihm sagen: ›Ich habe vermisst, dass du mir zeigst, dass ich okay bin, wie ich bin, und dass ich wertvoll bin!‹? Mit Ihren eigenen Worten?«

HERR M.: »Puh, das ist schwer ... Ich versuch's ... *(zum Stuhl gewandt)* Ich habe sehr vermisst, dass du zu mir stehst und mich auch einmal anerkennst. Und *(mit Tränen in den Augen)* mir das Gefühl gibst, dass ich okay bin.«

In einer späteren Sitzung führen wir eine weitere Unfinished Business-Sitzung mit der Mutter durch, in der er ihr aufzeigt, wie sehr er unter diesem nicht erfüllbaren Auftrag gelitten hat und dass er sich wünschte, sie hätte ihr Schicksal in die eigenen Hände genommen und mit ihrem Vater Tacheles geredet, aber auch vor allem mit ihrem Mann, also seinem Vater, eine tragfähige, wohlwollende Partnerschaft gestaltet, so dass er in seiner Kindheit und Jugend frei von diesen verschachtelten Konflikten und unerfüllbaren Aufträgen hätte aufwachsen können. Und sozusagen als Quintessenz: »Gib mir nie wieder diesen Auftrag und kümmere dich selbst um deine Beziehung zu Papa. Gib mich frei, frei von dieser verflixten, nicht einlösbaren Verantwortung, (mit belegter Stimme) lass mich endlich frei!«

Eine weitere Variante des Unfinished Business besteht darin, sich zwischendurch auf den Stuhl des imaginierten anderen zu setzen und zu spüren, was dort in einem vorgeht.

Das kann zu versöhnlichen Gefühlen beitragen, wenn für den Klienten vorstellbar wird, dass dem Gegenüber das damalige Verhalten leidtut oder dieser zumindest die Gefühle des Klienten verstehen und annehmen kann. Eine abweisende Reaktion auf diesem Stuhl wiederum führt möglichweise zu einer Ablösung von der bislang gehegten Hoffnung, irgendwann doch noch die so lange vermisste Anerkennung zu erfahren. Die dabei fast unweigerlich auftretende Traurigkeit nach einem weiteren Stuhlwechsel kann einen solchen Ablösungsprozess begleiten und ist somit durchaus als hilfreich anzusehen und anzunehmen, wie auch Auszra, Herrmann und Greenberg, einen Gedanken von Greenberg aufgreifend, betonen: »Das Erleben und der Ausdruck dieser Gefühle würden im Sinne eines Trauerprozesses helfen – auf Basis dessen, sich berechtigt (sense of entitlement to the need) zu erleben, diese erfüllt zu bekommen –, das unerreichbare bzw. unwiederbringlich verlorene Bedürfnis loszulassen und sich neu zu orientieren« (2017, S. 225).

Das Erkennen der Rechtmäßigkeit bzw. Angemessenheit der eigenen Gefühle und Bedürfnisse von einst und der Berechtigung, sie auch heute spüren und wahrnehmen zu dürfen, ist also der erste wesentliche Gewinn bei der Durchführung des Unfinished Business. Die finale Wirkung dieser sehr intensiv erlebten Übung besteht in der Regel entweder in einer beginnenden Versöhnung oder im Loslassen einer zumindest in der Fixierung auf diese Person unerfüllbaren Sehnsucht. Welche der beiden Richtungen der Prozess auch immer einschlägt, in jedem Fall dient er der mentalen wie emotionalen Integration der grundsätzlichen Legitimität eigener essenzieller und bisher als vulnerabel erlebter Gefühls- und Bedürfnisqualitäten.

In einem weiteren Fallbeispiel wird einmal mehr deutlich, wie sehr das bisherige Erleben unserer emotionalen Schemata unsere Handlungsmöglichkeiten einschränkt und wie durch die vorgestellte Übung, der imaginierten Konfrontation mit einer dafür einst die Weichen stellenden Bezugsperson, die Selbstakzeptanz verändert und das Handlungsrepertoire erweitert werden kann.

Fallbeispiel

Frau Wasmeier kommt mit dem Anliegen zu mir in die Therapie, dass sie stets und ständig Hilfe brauche, um sich für irgendetwas zu entscheiden. Diese Entscheidungsunsicherheit betreffe alle wichtigen Lebensbereiche. So stecke sie in ihrer beruflichen Entwicklung trotz absolviertem Abitur in einer Sackgasse, da sie nach einer Ausbildung zur Verkäuferin in diesem Berufsspektrum nicht glücklich werde, und auch in ihrer Beziehung wisse sie nicht weiter. Der Auftrag lautet also zunächst recht generell, es gelte in der Therapie herauszufinden, was sie sowohl bezüglich ihrer Partnerschaft als auch bezüglich ihrer beruflichen Situation eigentlich wolle.

In der biografischen Anamnese berichtet sie von ihrer Mutter, die bereits zu Frau Wasmeiers Kinderzeiten sehr krank gewesen sei. Die Erkrankung an Multipler Sklerose sei zwar erst im Lauf der Entwicklung meiner Patientin zur Jugendlichen diagnostiziert worden, doch wurde diese fortschreitende Autoimmunerkrankung flankiert von schweren Depressionen, die, laut der Beschreibung meiner Patientin, schon deutlich vor der MS-Diagnose eingesetzt hätten. Trotz ihrer immensen Einschränkungen gebar die Mutter, als meine Patientin acht Jahre alt war, noch ein zweites Kind, und bereits in diesem Alter wurde Frau Wasmeier angehalten, sich um ihren kleinen Bruder und die gesundheitlich zunehmend eingeschränkte Mutter zu kümmern. Wenn sie dies ablehnte, wurde sie sogleich mit einer tränenreichen Stimme und Schuldvorwürfen traktiert: »Wie kannst du mir dies antun? Ich hab's doch eh schon so schwer.«

Da die Induktion von Schuldgefühlen in Kombination mit der Übertragung von Verantwortlichkeiten für gewöhnlich eine besonders intensive Bindung (insbesondere an den mütterlichen Auftrag) auslöst, lernte Frau Wasmeier bereits früh in ihrem Leben, eigene Bedürfnisse zurückzustellen. Die wie selbstverständlich auf ihr lastende Erwartung lautete, sich um die Bedürfnisse anderer kümmern zu müssen. Sie verinnerlichte dies über die Jahre so perfekt, dass es ihr auch noch als inzwischen 35-jähriger Frau schwerfällt, eigene Gefühle und Bedürfnisse wahrzunehmen, was aufgrund der Wichtigkeit unserer Emotionen für Entscheidungsfindungen bei ihr massive Schwierigkeiten auf diesem Gebiet verursacht.

Es gelingt Frau Wasmeier nun im Verlauf der Therapie, sich selbst besser anzunehmen und sich gleichzeitig deutlicher von der verinnerlichten Aufgabe zu befreien, ständig für ihren jüngeren, aber mittlerweile ja erwachsenen Bruder und für ihre schwerkranke, aber von einem Pflegedienst versorgte Mutter da sein zu müssen. Auch zeitlich gelingt es ihr immer besser, sich gegenüber an sie herangetragenen Forderungen und Erwartungen anderer gut abzugrenzen.

Als ich in einer späteren Sitzung auf meine Frage nach ihrem heutigen Anliegen mit dem Auftrag konfrontiert werde, sie würde gern bei den inzwischen viel selteneren Begegnungen mit ihrer Mutter nicht mehr in diesen besonderen Erregungszustand geraten bzw. – positiv formuliert – innerlich gelassener und mehr »in meiner Mitte bleiben«, frage ich, was dem wohl im Wege stehe. Sie antwortet: »Vielleicht, weil ich immer noch eine ›richtige‹ Mutter vermisse ...«, und nach etwas Nachdenken: »Und gleichzeitig das schlechte Gewissen, das mir meine Mutter immer eingeflößt hat, auch jetzt aktuell, weil ich mich so selten blicken lasse.«

Nach genauerer Exploration dieses Anliegens biete ich an, einen Stuhldialog mit der Mutter zu inszenieren. Dem möchte sich Frau Wasmeier zunächst nur ungern stellen. Auf meine Frage, was sie befürchte, lautet ihre Antwort: »Die Mutter hört mir ja sowieso nicht zu. Da könnte ich ja auch mit einer Wand sprechen.«

Ich entgegne: »Okay, das kann ich gut verstehen. Wie wäre es, wenn Sie es zu mir sagen und wir nur so nebenbei einen Satz zu dem leeren Stuhl werfen, auf dem Sie sich Ihre Mutter vorstellen können, wenn es gerade passt.« Diesem Vorschlag stimmt sie bereitwillig zu, und ich frage sie nun, welche Emotionen sie verspüre, wenn sie an dieses »Vermissen« denke.

FRAU W. *(mir zugewandt):* »Das ist wie eine große, offene Wunde.«

ICH spiegele empathisch: »Es ist schmerzlich, wenn Sie daran denken, was Sie vermisst haben. Spüren Sie etwas in Ihrem Körper?«

FRAU W.: »Mein Körper ist wie in Alarmbereitschaft. Meine Hände werden feucht. Es ist wie ein Vibrieren in meinem Körper.«

ICH: »Können Sie sagen, was Sie damals vermisst haben?«

FRAU W.: »Ich habe neulich eine bereits ältere Mutter erlebt, wie sie erzählt hat, dass sie es bedaure, dass sie nicht so eine Löwenmama gewesen sei. Und da habe ich gedacht, genau, das hat mir auch gefehlt. Eine Mama, die mich bedingungslos beschützt.«

ICH: »Eine Mama, die für Sie da ist und für Sie kämpft.«

FRAU W.: »Ja, genau, die mich versteht und mich beschützt.«

ICH: »Können Sie dies zu ihr sagen, diesen Wunsch?«

FRAU W.: »Ja ... *(zu dem leeren Stuhl gewandt)* ... dass du für mich da bist, dass du mich beschützt.«

Nachdem ich diese Aussage sinngemäß wiederholt habe und Frau Wasmeier sie nochmals mit anderen Worten vertieft, frage ich sie, ob sie nun auf dem leeren Stuhl Platz nehmen möchte. Sie wechselt den Stuhl und fühlt in sich hinein, was ihr auf dem Platz ihrer Mutter in den Sinn kommt.

FRAU W.: »Hier verspüre ich Kopfschmerzen. Ich merke, wie bei einem Computer, dass ich dies gar nicht aufnehmen kann. Der Arbeitsspeicher ist viel zu voll. Ich bin schon mit mir komplett überfordert. Und jetzt dies. Ich kann es überhaupt nicht aufnehmen.«

ICH veranlasse sie, wieder auf ihren Stuhl zurückzukehren, und frage sie dort: »Wie ist es für Sie, dies zu hören?«

FRAU W.: »Etwas ist anders. Mein Bedürfnis wird zwar auch nicht aufgenommen, aber ich habe jetzt gemerkt, dass es nicht deshalb ist, weil sie mich nicht verstehen *will,* sondern irgendwie nicht *kann.* Das macht es etwas leichter.«

Ich frage, wie es für sie gewesen ist, ihre Gefühle und ihr Bedürfnis auszusprechen, worauf sie erwidert, es habe sich trotz der nicht vorhandenen Resonanz gut angefühlt: »Ich habe gemerkt, dass es in Ordnung ist, dieses Bedürfnis zu haben. Es ist wie eine Erlaubnis, dass ich es haben darf.«
Ich: »Auch wenn die Mutter überfordert ist, es anzunehmen.«
Frau W.: »Genau. Und niemand verurteilt dieses Bedürfnis. Das tut gut!«

Ich validiere diese Erkenntnis und entgegne auf Frau Wasmeiers Frage, was dies für die zukünftige Erfüllbarkeit ihrer Sehnsüchte bedeute: »Einerseits, dass Sie sich zukünftig womöglich eher trauen werden, dieses Bedürfnis haben zu dürfen, bei Ihrem Partner oder in welchem Kontext auch immer, und andererseits, dass die leichte Traurigkeit, die ich bei Ihnen momentan wahrnehme, auch gut ist, um sich von der tiefen Sehnsucht, von dieser Mutter wie ein Kind angenommen und beschützt zu werden, weiter zu lösen.« Zuvorderst aber, dies bestätigt die Patientin in einer der nächsten Sitzungen, hat die Übung tatsächlich dazu verholfen, die Anspannung zu überwinden, die sie im Beisein ihrer Mutter vorher noch so regelmäßig gespürt hatte.

Und dabei bleibt es nicht. Einige Monate später berichtet Frau Wasmeier: »Es hat sich viel getan. Ich habe entschieden, eine Ausbildung zu machen, und, es kommt noch besser, ich ziehe mit meinem Freund zusammen in eine eigene Wohnung. Und wissen Sie, wie das kam? Alles durch meine Initiative! Ich habe die Wohnung gesucht, ihn gefragt, ihm Bedenkzeit gegeben, und jetzt will er es auch. Ist das nicht wunderbar?« Und etwas später im Gespräch: »Ich habe, glaube ich, jetzt gelernt, auf meine Bedürfnisse zu achten, ohne mich dabei schlecht zu fühlen, und das Beste daran ist: Es macht mir auch noch Spaß!«

An diesem Beispiel wird deutlich, dass es nicht unbedingt um Versöhnung gehen muss, wenn wir an einer verinnerlichten problematischen Beziehung lösungsorientiert mittels der Methode des Unfinished Business arbeiten. Die innere Erlaubnis, zu den eigenen Gefühlen und Kernbedürfnissen stehen zu dürfen, erhält durch das Aussprechen in dieser Übung ja auch einen Raum in der sozialen Welt (nämlich im direkten Dialog mit dem leeren Stuhl) und wird gleichzeitig zumindest vom Therapeuten als einem wichtigen Agenten dieser sozialen Welt anerkannt und bestätigt. Dies verändert das Selbstverständnis der inneren Regeln und Grundsätze hin zu einem neuen Ausmaß an Selbstakzeptanz, das sehr zu einer gesünderen, selbstbewussten, selbstbestimmten und selbstverantwortlichen Entwicklung beiträgt.

2.5.3 Systemischer Nutzen der EFT

Sowohl für das einzel- als auch für das paartherapeutische Setting stellt die EFT für systemische Therapeuten auf den relevanten psychotherapeutischen Ebenen eine wesentliche Bereicherung dar. Ihr Hauptfokus ist die Regulation schmerzhafter und belastender Emotionen in der Selbstorganisation des Einzelnen, die aber auch im sozialen System einer Paarbeziehung für das Verstehen der emotionalen Verarbeitung des jeweils anderen durch eine offene und vertrauensvolle Kommunikation genutzt werden kann.

Mit der Erklärung der Funktionsweise emotionaler Schemata bietet die EFT ein Modell zum Verständnis der Selbstorganisation psychischer Systeme in ihrer Entwicklungs- und Prozesshaftigkeit. Außerdem wird – von EFT-Begründer Greenberg ähnlich wie in der systemischen Therapie – die therapeutische Bedeutung des individuellen biografischen Narrativs hervorgehoben, worin unter anderem der besondere Nutzen der EFT deutlich zutage tritt. Indem es mittels emotionsfokussierter Sichtweisen und Methoden gelingt, auch bedrohliche, traumatisierende, beschämende und/oder auf andere Weise zutiefst belastende Erlebnismuster mit Selbstakzeptanz und Selbstverständnis zu verbinden, verringert sich nicht nur deren schmerz- und leidvolle Valenz. Es entsteht gleichermaßen die Fähigkeit zur Integration bestimmter in der Biografie erworbener, bisher tendenziell abgewehrter, verleugneter, verdrängter oder dissoziierter Anteile.

Durch den Einsatz emotionsfokussierter Therapiemaßnahmen kann das Selbstverständnis jedes Klienten, welches als fortwährender dynamischer Selbstorganisationsprozess zu verstehen ist, kontinuierlich erweitert und bereichert werden. Im Gegensatz zur Schematherapie ist die EFT dabei deutlich stärker prozessorientiert. In diesem Sinne grenzt sich Greenberg in Anlehnung an konstruktivistische und systemische Ansätze auch explizit davon ab, dass das Ziel therapeutischer Arbeit Konsistenz sei. Diese gelte es weder im Sinne einer widerspruchsfreien Identität noch hinsichtlich eines konsistenten biografischen Narrativs zu erlangen. Ziel sei vielmehr, dass der Klient vermittels der therapeutischen Arbeit in die Lage versetzt werde, sein persönliches Narrativ gemäß seiner unterschiedlichen Erfahrungs- und Erlebnismuster bei allen biografischen Brüchen als kohärent aufzufassen. Dies bedeutet, dass im Prozess der Selbstentwicklung und -organisation als ein Ziel der Therapie die Akzeptanz auch der Pluralität unterschiedlichster Emotionen und Anteile der Persönlichkeit zu keiner Desintegration und Abspaltung führt.

Zusammengefasst lässt sich daher sagen: Emotionsfokussierte Therapieformen sind für ein Verstehen und Bearbeiten psychisch-emotionaler Prozesse und damit für eine Transformation innerer Anteile eine unschätzbare Bereicherung auf allen Gebieten des therapeutischen Feldes. Transformation als Inbegriff emotionsfokussierter Veränderungsarbeit ist dabei als ein nachhaltiger Prozess aufzufassen, der weniger den Weg rein kognitiver Erkenntnisse nimmt als vielmehr über therapeutisch vermittelte Erlebnisse und Einsichten verläuft. Damit wird die Grundlage für implizites Wissen geschaffen, welches sich mit Gedächtnisinhalten des limbischen Systems verschränkt.

Eine Umstellung für die systemische Therapeutin bedeutet zweifellos die Fokussierung auf bzw. Hinwendung zum schmerzlichen Erleben der Patienten. Besonders wenn sich das lösungsorientierte Vorgehen als nicht zielführend erweist, empfiehlt es sich, eingehend die emotionale Dynamik zu erforschen. Daher sind nicht immer die schnellen Lösungen gefragt, sondern das behutsame und einfühlsame Aufspüren schmerzvoller Erlebnis- und Erfahrungsmuster. In ihnen sind meist jene Affekte gespeichert, die uns den Zugang zur emotionalen Verarbeitung liefern. Sie bilden die Brücke zu den emotionalen Schemata, die als zentrale Grundlage für Symptombildungen zu verstehen sind. Über neuronale Bahnungen sind die Affekte wiederum mit somatischen Markern, diversen emotionalen Verzweigungen, kognitiven Attribuierungen und den verschiedensten Verhaltens- und Bewältigungsmustern verschachtelt. Diese differenziert wahrzunehmen und dadurch zu einer Reorganisation der Psyche im Sinne einer verbesserten Selbstachtung der eigenen Gefühle und Bedürfnisse beizutragen, ist das oberste Ziel dieses Ansatzes.

Der vielversprechende Weg besteht darin, das Leidvolle zu erforschen, um die Selbstorganisation der Psyche anzuregen, es zu wandeln. Wenn emotionsbasierte Therapeuten dabei nun so lange Schmerz und Leid fokussieren, bis die Klientin die Befähigung errungen hat, innerhalb ihrer Selbstorganisation angemessen und kompetent mit ihrer Emotionsverarbeitung umzugehen, ist dies aber – eine unter systemischen Therapeuten weitverbreitete Sorge – wohlgemerkt *nicht* mit einer Problemtrance zu verwechseln. Der Lösungsgedanke ist auch den emotionsbasierten Verfahren inhärent, und er bleibt der entscheidende, da eine reine Reinszenierung emotional belastender Situationen nicht notwendigerweise heilende Wirkung entfalten würde.

Das Erleben eines Unterschieds, der einen Unterschied ausmacht, bedeutet eine Neuinformation des Erlebens, einer Neubewertung oder sogar eines Neuerlebens, die sich auf zwei Ebenen auswirken kann: Einerseits auf der Ebene der Selbstwahrnehmung im Sinne eines besseren Selbstverstehens als Grundlage einer verbesserten Selbstakzeptanz, andererseits auf der Ebene einer neu erfahrenen Resilienz. Dies sind die entscheidenden Dimensionen emotionsfokussierter Transformation. Das heißt, dass es in jedem Fall das Ziel jeder emotionsbasierten Intervention darstellt, den Klienten aus der vermeintlich hilf- und sprachlosen Rolle des Opfers zu befreien und ihm wesentliche Werkzeuge zu vermitteln, selbstwirksam mit den jeweiligen Auslösesituationen und seiner entsprechenden Emotionsregulation umzugehen. Dabei ist hinzuzufügen, dass diese Emotionsregulation allermeist implizit abläuft, was von der Wirkung her bedeutet, dass die Veränderung nach gelungener Intervention einfach »passiert«. Entgegen der Problemtrance-Befürchtung ist es also genau umgekehrt: Die Schmerzfokussierung hin zur Bedürfnisorientierung hat heilende Wirkung, indem Gefühle wieder verflüssigt werden und ihr Bedürfnisbezug (wieder-)hergestellt wird. Durch die Fokussierung der schmerz- und leidvollen Erlebnismuster befähigt der Therapeut die Klientin, mit diesen Mustern sowohl in ihrem Narrativ als auch in ihrer Selbstwirksamkeit in zukünftigen belastenden oder bedrohlichen Situationen eine für sie sinnvolle Emotionsregulation zu gestalten.

Dennoch ist der systemische Begriff der Lösung für diese komplexen emotionalen Prozesse eventuell missverständlich, weil er vielleicht zu viel verspricht bzw. suggeriert. So wenig wie es Löschungen neuronaler Bahnungen in unserem Gehirn gibt, gibt es Löschungen von Emotionen. Wichtig ist stattdessen die Entwicklung bzw. Stärkung neuer und/oder alternativer Bahnungen. *Lösung* auf dem Feld der Emotionsregulation kann also niemals bedeuten, dass bestimmte Emotionen nie wieder auftreten – sehr wohl aber, dass sie schon während ihres neuronalen Antriggerns *mit anderer Intensität* auftreten und sich dauerhaft in geringerer Häufig- und Heftigkeit zeigen, weil sich entlastende, selbstakzeptierende oder resiliente emotionale Muster ankoppeln, sobald sie mithilfe der Therapie etabliert wurden. Sie ersetzen alte Bahnungen, die jedoch nie ganz aufgehoben werden.

Daher sind die Begriffe »Wandel« oder »Transformation« für emotionsfokussierte Therapieerfolge passender als »Lösung«, auch wenn sich tatsächlich häufig Anspannungen und Verhärtungen »lösen«. Es wäre jedoch reinste Hybris anzunehmen, ein emotionales Schema könne sich durch eine Verhaltensänderung oder eine kognitive Einsicht für immer *auf*lösen. Ebenso irreführend wäre (wie erwähnt) die Annahme, bestimmte Gefühle tauchten nach einer gelungenen Intervention nie wieder auf. Es wird jedoch sehr wahrscheinlich, dass sich durch eine erfolgreiche Therapie die unmittelbaren somatischen und affektiven Antworten des Organismus auf die als bedrohlich erlebten Reize der Außenwelt bzw. die innere Verletzlichkeit so nachhaltig ändern, dass auch die kognitive Verarbeitung weniger aufwendig und anstrengend verläuft. Auf jeden Fall ist es naheliegend und entspricht auch meiner langjährigen Praxiserfahrung, dass Grübeleien, Stressverarbeitung und Symptombildungen durch eine gelingende emotionsfokussierte Therapie deutlich reduziert werden.

In diesem Sinne ist die EFT eine ideale Ergänzung zum systemisch-konstruktivistischen Ansatz, besonders wenn es um die Arbeit in einem psychotherapeutischen Kontext geht. Der konstruktivistische Rahmen, die kontextanalytische Sichtweise, die Grundidee des Reframings und der positiven Absicht, die Lösungs- und Ressourcenorientierung, die wertschätzende Grundhaltung und die grundlegende Würdigung jedes Gegenübers sind Meilensteine, die beide Therapieformen miteinander verbinden und zu weiteren Synergieeffekten einladen.

2.4 Innere Kindarbeit (IKA)

Auch wenn die Innere Kindarbeit in ihren Grundzügen schon deutlich ältere Wurzeln als die anderen emotionsbasierten Verfahren aufweist, möchte ich sie als ein weiteres Kernstück für die Arbeit mit tiefgreifenden Gefühlen und biografisch früh entstandenen Verletzlichkeiten bzw. Prägungen aufgreifen. Ziel ist auch hier die Förderung der Selbstakzeptanz, der Selbstfürsorge und der Befähigung zu einem konstruktiven Umgang mit früheren Verletzungen.

Es gibt viele Varianten und Spielarten der IKA. Diese reichen von eher spirituell ausgerichteten bis zu wissenschaftlich fundierten Ansätzen, die auch für die Psychotherapie nutzbar gemacht werden können. Dabei ist der Begriff »Innere Kindarbeit« insofern irreführend, als mit ihm womöglich die Vorstellung geweckt wird, es gäbe ein »inneres Kind« in uns, quasi als eine objektive Realität, die wir nur nicht genügend achten, gleich einem faktisch vernachlässigten Geschöpf. Für den therapeutischen Prozess ist daher zu betonen, was einem konstruktivistischen Betrachter selbstverständlich erscheint, nämlich dass es sich mit diesem Begriff nicht anders verhält als mit anderen gebräuchlichen Begrifflichkeiten, die verschiedene innere Anteile von uns bezeichnen – auch der innere Antreiber, der innere Kritiker oder der Gesunde Erwachsene aus der Schematherapie sind ja keine realen Figuren, sondern metaphorische Benennungen für psychisch komplexe Abläufe.

In diesem Sinn bedeutet die Metapher *inneres Kind* ein Bündel an Gefühlszuständen und Bedürfnissen, die in uns in der Verbindung mit früheren Erlebnissen als Erinnerungen neuronal gespeichert sind, wobei uns die Gehirnforschung lehrt, dass jede Erinnerung keine reine, »objektive« Abbildung des Erlebten, sondern immer auch eine Neukonstruktion unseres Gehirns darstellt. Genau diese Konstruktivität können wir uns für die Innere Kindarbeit zunutze machen.

Aus dieser Betrachtung lässt sich bereits schließen, dass es durchaus eine grobe Vereinfachung darstellt, nur von *einem* inneren Kind zu sprechen. Der Komplexität der Vielzahl an kindlichen Erlebnissen werden wir vielmehr eher gerecht, wenn wir von multiplen inneren Kindanteilen oder, als weitere Metapher, von vielen inneren Kindern in unterschiedlichen Altersstufen und Erlebnisqualitäten ausgehen. Auch der »innere Kindergarten« ist eine beliebte Kategorisierung, um die Vielfalt verschiedenster innerer Anteile zu verdeutlichen, die keineswegs nur Schmerzliches beinhalten muss, sondern auch fröhliche, unbeschwerte und glückliche Anteile, also wichtige Ressourcen, einschließt.

2.4.1 Grundzüge und Vorläufer der IKA

Schon der französische Philosoph und Psychotherapeut Pierre Janet, ein Zeitgenosse Sigmund Freuds, beschrieb eine Methode, seine Patienten mit ihrem »jüngeren Ich« in Kontakt treten zu lassen, um Dissoziationen zu überwinden. Im Werk von Carl Gustav Jung wiederum werden wiederkehrende Archetypen beschrieben, die sich in Mythen und Erzählungen und den Motiven unserer Träume wiederfinden, darunter das »göttliche Kind« (Jung, Kerényi, 1941/2012), das als eine Art Heilsbringer aus der Mythologie in die menschliche Vorstellungswelt übernommen wird.

Auch das Reine, Unschuldige, was wir mit Kindsein verbinden, hat seinen Ursprung in den Mythen und wird in den tradierten Ritualen der jeweiligen Religionen, beispielsweise dem christlichen Weihnachtsfest, inszeniert. Im mehr spirituell ausgerichteten Zweig der inneren Kind-Arbeit ist der Mythos implementiert, die einem Kind zugesprochenen idealtypischen Eigenschaften wiederzuentdecken und als schöpferische Kraft als Erwachsener zu verwerten.

Mitte des 20. Jahrhunderts entwickelte dann der Psychiater Eric Berne in den USA das Konzept der Transaktionsanalyse (▸ Kapitel 2.1.2). Es unterteilt die menschliche Psyche in verschiedene Ich-Zustände bzw. Persönlichkeitsstrukturen, nämlich – je nach Kontext der Transaktion – ein Erwachsenen-Ich, ein Eltern-Ich und ein Kind-Ich (Berne, 2005).

Das innere Kind wird hier bereits als Quelle unbefriedigter Bedürfnisse begriffen, wobei zur Bearbeitung daraus resultierender Störungen die therapeutische »Triade der drei Ps« zur Anwendung kommen soll: Permission, Protection und Potency, was bedeutet, sich 1.) selbst die Erlaubnis zu geben, sein inneres Kind zu entdecken (also z. B. verspielt zu sein und auch Fehler machen zu dürfen) und sich dadurch in seiner Persönlichkeit weiterzuentwickeln, sich 2.) dabei grundsätzlich vor existenzieller Gefährdung geschützt zu fühlen und auf diese Weise letztlich 3.) die Kraft zu erlangen, sich gegen nachhaltig hemmenden Einfluss ausübende verinnerlichte frühere Autoritäten (das Eltern-Ich) durch- bzw. über deren rigide Regeln hinwegzusetzen und zu einem stärkeren, selbstbewussteren Erwachsenen-Ich zu gelangen.

Eine Schülerin Bernes, Jacqui Schiff, führte schließlich für die Therapie schwerer psychischer Störungen das Konzept des Reparentings ein und verknüpfte für die Behandlung Schizophreniekranker die Idee der »Vielfalt innerer Kinder« mit der Methode der Nachbeelterung (vgl. Schiff u. Day, 1970/1980), ehe John Bradshaw in seinem Werk zum »Inner Child« den Prototyp der modernen IKA schuf, die heute in den unterschiedlichsten therapeutischen Verfahren angewandt wird oder als konzeptionelles Element auftaucht (1990).

Wie weiter oben bereits angeklungen, bedeutet Innere Kindarbeit grundsätzlich die bewusste Arbeit mit metaphorisch zu verstehenden inneren Anteilen eines Menschen. Sie ist dezidiert nicht ontologisch aufzufassen, also als »wirkliche Wirklichkeit«, sondern stellt eine hilfreiche und sehr wirksame Rekonstruktion früherer Beziehungserfahrungen dar, die im Hier und Jetzt des therapeutischen Prozesses zu einer neuen, lösungsorientierten Konstruktion der inneren Beziehungsmuster und deren emotionaler Verarbeitung genutzt und umgewandelt werden kann. Frei nach dem Motto »Es ist nie zu spät für eine glückliche Kindheit« (ein Diktum, das wahlweise Erich Kästner oder Milton Erickson, dem Pionier der Hypnotherapie, zugeschrieben wird) gilt als Ziel der IKA die gegenwärtige Erfüllung vergangener kindlicher Sehnsüchte bzw. die schrittweise Heilung früherer Verletzungen mit einer möglicherweise salutogenen Wirkung für die Zukunft. Als besonders wertvoll beim Einsatz der IKA im psychotherapeutischen Kontext schätze ich die Aktivierung des Selbsthilfepotentials und der Selbstheilungskräfte unserer Klienten ein.

Grundsätzlich ist die IKA besonders geeignet bei Patientinnen, die in der Kindheit fortgesetzter emotionaler Vernachlässigung ausgesetzt bzw. Traumata hilflos ausgeliefert waren oder einfach hinsichtlich der Erfüllung ihrer Grundbedürfnisse dauerhaft »zu kurz kamen«. Auswirkungen solcher Erfahrungen zeigen sich auf unterschiedlichste Weise auch im weiteren Lebensverlauf, beispielsweise anhand eines Wiederauftretens ähnlicher emotionaler Muster in der erwachsenen Beziehungsgestaltung, in einer psychischen Abhängigkeit von Bezugspersonen etc. Wenn wir etwa feststellen, dass Patienten immer wieder erwarten, von anderen anders, z. B. nicht mehr ungerecht behandelt zu werden, basiert dies oft auf einer zumeist hilflos erlebten (kindlichen) Abhängigkeit, die die Betroffenen selbst kaum auf rein kognitivem Weg zu lösen bzw. anders zu gestalten oder zu bewerten in der Lage wären.

Aus dem Dornengestrüpp dieser ewig wiederkehrenden leidvollen Abhängigkeit bietet die Innere Kindarbeit nun einen Ausweg, indem wir selbst zur Helferin in unserer Ohnmacht bzw. die Patienten selbst zu jener Bezugsperson werden, die sie sich früher im Ausgeliefertsein so sehr gewünscht hätten – die seither andauernde Sehnsucht wird somit quasi rückwirkend endlich mit Leben gefüllt. Vor allem können die Patienten in jenen Schemata, denen sie sich hilflos ausgeliefert sahen, jetzt Selbstwirksamkeit erfahren und sich proaktiv aus der eigenen Not heraushelfen. Mit anderen Worten: *Sie vermögen mithilfe der IKA zumindest schon einmal vorübergehend aus der leidvollen Opferrolle heraus- und aktiv für ihre Grundbedürfnisse einzutreten.*

Dabei sind uns viele prägende Kindheitserfahrungen aus den ersten Lebensjahren kaum noch bewusst. Je früher die zugrundeliegenden belastenden oder traumatischen Erlebnisse stattfanden, desto unwahrscheinlicher ist es, dass sie kognitiv und sprachlich codiert werden konnten, weshalb sie auch in der Therapie selten auf Anhieb artikuliert bzw. erfasst werden können. Für den Therapieerfolg spielt zudem eine bedeutende Rolle, ob das entstandene emotionale Schema später immer weiter verstärkt wurde und sich ungünstig stabilisiert hat, indem durch ähnliche Erfahrungen zu anderen Zeitpunkten frühere Erlebnismuster bestätigt wurden.

Fallbeispiel

Herr Gärtner hat in der Kindheit die prägende Erfahrung gemacht, von den Eltern nur für besonders herausragende Leistungen Anerkennung zu erfahren. Insbesondere sein Vater zeigte sich bei vielen Gelegenheiten unzufrieden mit den Bemühungen des Sohnes und nahm ihm die Dinge oft gleich wieder aus der Hand, wenn diesem etwas nicht auf Anhieb gelang.

Als Herr Gärtner in der Schulzeit merkte, dass er bestimmte Rechenaufgaben nicht sofort verstand, bekam er Angst, wieder etwas nicht zu schaffen. Diese Angst blockierte ihn so sehr, dass er letztlich tatsächlich viele schulische Inhalte nicht mehr begriff, was sich als besonders schlimme Versagensangst psychisch wie neuronal in seinem Innern einnistete, begleitet von dem Glaubenssatz, zu dumm zu sein und »es nie zu schaffen«. Dieser Teufelskreis lähmte und demotivierte ihn, so dass die Schule zu einer Qual wurde. Auch die Mitschüler gaben ihm das Gefühl, nicht gemocht zu werden. Seine Mutter erwiderte auf eine diesbezügliche Äußerung ihres Sohnes, dass es wohl auch an ihm liegen müsse, wenn die anderen ihm aus dem Weg gingen. Diese Attribuierung führte dazu, dass Herr Gärtner sich in seinen Fähigkeiten und Kompetenzen zunehmend selbst hinterfragte und die Schuld für jedes Misslingen in erster Linie bei sich suchte.

Die negativen Erfahrungen kumulierten und verfestigten sich schließlich zu einem inzwischen sehr stabilen Schema, das auf einem weiteren Glaubenssatz aufbaut: Etwas an ihm sei grundsätzlich »verkehrt«, und wenn er Misserfolg habe, sei er selbst schuld. Gefühle der Wertlosigkeit und der Scham sind übermächtig geworden und haben depressive Kognitionen sowie eine ausgeprägte Rückzugsneigung erzeugt. Inzwischen sind die Verletzlichkeiten, die bei jeder Lern- und/oder

Prüfungssituation immense panikartige Angstzustände und langwierige Grübeleien auslösen, so sehr kulminiert, dass er sie um jeden Preis zu vermeiden versucht.

Für Herrn Gärtner erscheint es als eine quasi ontologische Erfahrung, dass er einerseits zu dumm sei, um zu lernen und eine anstehende Prüfung zu schaffen, und andererseits nichts wert, wenn er nicht die Leistung erbringt, die von ihm gefordert wird. Ihm ist nicht bewusst, wie sehr sich die Schemata der Unzulänglichkeit und der Wertlosigkeit aufgrund von etlichen dementsprechenden Erfahrungen (bzw. deren persönlichen Bewertungen als solche) in seinem Denken, in seinen Gefühlen und in seiner Neurobiologie als enormes Stresspotenzial verankert haben. In der Therapie hatten wir wiederholt und sehr intensiv mit dem inneren Kritiker, dem inneren Antreiber und dem angstmachenden Anteil Stuhldialoge durchgeführt, was dazu führte, dass der Klient erkennen und auch in den akuten Phasen merken konnte, dass er wieder in den Kreislauf der Selbstabwertungen und der überhöhten Selbstansprüche geraten war. Die Angst konnte jedoch erst in jener Therapiephase entscheidend gelindert werden, als auch die innere Kindarbeit zur Anwendung kam und der Klient lernen konnte, sich selbst – metaphorisch gesagt – in den Arm zu nehmen und zu beruhigen.

Auch frühe Verlust- und Trennungserfahrungen können zu abhängigem Verhalten führen, ohne dass uns der Ursprung dieser Abhängigkeiten bewusst wird. Daher lohnt es sich, mit der IKA auch sehr frühe Kindheitserlebnisse aufzugreifen, selbst wenn im Bewusstsein nur vage Erinnerungen daran vorhanden sind, manchmal vielleicht nur aufgrund von Erzählungen anderer oder als Vermutungen unserer selbst.

2.4.2 Methoden und Anwendungsgebiete der IKA

Die Innere Kindarbeit ist ein imaginatives Verfahren. Sobald wir in der Therapie herausgearbeitet haben, in welchem ungefähren Zeitabschnitt der Kindheit unser Gegenüber verletzt oder vernachlässigt wurde, können wir zu einer gedanklichen Zeitreise einladen. In unserer Fantasie begeben wir uns dann in den betreffenden früheren Lebensabschnitt:

»Stellen Sie sich vor, der Erwachsene, der Sie heute sind, mit all seinen liebevollen, fürsorglichen und wohlwollenden Seiten, trifft jetzt auf das Kind, das Sie damals waren.«

Diese Begegnung kann in der Imagination unmittelbar nach einer erinnerten Verletzung oder einer typischen Situation der Vernachlässigung ansetzen, beispielsweise wenn das Kind noch sehr betroffen ist, alleingelassen und zu hilflos, das Geschehen zu verarbeiten. Der Erwachsene, der wir heute sind, tritt nun zu dem Kind und versucht, diesem Beistand zu leisten. Dies kann auf verschiedenste Art und Weise geschehen. So können Dialoge zwischen dem Erwachsenen und dem Kind entstehen, häufiger wünschen sich Klienten für ihr Kind allerdings auch einfach nur ein ruhiges Anteilnehmen, vielleicht mittels einer Umarmung oder einer tröstlichen Berührung.

Entscheidend sind die Ideen und Bedürfnisse des Klienten. Als Therapeutinnen können wir aber durchaus unsere Impulse und unsere Empathie als Angebote einbringen. Besonders wenn es in der imaginierten Begegnung »zu schnell« in Richtung Lösung geht und der Erwachsene dem inneren Kind nicht genügend Zeit für das Annehmen seiner Gefühle lässt, weise ich auf die Chance hin, dem Kind nun ja endlich einmal etwas geben zu können, was ihm damals womöglich am meisten gefehlt hat: Verständnis und Mitgefühl zu erfahren. Denn erst die erlebte Erfahrung erzeugt Selbsterfahrung, aus der bei günstigem Verlauf jene Selbstachtung, Selbstakzeptanz und jenes Selbstmitgefühl erwächst, die bei vielen Patienten als therapeutische Ziele hohe Priorität besitzen.

Wer sich nicht die eigene Person als liebevolle Bezugsperson für das innere Kind vorstellen kann, darf natürlich auch andere Helfer imaginieren. Diese können aus dem Kreis real erlebter Bezugspersonen stammen oder aus einem Reservoir imaginierter Fantasiefiguren erfunden werden. Die höchste Selbstwirksamkeit besitzt jedoch nach meiner Erfahrung der Gesunde Erwachsene, den wir selbst verkörpern, sofern er die erforderlichen Fähigkeiten und Ressourcen mitbringt.

Gestaltung der Begegnung
Bei diesem Vorgehen sind mindestens drei Dimensionen der Imagination involviert:
(1) Für uns sehr *optisch* orientierte Lebewesen ist vor allem die Visualisierung einer Begegnung mit einer guten Bezugsperson hilfreich.
(2) Daneben kann auch die Vorstellungskraft auf der *kinästhetischen* Ebene genutzt werden, indem z. B. durch das Umlegen einer Decke die Umarmung durch eine liebevolle Bezugsperson oder zumindest deren Arm um die Schulter körperlich fühlbar wird. Die imaginative Kraft des fürsorglichen Erwachsenen wiederum kann durch einen Teddybär, eine Puppe oder ein Kissen verstärkt werden, so dass der Klient sich sowohl in der gebenden als auch in der empfangenden Rolle zu spüren vermag. Diese beiden Seiten, einfühlsam und verständnisvoll auf der einen, annehmend und angenommen auf der anderen, sollen ja mittels der therapeutisch induzierten Erfahrung

als ein gleichzeitig stattfindender Prozess zusammenwirken und Synergien freisetzen.

(3) Auch die *auditive* Dimension, also das Hören und Sprechen der gewünschten Sätze, löst oft tiefe Gefühle aus. Auf diese Weise wird die Erfüllung des Grundbedürfnisses, verstanden und angenommen zu werden, intensiver erlebt, mit der Intention, dadurch auch internal eine Repräsentation dieses Zustands zu manifestieren.

Von den fünf Sinnen können also allenfalls der olfaktorische und der gustatorische vernachlässigt werden. Alle anderen Sinnesebenen lassen sich aktiv für die Inszenierung einer wohltuenden und Sicherheit spendenden Begegnung nutzen.

Im Grunde spielt es keine Rolle, aus welcher kindlichen Altersstufe die Szenen für die Innere Kindarbeit ausgewählt werden. Es liegt jedoch nahe, dass das Gefühl der Abhängigkeit und Hilflosigkeit und damit auch die Weichenstellung der Prägung umso größer gewesen sind, je früher in der Kindheit sich die entsprechende Situation abgespielt hat. Mindestens genauso wichtig sind jedoch auch die Intensität und Häufung der Verletzungen, die verinnerlicht wurden und erinnert werden können.

Methodisch bietet es sich an, mit der Klientin vor der Imagination der Begegnung eine typische oder eine besonders spektakuläre Situation der Vernachlässigung bzw. Verletzung zu rekonstruieren. Die dabei entstehenden Emotionen gilt es besonders feinfühlig und empathisch zu explorieren. Häufig beschreiben Klientinnen, dass sie ihre damaligen Gefühle nicht mehr erinnern können, was ja sehr plausibel ist, da die Ereignisse viele Jahre oder gar Jahrzehnte hinter uns liegen und wahrscheinlich auch Verdrängen und Vergessen sich als für das weitere Überleben hilfreiche Strategien erwiesen. In diesen Fällen lade ich dazu ein, aus der heutigen Erwachsenensicht sich vorzustellen, wie diese Situation gewirkt haben mag, Vermutungen zu äußern und sich auf diese Weise in das Empfinden von damals einzufühlen.

Wenn keine Erinnerungen auftauchen, können Fotografien, die der Klient mitbringt, den Prozess des Einfühlens und Eintauchens in die Vergangenheit unterstützten. Die auf den Bildern abgebildete Mimik, Gestik und Körperhaltung vermitteln oft einen Eindruck des Gefühlserlebens jener Zeit, aus der die Aufnahmen stammen. Auch gemeinsame Fotos mit der Familie können das Lebensgefühl von damals illustrieren und den Einstieg in die Innere Kindarbeit erleichtern.

Der Schweregrad belastender emotionaler Schemata ist ja häufig gerade mit der Schwierigkeit der sprachlichen sowie empathischen Verarbeitung verbunden. Auf der Basis des in diesem Schritt entstehenden Verständnisses und Mitgefühls mit dem eigenen inneren verletzten bzw. vernachlässigten Kind kann dann die Begegnung des Erwachsenen mit ihm stattfinden und gedeihen.

Geführte Meditationen nach Bradshaw

Ein Konzept der Gegenwart stellt das Werk des texanischen Theologen und Psychologen John Bradshaw (1933–2016) dar. Er arbeitete das Konzept des verletzten inneren Kindes heraus, das gelegentlich unser Leben bestimmt, indem es in gewissen Situationen auftaucht, wie aus einer spontanen Altersregression. Es entsteht aufgrund dysfunktionaler Familienverhältnisse und wird in uns gemeinsam mit den dazugehörigen Gefühlen der Traurigkeit, Angst und Wut, der Verlassenheit und der Scham gespeichert. Daneben existieren in der Sphäre des inneren Kindes aber auch positive Erinnerungen mit Gefühlen der Freude, der Liebe und des Glücks, die sich als Ressourcen nutzen bzw. nutzbar machen lassen.

Bradshaw stellt eine Reihe von Übungen vor, die uns sowohl mittels bewusster Erinnerungen als auch mittels Trance- und Meditationserfahrungen helfen können, die Arbeit mit dem inneren Kind durchzuführen. Die Magie der Worte, die emotionale Prozesse in jede Richtung anstoßen kann, wird von Bradshaw gezielt eingesetzt, wofür exemplarisch seine Willkommensmeditation steht:

»Willkommen auf der Welt, ich habe dich schon erwartet.
Ich bin froh, dass du hier bist.
Ich habe für dich einen besonderen Platz vorbereitet.
Ich mag dich so, wie du bist.
Ich werde dich nie verlassen, was auch immer geschehen wird.
Ich finde, dass deine Bedürfnisse berechtigt sind.
Ich lasse dir so viel Zeit, wie du brauchst, damit du deine Bedürfnisse befriedigen kannst.
Ich bin ja so froh, dass du ein Mädchen/ein Junge bist.
Ich werde mich um dich kümmern, und ich habe schon entsprechende Vorbereitungen getroffen.
Es macht mir Spaß, dich zu füttern, dich zu baden, dich umzuziehen und meine Zeit mit dir zu verbringen.
Auf der ganzen Welt gibt es niemanden, der so ist wie du.
Als du auf die Welt gekommen bist, hat Gott gelächelt.« (Bradshaw, 2000, S. 136)

Ähnlich wie bei C. G. Jung finden wir in Bradshaws Ansatz eine spirituelle Dimension, die jedoch in meinen Augen keineswegs eine notwendige Grundlage für die IKA darstellt. Entscheidend ist die wertschätzende, im vorher zitierten Beispiel schon beinahe emphatische Annäherung an das innere Kind.

Ziel der IKA nach Bradshaw ist letztlich die Versöhnung mit dem inneren Kind: zu betrauern, was es verloren, und ihm zu geben, was es vermisst hat. Dabei versucht Bradshaw auch an die Natürlichkeit der Bedürfnisregulation des kindlichen Organismus zu erinnern, wozu ausführliche Trance- und Entspannungsübungen dienen, zum Beispiel die Beobachtung des Atemflusses, um die ressourcenorientierte Erinnerung an die natürlichen Fähigkeiten des neugeborenen Kindes und das Loslassen der Gedanken zu fördern.

Im weiteren Verlauf führt Bradshaw zudem umfassende Instruktionen für das fantasiegeleitete Eintauchen in verschiedene Entwicklungsstufen der Kindheit ein, beispielsweise:

»Jetzt erinnern Sie sich an das Haus, in dem Ihre Familie gewohnt hat, als Sie auf die Welt kamen, oder Sie stellen es sich vor … Stellen Sie sich das Zimmer vor, in dem Sie geschlafen haben, nachdem Sie geboren wurden … Schauen Sie, was für ein hübscher Säugling Sie waren … Hören Sie Ihre Stimme, wie Sie glucksen, weinen, lachen … Stellen Sie sich vor, Sie könnten Ihr schmusiges kleines Selbst an sich drücken … Sie sind dort als der weise, freundliche Zauberer … Sie betrachten Ihre eigene frühe Kindheit …« (Bradshaw, 2000, S. 139)

Die Dialektik zwischen gebendem und nehmendem Anteil ist dabei besonders wichtig. Wir versetzen den Klienten, wie es dem Bedürfnis des Neugeborenen entsprochen hätte, zunächst in eine bekommende, empfangsbereite, rezeptive Haltung. Vielleicht kann er gleichzeitig seine Lebendigkeit nutzen, um seine Bedürfnisse wahrzunehmen und auf diese aufmerksam zu machen. Gleich darauf wechseln wir nun in eine fürsorgliche Haltung, die ebenjene Bedürfnisse und Gefühle aufspürt, die der Säugling gebraucht hätte, und bieten die Qualitäten, die diesen Bedürfnissen am ehesten entsprechen, auf der visuellen, der auditiven und/oder der kinästhetischen Vorstellungsebene an. Kurze Zeit später wechseln wir wieder in den empfangenden Modus und spüren nach, wie diese Qualitäten bei uns in der Position des Kindes ankommen.

Als Therapeutin braucht es viel Einfühlungsvermögen und Gelassenheit, um diese Prozesse anzuregen. Es ist wie ein feinfühliger Tanz zwischen der kindlich-empfangenden und der gebenden, empathischen Seite. Mit diesem Tanz vermitteln wir ein hohes Maß an Selbstwirksamkeit, da hiermit die Idee einhergeht:

»Ich kann für meine Bedürfnisse selbst sorgen lernen, sie wahrnehmen und berücksichtigen, sie ansprechen und anerkennen und sie mir mittels der Arbeit mit meinem inneren Kind teils selbst erfüllen! Dafür müssen die Begegnungen zwischen dem Erwachsenen, der ich heute bin, und dem inneren Kind aber natürlich öfter erlebt und eingeübt werden, so dass ich sie auch und gerade in Notzeiten, wenn ich mich besonders verlassen, verletzt und bedürftig fühle, tatsächlich erzeugen kann.«

Mit dieser Erkenntnis der Selbsterfüllbarkeit eigener ungestillter kindlicher Bedürfnisse kann das Erleben, immer zu kurz zu kommen und immer wieder Opfer von Verletzungen durch andere zu sein, überwunden werden. Die Innere Kindarbeit stellt somit eine sehr gute Anleitung zur Selbsthilfe dar. In diesem Sinne zitiert Bradshaw quasi als Schlusswort zu diesem Erneuerungsprozess die Psychoanalytikerin Alice Miller: »Dort, wo nur eine schreckliche Leere gewesen ist ... entfaltet sich jetzt eine große Lebendigkeit. Es ist keine Heimkehr, denn dieses Zuhause hat zuvor nie existiert. Es ist die Entdeckung eines Zuhauses« (Bradshaw, 2000, S. 333).

Potenzielle Hindernisse

Als mögliche Hindernisse, sich seitens des Klienten auf die Innere Kindarbeit einzulassen, beschreibt Bradshaw frühere Beschämungen und Verletzungen. Das ist nachvollziehbar und plausibel: Wenn ich als Kind wiederholt erlebt habe, dass der Ausdruck meiner Bedürfnisse, mein Weinen und Schreien, mein Zorn, meine Verzweiflung etc., nicht ernst genommen oder sogar offen abgelehnt wurden, führt diese Erfahrung der Diskriminierung dazu, dass das Eingeständnis der Bedürftigkeit als höchst beschämenswert empfunden wird.

Die in den letzten Jahrhunderten weitverbreitete »schwarze Pädagogik« (vgl. Rutschky, 1977) hat es sich ja geradezu zum Ziel gemacht, den Willen von Kindern zu brechen, also ganz bewusst nicht auf ihre Bedürfnisse und (verletzten) Gefühle einzugehen, beispielsweise nicht zu trösten, wenn ein Kind traurig ist, da es dies ja als ein Nachgeben der Eltern auffassen könnte. Die schwarze Pädagogik hinterließ damit ein solches Ausmaß an kindlicher Beschämung, dass der Zugang zu den Verletzlichkeiten der kindlichen Bedürfnisse gleich mit versperrt wurde. Daher müssen wir der Scham sehr respektvoll begegnen und den Ekel, den Zorn und die Traurigkeit, die mit ihr verbunden sind, ganz vorsichtig zum Vorschein kommen lassen, wie zarte Pflänzchen, die sich noch kaum trauen, an das Tageslicht vorzudringen.

Der Therapeut könnte zum Beispiel vermitteln, dass der Patient sich jetzt schon in einem Zustand befindet, in dem das Kind wohl sehr häufig war – sich verlassen fühlend, allein mit seinen Empfindungen und ohne die Möglichkeit, diese jemandem mitzuteilen, weil sie ganz sicher wieder abgelehnt worden wären. Es ist vollkommen in Ordnung, ja wertvoll, wenn in diesem Prozess der Bewusstwerdung dann auch Wut aufkommt. Bei sehr hoher Schambelastung ist diese Wut in vielen Fällen sogar notwendig, um die durch viele akkumulierte Situationen der Zurückweisung und der Demütigung erwachsene Mauer der Gefühlsverdrängung durchdringen zu können.

Wir sind dann in einem Stadium der Therapie, wo diese besonders gut mit dem schematherapeutischen Imaginationsverfahren (▶ Kapitel 2.2.6.) oder der Übung des Unfinished Business der EFT (▶ Kapitel 2.3.4.) weitergeführt werden kann, mit deren Hilfe die Aggressionen genutzt werden, um endlich »auf Augenhöhe« mit den früher so überlegen und übermächtig wirkenden Bezugspersonen zu gelangen, die uns emotionales Unrecht angetan haben. Die bei dieser sehr intensiven Arbeit dann häufig aufkommende Traurigkeit kann uns wiederum helfen, (erneut) in die unmittelbare IKA einzusteigen, um die untröstlichen Anteile besser zu verarbeiten.

Hilfreiche Rituale

Ein Ziel der IKA besteht darin, dass Klienten befähigt werden, sich mittels dieser Methode auch zu Hause, in ihrem Lebensalltag und besonders in bisher hilflos erlebten Situationen selbst helfen zu lernen. Zu diesem Zweck, also für den sogenannten Hausgebrauch, gibt es verschiedene Rituale in der Arbeit mit dem inneren Kind, die sich auch aus meiner eigenen Praxiserfahrung heraus als sehr nützlich erwiesen haben.[35]

Die wichtigste Aufgabe ist es, eine gewisse Ritualisierung der Begegnungsfähigkeit zwischen dem erwachsenen Ich und dem inneren Kind zu gewährleisten, um die Achtsamkeit gegenüber den eigenen verletzlichen und bedürftigen, aber auch den lustvollen und verspielten Seiten zu fördern. Für die Arbeit zu Hause bietet es sich dabei zunächst einmal an, einen passenden, möglichst geschützten Ort zu wählen, an dem die Begegnung stattfinden kann. Der Klient sollte dort die Ruhe finden, sich auf eine kleine Meditation einzulassen. Gleichermaßen interessant sind festgelegte Zeiten, zu denen sich Erwachsener und inneres Kind dann an diesem Platz begegnen (beispielsweise regelmäßig freitags am späten Nachmittag), aber auch nach Bedarf, wenn der Gemütszustand verrät, dass Bedürfnisse gerade zu kurz gekommen sind.

Es ist dabei nicht unbedingt notwendig, dass tatsächlich, wie in den geführten Meditationen zuvor, das Verbale im Vordergrund steht. Häufig bestehen gerade

---

35 Viele Übungen und wertvolle Beschreibungen finden sich auch in Stephanie Stahls Bestseller »Das Kind in dir muss Heimat finden« (2015), das einige meiner Klientinnen als unterstützende Lektüre nutzen.

die ersten »alleinverantwortlich« durchgeführten Begegnungen noch aus Annäherungsversuchen, die mehr mit der Visualisierung einer körperlichen Geste einhergehen. So ist es zum Beispiel für ein Kind im Schockzustand (und mit solchen inneren Kindern haben wir es in der Therapie ja oft zu tun, wenn in der Gegenwart alte Traumata angetriggert werden) gar nicht sinnvoll bzw. annehmbar, wenn es mit vielen Worten überschüttet wird. Oft sind es da nur kleine, der Situation, wie sie das Kind gerade erlebt hat, gerecht werdende Sätze, die eine Spur zu dessen Herzen eröffnen, beispielsweise:

»Der hat sich ja jetzt aufgeführt ... Ganz schrecklich für dich, diese vielen Vorwürfe *[dieses Geschimpfe etc.]*!«

Gleichzeitig kann mit einer visualisierten oder realen Geste dem Kind Anteilnahme gezeigt werden – sich an den Bettrand setzen, sanft die Schulter, die Wange, das Haar berühren oder das Kind in den Arm nehmen, ganz behutsam, so dass wir selbst merken können, wie weit es angemessen und angebracht erscheint. Im Hausgebrauch fällt dies dann natürlich wesentlich leichter, weil keine Barriere der Unsicherheit zwischen Therapeutin und Klientin diese Gesten stört und Letztere selbst genau weiß oder noch herausfinden kann, welche Art der Begegnung ihrem inneren Kind wohl am besten entspricht.

Doch auch die aus der kognitiven Verhaltenstherapie bekannten heilsamen Sätze können jetzt zur Anwendung kommen, beispielsweise der Grundsatz:

»Du bist vollkommen okay, so wie du bist!«

Oder in etwas ausführlicherer Form:

»Auch wenn dir dein Stiefvater *[deine Mutter etc.]* gerade das Gefühl vermittelt hat, dass du alles falsch machst, für mich bist du vollkommen okay und liebenswert, so wie du bist. Ich halte zu dir, egal was passiert. Ich bin immer für dich da.«

Sollte das Kind dies in seiner Herkunftsfamilie so nicht erlebt haben und demzufolge ungläubig und misstrauisch reagieren, ist das aufgrund der bisher gemachten Erfahrungen natürlich vollkommen angemessen. Umso wichtiger wird dann das Angebot des Erwachsenen, noch etwas zu verweilen bzw. beim Kind zu bleiben und auch nach dem Abschied jederzeit da zu sein, wenn das Kind ihn braucht. Zur Unterstreichung dieser Zusage ist es hilfreich, einen bestimmten Treff- oder Zeitpunkt zu vereinbaren, an dem eine Wiederbegegnung stattfinden kann.

Umgekehrt und quasi wie eine Zeitreise zurück in die Gegenwart bzw. Zukunft kann der Erwachsene auch anbieten, ab jetzt das innere Kind stets in sich zu tragen und schon auf diese Weise in sehr nahem räumlichem bzw. körperlichem Kontakt zu bleiben:

»Du bist dann sozusagen für immer in mir!«

Die zeitliche Frequenz der Begegnungen ist im Einzelfall genauer zu besprechen oder bleibt der Intuition und Selbstorganisation des Klienten überlassen. Es ist nicht notwendig, dass die Ritualisierung permanent über einen längeren Zeitraum durchgeführt wird. Der dosierte Einsatz ist womöglich dem inflationären Gebrauch sogar vorzuziehen, um nicht der Idealisierung einer vermeintlichen Allzweckwaffe, die scheinbar vor jeder zukünftigen Verletzung schützt, zu verfallen bzw. – umgekehrt argumentiert –, damit ein Handlungsspielraum bestehen bleibt, auf dieses Verfahren zurückgreifen zu können, wenn wieder ein größerer Bedarf im Leben erwachsen ist. Gegebenenfalls kann auch eine dosierte Einübung zu unterschiedlichen biografischen Abschnitten mit der Option einer jederzeitigen Neuinszenierung hilfreich bzw. als besonders sinnvoll einzuschätzen sein.

Psychodynamisch Imaginative Traumatherapie (PITT) nach Reddemann

Ein weiteres interessantes Anwendungsgebiet für die Arbeit mit dem inneren Kind ist die von der Psychoanalytikerin und Psychiatrie-Fachärztin Luise Reddemann entwickelte Psychodynamisch Imaginative Traumatherapie (PITT), eine Form der tiefenpsychologisch-psychodynamischen Kurzzeitpsychotherapie. Reddemann greift in ihrem Konzept unterschiedliche IKA-Elemente auf und beschreibt unter anderem einige wichtige Voraussetzungen, die vor dem Einsatz der Methode zu gewährleisten sind (vgl. zum Folgenden Reddemann, 2004; 2015).

Als wichtigste erachtet sie die Ich-Stabilität der Patienten, was bedeutet, dass zunächst deren aktuell bestehende Schwierigkeiten geklärt werden sollten, damit sie nicht zusätzlich zu einer ohnehin bereits überfordernden Gegenwartssituation noch überflutet werden von womöglich neu zutage tretendem traumatischem Material aus der Kindheit. Auch die Persönlichkeit der Patienten sollte nicht zu labil sein, akutes psychotisches oder dissoziatives Erleben sind demnach Ausschlusskriterien.

Entsprechend diesen Vorgaben ist in der PITT dann auch die Sicherheit der wichtigste Programmpunkt als Vorbereitung der Arbeit mit dem inneren Kind. Die Beziehung zwischen Patient und Therapeutin erfordert hierbei schließlich ein besonderes Maß an Sicherheit und Vertrauen, was nur über eine bereits bestehende grundlegend vertrauensvolle Zusammenarbeit gewährleistet werden kann. Dann wiederum kommt es natürlich in erster Linie auf die Bereitschaft des Patienten an, sich auf den Prozess der IKA einzulassen.

Der innere sichere Ort
Stößt der Vorschlag letztlich auf positive Resonanz, besteht der nächste Schritt im Aufbau eines inneren sicheren Ortes. Dies ist umso wichtiger, als bei der Arbeit mit dem inneren Kind sehr belastendes Gedankenmaterial freigesetzt werden kann, weshalb die Gefahr einer Retraumatisierung nicht zu unterschätzen ist. Daher werden in der PITT verschiedene Techniken eingesetzt, um die Fähigkeit der Patientin zu stärken, aus aufkommenden belastenden Gefühlen jederzeit wieder auszusteigen.

Dazu ist die Imagination des besagten sicheren Ortes von essenzieller Bedeutung. Die Patientin wird hierbei eingeladen, die Augen zu schließen und sich einen Ort vorzustellen, der sich für ihn wohltuend und sicher anfühlt. Dieser Ort kann ein reines Produkt der Fantasie oder ein real erlebter und erinnerter Ort sein, ein Ort in der Natur (eine sonnendurchflutete Lichtung, eine duftende Blumenwiese, ein schattiges Plätzchen am Ufer eines mit Seerosen bewachsenen Teichs, ein umhegter Garten etc.) oder ein Ort in einem Haus (ein besonders gemütliches Zimmer, eine vertraute Kuschelecke, ein bequemes Bett etc.).

Bei der Auswahl bleibt die Patientin gänzlich frei, der Therapeut liefert lediglich beim ersten Mal je nach Bedarf einige Inspirationen, um die Fantasie anzuregen. Dann unterstützt er aber nach getroffener grundsätzlicher Auswahl die Intensivierung des Bildes durch Nachfragen unter Einbezug der fünf Sinnesqualitäten:

»Was können Sie sehen, wenn Sie genauer hinschauen? ... Welche Farben gibt es in diesem Bild? ... Was gibt es zu hören? Was hören Sie im Einzelnen? ... Was können Sie riechen? ... Welchen Geschmack haben Sie auf der Zunge? ... Was spüren Sie auf der Haut? ... Welche Temperatur nehmen Sie wahr? Ist es angenehm warm oder kühl? ... Wie fließt Ihr Atem? ... Wie ist Ihr Bauchgefühl? ... Nehmen Sie dies alles möglichst genau wahr, damit Sie ungefähr wissen, wie es sich anfühlt, an diesem sicheren Ort zu sein. Bleiben Sie noch einen Augenblick an Ihrem Ort und genießen Sie das Wohlgefühl, die Sicherheit und die Geborgenheit, die Ihnen dieser Ort gibt.«

Um die Fähigkeit zu stärken, diesen Ort nun im Bedarfsfall, sprich: bei aufkommenden belastenden Gefühlen, Emotionen, Erinnerungen etc., möglichst rasch aufzusuchen, sich also gedanklich in ihn als inneren Hort der Sicherheit zurückzuziehen, kann auch ein Anker gesetzt werden – vielleicht die Berührung einer bestimmten Körperstelle (z. B. zwischen den Gelenken der Mittelhand) bei gleichzeitiger Imagination des sicheren Ortes, vielleicht eine spezielle Geste, die die Patientin mit der Vorstellung des sicheren Ortes assoziiert.

Auch hier gilt letztlich der Grundsatz, dass nur durch Wiederholung und Übung die Patientin erlernen kann, die Imagination seines sicheren Ortes ebenso bewusst wie zielsicher heraufzubeschwören und für sich selbst zu nutzen.

2.4.3 Systemischer Nutzen der IKA

Die Innere Kindarbeit bildet einen wesentlichen Schwerpunkt der therapeutischen Arbeit mit inneren Anteilen. Dabei ist sie gerade für die Bearbeitung psychischer Prozesse und emotionaler Prägungen, die die biografische Dimension unseres Gewordenseins betreffen, besonders nützlich. Nicht zuletzt eignet sie sich sehr bei Patienten, die sich schwertun, Selbstmitgefühl und Verständnis sowohl für die eigenen Gefühlszustände als auch für die eigene Lebensgeschichte zu entwickeln, und stattdessen häufig in einer Kläger-, Ankläger- oder Opferrolle befangen bleiben. Just die Entwicklung von Selbstmitgefühl kann schließlich grundsätzlich als eine entscheidende Vorstufe für das Entstehen von Selbstakzeptanz und Selbstfürsorge gesehen werden. Im Pool der erlebnisorientierten Verfahren stellt daher die Innere Kindarbeit in meinen Augen ein zentrales Tool dar, da über sie dieses Selbstmitgefühl äußerst effektiv angestoßen werden kann und sie darüber hinaus – gezielt eingesetzt – auch der Förderung von weiteren verborgenen Ressourcen dient.

Als therapeutische Zielsetzungen der IKA kann der Patient zusammengefasst lernen:

(1) sich und seine Gefühle anzunehmen,
(2) sich selbst und seine Gefühle in negativ besetzten Situationen besser zu verstehen,
(3) bisherige Bewältigungsmuster neu zu erleben und besser zu reflektieren,
(4) das eigene Bedürfnis in verletzenden Situationen bzw. bei verletzten Gefühlen besser wahrzunehmen,
(5) sich in schmerzlichen Situationen zu trösten und selbst zu ermutigen,
(6) Resilienz zu entwickeln,
(7) das innere Kind als eine wichtige Ressource zu betrachten.

Die im Zuge der Arbeit mit dem inneren Kind Schritt für Schritt aufgedeckte bzw. dem Klienten offenbar werdende Kette an Ereignissen und Folgereaktionen, die den gegenwärtigen Problemen und Störungen zugrunde liegen, stellt sich wiederum (vereinfacht und schematisiert) im Wesentlichen so dar:
- Aus Erfahrungen von Vernachlässigung und/oder Verletzlichkeit in unserer Kindheit sind zunächst emotionale Schemata entstanden, innerhalb derer aversive Gefühle gebunden (konditioniert und neuronal vernetzt) sind.
- Hinter diesen Gefühlen wiederum verbergen sich die eigentlich verletzten bzw. vernachlässigten Bedürfnisse.
- Mit dem Gefühl der Aversion geht meist eine Vernachlässigung (beispielsweise durch Verdrängung, Vermeidung oder Unterdrückung) dieser Bedürfnisse einher (»Das gebrannte Kind scheut das Feuer«).
- Unsere Bewältigungsmuster (▶ Kapitel 2.2.4.) dienen zu einem großen Teil dazu, diesen Schmerz nicht mehr erleben zu müssen, jedenfalls nicht so häufig und so intensiv.
- Verdrängung der vergangenen und Vermeidung zukünftiger mit Schmerz assoziierter Situationen folgte diesen Erfahrungen, Kompensation und Überkompensation verhalfen uns zum Finden bzw. Entwickeln anderer (neuronaler, psychischer und/oder sozial konditionierter) Bahnungen, um unseren Bedürfnissen über Umwege zu dienen.
- Mit diesen Bewältigungsmustern einher ging jedoch auch ein allmähliches oder sogar abruptes Sich-Abwenden von einer direkten Orientierung auf die ursprünglichen Grundbedürfnisse. Im schlimmsten Fall lernten wir, sie nicht nur zu verdrängen und zu vermeiden, sondern sogar abzuspalten und zu verleugnen bzw. abzulehnen. Sie sind uns nicht mehr gewahr, ein Eintreten für diese Motivationen erscheint uns wie ein sinnloses Hinterherlaufen hinter einem längst vergessenen Kindheitstraum. Es wird mit Attributen wie »kindisch« oder »lächerlich« versehen (bzw. in der Du-Form gesprochen: »Du bist zu weich, zu sensibel!«), die Bedürfnisse sind dann nur mehr als Rudimente in Form von Sehnsüchten aufzuspüren.
- Mit der IKA kann die Aufspaltung in »schlechte« (verletzliche) und »gute« (funktionierende) innere Anteile wieder aufgehoben und somit ein wichtiger Beitrag zur allmählichen Integration der verschiedenen Anteile und Gefühlslagen entwickelt werden. Die Basis dafür ist wiederum das Selbstmitgefühl, welches in wachsende Selbstachtung, Selbstakzeptanz und Selbstfürsorge transferiert wird.

Mit einem Fallbeispiel, das sich unter die Überschrift »Die innere Mutter« stellen ließe, möchte ich die Wirksamkeit der IKA noch einmal unterstreichen.

Fallbeispiel

Eine Klientin war zu einem geschäftlichen Meeting nicht eingeladen worden, was sie sehr verletzt hatte, und auch in anderen Situationen hatte sie oft das Gefühl, »nicht dazuzugehören«. Sie fühlte sich immer wieder abgelehnt und beispielsweise auf der Arbeit von ihrem Team ausgestoßen.

Bei der Exploration von ähnlichen Erfahrungen und Gefühlen in ihrer Biografie stellte sich heraus, dass sie sich auch bereits in der Kindheit häufig als »fünftes Rad am Wagen« empfunden hatte. Tatsächlich war sie das dritte Kind, geboren mit fünf Jahren Abstand zum nächsten Geschwister. Da beide Eltern berufstätig waren, wurde sie immer wieder von anderen Bezugspersonen versorgt.

Ein frühes Trauma hatte sie – laut Erzählung ihrer beiden Eltern – zudem bei bzw. direkt nach der Geburt erlebt: Zum einen hatte sich ihr die Nabelschnur um den Hals geschlungen, weshalb sie bereits bläulich angelaufen war, als sie auf die Welt kam, zum anderen traf aufgrund starken Schneefalls die einbestellte Hebamme erst mit vier Stunden Verspätung zu der Hausgeburt ein. Nur dank der Mithilfe eines benachbarten Arztes hatte das Neugeborene den Geburtsvorgang überhaupt überlebt, doch die weiteren notwendigen Schritte waren dem Arzt nicht vertraut. So ergab es sich, dass das Neugeborene stundenlang mit der Nabelschnur verbunden an die Knie der Mutter gelehnt auf die Ankunft der Hebamme warten musste. Die versammelten Personen waren offensichtlich sehr unsicher, wie sie mit der Situation umgehen sollten, und meine Klientin fühlte sich, so ihre rückblickende Vermutung, in keiner Weise willkommen auf der Welt.

Das deckte sich mit den Gefühlen, die sie später oft in ihrer Herkunftsfamilie empfand: nicht wirklich erwünscht zu sein und nicht voll dazuzugehören. Und auch in der Gegenwart, im Berufs- wie im Privatleben, stellte sich dieses Schema immer wieder ein.

In der von mir vorgeschlagenen und von ihr angenommenen Arbeit mit dem inneren Kind erlebt sie nun die Situation direkt nach der Geburt in meiner Gegenwart wieder nach, jedoch gemäß ihren Wünschen und Bedürfnissen. So erlebt sie eine Mutter, die sich ihr zuwendet und mit liebevollen, warmen Worten mit ihr spricht:

»Schön, dass du da bist. Du bist willkommen auf dieser Welt. Ich freue mich auf dich. Leider müssen wir noch auf die Hebamme warten, die sich aufgrund des starken Schneefalls verspätet hat. Aber wir sind ja für dich da. Fühl dich sicher und angenommen.«

Und sie stellt sich vor, wie die Mutter sie am Kopf tätschelt, sie mit den Armen umschlingt und ihr die herzliche Wärme ihres Körpers entgegenbringt. Ich gebe ihr eine Decke, in die sie ihren Körper hüllt und sich genussvoll einschmiegt. Sie kann sich jetzt ganz geborgen fühlen. In diesem Moment, so erzählt sie es in den

Minuten danach, habe sich ihre Sehnsucht erfüllt, endlich angenommen zu werden. Die körperliche Wärme und die emotionale Warmherzigkeit der Mutter erfüllten sie in der konkret nacherlebten Utopie mit einem Gefühl innerer Sicherheit.

Sie erzählt in den folgenden Minuten, dass sie diese Situation mit einem Gefühl der Wärme und Sicherheit ausfüllt. Bei dieser Schilderung wirkt sie erstmals in dieser Sitzung entspannt. Ein Lächeln huscht über ihr Gesicht. In diesem Moment bestätigt sie den wundersamen Grundsatz: »Es ist nie zu spät für eine glückliche Kindheit.«

Die Innere Kindarbeit ist klassisch systemische Beziehungsarbeit mit verschiedenen inneren Anteilen, die auf die Methode der Pseudoregression in der Zeit zurückgreift und der Integration bisher vernachlässigter Anteile dient.

Auch in anderen systemischen Modellen finden wir ähnliche Vorstellungen. An dieser Stelle sei nur auf das Internal Family System des US-amerikanischen Familientherapeuten Richard Schwartz (2008) hingewiesen. Schwartz beschreibt verschiedene Anteile, die in unserem psychischen System miteinander interagieren: »Manager«, »Feuerbekämpfer« und »Verbannte«. Herausragend sind meist die Manager-Anteile, die uns funktionieren lassen und uns vor unseren verbannten Anteilen beschützen. Die Feuerbekämpfer treten dagegen auf, wenn Gefahr aufscheint und unsere verbannten Anteile aufgewühlt werden, die mit abgespaltenen verletzlichen Anteilen gleichzusetzen sind.

2.5 Compassion Focused Therapy (CFT)

Der in diesem zweiten Teil des vorliegenden Buches gelieferte Überblick über einige der aus meiner Sicht effektivsten Ansätze und Methoden aus dem Feld der emotionsbasierten Verfahren wäre unvollständig, würde nicht auch noch ein weiterer vielversprechender Ansatz zumindest kurz vorgestellt werden.

Im Kapitel Psychisches System (▶ Kapitel 1.4) wurden Angst, Scham, Verletzlichkeit und Wertlosigkeit als basale emotionale Quellen psychischer Störungen dargestellt. Es ist das Verdienst des britischen Psychotherapieforschers Paul Gilbert und seiner Mitarbeiter, als überaus wirksames und gezielt einzusetzendes Mittel gegen solche zutiefst beschämenden Fühl- und Denkmuster nun die heilende Kraft des Mitgefühls »entdeckt« und ihr mit der ab Anfang dieses Jahrhunderts entwickelten Compassion Focused Therapie (CFT) konzeptuelle Gestalt gegeben zu haben.

2.5.1 Die heilende Kraft des Mitgefühls

Die dem CFT-Ansatz wesentlich zugrunde liegende Idee ist dabei gar nicht neu, sondern wird beispielsweise auch schon im Buddhismus gelehrt, wo speziell im Zen-Buddhismus die Befreiung von Leid ein hohes Ziel darstellt. »Mit-Leiden«, also das Teilen von Leid, ist dazu jedoch nur bedingt sinnvoll – anders als »Mit-Fühlen«.

Im Unterschied zum Mit*leid* gründet die Bedeutung des Mit*gefühls* darauf, die belastenden Gefühle anderer Menschen nicht nur zu verstehen und sich in sie einzufühlen, sondern die Betroffenen darin zu unterstützen, diese Gefühlszustände zu überwinden. Allerdings bleibt dabei als erster unverzichtbarer Schritt, sich in die Lage des anderen versetzen und zunächst dessen Gefühle annehmen, mitfühlen, verstehen und spiegeln zu können.

Aus dieser Sicht besteht eine Überwindung belastender und schmerzhafter Emotionen dann gar nicht in erster Linie und auch nicht zwingend in einer realen Verhaltensveränderung, sondern beruht vielmehr auf einer Umwertung, gefolgt von veränderten Fühl- und Denkmustern. Dies ist besonders bei aus dem Bedrohungsabwehrsystem (▶ Kapitel 1.1.6) entstehenden Gefühlen von entscheidender Bedeutung. So kann sich beispielsweise eine Person sehr wohl durch die Kritik oder das Verhalten eines anderen Menschen verletzt fühlen, mithilfe einer mitfühlenden Übung aber die damit assoziierten Gefühle der Beschämung, Entwertung und ganz besonders der Wertlosigkeit überwinden.

Eine Reihe von Forschungsergebnissen unterstützen die These, dass das Empfinden ebenso wie das Erhalten von Mitgefühl sowohl das eigene Stresserleben zu reduzieren als auch tatsächlich das biologische Immunsystem zu stärken vermag (vgl. z. B. McCraty, Atkinson, Tiller, Rein u. Watkins, 1995; Lutz, Brefczynski-Lewis, Johnstone u. Davidson, 2008; Pace et al., 2009 [zit. in Gilbert, 2013, S. 24 f.]). Insofern ist es kein Wunder, dass die Entwicklung von Mitgefühl gesundheitsförderlich wirkt, sowohl den Körper als auch die Psyche betreffend (vgl. z. B. Cacioppo et al., 2002; Cozolino, 2007, 2008 [zit. in Gilbert, 2013, S. 26).

2.5.2 Anwendung mitgefühlsorientierter Übungen im therapeutischen Setting

In der Therapie gilt es nun, zunächst einen mitfühlenden Zustand aufzubauen – eine Funktion, die wir aufgrund der bisherigen in diesem Buch dargestellten Verfahren dem Gesunden Erwachsenen aus dem Modusmodell zuschreiben könnten (▶ Kapitel 2.2.4). In der Compassion Focused Therapy spricht Gilbert im Unterschied dazu zwar von der Entwicklung eines »mitfühlenden Selbst«

(Gilbert, 2013, S. 171), doch ungeachtet der begrifflichen Varianz können auf dem Weg dorthin analog zu den im Kapitel über die Emotionsfokussierte Therapie dargestellten Methoden besonders die fünf Variationen der Empathie eingesetzt werden (▸ Kapitel 2.3.3.).

In meiner therapeutischen Praxis bereite ich diese Übung konkret dadurch vor, dass ich den Klienten einlade, sich einen Mitgefühls-Stuhl vorzustellen. Von dieser Position aus soll er sich selbst in einer gegenwärtigen belastenden Situation (oder auch bezogen auf eine frühere Erfahrung) Verständnis und Mitgefühl entgegenbringen.

Bevor dann die eigentliche Übung beginnt, besprechen wir die Funktion des Mitgefühl-Stuhls, die in Folgendem liegt: Aufgrund dessen, dass die wenigsten von uns gelernt haben, erlittene Verletzungen und/oder Beschämungen gut zu verarbeiten, ist es nützlich, ein Gegenüber zu konstituieren, das uns Verständnis, Empathie und Mitgefühl entgegenbringen kann. Dieses Gegenüber hilft uns, aus dem Erleben einer sonst vollkommen allein durchgemachten überfordernden Situation samt den damit verbundenen angstmachenden Gedanken und beschämenden Gefühlen herauszukommen und in ein Stadium zu wechseln, in dem das Gefühl, angenommen zu werden, quasi als neue Dimension eingeführt wird. Dieses Gegenüber bauen wir also auf dem anderen Stuhl zunächst auf, um es dann als Modell für das nun folgende internalisierte Selbstgespräch zu verwenden.

In dieser praktischen Übung spricht der Klient gegenüber einem anderen Stuhl im Raum, der seine eigene Person repräsentiert, mitfühlende Gedanken aus. Dies ist für die meisten Klientinnen eine neue Erfahrung, da leidvolle Gefühlszustände tendenziell eher verdrängt und abgelehnt werden. Auf dem anderen Stuhl wird alsdann nachgespürt, wie diese Worte ankommen und was noch hilfreich wäre. Ich unterstütze diesen Prozess mit empathischen Impulsen, die wieder abgeglichen werden mit den Empfindungen des Klienten auf der einen und den Fähigkeiten, entlastendes und aufbauendes Mitgefühl schenken zu können, auf der anderen Seite.

Fallbeispiel
Frau Singer berichtet in einer Sitzung von zunehmenden depressiven Gefühlen. Ausgelöst wurden diese vom letzten Besuch ihrer erwachsenen Stieftochter, die ihr wegen verschiedener Kleinigkeiten Vorwürfe machte und mit ihr in einen Streit geraten war. Frau Singers Ehemann, der Vater der Stieftochter, spricht seit diesem Vorkommnis nur noch das Nötigste mit ihr und zeigt ihr auf diese Weise, dass er ihr Verhalten als »unmöglich« empfand. Ihre Versuche, mit ihm über die Situation zu sprechen, lehnt er ab. Zusätzlich leidet sie unter Stress in der Arbeit und den Ein-

schränkungen durch die Corona-Maßnahmen, die dazu beitragen, dass sie derzeit kaum direkte Kontakte zu ihren Angehörigen aufrechterhalten kann.

Ich lade Frau Singer ein, sich von einem anderen Stuhl aus zu betrachten und sich selbst gegenüber von dort aus Mitgefühl und Verständnis zu zeigen.

FRAU S.: »Ich weiß, dass dies eine schwierige Situation ist und ich vielleicht überreagiert habe.«

ICH: »Können Sie verstehen, warum Sie so reagiert haben?«

FRAU S.: »Weil ich sauer war, weil Jasmin *(ihre Stieftochter)* ständig auf mir rumhackt, schon seit Jahren geht das so. An diesem Tag war es besonders schlimm. Sie ist von ihrer Mutter aufgehetzt, die immer noch ihren Mann zurückwill, und lässt deshalb kein gutes Haar an mir.«

ICH: »Okay, dann sagen Sie dies direkt zu dem anderen Stuhl, dass Sie verstehen können, dass Sie sauer geworden sind nach all der Zeit der vielen Angriffe und Sticheleien.«

FRAU S.: »Ich verstehe, dass du sauer geworden bist. Du hast dir viel gefallen lassen über die Jahre und dich nie gewehrt. Jetzt hast du dich gewehrt, und gleich fällt dir dein Mann in den Rücken und hält nicht zu dir.« *(Sie beginnt zu weinen.)*

ICH: »Und das macht dich *(zum leeren Stuhl hingewandt)* sehr traurig. Ich kann mitfühlen, wie dich das trifft.«

FRAU S.: »Ich fühle mich so alleingelassen. Er gibt mir gar keine Chance, wieder auf ihn zuzugehen. Das ist gemein.«

ICH: »Sagen Sie es zu dem leeren Stuhl: ›Ich kann mitfühlen, wie alleingelassen du dich fühlst. Er gibt dir keine Chance, das trifft und ärgert dich.‹«

FRAU S.: »Das fällt mir jetzt schwer zu sagen, aber es stimmt … *(Zögern)* … Du fühlst dich von ihm komplett alleingelassen und *(wieder kommen Tränen)* … das trifft dich hart.«

ICH *(nach einer Pause):* »Wie ist es für Sie, dies auszusprechen?«

FRAU S.: »Es fühlt sich leichter an. Aber es ist unglaublich schwer, das direkt auszusprechen.«

Für die allermeisten Klientinnen ist dies eine vollkommen neue Erfahrung, die gleichermaßen eine neue Referenz im psychischen System erzeugt. Die Qualität, sich selbst gegenüber explizit und ohne Scham Mitgefühl zeigen zu dürfen, erweitert das Selbstverständnis und erzeugt das Empfinden von Selbstakzeptanz und Sicherheit – eine gute Basis, um zukünftig auf die eigenen Gefühle und Bedürfnisse besser zu achten und die internalisierten Scham- und Schuldgefühle intuitiv leichter überwinden zu können.

2.6 Emotionsbasierte Verfahren als ressourcenorientierte Beziehungsarbeit

Die systemische Therapie versteht sich explizit als besonders ressourcenorientiertes Verfahren. Gleiches können nun auch die vorgestellten emotionsbasierten Verfahren für sich beanspruchen, und das bisweilen sogar im wortwörtlichen Sinn, wie beispielsweise die Innere Kindarbeit. Schließlich besteht das aus dem Französischen entlehnte Wort »Ressource« aus den Bestandteilen »Source« = »Quelle« und dem ursprünglich lateinischen »Re« = »zurück«, ist somit quasi als ein »Zurück zur Quelle, die Quelle wiederfinden« zu interpretieren – und was ließe sich wohl anderes als Quelle unseres Gewordenseins bezeichnen, wenn nicht unsere frühen Prägungen und Bindungserfahrungen und die dabei generierten emotionalen Schemata?

Man könnte daher sagen, dass die Innere Kindarbeit exakt zu jenen biografischen Figurationen zurückgeht, in denen das jeweilige psychische System eines Menschen durch die Auseinandersetzung mit seiner sozialen Umwelt in seiner Selbstorganisation entscheidend geprägt wurde. Die biologisch angelegten Grundbedürfnisse prozessierten sich dabei durch permanente strukturelle Kopplungen in entsprechende psychische Strukturen, emotionale Schemata und behaviorale Konditionierungen, die nun unter anderem als Ausgangspunkte für psychische Störungen betrachtet werden können. Letztere wiederum bestehen aus Elementen wie Erregung, Stress, Grübeleien, Ängsten, Insuffizienz- und Beschämungsgefühlen sowie entsprechenden Verhaltensdispositionen.

In diesem Sinne ist auch das Entdecken bzw. Eröffnen eines selbstakzeptierenden Zugangs zu den eigenen Gefühlen und Bedürfnissen als Ressourcenarbeit im ursprünglichsten Sinne zu verstehen, denn erst der Zugang zu diesen Ressourcen verschafft uns die Voraussetzungen für Selbstachtung und Selbstfürsorge und damit die beste Basis für psychisches Wohlergehen und Gesundheit. Emotionsbasierte Verfahren helfen uns also (metaphorisch ausgedrückt) weiter, zu wachsen und (wieder) in Bewegung zu kommen, wo der Fluss unserer Emotionen und Grundmotivationen ins Stocken bzw. in eine vermeidende und abwehrende Bahn, in Verzweigungen, Umleitungen oder gar in einen emotionalen Stau geraten ist. So kann schlussendlich die innere Erlaubnis gewonnen werden, die eigenen vitalen Bedürfnisse zu verstehen und anzuerkennen, um für sie fortan (wieder) besser sorgen zu können. Dieser Prozess kann im weiteren Verlauf der therapeutischen Arbeit validiert und mentalisiert werden.

Bei dieser Arbeit findet Ressourcen- und Lösungsarbeit in einem Vorgang statt. Die Lösung besteht im *Loslösen* unserer psychischen Grundbedürfnisse aus der Verflechtung alter Emotionen und Verletzungen. Ein neuer Umgang mit diesen Grundbedürfnissen ist oft erst nach diesem Lösen möglich, wenn die Grundbedürfnisse wieder als *lebendige Motivationen* erlebbar gemacht werden.

Für alle erlebnisorientierten Verfahren gilt dabei, dass die emotional aufwendige und anstrengende Arbeit an Empfindungen bzw. Zuständen wie Schmerz, Scham, Angst und Verletzlichkeit schlussendlich belohnt wird mit einem enormen Zugewinn an Lebendigkeit.

> Die erlebnisorientierte Arbeit ist wie eine Entdeckungsreise zu unseren teils abgelegenen (verdrängten), teils verschollenen (dissoziierten) Grundbedürfnissen, die als unsere wichtigsten Ressourcen angesehen werden können. Emotionsbasierte Verfahren gleichen einem Schürfen durch verschiedenste Gesteinsschichten hindurch, über welche im Lauf der Jahre zusätzlich noch dichtes Gestrüpp gewachsen ist, zum Aufspüren von tief verborgenen Bodenschätzen. Diese werden – um im Bild zu bleiben – »gehoben«, wenn die Grundbedürfnisse wieder an die Oberfläche gelangen dürfen, somit Emotionen und Motivationen freigesetzt werden und wieder mehr zusammenfließen können. Wenn dies gelingt, fühlt sich dieses Zusammenfließen wohltuend und stimmig für jeden einzelnen Klienten an und er wird frei, mehr so zu leben, wie es seiner Selbstachtung entspricht.

Darüber hinaus sind emotionsbasierte Verfahren immer auch als Beziehungsarbeit zu verstehen, denn die verschiedenen inneren Anteile werden nach eingehender empathischer Exploration in Verbindung gesetzt bzw. in Kontakt gebracht mit anderen, ihnen nicht selten antagonistisch gegenüberstehenden Anteilen. Die eigene emotionale Kompetenz wird dadurch unmittelbar und selbstreferenziell gefördert.

So nimmt der Gesunde Erwachsene Beziehung auf zu den verletzlichen Anteilen, aber auch zu jenen übertriebenen wie dem inneren Kritiker, dem Antreiber, dem Angstmacher, dem Perfektionisten usw. Über diese Figur lernt der Patient also, sich in seiner Gesamtheit mitsamt allen Facetten anzunehmen, sich in seinen Grundbedürfnissen und den aus diesen entwickelten Emotionen, Strukturen, Schemata und Mustern zu verstehen und für sie besser einzutreten. Der Gesunde Erwachsene als Metapher für einen wohlwollenden, förderlichen Umgang mit unseren biologischen, psychischen und sozialen Bedürfnissen sowie den mit ihnen verwobenen inneren Anteilen ähnelt dabei der von Gunther Schmidt eingeführten Figur des »Präsidenten im inneren Parlament«, einer weisen, einfühlsamen und allparteilichen Zielperson therapeutischer Integrationsarbeit (vgl. Schmidt, 2004a).

Der systemische Nutzen des Gesunden Erwachsenen kann für die verschiedenen erlebnisorientierten Verfahren daher auch gleichermaßen verstanden werden als Dienstleister einer wichtigen Beziehungsarbeit im psychischen System. Er lässt uns mehr Weisheit und Gelassenheit entwickeln, kann nach dem Erleben in der Therapie Aufgaben des Reparentings übernehmen und sich/uns geben, was bislang gefehlt hat bzw. was die verletzten Anteile (auch zukünftig) brauchen. Er kann annehmen, trösten, ermutigen, verstehen (jetzt auch nach innen gerichtet), sich aber zugleich besser abgrenzen und, wenn nötig, konfrontieren, verzeihen und sich aussöhnen (jetzt auch nach außen). Insbesondere kann er für die Zukunft eigentherapeutische Verantwortung übernehmen und für den Klienten von größtem Nutzen sein, um selbstwirksam aus jeder zukünftigen länger anhaltenden Hilflosigkeit und Ohnmacht herauszukommen und für die eigenen Bedürfnisse einzutreten.

Mit dieser Anleitung zur Selbstannahme, Selbstfürsorge und emotional wirksamen Selbsthilfe wird die Überwindung der Opferrolle angebahnt. Dennoch bedarf es der längerfristigen therapeutischen Begleitung und Übung, um die neuen psychischen Strukturen nachhaltig zu verankern und auch beim Aufkommen neuer schwieriger Lebenslagen wie automatisiert nutzbar zu machen.

Systemische Therapeutinnen können viele jener Funktionen, die vom Klienten als Auftragsziele definiert werden, als eine Aufgabe für den Gesunden Erwachsenen betrachten und in dessen Selbstverantwortung delegieren bzw. in Kooperation mit diesem erarbeiten. Wenn wir in der Sprache der inneren Anteile verweilen: Der verletzte Kindanteil und der Gesunde Erwachsene jedes Klienten gehen mit der Therapeutin ein Bündnis ein, um an den Aufträgen im Sinne einer nachhaltigen Transformation zu arbeiten. Diese ist spätestens dann als gelungen anzusehen, wenn eine Verinnerlichung des Prozesses bzw. die wohlwollende Integration der verschiedenen Anteile sich offenkundig und über einen längeren Zeitraum gefestigt erweist.

So bleibt es eine durchaus wiederkehrende Aufgabe, die Beziehungsarbeit zwischen verletzlichen (Kind-)Anteilen und gesunden (Erwachsenen-)Anteilen zu reorganisieren. Ein Einüben bis zu jenem Grad, da Klienten dies für den Eigenbedarf selbst nutzen und umsetzen können, ist in meinen Augen eine sinnvolle Zielsetzung bei einer Integration der emotionsbasierten Verfahren. Doch auch bereits das reine Verstehen, Akzeptieren und bessere Umgehen mit grundlegenden, vormals emotional belastenden Abläufen ist als eine wertvolle therapeutische Perspektive anzuerkennen.

2.7 Kombinierbarkeit emotionsbasierter Verfahren

Auch wenn es aus der bisherigen Darstellung bereits deutlich geworden sein sollte, möchte ich abschließend noch einmal betonen, dass die verschiedenen emotionsbasierten Verfahren, Methoden, Techniken und Übungen nicht in Konkurrenz zueinander stehen, sondern sich gegenseitig ergänzen und grundsätzlich sehr gut miteinander kombiniert werden können, im Einzelfall sogar innerhalb einer einzigen Sitzung.

Fallbeispiel
Frau Fischer kommt nach einigen Wochen wieder zu einer Sitzung und beschreibt, was ihr in der letzten Zeit alles widerfahren ist. Sie ist alleinerziehende Mutter mit einem bereits erwachsenen Sohn und einer bei ihr wohnenden pubertierenden Tochter. Letztes Jahr war sie wegen verschiedener Krankheiten, einer misslungenen Schulteroperation und eines Erschöpfungssyndroms über viele Monate arbeitsunfähig. Jetzt wollte sie an ihrer neuen Arbeitsstelle eigentlich endlich wieder richtig »angreifen«, in erster Linie, um ihr Existenzminimum abzusichern und die Restfamilie zu ernähren, aber auch, um mehr Struktur in ihren Alltag zu bekommen.

Jedoch haben sich gemäß ihrer Beschreibung nun diverse sie sehr belastende Entwicklungen ergeben. In ihrem Job, wo sie im Empfang einer Arztpraxis an einer zentralen Schnittstelle sitzt, bekommt sie immer wieder den Stress einiger Kolleginnen zu spüren, teils durch auf sie ausgeübten Zeitdruck, gelegentlich aber auch in Form von Unmutsäußerungen und Vorhaltungen. Vor allem eine Kollegin kritisiert sie des Öfteren und hat ihr, zu ihrem besonderen Missfallen, im Beisein einer Patientin einen Fehler vorgeworfen. Frau Fischer wehrte sich in dieser Situation nicht, obwohl sie den Sachverhalt ganz anders auffasste, es aber als unpassend empfand, sich vor einer Patientin in dieser Weise auseinanderzusetzen.

Auch ihre Kinder haben sie in letzter Zeit vermehrt kritisiert, besonders der Sohn ist mit ihr hart ins Gericht gegangen, nachdem sein mittel- und arbeitsloser Vater vom Jugendamt eine Aufforderung erhalten hatte, mehr für den Unterhalt zahlen zu müssen. Auch hier fühlt sich Frau Fischer vollkommen ungerecht behandelt, da nicht sie diese Forderung aufgestellt, sondern das Jugendamt von sich aus das Schreiben aufgesetzt hatte. In Anbetracht dessen, dass sie sich trotz massiver Schulterschmerzen innerhalb der noch andauernden Probezeit nie krankgemeldet und Tag für Tag bis zur letzten Stunde durchgehalten hat, bloß um das Familieneinkommen nicht zu gefährden, ist ihr diese Kritik besonders übel aufgestoßen. Ihre Gesamtleistung und das Aufbringen ihrer ganzen Kraft zum Durchhalten der Probezeit sieht sie nicht nur von niemandem gewürdigt, sondern, schlimmer noch, genau in diesem Prozess der Aufopferung stößt sie auf massive Kritik und Abwertungen von verschiedenen Seiten.

Ihr altes Schema, nichts wert zu sein und von den wichtigen anderen als »Depp« angesehen zu werden, hat sich wieder einmal bestätigt. Die damit einhergehenden Verletzungen, die sich physiologisch als starke Erregung und Anspannung, psychisch als Enttäuschung und langes Grübeln niederschlagen, hat sie in unserem Gespräch jedoch zunächst als eine Art Rückfall aufgefasst, als eine Bestätigung ihrer tiefen Verletzlichkeit und ihrer Wertlosigkeit quasi aus einer schicksalhaften Opferrolle heraus. Dies gilt es innerhalb der Sitzung auf jeden Fall umzudeuten und ihr das Verständnis und die Anerkennung ihrer Gefühle nahezubringen – schließlich verstärken die Vorstellung eines Rückfalls genauso wie die Grundüberzeugung wertlos zu sein die Idee der Chronifizierung einer psychischen Störung bzw. der Unveränderlichkeit ihres Schicksals. Sie widersprechen nicht nur dem systemischen und emotionsbasierten Credo der ständig möglichen Wandlungsfähigkeit, sondern gefährden auch in diesem Fallbeispiel das konkrete Therapieziel, mit der eigenen Verletzlichkeit anders umgehen zu lernen. Insofern bietet sich an dieser Stelle eine entscheidende Weichenstellung für den weiteren Therapieprozess an. Um aus der allgemeinen Zuschreibung eines Rückfalls bzw. der erneuten Erfahrung der Verletzung, die von der Klientin automatisch als Bestätigung für ihr Narrativ des wertlosen Opfers umgemünzt wird, in die konkrete Beschreibung eines speziellen Vorfalls überzugehen, ist eine genaue und differenzierte Exploration der einzelnen Befindlichkeiten und Erregungsmuster hilfreich.

So gelingt es dann durch empathisches Spiegeln, dass sie sich ihrer jüngsten Verletzungen, ihrer Wut, Traurigkeit und Anspannung bewusst werden kann. Indem ich ihr Bedürfnis nach Anerkennung für die geleisteten Anstrengungen, Mühen und Enttäuschungen validiere, beginnt sie sich zu verstehen und innerlich anzunehmen. So kann sie lernen, den äußeren Stress, der durch die Situation am Arbeitsplatz und die Konflikthaftigkeit in der Patchworkfamilie entstanden ist, nicht als eigenes Versagen aufzufassen und die dabei entstandenen Gefühle als vollkommen angemessen und stimmig zu werten.

In der nächsten Sitzung wird allerdings deutlich, dass Frau Fischer doch noch weiter unter den belastenden Ereignissen der letzten Wochen leidet. Daher begegnen wir dem zugrundeliegenden Schema der Wertlosigkeit nun mittels der IKA. Als Ziel dieser Arbeit soll sie versuchen, sich in ähnlichen Situationen selbst helfen zu lernen, die Verletzungen zu lindern und den eigenen Bedürfnissen gerechter zu werden.

Sie findet schnell eine vergleichbare Situation in ihrer Kindheit. Typisch für das Gefühl, sich selbst als dumm zu erleben und von anderen komplett abgewertet zu werden, waren Szenen mit ihrem Vater, als der ihr Mathematik beibringen wollte. Er war offensichtlich sehr ungeduldig und herrschte sie schon recht bald an, dass sie wohl »zu blöd« sei, »diese einfachen Aufgaben« zu verstehen. Aufgrund der massiven

Abwertungen verfiel sie in noch größere Ängste, nichts zu verstehen, was sie geistig regelrecht lähmte.[36] Eine Lernblockade, die die Aussagen des Vaters scheinbar bestätigte, breitete sich unmittelbar aus, Frau Fischer fühlte sich gedemütigt und beschämt und gleichzeitig als vollkommene Versagerin.

Die Arbeit mit ihrem inneren Kind, das sie gut imaginieren kann, führt nun zunächst zu einer Begegnung, in der das Angenommenwerden der kindlichen Gefühle im Vordergrund steht:

»Du bist okay, wie du bist. Dein Vater hat gerade total überreagiert, dich verletzt und abgewertet, aber du bist okay.«

Diese Worte, die ich ihr gegenüber ausspreche, kann sie zwar annehmen, doch bleibt das Kind in ihr noch zurückhaltend und verschlossen. Da sagt sie plötzlich:

»Ich merke gerade, wie ich eine riesige Wut bekomme.«

Sie realisiert in diesem Moment ihre damalige Hilflosigkeit und das, was ihr Vater angerichtet hat, als Grundlage ihrer seitdem immer wieder auftretenden, sehr dominanten Versagens-, Scham- und Wertlosigkeitsgefühle. In dieser Situation wird für mich offensichtlich, dass ein therapeutischer Richtungswechsel ansteht. Neben dem Verständnis und dem Trost braucht sie jetzt eine Resilienzerfahrung, denn mit der Erkenntnis, dass keineswegs *sie* die Versagerin gewesen ist, was sie seit damals immer dachte, signalisiert die aufsteigende Wut das dringende Bedürfnis, sich gegen die massiv entwertenden Zuschreibungen zur Wehr zu setzen, diese nicht mehr zu »schlucken«, nicht mehr mit sich zu hadern, zu grübeln und voller Selbstzweifel an sich zu verzweifeln.

Sofort ändern wir die innere Kindarbeit also dahingehend, dass wir einen Stuhldialog mit dem Vater suchen. Sie kann ihm dabei direkt mitteilen, wie sie sich damals gefühlt hat, ziemlich differenziert und klar. Dann veranlasse ich sie zu einem Stuhlwechsel auf den Platz des Vaters. Dort kommt ihr dessen Reue zu Bewusstsein:

»Das habe ich nicht gewollt«, sagt sie an seiner statt.
»Es tut mir leid, dass ich dir dies angetan habe«, biete ich ihr an, was sie bereitwillig aufnimmt.

---

36 Erinnert sei hier an die Darstellung der Polyvagaltheorie und die Funktionsweise des dorsalen Vagus, der in Bedrohungssituationen, aus denen man nicht flüchten und in denen man nicht angreifen kann, einen Zustand der Hilflosigkeit prädestiniert, die auch durch die gleichzeitige Ausschüttung neurobiologischer Botenstoffe geradezu lähmend wirken kann (▸ Kapitel 1.3.2).

Als sie wieder auf ihrem Stuhl Platz nimmt, spürt sie eine große Erleichterung:

»Es fühlt sich jetzt versöhnlicher an, und das wirkt sehr viel leichter auf mich.« Und nach einer kurzen Pause: »Körperlich bin ich entspannter.«

Nach diesem Erlebnis gelingt es ihr dann in einer weiteren Übung, sich das zu geben, was sie schon in der Kindheit gebraucht hätte: Verständnis, Trost, Anerkennung und Empathie, auch und gerade dann, wenn sie eine Aufgabe nicht sofort versteht. Ein neuer emotionaler Regelkreislauf kann auf dieser Grundlage des Erlebens entstehen und sich fortan durch weitere Erfahrungen in ihrer Selbstorganisation verankern.

Die Kombination verschiedener erlebnisorientierter Methoden erzeugte somit in diesem Fall doppelte Kontingenz:
(1) Es wurde Verständnis für innere Abläufe und Selbstmitgefühl gerade auch mit bisher schambesetzten und verletzlichen Seiten bis hin zum Verstehen des tief verankerten Gefühls der eigenen Wertlosigkeit geschaffen.
(2) Es wurde im sozialen Kontext eine neue Fähigkeit hervorgebracht, sich in resilienter Form spüren und zeigen zu können, anstatt Verletzungen weiterhin wehr- und hilflos ausgesetzt zu sein bzw. über sich ergehen zu lassen.

Oft bewährt es sich nach meiner Erfahrung, gerade die Innere Kindarbeit auf zwei Ebenen stattfinden zu lassen – zum einen auf jener der Fürsorge, der Akzeptanz (oder besser: des Annehmens) und des Trostes der verletzten Anteile bei gleichzeitiger Würdigung der zugrunde liegenden Bedürfnisse, zum anderen auf jener der aus dem heutigen Erleben und mit der heutigen (Selbst-)Bewusstheit stattfindenden ehrlichen Auseinandersetzung bzw. Konfrontation mit den ursprünglichen Gefühlen gegenüber den einstmals verletzenden Bezugspersonen, mit dem Ziel der Entwicklung von Resilienz[37]. Beides war uns hier in einer einzigen Sitzung gelungen.

---

37 Erinnert sei an die Imaginationsübung in der Schematherapie und das Unfinished Business im EFT.

3 Integrative Praxis – Verbindung von systemischer und emotionsbasierter Therapie

3.1 Systemische Therapie und emotionsbasierte Verfahren (EBV) – ein Vergleich

In diesem Abschlussteil werde ich aufzeigen, wie sich wesentliche Grundlagen der systemischen Therapie mit emotionsbasierten Verfahren verbinden lassen und wie eine Integration dieser beiden therapeutischen Richtungen sowohl praktisch wie auch theoretisch für eine Weiterentwicklung psychotherapeutischer Kompetenzen und ihrer Wirkungsmöglichkeiten eine adäquate Bereicherung darstellen kann. Zunächst vergleiche ich systemische und emotionsbasierte Therapien.

Wie im bisherigen Verlauf des Buches schon mehrfach illustriert wurde: Es gibt viele Gemeinsamkeiten, jedoch auch wesentliche Unterschiede zwischen der systemischen Therapie und den verschiedenen Ansätzen der EBV, von denen ich in den vorangegangenen Kapiteln vor allem die Schematherapie, die emotionsfokussierte Therapie (EFT), die Innere-Kind-Arbeit (IKA) und (in Auszügen) die Mitgefühlsorientierte Therapie (Compassion Focused Therapy, CFT) vorgestellt habe.

3.1.1 Menschenbild

Die wichtigste Gemeinsamkeit stellt in meinen Augen das Menschenbild dar, welches sich in beiden Feldern – systemischer Therapie wie EBV – zwar aus vielfältigen und teils verschiedenen philosophischen Quellen speist, aber insgesamt doch auf vergleichbaren theoretischen Grundlagen beruht.

Für systemische Therapeuten ist dabei insbesondere die konstruktivistische Philosophie maßgeblich, die davon ausgeht, dass jeder Mensch und auch jedes soziale System sich auf Basis seiner eigenen (sozusagen subjektiven) Wirklichkeitskonstruktionen organisiert. Sie respektiert diese als Fundament der Sichtweisen und Anliegen des jeweils anderen. Auch die systemtheoretische Idee der

Selbstorganisation dynamischer Systeme und die Konzeption der Autopoiese bereichern die Perspektive durch Betrachtung des Menschen als dynamisch, vielfältig und veränderungsfähig, im Unterschied zu einer festgelegten Einheit oder einer homogenen Persönlichkeit.

Ähnlichkeiten dazu weist vor allem die Philosophie der emotionsfokussierten Therapie auf: »Die EFT vertritt eine positive Sichtweise auf die menschliche Natur. [...] Nach Auffassung der EFT sind Menschen auf Überleben und Wachstum ausgerichtet« (Greenberg, 2016, S. 39). Sowohl der Konstruktivismus als auch die Theorie dynamischer selbstorganisierender Systeme findet sich hierin wieder: »In der EFT verbinden sich die humanistischen Perspektiven von Subjektivität und Wahrnehmung mit Epistemologie und Ansichten menschlicher Funktionsweise, die ihre Ursprünge in der *konstruktivistischen* Theorie haben. Die Menschen werden als dynamische selbstorganisierende Systeme verstanden, in denen verschiedene Elemente beständig miteinander interagieren, um Erleben und Handlung zu erzeugen« (Greenberg, 2016, S. 36; Herv. i. O.).

Ein nuancierter Unterschied zur systemischen Therapie liegt in der expliziten Hervorhebung seitens der EFT, die dynamische Selbstorganisation des Menschen als einen dialektischen Prozess zwischen somatischem Erleben, Emotionen und Kognitionen zu betrachten. Die Dialektik zwischen sozialen Anforderungen und biologischen sowie psychischen Bedürfnissen versucht jeder Mensch durch adaptive selbstorganisatorische Prozesse in Gleichklang zu bringen: »Nach Vorstellung der EFT ist unser Selbst keine Struktur, sondern ein Prozess. Das Selbst formt sich in einem dialektischen Prozess aus implizitem, körperlich basiertem Erleben und sprachlich vermittelten, kognitiven Prozessen, die das Erleben erklären, von einem Augenblick zum nächsten neu« (Auszra, Herrmann u. Greenberg, 2017, S. 31). Eine gewisse Stabilität verleihen dabei Bindungen, Routinen und Konditionierungen. Auch emotionale Schemata erweisen sich als wiederkehrende Operatoren des psychischen Systems.

Beide Therapierichtungen sehen den Menschen grundsätzlich als mit vielfältigen Ressourcen ausgestattet, die ihm in der Auseinandersetzung mit seiner Umwelt gemäß seinen autopoietischen Möglichkeiten nützen, um sich optimal anzupassen und weiterzuentwickeln. Beide sprechen ihm zudem die Selbstverantwortung zu, einen für die eigene Selbstorganisation stimmigen Weg zu wählen. Daher sind den Ansätzen beider Richtungen defizitorientierte oder pathologisierende Sichtweisen nicht bloß fremd, sondern zutiefst suspekt. Da das Selbst als dynamisch betrachtet wird, sind auch psychische Störungen immer als veränderbar anzusehen.

Eine solche optimistische, auf der Überzeugung der grundsätzlichen Dynamik menschlichen Erlebens und des prozessorientierten Wandels beruhende

Perspektive gilt es in die Therapie einzubringen und, wenn möglich, im Sinne der Veränderungsfähigkeit der Klientin zu verankern. Ob dies gelingt, entscheidet sich stets fallspezifisch anhand der individuellen Sinnhaftigkeit und der Anschlussfähigkeit innerhalb des psychischen Systems der Klientin, die wir als Therapeuten mittels unserer Interventionen anregen wollen. Dies ist ein Prozess, der für Klienten wie Therapeutinnen gleichermaßen überraschend ablaufen kann, da er sich nicht-deterministisch entwickelt. Bei aller Heterogenität der Ansätze nähert sich die systemische Therapie der emotionsfokussierten Grundüberzeugung in dem Punkt an, dass emotionale Offenheit auf Basis eines empathischen Kooperations- und Vertrauensverhältnisses zwischen Therapeutin und Klient die bestmögliche Resonanz gewährleistet.

Um die Dynamik des psychischen Erlebens zu verstehen und um möglichst effektive therapeutische Interventionen anbieten zu können, haben sich vor allem systemisch orientierte Modelle bewährt, die den Menschen als aus verschiedenen inneren Anteilen bzw. das psychische System als aus verschiedenen Operatoren bestehend betrachten lassen. Dadurch gelingt die Operationalisierung des Psychischen als ein dynamisches System, das von der ständigen gegenseitigen Wechselwirkung dieser inneren Anteile und ihrer Wandlungsfähigkeit getragen wird. Analogien finden sich auf emotionsbasiertem Gebiet besonders in der EFT und in der Schematherapie sowie darüber hinaus in der Internal Family Systems Therapy (Schwartz, 2008) und der Ego-State-Therapie (z. B. Peichl, 2007). Die inneren Anteile sind dabei als dynamische Elemente aufzufassen, denen keine konsistente hierarchische Ordnung innewohnt.[38]

Innerhalb der EBV können auch die emotionalen Schemata gleichermaßen wie die inneren Anteile als »Sinnfiguren« betrachtet werden, das heißt als soziale Konstrukte, die dazu geeignet sind, das Verstehen, das Sinn-Erzeugen bzw. Sinn-Zuschreiben für bedeutsame psychische Operationen zu ermöglichen. Innerhalb der Schematherapie wiederum werden die Schemata respektive Modi wie innere Anteile zur Aktivierung erlebnisorientierter Prozesse für therapeutische Zwecke nominalisiert und für erlebnisorientierte Übungen externalisiert. So werden der innere Kritiker, Antreiber, Angstmacher, verinnerlichte kritisch-fordernde Elternanteile, verletzliche (Kind-)Anteile etc. auf eigenen Positionen, zumeist Stühlen oder Bodenankern, im therapeutischen Raum verortet und die entsprechenden Figuren vom Klienten wechselweise eingenommen,

---

38 Zu dieser Thematik wurden auch bereits zahlreiche systemisch-hypnotherapeutische Kongresse durchgeführt, unter anderem mit dem von Richard David Prechts Bestseller entlehnten humorvollen Titel »Wer bin ich und wenn ja, wie viele?« (2007).

so dass eine lebendige Interaktion zwischen verschiedenen Anteilen beginnen kann. Zentral für die EBV insgesamt ist dabei der explizite Bezug zu den emotionalen, verletzlichen Anteilen, die sich für die praktischen Stuhlübungen als eigene, verletzlich-emotionale Seite mit ihren bedürfnisbezogenen Qualitäten operationalisieren lassen. Diese dient als eine wichtige Quelle zur Förderung der Selbstwahrnehmung und -achtung und als Zugang zum erlebnisorientierten Wandel.

Teilweise unterschiedlich wird von den Modellen die Frage beantwortet, ob es sich bewährt, einen *wohlwollenden Moderator,* einen *weisen Ratspräsidenten, Versammlungs- oder Konferenzleiter* (vgl. Schmidt, 2004a), einen *allparteilichen Teamleiter* (Schulz von Thun, 1998) oder einen *Gesunden Erwachsenen* (Schematherapie, Innere-Kind-Arbeit) einzuführen. Anders als mittels solcher quasi »übergeordneter Instanzen« findet beispielsweise bei der EFT die eigentliche Transformation in einem nicht-hierarchischen Prozess durch das unmittelbare Erleben des gefühlten Selbst in dessen Verhältnis zu den teilweise selbstschädigenden und Symptome erzeugenden inneren Anteilen statt. Dadurch werden Prozesse zur Stärkung der Selbstwahrnehmung und -achtung angeregt, die im impliziten Gedächtnis und somit auch in der Vernetzung mit dem limbischen System andocken und Veränderungen einleiten. Die Figuration des »gefühlten Selbst« ist dabei eine Besonderheit der EFT. Mit dieser Sinnfigur werden jene Prozesse, die für das Fühlen und Erkennen von Selbstakzeptanz entscheidend sind, erlebbar gemacht und die Wahrnehmung und Aufwertung der emotionalen, körper- und bedürfnisbezogenen Qualitäten gefördert – eine meines Erachtens für fast alle therapeutischen Anliegen zentrale Zielsetzung.

Ich für meinen Teil wende beide Konzepte je nach fallspezifischer Passung an – also jene mit einer koordinierenden und einfühlsamen Instanz, im Sprachgebrauch der EBV zumeist einem gesunden Erwachsenen und jene ohne eine solche Figur, dann aber in aller Regel mit besonderer Hervorhebung der fühlenden, verletzlichen Seite durch einen extra Stuhl. Auch hier gibt es selbstverständlich kein genuin richtiges oder falsches Vorgehen. Für Menschen, die eher gemäß rationaler Logik und/oder hierarchieorientiert ihr Leben bestreiten, ist womöglich die Rahmung durch eine weise, vernünftige Figur anschlussfähiger, für andere stellt das dynamische Erleben der emotionalen Prozesse ein stimmigeres Medium der Transformation dar.

Zusammengefasst hält die Arbeit mit inneren Anteilen ein ganzes Arsenal erlebnisaktivierender und gerade dadurch nachhaltig lösungsorientiert wirksamer Methoden bereit, die die Elemente des psychischen Systems in Bewegung versetzen, es perturbieren und auf Basis dieser Verstörung darin wertvolle Veränderungen in Gang setzen können.[39] Welche Ereignisse oder Botschaften von außen dabei für das jeweilige psychische System relevant sind und es antriggern und wie es auf diese Ereignisse reagiert, bestimmt es innerhalb seiner eigenen Dynamik und auf Grundlage seiner Selbstorganisation selbst. Die EBV liefern mit der Beschreibung der emotionalen Schemata eine plausible theoretische Grundlage für das Verstehen dieser systemischen Dynamik.

3.1.2 Therapeutische Haltung und Werte

Eine weitere Verbindungslinie zwischen systemischer Therapie und EBV stellt die Betonung grundlegender gemeinsamer Werte wie Transparenz, Partizipation und Gleichrangigkeit zwischen Klient und Therapeutin dar. Zur Förderung der Selbstverantwortung setzen beide Therapierichtungen explizit auf die aktive Teilhabe des Klienten am therapeutischen Prozess. Der Klient wird zu jeder Zeit als Autorität für seine Anliegen, Bedürfnisse und Emotionen begriffen. Die verschiedenen Arten der Empathie (▶ Kapitel 2.3.3) fördern dabei seine Bereitschaft, sich auch schambesetzten Themen zuzuwenden.

Beide Therapieformen betonen zudem Respekt und Wertschätzung als Grundpfeiler der therapeutischen Haltung, und beide betrachten die Förderung von Selbstwert und Selbstakzeptanz der Klienten als ein zentrales, wenn auch über unterschiedliche Wege zu erreichendes Ziel: Innerhalb der systemischen Ansätze gelingt dies am besten durch ein tiefgreifendes Verstehen der Sinnhaftigkeit menschlichen Verhaltens in seiner Kontextabhängigkeit, während dies innerhalb der EBV über die bessere Wahrnehmung und Achtung der eigenen Emotionen und der ihnen zugrunde liegenden Grundbedürfnisse prozessiert wird.

---

39 Ich verwende hier bewusst die systemtheoretisch relevanten, aber auch für den Praktiker sperrig wirkenden Begrifflichkeiten der *Verstörung* und der *Perturbation*, weil sie im Zusammenhang mit der emotionsbasierten praktischen therapeutischen Arbeit insofern evident werden, indem bei den intensiven erlebnisorientierten Übungen meist emotionale Prozesse aktiviert werden, die tatsächlich auch sehr schmerzvolle bzw. den Klienten aufwühlende Gefühle berühren – Prozesse, die durchaus anstrengend erlebt werden, dann aber in der Regel Veränderungen in der Selbstorgansation des Klienten hervorrufen, die – indem sich die implizite Emotionsregulation wandelt – weit über die jeweilige Sitzung hinaus nachwirken.

Umgang mit schmerzhaften Emotionen

> Der größte Unterschied zwischen EBV und systemischer Therapie besteht im Umgang mit allen Arten von schmerzhaften Emotionen, die von systemischer Warte aus eher störend erscheinen, in den EBV hingegen als eine wesentliche Quelle für psychotherapeutische Veränderungsarbeit hervorgehoben werden, da deren unzureichende Bewältigung durch Vermeidung, Abspaltung oder (Über-)Kompensation als Kern psychischer Störungen anzusehen ist. Ihnen wird als eine Art Wegweiser für das Aufspüren unerfüllter Bedürfnisse sogar besondere Beachtung geschenkt.

Daher können gerade schmerzhafte Emotionen und Verletzlichkeiten, die sich im aktuellen Geschehen bzw. in den Problembeschreibungen der Klientinnen auffinden lassen, ein wichtiger Ausgangspunkt für die weiteren Prozesse der Auftragsklärung und der Therapieplanung sein. Der Therapeut kann der Klientin die Exploration dieser Gefühlszustände und die Bedeutung ihrer Wandlung sozusagen als eine therapeutisch sinnvolle Möglichkeit anbieten. Insofern es dem Anliegen der Klientin entspricht, kann der Auftrag zur Exploration bewusst aufgegriffen und bearbeitet werden.

Die prädisponierenden psychosozialen Faktoren der Verletzlichkeiten und anderer emotionaler Schemata wiederum werden in der Regel durch ungünstige Sozialisationsbedingungen in der Kindheit und Jugend grundgelegt. Verschiedene negative Bindungserfahrungen, Traumata, aber auch schon kleinere emotionale Verletzungen und Missachtungen, sogenannte Small-t-Traumata, spielen dabei eine entscheidende Rolle. Die EBV sind vielfältiger in ihrer Anwendung als eine Traumatherapie, da sie auch mit anderen Symptomen und Entwicklungsschwierigkeiten arbeiten als EMDR oder andere Traumatherapien.

Trotz ihrer in diesem Punkt wesentlichen Unterschiedlichkeit zur systemischen Therapie sind die EBV dennoch explizit lösungsorientiert, denn allein das Aufdecken einer Vulnerabilität würde für eine relevante Transformation niemals reichen. Entscheidend ist vielmehr eine erlebbare Neuinformation bzw. die Generierung neuer Erfahrungen, die den Klientinnen vermitteln, dass die ehedem verletzbaren Gefühle nun sowie künftig besser verarbeitet werden können. Für diese bessere Verarbeitung wiederum wird erneut ein ganzes Bündel an Interventionen angeboten, welche in diesem Buch in den Kapiteln zu den einzelnen Verfahren bereits ausführlich dargestellt wurden und von der empathischen Exploration bis hin zur erlebbaren Selbstakzeptanz, Selbstfürsorge und Resilienz reichen.

Retrospektiver Fokus

Ein weiterer Unterschied zu bestimmten Richtungen der stringent lösungsorientierten systemischen Kurztherapie, wie sie beispielsweise in der Tradition von Steve de Shazer und Insoo Kim Berg angewandt wird, besteht darin, dass die EBV davon ausgehen, es könne sehr nützlich sein zu verstehen, wie die problematischen Schemata in der Selbstorganisation entstanden sind. Aus diesem Grund wurden innerhalb der EBV Interventionsverfahren entwickelt, die nicht nur die Exploration, sondern auch die Transformation prägender biografischer Erlebnismuster des Klienten in den Blick rücken.

Dieser retrospektive Fokus der therapeutischen Bearbeitung richtet sich daher darauf, wie sich die Emotionsregulation biografisch möglichst differenziert aus dem heutigen Erleben nachempfinden lässt, um dann vor allem auf die Möglichkeiten der Veränderung der zugrundeliegenden emotionalen und beziehungsdynamischen Muster im Sinne einer stimmigen Bedürfnisregulation des Klienten hinzuwirken. Dabei spielt es keine Rolle, dass Erinnerungsarbeit und Nacherleben immer auch konstruierte Prozesse sind – entscheidend ist ihr Potenzial für Veränderung. Dies wirkt dann auf zwei Ebenen: einerseits durch die Veränderung erlebnisorientierter Muster, die an der Erzeugung von Spannungen und Symptomen beteiligt sind, und andererseits durch eine Veränderung des Narrativs des Klienten, der durch diese Maßnahmen Erfahrungen generiert, die ihm helfen, die Erzählstränge seines narrativen Skripts zu wandeln. Letzteres tritt beispielsweise ein, wenn es Klienten gelingt, aus einer notorischen, biografisch verankerten Opfer- und Klägerhaltung herauszufinden und die Befähigung zu erlangen, den eigenen bedürftigen und verletzlichen Anteilen selbstfürsorglich und selbstverantwortlich zu begegnen.

Der Vorteil eines solchen Vorgehens besteht darin, dass die dynamische Ordnung der Schemata und ihrer Prozesslogik im psychischen System auf diese Weise hochwirksam reorganisiert wird und neue Elemente, wie Selbstachtung und Selbstfürsorge, hinzutreten. Latente Konflikte werden dadurch manifest und somit bewusst bearbeitbar, wodurch Klienten befähigt werden, an ihren Grundkonflikten zunächst innerhalb der Therapie und danach für sich selbst effektiv zu arbeiten.

3.2 Integration emotionsbasierter Arbeit und systemischer Ideen

Wie bereits dargestellt gibt es eine Vielzahl an gemeinsamen Grundlagen zwischen systemischen und emotionsbasierten Ansätzen, jedoch auch einigen anregend wirkenden Unterschieden, die eine Integration interessant erscheinen lassen.

3.2.1 Systemische Sichtweisen als Grundlage emotionsbasierter Arbeit

Durch die systemische Sichtweise, das Individuum immer gleichermaßen als Akteur wie als Adressat sozialer Kommunikation zu betrachten, können Symptome in ihrem Kontextbezug gesehen, verstanden und behandelt werden. Ein wichtiger Effekt dieser therapeutischen Perspektive war bei ihrem Aufkommen ab ca. den 1950er Jahren die Überwindung des bis dahin gängigen psychiatrischen Paradigmas einer rein auf das Individuum orientierten Pathologie. Die psychiatrische Theorie hatte über Jahrhunderte den Ursprung psychischer Auffälligkeiten einzig in einer Störung des Einzelnen gesucht, die unter Hinzufügung des Adjektivs »endogen« auf eine Genese aus dem Inneren der betreffenden Person verwies – eine Sichtweise, die zumeist genetische Faktoren unterstellte.

Durch den systemischen Paradigmenwechsel gelang es, das Auftreten von sogenannten psychischen Störungen nicht nur anders zu beschreiben, sondern auch anders zu erklären, wodurch zugleich eine andere Bewertung dieser Phänomene eingeführt wurde. Nicht zuletzt im Zusammenhang des sozialen Systems Familie konnten verschiedene Symptome nun anders gedeutet und ihnen eine andere Sinnhaftigkeit beigemessen werden. Methodisch fand diese Sichtweise vor allem in Gestalt der Kontextanalyse und des Reframings ihren Ausdruck in der systemtherapeutischen Landschaft.

Das Reframing gelingt mittels einer Umdeutung bislang als problematisch perzipierter bzw. als psychiatrisch defizitär einem Individuum zugeschriebener Eigenschaften, mit potenziell fundamentalen Rückwirkungen auf den Selbstwert der Klientin. Es hilft, therapeutisch eine andere Grundlage des (Selbst-)Verstehens zu schaffen, und rückt Symptome und dysfunktionales Verhalten aus dem Dunstkreis des Defizitären, Krankhaften in ein anderes Licht. Dabei werden zunächst die Wirkung und die Wechselwirkung von Handlungen auf ihre Funktionalität hin untersucht und somit mehr deren *Finalität* als deren *Kausalität* in den Fokus genommen. So könnte ein Kind durch sein Verhalten störend auffallen, nicht weil es ursächlich einen Schmerz oder Ähnliches erleidet, sondern weil es die Folgen seines Aufbegehrens erfahren möchte. Es sucht vielleicht schlicht Abwechslung bzw. testet die Wirkung seines Verhaltens aus.

Durch die systemische Haltung wird darüber hinaus eine Beziehung zur Klientin auf Augenhöhe geschaffen. Im Gegensatz zu klinischen Ansätzen, die mittels diagnostischer und therapeutisch verordneter Maßnahmen ihren Expertenstatus manifestieren, legen systemisch und damit konstruktivistisch orientierte Therapeuten Wert darauf, sich nicht über die Klientin zu stellen. Dadurch wird deutlich mehr Spielraum für eine gleichrangige therapeutische Beziehungsarbeit und eine die Autonomie der Klientin anerkennende Grundhaltung angeboten, wodurch Offenheit, Verstehen und Würdigung der Klientinnenanliegen erleichtert werden.

3.2.2 Vorteile der EBV gegenüber rein systemischen Verfahren

Die systemische Sichtweise und Methodik greifen jedoch meiner Meinung nach dann zu kurz, wenn sie das mit den Symptomen verbundene bzw. ihnen zugrundeliegende Leid umschiffen, indem sie zu schnell auf Lösungen fokussieren, die für die Zukunft wünschenswert erscheinen, ohne die emotionalen Grundlagen der gegenwärtigen Situation und deren Entstehen in der Vergangenheit zu berücksichtigen. Auf diese Weise wird das Veränderungspotenzial nicht ausgeschöpft, welches sich durch die Erforschung der emotionalen und bedürfnisbezogenen Qualitäten der Symptome und ihrer Wandlungsmöglichkeiten ergibt.

Genau an diesem Punkt setzen die EBV an, indem sie ein theoretisches und methodisches Repertoire bieten, die Emotionen ebenfalls auf Basis einer grundsätzlichen Akzeptanz und einer positiven Grundbewertung in die Therapie einzubeziehen. Dies gilt dabei gerade für den Umgang mit bzw. die Orientierung an den unangenehmen, schmerzhaften Gefühlszuständen, denen in den EBV ja sogar eine Schlüsselrolle für das Schaffen nachhaltiger Veränderung und – ähnlich wie in der systemischen Therapie – dementsprechend eine *Funktion* zukommt. Diese wird in den EBV allerdings nicht ausdrücklich so benannt, sondern sie stellt sich über verschiedene Operationen der aktivierten Emotionen, deren Wahr- und Annehmen bis hin zur Wahrnehmung des Bedürfnisbezugs quasi selbstorganisiert her. Mit anderen Worten: Was in der systemischen Therapie als Funktionalität bzw. im therapeutischen Kontext häufig als »positive Absicht eines inneren Anteils« operationalisiert wird, ist auch ein Kernstück in der Methodik der EBV und wird in deren praktischen Übungen als Erkennen, positives Annehmen und Eintreten für die eigenen (Grund-)Bedürfnisse, die sich hinter den Symptomen und Verletzlichkeiten verbergen, als eine lebendige Erfahrung prozessiert.

Umgekehrt kann es für die emotionsfokussierte Arbeit sehr sinnvoll sein, die kontextorientierte Denkweise der systemischen Therapie miteinzubeziehen.

Fallbeispiel

Nachdem Herr Hofner bereits im ersten Abschnitt der Therapie aus einer ersten sehr angstbesetzten depressiven Krise gut herausgekommen war, berichtet er nun von einem Anflug neuer Ängste, die aufgrund einer beruflichen Neuorientierung in den Zeiten der Coronakrise bei ihm aufgekommen sind. In der Abklärung wird deutlich, dass er bei seinem Versuch, selbstständiger Coach und Trainer zu werden, vermehrt Versagensängste entwickelt hat. Diese setzen ihn unter Druck, ständig aktiv zu sein, da sein Glaubensgrundsatz lautet, dass er mehr machen müsse als die anderen. Sobald er hingegen ausruht, bekommt er ein schlechtes Gewissen, fühlt sich auch somatisch angespannt und nervös und bewertet sich als unzureichend. Die Angst zu scheitern geht ihm dabei immer wieder durch den Kopf.

Ich lade ihn zu einer Stuhlübung ein. Auf der einen Seite beginnt der angsterzeugende kognitive Anteil.

HERR HOFNER: »Du schaffst es nicht! Du bist nicht gut genug. Wer braucht dich eigentlich? Was meinst du, wer du bist, wenn du meinst, du wirst gebraucht? Bildest du dir das nicht ein, dass andere bereit sind, für dich zu zahlen? Es wird dir kein Mensch Geld für diese Leistung bezahlen. Du wirst sehen, du wirst nie davon existieren können. Und eine Rente wirst du später auch nicht davon bekommen.«
ICH: »Können Sie dies zusammenfassen, auf einen Punkt bringen?«
HERR H.: »Du bist es nicht wert!«

Dann biete ich einen Stuhlwechsel an. Auf dem anderen Stuhl nimmt wieder das »gefühlte Selbst« Platz.

ICH: »Was spüren Sie, auch körperlich, wenn Sie diese Worte hören *(ich fasse zusammen)*: ›Du schaffst es nicht, du bist nicht gut genug! Wer braucht dich eigentlich? Was bildest du dir ein? Kein Mensch wird für dich Geld ausgeben! Du bist es nicht wert!‹ Was lösen diese Worte in Ihnen aus?«
HERR H.: »Es macht mich unruhig.«
ICH: »Wo im Körper spüren Sie dies?«
HERR H.: »Vorne in der Brust spüre ich ein unruhiges Gefühl. Es macht mich müde und erschöpft.«
ICH: »Lähmt es sie?«
HERR H.: »Ja, es lähmt mich.«
ICH: »Sagen Sie es zu diesem Stuhl: ›Du machst mich müde, ja, du lähmst mich mit diesen Worten.‹«
HERR H.: »Ja, diese Gedanken machen mich lahm, du machst mir Angst; wenn ich mich dem hingebe, spüre ich die Angst und eine Lähmung.«

Nach einem weiteren Durchgang durch beide Positionen frage ich das gefühlte Selbst nach seinen Wünschen, gerichtet an den bewertenden und angstmachenden Anteil. Und ich betone, dass diese Wünsche ja im Kontext einer wirklich unsicheren

Situation bestehen, da jeder Berufswechsel, noch dazu in die Selbstständigkeit, natürlich mit Ungewissheiten und Unsicherheit verbunden sein muss.

Ich: »Also, was wünscht sich Ihr Selbst in Zeiten der Unsicherheit von Ihrem denkenden Teil, wenn er eine gute Bezugsperson, wie ein guter Freund wäre?«
Herr H.: »Unterstützung und Ermutigung ... *(dann nach einer kurzen Atempause mit Blickkontakt zum Stuhl des kognitiv-bewertenden Anteils)* ... ›Du wirst es schon schaffen. Zumindest lohnt es sich, es zu versuchen, und wenn es nicht klappt, geht die Welt auch nicht gleich unter.‹ Ja, so eine Art Beistand, das wäre schön.«

Nach einem weiteren Stuhlwechsel soll der bislang kritische, angsteinflößende Teil beschreiben, wie er auf diese Wünsche reagiert.

Herr H.: »Das ist in Ordnung. Ja, das verstehe ich. Ich muss es aber vielleicht noch üben.«

Wir arbeiten noch an der Implementierung, damit der Klient zukünftig selbst auf diese Unterstützung besser zurückgreifen bzw. sie sich selbst geben kann, wobei wir die Vertiefung dieses Schrittes wegen Zeitmangels auf die nächste Stunde vertagen.

Der Kontextbezug hilft generell, wie auch in diesem Beispiel, die eigenen Wünsche klarer und der Situation angemessen formulieren zu lernen. Er macht zudem deutlich, dass die Problemmuster unter bestimmten (in diesem Fall unsicheren, krisenhaften) Bedingungen sehr viel eher auftreten, für die wir aber andere Lösungsmuster brauchen, um uns nicht selbst in die Falle der Lähmung, des depressiven Rückzugs oder anderer Symptome zu manövrieren. In meinem Verständnis ist hierfür das Reframing bzw. das positive Konnotieren eine für systemische wie auch für emotionsfokussierte Therapiezusammenhänge gleichermaßen sehr hilfreiche Methodik, die sich bei der Therapeutin zu einer Art Grundhaltung des wohlwollenden und wertschätzenden Verstehens auch und gerade leidvoller und schmerzvoller Erlebniszusammenhänge des Klienten verdichten und nach Möglichkeit modellbildend auf diesen zurückwirken kann.

Das therapeutische Vorgehen, welches das Akzeptieren der belastenden Emotionen als primäres Ziel formuliert, kann auch als Zwei-Schritte-Methodik aufgefasst werden. Zuerst ist eine Sequenz des Verstehens, Mitfühlens, Akzeptierens wesentlich, um die lähmenden Kräfte der Ängste, Beschämungsgefühle und Selbstabwertungen vertieft wahrzunehmen – eine wichtige Grundlage, um diese in der Folge überwinden zu können – dann erst folgen Zuspruch, Ermutigung und die Einführung lösungsorientierter Denk-, Fühl- und Verhaltensmuster. Wo Schuldgefühle, Ärger über sich selbst und/oder Selbstvorwürfe auftreten, lohnt es sich, diese mittels Stuhlübungen aufzugreifen, um einen Wandel erlebnisorientiert vollziehen zu können.

3.2.3 Wirkungsweisen emotionsbasierter Verfahren

Es lassen sich noch deutlich mehr Wirkungsweisen emotionsbasierter Verfahren aufschlüsseln, wie die untenstehende Aufstellung in Tabelle 14 verdeutlicht. Dabei gilt die primäre Ausrichtung des Therapieprozesses den selbstorganisiert ablaufenden Prozessen des psychischen Systems, welche eng mit dem biologischen System gekoppelt sind. Sobald sich die therapeutischen Interventionen als anschlussfähig erweisen und auch die internale Emotionsregulation der Klientin tangieren, verändert sich in aller Regel in einem selbstrekursiven Prozess zugleich dessen nach außen wirkende Emotionsregulation. Die Bewältigungsmuster des Vermeidens, Unterordnens und Überkompensierens verlieren dann an Bedeutung, wodurch nach außen ebenfalls ein besserer Zugang zu bzw. Umgang mit den eigenen Gefühlen und Bedürfnissen ermöglicht wird.

Tabelle 14: Potenzielle Wirkungsweisen emotionsbasierter Verfahren

Nach innen (in das psychische/ biologische System)	Nach außen (in die sozialen Systeme)
Felt Sense; Wahrnehmen somatischer Marker	erleichterte Kontaktaufnahme, soziale Anschlussfähigkeit; Regulation von Nähe/Distanz
Verstehen und Annehmen eigener Emotionen	angemessenes Ausdrücken/Ausleben von Emotionen
internale Emotionsregulation	Emotionsregulation nach außen
Selbstmitgefühl, Empathie mit/für sich selbst	Mitgefühl, Empathie mit/für andere(n)
Wahrnehmen eigener Bedürfnisse; Akzeptieren auch widersprüchlicher Bedürfnisse (z. B. Bindungs- vs. Autonomiebedürfnis)	Eintreten für eigene Interessen und Bedürfnisse, auch für widersprüchliche (z. B. im Sowohl-als-auch-Prinzip)
Wahrnehmen von emotionalen Differenzen, Widersprüchen, Konflikten	Wahlmöglichkeit, Differenzen aufzuzeigen und Konflikte auszutragen oder es zu lassen; Abgrenzungs- und Integrationsfähigkeit
wohlwollender Umgang mit der eigenen Verletzlichkeit und den eigenen Grundbedürfnissen	offener Umgang mit/Ausdruck von eigenen Verletzlichkeiten und Grundbedürfnissen
Selbstachtsamkeit, Selbstakzeptanz	Achtsamkeit, Respekt gegenüber anderen

Nach innen (in das psychische/ biologische System)	Nach außen (in die sozialen Systeme)
Selbstvertrauen	Vertrauen gegenüber anderen
Resilienz/Selbstwirksamkeit	Konfliktfähigkeit/Wehrhaftigkeit
Selbstfürsorge	Fürsorge für andere

Die Wirkungsweisen emotionsbasierter Verfahren gehen dabei mit einer Reziprozität einher, die auch Effekte im sozialen System betreffen bzw. hervorrufen – etliche Sprichwörter und Aphorismen unterstreichen diese dialektische Dynamik, sei es in negativer Konnotation: »Wer anderen eine Grube gräbt, fällt selbst hinein!«, oder, schon deutlich wertneutraler: »Wie man in den Wald hineinruft, so schallt es heraus!«, oder (biblisch gesprochen): »Du sollst deinen Nächsten lieben wie dich selbst!« Auch wenn dieser Kernsatz des Alten Testaments ursprünglich nicht zur Selbstliebe aufrufen sollte, zeigt er doch, dass selbst für eines der höchsten moralischen Gebote im Idealfall von einer Reziprozität auszugehen ist.

Für emotionsbasierte Verfahren ist diese systemische Wechselwirksamkeit gleich dreifach relevant (Tab. 15): Zunächst werden die empathischen und erlebnisorientierten Übungen im therapeutischen Setting, also in der Wechselwirkung zwischen Therapeutin und Klient erlebbar gemacht. Daraufhin werden die entsprechenden Erfahrungen, so sie in der jeweiligen Autopoiese des Klienten anschlussfähig sind, in dessen psychischem System auf- und angenommen (und womöglich auch im biologischen System neuronal vernetzt). Und in einem weiteren Schritt werden diese Transformationen sich auch sozial niederschlagen und Einfluss nehmen auf die Emotionsregulation in den persönlichen Beziehungen des Klienten, mit dort abermals vielfältigen Wechselwirkungen und Resonanzphänomenen. Die Frage der strukturellen Koppelung wird daher im Erfolgsfall als Re-Entry auf mehreren Systemdimensionen gelingen (▶ Kapitel 1.2).

Tabelle 15: Systemische Rückkoppelungen und Wechselwirkungen emotionsbasierter Verfahren

Soziales System *Therapie*	Psychisches System *Klient*	Biologisches System *Klient*	Soziale Systeme *Interktionen des Klienten*
Einsatz emotionsbasierter Verfahren	Psychische Wirkung auf die Emotionsregulation, die Selbstakzeptanz, die empathische Wahrnehmung und Neubewertung von Gefühlen und Bedürfnissen	Wirkung auf neurobiologische und psychosomatische Prozesse	Wirkungen und Wechselwirkungen in Partnerschaft, Familie, Beruf, Freundeskreis etc.

3.3 Synergien systemischer Therapie und emotionsbasierter Verfahren

Wie wir anhand der bisherigen Schilderung der verschiedenen emotionsbasierten Verfahren gesehen haben, dienen diese in erster Linie der Reorganisation unseres psychischen Systems, das sich – systemisch-konstruktivistisch betrachtet – selbst erzeugt, auf sich selbst reagiert und sich durch seine eigenen Gesetzmäßigkeiten autopoietisch selbst reproduziert. Es schließt also quasi mit seinen eigenen Operationen an eigenen Operationen an (vgl. Lieb, 2014, S. 32 ff.).

Die emotionstherapeutisch induzierte Reorganisation wiederum vollzieht sich durch das Generieren mannigfaltiger Neuinformationen, die auf den Wegen neuen Erlebens, neuen Verstehens und neuen Bewertens einen relevanten Unterschied im Vergleich zum prätherapeutischen Erleben, Verstehen und Bewerten ausmachen. Diese neuen Bahnungen der Selbstorganisation können nun – wie bereits erwähnt – auf mehreren unterschiedlichen Ebenen wirksam werden, die sowohl das psychische, das biologische als auch das soziale System betreffen.

Fallbeispiel

Frau Wagner hatte in ihrer Herkunftsfamilie gelernt, dass es keinen Sinn hat, den Eltern zu widersprechen, selbst wenn ihre Bedürfnisse vollkommen negiert wurden. So wünschte sie sich beispielsweise sehr, dass ihr Vater an ihrem achten Geburtstag mit ihr ein Eis essen gehen würde, doch dieser lehnte den Wunsch kategorisch ab. Frau Wagner war sehr enttäuscht, da es vorher Andeutungen gegeben hatte, der Vater könne dieses Mal eine Ausnahme machen. Sie traute sich allerdings nicht, ihre Enttäuschung zu zeigen, denn ein väterliches Nein war ein Nein, und bei Widerworten, so ihre Erfahrung, hatte es früher schon scharfe Zurückweisungen, einmal sogar eine Ohrfeige gegeben.

Als wir in der Therapiesituation die Szene mittels einer Stuhlübung imaginieren und ich Frau Wagner dazu einlade, ihrem (inzwischen verstorbenen) Vater zu sagen, wie weh ihr dies damals tat und wie sehr sie sich von ihm dessen Aufmerksamkeit und Wohlwollen gewünscht hätte, brechen die Tränen aus ihr heraus. Wir üben die Szene, bis sie sich traut, auf Augenhöhe mit ihrem Vater zu kommunizieren und sich zumindest das Recht herauszunehmen, ihre Gefühle der Enttäuschung, des Ärgers und der Traurigkeit als Folgen ihrer einst missachteten Bedürfnisse auszudrücken. Es dauert allerdings mehrere Sitzungen, bis sie dabei die begleitenden Gefühle der Beschämung und der Wertlosigkeit überwindet. Erst als es gelingt, der Selbstachtung ihrer Empfindungen mehr intuitiven Wert beizumessen als den Beschämungs- und Wertlosigkeitsgefühlen, beginnt bei ihr der Prozess der Transformation erste Früchte zu tragen.

Die Resilienz, die tiefsitzende Angst vor Ablehnung und Bestrafung zu überwinden und zu den eigenen Gefühlen zu stehen, hatte sich im sozialen System der Herkunftsfamilie nicht etablieren können. Wichtig für den Transformationsprozess war es daher nun, dass sich Frau Wagner in der Übung traute, ihre Gefühle und Bedürfnisse wahrzunehmen und diese dem imaginierten Vater gegenüber zu behaupten. Durch dieses Erleben wurde bei ihr die bisherige Angst vor Zurückweisung durch die Erfahrung relativiert, dass es berechtigt ist, sich für die eigenen Bedürfnisse einzusetzen. Diese Erfahrung erzeugte schlussendlich Resilienz: Statt sich wie bisher zurückzuhalten und jedem eigenen Bedürfnis, sofern es abgelehnt werden könnte, aus dem Weg zu gehen, entstand die Befähigung (oder anders ausgedrückt: eine Art innere Erlaubnis), in verschiedenen Situationen für sich einzutreten, was sich fortan auch in einer größeren Wehrhaftigkeit bei Konflikten am Arbeitsplatz und mit der eigenen Mutter zeigte.

Es ist zu vermuten, dass die erlebnisorientierten Maßnahmen in diesem Fall Folgendes bewirkten: Das implizite Wissen von Frau Wagner besagte bisher, dass es keinen Sinn hat, sich für die eigenen Bedürfnisse starkzumachen, sobald sie merkt oder auch nur ahnt, dass ihr Gegenüber nicht bereit ist auf diese einzugehen. Die Erfahrung hatte sie gelehrt, dass dies sehr verletzend und demütigend für sie ablaufen konnte und sie sich in der Folge wertlos und schlecht fühlte. Durch den therapeutischen Prozess entstand in ihrem impliziten Wissen nun eine Neuinformation, die eine neue Möglichkeit der Emotionsregulation offenbarte. Sobald sich diese im psychischen System als anschlussfähig und beim Ausprobieren als viabel erwies, konnte sie sich als neue Option in ihrer Selbstorganisation etablieren. Frau Wagner stellte dabei in den folgenden Sitzungen fest, dass es ihr »einfach passiert« sei, dass sie sich plötzlich in vermeintlichen Konfliktsituationen mehr zutraute, ihre Bedürfnisse auszudrücken.

Im Unterschied zu kognitiven Therapiemaßnahmen erzeugen gelingende erlebnisorientierte Interventionen nicht selten jene automatisch auftretenden impliziten Bahnungen der Emotions- und Bedürfnisregulierung, die letztlich die Befähigung zur Selbstbehauptung für zukünftige Situationen hervorbringen. Da sie auf keiner kognitiven Planung basieren, benötigen sie auch keine Überwindung, sondern vollziehen sich in der Regel selbstorganisiert aus dem Erleben heraus.

3.3.1 Therapeutische Sinnangebote

Die EBV erzeugen »Sinn« im psychotherapeutischen System, indem sie schmerzhafte Emotionen und die damit verwobenen Bewältigungsmuster verstehbar werden lassen und Veränderbarkeit sowie Veränderungsoptionen aufzeigen. Speziell die Schematherapie ist dabei auf der einen Seite komplexitätsreduzierend, indem sie allgemein gebräuchliche Begriffssysteme wie *Persönlichkeit, Persönlichkeitsentwicklung* oder *Selbstorganisation* mithilfe weniger figurativer Konstrukte verständlich und plausibel macht. Auf der anderen Seite erweist sie sich gerade wegen ihrer Anschaulichkeit therapeutisch als sehr anschlussfähig.

Innerhalb der Schematherapie wiederum liefert speziell das Modusmodell als einer ihrer zentralen Teile ein Sinnangebot, das auf einleuchtende Weise zu verstehen hilft, wie dem psychischen System zugeordnete Elemente (die kritisch-fordernden Elternanteile, die verletzlichen inneren Kindanteile, der Gesunde Erwachsene etc.) und zum Teil beobachtbare Phänomene auf der Verhaltensebene (die sogenannten Bewältigungsmuster – Erdulden, Rückzug, Angriff, Vermeiden etc.) miteinander interagieren, sich rekursiv aufeinander beziehen, Symptome und Spannungen erzeugen bzw. aufrechterhalten, sich zirkulär verstärken und sich wieder temporär auflösen lassen.

Aus schematherapeutischer Sicht werden diese Bewältigungsmuster generiert, um verletzliche Kindanteile (z. B. durch Verlassenheit, emotionale Entbehrungen, Missbrauch, etc. entstandene Schemata) in uns zu schützen. Bereits sie können sich dabei durchaus als mehr oder weniger funktional erweisen und grundsätzlich als Ressourcen und Kompetenzen betrachtet werden, doch wirken sie (gemäß Watzlawicks Diktum »Die Lösungen sind das Problem«) manchmal eben auch dysfunktional, besonders wenn bei auftretenden Problemen »mehr desselben« angewendet wird (vgl. Watzlawick, Weakland u. Fisch, 1974, S. 51 ff.).

Spätestens sobald die Bewältigungsmuster im eigenen Erleben nicht zum erwünschten Ziel führen oder gar »versagen«, werden internal häufig die kritisch-fordernden Elternanteile mit ihren Glaubenssätzen aktiviert, was sich dann beispielsweise in Form von Selbstverurteilungen manifestiert. Diese wiederum sind strukturell in aller Regel mit der Aktivierung neuronaler Erregungsmuster gekoppelt und erhöhen in der Folge zirkulär die inneren Spannungen und das Unwohlsein der Betroffenen. So verstärken die biografisch entstandenen emotionalen Schemata iterativ häufig den Konflikt mit den kritischen inneren Anteilen, wodurch ein autopoietischer Teufelskreis aus Ängsten, Grübeleien, Ausschüttung von Stresshormonen, somatischen Symptomen etc. in Gang kommt.

Bei diesen komplexen inneren Kreislaufprozessen setzen die EBV mit ihren lösungsorientierten Methoden an, womit sie in meinen Augen auch und gerade für systemische Therapeuten ein hervorragendes zusätzliches Sinnangebot darstellen. Darüber hinaus bieten sie einen methodisch vielfältigen Werkzeugkasten für die lösungsorientierte Arbeit mit verschiedenen immer wiederkehrenden psychischen Problemen, schwierigen Persönlichkeitsaspekten, Traumatisierungen und verletzlichen inneren Anteilen.

3.3.2 Emotionen als Auftragswegweiser

Sobald wir unsere Emotionen verstehen können, beginnen sie für uns einen Sinn zu ergeben, da wir sie besser einzuordnen, ihren Signalcharakter zu deuten und folglich besser mit ihnen umzugehen vermögen. Im Gegensatz zum Wohlfühlen, das den Wunsch nach Verweilen in diesem Zustand auslöst, generieren dabei bewusst wahrgenommene Unwohlseinsgefühle, Leidenszustände, Ängste, Spannungen, dauerhafter Stress, Erschöpfungszustände etc. letztlich vor allem eines: Veränderungsbedarf. Diese Gefühle als Ausgangsbasis für die jeweils aktuelle therapeutische Aufgabenstellung ernst zu nehmen erzeugt bei den meisten Klientinnen größtmögliche Sinnhaftigkeit, da sie den Veränderungsbedarf ja zumindest implizit selbst wahrnehmen bzw. intuitiv spüren, ohne jedoch explizit den Weg einer Transformation zu kennen bzw. von sich aus imstande zu sein, einen ersten Schritt in diese Richtung zu gehen.

An diesem Punkt offenbart sich bei einer überwiegenden Anzahl aller Klientinnen erfahrungsgemäß eine Sehnsucht, von einem wohlmeinenden, vertrauenswürdigen Gegenüber aus diesen belastenden, schmerzhaften Befindlichkeiten heraus zu einem Lösungsweg geführt zu werden. Im Sinne des Reparentings gilt es diesen impliziten Auftrag anzunehmen und – gleich einem Bergführer in unwegsamem Gelände – Unterstützung und Begleitung anzubieten. Doch selbst wenn ich Weggabelungen und mögliche Routen aufzeige: Die für sie stimmige Viabilität zu erkennen und zu erproben fällt in die Selbstverantwortung der Klientinnen, was durch das Angebot bzw. das Ausprobieren der erlebnisorientierten Übungen deutlich erleichtert wird.

Die *emotionsbasierte Therapie* versteht sich hier nun als Chance, Anschlussfähigkeit in einer Form anzubieten, die Veränderung des Erlebens und Bewertens genau jener emotionalen Zustände ermöglicht, die bisher das Gleichgewicht der psychischen Selbstorganisation und des Wohlbefindens am meisten störten. Gerade bei dauerhaften bzw. wiederkehrenden Leidenszuständen ist das Herstellen emotionaler Anschlussfähigkeit sogar vordringlich. Bevor sie eine Therapie aufsuchen sind die meisten Klienten ja nicht nur in leidvolle Situationen geraten, sondern eben auch mit ihren Fähigkeiten, sowohl diese Situationen zu verändern als auch die eigenen schmerzvoll erlebten und zumeist negativ bewerteten Empfindungen umzuwandeln, ins Stocken geraten. In diesem Zusammenhang kommen sie in eine psychotherapeutische Praxis und erzählen ihre Geschichte bzw. definieren ein psychotherapeutisch relevantes Problem.

Die beschriebenen Probleme haben sich in der Regel in nahen Beziehungen oder einem anderen sozialen Kontext aktualisiert, daher gehen die primären Anliegen häufig in Richtung auf ein Lösen der Beziehungskonflikte und seltener in Richtung auf eine Veränderung der Emotionsregulation. Wenn jedoch die Zusammenhänge der eigenen DFV-Muster und deren Wirkungszusammenhänge aufgezeigt werden können, verändert sich die Perspektive therapeutischer Arbeit zumeist in Richtung einer auf eine Fokussierung der psychischen Selbstorganisation – eine für jede Einzeltherapie zentrale veränderungsrelevante Thematik.

Der Gewinn der *systemischen Therapie* besteht zwar zweifellos darin, die konkreten Aktualisierungen in der Paardynamik oder den anderen relevanten Beziehungen ernst zu nehmen und Lösungsmöglichkeiten zu erforschen, anzuregen und anzubieten. Ohne die Einbindung einer emotionsbasierten bzw. die emotionalen Faktoren berücksichtigenden Haltung greift sie jedoch in jenen Fällen zu kurz, in denen es um die Überwindung elementarer Schemata geht, die auf tieferen Verletzlichkeiten und mit ihnen verbundenen emotionalen, somatischen und sozialen Mustern beruhen. Bei ähnlichen Ausgangsbedingungen werden diese autopoietisch reproduziert, und das so lange, bis sich grundlegende neue Erlebnismuster als anschlussfähig erweisen.

Darin besteht nun wiederum die große Chance, die durch die erlebnisorientierten Verfahren eröffnet wird. Entscheidend dafür, ob sie genutzt werden kann, ist die Frage, ob bzw. dann vor allem inwieweit sich die therapeutisch prozessierten Erlebnisse innerhalb der Selbstorganisation des Klienten als sinnvoll und anschlussfähig erweisen, um eine subjektiv relevante qualitative Verbesserung seines emotionalen Befindens bzw. seines Umgangs mit bislang als problematisch erlebten Situationen zu bewirken. Da die Erlebnisqualität beim Einsatz emotionsbasierter Übungen für die Klienten meist sehr intensiv ist und dementsprechend Evidenz erzeugt, darf die Wahrscheinlichkeit ihrer Wirkung als durchaus hoch eingeschätzt werden; diese steigt umso mehr, wenn sich die neuen Erlebnismuster auch in der Zeit nach der Sitzung – also ohne unmittelbare therapeutische Begleitung – als viabel erweisen.

Diese Viabilität zeigt sich dabei wie erwähnt oft vollkommen überraschend. Viele Klientinnen berichten selbst noch Wochen nach einer erlebnisorientierten Übung, dass Veränderungen ihrer Fühl-, Denk- und Verhaltensmuster »einfach passiert« seien, ohne dass sie sich dies vorgenommen hätten. Da diese Veränderungen in der Regel zu Wohlgefühlen, besserer Selbstachtung, Resilienz, innerer Beruhigung und Entspannung beitragen, werden sie natürlich umso leichter und besser in der Selbstorganisation und in der Folge auch im Selbstverständnis sowie bei weiterer therapeutischer Validierung im persönlichen Narrativ der Betroffenen übernommen und verankert.

3.4 Grundriss einer systemisch-emotionalen Psychotherapie (SEP)

Aus den bisherigen Ausführungen zu Menschenbild, Haltung und möglichen Synergieeffekten sollte ersichtlich geworden sein: Sowohl die systemische Therapie als auch die EBV sind für sich genommen beide sehr wertvolle therapeutische Ansätze, die jeweils spezifische Vorzüge aufweisen und ein ganz eigenes Feld an therapeutischen Perspektiven und Optionen eröffnen. Zugleich sind Überschneidungen und Berührungspunkte reichhaltig vorhanden, weshalb mir als für die therapeutische Arbeit besonders zukunftsträchtiges Modell eine die Grundzüge und quasi »besten Bestandteile« beider Richtungen synthetisierende systemisch-emotionale Psychotherapie erscheint, wie ich sie im Folgenden beschreiben möchte.

Der Ansatz baut dabei auf den Grundlagen des Konstruktivismus, der Systemtheorie sowie auf den für systemisches Denken relevanten Axiomen auf. Grundpfeiler systemischer Therapie wie Auftragsklärung, Kontextualisierung, Allparteilichkeit, Reframing, Ressourcenorientierung, Verflüssigung des Krankheitsbegriffs, Lösungsorientierung[40] etc. bleiben als fundamentale therapeutische Prinzipien ebenso unangetastet wie die grundlegenden erkenntnistheoretischen Paradigmen der systemischen Therapie.

Alle theoretischen Modelle, Diagnosestellungen und jedes methodische Vorgehen werden nicht als unumstößliche Wahrheiten, sondern als *Möglichkeiten* in die Therapie eingebracht. Ihr hypothetischer Charakter impliziert, dass es auch andere, vielleicht passendere Konstrukte geben könnte, die für psychotherapeutische Zwecke relevanten Wirklichkeiten nicht nur zu beschreiben, sondern auch ihre Veränderbarkeit anzuregen. Dies gilt ebenfalls mit Blick auf die Verwendung des *Krankheits*begriffs bei psychischen und sozialen Problemlagen. Konstruktivistisch betrachtet geht es hierbei nicht um die Frage »wahr/falsch«, sondern um die Nützlichkeit bzw. den mit dem Krankheitsbegriff potenziell induzierbaren Schaden.

Für ein systemisch-emotionsbasiertes Verständnis bietet sich als Ausgangspunkt die These an, dass psychische Störungen – sofern man diesen Begriff weiterhin benutzen will – auf aktuellem und/oder entwicklungsgeschichtlich geformtem implizitem Erfahrungswissen beruhen, welches die Emotionsregulation in einer Weise verändert hat, dass schmerzvolle, angstbesetzte,

---

40 Dies allerdings leicht abgewandelt, da im systemisch-emotionalen psychotherapeutischen Prozess gezielt auch schmerzhafte Emotionen erforscht werden, jedoch vor dem Hintergrund, sie in Richtung Lösung zu transformieren.

belastende, Stress oder Leid induzierende Zustände immer wieder auftauchen oder im alltäglichen Erleben sogar überwiegen. Auch diese Betrachtung erfordert nicht notwendigerweise die Leitdifferenz »krank/gesund« oder »normal/unnormal«. Es ist prinzipiell vollkommen ausreichend, mit der subjektiven Unterscheidung »wohl/unwohl« und der für Therapiezwecke entscheidenden Frage der therapeutischen Motivation zu arbeiten.

3.4.1 Systemtheorie als Grundlage

Wie in ▶ Kapitel 1.2 zum Thema »Emotionen und Systemtheorie« beschrieben, kann emotionalen Prozessen eine Schlüsselrolle für das Verständnis der Ko-Evolution der drei Systemarten zugesprochen werden. In diesem Sinne gilt es in der SEP, nicht zuletzt soziale Systeme wie »Partnerschaft«, »Freundschaft«, »Familie« oder auch »Psychotherapie« mit Blick auf ihr Potenzial für die Nutzbarmachung psychischer Qualitäten wie Wohlergehen, Zufriedenheit, Geborgenheit, Freude, Lust, psychische Gesundheit etc. zu untersuchen. Umgekehrt gilt dies natürlich genauso für alle Arten von schmerzhaften und belastenden Gefühlen.

Mindestens ebenso engmaschig ist die Koppelung zwischen psychischem und biologischem System. Das psychische System wird auch in der SEP als ein autopoietisches System begriffen, das auf Basis seiner Anschlussfähigkeit an innere Operationen seine dynamische heterogene Struktur organisiert und weiterentwickelt. *Grundbedürfnisse* und die Dynamik ihrer Erfüllung bzw. Nicht-Erfüllung, der Umgang mit *Verletzungen* und *Entbehrungen* sowie die mit ihnen verwobenen *Bewältigungsmuster* sind wesentliche Operatoren für die Entwicklung des psychischen Systems, das sich in seiner Strukturdeterminiertheit mittels Konditionierungen stabilisiert. Irritationen und Perturbationen wiederum werden in der SEP ganz systemtheoretisch als Optionen der Veränderung betrachtet. Im psychischen System werden sie zumeist über *Emotionen* vermittelt, die bei bedeutsamen transformatorischen Prozessen involviert sind, indem sie sich bei entsprechender Passung in Motivation und Handlungsenergie umwandeln lassen. Sie bilden wertvolle Neuinformationen für das dynamische Herstellen bzw. Erleben eines immer wieder neuen psychischen Gleichgewichts.

(Rück-)Kopplungsprozesse zwischen den Systemebenen
Nun gibt es unterschiedliche wissenschaftliche Sichtweisen zu der Frage, ob die Emotionen – ähnlich den Affekten – als Teil des biologischen Systems somatischen Prozessen entspringen oder – dann als Gefühle, so die Definition von

Damasio (▶ Kapitel 1.1.1) – mit dem Prozess ihrer Wahrnehmung und ihrer Bewertung dem Bereich des Psychischen zuzuordnen sind. In jedem Fall ist von einer engen Koppelung biologischer, physiologischer und somatischer Prozesse auf der einen und der Wahrnehmung, Bewertung, Akzeptanz bzw. Ablehnung der Gefühle im psychischen System auf der anderen Seite, ihrer Anschlussfähigkeit durch weitere Gefühle und Kognitionen und durch den Umgang mit ihnen als Akteur in den sozialen Beziehungen auszugehen. Die Unterscheidung dieser gekoppelten und in ständiger Rekursivität ablaufenden Prozessebenen, also unserer Kognitionen und Bewertungen hier und unserer Emotionen und ihrer somatischen Marker dort, wird in den verschiedenen erlebnisorientierten Übungen genutzt und per Externalisierung in einen neuen Dialog gebracht. Im wortwörtlichen Sinne werden sie »*auseinander-gesetzt*« und dadurch in ihrer differenzierten und gleichzeitig sehr intensiven Rückkopplungswirkung überhaupt erst entscheidend wahrgenommen.

In Erregungs-, beispielsweise akuten Angst- und/oder Bedrohungssituationen, aber ebenso bei Grübeleien, Selbstabwertungen etc. finden in Millisekunden permanente Feedbackschleifen statt, die wiederum biologische Prozesse mit psychischen Prozessen koppeln und umgekehrt. Ein Pfad verläuft dabei über die Wahrnehmung der Emotionen und deren unmittelbare Bewertung (z. B. »Bedrohung« oder »Attraktion«) im limbischen System via Hirnstamm ins körperliche Erleben (▶ Kapitel 1.3.1). Ein zweiter Pfad, der Emotionen erzeugt, aufrechterhält oder sogar intensiv steigert, wird durch die eigenen Kognitionen vermittelt. Diese beiden Pfade, teilweise auch als »Bottom-up« und »Top-down« bezeichnet, können sich gegenseitig symptombildend verstärken, aber eben auch durch gezielte Therapiemaßnahmen zugunsten eines dynamischen Gleichgewichts reguliert werden. Mit dem Verständnis dieser engmaschigen strukturellen Rückkopplungsprozesse zwischen beiden Pfaden werden alle möglichen Formen belastender Symptome wie Stressphänomene (z. B. durch Selbstabwertungen und Grübeleien), Panik- oder Traumafolgestörungen, depressive Erschöpfungssyndrome, suizidale Krisen, Schlafstörungen, somatoforme Beschwerden etc. für Klient wie Therapeutin in ihrem Entstehen und in ihrem Selbsterhalt sehr viel leichter nachvollziehbar und in der Folge auch transformierbar gemacht.

Biografische Selbstrekursivität

Sobald wir etwas empfinden, bewertet unser Gehirn diese Empfindungen teils explizit, teils jedoch auch implizit auf Basis des bisherigen Erfahrungswissens. Diese Bewertung erzeugt wiederum rekursiv unmittelbare Rückkopplungseffekte auf das Empfinden. So entstehen beispielsweise durch das Negieren von

Emotionen negative Rückkopplungen (▶ Kapitel 1.4.1), die durch die akzeptierende Grundhaltung und das empathische Explorieren der EBV verändert werden können. Für das Verständnis des psychischen Systems ist daher neben der Wirkung unserer Handlungen im sozialen Kontext auch ihre biografische Selbstrekursivität von Bedeutung.

Die grundsätzlich dynamische psychische Organisation wird mit Begriffen wie »Persönlichkeit«, »Charakter«, »Identität« nur unzureichend erfasst. Dennoch kann ihre Selbstorganisation in ihrer Entwicklungsdynamik am besten durch die biografische Selbstrekursivität verstanden werden. So betrachtet hat jedes psychische System neben dem sozialen Kontext auch einen oder mehrere oft ebenso wichtige biografische Kontextbezüge. Diese werden für das Verständnis der Genese sogenannter psychischer Störungen nutzbar gemacht, indem jene Variablen, die auf der Basis psychotherapeutischen Erfahrungswissens Probleme der Emotionsregulation hervorbringen, als emotionale Schemata operationalisiert werden.

Sie werden als mögliche Folge von Entbehrungen und Verletzungen von Grundbedürfnissen verstanden und – wenn erwünscht – auch exploriert. Dieses Verständnis impliziert – neben den je individuellen therapeutischen Aufträgen und Zielsetzungen – ein generalisiertes Thema. Für jene Klienten, die ich bisher betreuen durfte, gab es dabei keinen Zweifel: Ihre Gefühle besser zu verstehen, um für ihre Grundbedürfnisse besser eintreten zu können, war für jeden einzelnen eine durchaus sinnvolle und somit auch willkommene Zielsetzung. Diese Betrachtung führt zu mannigfaltigen Konsequenzen für effektive therapeutische Interventionen.

3.4.2 Integration emotionsbasierter Prinzipien und Methoden

Die Integration von Grundideen und praktischen Methoden der EBV erweist sich für die unterschiedlichsten Therapieprozesse als ausgesprochen sinnvoll, denn Emotionen spielen erfahrungsgemäß bei jeder gelingenden wie jeder misslingenden Therapie eine wichtige Rolle. Auch die beiden systemischen Lehrtherapeutinnen Elisabeth Wagner und Ulrike Russinger weisen auf den Nutzen der Einbeziehung emotionsbasierter Verfahren explizit hin.

Auf den Ebenen der Passung zwischen Therapeutinnen und Klienten, auf der Ebene der Therapiemotivation und Auftragsklärung und bei der Veränderungsarbeit selbst erweist sich die systematische Einbeziehung der Emotionen von besonderer Relevanz. Ihre notwendige Berücksichtigung wird bei Joining-Prozessen ebenso wie bei jeder anderen therapeutischen Beziehungsarbeit offenbar. Auch bei der dynamischen Auftragsklärung sollte die Zusammenarbeit von ständigen empathischen Prozessen begleitet sein, um größtmögliche Passgenauigkeit bzw. Stimmigkeit zu gewährleisten. Besonders relevant wird der Einbezug emotionsbasierter Verfahren indes bei der Exploration wiederkehrender Muster der Klienten. Diese werden in der psychotherapeutischen Literatur als Fühl-, Denk- und Verhaltensmuster (FDV) bzw. als emotionale Schemata konzeptualisiert.

Ich gehe im Modell der SEP von der These aus, dass die Bearbeitung und Transformation dieser Muster, die als Grundlage vieler psychischer Störungen zu begreifen sind, eine Kernkompetenz psychotherapeutischer Arbeit darstellt und sich daher an diesem Punkt die Leitdifferenz zwischen einfacher Beratung und Psychotherapie festmachen lässt. Das Erkennen und die lösungsorientierte Bearbeitung dieser Muster sind in meinen Augen ein Schlüssel jeder Psychotherapie, besonders wenn sie nachhaltig wirken will.

Tabelle 16 zeigt, auf welchen Ebenen einer systemisch-emotionalen Therapie die Berücksichtigung emotionaler Prozesse als besonders relevant anzusehen ist.

Tabelle 16: Systematische Einbeziehung von Emotionen im Konzept der SEP

Ebene/Bereich	Methode/Aktion	Zielrichtung
Beziehungsarbeit	Joining, Pacing	Schaffen einer akzeptierenden, mitfühlenden Grundhaltung
dynamische Auftragsklärung	Erspüren und Explorieren der Therapiemotivation	Aufspüren schmerzvoller Emotionen als Hinweisreize für unerfüllte Bedürfnisse und mögliche Auftragsziele
unklare, diffuse Gefühle erkennen und benennen lernen	empathische Exploration	Entwicklung von Selbstwertempfinden und Selbstakzeptanz
FDV-Muster und emotionale Schemata erkennen	Anwendung möglichst vielfältiger erlebnisorientierter Übungen	Transformation emotionaler Schemata

Selbstredend kommen Klientinnen in aller Regel wegen aktueller Problemlagen in eine Therapie. Jedoch ist davon auszugehen, dass die Motivation, einen Therapeuten aufzusuchen, erst dann entsteht, wenn diese Problemlagen sich als so schwer veränderbar erwiesen haben, dass sich Klientinnen angesichts der eingeschränkten Wirkungen ihrer bisherigen Lösungsversuche hilflos und/oder überfordert erleben. Wie Paul Watzlawick mit seinem bereits erwähnten Diktum treffend beschrieben hat, werden dabei oft die eigenen Lösungsversuche zum tatsächlichen Problem, denn viele Betroffene wenden immer mehr der gleichen Denk- und Verhaltensmuster an, um ihre Probleme zu lösen. Daraus entstehen Musterwiederholungen sowohl im interaktiven als auch im psychischen System, und die (belastenden) emotionalen Muster, die bei diesen Operationen beteiligt sind, reproduzieren sich ebenfalls, erzeugen Wechselwirkungen und Rückkopplungsprozesse nicht nur auf der psychischen, sondern zudem auf der neurobiologischen und der sozialen Systemebene.

Die Frage, inwieweit diese Muster einer biografischen Wiederholungslogik entsprechen, ist für viele Patienten nun erhellend und entlastend zugleich. Die Sinnhaftigkeit der emotionalen Schemata kann in der Regel sehr viel besser verstanden und angenommen werden, sobald sich deren Entwicklung und Konditionierung rekonstruieren und im biografischen Raum verorten lässt. Besonders jene in der Kindheit, der Jugend und im frühen Erwachsenenalter entdeckbaren Entwicklungsstränge emotionaler Schemata erzeugen einerseits narrative Entlastung, indem sie vom Druck der scheinbar schuldhaften Eigenverantwortung befreien. Zugleich verweisen sie andererseits auf neue Lösungsoptionen und Auftragsziele, da in ihnen zum einen belastende wiederkehrende Muster, zum anderen – als wichtige Ressource – der bisher zu wenig berücksichtigte Bedürfnisbezug erforscht werden können.

Für das Narrativ der allermeisten Patientinnen ist der Prozess des empathischen Verstehens und Erkennens der Wiederholbarkeit emotionaler Schemata aufgrund nachvollziehbarer Selbstorganisations- und Konditionierungsprozesse daher eine große Erleichterung, jedenfalls sofern dieses Erkennen mit der Zuversicht auf das Entdecken bzw. Entwickeln von Veränderungsmöglichkeiten einhergeht. Dies kann von Fall zu Fall sehr unterschiedlich gelingen. Die Bandbreite zwischen einerseits rein aus der Aktualität der jeweiligen Lebenslage entstandenen und andererseits bereits biografisch verwurzelten, aktuell in neuer Version aktivierten FDV-Mustern ist ausgesprochen groß. Aus meiner Erfahrung lohnt der Blick in die biografische Dimension zumindest immer dort, wo einfache Lösungen nicht greifen und Teilaspekte der Emotionsregulation innerhalb der Selbstorganisation des Klienten störungsspezifische Auswirkungen aufzeigen.

Ungeachtet all dessen sehe ich in der SEP auch das systemische Paradigma, zuerst für die *aktuelle* Situation Lösungen zu (unter)suchen, als zielführend an. Die Hypothese, dass das dem Aufsuchen einer Therapie seitens des Patienten zugrundeliegende unmittelbare Anliegen auch biografische Muster aufweist, die für eine therapeutische Beachtung und Bearbeitung lohnenswert sein könnten, kann – wie jede systemische Hypothese – bestätigt, aber ebenso verworfen werden. In jedem Fall lädt sie zu weiteren Fragestellungen und potenziellen Auftragszielen ein.

Als eine Art Faustregel lässt sich gleichwohl die These aufstellen, dass störungsspezifische Therapieanliegen sehr oft mit einer Konditionierungsgeschichte emotionaler Schemata einhergehen und es dementsprechend naheliegt, den biografischen Kontext auch für die Veränderungsarbeit zu berücksichtigen – frei nach dem Motto: »Es ist nie zu spät, für eine glückliche Kindheit«, was natürlich für unseren Zusammenhang bedeuten soll: selbst frühe Kindheitsmuster sind durch die retrospektive Imaginationsarbeit, das Unfinished Business und die IKA gemäß den Anliegen und Möglichkeiten unserer Klienten neu zu gestalten und die in ihnen enthaltenen Grundbedürfnisse zu achten und zu integrieren. Mit dieser Weichenstellung ist zugleich ein anderes Verständnis für zeitliche Abläufe und Veränderungswahrscheinlichkeiten verbunden, zumal die komplexe Verwobenheit der neurobiologischen, emotionalen, implizit und explizit kognitiven sowie verhaltensorientierten Rückkopplungsprozesse ohnehin nur schrittweisen Wandel und ein entschleunigtes Veränderungstempo nahelegen. Ein guter Ausgangspunkt findet sich in der Verwendung basaler Interventionen, die auf ähnlichen und – wie bereits festgestellt – synergetischen Grundhaltungen beruhen, die eine integrative Implementierung emotionsbasierter und systemischer Prämissen und Methoden für eine therapeutische Praxis mit breitem Anwendungspotential und hohen Erfolgsaussichten fruchtbar macht.

Basisinterventionen

Aus dem Pool der emotionsbasierten Verfahren können viele Interventionen auch direkt in eine systemische Therapie integriert werden. Am wichtigsten erscheint die Grundhaltung zu sein, Emotionen für therapeutische Zusammenhänge einen prominenten Stellenwert einzuräumen und diese grundsätzlich als höchst wertvoll zu beachten.

Emotionen empathisch zu begleiten ist allein schon für die Herstellung eines tragfähigen psychotherapeutischen Bündnisses von größter Bedeutung. Als Auftragswegweiser für psychotherapeutische Zwecke ist darüber hinaus die Idee der EFT nützlich und Sinn stiftend, besonders den schmerzhaften Emotionen zu folgen. Viele Studien belegen schließlich, dass diese als Ausgangspunkt für die Genese belastender Schemata und dadurch auch für die Therapie störungsspezifischer Symptombildungen zu verstehen sind (▶ Kapitel 1.4.1).

Daher besteht der Hauptgewinn für systemische Therapeuten bei einer Integration der EBV in einem veränderten Umgang mit diesen schmerzhaften Emotionen und den mit ihnen verwobenen emotionalen Schemata. Sie zu evozieren und empathisch zu erforschen ist in meinen Augen der wesentliche und fruchtbarste Fokuswechsel bei der Einbeziehung emotionsbasierter Verfahren.

Dafür ist die Fähigkeit des Therapeuten, mit schmerzvollen Emotionen wohlwollend und akzeptierend umzugehen, eine essenziell wichtige Voraussetzung. Das bedeutet aber auch, diesen Aspekt möglichst bereits in der Ausbildung, insbesondere in der Selbsterfahrung genügend zu berücksichtigen.

Die folgende Tabelle 17 zeigt die verschiedenen therapeutischen Ebenen, für die sich die Integration emotionsbasierter Verfahren meines Erachtens als von besonderem Nutzen erwiesen hat.

Tabelle 17: Einsatzmöglichkeiten emotionsbasierter Verfahren in der therapeutischen Praxis

Thema	Vorgehen	Ziele
Grundhaltung	Wohlwollend-akzeptierend	Beziehungsaufbau; Therapeut als ein Modell
Auftragswegweiser	schmerzvolle Emotionen aufspüren	bessere Verarbeitung; Überwindung von Vermeidungsmustern, Beschämung, Wertlosigkeitsgefühlen
methodisches Vorgehen	Emotionen evozieren; empathisches Explorieren	Verstehen; Selbstakzeptanz
Interventionen	erlebnisorientierte Übungen; Stuhlübungen; Imaginationen	Transformationen; Empowerment
Perspektive	Bedürfnis-, Ressourcen- und Lösungsorientierung	Resilienz und Selbstfürsorge

Hinsichtlich der Methodik sind es vor allem die erlebnisorientierten Interventionen, die sich für eine Integration anbieten. Aus der (hypno-)systemischen Teilearbeit und der Ego-State-Therapie dürften Externalisierungsübungen vielen systemischen Therapeuten wohl vertraut sein. Die EBV bieten nun insbesondere ein vielfältiges Repertoire an Stuhlübungen, die ich in den Abschnitten über die Schematherapie und die emotionsfokussierte Therapie bereits eingehend beschrieben habe, aufgrund ihrer immer wieder zu beobachtenden großen Effektivität aber im Folgenden nochmals kurz aufgreifen möchte.

Eine zentrale Zielsetzung besonders der EFT und der Mitgefühlsorientierten Therapie liegt darin, aufseiten des Klienten die Wahrnehmung der eigenen Gefühle und Bedürfnisse zu fördern und mittels ihrer besseren Akzeptanz befähigt zu werden, mit ihnen selbstreferenziell einfühlsam und mitfühlend umzugehen. Empathie und Mitgefühl, für viele Menschen nur als sporadische Momente der Zuwendung in einer Art Einbahnstraßenfunktion nach außen vertraut, werden dann nicht mehr nur auf andere Menschen, sondern vermehrt auch auf das eigene Selbst gerichtet. Ich fasse dieses Konglomerat aus Wahrnehmen, Akzeptanz und Befähigung zum empathischen Umgang mit sich selbst als wesentliche Funktionen des *fühlenden Selbst* zusammen, welches immer wieder mittels praktischer Übungen erlebbar gemacht wird, bis es sich in ein *einfühlsames Selbst* wandelt.

In Entsprechung zur EFT wird dieses fühlende Selbst, zu dem als ein relevanter Anteil auch das körperliche Erleben und die Wahrnehmung somatischer Marker gehören, als eigene Position in vielen Stuhlübungen einbezogen. Eine damit verwandte Zielsetzung ist es, die verletzlichen inneren Anteile, die ebenfalls als Triebfeder sehr vieler störungsspezifischer Probleme zu betrachten sind, mittels der erlebnisorientierten Übungen zu wandeln. Speziell in der Schematherapie wird ihnen dabei als wohlwollende integrative Instanz ein *Gesunder Erwachsener* zur Seite gestellt. Die Therapeutin übernimmt derweil die Aufgabe, die verletzliche Seite entweder über die Kooperation mit diesem Gesunden Erwachsenen oder auch unmittelbar zu stärken und in den potenziellen Konflikten mit anderen inneren Anteilen (Antreibern, Kritikern, Angstmachern etc.) zu fördern. Die Selbstachtung und die Selbstakzeptanz des Klienten erfahren auf diese Weise Empowerment.

Aus der systemischen Therapie kann darüber hinaus die Idee des *Reflecting Teams* in die Stühlearbeit übernommen werden, wenn der Gesunde Erwachsene des Klienten und die Therapeutin gemeinsam überlegen, welche Form der Resilienz oder der Selbstakzeptanz in einer bestimmten Situation am hilfreichsten einzusetzen sind. Entscheidend bei dieser Form der Stühlearbeit ist in der Regel die Stärkung der Selbstachtung und der bedürfnisbezogenen Seite, auch wenn der Prozess in jedem Einzelfall als komplett ergebnisoffen zu betrachten ist. Der Therapeut geht gleichermaßen wie im systemischen Diskurs von der *Haltung des Nicht-Wissens* aus, welchen Prozessverlauf die Sitzung nehmen wird und welche Emotionen konkret und in welcher Abfolge zum Vorschein kommen werden. Er ist kein Experte für die Antworten und Ergebnisse, sondern in erster Linie für eine empathische Prozesssteuerung und -begleitung verantwortlich.

Ein Leitfaden ist dabei, die *primären Emotionen* (▶ Kapitel 2.3.2) hervorzubringen, die wie Neuinformation für den Klienten wirken können und in der Lage sind, seine selbstorganisierte Emotionsregulation zu perturbieren und in der Folge zu transformieren. So kann beispielsweise eine Emotion wie Trauer, die durch die Exploration der verletzlichen Seite sehr häufig offenbar wird, in diesem Prozess als eine wertvolle Ressource betrachtet werden. Ich verstehe sie wie die *eine* Seite einer Medaille, auf deren *anderer* die eigenen Wünsche und Sehnsüchte, mit anderen Worten: die bedürfnisbezogenen Qualitäten angesiedelt sind. Für ein »gutes Ende« der Transformation bzw. die *bessere Integration* beider Seiten liegt es dann nahe, diese Übungen in Fragen nach ebenjenen ursprünglichen bedürfnisbezogenen Qualitäten münden zu lassen, die beim Klienten bisher zu kurz gekommen sind oder ganz gefehlt haben. In einem veränderten Umgang mit diesen Seiten und in einer besseren Emotionsregulation ist ein wesentlicher Schlüssel für nachhaltige Veränderung zu sehen.

Die systemische Arbeit mit Gegensätzen kann letztlich idealerweise dazu führen, dass die beiden Seiten sich auf eine fortan bessere Kooperation und Dialogfähigkeit verständigen. Auch Antreiber, Kritiker und andere innere Anteile folgen ja ihrerseits bestimmten Funktionen, Werten und Ansprüchen, die es nicht grundsätzlich zu vernachlässigen gilt. Im Sinne eines Sowohl-als-auch können daher hilfreiche Kompromisse, neue Prioritäten, Konsens erzeugende Ideen und – zur zukünftigen Beziehungssteuerung – wechselseitige Erinnerungsfunktionen generiert werden.

So arbeitet Frau Bach aus unserem Fallbeispiel von S. 181 nach einer ausführlichen Bearbeitung ihrer emotionalen Schemata für sich die Idee heraus, dass sie in Zukunft mehr die eigenen Gefühle der Erschöpfung und ihre Bedürfnisse nach Abgrenzung, Ruhe und Erholung beachten möchte. Auf meine Frage nach den Möglichkeiten der Gewährleistung einer zukünftigen Balance gibt sie an, grundsätzlich die Achtung ihres gefühlten Selbst über das reine Funktionieren, das Erfüllen der (vermeintlichen) Erwartungen anderer bzw. den Glaubenssatz, es immer allen recht machen zu müssen, stellen zu wollen. Da ihr jedoch sehr wohl bewusst ist, dass sich eine Veränderung eines mindestens seit der Pubertät einstudierten und mit nachhaltigen FDV-Vernetzungen einhergehenden Beziehungsmusters nicht im Handumdrehen erwirken lässt, verabreden wir, dass ihr pflichtbewusster innerer Antreiber und ihr gefühltes Selbst sich zukünftig regelmäßig zu einer Art Bilanzierung verabreden. Zusätzlich wird eine Alarmfunktion vereinbart, die dem gefühlten Selbst bei kleinsten Verdachtsmomenten, wieder in alte Überforderungsbahnen zu geraten (was sich an Anzeichen wie Ermüdung, Erschöpfung und bereits im Vorfeld am Sich-nicht-Nein-Sagen-Trauen offenbart), erlaubt, einen sofortigen Dialog mit dem kognitiv antreibenden Teil zu veranlassen, in dem die Prioritäten gemäß den eigenen Gefühlen und Bedürfnissen und den erlebten sozialen Notwendigkeiten neu geordnet werden können.

Zusammengefasst lässt sich sagen, dass die EBV auch für vorrangig systemisch arbeitende Therapeutinnen verschiedene sehr nützliche erlebnisorientierte Interventionen zur Verfügung stellen, die sich vor allem über Stuhlübungen (Tab. 18) vermitteln lassen.

Tabelle 18: Überblick möglicher Stuhlübungen mit inneren Anteilen

Verinnerlichte »Soziale« Anteile	Gefühlte Seite	Vermittlungsinstanzen	Therapieform
kritisch-fordernde Elternanteile	verletzter Kindanteil	Gesunder Erwachsener und Therapeut	Schematherapie
Bewältigungsmuster (z. B. Unterordnung, Selbstaufopferung, Es-allen-recht-machen-Modus, Rückzugsmuster, Vermeidungsmuster, Überkompensation, Substanzmissbrauch, Aggressivität, Dominanzstreben etc.)	emotionaler und bedürfnisbezogener Anteil	Gesunder Erwachsener und Therapeut	Schematherapie
innerer Kritiker	gefühltes Selbst	Selbstorganisation des Klienten und Therapeut	EFT
innerer Antreiber	gefühltes Selbst	Selbstorganisation des Klienten und Therapeut	EFT
innere Angstmacher	gefühltes Selbst	Selbstorganisation des Klienten und Therapeut	EFT
innere Selbstaufgabe, Sinn- und Hoffnungslosigkeitsgedanken	gefühltes Selbst	Selbstorganisation des Klienten und Therapeut	EFT
mitgefühlsorientierte Seite	instabiles, belastetes, überfordertes Selbst	Selbstorganisation des Klienten und Therapeut	Mitgefühlsorientierte Therapie

Sowie als Imaginationsübungen:

verletzende Situation mit einem Elternteil	verletzter Kindanteil	Gesunder Erwachsener und Therapeut	Schematherapie
Elternteil	verletzter oder vernachlässigter Kindanteil	Selbstorganisation des Klienten und Therapeut	Unfinished Business (EFT)
	verletzter oder vernachlässigter Kindanteil	Zugewandter Erwachsener und Therapeut	Innere Kindarbeit

Als Vorstufe zu diesen meist sehr intensiv erlebten und häufig besonders nachhaltig wirksamen Interventionen sind emotionale Explorationsübungen hilfreich, für die ebenfalls eine andere Position im therapeutischen Raum eingenommen werden kann. Diese unterstreicht die Besonderheit der Situation einer ausführlichen Exploration, die wie eine leichte Tranceübung die Aufmerksamkeit des Klienten auf eine bestimmte emotionale Situation bzw. ein bestimmtes emotionales Schema fokussiert und somit die eigene Gefühlswahrnehmung vertiefen hilft. Auch hierfür kann ein anderer Stuhl genutzt und mittels evozierender, spiegelnder, validierender, in jedem Fall zutiefst empathischer Interaktionen des Therapeuten das emotionale, somatische und bedürfnisbezogene Wahrnehmen des Klienten als wesentliche und unerlässliche Vorstufe der Selbstakzeptanz vorbereitet und eingeübt werden.

Die Integrationsmöglichkeiten für systemische Therapeuten sind also ausgesprochen vielfältig und lohnenswert, heben sie doch den Therapieprozess häufig auf eine andere Stufe. Kognitive Prozesse werden mit erlebnisorientierten Elementen verknüpft, psychisches und somatisches Erleben wird integriert, Schmerzvolles in Wandelbares transformiert, kurz: Lösungen werden im wahrsten Wortsinne *erlebt* und gleichermaßen *erlebbar* gemacht.

Mit Blick auf die Erforschung der wirksamsten Psychotherapiemethoden bietet die Integration von emotionsbasiertem und systemischem Ansatz meines Erachtens ein spannendes Feld für zukünftige Studien.

Dialoge mit der emotionalen Seite

Die Differenzierung der Systemarten kann auch für therapeutische Zwecke genutzt werden, indem biologische und emotionale Prozesse in ihrer auf unsere Bedürfnisse bezogenen Art unseren kognitiv repräsentierten Anforderungen und Bewertungen gegenübergesetzt werden.

Dazu werden in der SEP verschiedene Externalisierungsmöglichkeiten eingesetzt. Als Option aus der Schematherapie kennen wir die *verletzten Kindanteile,* in der EFT nutzen wir das *emotionale Selbst* und bei der IKA die *inneren Kindanteile.* Sie alle können als Anteile der emotional-bedürfnisbezogenen Seite begriffen werden. Auf der anderen Seite stehen die Bewertungen, also kognitive Prozesse in Form von Antreibern, pflichtbewussten Anteilen und inneren Kritikern (in der Schematherapie explizit als kritisch-fordernde Elternanteile operationalisiert). Sie erhalten zur intensiven therapeutischen Bearbeitung je nach Bedarf (▶ Kapitel 2.2.6 sowie ▶ Kapitel 2.3.4) einen eigenen Stuhl. Sobald diese beiden Seiten eine tragfähige Dialogfähigkeit, wechselseitiges Verständnis und Kooperationsfähigkeit entwickelt haben und diese Qualitäten auch in kritischen Phasen erzeugen können, ist eine Stufe der Therapie erreicht, die eine nachhaltige Wirkung erwarten lässt. Als positives Modell werden diese integrativen Kompetenzen in der Schematherapie als *Gesunder Erwachsener* mit entsprechenden empathischen, verstehenden, akzeptierenden, ermutigenden und wertschätzenden Qualitäten konzeptualisiert.

Es ist sehr gut möglich, diesen Dialog in verschiedenen Zeitachsen einzuüben. Verletzte Anteile finden sich schließlich selbstredend nicht nur in den verschiedenen Altersstufen der Kindheit. Auch in den diversen Phasen der Jugend und des Erwachsenenlebens und eben nicht zuletzt in den Gegenwartsbezügen können die Schemata der verschiedenen Verletzlichkeiten in unterschiedlichen Kontextbezügen wiederauftauchen. Es gibt daher Übungsbedarf in vielfältigen Variationen. Durch die Inszenierung der Stuhldialoge, wie ich sie im Einzelnen in den verschiedenen Abschnitten über die emotionsbasierten Verfahren beschrieben habe, implementiert sich die Fähigkeit zur empathischen Selbstwahrnehmung und zum inneren Dialog, so dass auch diese zu einer konditionierten impliziten Kompetenz heranreift und Schritt für Schritt die Emotionsregulation nachhaltig zu verändern beginnt.

Diese Arbeitsweise kann auch für Paar- und Mehrpersonentherapien nutzbar gemacht werden. Da Emotionen die psychische Dynamik des Einzelnen lenken, beeinflussen sie ebenfalls dessen kommunikative Fähigkeiten, seine Empfangsfähigkeit für die Botschaften anderer wie seine Mitteilungsfähigkeit. Auch hier sind die Rückkopplungseffekte zwischen emotionalem Erleben und den Kommunikationsakten zwischen zwei oder mehreren Interaktionsteilnehmern höchst vielfältig. Sie werden durch kommunikative Regelkreisläufe bestimmt, deren Bearbeitung in der systemischen Paar- und Familientherapie einen wichtigen Schlüssel für Veränderung darstellt. Genau genommen sind hier ebenfalls Emotionen beteiligt, da Veränderungen dauerhaft nur stattfinden, sofern sie dem Einzelnen sinnvoll erscheinen und sich dieser Sinn auch im Erleben widerspiegelt.

In der SEP werden die Emotionen nun zu *der* entscheidenden Drehscheibe für ein besseres gegenseitiges Verstehen der Interaktionsteilnehmer. Während in der systemischen Therapie die Verschränkung der unterschiedlichen Perspektiven und Erwartungen durch zirkuläres Fragen gefördert wird, zielt eine emotionsfokussierte Paartherapie auf ein tieferes Verständnis und die Kommunikation der unerfüllten und enttäuschten wechselseitigen Bedürfnisse. Mittels empathischer Exploration werden verborgene schmerzhafte Emotionen, die Rückzugsmustern bzw. gegenseitigen Vorwurfshaltungen zugrundeliegen und diese gleichermaßen aufrechterhalten, in die wechselseitige Kommunikation eingeführt. Gefühle der Beschämung und Verletztheit, Verzweiflung, Einsamkeit und Hilflosigkeit, Angst, Wut und Verachtung werden dabei als Schlüsselemotionen für eine Transformation herausgearbeitet. Das gemeinsame Erleben der Möglichkeit, Gefühle dieser Dimension konstruktiv bearbeiten zu können, verleiht dem Paar neue Nähe und Intimität und erzeugt Offenheit und Vertrauen für weitere empathische Beziehungsmuster.

Dies bedeutet für die konkrete Anwendung eines systemisch-emotionsbasierten Verfahrens, dass bei aller Integration die Charakteristika der einzelnen Methoden verstanden und durchdrungen werden sollten, um ihr jeweiliges Potential möglichst zur Gänze ausschöpfen zu können. Dementsprechend ist es wichtig die Variabilität der Perspektiven zu achten, um die Interventionen in den verschiedenen Anliegen, Aufträgen und Settings möglichst zielgenau einbringen zu können.

Drei Lupen

Besonders in systemischen Kontexten ist das Einnehmen verschiedener Perspektiven von großer Bedeutung, einerseits um der Vielfalt der hypothetischen Möglichkeiten und damit einer differenzierten Betrachtung Raum zugeben, andererseits um den Wahlmöglichkeiten und der konkreten Anschlussfähigkeit der Klienten Räume zu öffnen. Im psychotherapeutischen Kontext, zumal in einzeltherapeutischen Settings, sind dies grundsätzlich einerseits die soziale Perspektive, sprich: die interaktiven Wechselbeziehungen zwischen den Akteuren zu betrachten und andererseits die psychische, also die kognitiven und emotionalen Prozesse zu fokussieren.

Ich möchte diese verschiedenen Sichtweisen im Folgenden in Anlehnung an Wagner, Henz und Kilian (2016), die von der Differenzierung verschiedenartiger »Linsen« speziell bei der Betrachtung und Erforschung von Persönlichkeitsstörungen sprechen, die *drei Lupen* nennen. Im Gegensatz zur »systemischen Lupe«, die die Wechselwirkungen und Veränderungsmöglichkeiten von Einstellungs- und Verhaltensmustern in einem sozialen Kontext untersucht, beschreiben sie als einen notwendigen Zugang für das Verständnis von Persönlichkeitsstörungen eine radikal andere Betrachtungsweise: »Bei ›Persönlichkeitsstörungen‹ sind die interaktionellen Muster oder Schemata, die problemerzeugend oder -aufrechterhaltend wirken, so sehr Teil der eigenen Identität, dass das Problematische oder ›Störungswertige‹ daran häufig vom Betroffenen selbst nicht erkannt wird (Ich-Syntonie)« (Wagner et al., 2016, S. 20). Dies impliziert, dass der Auftrag für eine Veränderung dieser Muster selten klar definiert wird und daher »eine dosierte Selbstbeauftragung« (Wagner, Henz u. Kilian., 2016, S. 20) durch den Therapeuten erfolgen sollte.

Es bedarf somit neben der systemischen Betrachtung der Zirkularität und Kontextbezogenheit von Verhaltensweisen und Symptomen auch einer Betrachtung der personenbezogenen Schemata. Im Gegensatz zur schnellen Lösungsfokussierung durch die Analyse von Unterschieden und Ausnahmen ist der Blick in der eher längerfristig ausgelegten SEP daher nicht zuletzt auf Wiederholungen dysfunktionaler Verhaltens- und Erlebnismuster zu richten.

Aus meiner Sicht sind die folgenden drei Lupen wesentlich zu unterscheiden.

(1) Die systemische Lupe
Mit ihr werden – wie oben bereits erwähnt – Wechselwirkungen, Lösungsoptionen, Kontextbezogenheiten, Unterschiedsbildungen etc. in ihrer Eingebundenheit in die unterschiedlichsten (sozialen) Systeme untersucht.

(2) Die emotionsfokussierte Lupe
Mit ihrer Hilfe werden diejenigen Gefühle untersucht, aus denen heraus sich die »symptomatischen Muster« bzw. die symptomerzeugenden Denk-, Fühl- und Verhaltensmuster entwickeln.

(3) Die biografische Lupe
Sie dient der Exploration und Verortung jener symptomerzeugenden Denk-, Fühl- und Verhaltensmuster, die sich in der biografischen Entwicklung zu emotionalen Schemata verdichtet haben. Anfangs ist diese Lupe bedeutsam für das Verstehen bzw. die Erkenntnis des Klienten, dass die besagten Schemata nicht aus dem Nichts oder einem eigenen Makel herrühren und somit keiner Schuld oder Schlechtigkeit, sondern einer nachvollziehbaren Genese unterliegen. Später wird diese Betrachtungsweise auch für die Umsetzung der Idee der retrospektiv lösungsorientierten Bearbeitung dieser Muster nutzbar, vorausgesetzt, es gibt genug Stabilität in der gegenwärtigen emotionalen bzw. psychischen Befindlichkeit des Klienten.

Es ist keineswegs notwendig, alle drei Lupen in jedem Einzelfall in aller Ausführlichkeit zu benutzen bzw. »durchzuarbeiten«. Jedoch kann letztlich bei allen Störungen, die auf wiederkehrenden Mustern beruhen, die Sinnhaftigkeit einer integrativen Anwendung der drei Lupen unterstrichen werden. Im Sinne eines ausgewogenen Sowohl-als-auch-Prinzips lässt sich bei einer gelingenden Integration dann im Sinne von Wagner et al. (2016, S. 117) auch von einer »Sammellupe« sprechen.

3.4.3 Störungsspezifische Betrachtung

Die systemtherapeutische Ambivalenz gegenüber dem Störungsbegriff wurde in der Fachliteratur schon ebenso vielfach wie vielfältig dargestellt und wird auch in der SEP berücksichtigt. Kursorisch zusammengefasst können folgende Nachteile auftreten:

(1) Stigmatisierungsgefahr
(2) monokausale Fokussierung auf den Indexpatienten und dessen »Störung« unter Vernachlässigung des Beziehungskontextes
(3) unmittelbare »sanfte Kränkung« des Klienten
(4) Förderung von Ängsten vor »Unheilbarkeit«, insbesondere vor Verschlimmerung und Chronifizierung
(5) Förderung einer Anspruchshaltung auf Schonung und Dauerunterstützung, was Dauerettikettierung und Chronifizierung begünstigt

Demgegenüber lassen sich folgende Vorteile geltend machen:

(1) Chance, dass Symptome und Leidenszustände ernst genommen werden
(2) Therapieanspruch und Finanzierungsmöglichkeiten durch die Krankenkasse
(3) Krankschreibungen und andere Entlastungen
(4) Therapeutisches Schul- und Erfahrungswissen über Entstehungsbedingungen und Heilungschancen
(5) Vergleichbarkeit mit anderen Verläufen (»Sie sind nicht allein«)
(6) Spezifisches methodisches Vorgehen, differenziert für jeden Einzelfall

Besonders dem dritten und dem vierten Punkt der Nachteile gilt es als Therapeut proaktiv entgegenzuwirken, da in solcherart Kränkungen und den mit Diagnosen möglicherweise einhergehenden Verschlimmerungsängsten Vorbedingungen für Selbstaufgabe und sogar für erhöhte Suizidalität gesehen werden können. In der Vergangenheit und auch noch in der Gegenwart bestärken zudem genetische Sichtweisen im vorherrschenden Diskurs das Chronifizierungsnarrativ. Demgegenüber kann argumentiert werden, dass es sich bei psychischen Mustern, auch wenn sie wiederkehren, nur um biografisch erworbene und konditionierte, im Worst Case und speziell für Anhänger der genetischen Perspektive nur um epigenetische Phänomene handeln kann, was bedeutet, dass sie grundsätzlich sehr wohl veränderlich sind, wenn auch – um nicht zu hohe Erwartungen zu schüren – womöglich nur in kleinen Schritten.

Erforschung sich wiederholender Muster und Persönlichkeitsstörungen

Für die individuelle Erforschung der emotionalen Schemata im therapeutischen Kontext sind all jene Fälle mit wiederkehrenden Symptomen von Relevanz. Wenn wir vom Krankheiten-Klassifikationssystem ICD ausgehen, sind besonders die Kategorien der Persönlichkeitsstörungen und der rezidivierenden Störungen aller Art, aber auch Somatisierungsstörungen, affektive Störungen und Posttraumatische Belastungsstörungen (PTBS) auf für jeden Einzelfall spezifische wiederkehrende Musterelemente zu untersuchen. Doch selbst in Anpassungs- und Belastungsstörungen können wir unter Umständen individuelle FDV-Muster erkennen und einer therapeutischen Bearbeitung zugänglich machen, schon allein, um prophylaktisch wirksam zu werden.

Als Persönlichkeitsstörungen werden gemäß der aktuellen Fassung der Internationalen statistischen Klassifikation der Krankheiten (ICD-10) klinisch relevante »länger anhaltende Zustandsbilder und Verhaltensstörungen« angesehen. Sie gelten als schwer zu behandeln, da sie – so die klassische Betrachtungsweise – auf konstitutiven, zumeist unflexiblen Strukturen der jeweiligen Persönlichkeit aufbauen und vielfach basale Beziehungsmuster und die Emotionsregulation der Person betreffen. Weiter heißt es in der ICD-10 eindeutig: »Persönlichkeitsstörungen treten meist in der Kindheit oder in der Adoleszenz in Erscheinung und bestehen während des Erwachsenenalters weiter« (zit. nach BfArM, 2020).

Für den Klienten kann es eine Entlastung darstellen, wenn die Therapeutin bei biografisch entwickelten, langlebigen Mustern, die sich in die Struktur der Persönlichkeit eingenistet haben und sich in immer wiederkehrenden belastenden bis großes Leid verursachenden Grundgefühlen, Sehnsüchten, Kognitionen und Beziehungs- und Verhaltensmustern niederschlagen keine allzu schnelle Veränderungswahrscheinlichkeit in Aussicht stellt (wie es den Sehnsüchten entsprechen würde) und die Erwartungshaltung an die Therapie somit von zu großem Druck befreit.

Dennoch würde ich dem Klienten gegenüber nicht unbedingt den Begriff »Persönlichkeitsstörung« benutzen wollen, da dessen kränkende und stigmatisierende Wirkung nicht zu unterschätzen und er daher nur mit Bedacht in die therapeutische Beziehung einzubringen ist. Die Betonung sollte vielmehr – wenn wir ihn aufgrund formaler, das allgemeine Medizinsystem betreffender Faktoren dennoch verwenden – auf der *Veränderbarkeit* liegen, die aber eben nur in größeren Zeitzusammenhängen, eher in Jahren als in Monaten, zu begreifen ist. Dadurch wird auch die therapeutische Beziehung von zu großer Erwartungshaltung befreit, die aufgrund der zumeist sehr großen Sehnsüchte, von dem teilweise unsäglichen psychischen Leid durch die störenden bis belastenden Beziehungs- bzw. FDV-Muster befreit zu werden, immanent bestehen mag – eine

Erwartungshaltung, die sich aufgrund enttäuschter Erwartungen im Therapieverlauf gerade bei der Spezifik bestimmter Persönlichkeitsstörungen und ihrer inhärenten Merkmale extrem kontraproduktiv auswirken kann.

Das zeigt sich exemplarisch an selbstverletzenden Verhaltensmustern. Diese entspringen emotionsdynamisch zumeist aus Verletzlichkeit, tiefster Selbstablehnung und der Abspaltung der mit der Verletzlichkeit verwobenen Gefühlszustände. Abgewehrte schmerzhafte Emotionen wiederum zeigen sich oft in mangelnder Frustrationstoleranz und schlagen leicht in Selbsthass oder zumindest Selbstabwertungen um. Diese emotionalen Schemata können sowohl nach innen als auch nach außen gerichtet eine Vielzahl destruktiver Bewältigungsmuster nach sich ziehen. So kann beispielsweise bei der instabilen Persönlichkeitsstörung als Folge früherer Verletzungen und der Erfahrung des Im-Stich-gelassen-Werdens bei enttäuschten Erwartungen in der aktuellen Beziehung das Schema »Misstrauen« und das Bewältigungsmuster, Beziehungsabbrüche zu inszenieren, aktiviert werden. Dazu ein ausführliches Fallbeispiel aus meiner Praxis.

Fallbeispiel
Frau Schuster kommt nach einem sechswöchigen stationären Aufenthalt in einer psychosomatischen Klinik zur Weiterbehandlung in meine Praxis. Die von der Klinik definierte Diagnose lautet F60.31, emotional instabile Persönlichkeitsstörung, Borderline-Typ.

Sie selbst beschreibt zunächst ihr Hauptanliegen, ihre wiederkehrenden depressiven Phasen, in denen sie sich extrem zurückziehe und tagelang nicht mehr aus ihrer Wohnung komme, zu überwinden. Sie liege dann auch tagsüber stundenlang im Bett, quäle sich einzig und allein noch notgedrungen zu ihrer Arbeit, in der sie aus Mangel an Kraft aber nur mehr Dienst nach Vorschrift mache. Alles komme ihr vollkommen sinnlos vor. Dann wiederum gebe es Phasen, da gehe es ihr gut. Dann gehe sie viel aus, sei unternehmungslustig, treffe Freunde und Freundinnen und lasse sich auf eine Beziehung ein. Doch holten sie schließlich immer wieder Zweifel ein, zunächst an der Partnerschaft, dann an sich selbst. Sie verlöre komplett das Vertrauen und ziehe sich in der Folge wieder mehr und mehr aus der Beziehung zurück. Alles erscheine ihr dann wieder sinnlos, was abermals den generellen Rückzug einleite, der manchmal in die vorher beschriebene depressive Phase münde. Diesen Kreislauf habe sie in den letzten Jahren immer wieder ähnlich durchlaufen. In ihrer Adoleszenz habe sie zudem viele Jahre unter einer bulimischen Essstörung und unter selbstverletzenden Handlungen gelitten.

Dabei glorifiziert Frau Schuster zu Beginn der Therapie ihre Kindheit als »wunderschön«. Ihre Eltern, insbesondere ihre Mutter, seien immer für sie da gewesen und hätten ihr jeden Wunsch erfüllt. Umso mehr verstehe sie sich selbst nicht, dass sie solche Probleme mache. Wie sich später zeigt, macht sie sich speziell in jenen depressiven Phasen extreme Selbstvorwürfe hinsichtlich ihrer seelischen Schwierigkeiten, die regelmäßig in Selbsthass umschlagen.

Die Familie war nach dem Zweiten Weltkrieg aus der Tschechoslowakei geflüchtet. Wie sich im Therapieverlauf herausstellt, hatte die Patientin bereits früh in ihrer Kindheit erlebt, dass die Eltern, besonders die Mutter, sehr unter dem Schicksal der Flucht litten und in ihrer neuen Lebenswelt unter großem Anpassungsdruck standen. Um den Eltern nicht zusätzlichen Kummer zu bereiten, versuchte Frau Schuster alles, um keine Probleme und den Eltern stattdessen durch besondere Leistungen eine Freude zu machen. So verhielt sie sich immer möglichst lieb und brav, so dass sie dem Ruf vonseiten der Mutter als »mein Sonnenschein« gerecht werden konnte. Extrem schnell lernte sie Deutsch, war in der Schule eine der Besten. Im Gegensatz zu ihrem jüngeren, etwas kränklichen Bruder war sie das strahlende Vorzeigekind, das alle Ansprüche und Aufgaben scheinbar fast mühelos übererfüllte und auf das alle stolz waren. So lernte sie, es allen immer recht zu machen und auf diese Weise das Wohlwollen ihrer Bezugspersonen zu gewinnen.

Wie sich in der Exploration herausstellt, verhinderten ihre übermäßigen Selbstansprüche, anderen gefallen zu wollen bzw. zu müssen (Perfektionismus), die Achtung und sogar die Wahrnehmung einer Vielzahl ihrer eigenen Gefühle und Bedürfnisse. Speziell unerwünschte Gefühle wie Unlust, Erschöpfung, Unwohlsein, Ängste vor neuen Herausforderungen, Ärger, Scham etc. überspielte sie so perfekt nach außen, dass sie sie schließlich auch innerlich nicht mehr bewusst wahrzunehmen vermochte.

Erst sehr viel später in der Therapie berichtet Frau Schuster zudem von einem sexuellen Missbrauchserlebnis in ihrer Jugend. Als sie 13 Jahre alt war, entwickelte sie ein Vertrauensverhältnis zu einem 16-jährigen Verwandten, der sie jedoch sexuell ausnutzte.

Um die familiäre Harmonie nicht zu stören, behielt sie dieses Ereignis für sich. Sie schämte sich sogar so sehr dafür, dass sie nun erstmals in der Therapie über diesen Vorfall sprechen konnte. Die mit dem Missbrauch verbundenen Schuld- und Schamempfindungen trugen zusätzlich dazu bei, ihre Gefühle zu dissoziieren und sich selbst zu verurteilen.

Ihre unerwünschten Emotionen und die dazugehörige bedürfnisorientierte Seite hatte sie bis zu unserer Therapie konsequent verleugnet und so weit abgespalten, dass sie sich nur noch in extremem, von ihr selbst nicht verstandenem Unwohlsein und in Selbstablehnung äußerten bzw. in besagtem Selbsthass mündeten. Die vielen Idealisierungen und überhöhten Ansprüche, die sie sich seit jeher selbst auferlegt hatte, jedoch inzwischen nicht mehr erfüllen konnte, schlugen regelmäßig um, einerseits in Erschöpfungszustände und andererseits in Versagensängste, gefolgt von Schuld- und Sinnlosigkeitsgefühlen, die in immer wiederkehrenden Selbstabwertungen und Selbstverurteilungen gipfelten.

In ihrer klinischen Geschichte wurden die hier beschriebenen Symptome mit den verschiedensten Diagnosen versehen: neben der Bulimia nervosa in der Adoleszenz eine depressive Episode, später eine rezidivierende depressive Störung, eine bipolare Störung und letztendlich die eingangs erwähnte emotional instabile Persönlichkeitsstörung des Borderline-Typs. Doch auch durch den Einsatz der unterschiedlichen Psychopharmaka hatten sich ihre Muster nicht grundlegend geändert.

Meines Erachtens ist zum Verständnis und zur Bearbeitung solcher Persönlichkeitsstörungen das innerhalb der Schematherapie vorgestellte Modusmodell (▶ Kapitel 2.2.4) besonders geeignet. Für Frau Schuster ergibt sich dabei eine Moduslandkarte wie in der folgenden Abbildung 18:

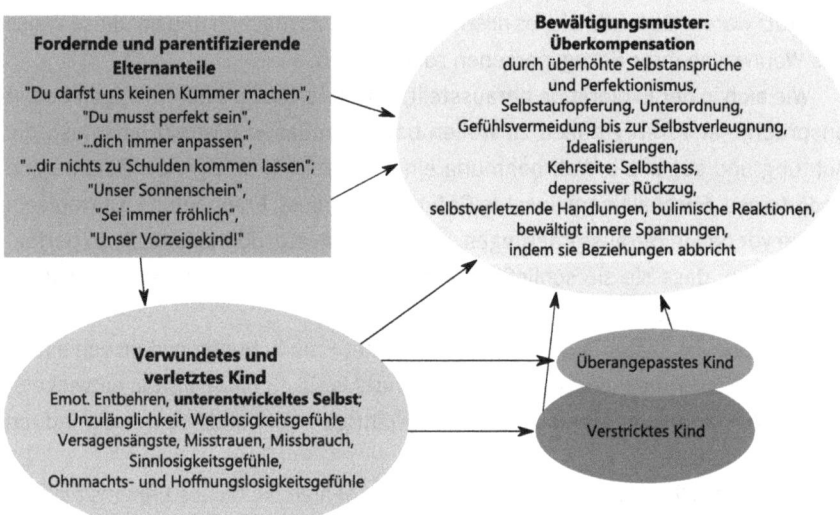

Abbildung 18: Moduslandkarte Frau Schuster

Bei diesem Fall fällt auf, dass die Elternanteile von der Klientin keineswegs als übermäßig kritisch oder strafend beschrieben wurden, sondern sogar als besonders zugewandt, geradezu »ideal«. Die elterlichen Botschaften lassen sich hier also eher im Sinne der Delegationstheorie der loyalitätsorientierten Familientherapie gemäß Helm Stierlin paraphrasieren (vgl. Stierlin, 1982). Dennoch erzeugten sie in Gestalt rigider Selbstansprüche, die sich die Klientin in Folge ihrer Selbstorganisation unter dem besonderen Anpassungsdruck der Familie auferlegt hatte, ein ungeheuer destruktives Potenzial.

In der therapeutischen Umsetzung war nun das Aufgreifen des inneren Kritikers, der im Fall von Frau Schuster schlimmste Selbstvorwürfe in Form destruktiver und sogar hasserfüllter Botschaften offenbarte, hoch relevant. Die Klientin erschrak anfangs selbst, als sie von dessen Stuhl diesen immensen Hass und ihr rigoroses Selbstabwertungspozential erlebte. Es dauerte mehrere Sitzungen, bis es ihr gelang, ihre Gefühle auf dem Stuhl der verletzlichen, emotionalen Seite wahrzunehmen und auch auszusprechen. Zunächst gab sie den Vorwürfen instinktiv recht und klein bei, fühlte sich schlecht und schuldig. Erst allmählich traute sie sich aufzuzeigen, dass die Kritik sie verletze, ihr zusätzlich schade. Doch es dauerte noch weitere Sitzungen, bis sie von der Gefühlsseite aus aufbegehrte, es sich zugestand, auf Augenhöhe mit dem Kritiker zu gehen und diesem mitzuteilen, dass sie diese Verurteilungen nicht mehr brauche, sondern stattdessen Zuspruch und Ermutigung in schwierigen Lebenslagen benötige.

In diesem Moment geschah etwas, was ich nicht erwartet hatte: Der Kritiker zeigte sich reuevoll, worauf die Gefühlsseite Mitleid mit diesem empfand. Das Autoritätsgefälle kippte wie eine Schaukel, und es brauchte viel systemisches Vermitteln zwischen den beiden Seiten, bis sich beide als vollwertig und mit guter Funktion für das Gesamtsystem begreifen konnten. Dabei konnte die Idee, dass in Zukunft die emotionale Seite mehr Achtsamkeit bedürfe, um von ihrem Bewusstsein bemerkt, nachempfunden und verstanden zu werden (beispielsweise in Form der Instanz des Gesunden Erwachsenen), als Konsens letztendlich auch von der kritisch-fordernden Seite anerkannt werden.

Der Klientin wurde durch die erlebnisorientierten Übungen deutlich, wie sehr sie ihre »Schattengefühle« abgelehnt hatte und welch verändernde Kraft durch die sich endlich selbst gegebene Erlaubnis, sie spüren und aussprechen zu dürfen, in ihrem Innersten entstand, was sehr dabei half, diese Gefühle auch zulassen und aushalten zu können. Dies wurde insbesondere am Beispiel des sexuellen Missbrauchs deutlich. Die Gefühle veränderten aber auch insgesamt ihren bisher assoziierten Schrecken, ihre scheinbare Schlechtigkeit und ihren negierten Charakter, allesamt entstanden aus der zutiefst belastenden Grundhaltung, nicht so sein zu dürfen, wie sie ist und damit das Gefühl zu haben, ein schlechter Mensch zu sein, der ständig versagt, indem er seinen Idealen nicht genügt.

Frau Schuster konnte in diesem Prozess erkennen, dass ihre Ideale auch sehr destruktiv gewirkt hatten und es ihr guttat, diese nicht über ihre Möglichkeiten und Fähigkeiten zu stellen. Stattdessen wurden für sie das Verstehen und Erleben ihrer Gefühle zu einem neuen Therapieziel und die Selbstachtung auch über das Erspüren somatischer Marker zu einem neuen Übungsfeld.

Umgang mit Persönlichkeitsstörungen in der SEP
In der psychiatrischen Klassifikation werden verschiedene Typen von Persönlichkeitsstörungen unterschieden. Besonders prominent und häufig zitiert ist die Borderlinestörung, aber auch dependente, anankastische (zwanghafte), narzisstische, paranoide und ängstlich-vermeidende Persönlichkeitsmerkmale können in der psychotherapeutischen Praxis wahrgenommen werden, was jedoch auch in anderen Diagnosestellungen, wie beispielsweise depressiven Episoden, Belastungs- oder Angststörungen subsumiert werden kann. Die Symptome, die einer Persönlichkeitsstörung zugrunde gelegt werden, können sich, wie bei jeder anderen psychischen Diagnose, überlagern, in sogenannten Komorbiditäten auftreten oder auch individuell sehr unterschiedlich ausgeprägt sein. Bei komplexen Persönlichkeitsstörungen ist dies, siehe das obige Beispiel, eher die Regel.

Der Therapieansatz für diese hochdynamischen Abläufe besteht in der SEP nun darin, ausgehend von den belastenden Situationen die wiederkehrenden problematischen Beziehungsmuster, die Form der Emotionsregulation, die verletzliche Seite und die mit dieser verwobenen Bewältigungsmuster zu erforschen. Hierzu können sämtliche Methoden der empathischen Exploration eingesetzt werden, wie sie in der Darstellung der EFT aufgezeigt wurden (▶ Kapitel 2.3.3). In einem nächsten Schritt gilt es, Einsichten über die zugrundeliegenden Bedürfnisse zu generieren, die am besten über die erlebnisorientierten Übungen erfahrbar gemacht werden können (▶ Kapitel 2.2.6 und 2.3.4). Zumeist spielen hierbei als Kontrahenten innere Anteile wie der innere Kritiker, Richter, Antreiber, Angstmacher etc. und entsprechende Grundüberzeugungen eine gewichtige Rolle, die es wegen ihres destruktiven und immanenten Potenzials unbedingt aufzugreifen gilt.

Sobald ein Zugang zu den emotionalen Schemata und ihren bedürfnisorientierten Anteilen gefunden wurde, lassen diese sich als zumindest ursprüngliche Operatoren für die teilweise dysfunktionalen und innere wie äußere Konflikte bzw. Symptome erzeugenden Bewältigungsmuster herausarbeiten. Verschiedene Stuhlübungen, in denen wahlweise die kritisch-fordernden Anteile, spezielle Bewältigungsmuster, die verletzlichen Seiten und die Figur des Gesunden Erwachsenen miteinander in Kontakt gebracht werden, erzeugen vertiefte Einsichten in die internal ablaufenden Prozessdynamiken, den Spannungsaufbau und die über die Therapie zu vermittelnden spannungsreduzierenden Maßnahmen. Daraus lassen sich Fertigkeiten für einen anderen, achtsameren Umgang mit der verletzlichen Seite, eine veränderte Selbstwahrnehmung und neue Formen der Emotionsregulation entwickeln.

In akuten Krisensituationen gilt es allerdings, zuerst auf die Stabilität des Klienten zu achten. Die verletzliche Seite sollte daher erlebnisorientiert immer nur dann aktiviert werden, wenn eine gewisse psychisch-emotionale Grundstabilität vorhanden ist. Der traumatherapeutische Grundsatz »Stability first« hat in instabilen Lebenslagen auch und gerade für die Arbeit mit Persönlichkeitsstörungen zu gelten.

Wird die verletzliche Seite indes durch die Lebensumstände oder durch den therapeutischen Prozess »an die Oberfläche gespült«, ist es angeraten, sie im Sinne einer fürsorglichen Haltung aufzugreifen und ihr achtsam, mitfühlend und einfühlsam zu begegnen. Die 70 %-Regel, die besagt, dass bei einem subjektiv eingeschätzten Erregungsgrad von 70 % und mehr es geraten erscheint, Skills einzusetzen, die in erster Linie dazu dienen, aus dem automatisierten Erregungsmuster auszubrechen und sich wieder etwas zu beruhigen (beispielsweise durch vorher eingeübte Achtsamkeits- und Entspannungsübungen) hat sich dabei – ausgehend von der dialektisch-behavioralen Therapie – in verschiedenen Therapierichtungen als Unterstützung für den Klienten bereits vielfach bewährt.

So kann jede Krise schlussendlich auch als eine Chance aufgefasst werden, die eigenen Verletzlichkeiten besser zu verstehen, zu bearbeiten und dadurch einer Heilung zuzuführen.

3.5 Therapeutische Perspektive

Eines unserer wesentlichsten menschlichen Grundbedürfnisse, welches jedoch im Verlauf unserer Individuation neben dem Bindungsbedürfnis auch besonders häufig in Mitleidenschaft gezogen bzw. verletzt wird, ist das nach Anerkennung und Wertschätzung. Unter einer Vernachlässigung oder Missachtung dieses Grundbedürfnisses leidet letztendlich auch unser Selbstwert. Daher gehört es unbestreitbar zu den vorrangigsten Aufgaben eines jeden Therapeuten, das Selbstwertgefühl unserer Klientinnen zu fördern, selbst wenn dies nur äußerst selten in der expliziten Auftragsklärung benannt wird.

Elementar für diese Aufgabe ist es dabei, die Klientinnen fortwährende Beachtung und immer wieder Anerkennung und Wertschätzung erfahren zu lassen. Im Idealfall lernen sie dann durch die Therapie, sich selbst Anerkennung zu geben, womit eine therapeutische Kernfunktion erfüllt wäre: Letztendlich sollte schließlich jede Therapie Hilfe zur Selbsthilfe darstellen und der Therapeut sich über kurz oder lang überflüssig machen. Allerdings ist gerade das Selbstwertproblem oft so komplex, dass sich im Lebensalltag immer wieder neue Situationen ergeben können, in denen der Verlust oder der Mangel an Selbstwert schmerzhafte Spuren hinterlässt. Zur Steigerung eines solchermaßen ramponierten Selbstwerts gibt es wiederum spezielle Therapieverfahren, die helfen, vermittels des Einübens selbstbewusster Kognitionen sich seines eigenen Wertes bewusst zu machen und diesen zu reorganisieren.

Darüber hinaus geht gerade eine belastende Emotionsregulation häufig mit einschneidenden internalen Abwertungen einher, weshalb es auch diese mit besonderem Augenmerk therapeutisch anerkennend zu begleiten gilt. Das bedeutet, dass jede Wahrnehmung schmerzhafter und/oder schambesetzter Emotionen durch die Klientin vom Therapeuten nach Möglichkeit positiv konnotiert werden sollte. Dies ist zunächst eine ungewöhnliche Übung, gerade wenn wir das Hervortreten besonders unangenehmer Emotionen wie Trauer, Verletzlichkeiten oder Schamgefühle positiv spiegeln sollen, jedoch zugleich ungemein wichtig, um die Selbstevaluation und Selbstexploration der Klientin zu fördern.

Da Emotionen als wichtige Signale für unsere Bedürfnisse aufzufassen sind, stellen ja auch nicht die Emotionen selbst das Problem dar, sondern ihre Bewertung (sprich: ihre Unter- oder Überbewertung, besonders aber ihre Ablehnung und Abwertung) und der damit verbundene Umgang mit ihnen. Bereits die Wahrnehmung und Benennung der belastenden und schmerzvollen Emotionen ist dabei für viele Klientinnen eine Herausforderung, deren Bewältigung als wichtige Voraussetzung für die Akzeptanz dieser Emotionen und somit auch für Selbstakzeptanz und entstehende Selbstwertgefühle in diesem Kontext zu betrachten ist. Durch die empathische Exploration hilft der Therapeut bei diesem Prozess, so dass die Klientin lernt, zu sich und ihren Empfindungen grundsätzlich stehen zu lernen. Nichts ist falsch daran, sich traurig, eifersüchtig, neidisch, ärgerlich usw. zu fühlen! Bei der Bedeutungszuschreibung wiederum, der Bewertung und den Schlussfolgerungen, wie mit diesen Emotionen umzugehen ist, kann dann durchaus die bessere Einordnung durch gemeinsames Reflektieren nützlich sein. Doch der primäre Ansatzpunkt des emotionsbasierten Therapeuten ist die Emotionswahrnehmung aufseiten der Klientin, deren Akzeptanz sowie das Verständnis und die Integration der dahinter verborgenen Bedürfnisse.

Der Leitgedanke, dass das bessere Erkennen und die Akzeptanz unserer Gefühle und dabei zugleich das Erkennen und die Würdigung unserer Grundbedürfnisse in einem unmittelbaren Zusammenhang mit dem Begriff der *Selbstachtung* zu sehen sind, ist für mich zu einem Grundverständnis meiner psychotherapeutischen Haltung geworden. Auch wenn die Erörterung der Frage, wie dabei das *Selbst* exakt zu definieren ist, den Rahmen dieser Arbeit sprengen würde, möchte ich mich der Auffassung anschließen, es zumindest nicht als festgelegte Entität zu begreifen, sondern als vielschichtig, vielfältig und dynamisch.

Ganz allgemein verwenden wir den Begriff des Selbst nicht allein in der Psychotherapie wie »selbst«verständlich als wesentliche Vorsilbe, die eine Fülle bedeutsamer therapeutischer Begriffssysteme wie Selbstbewusstsein, Selbstsicherheit, Selbstwahrnehmung, Selbstachtung, Selbstvertrauen, Selbstakzeptanz, Selbstwert und Selbstfürsorge ja schon ganz offensichtlich aufweisen. Es liegt letztlich nahe, das Selbst als eine Metapher zu verwenden, als Sammelsurium unserer Kernbedürfnisse und der mit ihnen strukturell verbundenen neurobiologischen und somatischen Abläufe und psychisch erlebbaren Emotionen, welches wir als etwas Dynamisches, sich ständig Veränderndes betrachten, dem wir über den Felt Sense kontinuierliche bzw. wiederkehrende Aufmerksamkeit beimessen können.

All jene dem Selbst zugeschriebenen Qualitäten werden durch die *emotionsbasierten* Therapiemethoden deutlich gestärkt und reorganisiert. Der Klient erfährt eine Art Empowerment, m.a.W. eine Kombination aus Erlaubnis und Befähigung, eigene Gefühle, Bedürfnisse und auch Grenzen mittels der vielen therapeutischen Instrumente und der darüber erlebten neuen Erfahrungen besser wahrzunehmen und für sie besser einzutreten. Die *systemische* Therapie wiederum unterstützt und fördert die Selbstachtung im sozialen Kontext, in der Kommunikation mit anderen und auch innerhalb der eigenen Selbstreflexion.

Beide Verfahren unterstreichen und fördern Selbstachtung und Selbstwert somit auf sehr unterschiedlichen Wegen. Daher ist die Integration dieser beiden psychotherapeutischen Modelle in der SEP eine in meinen Augen vielversprechende Herausforderung, die auf dem weiteren Weg der Psychotherapieforschung evaluiert und weiterentwickelt werden sollte. Sie bietet schon jetzt für jeden Therapeuten eine Vielfalt an Möglichkeiten, gemeinsam mit dem Klienten in jeder Therapie Auftragsziele zu finden, dabei die Selbstakzeptanz und das Selbstwerterleben zu steigern und auch darüber hinaus eine lebendige und erfolgreiche Zusammenarbeit zu ermöglichen.

3.6 Schlussbetrachtungen

Der Gewinn an Bedeutung, der in modernen Gesellschaften den Emotionen zukommt, schlägt sich nicht zuletzt auf dem Feld der Psychotherapie und inzwischen auch auf der systemischen Bühne in zunehmendem Ausmaß nieder. Nachdem die systemische Therapie zunächst sehr kognitiv die Analyse komplexer Systeme und ihrer selbstrekursiven problemaufrechterhaltenden Muster ins Auge gefasst hatte, wurde sie seit Mitte der 1980er Jahre immer stringenter hinsichtlich ihrer Lösungsorientierung umgebaut.

Auch innerhalb der abstrakten Konstruktion der Systemtheorie spielen Gefühle eine untergeordnete Rolle. In Anlehnung an Luc Ciompi sind sie jedoch als ein zentrales Medium, wenn nicht als Missing Link beim Verständnis der strukturellen Koppelungen zwischen den basalen den Menschen betreffenden Systemarten zu begreifen: dem sozialen, dem psychischen und dem biologischen System. Dabei können Emotionen als (neuronale) Impulse sowohl auf der Ebene des Körpers wie auch im psychischen System als für Motivationen und Entscheidungen aller Art wesentlich angesehen werden. Ihre Auswirkungen auf das soziale Handeln sind im Sinne von Vermeidungs- oder Annäherungsverhalten unübersehbar und erzeugen Resonanz im sozialen Raum. Auch kausal werden Emotionen häufig als Reaktionen auf Auslösesituationen erlebt, die sich aus Kontexten der Kommunikation und der Beziehungsgestaltung ergeben.

Emotionen finden somit auf der Bühne des Körpers statt (vgl. Damasio, 2005, S. 38), werden im psychischen System bewusst oder auch nur implizit wahrgenommen und dabei sehr unterschiedlich bewertet und fließen teilweise durch unsere verschiedensten Ausdrucksmittel in die Kommunikation mit ein. Eine Vielzahl an Emotionen wird dabei nicht bloß belastend und schmerzvoll erlebt, sondern zusätzlich auch extrem negativ bewertet, was – wie in ▶ Kapitel 1.4.1 am Beispiel der Angst illustriert – zu einem Kreislauf aus Negation, versuchter Kontrolle und vermehrtem psychischem Stress bis zu einer störungsspezifischen Symptombildung führen kann. Auch Verletzlichkeiten sowie Beschämungs- und Wertlosigkeitsgefühle weisen Potenzial für psychische Störungen auf.

Für die therapeutische Behandlung entsprechender Symptome bzw. die Analyse wiederkehrender psychischer, somatischer und sozialer Schwierigkeiten, aber umgekehrt auch für die Erfüllung von Lebensqualität und -zufriedenheit kann die Bedeutung der unterschiedlichen Formen der Regulation der Emotionen gar nicht hoch genug eingeschätzt werden. Umso erstaunlicher, welch Schattendasein sie bisher im Theoriegebäude wie in der Methodensystematik vieler Therapiearten und auch bisweilen im systemischen Feld einnahmen.

Auf der anderen Seite gibt es die EBV, die der Erforschung und dem systematischen Einbezug der Emotionen höchsten Stellenwert einräumen. Sie wurden in den letzten zwanzig bis dreißig Jahren entwickelt und werden mehr und mehr von integrationsbereiten Therapieschulen und deren Absolventen aufgegriffen. Parallel zu körpertherapeutischen Ansätzen und Methoden des Embodiments stehen sie mittlerweile vor der Schwelle ihrer umfassenden Integration sowohl als therapeutische Grundkenntnisse als auch in das Methodenrepertoire künftiger Therapeutengenerationen. Nicht zuletzt die in diesem Buch ausführlich dargestellten Ansätze der Schematherapie und der emotionsfokussierten Therapie sowie – im etwas kürzeren Rahmen – der Innere-Kind-Arbeit und der Mitgefühlsorientierten Therapie bieten in diesem Zusammenhang eine fundierte Vielfalt an erkenntnistheoretischen Grundlagen und einen reichhaltigen therapeutischen Werkzeugkasten.

Bei der strukturellen Koppelung zwischen biologischem und psychischem System spielt zudem die *implizite Emotionsregulation* eine tragende Rolle. Diese Erkenntnis bedeutet für das therapeutische Vorgehen, dass kognitive Akte (im Sinne von bewusstem Denken) nicht allein im Vordergrund der therapeutischen Interventionen stehen sollten. Vielmehr geht es eben um die impliziten, quasi automatisch ablaufenden Prozesse der Emotionsregulation, die es zu erforschen, zu verstehen und zu verändern gilt. Diese werden jedoch in aller Regel weder in der Auftragsdefinition des Klienten noch in einem klinisch-psychiatrischen Überweisungskontext dezidiert auf- bzw. ausgeführt. Es bedarf daher neben der systemischen Auftragsklärung gewissermaßen einer »zweiten Lupe«, die den Blick auf die wiederkehrenden Muster der Emotionsregulation und der Beziehungsgestaltung richtet. Sie unterliegen in aller Regel einer konditionierten und auf die Biografie verweisenden Geschichte.

Aufgrund neurobiologischer Erkenntnisse und der Ergebnisse der Bindungsforschung der letzten Jahrzehnte wissen wir den Stellenwert früher Beziehungsmuster für psychotherapeutische Fragestellungen mittlerweile besser einzuschätzen. Unter dem Aspekt ihrer Entstehungsbedingungen stellt sich die Genese der individuellen Emotionsregulation im Lichte der Sozialisationserfahrungen der Klienten in jedem Einzelfall meist durchaus plausibel und nachvollziehbar dar: Das allgegenwärtige Bestreben der Durchsetzung der kindlichen Bedürfnisse unter den Bedingungen der strukturellen Koppelung des sozialen Systems mit den biologischen Systemgegebenheiten des kindlichen Organismus formte in einem permanenten und dynamischen Wechselspiel die Entwicklung des psychischen Systems.

Wo diese Bedürfnisse nun einschneidend verletzt werden oder unerfüllt bleiben – so eine der Kernthesen der EBV – bilden sich emotionale Schemata. In der Folge etablieren sich zum Schutz vor und zur Vermeidung von weiteren Verletzungen etliche Bewältigungsmuster, die zukünftige Formen der Emotionsregulation und Beziehungsgestaltung in der jeweiligen biografischen Persönlichkeitsentwicklung steuern. Einige dieser emotionalen Schemata werden im Verlauf der individuellen Entwicklungsgeschichte unter bestimmten Bedingungen gut verdeckt und kompensiert, andere hingegen verstärkt und konditioniert, wieder andere lösen sich dank günstiger Bedingungen wieder auf.

Mit der Entwicklung emotionaler Schemata, die zum Teil aus vulnerablen und wiederkehrenden Mustern hervorgegangen sind, gehen Beschreibungen und Codierungen der verschiedenen psychischen Störungen einher. Gerade im Falle sogenannter »Persönlichkeitsstörungen«, die ich aufgrund der abwertenden Konnotation des Terminus lieber Persönlichkeits*akzentuierungen* mit dependenten, narzisstischen, instabilen, anankastischen oder wie auch immer gearteten

Beziehungsmustern nennen möchte, ist die wiederkehrende Dynamik von symptomerzeugenden Musterabläufen unübersehbar. Auch ist bei ihnen die Intensität bzw. die gelegentlich auftretende Wucht der biografisch entwickelten emotionalen Schemata und der mit ihnen verwobenen Bewältigungsmuster besonders eindrücklich und aufschlussreich. In der Therapie dieser spezifischen Störungsbilder werden dann die in den Musterabläufen enthaltenen emotionalen Schemata herausgearbeitet und durch empathisch-mitfühlende und akzeptierend-lösungsorientierte Interventionen einer Wandlung zugänglich gemacht.

Da biografisch verletzte oder zu kurz gekommene Bedürfnisse als Ausgangspunkt dieser Entwicklung zu verstehen sind, ist auch jede erfolgsorientierte Therapie auf die Integration dieser Bedürfnisse ausgerichtet. Aufgrund der empirischen Tatsache, dass eine solche Integration nicht immer durch Denken und Reflektieren allein gelingen kann, gewinnt die *Erlebnisorientierung,* also das Spüren, Fühlen und Ertasten der emotionalen Verwobenheiten unserer Bewältigungsmuster mit den ursprünglichen und immer noch vorhandenen Bedürfnissen, entscheidende therapeutischer Bedeutung. Ohne sie fehlt der Therapie, so meine Erfahrung, die Durchschlagskraft oder anders ausgedrückt: die Potenz, um die Akzeptanz der Bedürfnisse und der zu ihnen gehörenden Emotionen auch auf einer impliziten Bewusstseinsebene zu verankern.

Mein Fazit besagt, dass ein wesentlicher Schlüssel für die Transformation der schmerzhaften und behandlungsbedürftige Symptome erzeugenden FDV-Muster in der Erlebnisaktivierung mittels therapeutischer Interventionen liegt. Dabei ist der Erfolg der Transformation nicht zuletzt davon abhängig, inwiefern es gelingt, die Wahrnehmung und die Selbstakzeptanz der Klientinnen gerade in Bezug auf die primären Bedürfnisse und die mit ihnen verwobenen Fühl-, Denk- und Verhaltensmuster zu wecken.

Für eine gelingende Transformation bedarf es, nach der Klärung der Anliegen und Zielsetzungen und der Erzeugung eines gemeinsamen therapeutischen Bezugsrahmens somit dreier wesentlicher Elemente:

(1) die empathische und wohlwollende Unterstützung (anfangs auch durchaus Führung) durch den Therapeuten,
(2) Zeit und Kontinuität – Veränderungen dieser Tragweite, speziell bei langwierigen Störungen, gelingen nicht in wenigen Stunden oder Wochen, sondern benötigen häufig die Erfahrung einer kontinuierlichen Begleitung,
(3) den Mut und die Offenheit des Klienten zur erlebnisorientierten Aktivierung des Wandels durch das Wahrnehmen-Dürfen der verschiedenen

Emotionen und inneren Konflikte sowie das Annehmen-Lernen und Artikulieren-Dürfen der eigenen Empfindungen und der mit ihnen verwobenen Bedürfnisse.

Inwieweit diese Elemente sich in die eigene Vorstellung von Therapie und in die jeweilige Praxisarbeit integrieren lassen, bleibt natürlich grundsätzlich der Selbstorganisation und der Erfahrung von Selbstwirksamkeit jedes einzelnen Therapeuten überlassen. Aus meiner Sicht sind sie im Sinne des Respekts vor den legitimen Anliegen, Verletzlichkeiten und Bedürfnissen unserer Klientinnen und Klienten für eine fundierte und nachhaltig wirksame Psychotherapie unverzichtbar geworden.

Alles in allem ist die Umstellung bei einer Integration emotionsbasierter Verfahren in die systemische Therapie als ein dialektischer Prozess anzusehen, der verschiedene Gegensätze vereint:

Lösungsorientierung versus Problemverständnis

Veränderungsorientierung versus Förderung der (Selbst-)Akzeptanz

Fokussierung schmerzhafter Emotionen versus Fokussierung von wohltuenden Zuständen

Die basale Rolle der Beziehung zwischen Problem und Lösung hat unter anderem auch G. Schmidt in seinem Buch »Liebesaffären zwischen Problem und Lösung« (2004b) herausgearbeitet. Und auch der Psychotherapieforscher Klaus Grawe hat als einen wesentlichen Wirkfaktor jeder Psychotherapie neben der Ressourcenaktivierung und einer tragfähigen therapeutischen Beziehung die Problemaktualisierung betont (1998). Wie wichtig für jede psychotherapeutisch orientierte Veränderungsarbeit die Frage der Selbstakzeptanz zu verstehen ist, hat wiederum Carl Rogers in seinem Werk aufgezeigt. Aus meiner Erfahrung stellt die Entwicklung von vertiefter Selbstakzeptanz für die große Mehrzahl der Patientinnen einen ganz zentralen Meilenstein innerhalb des gesamten Veränderungsweges bei der Überwindung ihrer Symptome und der Verbesserung ihrer Lebensqualität dar. Die Sinnhaftigkeit und die große Bedeutung der Fokussierung der schmerzhaften Emotionen und der mit ihnen verwobenen emotionalen Schemata auch und gerade als Wegweiser und Veränderungsbasis für langwierige Symptome und dysfunktionale

Bewältigungsmuster habe ich hingegen erst mit der Zeit verstehen und einzuschätzen und dank der der Erfahrung der Transformierbarkeit dieser Emotionen die Anwendung der emotionsbasierten Verfahren besonders wertzuschätzen gelernt.

Auf meiner persönlichen Reise durch die in diesem Buch vorgestellten Therapieansätze bin ich zu der Überzeugung gelangt, dass die vielen Synergieeffekte, die die Integration dieser Ansätze hervorbringt und die ich erleben durfte, sich in jeder einzelnen Therapie, wenn auch sehr unterschiedlich, wiederfinden und entsprechend den therapeutischen Prozess zu bereichern vermögen. Eine ausgewogene Balance der oben beschriebenen Pole ist dabei für jede einzelne Patientin angemessen zu entwickeln. Denn da jeder Klient und jede Klientin andere Erfahrungen, andere Vorstellungen, eine andere Bereitschaft und andere Erwartungen bzw. Bedürfnisse der Therapiegestaltung mitbringt, gilt es diese Unterschiede, die sich häufig erst im unmittelbaren Erleben des Therapieprozesses zeigen, für eine nachhaltig wirksame Selbstakzeptanz bzw. Veränderungsdialektik innerhalb der Selbstorganisation des Klienten oder der Klientin zu nutzen. Die wesentlichen Ziele einer systemisch-emotionalen Therapie sind als erfüllt anzusehen, sobald sich diese Integration im Denken, Fühlen und Handeln der Klientinnen manifestiert – indem sie sich auch in deren Narrativen niederschlägt. Dies kann im Sinne des biografischen Verstehens und Akzeptierens der eigenen Entwicklung und der zu kurz gekommenen Bedürfnisse gelingen, für die es möglicherweise weiterhin zu sorgen gilt (Stichwort: »Es ist nie zu spät für eine glückliche Kindheit«) – und auch im Sinne einer zuversichtlichen und selbstbejahenden Zukunftsperspektive. Ganz besonders ist das Gegenwartserleben hervorzuheben, indem auch schmerzhafte und belastende Emotionen kein Hindernis mehr darstellen sollten, um diesen mit Selbstwertgefühlen zu begegnen und dadurch die eigene Achtsamkeit und das Erleben im Hier und Jetzt mehr und mehr den eignen Bedürfnissen und wohltuenden Gefühlen folgen zu lassen. Sobald diese Ziele einer SEP erreicht sind, steht einer angemessenen Selbstachtung und einem positiven Selbstwerterleben auch unter sich immer wieder neu ergebenden schwierigen Kontextbedingungen nichts im Wege.

4 Anhang

Literatur

Auszra, L., Herrmann, I. R., Greenberg, L. S. (2017). Emotionsfokussierte Therapie. Ein Praxismanual. Göttingen: Hogrefe.

Bandura, A. (1979). Sozial-kognitive Lerntheorie. Stuttgart: Klett-Cotta.

Bateson, G. (1985). Ökologie des Geistes. Anthropologische, psychologische, biologische und epistemologische Perspektiven (1. Taschenbuchauflage). Frankfurt a. M.: Suhrkamp.

Bateson, G., Jackson, D. D., Laing, R. D., Lidz, T., Wynne, L. C. (Hrsg.) (1969). Schizophrenie und Familie. Frankfurt a. M.: Suhrkamp.

Bauer, J. (2004). Das Gedächtnis des Körpers. Wie Beziehungen und Lebensstile unsere Gene steuern. München: Piper.

Bauer, J. (2008). Warum ich fühle, was du fühlst. Intuitive Kommunikation und das Geheimnis der Spiegelneurone (10. Aufl.). München: Heyne.

Bauer, J. (2009). Prinzip Menschlichkeit. Warum wir von Natur aus kooperieren (2. Aufl.). München: Heyne.

Bauer, J. (2011). Schmerzgrenze. Vom Ursprung alltäglicher und globaler Gewalt. München: Blessing.

Beck, A., Rush, A., Shaw,., Emery G. (1986). Kognitive Therapie der Depression (2. Aufl.). München/Weinheim. Urban & Schwarzenberg.

Berbalk, H. H., Young, J. (2009). Schematherapie. In J. Margraf, S. Schneider (Hrsg.), Lehrbuch der Verhaltenstherapie. Band 1: Grundlagen, Diagnostik, Verfahren, Rahmenbedingungen (3., vollst. bearb. u. erw. Aufl., S. 645–667). Berlin/Heidelberg: Springer.

Berne, E. (2005). Transaktionsanalyse der Intuition. Ein Beitrag zur Ich-Psychologie (4. Aufl.). Paderborn: Junfermann.

BfArM (Bundesinstitut für Arzneimittel und Medizinprodukte) (Hrsg.) (2020). ICD-10-GM Version 2021. Kapitel V: Psychische und Verhaltensstörungen (F00-F99). Persönlichkeits- und Verhaltensstörungen (F60-F69). https://www.dimdi.de/static/de/klassifikationen/icd/icd-10-gm/kode-suche/htmlgm2021/block-f60-f69.htm (Zugriff am 08.08.2021).

Böcker, J. (2018). Emotionsfokussierte Therapie. Paderborn: Junfermann.

Bohne, M., Ohler, M., Schmidt, G., Trenkle, B. (2016). Reden reicht nicht!? Bifokal-multisensorische Interventionsstrategien für Therapie und Beratung. Heidelberg: Carl-Auer.

Boszormenyi-Nagy, I., Spark, G. M. (1973). Unsichtbare Bindungen. Die Dynamik familiärer Systeme. Stuttgart: Klett-Cotta.

Bowlby, J. (2005). Frühe Bindung und kindliche Entwicklung (5. Aufl.). München: Reinhardt.

Bradshaw, J. (1990). Homecoming: Reclaiming and Championing Your Inner Child. New York: Bantam Books.

Bradshaw, J. (2000). Das Kind in uns. Wie finde ich zu mir selbst. München: Knaur.
Brandt, R. (1999). Kritischer Kommentar zu Kants Anthropologie in pragmatischer Hinsicht (1798). Hamburg: Felix Meiner. Online-Version unter https://www.online.uni-marburg.de/kant_old/webseitn/kommentar/text.html bzw. (zitierter Abschnitt) https://www.online.uni-marburg.de/kant_old/webseitn/kommentar/text202.html (Zugriff am 23.06.2021).
Breitenstein, C. (2017). Eltern als Verhaltensmodelle für Risikovariablen, wie auch Positivität. Unveröffentlichte Studie an der Universität Zürich.
Brown, B. (2013). Verletzlichkeit macht stark. Wie wir unsere Schutzmechanismen aufgeben und innerlich reich werden. München: Kailash.
Cacioppo, J. T., Hawkley, L. C., Crawford, E., Ernst, J. M., Burleson, M. H., Kowalewski, R. B., Malarkey, W. B., Van Cauter, E., Berntson, G. G. (2002). Loneliness and Health: Potential Mechanisms. Psychosomatic Medicine, 64 (3), 407–417.
Ciompi, L. (1982/2019). Affektlogik. Über die Struktur der Psyche und ihre Entwicklung. Stuttgart: Klett-Cotta.
Ciompi, L. (1997). Die emotionalen Grundlagen des Denkens. Entwurf einer fraktalen Affektlogik. Göttingen: Vandenhoeck & Ruprecht.
Ciompi, L. (2002|2013). Gefühle, Affekte, Affektlogik (3. Aufl.). Wien: Picus.
Ciompi, L. (2004). Ein blinder Fleck bei Niklas Luhmann? Soziale Wirkungen von Emotionen aus Sicht der fraktalen Affektlogik. Soziale Systeme, 10 (1), 21–49.
Ciompi, L. (2021). Ciompi reflektiert. Wissenschaftliches, Persönliches und Weltanschauliches aus der Altersperspektive. Göttingen: Vandenhoeck & Ruprecht.
Ciompi, L., Endert, E. (2011). Gefühle machen Geschichte. Die Wirkung kollektiver Emotionen – von Hitler bis Obama. Göttingen: Vandenhoeck & Ruprecht.
Cozolino, L. (2007). The neuroscience of human relationships: Attachment and the developing brain. New York: Norton.
Cozolino, L. (2008). The healthy aging brain: Sustaining attachment, attaining wisdom. New York: Norton.
Csikszentmihalyi, M. (1992). Flow. Das Geheimnis des Glücks. Stuttgart: Klett-Cotta.
Damasio, A. R. (2005). Der Spinoza-Effekt. Wie Gefühle unser Leben bestimmen. Berlin: List.
Damasio, A. R. (2009). Ich fühle, also bin ich. Die Entschlüsselung des Bewusstseins (8. Aufl.). Berlin: List.
Dana, D. (2019). Die Polyvagal-Theorie in der Therapie. Den Rhythmus der Regulation nutzen (2. Aufl.). Lichtenau: Probst.
Darwin, C. (1872). The Expression of the Emotions in Man and Animals. London: John Murray.
Dawkins, R. (1976). The Selfish Gene. Oxford: University Press.
Deinzer, R., Kirschbaum, C., Gresele, C. u. Hellhammer, D. »Adrenocortical regulation in response to parachute jumping in unexperienced healthy subjects«, Physiology and Behavior 61 (1997), 507–511.
Duerr, H. P. (1988). Nacktheit und Scham. Der Mythos vom Zivilisationsprozeß (Bd. 1). Frankfurt a. M.: Suhrkamp.
Ebbecke-Nohlen, A. (2000). Zur Organisation von Ambivalenz – Der systemische Ansatz in der Borderline-Therapie. Stuttgart, New York: Georg Thieme Verlag
Eisenberger, N. (2012). The neural bases of social pain: Evidence for shared representations with physical pain. Psychosomatic Medicine, 74 (2), 126–135.
Ekman, P. (2011). Ich weiß, dass du lügst. Was Gesichter verraten. Reinbek b. Hamburg: Rowohlt.
Ekman, P. (2016). Gefühle lesen. Wie Sie Emotionen erkennen und richtig interpretieren (2. Aufl.). Berlin/Heidelberg: Springer.
Elias, N. (1939). Über den Prozeß der Zivilisation. Soziogenetische und psychogenetische Untersuchungen. Basel: Verlag Haus zum Falken.

Febvre, L. (1941/1977). Sensibilität und Geschichte. Zugänge zum Gefühlsleben früherer Epochen. In M. Bloch, F. Braudel, L. Febvre u. a. (Hrsg.) (1977), Schrift und Materie der Geschichte. Vorschläge zur systematischen Aneignung historischer Prozesse (S. 313–334). Frankfurt a. M.: Suhrkamp.
Foucault, M. (1986). Die Sorge um sich. Sexualität und Wahrheit 3. Frankfurt a. M.: Suhrkamp.
Fritsch, G. R. (2010). Der Gefühls- und Bedürfnisnavigator. Gefühle und Bedürfnisse wahrnehmen. Paderborn: Junfermann.
Fuchs, P. (2003). Der Eigen-Sinn des Bewußtseins. Die Person, die Psyche, die Signatur. Bielefeld: transcript.
Fuchs, P. (2004). Wer hat wozu und wieso überhaupt Gefühle? Soziale Systeme 10, Heft 1, S. 89–110
Fuchs, P. (2011). Die Verwaltung der vagen Dinge. Gespräche zur Zukunft der Psychotherapie. Heidelberg: Carl-Auer.
Fuchs, P. (2012/2020). Psyche. In J. V. Wirth, H. Kleve (Hrsg.), Lexikon des systemischen Arbeitens. Grundbegriffe der systemischen Praxis, Methodik und Theorie. Heidelberg: Carl-Auer. Onlineversion (2020): https://www.carl-auer.de/magazin/systemisches-lexikon/psyche (Zugriff am 28.04.2021).
Gendlin, E. T. (1978). Focusing. A step-by-step technique that takes you past getting in touch with your feelings – to change them and solve your personal problems. New York: Everest House.
Gendlin, E. T (1998). Focusing-orientierte Psychotherapie. Ein Handbuch der erlebensbezogenen Methode (2. Aufl.). München: Pfeiffer.
Gilbert, P. (2013). Compassion Focused Therapy. Paderborn: Junfermann.
Gilbert, P., McEwan K., Irons, C., Bhundia, R., Christie, R., Broomhead, C., Rockliff, H. (2010). Self-Harm in a mixed clinical population: The roles of self-criticism, shame, and social rank. British Journal of Clinical Psychology, 49 (4), 563–576.
Goleman, D. (1997). EQ. Emotionale Intelligenz. München: dtv.
Grawe, K. (1998). Psychologische Therapie. Göttingen: Hogrefe.
Greenberg, L. S. (2006). Emotionsfokussierte Therapie. Lernen, mit den eigenen Gefühlen umzugehen. Tübingen: dgvt.
Greenberg, L. S. (2016). Emotionsfokussierte Therapie (2. Aufl.). München: Reinhardt.
Hüther, G. (2007). Biologie der Angst. Wie aus Streß Gefühle werden (8. Aufl.). Göttingen: Vandenhoeck & Ruprecht.
Hüther, G. (2011). Was wir sind und was wir sein könnten. Ein neurobiologischer Mutmacher. Frankfurt a. M.: S. Fischer.
Illouz, E. (2007). Gefühle in Zeiten des Kapitalismus. Frankfurt a. M.: Suhrkamp.
Illouz, E. (2012). Warum Liebe weh tut. Eine soziologische Erklärung. Berlin: Suhrkamp.
Insel, Thomas R. (2003). »Is social attachment an addictive disorder?« Physiology & Behaviour, 79 (2003), 351–357.
Insel, Thomas R. (2004). How the Brain Processes Social Information: Searching for the Social Brain. Annual Review of Neuroscience, 27 (1), 697–722.
Jung, C. G., Kerényi, K. (1941/2012). Das göttliche Kind. Eine Einführung in das Wesen der Mythologie. Ostfildern: Patmos.
Kant, I. (1784). Beantwortung der Frage: Was ist Aufklärung?. Berlinische Monatsschrift, 2 (12), S. 481–494. Online: https://www.deutschestextarchiv.de/kant_aufklaerung_1784/17 (Zugriff am 23.06.2021).
Kim, S., Thibodeau, R., Jorgensen, R. S. (2011). Shame, guilt, and depressive symptoms: A meta-analytic review. Psychological Bulletin, 137 (1), 68–96.
König, J., Wagner, C., Valtin, R. (2011). Jugend – Schule – Zukunft. Psychosoziale Bedingungen der Persönlichkeitsentwicklung. Ergebnisse der Längsschnittstudie AIDA. Münster: Waxmann.
Krohs, U., Toepfer, G. (Hrsg.) (2005). Philosophie der Biologie. Eine Einführung. Frankfurt a. M.: Suhrkamp.

Lammers, C.-H. (2015). Emotionsfokussierte Methoden. Techniken der Verhaltenstherapie. Weinheim/Basel: Beltz.
Lammers, M., Ohls, I. (2017). Mit Schuld, Scham und Methode. Ein Selbsthilfebuch. Köln: Balance.
Levine, P. A. (2012). Vom Trauma befreien. Wie Sie seelische und körperliche Blockaden lösen (6. Aufl.). München: Kösel.
Levine, P. A., Frederick, A. (1999). Trauma-Heilung: Das Erwachen des Tigers. Unsere Fähigkeit, traumatische Erfahrungen zu transformieren (2. Aufl.). Essen: Synthesis.
Lewis, H. B. (1971). Shame and Guilt in Neurosis. New York: International Universities Press.
Lieb, H. (2014). Störungsspezifische Systemtherapie. Konzepte und Behandlung. Störungen systemisch behandeln. Heidelberg: Carl-Auer.
Lipchik, E. (1994). Die Hast, kurz zu sein. Zeitschrift für Systemische Therapie und Beratung, 12 (4), 228–235.
Loriot (1977/2020). »Feierabend«. https://www.loriot.de/index.php/corona/624-feierabend-film (Zugriff am 20.05.2021).
Luhmann, N. (1968). Vertrauen. Ein Mechanismus der Reduktion sozialer Komplexität. Stuttgart: Enke.
Luhmann, N. (1987). Soziale Systeme. Grundriß einer allgemeinen Theorie (1. Taschenbuchauflage). Frankfurt a. M.: Suhrkamp.
Luhmann, N. (1994). Liebe als Passion. Zur Codierung von Intimität. Frankfurt a. M.: Suhrkamp.
Lutz, A., Brefczynski-Lewis, J., Johnstone, T., Davidson, R. J. (2008). Regulation of the Neural Circuitry of Emotion by Compassion Meditation: Effects of Meditative Expertise. PLoS ONE, 3 (3), e1897. doi: 10.1371/journal.pone.0001897.
Maturana, H., Varela, F. J. (1980). Autopoiesis and Cognition. The Realization of the Living. Dordrecht: Reidel.
Maturana, H., Varela, F. J. (1987). Der Baum der Erkenntnis. Die biologischen Wurzeln des menschlichen Erkennens. München/Wien: Scherz.
Mayer, C. (2004). Prinzipien der Anthropologie Augustins. Vortrag beim Augustinus-Studientag 2004, Würzburg, Toscanasaal der Residenz. https://www.augustinus.de/einfuehrung/86-texte-ueber-augustinus/192-prinzipien-der-anthropologie-augustins (Zugriff am 22.06.2021).
McCraty, R., Atkinson, M., Tiller, W., Rein, G., Watkins, A. D. (1995). The Effects of Emotions on Short-Term Power: Spectrum Analysis of Heart Rate Variability. The American Journal of Cardiology, 76 (14), 1089–1093.
Mead, G. H. (1934/1968). Mind, Self, and Society. Edited by Charles W. Morris. Chicago: University Press (dt. [1968]: Geist, Identität und Gesellschaft aus der Sicht des Sozialbehaviorismus. Frankfurt a. M.: Suhrkamp).
Metzger, W. (1941). Psychologie. Die Entwicklung ihrer Grundannahmen seit der Einführung des Experiments. Dresden/Leipzig: Steinkopff.
Metzner, A. (1993). Probleme sozio-ökologischer Systemtheorie. Natur und Gesellschaft in der Soziologie Luhmanns. Opladen: Westdeutscher Verlag.
Minuchin, S. (1977). Familie und Familientherapie. Theorie und Praxis struktureller Familientherapie. Freiburg i. Br.: Lambertus.
Nathanson, D. L. (1994). Shame and Pride. Affect, Sex, and the Birth of the Self. New York: W. W. Norton.
Pace, T. W. W., Negi, L. T., Adame, D, D., Cole, S. P., Sivilli, T. I., Brown, T. D., Issa, M. J., Raison, C. L. (2009). Effect of Compassion Meditation on Neuroendocrine, Innate Immune and Behavioral Responses to Psychosocial Stress. Psychoneuroendocrinology, 34 (1), 87–98.
Peichl, J. (2007). Innere Kinder, Täter, Helfer & Co. Ego-State-Therapie des traumatisierten Selbst. Stuttgart: Klett-Cotta.
Peichl, J. (2010). Jedes Ich ist viele Teile. Die inneren Selbst-Anteile als Ressource nutzen. München: Kösel.

Piaget, J. (1926/1978). La représentation du monde chez l'enfant. Paris: Alcan (dt. [1978]: Das Weltbild des Kindes. Stuttgart: Klett-Cotta).

Plamper, J. (2010). Wie schreibt man die Geschichte der Gefühle? William Reddy, Barbara Rosenwein und Peter Stearns im Gespräch mit Jan Plamper. WERKSTATTGeschichte/Heft 54 (2010) – Klartext Verlag, Essen, S. 39–69. Online: https://werkstattgeschichte.de/wp-content/uploads/2017/02/WG54_039-069_PLAMPER_GESCHICHTE.pdf (Zugriff am 23.06.2021).

Plamper, J. (2012). Geschichte und Gefühl. Grundlagen der Emotionsgeschichte. München: Siedler.

Porges, S. W. (2017). Die Polyvagal-Theorie und die Suche nach Sicherheit. Traumabehandlung, soziales Engagement und Bindung. Lichtenau: Probst.

Precht, R. D. (2007). Wer bin ich und wenn ja, wie viele? Eine philosophische Reise. München: Goldmann.

Prigogine, I. (1996). Die dissipativen Strukturen. In W. Böcher, Selbstorganisation, Verantwortung, Gesellschaft. Von subatomaren Strukturen zu politischen Zukunftsvisionen (S. 146–154). Berlin: Springer.

Rafaeli, E., Bernstein, D. P., Young, J. E. (2013). Schematherapie. Paderborn: Junfermann.

Reddemann, L. (2004). Psychodynamisch Imaginative Traumatherapie. PITT – Das Manual. Stuttgart: Klett-Cotta.

Reddemann, L. (2015). Imagination als heilsame Kraft. Zur Behandlung von Traumafolgen mit ressourcenorientierten Verfahren (Jubiläumsausgabe). Stuttgart: Klett-Cotta.

Reddy, W. M. (2001). The Navigation of Feeling. A Framework for the History of Emotions. Cambridge: University Press.

Richter, H.-E. (1962). Eltern, Kind und Neurose. Psychoanalyse der kindlichen Rolle. Reinbek b. Hamburg: Rowohlt.

Richter, H.-E. (1970). Patient Familie. Entstehung, Struktur und Therapie von Konflikten in Ehe und Familie. Reinbek b. Hamburg: Rowohlt.

Roediger, E. (2009). Was ist Schematherapie? Eine Einführung in Grundlagen, Modell und Anwendung. Paderborn: Junfermann.

Roediger, E. (2010). Raus aus den Lebensfallen! Das Schematherapie-Patientenbuch. Paderborn: Junfermann.

Rogers, C. R. (1961). On Becoming a Person. A Therapist's View of Psychotherapy. Boston: Houghton Mifflin.

Rogers, C. R. (1983). Die klientenzentrierte Gesprächspsychotherapie. Client-Centered Therapy. Frankfurt a. M.: Fischer Taschenbuch.

Roth, G. (1997). Das Gehirn und seine Wirklichkeit. Kognitive Neurobiologie und ihre philosophischen Konsequenzen. Frankfurt a. M.: Suhrkamp.

Roth, G., Strüber, N. (2014). Wie das Gehirn die Seele macht (3. Aufl.). Stuttgart: Klett-Cotta.

Rutschky, K. (Hrsg.) (1977). Schwarze Pädagogik. Quellen zur Naturgeschichte der bürgerlichen Erziehung. Frankfurt/Berlin/Wien: Ullstein.

Satir, V. (1975). Selbstwert und Kommunikation. Familientherapie für Berater und zur Selbsthilfe. München: Pfeiffer.

Schachter, S., Singer, J. (1962). Cognitive, social, and physiological determinants of emotional state. Psychological Review, 69 (5), 379–399.

Schaufler, B. (2002). »Schöne Frauen – Starke Männer«. Zur Konstruktion von Leib, Körper und Geschlecht. Opladen: Leske + Budrich.

Schiff, J. L., Day, B. (1970|1980). All My Children. New York: M. Evans (dt. [1980]: Alle meine Kinder. Heilung der Schizophrenie durch Wiederholung der Kindheit. München: Kaiser).

Schmidt, G. (2004a). Konferenz mit dem inneren Parlament, der inneren Familie und ihre hypnotischen Wirkungen (CD).Vortrag, Stuttgarter Psychotherapie-Tage, 30. Oktober 2004. Hospitalhof in Stuttgart.

Schmidt, G. (2004b). Liebesaffären zwischen Problem und Lösung. Hypnosystemisches Arbeiten in schwierigen Kontexten. Heidelberg: Carl-Auer.

Schmidt, G. (2005). Einführung in die hypnosystemische Therapie und Beratung. Heidelberg: Carl-Auer.

Schmidt, G. (2009). Symptome als Lösungsversuch bei der Identitätsfindung im Jugendalter, z. B. bei Eßstörungen (CD). Kongress der 6. Kindertagung: »Hypnotherapeutische und systemische Konzepte für die Arbeit mit Kindern und Jugendlichen« Heidelberg.

Schönherr-Mann, H.-M. (2012). »Der Mensch ist frei geboren und überall liegt er in Ketten«. Neue Publikationen zum 300. Geburtstag von Jean-Jacques Rousseau. https://www.deutschlandfunk.de/der-mensch-ist-frei-geboren-und-ueberall-liegt-er-in-ketten.700.de.html?dram:article_id=210475 (Zugriff am 23.06.2021).

Schulz von Thun, F. (1998). Miteinander reden: 3. Das »innere Team« und situationsgerechte Kommunikation. Reinbek b. Hamburg: Rowohlt.

Schumacher, B. (2003). Es muss etwas geschehen, aber es darf nichts passieren – Systemische Strategien bei Einzelklienten mit Angststörungen. https://magst.de/pdf/bs_systemische_strategien.doc (Zugriff am 28.04.2021).

Schwartz, R. C. (2008). IFS. Das System der Inneren Familie. Ein Weg zu mehr Selbstführung. Norderstedt: Books on Demand.

Seligman, M. (1979). Erlernte Hilflosigkeit. Urban & Schwarzenberg, München/Wien/Baltimore

Servan-Schreiber, D. (2006). Die neue Medizin der Emotionen. Stress, Angst, Depression: Gesund werden ohne Medikamente (4. Aufl.). München: Goldmann.

Simon, F. B. (1993). Unterschiede, die Unterschiede machen. Klinische Epistemologie: Grundlage einer systemischen Psychiatrie und Psychosomatik. Frankfurt a. M.: Suhrkamp.

Simon, F. B. (1995). Die andere Seite der Gesundheit. Heidelberg: Carl-Auer.

Simon, F. B. (2004). Zur Systemtheorie der Emotionen. Soziale Systeme 10, Heft 1, S.111-139, Stuttgart.

Simon, F. B. (2007). Einführung in Systemtheorie und Konstruktivismus (2. Aufl.). Heidelberg: Carl-Auer.

Simon, F. B.und Stierlin, H. (1984). Die Sprache der Familientherapie. Ein Vokabular. Kritischer Überblick und Integration systemtherapeutischer Begriffe, Konzepte und Methoder. Stuttgart: Klett-Cotta.

Spitz, R. A. (1945). Hospitalism: An Inquiry into the Genesis of Psychiatric Conditions in Early Childhood. The Psychoanalytic Study of the Child, 1 (1), 53–74.

Spitz, R. A. (1946). Hospitalism: A Follow-Up Report. The Psychoanalytic Study of the Child, 2 (1), 113–117.

Stahl, S. (2015). Das Kind in dir muss Heimat finden. Der Schlüssel zur Lösung (fast) aller Probleme. München: Kailash.

Stangl, W. (2019). »Hospitalismus«. Online Lexikon für Psychologie und Pädagogik. https://lexikon.stangl.eu/5541/hospitalismus/ (Zugriff am 28.04.2021).

Stern, D. (2020). Die Mutterschaftskonstellation (3. Aufl.). Stuttgart: Klett-Cotta.

Stierlin, H. (1975). Von der Psychoanalyse zur Familientherapie. Stuttgart: Klett.

Stierlin, H. (1982). Delegation und Familie. Beiträge zum Heidelberger familiendynamischen Konzept. Frankfurt a. M.: Suhrkamp.

Stierlin, H. (1989). Individuation und Familie. Frankfurt a. M.: Suhrkamp.

Storch, M. (2009). Machen Sie doch, was Sie wollen! Wie ein Strudelwurm den Weg zu Zufriedenheit und Freiheit zeigt. Bern u. a.: Huber.

Storch, M., Cantieni, B., Hüther, G., Tschacher, W. (2017). Embodiment. Die Wechselwirkung von Körper und Psyche verstehen und nutzen (3., unveränd. Aufl.). Göttingen: Hogrefe.

Süddeutsche Zeitung (Hrsg.) (2015). Egon Bahr: »Verstand ohne Gefühl ist unmenschlich«. Bahr-Zitate. https://www.sueddeutsche.de/politik/egon-bahr-verstand-ohne-gefuehl-ist-unmenschlich-1.2614596 (Zugriff am 09.06.2021).

Sydow, K. von, Beher, S., Retzlaff, R., Schweitzer, J. (2008). Wie wirksam ist Systemische Psychotherapie/Familientherapie? Forum Psychotherapeutische Praxis, 8 (1), 20–27.

Thielicke, R. (2010). »Was ich geschafft habe, können auch andere«. Wunder der Motivation. Focus Nr. 52 (2010), S. 94–100. Online unter https://www.focus.de/wissen/mensch/geschichte/tid-21076/was-ich-geschafft-habe-koennen-auch-andere-wunder-der-motivation_aid_584914.html (Zugriff am 03.05.2021).

Trost, A. (2018). Bindungswissen für die systemische Praxis. Ein Handbuch. Göttingen: Vandenhoeck & Ruprecht.

Urban, M. (2012). Systemtheoretische Annäherungen an das Konzept der Emotionen. In A. Schnabel, R. Schützeichel (Hrsg.), Emotionen, Sozialstruktur und Moderne (S. 93–111). Berlin: Springer.

Vollmer, G. (1995|2015). Biophilosophie. Stuttgart: Reclam.

Wagner, E., Russinger, U. (2016). Emotionsbasierte systemische Therapie. Intrapsychische Prozesse verstehen und behandeln. Stuttgart: Klett-Cotta.

Wagner, E., Henz, K., Kilian, H. (2016). Persönlichkeitsstörungen. Heidelberg: Carl-Auer.

Watzlawick, P., Beavin, J., Jackson, D. (1969). Menschliche Kommunikation. Formen, Störungen, Paradoxien. Bern u. a.: Huber.

Watzlawick, P., Weakland, J. H., Fisch, R. (1974). Lösungen. Zur Theorie und Praxis menschlichen Wandels. Bern u. a.: Huber.

WD (Wissenschaftlicher Dienst des Deutschen Bundestags) (Hrsg.) (2018). Dokumentation: Mobbing an Schulen. https://www.bundestag.de/resource/blob/592494/4ee825520cb3b-29d7a6c0b6555f01657/WD-9-056-18-pdf-data.pdf (Zugriff am 03.05.2021).

WHO (Weltgesundheitsorganisation) (Hrsg.) (2019). Psychische Gesundheit – Faktenblatt. https://www.euro.who.int/__data/assets/pdf_file/0006/404853/MNH_FactSheet_DE.pdf (Zugriff am 04.05.2021).

Wikipedia (Hrsg.) (2021). »Gelassenheitsgebet«. https://de.wikipedia.org/wiki/Gelassenheitsgebet (Zugriff am 04.05.2021).

Wikiquote (Hrsg.) (2014). »David Hume«. https://de.wikiquote.org/wiki/David_Hume (Zugriff am 23.06.2021).

Wynne, L. C., Cromwell, R. L., Matthysse, S. (1978). The Nature of Schizophrenia. New Approaches to Research and Treatment. New York: Wiley & Sons.

Young, J. E., Klosko, J. S., Weishaar, M. E. (2005). Schematherapie. Ein praxisorientiertes Handbuch. Paderborn: Junfermann.

Zarbock, G. (2014). Einladung zur Schematherapie. Grundlagen, Konzepte, Anwendung. Weinheim/Basel: Beltz.

Zentrum für Augustinus-Forschung an der Julius-Maximilians-Universität Würzburg (Hrsg.) (2008). Sechs Thesen zum Frauenbild des Augustinus von Hippo. https://www.augustinus.de/einfuehrung/texte-ueber-augustinus/zeitungsartikel-vortraege/220-sechs-thesen-zum-frauenbild-des-augustinus-von-hippo (Zugriff am 22.06.2021).

Zhang, H., Carr, E. R., Garcia-Williams, A. G., Siegelman, E. E., Berke, D., Ciles-Carnes, L. V., Patterson, B., Watson-Singleton, N. N., Kaslow, N. J. (2018). Shame and Depressive Symptoms: Self-compassion and Contingent Self-worth as Mediators? Journal of Clinical Psychology in Medical Settings, 25 (4), 408–419.

Ziegler, H. (2013). Gewaltstudie 2013. Gewalt- und Missachtungserfahrungen von Kindern und Jugendlichen in Deutschland. Unveröffentlichte Studie an der Universität Bielefeld.

Abbildungsverzeichnis

Abbildung 1: Hauptaffektsysteme und dazugehörige Emotionen in Anlehnung an Gilbert (2013)
1.1.6 Grundbedürfnisse und Affektsysteme/*Drei Affektsysteme*, S. 45
Abbildung 2: Das bio-psycho-soziale Systemmodell
1.2.5 Das bio-psycho-soziale Systemmodell, S. 69
Abbildung 3: Schematischer Aufbau des Gehirns
1.3.1 Limbisches System – das emotionale Gehirn, S. 83
Abbildung 4: Die drei zentralen Bestandteile des autonomen Nervensystems
1.3.2 Polyvagaltheorie/*Wechselspiel der neuronalen Pfade*, S. 96
Abbildung 5: Der Teufelskreis negierter Angst in Anlehnung an Schumacher (2003); eigene Darstellung
1.4.1 Störungsspezifische Therapieforschung/*Störungsspezifischer Umgang mit Angst*, S. 112
Abbildung 6: Mechanismen der Abwehr von Schamgefühlen in Anlehnung an Nathanson (1994); eigene Darstellung
1.4.2 Die Trias: Verletztheit, Beschämung und Wertlosigkeit/*Emotion 3: Wertlosigkeitsgefühl*, S. 122
Abbildung 7: Modusmodell nach Young (vgl. Young, Klosko u. Weishaar, 2005)
2.2.4 Modusmodell, S. 173
Abbildung 8: Integration von Modi und Schemata in Anlehnung an Rödiger (2009); eigene Darstellung
2.2.4 Modusmodell, S. 173
Abbildung 9: Das Modusmodell als Tool
2.2.5 Therapeutische Methoden 1: Werkzeuge und Basisinterventionen/*Modusmodell als Tool*, S. 203
Abbildung 10: Schema-Ablauf und Modus-Memo
2.2.5 Therapeutische Methoden 1: Werkzeuge und Basisinterventionen/*Fallbezogene Exploration als Tool*, S. 207
Abbildung 11: Exemplarische Moduslandkarte mit Wechselbeziehungen
2.2.5 Therapeutische Methoden 1: Werkzeuge und Basisinterventionen/*Fallbezogene Exploration als Tool*, S. 208
Abbildung 12: Der Konflikt zwischen kritische-fordernden Elternteilen und verletzten Anteile
2.2.6 Therapeutische Methoden 2: Emotionsaktivierende Interventionen/*Stuhlarbeit/Kritisch fordernder Eltern- versus verletzter Kindanteil*, S. 211

Abbildung 13: Die Vermittlung zwischen verletztem Kindanteil und kritischem Elternanteil mit dem Gesunden Erwachsenen als Mediator in der Stuhlarbeit
2.2.6 Therapeutische Methoden 2: Emotionsaktivierende Interventionen/ *Stuhlarbeit/Der Gesunde Erwachsene als Vermittler*, S. 215

Abbildung 14: Gesunder Erwachsener und Therapeut als Reflecting Team
2.2.6 Therapeutische Methoden 2: Emotionsaktivierende Interventionen/ *Stuhlarbeit/Der Gesunde Erwachsene und der Therapeut als Reflecting Team*, S. 216

Abbildung 15: Die fünf Schritte des BEATE-Modells
2.2.8 Das BEATE-Modell, S. 230

Abbildung 16: Wirkungsweisen des Gesunden Erwachsenen
2.2.9 Systemischer Nutzen/*Systemischer Nutzen des Gesunden Erwachsenen*, S. 234

Abbildung 17: Grundidee der EFT in Anlehnung an Auszra, Herrmann, Greenberg (2017, S. 33); eigene Darstellung
2.3.1 Grundlagen der EFT, S. 236

Abbildung 18: Moduslandkarte Frau Schuster
3.4.3 Störungsspezifische Betrachtung, S. 362

Tabellenverzeichnis

Tabelle 1: Bedrohungsimpulse und entsprechende Reaktionen
1.1.4. Gefühle als Signale, S. 34

Tabelle 2: Ausgewählte Emotionen und die damit verknüpften Risiken, Funktionen und Chancen
1.1.5 Emotionen als Bedürfnisnavigator, S. 36

Tabelle 3: Unterscheidungskategorien autopoietischer Systemarten
1.2.5 Emotionen auf drei Systemebenen, S. 77

Tabelle 4: Wesentliche Merkmale der neuronale Pfade
1.3.2 Polyvagaltheorie/*Wechselspiel der neuronalen Pfade*, S. 96

Tabelle 5: Erscheinungs- und Ausprägungsformen typischer Bewältigungsmuster (BM)
2.2.4 Modusmodell/*Bewältigungsmuster*, S. 176

Tabelle 6: Bewältigungsmuster als innere Anteile
2.2.4 Modusmodell/*Bewältigungsmuster*, S. 183

Tabelle 7: Selbstfragebogen zu verletzbaren Kindanteilen
2.2.4 Modusmodell/*Der Innere-Kind-Modus und der verletzte innere Kindanteil*, S. 198

Tabelle 8: Emotionstypen und ihre Merkmale (in Anlehnung an Greenberg, 2006, S. 221)
  2.3.2 Emotionstheorie der EFT/*Unterschiedliche Emotionstypen*, S. 241
Tabelle 9: Übungsblatt Emotionsanalyse 1
  2.3.4 Therapeutische Methoden 1: Tools und Interventionen/*Emotionsanalyse*, S. 262
Tabelle 10: Übungsblatt Emotionsanalyse 2
  2.3.4 Therapeutische Methoden 1: Tools und Interventionen/*Emotionsanalyse*, S. 263
Tabelle 11: Übungsblatt Bedürfnisanalyse (schematisch)
  2.3.4 Therapeutische Methoden 1: Tools und Interventionen/*Bedürfnisanalyse emotionaler Prozesse*, S. 266
Tabelle 12: Merkmale für das Erkennen therapeutisch relevanter selbstkritischer Anteile
  2.3.4 Therapeutische Methoden 2: Erlebnisaktivierende Methoden/*Arbeit mit selbstkritischen Anteilen*, S. 268
Tabelle 13: Verschiedene Ängste und mögliche zugrundeliegende Bedürfnisse
  2.3.4 Therapeutische Methoden 2: Erlebnisaktivierende Methoden/*Arbeit mit angsterzeugenden Anteilen*, S. 280
Tabelle 14: Potenzielle Wirkungsweisen emotionsbasierter Verfahren
  3.2.3 Wirkungsweisen emotionsbasierter Verfahren, S. 336
Tabelle 15: Systemische Rückkoppelungen und Wechselwirkungen emotionsbasierter Verfahren
  3.2.3, Potenzielle Wirkungsweisen emotionsbasierter Verfahren, S. 337
Tabelle 16: Systematische Einbeziehung von Emotionen im Konzept der SEP
  3.4.2 Integration emotionsbasierter Prinzipien und Methoden/*Basisinterventionen*, S. 347
Tabelle 17: Einsatzmöglichkeiten emotionsbasierter Verfahren in der therapeutischen Praxis
  3.4.2 Integration emotionsbasierter Prinzipien und Methoden/*Basisinterventionen*, S. 350
Tabelle 18: Überblick möglicher Stuhlübungen mit inneren Anteilen
  3.4.2 Integration emotionsbasierter Prinzipien und Methoden/*Basisinterventionen*, S. 353